U0617984

权威·前沿·原创

皮书系列为
"十二五""十三五"国家重点图书出版规划项目

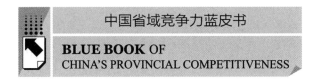

中国社会科学院创新工程学术出版项目

中国省域竞争力蓝皮书

BLUE BOOK OF
CHINA'S PROVINCIAL COMPETITIVENESS

中国省域经济综合竞争力发展报告（2017~2018）

REPORT ON CHINA'S PROVINCIAL ECONOMIC COMPETITIVENESS
DEVELOPMENT (2017-2018)

贸易保护主义背景下中国经济的突围之路

Breakout Road of Chinese Economy under Trade Protectionism

主　　编／李建平　李闽榕
副 主 编／李建建　苏宏文
执行主编／黄茂兴

社会科学文献出版社
SOCIAL SCIENCES ACADEMIC PRESS（CHINA）

图书在版编目（CIP）数据

中国省域经济综合竞争力发展报告. 2017～2018：
贸易保护主义背景下中国经济的突围之路／李建平，李
闽榕主编 . －－北京：社会科学文献出版社，2019.3
　（中国省域竞争力蓝皮书）
　ISBN 978 - 7 - 5201 - 4373 - 8

　Ⅰ. ①中…　Ⅱ. ①李…　②李…　Ⅲ. ①省 - 区域经济
发展 - 研究报告 - 中国 - 2017 - 2018　Ⅳ. ①F127

　中国版本图书馆 CIP 数据核字（2019）第 032577 号

中国省域竞争力蓝皮书

中国省域经济综合竞争力发展报告（2017~2018）
——贸易保护主义背景下中国经济的突围之路

主　　编／李建平　李闽榕
副 主 编／李建建　苏宏文
执行主编／黄茂兴

出 版 人／谢寿光
责任编辑／曹长香
文稿编辑／周永霞

出　　版／社会科学文献出版社·社会政法分社（010）59367156
　　　　　地址：北京市北三环中路甲 29 号院华龙大厦　邮编：100029
　　　　　网址：www. ssap. com. cn
发　　行／市场营销中心（010）59367081　59367083
印　　装／三河市东方印刷有限公司

规　　格／开 本：787mm×1092mm　1/16
　　　　　印 张：38.5　字 数：877 千字
版　　次／2019 年 3 月第 1 版　2019 年 3 月第 1 次印刷
书　　号／ISBN 978 - 7 - 5201 - 4373 - 8
定　　价／198. 00 元

本书如有印装质量问题，请与读者服务中心（010 - 59367028）联系

中国社会科学院创新工程学术出版项目

入选 2013 年"十大皮书"

全国经济综合竞争力研究中心 2018 年重点项目研究成果

教育部科技委战略研究基地（福建师范大学世界创新竞争力研究中心）2018 年重点项目研究成果

中智科学技术评价研究中心 2018 年重点项目研究成果

中央组织部首批青年拔尖人才支持计划（组厅字〔2013〕33号）2018 年资助的阶段性研究成果

中央组织部第 2 批"万人计划"哲学社会科学领军人才（组厅字〔2016〕37 号）2018 年资助的阶段性研究成果

中宣部 2014 年入选全国文化名家暨"四个一批"人才工程（中宣办发〔2015〕49 号）资助的阶段性研究成果

2016 年教育部哲学社会科学研究重大课题（项目编号：16JZD028）的阶段性研究成果

国家社科基金重点项目（项目编号：16AGJ004）的阶段性研究成果

教育部首批全国高校"双带头人"教师党支部书记工作室研究成果

福建省"双一流"建设学科——福建师范大学理论经济学学科 2018 年重大项目研究成果

福建省首批哲学社会科学领军人才、福建省高校领军人才支持计划 2018 年阶段性研究成果

福建省首批高校特色新型智库——福建师范大学综合竞争力与国家发展战略研究院 2018 年研究成果

福建省社会科学研究基地——福建师范大学竞争力研究中心

2018 年资助的研究成果

福建省高校哲学社会科学学科基础理论研究创新团队——福建师范大学竞争力基础理论研究创新团队 2018 年资助的阶段性研究成果

福建师范大学创新团队建设计划（项目编号：IRTW1202）2018 年资助的阶段性研究成果

中国省域竞争力蓝皮书编委会

编委会组成名单

主　　　任　韩　俊　卢中原　李慎明　隆国强

副　主　任　李建平　谢寿光　李闽榕

委　　　员　李建建　苏宏文　张华荣　黄茂兴

编著人员名单

主　　　编　李建平　李闽榕

副　主　编　李建建　苏宏文

执 行 主 编　黄茂兴

编写组人员　黄茂兴　李军军　林寿富　叶　琪　王珍珍

　　　　　　陈洪昭　陈伟雄　唐　杰　黄新焕　易小丽

　　　　　　郑　蔚　周利梅　张宝英　郑清英　李成宇

　　　　　　白　华　韩　莹　程俊恒　汪　宸　史方圆

　　　　　　陈　鹏　柯炳金　冯稳珍　昝　琪　唐咏琦

　　　　　　张瀚云　孙学聪　杨吉超　陈贤龙　肖　蕾

主要编撰者简介

李建平 男，1946 年出生于福建莆田，浙江温州人。教授，博士生导师。中央马克思主义理论研究和建设工程首席专家，国家有突出贡献中青年专家，享受国务院特殊津贴专家，福建省优秀专家，2009 年被评为福建省第二届杰出人民教师。曾任福建师范大学政教系副主任、主任，经济法律学院院长，福建师范大学副校长、校长。现任全国经济综合竞争力研究中心福建师范大学分中心主任、全国中国特色社会主义政治经济学研究中心（福建师范大学）主任。福建师范大学理论经济学一级学科博士点和博士后科研流动站学术带头人，福建省"双一流"建设学科理论经济学的学科负责人。兼任福建省人民政府经济顾问、中国《资本论》研究会副会长、中国经济规律研究会副会长、全国马克思主义经济学说史研究会副会长、全国历史唯物主义研究会副会长等社会职务。长期从事马克思主义经济思想发展史、《资本论》和社会主义市场经济、经济学方法论、区域经济发展等问题研究，已发表学术论文 100 多篇，撰写、主编学术著作、教材 70 多部。科研成果获得教育部第六届、第七届社科优秀成果二等奖 1 项、三等奖 1 项，八次获得福建省哲学社会科学优秀成果一等奖，两次获得二等奖，还获得全国第七届"五个一工程"优秀理论文章奖，专著《〈资本论〉第一卷辩证法探索》获世界政治经济学学会颁发的第七届"21 世纪世界政治经济学杰出成果奖"。

李闽榕 男，1955 年生，山西安泽人，经济学博士。福建省新闻出版广电局原党组书记、副局长，现为中智科学技术评价研究中心理事长，福建师范大学兼职教授、博士生导师，中国区域经济学会副理事长。主要从事宏观经济学、区域经济竞争力、现代物流等问题研究，已出版著作《中国省域经济综合竞争力研究报告（1998～2004）》等20 多部（含合著），并在《人民日报》《求是》《管理世界》等国家级报纸杂志上发表学术论文 200 多篇。科研成果曾荣获新疆维吾尔自治区第二届、第三届社会科学优秀成果三等奖，以及福建省科技进步一等奖（排名第三）、福建省第七届至第十届社会科学优秀成果一等奖、福建省第六届社会科学优秀成果二等奖、福建省第七届社会科学优秀成果三等奖等 10 多项省部级奖励（含合作），并有 20 多篇论文和主持完成的研究报告荣获其他省厅级奖励。

李建建 男，1954 年生，福建仙游人。经济学博士。福建师范大学经济学院原院长，教授、博士生导师，享受国务院特殊津贴专家。主要从事经济思想史、城市土地经济问题等方面的研究，先后主持和参加了国家自然科学基金、福建省社科规划基金、福建省发展改革委、福建省教育厅和国际合作研究课题 20 余项，已出版专著、合著《中国城市土地市场结构研究》等十多部，主编《〈资本论〉选读课教材》《政治经济学》《发展经济学与中国经济发展策论》等教材，在《经济研究》《当代经济研究》等刊物上发表论文 70 余篇。曾获福建省高校优秀共产党员、福建省教学名师和学校教学科研先进工作者称号，科研成果荣获国家教委优秀教学成果二等奖（合作）、福建省哲学社会科学优秀成果一等奖（合作）、福建省社会科学优秀成果二等奖、福建省社会科学优秀成果三等奖和福建师范大学优秀教学成果一等奖等多项省部级和厅级奖励。

黄茂兴 男，1976 年生，福建莆田人。教授、博士生导师。现为福建师范大学经济学院院长、福建师范大学福建自贸区综合研究院院长、中国（福建）生态文明建设研究院执行院长、全国经济综合竞争力研究中心福建师范大学分中心常务副主任、二十国集团（G20）联合研究中心常务副主任、福建省人才发展研究中心执行主任。主要从事技术经济、区域经济、竞争力问题研究，主持教育部重大招标课题、国家社科基金重点项目等国家、部厅级课题 60 多项；出版《技术选择与产业结构升级》《论技术选择与经济增长》等著作 60 多部，在《经济研究》《管理世界》等权威刊物发表论文 160 多篇，科研成果分别荣获教育部第六届、第七届社科优秀成果二等奖 1 项、三等奖 1 项（合作），福建省第七届至第十二届社会科学优秀成果一等奖 7 项（含合作）、二等奖 4 项等 20 多项省部级科研奖励。入选"国家首批'万人计划'青年拔尖人才""国家第 2 批'万人计划'哲学社会科学领军人才""中宣部全国文化名家暨'四个一批'人才""人社部国家百千万人才工程国家级人选""教育部新世纪优秀人才"等多项人才奖励计划。2015 年荣获人社部授予的"国家有突出贡献的中青年专家"和教育部授予的"全国师德标兵"荣誉称号，2016 年获评为享受国务院特殊津贴专家，并荣获 2014 年团中央授予的第 18 届"中国青年五四奖章"提名奖等多项荣誉称号。带领的科研团队于 2014 年被人社部、教育部评为"全国教育系统先进集体"，2018 年入选首批全国高校"双带头人"教师党支部书记工作室、全国党建工作样板支部。2018 年 1 月当选为十三届全国人大代表。2018 年 9 月获聘为最高人民法院特约监督员。

摘　要

　　省域经济作为中国经济的一个重要组成部分，在中国经济社会发展中发挥了中流砥柱的作用。省域经济综合竞争力是衡量一个省域或地区在激烈的市场经济竞争中能否占据优势的关键因素。在当代中国经济发展中，中国要增强经济发展的内生活力和动力，就必须大力提升省域经济综合竞争力。

　　全书共三大部分。第一部分为总报告，旨在从总体上评价分析 2016～2017 年中国省域经济综合竞争力的发展变化，揭示中国各省域经济综合竞争力的优劣势和变化特征，提出增强省域经济综合竞争力的基本路径、方法和对策，为我国省域经济战略决策提供分析依据。第二部分为分报告，通过对 2016～2017 年中国 31 个省份（不包括港澳台）的经济综合竞争力进行评价和比较分析，明确各自内部的竞争优势和薄弱环节，追踪研究各省份经济综合竞争力的演化轨迹和提升方向。第三部分为专题分析报告，专题报告开辟了"贸易保护主义背景下中国经济的突围之路"这个话题，分别对贸易保护主义背景下中国宏观经济平稳运行问题、中国对外开放的困境与出路、中国制造业高质量发展、中国金融业健康发展等方面进行系统分析，深入追踪研究了省域经济发展与中国经济综合竞争力的内在关系，为提升中国省域经济综合竞争力提供有价值的决策依据。

　　附录部分收录了本书关于中国省域经济综合竞争力评价指标体系的指标设置情况和各级指标得分及排名情况，以及 2017 年中国 31 个省份主要经济指标的统计数据，可为广大读者进行定量化分析提供数据参考。

　　关键词： 省域经济　综合竞争力　贸易保护主义

Abstract

As an important part of Chinese economy, provincial economy plays a mainstay role in economic and social development. The comprehensive competitiveness of provincial economy is a key factor to measure whether a province or region can take advantage in the fierce market economy competition. In contemporary economic development, China should enhance the comprehensive competitiveness of provincial economy to enhance the endogenous vigor and power of economic development.

The book consists of three parts. The first part is the general report, which generally evaluates and analyzes the development and changes of overall competitiveness of China's provincial economy development changes during 2016 – 2017, reveals the strengths, weaknesses and the variation of overall competitiveness in various provinces. The first part also proposes the basic paths, methods and strategies to enhance provincial competitiveness. By this way, it can provide analytical basis for making strategic decisions of China's provincial economy. The second part is departmental reports. It aims to conduct the evaluation and comparative analysis of overall competitiveness among China's 31 provinces (not including Hong Kong, Macao and Taiwan) during 2016 – 2017 to understand their own competitive advantages and disadvantages, and then track and study the evolution track and promotion direction of each province's comprehensive economic competitiveness. The third part is special reports. It opens the topic of "China's economic breakthrough road under global trade protectionism". Systematic analysis is performed respectively from the research on the smooth operation of China's macro economy under the background of global trade protectionism, the research on the dilemma and way out of China's opening up, the research on the high-quality development of China's manufacturing industry, the research on the healthy development of China's financial industry, and the research on the development of China's scientific and technological innovation. This part deeply investigates the internal relationship between the development of provincial economy and the comprehensive competitiveness of Chinese economy, which provides valuable decision-making basis for improving the comprehensive competitiveness of Chinese provincial economy.

The Appendixes contain the index system of overall competitiveness of Chinese provincial economy as well as the levels of indicators scores and their rankings. Furthermore, the relevant statistical data of the major economic indicators of 31 provinces in China during 2016 – 2017 are also provided, which can be used as a reference for the quantitative analysis of readers.

Keywords: Provincial Economy; Comprehensive Competitiveness; Trade Protectionism

前　言

"竞争"是市场经济的自然属性和基本要义。省域经济发展的动力就是省域拥有的经济综合竞争力，任何一个省域要想在激烈的市场竞争中求得生存和发展，就必须具备能够占据优势的经济综合竞争力。党的十九大报告将"不断增强我国经济创新力和竞争力"列为未来我国经济发展的重要目标和方向，并将"培育具有全球竞争力的世界一流企业"作为加快完善社会主义市场经济体制的重要内容。2018 年 12 月 19 日至 21 日在京举行的 2018 年中央经济工作会议强调指出："强化竞争政策的基础性地位，创造公平竞争的制度环境，鼓励中小企业加快成长。""要提升产业链水平，注重利用技术创新和规模效应形成新的竞争优势……要畅通国民经济循环，加快建设统一开放、竞争有序的现代市场体系。"这些论述充分表明，在经济和社会发展中，我们党越来越重视国际竞争力和产业、行业竞争力的提升。

省域经济是中国社会主义市场经济不可或缺的一个重要组成部分，提升省域经济综合竞争力越来越引起各级政府部门、理论界和学术界的高度重视。省域经济综合竞争力研究是中国社会主义市场经济建设和发展的产物，国际竞争力理论的兴起和发展过程为它提供了深厚的历史和理论背景，中国社会主义市场经济体制的建立和发展为它的产生提供了"沃土"。研究和提升中国省域经济综合竞争力既要借鉴国际竞争力、国家竞争力和区域竞争力的基本原理和方法，又要立足于中国社会主义市场经济发展的具体实际，不能全盘照搬西方竞争力研究的理论和方法；既要搞好中国省域经济综合竞争力的评价，也要加强中国省域经济综合竞争力未来发展变化的预测判断。

为适应国际竞争力发展和国内区域经济竞争格局的需要，早在 2006 年元月，福建师范大学就携手国务院发展研究中心管理世界杂志社等单位联合成立了全国经济综合竞争力研究中心。同年，福建师范大学设立了分中心，福建师范大学原校长李建平教授担任分中心主任。13 年来，该分中心主要从事中国省域经济综合竞争力、环境竞争力、创新竞争力、低碳经济竞争力、创意经济竞争力及其他竞争力问题的研究。本蓝皮书具体由全国经济综合竞争力研究中心福建师范大学分中心负责组织研究。2007 年 3 月，由李建平、李闽榕、高燕京担任主编的第一部省域竞争力蓝皮书《中国省域经济综合竞争力发展报告（2005～2006）》面世，并在中国社会科学院召开新闻发布会，引起了各级政府、理论界和新闻界的广泛关注，产生了强烈的社会反响。随后在 2008 年至 2018 年，连续出版、发布了 12 部《中国省域经济综合竞争力发展报告》及系列竞争力皮书，国内外新闻媒体持续对该系列皮书的最新研究成果作了深入报道，引起了各级政府、学术界、理论界和新闻媒体的广泛关注，产生了积极的社会反响。

经过十多年的努力，该系列皮书已跃升为中国皮书"家族"中很有影响力的蓝皮书。2009 年 8 月 17～19 日，中国社会科学院在辽宁丹东举行首届优秀蓝皮书表彰大会，在全国 100 多种蓝皮书中仅评选出 6 种优秀皮书，其中"中国省域竞争力蓝皮书"荣获"首届优秀皮书'最佳影响力奖'"。2011 年 9 月，在安徽合肥召开的中国优秀皮书颁奖大会上，表彰了 10 部优秀皮书，"中国省域竞争力蓝皮书"再次荣获"优秀皮书奖"，这是 10 部获奖皮书中唯一由地方高校承担的研究成果。2012 年 9 月，在江西南昌举行的第三届"优秀皮书奖报告奖"评选中，该分中心完成的"2009～2010 年全国省域经济综合竞争力总体评价报告"和"2001～2010 年 G20 集团国家创新竞争力总体评价与比较分析"双双荣获第三届"优秀皮书奖报告奖"一等奖，是唯一一个课题组同时获得两项一等奖。2013 年 8 月 24～25 日在甘肃兰州召开的优秀皮书颁奖大会上，"中国省域竞争力蓝皮书"又荣获第四届"优秀皮书奖"。2014 年 8 月，在贵州贵阳举行的第五届"优秀皮书奖"评选中，"中国省域竞争力蓝皮书"再次获得殊荣。2015 年 8 月，在湖北恩施举行的第六届"优秀皮书奖"评选中，"中国省域竞争力蓝皮书"再次荣获优秀皮书奖。2016 年 8 月，在河南郑州举行的第七届"优秀皮书奖"评选中，"中国省域竞争力蓝皮书"荣获"优秀皮书奖"一等奖。2017 年 8 月，在青海西宁举行的第八届"优秀皮书奖"评选中，"中国省域竞争力蓝皮书"荣获经济类皮书第 1 名、综合类皮书第 6 名的优异成绩。李闽榕教授、黄茂兴教授荣获"皮书专业化二十年"致敬人物称号。2018 年 8 月，在山东烟台举行的第九届"优秀皮书奖"评选中，"中国省域竞争力蓝皮书"荣获"优秀皮书奖"二等奖。该书荣获上述一系列皮书成果的科研奖励，充分展示了这一研究成果的学术价值和社会价值。

习近平总书记在党的十九大报告中强调，我国经济已由高速增长阶段转向高质量发展阶段，正处在转变发展方式、优化经济结构、转换增长动力的攻关期。2018 年底的中央经济工作会议指出：我国发展仍处于并将长期处于重要战略机遇期。加快经济结构优化升级，提升科技创新能力，深化改革开放，加快绿色发展，参与全球经济治理体系变革，变压力为加快推动经济高质量发展的动力。要适应新形势、把握新特点，推动由商品和要素流动型开放向规则等制度型开放转变。这一战略判断对引领新时代我国经济向高质量发展阶段迈进具有重大现实意义和深远历史意义。为此，课题组在中国省域经济综合竞争力评价研究过程中，一直注重对经济发展质量的综合性评价，注重对中国经济内外部环境的分析和影响研究。在今后的研究过程中，我们将继续按照经济高质量发展的要求，进一步修改完善中国省域经济综合竞争力评价指标体系，更加体现全面协调可持续的"包容性增长"。只有这样，才能为中国省域经济综合竞争力的提升乃至整个中国经济的又好又快发展，提供重要的理论和实践指导。

本年度的研究报告是在充分借鉴国内外研究者相关研究成果的基础上，进一步丰富和完善中国省域经济综合竞争力的内涵，紧密跟踪省域经济综合竞争力的最新研究动态，结合当前中国经济进入新常态的新变局、新情况、新挑战，深入分析当前我国省域经济综合竞争力面临的国内外形势、变化特点、发展趋势及动因，同时深度探讨了全球贸易保护主义给中国经济综合竞争力提升带来的机遇与挑战，并作出相应的政策愿景判断、提出政策建议。全书以课题组对 2016～2017 年中国 31 个省份经济综合竞争力的全面深入、科学比较分析和评价回顾为主要内容，深刻揭示不同类型和发展水平的中国省域经济综合竞争力的特点及其相对差异，明确各自内部的竞争优势和薄弱环节，追踪研究中国各省份经济综合竞争力的演化轨迹和提升方向，为提升中国省域经济综合竞争力提供有价值的理论指导和决策借鉴。全书共三大部分，基本框架如下。

第一部分：总报告，即 2016～2017 年全国省域经济综合竞争力总体评价报告。总报告是对 2016～2017 年中国除港澳台外 31 个省份的经济综合竞争力进行评价分析，构建了由 1 个一级指标、9 个二级指标、25 个三级指标和 210 个四级指标组成的评价体系。在进行综合分析的基础上，通过对全国 2016～2017 年中国省域经济综合竞争力变化态势的评价分析，阐述 2016～2017 年全国各省份经济综合竞争力的区域分布情况，明示我国各省域的优劣势和相对地位，分析评价期内省域经济综合竞争力的变化特征及发展启示，提出增强省域经济综合竞争力的基本路径、方法和对策，为我国省域经济战略选择提供有价值的分析依据。

第二部分：分报告，即对 2016～2017 年各省份进行经济综合竞争力评价分析。以专题报告的形式，对 2016～2017 年中国除港澳台外 31 个省份的经济综合竞争力进行全面深入、科学的比较分析和评价，深刻揭示 2016～2017 年中国不同类型和发展水平的省域经济综合竞争力的特点及其相对差异，明确各自内部的竞争优势和薄弱环节，追踪研究各省份经济综合竞争力的演化轨迹和提升方向。

第三部分：专题分析报告，即"贸易保护主义背景下中国经济的突围之路"，该专题分别对贸易保护主义背景下中国宏观经济平稳运行问题、中国对外开放的困境与出路、中国制造业高质量发展、中国金融业健康发展等方面内容进行系统分析，深入追踪研究了省域经济发展与中国经济综合竞争力的内在关系，为提升中国省域经济综合竞争力提供有价值的决策依据。

最后为附录部分，其中附录一列出了本书所构建的中国省域经济综合竞争力评价指标体系，为读者详细品读本书的各项研究结论提供分析依据；附录二列出了 2017 年中国省域经济综合竞争力各级指标得分和排名情况，为读者提供可量化的分析依据；附录三列出了 2017 年中国 31 个省份主要经济指标的统计数值，为读者进行定量化分析提供依据。

本报告是在过去 12 年系列研究成果的基础上，力图在中国省域经济综合竞争力的理论、研究方法和实践评价上尝试做一些创新和突破，但受到研究能力和占有资料有限等主客观因素的制约，一些方面的认识和研究仍然不够深入和全面，还有许多需要深入研究的问题待研究。此外，对各省份如何提升省域经济综合竞争力的具体对策，也需要今后继续深入探索和研究。课题组愿与关注这些问题的研究者一起，不断深化对省域经济综合竞争力理论和方法的研究，使省域经济综合竞争力的评价更加符合客观实际，更为有效地指导中国省域经济和区域经济发展。

作　者

2019 年 1 月 5 日

目 录

Ⅲ　专题分析报告

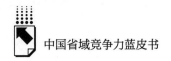

Ⅳ 附 录

皮书数据库阅读**使用指南**

CONTENTS

I General Report

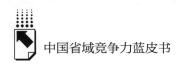
II　Departmental Reports

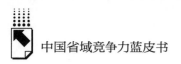

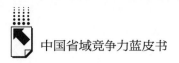

Ⅲ Special Reports

Ⅳ Appendix

┃ 总报告

General Report

B.1
全国省域经济综合竞争力总体评价报告

中国位于亚欧大陆的东部、太平洋西岸，陆地面积约960万平方公里，陆地边界长达2.28万公里，海域面积473万平方公里，大陆海岸线长约1.8万公里。2017年全国年末总人口为13.9亿人，实现国内生产总值82.7万亿元，同比增长6.9%。世界经济论坛公布的《全球竞争力报告2017~2018》显示，中国在全球竞争力排名榜上处于第27位，比上年前进了1位，保持最具竞争力新兴市场国家地位。省域是中国最大的行政区划，省域经济是中国经济的重要组成部分，省域经济综合竞争力在一定程度上决定着中国经济及其国际竞争力的发展水平。本部分通过对2016~2017年中国省域经济综合竞争力以及各要素竞争力的排名变化分析，从中找出中国省域经济综合竞争力的推动点及影响因素，为进一步提升中国经济综合竞争力提供决策参考。

一 全国各省份经济综合竞争力发展评价

1.1 全国省域经济综合竞争力评价结果

根据中国省域经济综合竞争力的指标体系和数学模型，对2016~2017年全国除港澳台外31个省份的相关指标数据进行统计和分析，图1-1、图1-2、图1-3和表1-1是评价期内全国31个省份经济综合竞争力排位和排位变化情况及其下属9个二级指标的评价结果。

1.2 全国省域经济综合竞争力排序分析

2017年全国31个省份经济综合竞争力处于上游区（1~10位）的依次为广东省、江

图 1-1 2016 年全国省域经济综合竞争力排位*

　*本书制作竞争力地图底版采自国家测绘地理信息局网站。各省份排名上游区用圆圈图示，中游区用上三角图示，下游区用方块图示。排名上升用上三角图示，排名不变用圆圈图示，下降用下三角图示。港澳台数据未在统计范围内。下同。

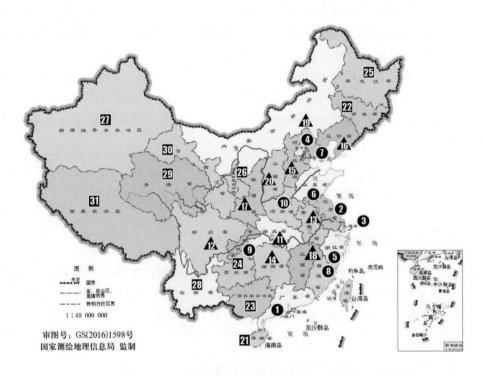

图 1-2 2017 年全国省域经济综合竞争力排位

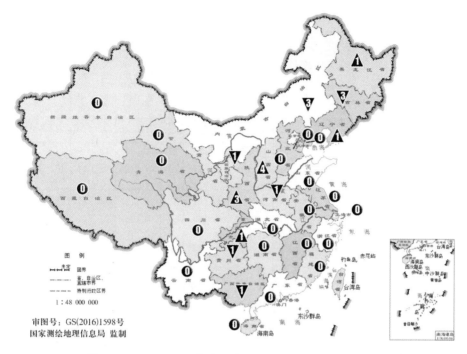

审图号：GS(2016)1598号
国家测绘地理信息局 监制

图1-3　2016～2017年全国省域经济综合竞争力排位变化

表1-1　2016～2017年全国31个省份经济综合竞争力评价比较

指标 / 地区	2016年										2017年										综合排名升降
	宏观经济竞争力	产业经济竞争力	可持续发展竞争力	财政金融竞争力	知识经济竞争力	发展环境竞争力	政府作用竞争力	发展水平竞争力	统筹协调竞争力	全国比较综合排名	宏观经济竞争力	产业经济竞争力	可持续发展竞争力	财政金融竞争力	知识经济竞争力	发展环境竞争力	政府作用竞争力	发展水平竞争力	统筹协调竞争力	全国比较综合排名	
北　京	6	6	4	1	3	2	7	4	3	4	6	6	1	3	2	9	4	7		4	0
天　津	7	7	15	6	7	6	3	6	1	7	10	13	23	20	10	6	2	7	1	7	0
河　北	14	13	31	10	20	11	9	16	13	15	15	14	19	13	19	11	12	18	13	15	0
山　西	29	30	7	27	16	20	16	17	27	24	29	28	3	8	17	20	15	15		20	4
内蒙古	17	12	1	19	27	19	15	19	18	16	23	10	1	25	27	20	17	25	22	19	-3
辽　宁	25	27	12	13	17	10	5	23	11	18	24	22	11	9	17	14	4	19	19	16	1
吉　林	18	17	16	21	21	27	14	22	12	19	21	23	29	31	22	28	16	24	9	22	-3
黑龙江	23	26	2	29	28	28	17	26	30	26	25	27	2	27	28	27	10	26	20	25	1
上　海	3	4	22	2	4	1	8	1	2	3	1	4	16	2	4	1	5	1		3	0
江　苏	2	2	18	5	2	3	1	2	5	2	2	2	10	5	3	3	7	2		2	0
浙　江	4	3	6	4	5	5	2	7	5	5	3	4	4	4	5	5	5	4		5	0
安　徽	15	15	23	15	11	14	11	12	21	13	14	15	15	15	13	14	12	21		13	0
福　建	8	9	13	12	15	8	10	9	4	8	7	7	5	14	13	8	8	6		6	0
江　西	16	19	24	26	18	18	26	11	23	16	16	20	26	12	22	26				24	0
山　东	5	5	3	3	6	4	4	5	6	6	5	3	3	6	6	4	10	6		4	0
河　南	11	8	19	14	8	13	18	10	10	10	12	6	18	18	7	10	24	11	10	10	-1

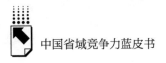

续表

指标 地区	2016年										2017年										综合排名升降
	宏观经济竞争力	产业经济竞争力	可持续发展竞争力	财政金融竞争力	知识经济竞争力	发展环境竞争力	政府作用竞争力	发展水平竞争力	统筹协调竞争力	全国比较综合排名	宏观经济竞争力	产业经济竞争力	可持续发展竞争力	财政金融竞争力	知识经济竞争力	发展环境竞争力	政府作用竞争力	发展水平竞争力	统筹协调竞争力	全国比较综合排名	
湖北	10	10	29	16	10	12	25	14	11	11	11	8	21	17	8	12	19	14	11	11	0
湖南	12	11	17	22	14	15	20	13	20	14	8	11	27	24	12	18	11	17	16	14	0
广东	1	1	3	3	1	4	6	3	6	1	1	1	8	3	1	4	1	3	5	1	0
广西	20	21	10	28	19	23	21	18	21	22	22	21	17	29	18	24	22	20	23	23	-1
海南	19	20	8	11	26	21	23	16	16	21	19	18	7	10	29	21	23	23	21	21	0
重庆	9	16	20	18	12	9	13	13	15	10	9	13	17	22	19	13	8	13	6	9	1
四川	13	14	9	13	12	15	19	12	12	12	9	12	12	7	11	15	15	13	9	12	0
贵州	22	24	25	23	22	22	24	24	24	23	20	19	25	16	21	26	25	22	27	24	-1
云南	28	23	14	24	24	29	30	29	29	28	27	26	13	24	25	27	29	29	28	28	0
西藏	31	22	21	7	31	31	31	26	26	31	29	24	30	30	31	31	31	31	31	31	0
陕西	21	18	11	30	9	24	21	31	31	20	27	16	20	11	9	19	23	16	26	17	3
甘肃	27	31	30	30	22	28	29	30	30	30	28	31	26	20	23	30	30	28	31	30	0
青海	26	29	27	31	30	25	29	30	8	29	28	30	31	22	30	15	28	30	18	29	0
宁夏	24	28	28	23	16	19	20	25	19	25	18	29	30	23	26	16	21	26	21	26	-1
新疆	30	25	26	17	25	26	27	27	14	27	26	25	24	12	25	29	29	27	14	27	0

苏省、上海市、北京市、浙江省、山东省、天津市、福建省、重庆市、河南省，排在中游区（11~20位）的依次为湖北省、四川省、安徽省、湖南省、河北省、辽宁省、陕西省、江西省、内蒙古自治区、山西省，处于下游区（21~31位）的依次为海南省、吉林省、广西壮族自治区、贵州省、黑龙江省、宁夏回族自治区、新疆维吾尔自治区、云南省、青海省、甘肃省、西藏自治区。

2016年全国31个省份经济综合竞争力处于上游区（1~10位）的依次为广东省、江苏省、上海市、北京市、浙江省、山东省、天津市、福建省、河南省、重庆市，排在中游区（11~20位）的依次为湖北省、四川省、安徽省、湖南省、河北省、内蒙古自治区、辽宁省、江西省、吉林省、陕西省，处于下游区（21~31位）的依次为海南省、广西壮族自治区、贵州省、山西省、宁夏回族自治区、黑龙江省、新疆维吾尔自治区、云南省、青海省、甘肃省、西藏自治区。

1.3 全国省域经济综合竞争力排序变化比较

2017年与2016年相比较，经济综合竞争力排位上升的有5个省份，上升幅度最大的是山西省，排位上升了4位，陕西省上升了3位，重庆市、黑龙江省和辽宁省均上升了1位；20个省份排位没有变化；排位下降的有6个省份，下降幅度最大的是吉林省和内蒙古自治区，排位下降了3位，河南省、广西壮族自治区、贵州省和宁夏回族自治区均下降了1位。

1.4　全国省域经济综合竞争力跨区段变化情况及动因分析

在评价期内,有部分省份的排位出现跨区段变化。其中,山西省由下游区跨入中游区,上升了4位;吉林省由中游区降入下游区,下降了3位。由于一级指标仍属于合成性指标,要真正找准影响省域经济综合竞争力升降的根本原因,还必须对处于基础地位、具有确定值的四级指标进行评价分析,本书第二部分将对每个省份的经济综合竞争力进行具体评价分析。

二　全国各省份经济综合竞争力区域分布

2.1　全国省域经济综合竞争力均衡性分析

各省份经济综合竞争力排位反映的只是排序位差,而按照功效系数法进行无量纲化处理和加权求和后得到的综合得分可以更为准确地反映各省份经济综合竞争力的实际差距,有必要深入分析各级指标竞争力得分及分布情况,对竞争力得分的实际差距及其均衡性进行深入研究和分析。图2－1显示了2016年和2017年全国各省份经济综合竞争力评价分值的分布情况。

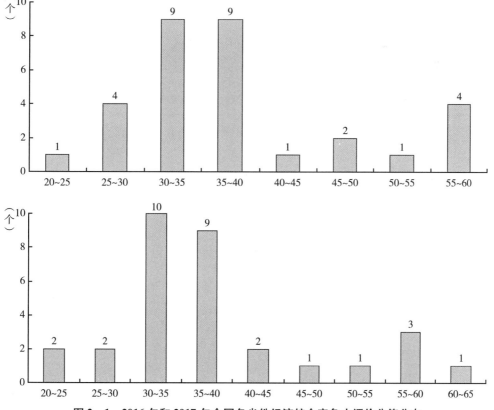

图2－1　2016年和2017年全国各省份经济综合竞争力评价分值分布

从图 2 - 1 中可以看出，各省份经济综合竞争力得分的分布很不均衡，全国有超过一半的省份经济综合竞争力得分集中在 30 ~ 40 分，整体分布比较分散，而且呈现偏态分布。从 2016 ~ 2017 年的对比情况来看，各省份得分的分布情况变化很大。其中，得分在 20 ~ 25 分、30 ~ 35 分和 40 ~ 45 分的省份分别由 1 个增加到 2 个、由 9 个增加到 10 个、由 1 个增加到 2 个；在 25 ~ 30 分、45 ~ 50 分和 55 ~ 60 分的省份分别由 4 个减少到 2 个、由 2 个减少到 1 个、由 4 个减少到 3 个。值得一提的是，在 2017 年，广东省经济综合竞争力得分突破 60 分（见表 2 - 1）。

表 2 - 1　全国各省份经济综合竞争力评价分值及分差比较

序号	地区	2016 年	2017 年	分值升降
1	广东	59.5	60.7	1.2
2	江苏	59.0	58.5	- 0.5
3	上海	58.2	56.5	- 1.7
74	北京	57.0	55.3	- 1.7
5	浙江	52.1	51.7	- 0.4
6	山东	49.0	47.8	- 1.2
7	天津	47.4	43.1	- 4.3
8	福建	41.6	41.7	0.1
9	重庆	39.3	39.0	- 0.3
10	河南	39.7	39.0	- 0.7
平均		**50.3**	**49.3**	**- 1.0**
11	湖北	37.8	38.6	0.8
12	四川	37.7	38.6	0.9
13	安徽	37.3	37.8	0.5
14	湖南	36.9	37.6	0.7
15	河北	36.9	36.9	0.0
16	辽宁	35.1	36.3	1.2
17	陕西	33.5	36.2	2.7
18	江西	34.7	34.5	- 0.2
19	内蒙古	35.6	34.3	- 1.3
20	山西	31.5	33.9	2.4
平均		**35.7**	**36.5**	**0.8**
21	海南	33.2	33.7	0.5
22	吉林	34.1	33.3	- 0.8
23	广西	32.5	33.1	0.6
24	贵州	31.6	32.6	1.0
25	黑龙江	30.9	32.4	1.5
26	宁夏	31.0	31.6	0.6
27	新疆	29.5	30.4	0.9
28	云南	28.6	29.7	1.1
29	青海	28.4	28.1	- 0.3
30	甘肃	27.6	24.1	- 3.5
31	西藏	24.8	22.5	- 2.3
平均		**30.2**	**30.1**	**- 0.1**
全国平均		**38.5**	**38.4**	**- 0.1**

从表 2 - 1 中可以看出，不同省份经济综合竞争力的得分差距悬殊，2017 年，得分最低的西藏自治区只有 22.5 分，不到第一名广东省得分的一半。另外，相同区位内部各省份综合得分差距也比较明显。同样是处于上游区，排在第 10 位的河南省与排在第 1 位的广东省在评价总分值上相差 21.7 分；但是处于中下游区的省份综合得分比较接近，排在第 11 位的湖北省得分为 38.6 分，比第 20 位的山西省仅多出 4.7 分；同样是处于下游区，排在第 21 位的海南省比排在第 31 位的西藏自治区超出 11.2 分。处于上游的 10 个省份平均分值为 49.3 分，处于中游区的 10 个省份平均分值为 36.5 分，处于下游区的 11 个省份平均分值为 30.1 分。

从 2016～2017 年得分升降来看，全国 16 个省份的经济综合竞争力得分有所上升，上升幅度最大的是陕西省，增加了 2.7 分，其次是山西省，增加了 2.4 分，广东省、辽宁省、黑龙江省和云南省都增加了 1 分以上。共有 14 个省份得分下降，下降幅度最大的是天津市，下降了 4.3 分。从全国平均分值来看，2017 年为 38.4 分，与 2016 年相比，下降了 0.1 分。

2.2　全国省域经济综合竞争力区域评价分析

表 2 - 2 列出了评价期内全国四大区域经济综合竞争力评价分值及其分差情况。2016 年全国四大区域经济综合竞争力的评价分值依次为：东部地区 49.4 分、中部地区 36.3 分、西部地区 31.7 分、东北地区 33.3 分，西部地区经济综合竞争力分值与东部地区的差距比较大。2017 年全国四大区域经济综合竞争力的评价分值依次为：东部地区 48.6 分、中部地区 36.9 分、西部地区 31.7 分、东北地区 34.0 分，西部地区经济综合竞争力与东部地区的差距有所缩小，与 2016 年相比，西部地区与东部地区的差距缩小了 0.8 分。

从 2016～2017 年区域经济综合竞争力平均分值变化情况看，四个地区平均分值各有变化，其中东北地区平均分值上升最多，增加了 0.7 分；东部地区平均得分下降了 0.8 分，而中部地区平均得分增加了 0.6 分。由此反映了各个板块经济综合竞争力变化出现分化现象，四大区域经济综合竞争力发展的协调性还有待加强。

表 2 - 2　全国四大区域经济综合竞争力评价分值及分差比较

地区	2016	2017	分值升降
东部地区	49.4	48.6	- 0.8
中部地区	36.3	36.9	0.6
西部地区	31.7	31.7	0.0
东北地区	33.3	34.0	0.7

2.3　全国省域经济综合竞争力区域内部差异分析

省域经济综合竞争力不仅在全国四大区域之间有明显差距，各区域内部的各省份之间也存在较大差距，为分析我国四大区域各自内部省份的经济综合竞争力排位差异情况，表2-3、表2-4、表2-5和表2-6分别列出了评价期内东部地区、中部地区、西部地区和东北地区内部省份的排位情况。

表2-3 东部地区经济综合竞争力排位比较

地 区	东部地区排位			全国排位		
	2016 年	2017 年	排位升降	2016 年	2017 年	排位升降
广 东	1	1	0	1	1	0
江 苏	2	2	0	2	2	0
上 海	3	3	0	3	3	0
北 京	4	4	0	4	4	0
浙 江	5	5	0	5	5	0
山 东	6	6	0	6	6	0
天 津	7	7	0	7	7	0
福 建	8	8	0	8	8	0
河 北	9	9	0	15	15	0
海 南	10	10	0	21	21	0

从表2-3中可以看出，东部10个省份的经济综合竞争力排位绝大部分都在上游区，只有河北省处于中游区、海南省处于下游区。上游区8个省份的全国经济综合竞争力排位稳定，这也说明东部地区各省份在全国处于绝对优势地位。但在东部地区的10个省份内部，竞争格局也是不平衡的，最明显的差距体现在海南省与其他省份之间。另外，同样处于上游区的省份，也存在较大差距；表2-1的竞争力得分结果显示，广东省、江苏省、上海市、北京市、浙江省得分都在50分以上，其他三个省份都低于50分，尤其是福建省，得分相对较低。

表2-4 中部地区经济综合竞争力排位比较

地 区	中部地区排位			全国排位		
	2016 年	2017 年	排位升降	2016 年	2017 年	排位升降
河 南	1	1	0	9	10	-1
湖 北	2	2	0	11	11	0
湖 南	4	4	0	14	14	0
安 徽	3	3	0	13	13	0
江 西	5	5	0	18	18	0
山 西	6	6	0	24	20	4

从表2-4中可以看出，中部地区6个省份的经济综合竞争力排位分布很不均衡，除河南省处于上游区、山西省处在下游区外，其他4个省份都处在中游区。与2016年相比，2017年河南省的综合排位下降了1位，山西省上升了4位，其他省份排位并没有变化。从表2-2的竞争力得分来看，中部地区与东部地区得分差距较大，与西部地区得分差距较小。这说明整体而言，中部地区尚不具备明显的竞争优势。从地区内部的排位变化来看，中部地区各省份相对变化不明显。

表 2 – 5　西部地区经济综合竞争力排位比较

地　区	西部地区排位			全国排位		
	2016 年	2017 年	排位升降	2016 年	2017 年	排位升降
重　庆	1	1	0	10	9	1
四　川	2	2	0	12	12	0
内蒙古	3	4	– 1	16	19	– 3
陕　西	4	3	1	20	17	3
广　西	5	5	0	22	23	– 1
贵　州	6	6	0	23	24	– 1
宁　夏	7	7	0	25	26	– 1
云　南	9	9	0	28	28	0
新　疆	8	8	0	27	27	0
甘　肃	11	11	0	30	30	0
青　海	10	10	0	29	29	0
西　藏	12	12	0	31	31	0

从表 2 – 5 中可以看出，西部地区 12 个省份的经济综合竞争力排位多数处在下游区，但是也有重庆市升入上游区，四川省、陕西省和内蒙古自治区处于中游区，其他各省份处于明显的竞争劣势地位。从表 2 – 2 的竞争力得分来看，2017 年，西部地区平均得分只有东部地区得分的 65%，表明其竞争力与东部地区相比有很大差距，但西部地区与中部地区相比，很多省份的竞争力得分差距很小，其竞争力劣势就不太明显。从西部地区 12 个省份的内部排位来看，西部地区各省份的综合竞争力排位相对稳定，除了少数省份排位有所调整以外，没有太大的变化。

表 2 – 6　东北地区经济综合竞争力排位比较

地　区	东北地区排位			全国排位		
	2016 年	2017 年	排位升降	2016 年	2017 年	排位升降
辽　宁	1	1	0	17	16	1
吉　林	2	2	0	19	22	– 3
黑龙江	3	3	0	26	25	1

从表 2 – 6 中可以看出，相对于其他地区，东北地区 2017 年竞争力变化不大，辽宁省仍然处于中游区，黑龙江省仍然处于下游区，但吉林省降入下游区，且排位的下降幅度较大。从东北地区内部来看，三个省份的排位相对稳定。

三　全国省域宏观经济竞争力评价分析

3.1　全国省域宏观经济竞争力评价结果

根据宏观经济竞争力指标体系和数学模型，课题组对采集到的 2016 ~ 2017 年全国 31

个省份的相关统计资料进行整理和合成，图3-1、图3-2、图3-3和表3-1显示了这两个年份宏观经济竞争力排位和排位变化情况以及其下属3个三级指标的评价结果。

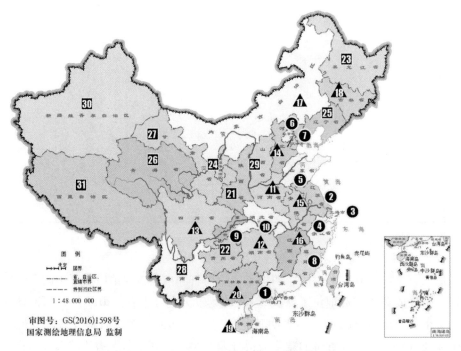

图3-1　2016年全国省域宏观经济竞争力排位

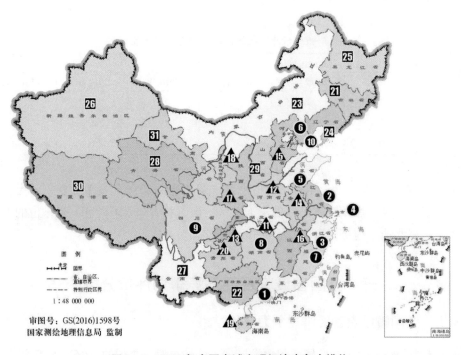

图3-2　2017年全国省域宏观经济竞争力排位

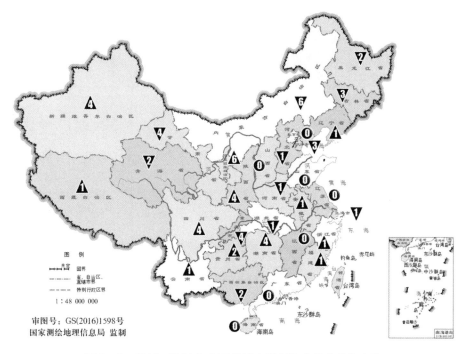

图 3-3 2016~2017 年全国省域宏观经济竞争力排位变化

表 3-1 全国各省份宏观经济竞争力评价比较

项目 地区	2016 年				2017 年				综合 排名 升降
	经济实力 竞争力	经济结构 竞争力	经济外向度 竞争力	全国比较 综合排名	经济实力 竞争力	经济结构 竞争力	经济外向度 竞争力	全国比较 综合排名	
北　京	6	6	5	6	5	8	9	6	0
天　津	7	3	7	7	18	4	13	10	-3
河　北	17	8	13	14	15	7	24	15	-1
山　西	29	28	26	29	29	24	27	29	0
内蒙古	12	23	17	17	24	20	25	23	-6
辽　宁	30	21	10	25	28	23	11	24	1
吉　林	19	14	23	18	23	11	29	21	-3
黑龙江	25	24	16	23	19	26	26	25	-2
上　海	5	5	2	3	6	5	2	4	-1
江　苏	1	1	3	2	1	1	3	2	0
浙　江	4	2	4	4	4	2	4	3	1
安　徽	16	15	24	15	14	14	15	14	1
福　建	8	13	8	8	7	12	14	7	1
江　西	20	9	14	16	16	15	28	16	0
山　东	2	7	6	5	3	10	5	5	0
河　南	9	18	15	11	8	19	20	12	-1
湖　北	11	10	22	10	9	13	19	11	-1

续表

项目 地区	2016 年				2017 年				综合 排名 升降
	经济实力 竞争力	经济结构 竞争力	经济外向度 竞争力	全国比较 综合排名	经济实力 竞争力	经济结构 竞争力	经济外向度 竞争力	全国比较 综合排名	
湖 南	13	12	18	12	10	16	7	8	4
广 东	3	4	1	1	2	3	1	1	0
广 西	21	22	19	20	20	21	18	22	-2
海 南	27	16	9	19	26	6	21	19	0
重 庆	10	17	12	9	11	18	22	13	-4
四 川	15	11	11	13	12	9	10	9	4
贵 州	18	25	27	22	17	28	12	20	2
云 南	24	30	20	28	22	30	23	27	1
西 藏	31	20	28	31	30	22	30	30	1
陕 西	14	26	29	21	13	27	8	17	4
甘 肃	26	29	21	27	31	31	17	31	-4
青 海	23	27	31	26	25	25	31	28	-2
宁 夏	28	19	25	24	27	17	6	18	6
新 疆	22	31	30	30	21	29	16	26	4

3.2 全国省域宏观经济竞争力排序分析

2016 年全国各省份宏观经济竞争力处于上游区（1～10 位）的依次排序是广东省、江苏省、上海市、浙江省、山东省、北京市、天津市、福建省、重庆市、湖北省，处于中游区（11～20 位）的依次排序为河南省、湖南省、四川省、河北省、安徽省、江西省、内蒙古自治区、吉林省、海南省、广西壮族自治区，处于下游区（21～31 位）的依次排序为陕西省、贵州省、黑龙江省、宁夏回族自治区、辽宁省、青海省、甘肃省、云南省、山西省、新疆维吾尔自治区、西藏自治区。

2017 年全国各省份宏观经济竞争力处于上游区（1～10 位）的依次排序是广东省、江苏省、浙江省、上海市、山东省、北京市、福建省、湖南省、四川省、天津市，处于中游区（11～20 位）的依次排序为湖北省、河南省、重庆市、安徽省、河北省、江西省、陕西省、宁夏回族自治区、海南省、贵州省，处于下游区（21～31 位）的依次排序为吉林省、广西壮族自治区、内蒙古自治区、辽宁省、黑龙江省、新疆维吾尔自治区、云南省、青海省、山西省、西藏自治区、甘肃省。

3.3 全国省域宏观经济竞争力排序变化比较

2017 年与 2016 年相比，排位上升的有 12 个省份，上升幅度最大的是宁夏回族自治区（6 位），其他依次为湖南省（4 位）、四川省（4 位）、陕西省（4 位）、新疆维吾尔自治区（4 位）、贵州省（2 位）、辽宁省（1 位）、浙江省（1 位）、安徽省（1 位）、福建省（1位）、云南省（1位）、西藏自治区（1位）；排位下降的有12个省份，下降幅度最大的是内蒙古自治区（6位），其他依次为甘肃省（4位）、重庆市（4位）、吉林省（3位）、天津市（3位）、青海省（2位）、广西壮族自治区（2位）、黑龙江（2位）、湖北省（1位）、河南省（1位）、上海市（1位）、河北省（1位）；有7个省份的排位没有变化。

3.4 全国省域宏观经济竞争力跨区段变化情况

不同区段是衡量竞争力优劣水平的重要标志，在评价期内，一些省份宏观经济竞争力排位出现了跨区段变化。在跨区段上升方面，湖南省、四川省由中游区升入上游区，陕西省、宁夏回族自治区由下游区升入中游区。在跨区段下降方面，重庆市、湖北省由上游区降入中游区，内蒙古自治区、吉林省、广西壮族自治区由中游区降入下游区。

3.5 全国省域宏观经济竞争力动因分析

作为省域经济综合竞争力的二级指标，省域宏观经济竞争力的变化是三级指标的变化综合作用的结果，表3-1还列出了3个三级指标的变化情况。

经济实力竞争力方面，2016年排在前10位的省份依次为江苏省、山东省、广东省、浙江省、上海市、北京市、天津市、福建省、河南省、重庆市，2017年排在前10位的省份依次为江苏省、广东省、山东省、浙江省、北京市、上海市、福建省、河南省、湖北省、湖南省。

经济结构竞争力方面，2016年排在前10位的省份依次为江苏省、浙江省、天津市、广东省、上海市、北京市、山东省、河北省、江西省、湖北省，2017年排在前10位的省份依次为江苏省、浙江省、广东省、天津市、上海市、海南省、河北省、北京市、四川省、山东省。

经济外向度竞争力方面，2016年排在前10位的省份依次为广东省、上海市、江苏省、浙江省、北京市、山东省、天津市、福建省、海南省、辽宁省，2017年排在前10位的省份依次为广东省、上海市、江苏省、浙江省、山东省、宁夏回族自治区、湖南省、陕西省、北京市、四川省。

从上述宏观经济竞争力排位跨区段升降的省份来看，宁夏回族自治区的宏观经济竞争力排位上升了6位，是由于经济实力竞争力、经济结构竞争力和经济外向度竞争力整体排位上升共同推动的结果，其中经济实力竞争力上升了1位，经济结构竞争力上升了2位，经济外向度竞争力排位上升了19位；内蒙古自治区的宏观经济竞争力排位下降6位，是由于经济实力竞争力排位下降12位，经济外向度竞争力排位下降8位，二者共同影响导致的。此外，从宏观经济竞争力排位在评价期内均处于上游区的省份来看，要保持竞争优势地位，都需要3个三级指标的良好表现来支撑。

四 全国省域产业经济竞争力评价分析

4.1 全国省域产业经济竞争力评价结果

根据产业经济竞争力指标体系和数学模型，课题组对采集到的 2016～2017 年全国 31 个省份的相关统计资料进行了整理和合成，图 4-1、图 4-2、图 4-3 和表 4-1 显示了这两个年份产业经济竞争力排位和排位变化情况，以及其下属 4 个三级指标的评价结果。

图 4-1 2016 年全国省域产业经济竞争力排位

4.2 全国省域产业经济竞争力排序分析

2016 年全国各省份产业经济竞争力处于上游区（1～10 位）的依次是广东省、江苏省、山东省、上海市、浙江省、北京市、天津市、河南省、福建省、湖北省，处于中游区（11～20 位）的依次排序为湖南省、内蒙古自治区、河北省、四川省、安徽省、重庆市、吉林省、陕西省、江西省、海南省，处于下游区（21～31 位）的依次排序为广西壮族自治区、西藏自治区、云南省、贵州省、新疆维吾尔自治区、黑龙江省、辽宁省、宁夏回族自治区、青海省、山西省、甘肃省。

图 4 - 2　2017 年全国省域产业经济竞争力排位

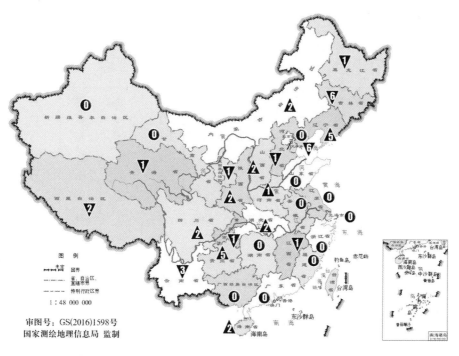

图 4 - 3　2016 ~ 2017 年全国省域产业经济竞争力排位变化

表4-1　全国各省份产业经济竞争力评价比较

项目 地区	2016年					2017年					综合排名升降
	农业竞争力	工业竞争力	服务业竞争力	企业竞争力	全国比较综合排名	农业竞争力	工业竞争力	服务业竞争力	企业竞争力	全国比较综合排名	
北　京	31	14	3	1	6	30	19	3	1	6	0
天　津	29	7	7	2	7	29	17	15	7	13	-6
河　北	6	11	16	16	13	8	15	11	16	14	-1
山　西	30	28	28	21	30	31	24	27	19	28	2
内蒙古	5	9	26	9	12	4	10	28	8	10	2
辽　宁	26	29	24	17	27	22	26	24	11	22	5
吉　林	17	20	22	14	17	17	25	22	21	23	-6
黑龙江	2	30	27	27	26	1	30	26	27	27	-1
上　海	9	6	2	3	4	6	6	2	2	4	0
江　苏	3	1	4	4	2	5	1	4	4	2	0
浙　江	12	4	5	6	5	10	4	5	6	5	0
安　徽	18	16	13	15	15	13	16	13	15	15	0
福　建	10	8	10	13	9	11	8	9	14	9	0
江　西	21	17	17	22	19	21	22	16	26	20	-1
山　东	1	3	6	5	3	2	3	6	3	3	0
河　南	4	5	11	18	8	3	7	10	20	7	1
湖　北	14	10	8	11	10	7	9	7	9	8	2
湖　南	8	13	12	8	11	12	14	12	10	11	0
广　东	20	2	1	7	1	19	2	1	5	1	0
广　西	15	21	21	26	21	14	23	20	23	21	0
海　南	16	26	19	12	20	15	28	14	13	18	2
重　庆	22	15	15	10	16	27	20	18	12	17	-1
四　川	7	18	9	19	14	9	11	8	18	12	2
贵　州	19	22	14	31	24	20	13	17	29	19	5
云　南	13	23	20	30	23	16	18	23	31	26	-3
西　藏	23	19	18	28	22	23	12	19	30	24	-2
陕　西	24	12	23	20	18	24	5	25	17	16	2
甘　肃	28	31	31	23	31	26	31	31	24	31	0
青　海	27	27	29	25	29	28	29	30	25	30	-1
宁　夏	25	25	30	24	28	25	27	29	22	29	-1
新　疆	11	24	25	28	25	18	21	21	28	25	0

2017年全国各省份产业经济竞争力处于上游区（1～10位）的依次是广东省、江苏省、山东省、上海市、浙江省、北京市、河南省、湖北省、福建省、内蒙古自治区，处于中游区（11～20位）的依次排序为湖南省、四川省、天津市、河北省、安徽省、陕西省、重庆市、海南省、贵州省、江西省，处于下游区（21～31位）的依次排序为

广西壮族自治区、辽宁省、吉林省、西藏自治区、新疆维吾尔自治区、云南省、黑龙江省、山西省、宁夏回族自治区、青海省、甘肃省。

4.3 全国省域产业经济竞争力排序变化比较

2017 年与 2016 年相比较，排位上升的有 9 个省份，上升幅度最大的是辽宁省和贵州省（5 位），其他依次为山西省（2 位）、内蒙古自治区（2 位）、湖北省（2 位）、海南省（2 位）、四川省（2 位）、陕西省（2 位）、河南省（1 位）；12 个省份排位没有变化；其他 10 个省份排位下降，下降幅度最大的是吉林省和天津市（6 位），其他依次为云南省（3 位）、西藏自治区（2 位）、河北省（1 位）、黑龙江省（1 位）、江西省（1位）、重庆市（1 位）、青海省（1 位）、宁夏回族自治区（1 位）。

4.4 全国省域产业经济竞争力跨区段变化情况

在评价期内，一些省份产业经济竞争力排位出现了跨区段变化。在跨区段上升方面，内蒙古自治区由中游区升入上游区，贵州省由下游区升入中游区；在跨区段下降方面，天津市由上游区降入中游区，吉林省由中游区降入下游区。

4.5 全国省域产业经济竞争力动因分析

在农业竞争力方面，2016 年排在前 10 位的省份依次为山东省、黑龙江省、江苏省、河南省、内蒙古自治区、河北省、四川省、湖南省、上海市、福建省，2017 年排在前10 位的省份依次为黑龙江省、山东省、河南省、内蒙古自治区、江苏省、上海市、湖北省、河北省、四川省、浙江省。

在工业竞争力方面，2016 年排在前 10 位的省份依次为江苏省、广东省、山东省、浙江省、河南省、上海市、天津市、福建省、内蒙古自治区、湖北省，2017 年排在前10 位的省份依次为江苏省、广东省、山东省、浙江省、陕西省、上海市、河南省、福建省、湖北省、内蒙古自治区。

在服务业竞争力方面，2016 年排在前 10 位的省份依次为广东省、上海市、北京市、江苏省、浙江省、山东省、天津市、湖北省、四川省、福建省，2017 年排在前 10 位的省份依次为广东省、上海市、北京市、江苏省、浙江省、山东省、湖北省、四川省、福建省、河南省。

在企业竞争力方面，2016 年排在前 10 位的省份依次为北京市、天津市、上海市、江苏省、山东省、浙江省、广东省、湖南省、内蒙古自治区、重庆市，2017 年排在前10 位的省份依次为北京市、上海市、山东省、江苏省、广东省、浙江省、天津市、内蒙古自治区、湖北省、湖南省。

从上述产业经济竞争力排位跨区段升降的省份看，辽宁省产业经济竞争力排位上升5 位，是由农业竞争力、工业竞争力和企业竞争力排位上升共同作用的结果，特别是企业竞争力排位有较大幅度的上升；贵州省产业经济竞争力排位上升 5 位，是由工业竞争力和企业竞争力共同作用的结果。所以，要不断提升一个地区的产业经济竞争力，就必

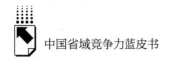

须全面提升三级指标的排位。产业经济竞争力排位在评价期内均处于上游区的省份，也都是以三级指标的良好表现来作支撑的。

五 全国省域可持续发展竞争力评价分析

5.1 全国省域可持续发展竞争力评价结果

根据可持续发展竞争力指标体系和数学模型，课题组对采集到的 2016～2017 年全国 31 个省份的相关统计资料进行了整理和合成，图 5-1、图 5-2、图 5-3 和表 5-1 显示了这两个年份可持续发展竞争力排位和排位变化情况，以及其下属 3 个三级指标的评价结果。

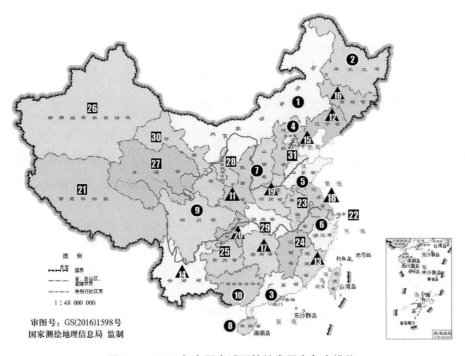

图 5-1 2016 年全国省域可持续发展竞争力排位

5.2 全国省域可持续发展竞争力排序分析

2016 年全国各省份可持续发展竞争力处于上游区（1～10 位）的依次排序是内蒙古自治区、黑龙江省、广东省、北京市、山东省、浙江省、山西省、海南省、四川省、广西壮族自治区，处在中游区（11～20 位）的依次排序为陕西省、辽宁省、福建省、云南省、天津市、吉林省、湖南省、江苏省、河南省、重庆市，处于下游区（21～31 位）的依次排序为西藏自治区、上海市、安徽省、江西省、贵州省、新疆维吾尔自治区、青海省、宁夏回族自治区、湖北省、甘肃省、河北省。

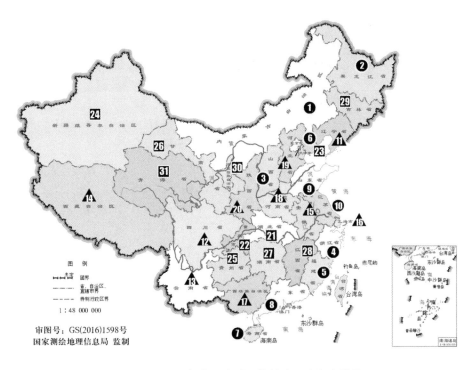

图5-2　2017年全国省域可持续发展竞争力排位

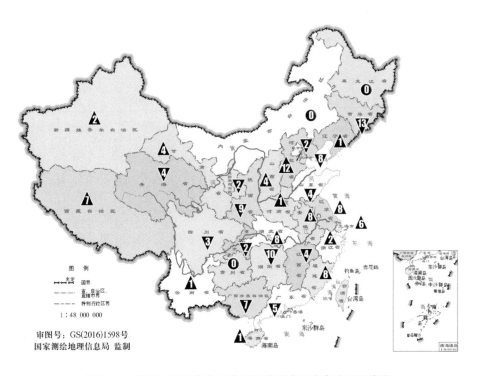

图5-3　2016~2017年全国省域可持续发展竞争力排位变化

表 5-1　全国各省份可持续发展竞争力评价比较

项目 地区	2016 年				2017 年				综合排名 升降
	资源 竞争力	环境 竞争力	人力资源 竞争力	全国比较 综合排名	资源 竞争力	环境 竞争力	人力资源 竞争力	全国比较 综合排名	
北　京	31	5	1	4	31	4	1	6	−2
天　津	29	18	3	15	29	16	8	23	−8
河　北	18	29	20	31	17	17	14	19	12
山　西	5	25	11	7	4	24	9	3	4
内蒙古	1	26	10	1	1	27	12	1	0
辽　宁	10	21	7	12	8	25	6	11	1
吉　林	7	16	26	16	7	30	26	29	−13
黑龙江	3	20	14	2	3	21	11	2	0
上　海	30	14	4	22	30	7	4	16	6
江　苏	19	19	6	18	19	15	5	10	8
浙　江	26	3	8	6	25	2	3	4	2
安　徽	21	22	13	23	22	6	22	15	8
福　建	11	10	19	13	13	1	15	5	8
江　西	24	7	28	24	26	8	30	28	−4
山　东	12	15	5	5	10	13	10	9	−4
河　南	22	13	15	19	20	10	20	18	1
湖　北	23	28	12	29	23	12	18	21	8
湖　南	27	6	18	17	27	26	13	27	−10
广　东	25	9	2	3	24	19	2	8	−5
广　西	17	1	21	10	21	5	24	17	−7
海　南	9	2	25	8	11	3	21	7	1
重　庆	28	8	16	20	28	9	17	22	−2
四　川	13	12	9	9	14	20	7	12	−3
贵　州	15	17	30	25	16	14	28	25	0
云　南	8	11	22	14	9	11	23	13	1
西　藏	2	24	31	21	2	23	31	14	7
陕　西	16	4	17	11	15	18	16	20	−9
甘　肃	14	27	27	30	12	22	25	26	4
青　海	4	30	29	27	6	31	29	31	−4
宁　夏	20	23	23	28	18	28	27	30	−2
新　疆	6	31	24	26	5	29	19	24	2

　　2017 年全国各省份可持续发展竞争力处于上游区（1～10 位）的依次排序是内蒙古自治区、黑龙江省、山西省、浙江省、福建省、北京市、海南省、广东省、山东省、

江苏省,处于中游区(11~20位)的依次排序为辽宁省、四川省、云南省、西藏自治区、安徽省、上海市、广西壮族自治区、河南省、河北省、陕西省,处于下游区(21~31位)的依次排序为湖北省、重庆市、天津市、新疆维吾尔自治区、贵州省、甘肃省、湖南省、江西省、吉林省、宁夏回族自治区、青海省。

5.3 全国省域可持续发展竞争力排序变化比较

2017年与2016年相比较,排位上升的有15个省份,上升幅度最大的是河北省(12位),其他依次为江苏省(8位)、福建省(8位)、安徽省(8位)、湖北省(8位)、西藏自治区(7位)、上海市(6位)、山西省(4位)、甘肃省(4位)、浙江省(2位)、新疆维吾尔自治区(2位)、辽宁省(1位)、河南省(1位)、海南省(1位)、云南省(1位);3个省份排位没有变化;排位下降的有13个省份,下降幅度最大的是吉林省(13位),其他依次为湖南省(10位)、陕西省(9位)、天津市(8位)、广西壮族自治区(7位)、广东省(5位)、江西省(4位)、山东省(4位)、青海省(4位)、四川省(3位)、北京市(2位)、重庆市(2位)、宁夏回族自治区(2位)。

5.4 全国省域可持续发展竞争力跨区段变化情况

在评价期内,一些省份可持续发展竞争力排位出现了跨区段变化。在跨区段上升方面,江苏省、福建省由中游区升入上游区,河北省、上海市、安徽省、西藏自治区由下游区升入中游区。在跨区段下降方面,广西壮族自治区、四川省由上游区跌入中游区,天津市、吉林省、湖南省、重庆市由中游区跌入下游区。

5.5 全国省域可持续发展竞争力动因分析

在资源竞争力方面,2016年排在前10位的省份依次为内蒙古自治区、西藏自治区、黑龙江省、青海省、山西省、新疆维吾尔自治区、吉林省、云南省、海南省、辽宁省,2017年排在前10位的省份依次为内蒙古自治区、西藏自治区、黑龙江省、山西省、新疆维吾尔自治区、青海省、吉林省、辽宁省、云南省、山东省。

在环境竞争力方面,2016年排在前10位的省份依次为广西壮族自治区、海南省、浙江省、陕西省、北京市、湖南省、江西省、重庆市、广东省、福建省,2017年排在前10位的省份依次为福建省、浙江省、海南省、北京市、广西壮族自治区、安徽省、上海市、江西省、重庆市、河南省。

在人力资源竞争力方面,2016年排在前10位的省份依次为北京市、广东省、天津市、上海市、山东省、江苏省、辽宁省、浙江省、四川省、内蒙古自治区,2017年排在前10位的省份依次为北京市、广东省、浙江省、上海市、江苏省、辽宁省、四川省、天津市、山西省、山东省。

从可持续发展竞争力3个三级指标的变化可以看出,可持续发展竞争力排位上升幅度最大的河北省,主要是由于环境竞争力和人力资源竞争力排位上升,环境竞争力排位上升

了 12 位，人力资源竞争力排位上升了 6 位。可持续发展竞争力排位下降幅度最大的吉林省，主要是由于环境竞争力排位下降了 14 位。

六 全国省域财政金融竞争力评价分析

6.1 全国省域财政金融竞争力评价结果

根据财政金融竞争力指标体系和数学模型，课题组对采集到的 2016 ~ 2017 年全国 31 个省份的相关统计资料进行了整理和合成，图 6 - 1、图 6 - 2、图 6 - 3 和表 6 - 1 显示了这两个年份财政金融竞争力排位和排位变化情况，以及其下属 2 个三级指标的评价结果。

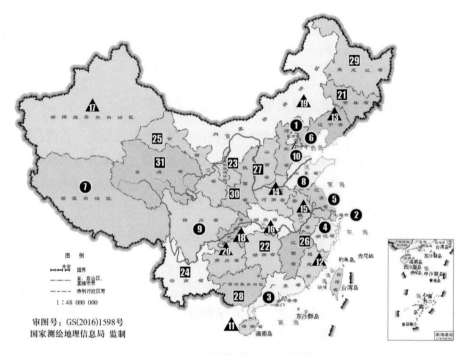

图 6 - 1 2016 年全国省域财政金融竞争力排位

6.2 全国省域财政金融竞争力排序分析

2016 年全国各省份财政金融竞争力处于上游区（1 ~ 10 位）的依次是北京市、上海市、广东省、浙江省、江苏省、天津市、西藏自治区、山东省、四川省、河北省，处于中游区（11 ~ 20 位）的依次排序为海南省、福建省、辽宁省、河南省、安徽省、湖北省、新疆维吾尔自治区、重庆市、内蒙古自治区、贵州省，处于下游区（21 ~ 31 位）的依次排序为吉林省、湖南省、宁夏回族自治区、云南省、甘肃省、江西省、山西省、广西壮族自治区、黑龙江省、陕西省、青海省。

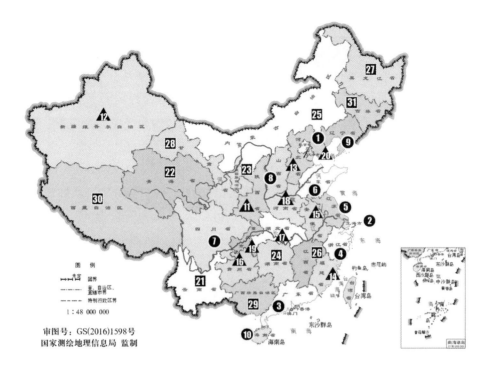

图6-2 2017年全国省域财政金融竞争力排位

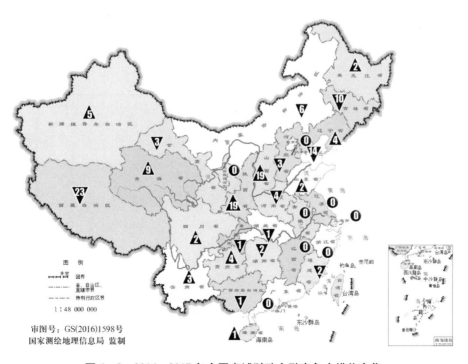

图6-3 2016~2017年全国省域财政金融竞争力排位变化

表6－1　全国各省份财政金融竞争力评价比较

项目 地区	2016 年			2017 年			综合排名 升降
	财政竞争力	金融竞争力	全国比较 综合排名	财政竞争力	金融竞争力	全国比较 综合排名	
北 京	2	1	1	2	1	1	0
天 津	6	8	6	28	11	20	－ 14
河 北	16	9	10	18	9	13	－ 3
山 西	29	14	27	5	19	8	19
内蒙古	12	22	19	19	24	25	－ 6
辽 宁	20	10	13	10	8	9	4
吉 林	22	20	21	31	27	31	－ 10
黑龙江	28	21	29	22	28	27	2
上 海	1	2	2	1	3	2	0
江 苏	7	4	5	7	4	5	0
浙 江	5	5	4	4	5	4	0
安 徽	13	15	15	14	17	15	0
福 建	14	12	12	17	13	14	－ 2
江 西	26	24	26	23	26	26	0
山 东	10	6	8	15	7	6	2
河 南	19	11	14	24	12	18	－ 4
湖 北	21	13	16	25	10	17	－ 1
湖 南	25	18	22	27	16	24	－ 2
广 东	3	3	3	3	2	3	0
广 西	27	28	28	29	25	29	－ 1
海 南	8	27	11	6	18	10	1
重 庆	17	16	18	21	14	19	－ 1
四 川	15	7	9	20	6	7	2
贵 州	9	29	20	11	20	16	4
云 南	24	23	24	16	22	21	3
西 藏	4	31	7	30	30	30	－ 23
陕 西	31	17	30	9	15	11	19
甘 肃	23	25	25	26	23	28	－ 3
青 海	30	30	31	12	31	22	9
宁 夏	18	26	23	13	29	23	0
新 疆	11	19	17	8	21	12	5

　　2017 年全国各省份财政金融竞争力处于上游区（1～10 位）的依次是北京市、上海市、广东省、浙江省、江苏省、山东省、四川省、山西省、辽宁省、海南省，处于中游区（11～20 位）的依次排序为陕西省、新疆维吾尔自治区、河北省、福建省、安徽省、贵州省、湖北省、河南省、重庆市、天津市，处于下游区（21～31 位）的依次排

序为云南省、青海省、宁夏回族自治区、湖南省、内蒙古自治区、江西省、黑龙江省、甘肃省、广西壮族自治区、西藏自治区、吉林省。

6.3 全国省域财政金融竞争力排序变化比较

2017年与2016年相比较，排位上升的有11个省份，上升幅度最大的是山西省和陕西省（19位），其他依次为青海省（9位）、新疆维吾尔自治区（5位）、贵州省（4位）、辽宁省（4位）、云南省（3位）、四川省（2位）、黑龙江省（2位）、山东省（2位）、海南省（1位）；8个省份排位没有变化；排位下降的有12个省份，下降幅度最大的是西藏自治区（23位），其他依次为天津市（14位）、吉林省（10位）、内蒙古自治区（6位）、河南省（4位）、河北省（3位）、甘肃省（3位）、福建省（2位）、湖南省（2位）、湖北省（1位）、广西壮族自治区（1位）、重庆市（1位）。

6.4 全国省域财政金融竞争力跨区段变化情况

在评价期内，一些省份财政金融竞争力排位出现了跨区段变化。在跨区段上升方面，辽宁省、海南省由中游区升入上游区，山西省由下游区升入上游区；在跨区段下降方面，西藏自治区由上游区跌入下游区，天津市、河北省由上游区跌入中游区，内蒙古自治区由中游区跌入下游区。

6.5 全国省域财政金融竞争力动因分析

在财政竞争力方面，2016年排在前10位的省份依次为上海市、北京市、广东省、西藏自治区、浙江省、天津市、江苏省、海南省、贵州省、山东省，2017年排在前10位的省份依次为上海市、北京市、广东省、浙江省、山西省、海南省、江苏省、新疆维吾尔自治区、陕西省、辽宁省。

在金融竞争力方面，2016年排在前10位的省份依次为北京市、上海市、广东省、江苏省、浙江省、山东省、四川省、天津市、河北省、辽宁省，2017年排在前10位的省份依次为北京市、广东省、上海市、江苏省、浙江省、四川省、山东省、辽宁省、河北省、湖北省。

从省域财政金融竞争力2个三级指标的变化情况可以看出，在评价期内，财政金融竞争力排位居前的大部分省份2个三级指标都处于上游区，表明财政、金融的关系密不可分，财政金融竞争力优势的形成需要财政竞争力、金融竞争力的共同支撑。

七 全国省域知识经济竞争力评价分析

7.1 全国省域知识经济竞争力评价结果

根据知识经济竞争力指标体系和数学模型，课题组对采集到的2016~2017年全国31个省份的相关统计资料进行了整理和合成，图7-1、图7-2、图7-3和表7-1显示了这两个年份知识经济竞争力排位和排位变化情况，以及其下属 3 个三级指标的评价结果。

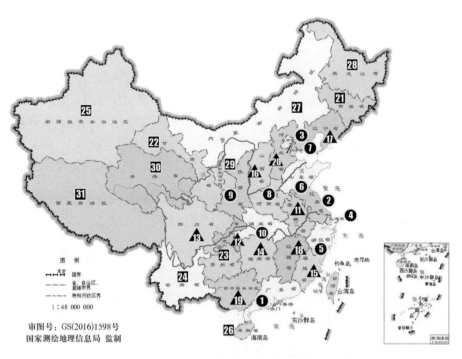

图 7 - 1　2016 年全国省域知识经济竞争力排位

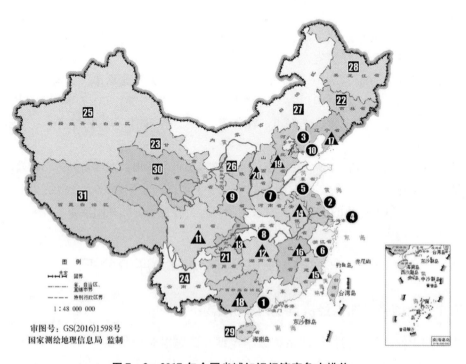

图 7 - 2　2017 年全国省域知识经济竞争力排位

图 7 – 3　2016～2017 年全国省域知识经济竞争力排位变化

表 7 – 1　全国各省份知识经济竞争力评价比较

项目 地区	2016 年				2017 年				综合排名 升降
	科技 竞争力	教育 竞争力	文化 竞争力	全国比较 综合排名	科技 竞争力	教育 竞争力	文化 竞争力	全国比较 综合排名	
北　京	3	1	6	3	3	1	6	3	0
天　津	7	8	17	7	12	10	17	10	− 3
河　北	19	25	16	20	21	16	14	19	1
山　西	18	13	11	16	19	25	11	20	− 4
内蒙古	27	28	18	27	27	27	23	27	0
辽　宁	17	19	10	17	17	23	10	17	0
吉　林	22	24	12	21	22	22	13	22	− 1
黑龙江	24	30	24	28	26	30	24	28	0
上　海	4	4	5	4	4	3	5	4	0
江　苏	2	2	2	2	2	2	2	2	0
浙　江	5	5	3	5	5	7	4	6	− 1
安　徽	8	23	15	11	9	24	12	14	− 3
福　建	14	11	20	15	14	17	20	15	0
江　西	16	15	19	18	16	15	19	16	2
山　东	6	7	4	6	6	5	3	5	1

项目 地区	2016 年				2017 年				综合排名 升降
	科技 竞争力	教育 竞争力	文化 竞争力	全国比较 综合排名	科技 竞争力	教育 竞争力	文化 竞争力	全国比较 综合排名	
河 南	11	9	8	8	10	8	8	7	1
湖 北	10	12	9	10	8	11	9	8	2
湖 南	15	20	7	14	15	14	7	12	2
广 东	1	3	1	1	1	4	1	1	0
广 西	20	18	14	19	20	18	15	18	1
海 南	28	26	29	26	28	26	28	29	-3
重 庆	9	17	25	12	7	19	21	13	-1
四 川	12	10	21	13	11	13	16	11	2
贵 州	21	22	22	23	18	20	22	21	2
云 南	25	21	23	24	24	21	25	24	0
西 藏	31	31	31	31	31	31	31	31	0
陕 西	13	6	13	9	13	6	18	9	0
甘 肃	23	16	26	22	25	12	26	23	-1
青 海	29	29	30	30	29	29	30	30	0
宁 夏	26	27	27	29	23	28	27	26	3
新 疆	30	14	28	25	30	9	29	25	0

7.2 全国省域知识经济竞争力排序分析

2016 年全国各省份知识经济竞争力处于上游区（1～10 位）的依次为广东省、江苏省、北京市、上海市、浙江省、山东省、天津市、河南省、陕西省、湖北省，处于中游区（11～20 位）的依次排序为安徽省、重庆市、四川省、湖南省、福建省、山西省、辽宁省、江西省、广西壮族自治区、河北省，处于下游区（21～31 位）的依次为吉林省、甘肃省、贵州省、云南省、新疆维吾尔自治区、海南省、内蒙古自治区、黑龙江省、宁夏回族自治区、青海省、西藏自治区。

2017 年全国各省份知识经济竞争力处于上游区（1～10 位）的依次是广东省、江苏省、北京市、上海市、山东省、浙江省、河南省、湖北省、陕西省、天津市，处于中游区（11～20 位）的依次排序为四川省、湖南省、重庆市、安徽省、福建省、江西省、辽宁省、广西壮族自治区、河北省、山西省，处于下游区（21～31 位）的依次为贵州省、吉林省、甘肃省、云南省、新疆维吾尔自治区、宁夏回族自治区、内蒙古自治区、黑龙江省、海南省、青海省、西藏自治区。

7.3 全国省域知识经济竞争力排序变化比较

2017 年与 2016 年相比，排位上升的有 10 个省份，上升幅度都不大，依次为宁夏回族自治区（3 位）、湖北省（2 位）、江西省（2 位）、湖南省（2 位）、四川省（2 位）、贵州省（2 位）、河北省（1 位）、山东省（1 位）、河南省（1 位）、广西壮族自治区（1 位）；13 个省份的排位没有变化；排位下降的有 8 个省份，下降幅度最大的是山西省（4 位），其他依次为天津市（3 位）、安徽省（3 位）、海南省（3 位）、吉林省（1 位）、浙江省（1 位）、重庆市（1 位）、甘肃省（1 位）。

7.4 全国省域知识经济竞争力跨区段变化情况

在评价期内，没有省份的知识经济竞争力排位出现跨区段变化。

7.5 全国省域知识经济竞争力动因分析

在科技竞争力方面，2016 年排在前 10 位的省份依次为广东省、江苏省、北京市、上海市、浙江省、山东省、天津市、安徽省、重庆市、湖北省，2017 年排在前 10 位的省份依次为广东省、江苏省、北京市、上海市、浙江省、山东省、重庆市、湖北省、安徽省、河南省。

在教育竞争力方面，2016 年排在前 10 位的省份依次为北京市、江苏省、广东省、上海市、浙江省、陕西省、山东省、天津市、河南省、四川省，2017 年排在前 10 位的省份依次为北京市、江苏省、上海市、广东省、山东省、陕西省、浙江省、河南省、新疆维吾尔自治区、天津市。

在文化竞争力方面，2016 年排在前 10 位的省份依次为广东省、江苏省、浙江省、山东省、上海市、北京市、湖南省、河南省、湖北省、辽宁省，2017 年排在前 10 位的省份依次为广东省、江苏省、山东省、浙江省、上海市、北京市、湖南省、河南省、湖北省、辽宁省。

从省域知识经济竞争力 3 个三级指标的变化情况可以看出，经济发达地区科技竞争力、教育竞争力和文化竞争力多呈现比较均衡、协调提升的态势，一些中西部省份 3 个三级指标也保持了比较均衡、协调提升的态势，如湖南省、湖北省。

八　全国省域发展环境竞争力评价分析

8.1 全国省域发展环境竞争力评价结果

根据发展环境竞争力指标体系和数学模型，课题组对采集到的 2016～2017 年全国 31 个省份的相关统计资料进行了整理和合成，图 8-1、图 8-2、图 8-3 和表 8-1 显示了这两个年份发展环境竞争力排位和排位变化情况，以及其下属 2 个三级指标的评价结果。

图 8-1　2016 年全国省域发展环境竞争力排位

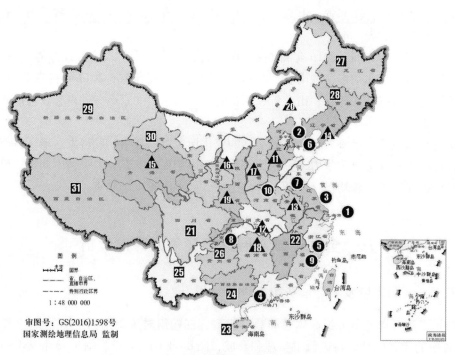

图 8-2　2017 年全国省域发展环境竞争力排位

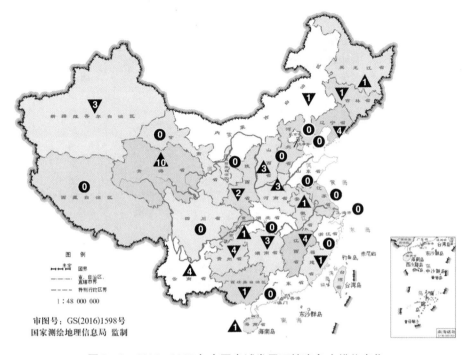

图 8-3　2016～2017 年全国省域发展环境竞争力排位变化

表 8-1　全国各省份发展环境竞争力评价比较

项　　目 地　区	2016 年			2017 年			综合排名 升降
	基础设施 竞争力	软环境 竞争力	全国比较 综合排名	基础设施 竞争力	软环境 竞争力	全国比较 综合排名	
北　京	4	1	2	5	1	2	0
天　津	8	4	6	8	5	6	0
河　北	10	23	11	10	18	11	0
山　西	22	11	20	22	10	17	3
内蒙古	20	12	19	20	13	20	-1
辽　宁	11	18	10	11	26	14	-4
吉　林	26	28	27	26	28	28	-1
黑龙江	28	27	28	28	16	27	1
上　海	2	2	1	2	2	1	0
江　苏	5	3	3	4	3	3	0
浙　江	3	5	5	3	4	5	0
安　徽	12	26	14	13	22	13	1
福　建	9	7	8	9	9	9	-1
江　西	17	16	18	19	24	22	-4
山　东	6	8	7	6	8	7	0
河　南	7	30	13	7	21	10	3
湖　北	13	21	12	12	20	12	0
湖　南	15	24	15	15	27	18	-3

地 项目 区	2016 年			2017 年			综合排名 升降
	基础设施 竞争力	软环境 竞争力	全国比较 综合排名	基础设施 竞争力	软环境 竞争力	全国比较 综合排名	
广　东	1	9	4	1	12	4	0
广　西	23	15	23	25	17	24	-1
海　南	24	14	24	23	19	23	1
重　庆	14	6	9	14	6	8	1
四　川	19	19	21	21	23	21	0
贵　州	21	22	22	18	30	26	-4
云　南	29	25	29	27	11	25	4
西　藏	31	29	31	31	29	31	0
陕　西	18	13	17	17	14	19	-2
甘　肃	30	31	30	29	31	30	0
青　海	25	20	25	24	7	15	10
宁　夏	16	10	16	16	15	16	0
新　疆	27	17	26	30	25	29	-3

8.2　全国省域发展环境竞争力排序分析

2016 年全国各省份发展环境竞争力处于上游区（1～10 位）的依次是上海市、北京市、江苏省、广东省、浙江省、天津市、山东省、福建省、重庆市、辽宁省，处于中游区（11～20 位）的依次排序为河北省、湖北省、河南省、安徽省、湖南省、宁夏回族自治区、陕西省、江西省、内蒙古自治区、山西省，处于下游区（21～31 位）的依次排序为四川省、贵州省、广西壮族自治区、海南省、青海省、新疆维吾尔自治区、吉林省、黑龙江省、云南省、甘肃省、西藏自治区。

2017 年全国各省份发展环境竞争力处于上游区（1～10 位）的依次是上海市、北京市、江苏省、广东省、浙江省、天津市、山东省、重庆市、福建省、河南省，处于中游区（11～20 位）的依次排序为河北省、湖北省、安徽省、辽宁省、青海省、宁夏回族自治区、山西省、湖南省、陕西省、内蒙古自治区，处于下游区（21～31 位）的依次排序为四川省、江西省、海南省、广西壮族自治区、云南省、贵州省、黑龙江省、吉林省、新疆维吾尔自治区、甘肃省、西藏自治区。

8.3　全国省域发展环境竞争力排序变化比较

2017 年与 2016 年相比较，排位上升的有 8 个省份，上升幅度最大的是青海省（10位），其他依次为云南省（4 位）、山西省（3 位）、河南省（3 位）、黑龙江省（1 位）、安徽省（1 位）、海南省（1 位）、重庆市（1 位）；13 个省份排位没有变化；排位下降的有 10 个省份，下降幅度最大的是辽宁省、江西省、贵州省（4 位），其他依次为新疆维吾尔自治区（3 位）、湖南省（3 位）、陕西省（2 位）、吉林省（1 位）、福建省（1位）、内蒙古自治区（1 位）、广西壮族自治区（1 位）。

8.4　全国省域发展环境竞争力动因分析

在基础设施竞争力方面，2016 年排在前 10 位的省份依次为广东省、上海市、浙江省、北京市、江苏省、山东省、河南省、天津市、福建省、河北省，2017 年排在前 10 位的省份依次为广东省、上海市、浙江省、江苏省、北京市、山东省、河南省、天津市、福建省、河北省。

在软环境竞争力方面，2016 年排在前 10 位的省份依次为北京市、上海市、江苏省、天津市、浙江省、重庆市、福建省、山东省、广东省、宁夏回族自治区，2017 年排在前 10 位的省份依次为北京市、上海市、江苏省、浙江省、天津市、重庆市、青海省、山东省、福建省、山西省。

从省域发展环境竞争力 2 个三级指标的变化可以看出，发展环境竞争力排位处于上游区的省份，基础设施竞争力和软环境竞争力基本在同一区段内比较协调地变化，那些排位差距呈现扩大趋势的地区，发展环境竞争力综合排位也呈现下降趋势，表明基础设施竞争力和软环境竞争力都是发展环境竞争力不可缺少的重要组成部分，需要协调发展、同步提升。

九　全国省域政府作用竞争力评价分析

9.1　全国省域政府作用竞争力评价结果

根据政府作用竞争力指标体系和数学模型，课题组对采集到的 2016～2017 年全国 31 个省份的相关统计资料进行了整理和合成，图 9-1、图 9-2、图 9-3 和表 9-1 显示了这两个年份政府作用竞争力排位和排位变化情况，以及其下属 3 个三级指标的评价结果。

9.2　全国省域政府作用竞争力排序分析

2016 年全国各省份政府作用竞争力处于上游区（1～10 位）的依次是江苏省、浙江省、天津市、山东省、辽宁省、广东省、北京市、上海市、河北省、福建省，处于中游区（11～20 位）的依次排序为安徽省、四川省、重庆市、吉林省、内蒙古自治区、山西省、黑龙江省、河南省、宁夏回族自治区、湖南省，处于下游区（21～31 位）的依次排序为广西壮族自治区、贵州省、海南省、陕西省、湖北省、江西省、新疆维吾尔自治区、甘肃省、青海省、云南省、西藏自治区。

2017 年全国各省份政府作用竞争力处于上游区（1～10 位）的依次是广东省、天津市、浙江省、辽宁省、上海市、山东省、江苏省、福建省、北京市、黑龙江省，处于中游区（11～20 位）的依次排序为湖南省、河北省、重庆市、安徽省、四川省、吉林省、内蒙古自治区、宁夏回族自治区、湖北省、山西省，处于下游区（21～31 位）的依次排序为海南省、广西壮族自治区、陕西省、河南省、贵州省、江西省、云南省、青海省、新疆维吾尔自治区、甘肃省、西藏自治区。

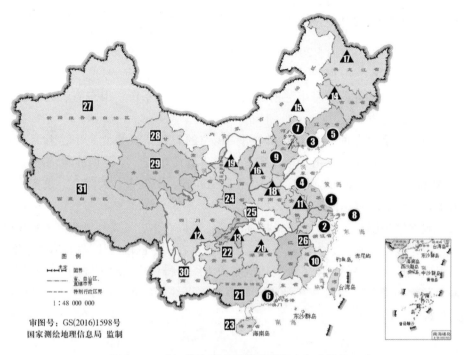

图9-1 2016年全国省域政府作用竞争力排位

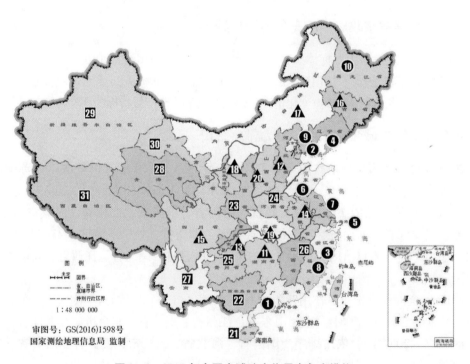

图9-2 2017年全国省域政府作用竞争力排位

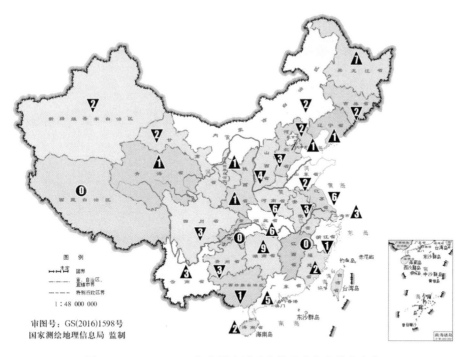

审图号：GS(2016)1598号
国家测绘地理信息局 监制

图9－3　2016～2017年全国省域政府作用竞争力排位变化

表9－1　全国各省份政府作用竞争力评价比较

项目 地区	2016 年				2017 年				综合排名 升降
	政府发展 经济 竞争力	政府规调 经济 竞争力	政府保障 经济 竞争力	全国比较 综合排名	政府发展 经济 竞争力	政府规调 经济 竞争力	政府保障 经济 竞争力	全国比较 综合排名	
北 京	24	1	4	7	24	1	4	9	－2
天 津	4	2	10	3	3	4	6	2	1
河 北	13	8	12	9	12	23	10	12	－3
山 西	19	11	17	16	21	12	18	20	－4
内蒙古	21	13	15	15	22	13	14	17	－2
辽 宁	11	10	3	5	15	6	3	4	1
吉 林	20	5	18	14	19	17	13	16	－2
黑龙江	25	12	13	17	25	2	11	10	7
上 海	8	26	2	8	9	18	2	5	3
江 苏	2	4	9	1	1	19	15	7	－6
浙 江	5	3	5	2	5	7	5	3	－1
安 徽	7	7	20	11	6	10	21	14	－3
福 建	3	16	21	10	4	3	20	8	2
江 西	14	24	26	26	13	29	26	26	0
山 东	1	14	11	4	2	14	12	6	－2
河 南	9	9	28	18	10	24	27	24	－6
湖 北	10	28	23	25	8	25	22	19	6
湖 南	15	23	16	20	14	9	16	11	9

续表

项 目 地 区	2016 年				2017 年				综合排名 升降
	政府发展 经济 竞争力	政府规调 经济 竞争力	政府保障 经济 竞争力	全国比较 综合排名	政府发展 经济 竞争力	政府规调 经济 竞争力	政府保障 经济 竞争力	全国比较 综合排名	
广 东	6	27	1	6	7	5	1	1	5
广 西	17	15	24	21	17	8	28	22	−1
海 南	27	30	8	23	26	26	8	21	2
重 庆	12	20	14	13	11	15	17	13	0
四 川	16	21	7	12	18	27	9	15	−3
贵 州	22	6	22	22	20	20	23	25	−3
云 南	23	29	29	30	23	11	30	27	3
西 藏	31	31	31	31	31	31	31	31	0
陕 西	18	18	27	24	16	16	25	23	1
甘 肃	26	17	30	28	28	30	29	30	−2
青 海	28	22	25	29	29	22	24	28	1
宁 夏	29	19	6	19	27	21	7	18	1
新 疆	30	25	19	27	30	28	19	29	−2

9.3 全国省域政府作用竞争力排位变化比较

2017 年与 2016 年相比较，排位上升的有 13 个省份，上升幅度最大的为湖南省（9 位），其他依次为黑龙江省（7 位）、湖北省（6 位）、广东省（5 位）、上海市（3 位）、云南省（3 位）、福建省（2 位）、海南省（2 位）、天津市（1 位）、辽宁省（1 位）、陕西省（1 位）、青海省（1 位）、宁夏回族自治区（1 位）；排位没有变化的有 3 个省份；排位下降的有 15 个省份，下降幅度最大的是江苏省、河南省（6 位），其他依次为山西省（4 位）、河北省（3 位）、安徽省（3 位）、四川省（3 位）、贵州省（3 位）、北京市（2 位）、内蒙古自治区（2 位）、吉林省（2 位）、山东省（2 位）、甘肃省（2 位）、新疆维吾尔自治区（2 位）、浙江省（1 位）、广西壮族自治区（1 位）。

9.4 全国省域政府作用竞争力跨区段变化情况

在评价期内，一些省份政府作用竞争力排位出现了跨区段变化。在跨区段上升方面，黑龙江省从中游区升入上游区，湖北省从下游区升入中游区；在跨区段下降方面，河北省从上游区降入中游区，河南省从中游区降入下游区。

9.5 全国省域政府作用竞争力动因分析

在政府发展经济竞争力方面，2016 年排在前 10 位的省份依次为山东省、江苏省、福建省、天津市、浙江省、广东省、安徽省、上海市、河南省、湖北省，2017 年排在前 10 位的省份依次为江苏省、山东省、天津市、福建省、浙江省、安徽省、广东省、湖北省、上海市、河南省。

在政府规调经济竞争力方面，2016 年排在前 10 位的省份依次为北京市、天津市、浙江省、江苏省、吉林省、贵州省、安徽省、河北省、河南省、辽宁省，2017 年排在前 10 位的省份依次为北京市、黑龙江省、福建省、天津市、广东省、辽宁省、浙江省、广西壮族自治区、湖南省、安徽省。

在政府保障经济竞争力方面，2016 年排在前 10 位的省份依次为广东省、上海市、辽宁省、北京市、浙江省、宁夏回族自治区、四川省、海南省、江苏省、天津市，2017 年排在前 10 位的省份依次为广东省、上海市、辽宁省、北京市、浙江省、天津市、宁夏回族自治区、海南省、四川省、河北省。

从省域政府作用竞争力 3 个三级指标的变化可以看出，经济比较活跃和发达的省份，三级指标多数表现较好，而 3 个指标表现欠佳的省份，多数位于中西部经济欠发达地区。这表明，在经济体制转轨时期，政府作用对经济增长有直接影响，提升省域经济综合竞争力必须全面提升政府作用竞争力。

十 全国省域发展水平竞争力评价分析

10.1 全国省域发展水平竞争力评价结果

根据发展水平竞争力指标体系和数学模型，课题组对采集到的 2016 ~ 2017 年全国 31 个省份的相关资料进行了整理和合成，图 10 - 1、图 10 - 2、图 10 - 3 和表10 - 1显示了这两个年份发展水平竞争力排位和排位变化情况，以及其下属 3 个三级指标的评价结果。

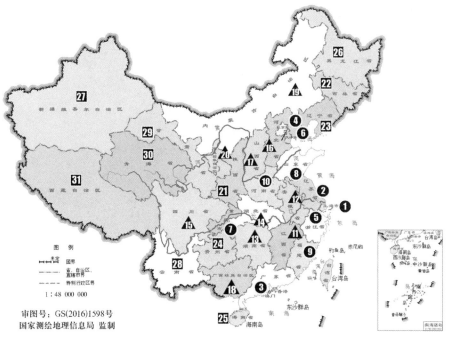

审图号：GS(2016)1598号
国家测绘地理信息局 监制

图 10 - 1　2016 年全国省域发展水平竞争力排位

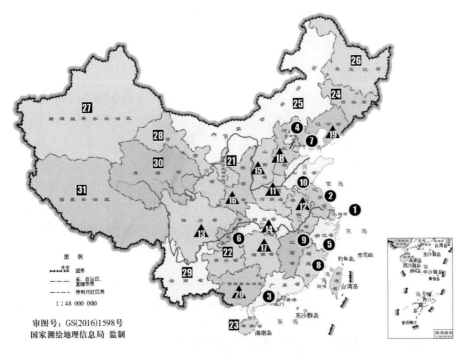

图 10 – 2　2017 年全国省域发展水平竞争力排位

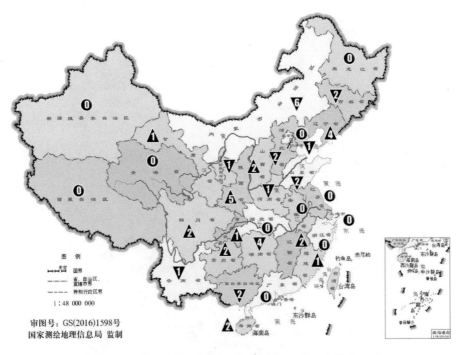

图 10 – 3　2016～2017 年全国省域发展水平竞争力排位变化

表 10 - 1　全国各省份发展水平竞争力评价比较

项目 地区	2016 年				2017 年				综合排名 升降
	工业化进程竞争力	城市化进程竞争力	市场化进程竞争力	全国比较综合排名	工业化进程竞争力	城市化进程竞争力	市场化进程竞争力	全国比较综合排名	
北　京	7	1	8	4	5	1	10	4	0
天　津	6	6	17	6	6	3	20	7	-1
河　北	20	20	9	16	22	25	9	18	-2
山　西	12	23	24	17	8	26	23	15	2
内蒙古	24	7	23	19	29	9	24	25	-6
辽　宁	30	16	15	23	21	18	13	19	4
吉　林	19	27	19	22	20	29	22	24	-2
黑龙江	28	11	25	26	30	11	25	26	0
上　海	1	2	3	1	1	2	3	1	0
江　苏	3	3	2	2	3	5	1	2	0
浙　江	16	5	1	5	16	6	2	5	0
安　徽	10	14	13	12	12	13	12	12	0
福　建	9	8	10	9	14	7	7	8	1
江　西	13	10	7	11	11	8	8	9	2
山　东	11	9	4	8	15	10	4	10	-2
河　南	4	25	11	10	7	23	11	11	-1
湖　北	14	19	12	14	13	17	14	14	0
湖　南	15	15	14	13	17	20	15	17	-4
广　东	2	4	6	3	2	4	6	3	0
广　西	18	26	21	18	18	22	18	20	-2
海　南	27	18	20	25	28	14	17	23	2
重　庆	5	17	5	7	4	19	5	6	1
四　川	8	24	16	15	9	24	16	13	2
贵　州	21	30	18	24	19	28	21	22	2
云　南	26	28	28	28	25	30	28	29	-1
西　藏	31	31	31	31	31	31	31	31	0
陕　西	17	13	27	21	10	12	26	16	5
甘　肃	25	22	29	29	23	21	29	28	1
青　海	23	29	30	30	27	27	30	30	0
宁　夏	22	12	22	20	24	15	19	21	-1
新　疆	29	21	26	27	26	16	27	27	0

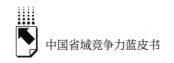

10.2 全国省域发展水平竞争力排序分析

2016 年全国各省份发展水平竞争力处于上游区（1～10 位）的依次是上海市、江苏省、广东省、北京市、浙江省、天津市、重庆市、山东省、福建省、河南省，处于中游区（11～20 位）的依次为江西省、安徽省、湖南省、湖北省、四川省、河北省、山西省、广西壮族自治区、内蒙古自治区、宁夏回族自治区，处于下游区（21～31 位）的依次排序为陕西省、吉林省、辽宁省、贵州省、海南省、黑龙江省、新疆维吾尔自治区、云南省、甘肃省、青海省、西藏自治区。

2017 年全国各省份发展水平竞争力处于上游区（1～10 位）的依次是上海市、江苏省、广东省、北京市、浙江省、重庆市、天津市、福建省、江西省、山东省，处于中游区（11～20 位）的依次为河南省、安徽省、四川省、湖北省、山西省、陕西省、湖南省、河北省、辽宁省、广西壮族自治区，处于下游区（21～31 位）的依次排序为宁夏回族自治区、贵州省、海南省、吉林省、内蒙古自治区、黑龙江省、新疆维吾尔自治区、甘肃省、云南省、青海省、西藏自治区。

10.3 全国省域发展水平竞争力排序变化比较

2017 年与 2016 年相比较，排位上升的有 10 个省份，上升幅度最大的是陕西省（5位），其他依次为辽宁省（4 位）、贵州省（2 位）、山西省（2 位）、江西省（2 位）、海南省（2 位）、四川省（2 位）、甘肃省（1 位）、福建省（1 位）、重庆市（1 位）；有 11 个省份排位没有变化；排位下降的有 10 个省份，下降幅度最大的是内蒙古自治区（6 位），其他依次为湖南省（4 位）、河北省（2 位）、山东省（2 位）、广西壮族自治区（2 位）、吉林省（2 位）、天津市（1 位）、河南省（1 位）、云南省（1 位）、宁夏回族自治区（1 位）。

10.4 全国省域发展水平竞争力跨区段变化情况

在评价期内，一些省份发展水平竞争力排位出现了跨区段变化。在跨区段上升方面，辽宁省、陕西省由下游区升入中游区；在跨区段下降方面，内蒙古自治区由中游区降入下游区。

10.5 全国省域发展水平竞争力动因分析

在工业化进程竞争力方面，2016 年排在前 10 位的省份依次为上海市、广东省、江苏省、河南省、重庆市、天津市、北京市、四川省、福建省、安徽省，2017 年排在前 10 位的省份依次为上海市、广东省、江苏省、重庆市、北京市、天津市、河南省、山西省、四川省、陕西省。

在城市化进程竞争力方面，2016 年排在前 10 位的省份依次为北京市、上海市、江苏省、广东省、浙江省、天津市、内蒙古自治区、福建省、山东省、江西省，2017 年排在前 10 位的省份依次为北京市、上海市、天津市、广东省、江苏省、浙江省、福建省、江西省、内蒙古自治区、山东省。

在市场化进程竞争力方面，2016 年排在前 10 位的省份依次为浙江省、江苏省、上海市、山东省、重庆市、广东省、江西省、北京市、河北省、福建省，2017 年排在前 10 位的省份依次为江苏省、浙江省、上海市、山东省、重庆市、广东省、福建省、江西省、河北省、北京市。

从省域发展水平竞争力 3 个三级指标的变化可以看出，排位居前 10 位的省份多数位于经济比较活跃的东部沿海地区，这些省份多数三级指标表现较好，这表明工业化、城市化、市场化进程在总体上是一个联系密切、相辅相成、互相促进的发展过程，一个省域的发展水平竞争力是工业化、城市化、市场化进程竞争力的综合体现。

十一 全国省域统筹协调竞争力评价分析

11.1 全国省域统筹协调竞争力评价结果

根据统筹协调竞争力指标体系和数学模型，课题组对采集到的 2016～2017 年全国 31 个省份的相关统计资料进行了整理和合成，图 11-1、图 11-2、图 11-3 和表 11-1 显示了这两个年份统筹协调竞争力排位和排位变化情况，以及其下属 2 个三级指标的评价结果。

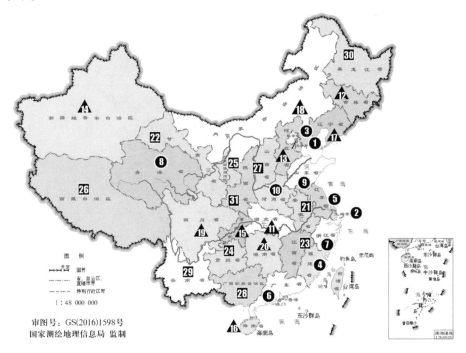

图 11-1　2016 年全国省域统筹协调竞争力排位

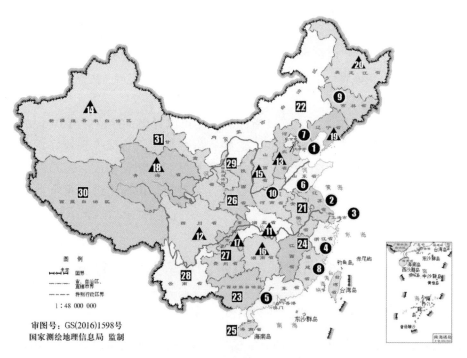

图 11 - 2　2017 年全国省域统筹协调竞争力排位

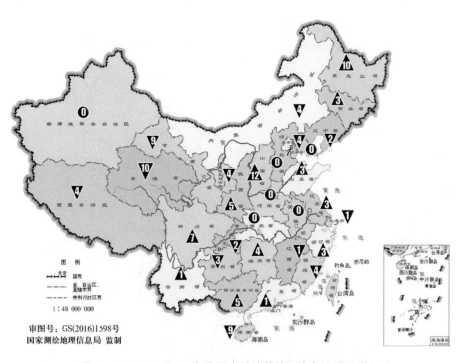

图 11 - 3　2016 ~ 2017 年全国省域统筹协调竞争力排位变化

表 11－1　全国各省份统筹协调竞争力评价比较

项目 地区	2016 年			2017 年			综合排名 升降
	统筹发展 竞争力	协调发展 竞争力	全国比较 综合排名	统筹发展 竞争力	协调发展 竞争力	全国比较 综合排名	
北　京	1	21	3	3	26	7	－4
天　津	2	6	1	2	7	1	0
河　北	27	4	13	19	10	13	0
山　西	24	26	27	11	20	15	12
内蒙古	26	13	18	18	25	22	－4
辽　宁	11	24	17	22	17	19	－2
吉　林	13	16	12	15	4	9	3
黑龙江	20	31	30	8	29	20	10
上　海	3	11	2	1	18	3	－1
江　苏	7	3	5	4	1	2	3
浙　江	10	1	7	6	2	4	3
安　徽	29	12	21	27	15	21	0
福　建	6	2	4	9	3	8	－4
江　西	30	14	23	29	16	24	－1
山　东	12	5	9	7	5	6	3
河　南	9	15	10	10	13	10	0
湖　北	17	7	11	16	11	11	0
湖　南	18	20	20	12	19	16	4
广　东	4	8	6	5	12	5	1
广　西	31	23	28	21	22	23	5
海　南	14	19	16	30	14	25	－9
重　庆	15	18	15	13	21	17	－2
四　川	25	17	19	20	8	12	7
贵　州	16	25	24	17	27	27	－3
云　南	23	29	29	26	28	28	1
西　藏	19	28	26	25	30	30	－4
陕　西	28	27	31	28	23	26	5
甘　肃	8	30	22	24	31	31	－9
青　海	5	10	8	14	24	18	－10
宁　夏	21	22	25	31	9	29	－4
新　疆	22	9	14	23	6	14	0

11.2　全国省域统筹协调竞争力排序分析

2016 年全国各省份统筹协调竞争力处于上游区（1～10 位）的依次是天津市、上海市、北京市、福建省、江苏省、广东省、浙江省、青海省、山东省、河南省,处于中游区 (11~20 位) 的依次排序为湖北省、吉林省、河北省、新疆维吾尔自治区、重庆市、海南省、辽宁省、内蒙古自治区、四川省、湖南省,处于下游区 (21~31 位) 的依次排序为安徽省、甘肃省、江西省、贵州省、宁夏回族自治区、西藏自治区、山西省、广西壮族自治区、云南省、黑龙江省、陕西省。

2017 年全国各省份统筹协调竞争力处于上游区 (1~10 位) 的依次是天津市、江苏省、上海市、浙江省、广东省、山东省、北京市、福建省、吉林省、河南省,处于中游区 (11~20 位) 的依次排序为湖北省、四川省、河北省、新疆维吾尔自治区、山西省、湖南省、重庆市、青海省、辽宁省、黑龙江省,处于下游区 (21~31 位) 的依次排序为安徽省、内蒙古自治区、广西壮族自治区、江西省、海南省、陕西省、贵州省、云南省、宁夏回族自治区、西藏自治区、甘肃省。

11.3 全国省域统筹协调竞争力排序变化比较

2017 年与 2016 年相比较,排位上升的有 12 个省份,上升幅度最大的是山西省 (12 位),其他依次为黑龙江省 (10 位)、四川省 (7 位)、广西壮族自治区 (5 位)、陕西省 (5 位)、湖南省 (4 位)、吉林省 (3 位)、江苏省 (3 位)、浙江省 (3 位)、山东省 (3 位)、广东省 (1 位)、云南省 (1 位);有 6 个省份排位没有变化;排位下降的有 13 个省份,下降幅度最大的是青海省 (10 位),其他依次为海南省 (9 位)、甘肃省 (9 位)、北京市 (4 位)、内蒙古自治区 (4 位)、福建省 (4 位)、西藏自治区 (4 位)、宁夏回族自治区 (4 位)、贵州省 (3 位)、辽宁省 (2 位)、重庆市 (2 位)、江西省 (1 位)、上海市 (1 位)。

11.4 全国省域统筹协调竞争力跨区段变化情况

在评价期内,一些省份统筹协调竞争力排位出现了跨区段变化。在跨区段上升方面,山西省、黑龙江省由下游区升入中游区;在跨区段下降方面,青海省由上游区降入中游区,海南省由中游区降入下游区。

11.5 全国省域统筹协调竞争力动因分析

在统筹发展竞争力方面,2016 年排在前 10 位的省份依次为北京市、天津市、上海市、广东省、青海省、福建省、江苏省、甘肃省、河南省、浙江省,2017 年排在前 10 位的省份依次为上海市、天津市、北京市、江苏省、广东省、浙江省、山东省、黑龙江省、福建省、河南省。

在协调发展竞争力方面,2016 年排在前 10 位的省份依次为浙江省、福建省、江苏省、河北省、山东省、天津市、湖北省、广东省、新疆维吾尔自治区、青海省,2017 年排在前 10 位的省份依次为江苏省、浙江省、福建省、吉林省、山东省、新疆维吾尔自治区、天津市、四川省、宁夏回族自治区、河北省。

从上文可以看出,大部分省份,不管是统筹协调竞争力排位靠前还是靠后,统筹发展竞争力和协调发展竞争力2个三级指标都不太协调，经济较发达的省份也存在不协调发展的情况，这与各地发展基础以及自然状况有关，也与经济发展的路径选择有关。如何在经济新常态下进一步加快发展方式转变，着力推动供给侧结构性改革，是每一个省份都要认真思考的问题。

十二 2016~2017年全国省域经济综合竞争力变化基本特征及启示

省域经济综合竞争力是通过1个一级指标、9个二级指标、25个三级指标和210个四级指标构成的指标体系综合评价的结果，综合反映了一个省份在经济、产业、资源环境、科技、文化、教育、财政、金融、民生等各方面的发展能力及其在全国的优劣势地位，各方面的发展相互促进、相互制约，共同决定了一个省份经济综合竞争力在全国的排位情况和变化趋势，这些因素和竞争力综合排位变化也表现出一定的规律和特征。省域经济综合竞争力的发展变化有其内在的逻辑规律，既有各省份普遍存在的共性特征，也有不同省情所决定的个体特殊性。要有效提升省域经济综合竞争力，就需要深刻认识和深入把握这些特征，从而研究和发现提升省域经济综合竞争力的正确路径、方法和对策。

12.1 省域经济综合竞争力排位整体比较稳定，个别省份竞争力排位波动较为明显

为全面反映各省份经济综合竞争力的排位变化趋势、总结其变化特征，图12-1列出了2006年以来经济综合竞争力排位处于上游区的省份的排位及变化情况，图12-2列出了2006年以来经济综合竞争力排位处于下游区的省份的排位及变化情况。

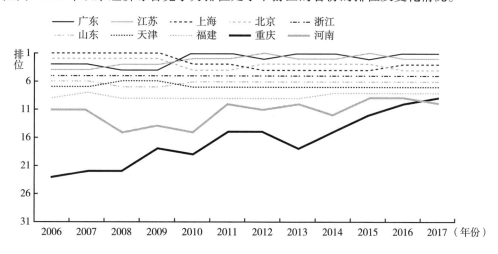

图12-1 2006~2017年经济综合竞争力上游区省份的排位变化趋势

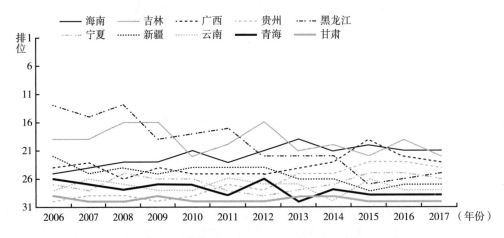

图 12 – 2　2006～2017 年经济综合竞争力下游区省份的排位变化趋势

　　从图 12 – 1 中上游区省份排位变化情况来看，各省份经济综合竞争力排位相对稳定，排位基本没有变化，只有少数省份有所调整。其中，广东、江苏、上海和北京的排名有所波动，但波动幅度不大，而河南和重庆的排名波动明显，特别是重庆市的排名从下游区快速提升到上游区。处于上游区的 10 个省份，大部分在十多年内保持在上游区，说明这些省份竞争优势比较明显，相对位置比较稳固。2015 年处于中游区的 10 个省份也只有重庆市升入上游区，另外广西壮族自治区和海南省降入下游区，只有黑龙江和吉林两个省份由中游区逐步下降到下游区。

　　从理论逻辑和现实排名结果来看，尽管各省份的经济综合竞争力排位比较稳定，但各省份得分差距不断变化，特别是在中游区和下游区的省份，由于得分非常接近，相互之间竞争优劣势差距不大，较小的得分变化就会导致综合排位发生变化。尽管上游区各省份得分差距比较大，排位比较稳定，但当分差的变动累积到一定程度以后，就有可能引起排位上的变化，需要更长时间来累积得分变化产生的差距。因此，各省份的竞争优劣势也是动态变化的，特别是从较长一个时期的评价结果来看，部分省份的排名发生了较大变化，少数省份的排名变化幅度非常大，如重庆从下游区升入上游区，黑龙江从中游区降入下游区。这些变化是长期积累的结果，是省域经济发展过程中竞争力优劣势从量变到质变的结果，也是各个具体指标综合变动的结果。

12.2　省域经济综合竞争力是多种要素综合作用的展现，客观反映了各省域经济发展的能力与水平

　　表 12 – 1 列出了 2016 年和 2017 年各省份经济综合竞争力得分与 9 个二级指标得分的相关系数及变化情况。

　　从表 12 – 1 来看，与省域经济综合竞争力得分相关程度最高的二级指标是知识经济竞争力，相关系数达到 0.953，其次是宏观经济竞争力和发展环境竞争力，相关系

表 12 - 1　全国各省份经济综合竞争力与二级指标得分相关系数

	宏观经济竞争力	产业经济竞争力	可持续发展竞争力	财政金融竞争力	知识经济竞争力	发展环境竞争力	政府作用竞争力	发展水平竞争力	统筹协调竞争力
2016 年	0.960	0.941	0.262	0.839	0.947	0.959	0.824	0.948	0.782
2017 年	0.944	0.935	0.335	0.847	0.953	0.944	0.830	0.935	0.826
变化	-0.016	-0.006	0.073	0.008	0.006	-0.015	0.006	-0.013	0.044

数都是 0.944，高于其他几个二级指标，同时产业经济竞争力和发展水平竞争力两个二级指标的相关系数也达到 0.935，相关系数比较低的是可持续发展竞争力。二级指标与省域经济综合竞争力的相关系数大小情况说明，省域经济综合竞争力最直接的体现就是宏观经济竞争力、产业经济竞争力和发展水平竞争力，但知识经济竞争力是促进经济综合竞争力提升的重要力量。各省份在大力发展经济、促进产业发展、提高经济发展水平的过程中会相应提升经济综合竞争力，因为发展是硬道理，经济实力是竞争力的核心基础。科技创新是省域经济快速、健康发展的主要推动力，教育发展为省域经济发展提供人力资源和智力支持，文化产业是经济发展的新方向，所以发展知识经济是提升省域经济发展质量、优化省域经济结构、提高省域经济效益的有效手段。产业发展离不开良好的发展环境，不管是基础设施等硬环境，还是营商环境等软环境，都是保障经济稳定发展、提升经济发展效率的重要基础，从二级指标相关系数的变化来看，相关系数增幅较大的有可持续发展竞争力和财政金融竞争力，反映了近年来各省份更加关注和谐发展、科学发展，更加注重生态文明建设，努力提升生态发展水平。

总之，省域经济综合竞争力是多种要素综合反映的结果，既是经济总量的竞争，也是增长速度、平均水平、经济结构和效益的综合竞争，是显性优势和潜在优势的综合反映。任何一个省份要提升经济综合竞争力，都要从影响综合竞争力的要素出发，全面培养竞争优势，减少竞争劣势，制定竞争力提升的长期战略。

12.3　经济发展实力和经济发展水平是影响省域经济综合竞争力提升的重要因素，要不断加强和巩固

经济发展是经济综合竞争力的基础，产业经济的发展是经济增长的动力，而企业竞争力更是地区经济竞争力的核心。图 12 - 3 和图 12 - 4 分别描述了全国各省份经济综合竞争力得分与经济总量的变动关系。

从图 12 - 3 和图 12 - 4 中可以看出，各省份经济综合竞争力得分和经济实力本上是同方向变化的，绝大部分省份都聚集在趋势线上，表明经济发展规模和经济发展水平与经济综合竞争力具有很强的正向线性关系，因而经济越发达的省份，其经济综合竞争力得分也越高。当然，经济总量和人均 GDP 水平也不是唯一决定因素，一个省份的经济发展水平还有很多方面的影响因素，所以图中有一些省份没有在一条直线上，一些经济

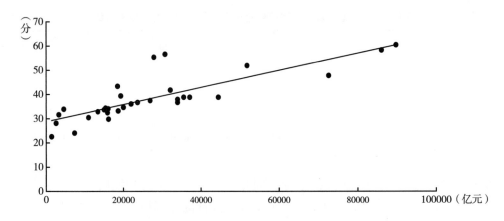

图 12 - 3　2016 年全国各省份经济总量和经济综合竞争力得分对应关系

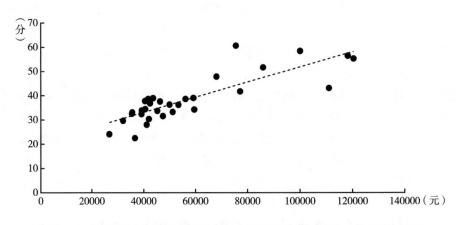

图 12 - 4　2017 年全国各省份经济发展水平和经济综合竞争力得分对应关系

总量不很高的省份，由于具有其他方面的竞争优势，其经济综合竞争力得分也相对较高。

12.4　不断固强扶优、优化省域经济综合竞争力指标结构，保持省域经济综合竞争力处于优势地位

表 12 - 2 列出了 2017 年全国各省份经济综合竞争力四级指标的竞争态势结构，以反映指标优劣势及其结构对竞争力排位的影响。

省域经济综合竞争力是由众多基础指标构成的，基础指标的优劣势及构成决定了综合排位。从表 12 - 2 可以看出，一个省份如果拥有众多的强势指标和优势指标，其省域经济综合竞争力才能在较长时间内保持竞争优势地位，排名才能保持前列。广东省、江苏省、北京市和上海市等省份都有一大批始终处于上游区的强势指标和优势指标，而且强势指标的数量也是最多的，这些省份从而能够长期处于上游区，而且排位始终名

表 12 – 2　全国各省份经济综合竞争力四级指标优劣势结构分析

地　区	强势指标(个)	优势指标(个)	中势指标(个)	劣势指标(个)	2017 年排位
广　东	62	66	41	41	1
江　苏	62	72	42	34	2
上　海	68	53	32	57	3
北　京	63	49	38	60	4
浙　江	44	81	43	42	5
山　东	38	76	56	40	6
天　津	33	58	45	74	7
福　建	7	79	86	38	8
重　庆	7	48	113	42	9
河　南	16	60	78	56	10
湖　北	3	68	99	40	11
四　川	7	65	91	47	12
安　徽	3	57	105	45	13
湖　南	10	57	94	49	14
河　北	9	56	90	55	15
辽　宁	7	61	83	59	16
陕　西	7	35	126	42	17
江　西	8	32	103	67	18
内蒙古	25	32	54	99	19
山　西	12	29	77	92	20
海　南	13	43	57	97	21
吉　林	4	37	79	90	22
广　西	4	33	85	88	23
贵　州	14	32	68	96	24
黑龙江	19	32	52	107	25
宁　夏	9	38	61	102	26
新　疆	13	39	54	104	27
云　南	9	24	73	104	28
青　海	16	20	41	133	29
甘　肃	10	17	40	143	30
西　藏	30	23	16	141	31

列前茅。强势指标的数量以天津市和福建省为分界线，形成了明显的断层现象，天津市及排位之前的省份强势指标数量最多，都超过 30 个，远远超过其他省份，省域经济综合竞争力优势地位非常稳固，而福建省、重庆市和河南省虽然位居上游区，但强势指标个数相对较少，福建省和重庆市的强势指标不足 10 个，与其他多数省份的强势指标个数没有太大差别。当然，强势指标的个数也不能完全决定一个省份在全国的排位，特别

是处于中游区的省份强势指标个数较少，而处于下游区的省份强势指标个数反而较多。比如，排在末位的西藏自治区有 30 个强势指标，不但比中游区和下游区其他省份的强势指标个数多，甚至比处于上游区的福建省、重庆市等的强势指标数量还要多。另外，中游区的内蒙古、下游区的黑龙江也拥有较多强势指标。所以，不仅仅是强势指标数量决定一个省份的排位，更重要的是优势指标数量，处于上游区的福建省、河南省和重庆市虽然强势指标不多，但它们拥有的优势指标数量较多，这是与下游区省份的区别，其他处于上游区的省份也有这个特点。把各省份的强势指标个数和优势指标个数加总后总数越大的，其省域经济综合竞争力排位越靠前。上游区的 10 个省份中，排在第 6 位的山东及前面的省份强势和优势指标个数之和都超过 100 个，进入前 10 位的福建省、重庆市和河南省总数也都超过中游区和下游区省份。

中游区和下游区省份强势指标和优势指标数量之和都比较少，但差别不是很明显，区分中游区和下游区主要体现在劣势指标的数量上。排在第 20 位以后的省份劣势指标个数明显增加，多数省份的劣势指标个数超过 100 个，远多于排位靠前的省份，特别是排位最后的三个省份，劣势指标个数明显增多。所以，一个省份的经济综合竞争力排位要依靠更多的强势指标和优势指标来支撑，反之，劣势指标太多，就会导致省域经济综合竞争力排位靠后。处于下游区的省份强势指标和优势指标都比较少，中势指标和劣势指标数量较多，劣势指标越多，排位越靠后。

总之，要保持和提升省域经济综合竞争力优势，关键在于增加强势指标和优势指标，减少劣势指标的数量。一个省份指标体系中的强势指标、优势指标、中势指标、劣势指标个数及其结构分布，决定了其在全国的竞争力排位，这也为提升省域经济综合竞争力指明了基本路径和方法：要有针对性地采取措施保持强势指标，强化优势指标，减少劣势指标，不断优化指标组成结构，才能保证省域经济综合竞争力的优势地位。

12.5 努力增加上升指标、不断减少下降指标，这是显著提升省域经济综合竞争力的重要方向

表 12－3 列出了 2017 年全国各省份经济综合竞争力四级指标的竞争变化趋势，以反映指标排位波动及其结构对竞争力排位的影响。

从表 12－3 可以看出，各省份 210 个四级指标排位波动及其构成变化对省域经济综合竞争力的变化有较大影响，综合排位上升的省份中，部分省份的上升指标的数量显著大于下降指标，其排位的上升幅度较大。比如，山西省和陕西省，上升指标个数超过下降指标较多，排位上升幅度较大。排位保持不变的 20 个省份中，虽然上升指标和下降指标一致的省份不多，但没有表现出明显的差别，其中几个省份的上升指标数量和下降指标比较接近，但都是排位保持的指标个数最多，占据主导地位，只有少数省份的上升指标个数与下降指标个数有较大差别。综合排位下降的 6 个省份中，也是下降指标个数超过上升指标个数居多，特别是内蒙古自治区和吉林省，下降指标的个数远远超过上升指标个数。要保持省域经济综合竞争优势，不断提高综合排位，就要维持各指标的竞争

表12－3　全国各省份经济综合竞争力四级指标竞争变化趋势

地　区	上升指标(个)	保持指标(个)	下降指标(个)	波动趋势
山　西	79	66	65	4
陕　西	86	62	62	3
辽　宁	67	73	70	1
黑龙江	75	74	61	1
重　庆	54	73	83	1
北　京	43	108	59	0
天　津	40	85	85	0
河　北	70	68	72	0
上　海	44	114	52	0
江　苏	57	98	55	0
浙　江	49	98	63	0
安　徽	70	76	64	0
福　建	58	80	72	0
江　西	69	65	76	0
山　东	46	101	63	0
湖　北	62	76	72	0
湖　南	83	63	64	0
广　东	48	103	59	0
海　南	59	88	63	0
四　川	75	73	62	0
云　南	82	63	65	0
西　藏	50	120	40	0
甘　肃	50	88	72	0
青　海	60	83	67	0
新　疆	74	76	60	0
河　南	72	80	58	－1
广　西	81	61	68	－1
贵　州	72	76	62	－1
宁　夏	73	80	57	－1
内蒙古	61	66	83	－3
吉　林	50	63	97	－3

优势，促使各指标排位不断上升，避免或减少指标排位下降，特别是要努力提升劣势指标排位，才能系统有效地促进省域经济综合竞争力整体水平的不断提升。

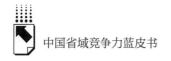

十三 提升省域经济综合竞争力的基本路径、方法和对策

第一，以"五个坚持"为指导，变压力为加快推动经济高质量发展的动力，进一步提升省域宏观经济竞争力。

2018 年中央经济工作会议提出了"五大坚持"：坚持稳中求进工作总基调，坚持新发展理念，坚持推进高质量发展，坚持以供给侧结构性改革为主线，坚持深化市场化改革、扩大高水平开放。这为 2019 年甚至更长一段时间内我国经济发展确立了总的指导原则和目标方向，是对我国经济发展面临更加复杂的国内外环境、经济结构转型升级的困境、保持经济发展的定力和持续向好的动力发展路径的高度总结和概括。坚持稳中求进的工作总基调就是要做到"六个稳"：稳就业、稳金融、稳外贸、稳外资、稳投资、稳预期。稳就业是最大的民生，是适应当前经济发展下行、新旧动能转化的关键；稳金融是打赢防范化解重大风险攻坚战、维护金融安全的重要保障；稳外贸是适应当前国际贸易保护主义以及贸易结构转型升级的重要方面；稳外资是增强我国对抗外来冲击、提升经济增长动力的重要举措；稳投资有利于进一步拉动内需，保持基础设施投资基本稳定，提升民间投资积极性；稳预期增强市场对经济发展前景的信心。坚持新发展理念就是新时代坚持和发展中国特色社会主义的基本方略之一，以"创新、协调、绿色、开放、共享"的发展理念筑牢我国经济高质量发展体系，培育新时代我国经济发展的新动能。坚持推进高质量发展，要以质量第一、效益优先作为衡量标准；以推动质量变革、效率变革、动力变革作为实现途径；以构建市场机制有效、微观主体有活力、宏观调控有度的经济体制作为制度保障；以跨越现阶段和长期性两大关口作为努力方向，努力建设现代化经济体系。坚持供给侧结构性改革就是进一步深化改革，围绕改革深层次推进中的难点问题，更多运用市场化、法制化手段，在"巩固、增强、提升、畅通"八个字上下功夫，确保改革阶段性成果的巩固和更深层次改革任务的完成。坚持改革开放就是在巩固我国 40 年改革开放成果的基础上，抵御贸易保护主义的挑战，积极参与全球治理，进一步提升我国对外开放水平。

2019 年是新中国成立 70 周年，是决胜全面建成小康社会第一个百年奋斗目标的关键之年，在这个重要时点上，要有进一步攻克经济发展难关的决心，提振信心。要在三大攻坚战取得初步成效的基础上巩固成果、继续努力，着力化解重大风险，维护金融系统稳定；一鼓作气打赢脱贫攻坚战，减少和防止贫困人口返贫，为收入水平略高于建档立卡贫困户的群体提供政策支持；巩固污染防治攻坚战中碧水蓝天的成果，继续深入推进生态文明体制改革。要积极推动经济结构调整，特别是在新旧动能转换中尽快建立新动能发展的基础，推动制造业高质量发展，促进先进制造业与现代服务业深度融合。加快经济体制改革，继续深化"四梁八柱"改革，以增强微观主体活力为重点，做强做优做大国有资本，支持民营企业发展，积极推动混合所有制改革，深化金融体制改革，推进财税体制改革等，进一步释放经济发展的动力和活力。此外，在对外开放中，中国要在应对中美贸易摩擦中发展高层次的开放型经济，实行高水平的贸易和投资自由化便利化政策，大幅放宽市场准入，扩大服务业对外开放，创造更有吸引力的投资环境，在积极参与全球治理中谋求更高的地位和更多的话语权。

第二，以乡村振兴战略推动农业现代化进程，以创新提升制造业在国际产业分工体系中的地位，提速发展现代服务业，建设高质量发展的现代化产业体系，着力提升省域产业经济竞争力。

党的十九大报告提出：加快建设实体经济、科技创新、现代金融、人力资源协同发展的产业体系，是建设现代化经济体系、实现高质量发展的重要内容和关键所在。产业特别是制造业是一个国家经济发展的主体，是支撑经济转向高质量发展的重要内容和保障，深入持久地推进产业结构调整和转型升级才能为经济高质量发展提供持续的动力。改革开放40年来，我国已经积累了丰富的科技、人才、金融等要素资源，为现代化产业体系的构建建立了丰厚的基础。进一步深化供给侧结构性改革，最根本的是要坚定不移地实施创新驱动发展战略，不断提升产业技术创新能力，着眼于关键技术和前沿核心技术，开展联合攻关和系统公关，形成核心竞争优势，进而转化为产业核心优势，不断扩大高质量产品和服务供给。

首先，以乡村振兴战略推动农业现代化进程。产业兴旺是乡村振兴的根本出路，以科技创新和农业全要素生产率提升发展现代农业生产方式，提高农业生产水平和效率，深入推进农业绿色化、优质化、特色化和品牌化，发展农村特色农业产业，延伸农业产业链，提高农业附加值。适应城乡需求的变化，积极发展休闲农业、乡村旅游、农村电商、现代食品产业等现代农村发展新业态，促进农业与第二产业和第三产业融合，构建现代农业产业体系。

其次，积极推动制造业结构转型升级。推动中国从制造大国向制造强国转变，顺应全球制造业智能化、绿色化、服务化的发展趋势，加快实现从传统的标准化、规模化的生产理念向个性化、柔性化、服务化、绿色化、协同化的智慧制造理念转变。运用人工智能、大数据、物联网等新兴技术加快对传统制造业进行数字化、网络化、智能化改造升级；以高端装备制造为载体，建立新兴的制造业部门，抢占全球产业链的高端环节。加快绿色制造体系建设，依托绿色科技创新推动制造业绿色转型，建立更加清洁的绿色制造模式。加快推动"互联网＋制造业"，提升制造业服务化水平。通过制造业转型升级进一步夯实我国实体经济的基础。

再次，大力发展现代服务业，一方面要发展现代物流、现代金融、电子商务、科研设计等生产性服务业，为制造业转型升级提供更加系统的服务支撑；另一方面要面向社会主要矛盾的转变，大力发展旅游、文化创意、健康、养老等生活性服务业，以满足人们日益增长的美好生活需要，推动消费结构升级。将技术创新、第一产业、第二产业与服务业发展相融合，形成服务业发展的新业态，大幅提高服务产品的附加值。

此外，企业作为我国微观经济的主体，要增强企业的活力，发挥企业和企业家的主观能动性，建立公平、开放、透明的市场规则和法治化营商环境，促进正向激励和优胜劣汰，发展更多优质企业，形成推动我国经济发展更具活力的群体。

第三，实施好积极的财政政策和稳健的货币政策，推动更大规模的减税降费，有效

防范化解金融系统性风险，切实提升省域财政金融竞争力。

2019 年，我国财政金融政策将继续延续"积极的财政政策＋稳健的货币政策"组合，这表明我国所面临的总体经济形势并没有发生很大变化，财政金融系统的风险仍然较大程度地存在，在经济结构转型和新旧动能转换的进程中，财政金融政策取向保守稳妥可以为推动经济转向高质量发展阶段提供更加稳定的支撑。2018 年底召开的中央经济工作会议特别提出，宏观政策要强化逆周期调节，要继续实施积极的财政政策和稳健的货币政策，适时预调微调，稳定总需求；实施较大规模的减税降费，增加地方政府专项债券规模；稳健的货币政策整体要松紧适度，保持流动性合理充裕，改善货币政策传导机制，提高直接融资比重，解决好民营企业和小微企业融资难融资贵问题。很明显，2019 年的整体财政政策支持力度将明显增强，这不仅有利于刺激经济增长，提振经济信心，也有利于通过减税降费来改善国内营商环境，提高企业积极性。2019 年的货币政策要松紧适度，在一定程度上释放了货币政策转为宽松的信号。

在提升财政竞争力方面，要健全财税政策与制度安排，发挥财政在解决经济发展不平衡、不充分问题，推动经济高质量发展中的重要作用。首先，要优化财政支出结构，在财政支出保持适度增速的基础上，优化支出结构、提高资金使用效率。引导财政重点支持防范化解重大风险、精准脱贫、污染防治三大攻坚战，向扶贫、农业、教育、社保、医疗、环境保护等民生公共服务领域倾斜。其次，要理顺中央与地方的财政关系，深化财税体制改革，建立权责清晰、财力协调、区域均衡的中央和地方财政关系，建立全面规范透明、标准科学、约束有力的预算制度，通过减税清费减补贴，建立中央和地方财力与事权相匹配的体制，健全地方税体系，制定并全面实施预算绩效指导性文件，规范政府举债融资机制。再次，要严控地方债务风险。地方债发行的规模要适度，债务扩张率要与地方政府的偿债能力、财政收入增长率相协调，同时还要提升政府对地方债的管理水平，确保地方债务风险控制在合理范围内。

在提升金融竞争力方面，首先要防范和化解金融风险，实施稳健的货币政策，进一步增强前瞻性、灵活性和针对性，做到松紧适度，重在疏通传导机制，处理好稳增长与去杠杆、强监管的关系。其次，要增强金融对微观主体的支持作用，特别是在中小企业和民营企业的融资难问题上，可以尝试民企债券融资，拓宽企业融资渠道。健全尽职免责和容错纠错机制，对已尽职但出现风险的项目，可不追究责任。加强对贷款对象的审核和实际情况了解，对于暂时遇到困难但是又具有较大发展前景和潜力的项目，不盲目停贷、压贷、抽贷、断贷。再次，要积极推进金融市场创新，深化资本市场改革，发展股票、债券、期货等多层次的资本市场产品，打造一个规范、透明、开放、有活力、有韧性的资本市场，提高上市公司质量，完善交易制度，引导更多中长期资金进入，推动在上交所设立科创板并试点注册制尽快落地。

第四，加快推进生态文明建设，坚决打好污染防治攻坚战，提高环境治理水平，加快构建生态文明体系，确立人才引领发展的战略地位，稳步提升可持续发展能力。

新时代背景下，各省份要自觉把经济社会发展同生态文明建设统筹起来，深入贯彻新发展理念，充分发挥党的领导和我国社会主义制度能够集中力量办大事的政治优势，加快推进生态文明建设。要全面推动绿色发展,加快经济结构调整和发展方式转变,培育壮大节能环保产业、清洁生产产业、清洁能源产业。坚持绿色与创新相结合,进一步加大绿色创新力度,构建市场导向的绿色技术创新体系,以绿色创新驱动绿色发展,培育壮大新产业、新业态、新模式等发展新动能,运用互联网、大数据、人工智能等新技术,促进传统产业智能化、清洁化改造。加快推进资源全面节约和循环利用,实现生产系统和生活系统循环连接,倡导绿色生产方式和生活方式,反对奢侈浪费和不合理消费。要坚决打好污染防治攻坚战,坚持"铁心、铁腕、铁面",出硬招,求实效,解决好突出的生态环境问题,坚决打赢蓝天保卫战,基本消除重污染天气,深入实施水污染防治行动计划,保障饮用水安全,基本消灭城市黑臭水体,全面落实土壤污染防治行动计划,强化重点区域、行业污染物减排,强化土壤污染管控和修复,有效防范风险。充分运用市场化手段,完善资源环境价格机制,加大重大项目科技攻关力度,对重大生态环境问题开展对策性研究,继续加大环境治理和保护力度,全面提高环境治理水平。创新生态环境治理思路,改进治理方式方法,实施最严格的生态环境保护制度、源头保护制度、损害赔偿制度、责任追究制度等,对突出的环境污染问题绝不手软。加快建立健全以生态价值观念为准则的生态文化体系,以产业生态化和生态产业化为主体的生态经济体系,以改善生态环境质量为核心的目标责任体系,以治理体系和治理能力现代化为保障的生态文明制度体系,以生态系统良性循环和环境风险有效防控为重点的生态安全体系。加快推进各项生态文明制度的改革探索,如生态补偿制度、生态产品价值实现制度等。此外,要加强环保监督与治理,严格环境执法,用制度保护生态环境。加快确立人才引领发展的战略地位,全面聚集人才,着力夯实创新发展的人才基础,打造优秀的人才队伍,进一步提升人才在经济社会发展和创新发展中的重要作用。深化人才发展管理体制改革,紧盯问题、破除壁垒,不断完善人才培养机制,改革人才评价机制,创新人才流动机制,健全人才激励机制,使全社会识才爱才敬才用才的氛围更加浓厚,形成与社会主义市场经济体制相适应、"人人皆可成才、人人尽展其才"的政策法律体系和社会环境。实行更加积极、更加开放、更加有效的人才引进政策,建立科学有效的选人用人机制,形成良好的用人导向和制度环境。广泛宣传表彰爱国报国、为党和人民事业作出突出贡献的优秀人才,完善科技奖励制度,让优秀科技创新人才得到合理回报,激发各类人才干事创业的精气神,释放各类人才的创新活力。

第五,坚决落实创新驱动发展战略,全面提升创新能力和效率,加快教育现代化建设,建设教育强国,发展新时代中国特色社会主义文化,持续提升知识经济竞争力。

创新是新发展理念的首要内容,是引领经济社会发展的第一动力,也是建设现代化经济体系、提高社会生产力和综合国力的战略支撑,必须摆在国家发展全局的核心位置。尤其是在国际金融危机后,创新的作用日益凸显,创新驱动发展战略已经是国家战略,为加快实施这一战略,国家还制定了《国家创新驱动发展战略纲要》。各省份要加快实施创新驱动发展战略,全面提升创新能力和效率,提高"大众创业、万众创新"水平。要始终将科技创新放在创新的核心位置,建立健全鼓励原始创新、集成创新、引进消化吸收再创新的体制机制,进一步深化科技创新体制改革,健全技术创新市场导向机制，充分发挥市场在科技创新中的导向作用。进一步强化企业的创新主体地位，破除阻碍企业创新的体制机制障碍，持续提升企业自主创新能力和竞争力。持续优化配置创新资源，提高创新资源配置效率，加大对基础研究、前沿技术研究、社会公益性技术研究等领域的支持力度，合力突破一批关键技术，抢占未来科技创新制高点，不断提高自主创新能力。加快推进科技成果产业化，使科技与产业更紧密结合，并有效提高科技成果转化效率。加快提升产业链水平，注重利用技术创新和规模效应形成新的竞争优势，培育和发展新的产业集群。

各省份要全面贯彻党的教育方针，坚持马克思主义指导地位，坚持中国特色社会主义教育发展道路，坚持社会主义办学方向，加快教育现代化建设，坚持办好人民满意的教育。要着力落实教育优先发展战略，优先安排教育发展，在财政资金投入上优先保障教育投入，在公共资源配置上优先满足教育和人力资源开发需要。加快推进大中小幼一体化德育体系建设，切实加强体育、美育、劳动教育，在坚定理想信念、厚植爱国主义情怀、加强品德修养、增长知识见识、培养奋斗精神、增强综合素质上下功夫，培养立志为中国特色社会主义奋斗终生的有用人才。着力深化教育领域综合改革，加快推进育人方式、办学模式、管理体制、保障机制等方面的系统性改革。加快去除唯分数、唯升学、唯文凭、唯论文、唯帽子的顽瘴痼疾，切实建立科学的教育评价导向和评价体系。加快一流大学和一流学科建设，优化调整高校区域布局、学科结构和专业设置，加强职业教育产教融合、校企合作，有效提升教育服务经济社会发展能力。进一步扩大教育对外开放，提高合作办学水平，进一步提升教育的世界地位和影响力。加快推进新时代中国特色社会主义文化建设，以马克思主义为指导，更加聚焦马克思主义中国化与中国传统文化现代化的互动融合，在理论上不断进行拓展创新，让中国特色社会主义展现更加强大的生命力。要弘扬社会主义核心价值观，将新时代中国特色社会主义文化融入人民的社会生活实践，体现价值判断和日常智慧的良性互动，激发文化创新创造活力。要在本土特色上做文章，大力弘扬中华优秀传统文化，同时推动优秀传统文化的创造性转化、创新性发展。大力发展文化产业，与构建人类命运共同体的倡议结合起来，持续推动文化"走出去"，在共同价值的基础上呈现现实形态。

第六，加大基础设施补短板力度，全面提升基础设施建设水平，坚持深化市场化改革，降低营商成本，优化营商环境，进一步提升发展环境竞争力。

现阶段我国基础设施的投资需求潜力仍然非常巨大，要充分发挥投资关键作用，进一步加大基础设施补短板力度，继续增加对基础设施建设和改造的投入，全面提升基础设施建设水平和竞争力。一方面，要切实提高基础设施现代化水平和服务水平，加大对铁路、公路、航空、城际交通、物流、市政、水利、水运、信息等传统基础设施网络的投资和建设力度，强化基础设施建设布局，提高网络运用水平；同时，加快推进制造业技术改造和设备更新，加快5G商用步伐，提高人工智能、工业互联网、物联网等新型基础设施建设水平，抢占未来经济社会发展制高点。另一方面，紧紧把握"一带一路"加快推进的历史机遇，完善金融基础设施，大力发挥亚洲基础设施投资银行、丝路基金的作用，强化金融监管和服务能力，引导和鼓励我国企业通过多种方式参与沿线国家基础设施建设，不断提升与沿线国家的基础设施互联互通水平。同时，以城市群、经济带等为契机，不断强化各省域间的基础设施互联互通建设，加快推动省域间基础设施的一体化发展和高效无缝对接，进一步提升区域经济一体化水平，更好地发挥协同作用。加快补齐农村基础设施和公共服务设施建设短板，加大对民族地区、革命老区、边疆地区、贫困地区基础设施建设的投入和政策倾斜，进一步提升农村基础设施的公共服务能力、自然灾害防治能力和整体现代化水平。

在提升硬环境竞争力的同时，更要注重提升软环境竞争力。要以增强微观主体活力为重点，继续深化经济体制改革，推动"四梁八柱"性质的改革走深走实，加快建立健全有利于经济社会发展的制度体系。首先，要坚持政企分开、政资分开和公平竞争原则，加快国资国企改革，做强做优做大国有资本，加快实现从管企业向管资本转变，改组成立一批国有资本投资公司，组建一批国有资本运营公司，积极推进混合所有制改革。坚决破除民营企业发展障碍，支持民营企业发展，营造法治化制度环境，保护民营企业家人身安全和财产安全。其次，要深化金融体制改革，加快金融体系结构调整优化，大力发展民营银行和社区银行，推动城商行、农商行、农信社业务逐步回归本源。要深化资本市场改革，加快打造一个规范、透明、开放、有活力、有韧性的资本市场，完善交易制度，提高上市公司质量，引导更多中长期资金进入。要加快推进财税体制改革，健全地方税体系，规范政府举债融资机制。再次，要切实转变政府职能，深化简政放权，大幅减少政府对资源的直接配置，创新监管方式，强化事中事后监管，让市场管市场的事情、政府管政府的事情。深入推进"放管服"改革，加快建立公平、开放、透明的市场规则和法治化营商环境，促进正向激励和优胜劣汰，降低营商成本，促进新动能加快发展壮大。最后，加强保障和改善民生，不断完善医疗、养老、保险等各项社会保障制度，加快构建房地产市场健康发展长效机制，完善住房市场体系和住房保障体系，缩小收入分配差距，增强人民群众的获得感、幸福感、安全感，提高全社会福利水平。

第七，深入推进供给侧结构性改革和乡村振兴战略，全面提升经济社会发展水平，显著提升省域发展水平竞争力。

我国必须坚持以供给侧结构性改革为主线不动摇，采取更多改革的办法，运用更多市场化、法治化手段，巩固"三去一降一补"成果，增强微观主体活力，提升产业链水平，畅通国民经济循环。巩固"三去一降一补"成果，要在"破""立""降"上进一步发力，引导生产要素从利用效率低的领域流向利用效率高的领域，着力于"补短板"。"破"就是大力破除无效供给，把处置僵尸企业作为重要抓手，勇于破除体制机制障碍，用市场化、法制化手段推动更多产能过剩行业加快出清。"立"就是大力培育新动能，推动生产要素流向新动能，通过创新驱动培育发展新技术、新产品、新产业、新业态，通过"互联网＋"等推动传统产业在转型升级过程中形成发展新动能。"降"就是降低全社会各类营商成本，通过推动更大规模的减税，降低企业的税费负担；通过有效缓解企业融资难融资贵问题，降低企业的融资成本；通过构建新型政商关系和营造公平的竞争环境，降低制度成本和市场交易成本。加大基础设施等硬件领域补短板力度，同时要更多地补营商环境、创新环境、政务环境和知识产权保护等软件领域的短板。增强微观主体活力，要不断深化商事制度改革，进一步激发市场活力；发挥企业和企业家的主观能动性，要培育激发企业和企业家主观能动性的市场环境、法治环境和社会环境，要健全科技成果转化的体制机制，推动创新创业高质量发展，打造"双创"升级版，要维持足够的企业纵向流动性，使新创企业能够成长为大企业，从而取代或与既有大企业展开竞争，从而有效地促进创新和新兴产业发展。梳理在深化"放管服"改革工作过程中存在的不足和突出问题，全面推动"放管服"改革，转变政府职能向纵深发展，建立公平、开放、透明的市场规则和法治化营商环境；通过破除要素流动壁垒，加大市场标准一体化建设，加大社会保障、社会服务一体化建设，促进正向激励和优胜劣汰，发展更多优质企业。提升产业链水平，注重利用技术创新和规模效应形成新的竞争优势。一方面，要构建以市场为导向、企业为主体、产学研相结合的技术创新体系，健全技术创新激励机制，支持企业积极融入全球创新链，在国际合作中提升自主创新能力；另一方面，我国作为唯一拥有联合国产业分类中全部工业门类的国家，应保持并巩固产业体系完整且规模大这一优势，培育和发展新的产业集群，形成产业体系的集约效应。畅通国民经济循环，加快建设统一开放、竞争有序的现代市场体系，推动商品和要素在生产、流通、分配、消费等主要环节自由流动；提高金融体系服务实体经济能力，支持银行等金融机构为小微企业和民企放贷；形成国内市场和生产主体、经济增长和就业扩大、金融和实体经济良性循环。

扎实推进乡村振兴战略。一是培育发展新动能，推动乡村产业兴旺发展。要坚持农业农村优先发展，提高农业综合生产能力，切实抓好农业特别是粮食生产，推动藏粮于地、藏粮于技落实落地，合理调整"粮经饲"结构，着力增加优质绿色农产品供给；要健全现代农业经营体系，重视培育家庭农场、农民合作社等新型经营主体，注重解决小农户生产经营面临的困难，把他们引入现代农业发展大格局；要进一步发挥产业集聚及产品品牌效应，加强农业科技创新及成果转化应用，促进农业"新六产"及产业融合发展，深化乡村产业开放合作。二是坚持绿色发展，实现乡村生态宜居。要强化农村人居环境整治管护，改善农村人居环境，重点做好垃圾污水处理、厕所革命、村容村貌提升；要加强农业生态保护与修复，发挥自然资源多重效益，完善乡村防灾减灾体系。三是推进文化建设，焕发乡村文明新气象。大力发展社会主义文化，继承发展乡村优秀传统文化，加强乡村公共文化服务，挖掘乡村特色文化产业资源，持续开展乡村文明行动。四是强化有效治理，形成乡村基层善治新局面。要加强农村基层党组织建设，完善乡村自治机制，推进乡村法治建设，提升乡村德治水平，建设平安乡村。五是拓宽育人用人渠道，强化乡村振兴人才支撑。要推进新型职业农民培育，加强专业技术人才队伍建设，吸引各类人才返乡创业，优化乡村人才发展环境。六是促进城乡融合发展，加快实现共同富裕。要健全城乡融合发展机制，总结好农村土地制度改革三项试点经验，巩固改革成果，继续深化农村土地制度改革；要推动城乡要素自由流动，促进农民持续增收，完善农村社会保障体系，强力推进精准脱贫工作。

第八，完善制度、守住底线，精心做好各项民生工作，切实给人民群众带来实惠，加强和创新社会管理，推进国家治理体系建设，不断提升政府作用竞争力。

把人民对美好生活的向往作为奋斗目标，一件事情接着一件事情办，一年接着一年干，不断提高保障和改善民生水平。要把稳就业摆在突出位置，健全覆盖城乡的公共就业服务体系，多渠道创造新的就业机会，重点解决好高校毕业生、农民工、退役军人等群体就业。以市场用工需求为导向，开展多方位技能培训，让富余劳动力掌握稳定转移就业的技能。加强就业创业服务平台建设，完善用工信息发布、劳务对接等服务，加大劳动保障监察执法力度。要增加对学前教育、农村贫困地区儿童早期发展、职业教育等的投入。实施公办幼儿园建设工程、学前教育资助工程、幼儿园片区管理工程等。建立健全学前教育成本分担机制，加快建设普惠性幼儿园。按照"就近入园、大村独办、小村联办"的原则，优化农村幼儿园布局，重点扩大农村贫困地区幼儿园资源总量。统筹优化职业教育城乡布局，继续落实农村户籍中等职业教育学生免收学费制度，落实中职院校建档立卡学生免学费及享受助学金、生活费补助等政策。要完善养老护理体系，努力解决大城市养老难问题。加快建立以居家为基础、社区为依托、机构为补充、医养结合的多层次养老服务体系。鼓励民间资本和社会力量通过"公建民营""民办公助"等方式兴办养老服务机构，建立满足不同需求的社区居家养老服务。要下更大气力抓好食品药品安全、安全生产和交通安全。从健全法制、完善体制、增加投入、技术改造、落实责任、严格管理等方面加大力度，强化对食品药品疫苗、餐饮卫生、危险化学品和交通安全等的监管。要深化社会保障制度改革，在加快省级统筹的基础上推进养老保险全国统筹，建立健全企业职工基本养老保险基金中央调剂制度，合理均衡不同地区养老保险基金的负担，确保各地养老金按时足额发放。把更多救命救急的好药纳入医保，继续整合协调药占比、DRG 支付方式以及仿制药一致性评价等方面的政策。要继续划转部分国有资本充实社保基金，卸下历史债务，使社会保障尤其是养老保险制度更具可持续性。要构建房地产市场健康发展长效机制，坚持"房子是用来住的、不是用来炒的"定位，因城施策、分类指导，既抑制房地产泡沫，又防止出现大起大落。夯实城市政府主体责任，完善符合国情、适应市场规律包括产权制度、不动产登记制度、土地征收、储备和出让制度、房地产税收和投融资制度、住房保障制度等在内的房地产基础性制度。

面对新的社会结构和社会矛盾，我国的社会治理是一个比较明显的"短板"，应不断加强和创新社会管理，推进国家治理体系建设。一是强化党组织领导核心地位，与社会组织合力推进共治。强化党组织的领导核心作用，大力加强基层服务型党组织建设，加大在各类企事业单位、各个城乡基层和各种社会组织建立党组织力度，切实加强党组织对各类组织的领导。推动各类社会组织与行政机关真正脱钩，积极发挥社会组织在引导社会成员参与矛盾调解、社区矫正、青少年教育管理、风险评估等方面的作用。二是以德法兼治为引领，完善社会治理的体制机制。加大普法力度，采取多种形式广泛宣传与人民群众生产生活密切相关的法律知识，不断增强领导干部和群众的法治观念和依法维权意识，形成遇事找法、解决问题用法、办事依法、化解矛盾靠法的良好法治环境。健全纠纷调解机制，完善人民调解队伍建设，加强对民众的法律援助和司法救助，实现法律援助和咨询服务全覆盖。推进综合行政执法改革向基层延伸，创新监管方式，推动执法队伍整合、执法力量下沉。发挥中华传统文化、伦理道德的教化滋养作用，大力弘扬社会主义核心价值观，深入挖掘中华文化蕴含的道德规范，结合时代要求进行创新，强化道德教化作用，引导民众向上向善、孝老爱亲、重义守信、勤俭持家，促进家庭和睦、邻里和谐、干群融洽。运用民众喜闻乐见的形式，深入宣传道德模范、身边好人的典型事迹，积极弘扬真善美，大力传播正能量。三是以国家安全体制为基石，健全立体的公共安全体系。围绕深入推进平安建设，健全落实社会治安综合治理领导责任制，大力推进社会治安防控体系立体化建设。加大安全隐患治理力度，加强食品药品安全、安全生产、防灾减灾和网络安全管理，坚决遏制重特大安全生产事故。依法打击非法宗教活动和境外渗透活动，依法制止利用宗教干涉公共事务。不断健全应急管理体系，提升应对危机与风险的能力。加快推进网格化服务管理一体化建设，使平安建设基层基础更加扎实。

第九，深入实施可持续发展战略，在发展中践行绿色理念和补齐民生短板，不断提高经济社会环境协调发展水平，全面提升省域统筹协调竞争力。

积极践行可持续发展理念，按照创新、协调、绿色、开放、共享的发展理念，推动经济提质增效升级，在发展中践行绿色理念和补齐民生短板，促进经济社会环境的协调发展。一是推进经济高质量发展。以全球价值链重构为契机，培育以设计、研发、营销、服务为核心的竞争新优势，推动从中国制造转向中国设计、中国创造、中国营销和中国服务。要立足优势、挖掘潜力、扬长补短，推动传统产业转型升级，大力发展新兴产业，改变低端产业、资源型产业和劳动密集型产业多，高端产业、高附加值产业和资本科技密集型产业少的产业格局，构建多元发展、多极支撑的现代产业新体系。要统筹推进西部大开发、东北全面振兴、中部地区崛起、东部率先发展，增强中心城市、自贸试验区、生态文明试验区的辐射带动力，形成高质量发展的重要助推力。二是补齐民生短板。优先发展农村教育事业，推动学前教育健康普惠发展，办好特殊教育和网络教育，推动职业教育提升发展和城乡义务教育一体化发展。坚持就业优先战略，实施更加积极的就业政策，强化就业创业服务，积极开展职业技能培训，做好高校毕业生、农民工、退役军人等重点人群就业工作。构建城乡一体的社会保障体系，加快建立基本保障全面覆盖、补充保障协调发展、兜底保障无缝衔接的社会保障制度。加强保障性住房建设和管理，建立健全农村留守儿童、妇女、老年人关爱服务体系，引入社会工作人才和志愿者等，为"三留守"人员提供关爱服务。完善分级诊疗体系布局，加快基层卫生机构提档升级，推动优质医疗卫生资源下沉。推进城乡居民医保和城镇职工医保实现统筹层次、医保目录、定点管理、基金管理"四统一"，完善城乡居民医保、大病保险、医疗救助等制度。倡导健康文明生活方式，加强慢性病综合防控，大力推进严重精神障碍管理、重大传染病防治。三是在发展中践行绿色理念。政府紧紧围绕生态环境质量持续改善这个核心任务进行顶层设计，从"推进绿色发展""着力解决突出环境问题""加大生态系统保护力度""改革生态环境监管体制"等方面对生态文明建设作出全面部署。培育环境治理和生态保护市场主体，建立社会资本投入生态环境保护的市场引导机制,推广政府和社会资本合作模式,推行环境污染第三方治理、合同能源管理和合同节水管理;构建绿色金融体系,推动现有税制"绿色化",建立企业环境保护信用体系;建立自然资源资产产权制度,推行生态产品市场化改革,充分实现生态产品价值;建立用能权交易制度、水权交易制度,完善碳排放权交易市场体系、排污权交易制度,形成反映市场供求关系和资源稀缺程度的生态环境保护市场体系。面向生态环保行业关键共性技术、前瞻性技术,解决突出生态环境问题的生态技术等重点领域和重大需求,加强政产学研用对接,布局国家级关键生态技术创新中心建设;建立以应用和标准化为导向的绿色创新成果持续改进和提高机制;突出环保企业技术创新主体地位,推进建设企业生态技术创新中心,不断提升企业生态创新能力;灵活应用经济手段推动高效能源技术和节能产品的传播和使用。

II　分报告

Departmental Reports

B.2

1

北京市经济综合竞争力评价分析报告

北京市简称京，是中华人民共和国的首都，为历史悠久的世界著名古城，是全国政治文化中心。北京市位于华北平原西北部，东南方向距渤海约 150 公里，与河北省、天津市相接。2017 年，全市总面积为 16410 平方公里，常住人口为 2171 万人，地区生产总值为 28015 亿元，同比增长 6.7%，人均 GDP 达到 128994 元。本部分通过分析 2016 ~ 2017 年北京市经济综合竞争力以及各要素竞争力的排名变化，从中找出北京市经济综合竞争力的推动点及影响因素，为进一步提升北京市经济综合竞争力提供决策参考。

1.1　北京市经济综合竞争力总体分析

1. 北京市经济综合竞争力一级指标概要分析

表 1 – 1　2016 ~ 2017 年北京市经济综合竞争力二级指标表现情况

年份 项目	宏观经济竞争力	产业经济竞争力	可持续发展竞争力	财政金融竞争力	知识经济竞争力	发展环境竞争力	政府作用竞争力	发展水平竞争力	统筹协调竞争力	综合排位
2016	6	6	4	1	3	2	7	4	3	4
2017	6	6	6	1	3	2	9	4	7	4
升降	0	0	−2	0	0	0	−2	0	−4	0
优劣度	优势	优势	优势	强势	强势	强势	优势	优势	优势	优势

（1）从综合排位看，2017 年北京市经济综合竞争力综合排位在全国居第 4 位，这表明其在全国处于优势地位；与 2016 年相比，综合排位没有发生变化。

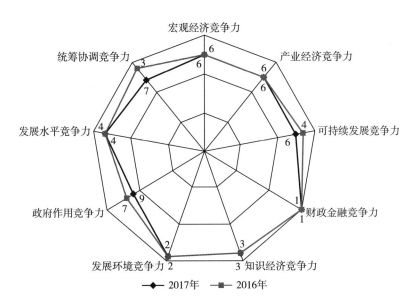

图1-1 2016~2017年北京市经济综合竞争力二级指标比较雷达图

（2）从指标所处区位看，9个指标均处于上游区，其中财政金融竞争力、知识经济竞争力和发展环境竞争力等3个指标为北京市经济综合竞争力的强势指标，其余指标为优势指标。

（3）从指标变化趋势看，9个二级指标中，无指标处于上升趋势；有6个指标排位没有发生变化，分别为宏观经济竞争力、产业经济竞争力、财政金融竞争力、知识经济竞争力、发展环境竞争力和发展水平竞争力；有3个指标处于下降趋势，分别为可持续发展竞争力、政府作用竞争力和统筹协调竞争力，尤其是统筹协调竞争力这一指标从全国第3位下降到全国第7位，需要引起重视。

2. 北京市经济综合竞争力各级指标动态变化分析

表1-2 2016~2017年北京市经济综合竞争力各级指标排位变化情况

单位：个，%

二级指标	三级指标	四级指标数	上升		保持		下降		变化趋势
			指标数	比重	指标数	比重	指标数	比重	
宏观经济竞争力	经济实力竞争力	12	7	58.3	4	33.3	1	8.3	上升
	经济结构竞争力	6	2	33.3	3	50.0	1	16.7	下降
	经济外向度竞争力	9	0	0.0	3	33.3	6	66.7	下降
	小 计	27	9	33.3	10	37.0	8	29.6	保持
产业经济竞争力	农业竞争力	10	1	10.0	7	70.0	2	20.0	上升
	工业竞争力	10	3	30.0	3	30.0	4	40.0	下降
	服务业竞争力	10	3	30.0	6	60.0	1	10.0	保持
	企业竞争力	10	3	30.0	5	50.0	2	20.0	保持
	小 计	40	10	25.0	21	52.5	9	22.5	保持

可持续发展 竞争力	资源竞争力	9	2	22.2	6	66.7	1	11.1	保持
	环境竞争力	8	2	25.0	5	62.5	1	12.5	上升
	人力资源竞争力	7	3	42.9	4	57.1	0	0.0	保持
	小　计	24	7	29.2	15	62.5	2	8.3	下降
财政金融 竞争力	财政竞争力	12	0	0.0	8	66.7	4	33.3	保持
	金融竞争力	10	0	0.0	7	70.0	3	30.0	保持
	小　计	22	0	0.0	15	68.2	7	31.8	保持
知识经济 竞争力	科技竞争力	9	2	22.2	3	33.3	4	44.4	保持
	教育竞争力	10	2	20.0	6	60.0	2	20.0	保持
	文化竞争力	10	0	0.0	6	60.0	4	40.0	保持
	小　计	29	4	13.8	15	51.7	10	34.5	保持
发展环境 竞争力	基础设施竞争力	9	1	11.1	6	66.7	2	22.2	下降
	软环境竞争力	9	2	22.2	5	55.6	2	22.2	保持
	小　计	18	3	16.7	11	61.1	4	22.2	保持
政府作用 竞争力	政府发展经济竞争力	5	2	40.0	1	20.0	2	40.0	保持
	政府规调经济竞争力	5	1	20.0	3	60.0	1	20.0	保持
	政府保障经济竞争力	6	0	0.0	4	66.7	2	33.3	保持
	小　计	16	3	18.8	8	50.0	5	31.3	下降
发展水平 竞争力	工业化进程竞争力	6	1	16.7	3	50.0	2	33.3	上升
	城市化进程竞争力	6	2	33.3	4	66.7	0	0.0	保持
	市场化进程竞争力	6	2	33.3	1	16.7	3	50.0	下降
	小　计	18	5	27.8	8	44.4	5	27.8	保持
统筹协调 竞争力	统筹发展竞争力	8	0	0.0	2	25.0	6	75.0	下降
	协调发展竞争力	8	2	25.0	3	37.5	3	37.5	下降
	小　计	16	2	12.5	5	31.3	9	56.3	下降
	合计	210	43	20.5	108	51.4	59	28.1	保持

从表1-2可以看出，在210个四级指标中，北京市的上升指标有43个，占指标总数的20.5%；下降指标有59个，占指标总数的28.1%；保持不变的指标有108个，占指标总数的51.4%。从四级指标的变动情况可以发现，虽然北京市经济综合竞争力的上升动力略小于下降拉力，但是排位保持不变的指标仍然占较大比重，因此2016～2017年北京市经济综合竞争力排位保持不变。

3. 北京市经济综合竞争力各级指标优劣势结构分析

基于图1-2和表1-3，具体到四级指标，强势指标63个，占指标总数的30%；优势指标49个，占指标总数的23.3%；中势指标38个，占指标总数的18.1%；劣势指标60个，占指标总数的28.6%。三级指标中，强势指标11个，占三级指标总数的44%；优势指标9个，占三级指标总数的36%；中势指标1个，占三级指标总数的4%；劣势指标4个，占三级指标总数的16%。从二级指标看，强势指标3个，占二级指标总数的33.3%；优势指标有6个，占二级指标总数的66.7%；无中势指标和劣势指标。综合来看，由于优势指标在指标体系中居于主导地位，2017年北京市经济综合竞争力处于优势地位。

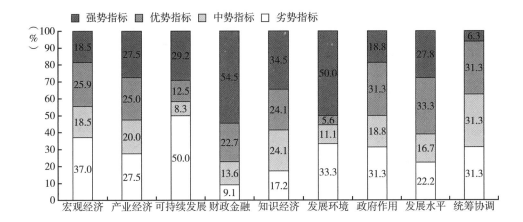

图 1-2 2017 年北京市经济综合竞争力各级指标优劣势比较

表 1-3 2017 年北京市经济综合竞争力各级指标优劣势情况

单位：个，%

二级指标	三级指标	四级指标数	强势指标		优势指标		中势指标		劣势指标		优劣势
			个数	比重	个数	比重	个数	比重	个数	比重	
宏观经济竞争力	经济实力竞争力	12	3	25.0	2	16.7	2	16.7	5	41.7	优势
	经济结构竞争力	6	1	16.7	1	16.7	2	33.3	2	33.3	优势
	经济外向度竞争力	9	1	11.1	4	44.4	1	11.1	3	33.3	优势
	小　计	27	5	18.5	7	25.9	5	18.5	10	37.0	优势
产业经济竞争力	农业竞争力	10	2	20.0	1	10.0	1	10.0	6	60.0	劣势
	工业竞争力	10	0	0.0	4	40.0	3	30.0	3	30.0	中势
	服务业竞争力	10	4	40.0	3	30.0	2	20.0	1	10.0	强势
	企业竞争力	10	5	50.0	2	20.0	2	20.0	1	10.0	强势
	小　计	40	11	27.5	10	25.0	8	20.0	11	27.5	优势
可持续发展竞争力	资源竞争力	9	0	0.0	0	0.0	1	11.1	8	88.9	劣势
	环境竞争力	8	3	37.5	3	37.5	1	12.5	1	12.5	优势
	人力资源竞争力	7	4	57.1	0	0.0	0	0.0	3	42.9	强势
	小　计	24	7	29.2	3	12.5	2	8.3	12	50.0	优势
财政金融竞争力	财政竞争力	12	6	50.0	2	16.7	3	25.0	1	8.3	强势
	金融竞争力	10	6	60.0	3	30.0	0	0.0	1	10.0	强势
	小　计	22	12	54.5	5	22.7	3	13.6	2	9.1	强势
知识经济竞争力	科技竞争力	9	4	44.4	2	22.2	3	33.3	0	0.0	强势
	教育竞争力	10	4	40.0	2	20.0	1	10.0	3	30.0	强势
	文化竞争力	10	2	20.0	3	30.0	3	30.0	2	20.0	优势
	小　计	29	10	34.5	7	24.1	7	24.1	5	17.2	强势
发展环境竞争力	基础设施竞争力	9	4	44.4	1	11.1	1	11.1	3	33.3	优势
	软环境竞争力	9	5	55.6	0	0.0	1	11.1	3	33.3	强势
	小　计	18	9	50.0	1	5.6	2	11.1	6	33.3	强势

续表

二级指标	三级指标	四级指标数	强势指标		优势指标		中势指标		劣势指标		优劣势
			个数	比重	个数	比重	个数	比重	个数	比重	
政府作用竞争力	政府发展经济竞争力	5	0	0.0	1	20.0	1	20.0	3	60.0	劣势
	政府规调经济竞争力	5	2	40.0	1	20.0	1	20.0	1	20.0	强势
	政府保障经济竞争力	6	1	16.7	3	50.0	1	16.7	1	16.7	优势
	小　计	16	3	18.8	5	31.3	3	18.8	5	31.3	优势
发展水平竞争力	工业化进程竞争力	6	2	33.3	2	33.3	1	16.7	1	16.7	优势
	城市化进程竞争力	6	2	33.3	2	33.3	1	16.7	1	16.7	强势
	市场化进程竞争力	6	1	16.7	2	33.3	1	16.7	2	33.3	优势
	小　计	18	5	27.8	6	33.3	3	16.7	4	22.2	优势
统筹协调竞争力	统筹发展竞争力	8	1	12.5	4	50.0	2	25.0	1	12.5	强势
	协调发展竞争力	8	0	0.0	1	12.5	3	37.5	4	50.0	劣势
	小　计	16	1	6.3	5	31.3	5	31.3	5	31.3	优势
合计		210	63	30.0	49	23.3	38	18.1	60	28.6	优势

4. 北京市经济综合竞争力四级指标优劣势对比分析

表1-4　2017年北京市经济综合竞争力各级指标优劣势情况

二级指标	优劣势	四级指标
宏观经济竞争力（27个）	强势指标	人均地区生产总值、人均财政收入、人均全社会消费品零售总额、产业结构优化度、对外直接投资额（5个）
	优势指标	财政总收入、财政总收入增长率、贸易结构优化度、进出口总额、实际FDI、外贸依存度、外资企业数（7个）
	劣势指标	地区生产总值增长率、固定资产投资额、固定资产投资额增长率、人均固定资产投资额、全社会消费品零售总额增长率、所有制经济结构优化度、资本形成结构优化度、进出口增长率、出口增长率、实际FDI增长率（10个）
产业经济竞争力（40个）	强势指标	农民人均纯收入、农产品出口占农林牧渔总产值比重、人均服务业增加值、限额以上批发零售企业主营业务收入、限额以上餐饮企业利税率、电子商务销售额、规模以上企业平均资产、规模以上企业平均收入、规模以上企业平均利润、规模以上企业劳动效率、城镇就业人员平均工资（11个）
	优势指标	农村人均用电量、工业资产总额、工业资产总额增长率、工业全员劳动生产率、工业收入利润率、服务业增加值、服务业从业人员数、旅游外汇收入、新产品销售收入占主营业务收入比重、工业企业R&D经费投入强度（10个）
	劣势指标	农业增加值、农业增加值增长率、人均农业增加值、人均主要农产品产量、农业机械化水平、财政支农资金比重、工业增加值、工业增加值增长率、工业成本费用率、服务业增加值增长率、规模以上工业企业数（11个）
可持续发展竞争力（24个）	强势指标	人均工业废气排放量、人均工业固体废物排放量、自然灾害直接经济损失、15～64岁人口比例、文盲率、大专以上教育程度人口比例、平均受教育程度（7个）
	优势指标	人均治理工业污染投资额、一般工业固体废物综合利用率、生活垃圾无害化处理率（3个）
	劣势指标	人均国土面积、人均年水资源量、耕地面积、人均耕地面积、人均牧草地面积、主要能源矿产基础储量、人均主要能源矿产基础储量、人均森林储积量、人均废水排放量、常住人口增长率、人口健康素质、职业学校毕业生数（12个）

二级指标	优劣势	四级指标
财政金融竞争力（22个）	强势指标	地方财政收入占GDP比重、税收收入占GDP比重、税收收入占财政总收入比重、人均地方财政收入、人均地方财政支出、人均税收收入、存款余额、人均存款余额、人均贷款余额、保险密度、保险深度、国内上市公司市值（12个）
	优势指标	地方财政收入、地方财政支出、贷款余额、保险费净收入、国内上市公司数（5个）
	劣势指标	地方财政支出增长率、中长期贷款占贷款余额比重（2个）
知识经济竞争力（29个）	强势指标	发明专利授权量、技术市场成交合同金额、财政科技支出占地方财政支出比重、高技术产业收入占工业增加值比重、人均教育经费、人均文化教育支出、高等学校数、万人高等学校在校学生数、文化服务业企业营业收入、城镇居民人均文化娱乐支出（10个）
	优势指标	高技术产业主营业务收入、高技术产品出口额占商品出口额比重、教育经费、高校专任教师数、文化批发零售业营业收入、印刷用纸量、农村居民人均文化娱乐支出（7个）
	劣势指标	公共教育经费占财政支出比重、万人中小学学校数、万人中小学专任教师数、城镇居民人均文化娱乐支出占消费性支出比重、农村居民人均文化娱乐支出占消费性支出比重（5个）
发展环境竞争力（18个）	强势指标	铁路网线密度、人均邮电业务总量、电话普及率、网站数、万人外资企业数、万人个体私营企业数、万人商标注册件数、罚没收入占财政收入比重、社会捐赠款物（9个）
	优势指标	公路网线密度（1个）
	劣势指标	人均内河航道里程、全社会旅客周转量、全社会货物周转量、外资企业数增长率、个体私营企业数增长率、查处商标侵权假冒案件（6个）
政府作用竞争力（16个）	强势指标	统筹经济社会发展、规范税收、城镇登记失业率（3个）
	优势指标	政府公务员对经济的贡献、固定资产投资价格指数、医疗保险覆盖率、失业保险覆盖率、最低工资标准（5个）
	劣势指标	财政支出用于基本建设投资比重、政府消费对民间消费的拉动、财政投资对社会投资的拉动、物价调控、养老保险覆盖率（5个）
发展水平竞争力（18个）	强势指标	高技术产业占工业增加值比重、工农业增加值比值、城镇化率、城镇居民人均可支配收入、私有和个体企业从业人员比重（5个）
	优势指标	高技术产品出口额占商品出口额比重、信息产业增加值占GDP比重、城市平均建成区面积比重、人均公共绿地面积、亿元以上商品市场成交额、亿元以上商品市场成交额占全社会消费品零售总额比重（6个）
	劣势指标	工业增加值占GDP比重、人均拥有道路面积、非公有制经济产值占全社会总产值比重、居民消费支出占总消费支出比重（4个）
统筹协调竞争力（16个）	强势指标	社会劳动生产率（1个）
	优势指标	非农用地产出率、生产税净额和营业盈余占GDP比重、最终消费率、固定资产投资额占GDP比重、全社会消费品零售总额与外贸出口总额比差（5个）
	劣势指标	固定资产交付使用率、资源竞争力与宏观经济竞争力比差、人力资源竞争力与宏观经济竞争力比差、资源竞争力与工业竞争力比差、环境竞争力与工业竞争力比差（5个）

1.2　北京市经济综合竞争力各级指标具体分析

1. 北京市宏观经济竞争力指标排名变化情况

表1-5　2016～2017年北京市宏观经济竞争力指标组排位及变化趋势

指　标	2016	2017	排位升降	优劣势
1　宏观经济竞争力	6	6	0	优势
1.1　经济实力竞争力	6	5	1	优势
地区生产总值	12	12	0	中势
地区生产总值增长率	28	24	4	劣势
人均地区生产总值	1	1	0	强势
财政总收入	6	6	0	优势
财政总收入增长率	28	10	18	优势
人均财政收入	3	2	1	强势
固定资产投资额	25	23	2	劣势
固定资产投资额增长率	27	21	6	劣势
人均固定资产投资额	25	24	1	劣势
全社会消费品零售总额	12	13	-1	中势
全社会消费品零售总额增长率	30	29	1	劣势
人均全社会消费品零售总额	1	1	0	强势
1.2　经济结构竞争力	6	8	-2	优势
产业结构优化度	1	1	0	强势
所有制经济结构优化度	30	27	3	劣势
城乡经济结构优化度	18	18	0	中势
就业结构优化度	13	12	1	中势
资本形成结构优化度	23	28	-5	劣势
贸易结构优化度	7	7	0	优势
1.3　经济外向度竞争力	5	9	-4	优势
进出口总额	7	8	-1	优势
进出口增长率	14	30	-16	劣势
出口总额	14	15	-1	中势
出口增长率	12	24	-12	劣势
实际FDI	4	4	0	优势
实际FDI增长率	14	21	-7	劣势
外贸依存度	6	8	-2	优势
外资企业数	5	5	0	优势
对外直接投资额	3	3	0	强势

2. 北京市产业经济竞争力指标排名变化情况

表 1-6　2016~2017 年北京市产业经济竞争力指标组排位及变化趋势

指　标	2016	2017	排位升降	优劣势
2　产业经济竞争力	6	6	0	优势
2.1　农业竞争力	31	30	1	劣势
农业增加值	29	30	-1	劣势
农业增加值增长率	31	31	0	劣势
人均农业增加值	30	30	0	劣势
农民人均纯收入	3	3	0	强势
农民人均纯收入增长率	15	19	-4	中势
农产品出口占农林牧渔总产值比重	2	2	0	强势
人均主要农产品产量	31	31	0	劣势
农业机械化水平	30	30	0	劣势
农村人均用电量	8	7	1	优势
财政支农资金比重	28	28	0	劣势
2.2　工业竞争力	14	19	-5	中势
工业增加值	22	22	0	劣势
工业增加值增长率	7	23	-16	劣势
人均工业增加值	13	13	0	中势
工业资产总额	7	6	1	优势
工业资产总额增长率	4	7	-3	优势
规模以上工业主营业务收入	21	18	3	中势
工业成本费用率	27	31	-4	劣势
规模以上工业利润总额	16	15	1	中势
工业全员劳动生产率	10	10	0	优势
工业收入利润率	3	4	-1	优势
2.3　服务业竞争力	3	3	0	强势
服务业增加值	5	5	0	优势
服务业增加值增长率	29	27	2	劣势
人均服务业增加值	1	1	0	强势
服务业从业人员数	7	7	0	优势
限额以上批发零售企业主营业务收入	3	3	0	强势
限额以上批零企业利税率	21	20	1	中势
限额以上餐饮企业利税率	1	1	0	强势
旅游外汇收入	4	4	0	优势
商品房销售收入	10	16	-6	中势
电子商务销售额	3	2	1	强势
2.4　企业竞争力	1	1	0	强势
规模以上工业企业数	25	24	1	劣势
规模以上企业平均资产	1	1	0	强势
规模以上企业平均收入	1	1	0	强势

指标	2016	2017	排位升降	优劣势
规模以上企业平均利润	1	1	0	强势
规模以上企业劳动效率	1	1	0	强势
城镇就业人员平均工资	2	1	1	强势
新产品销售收入占主营业务收入比重	7	8	−1	优势
产品质量抽查合格率	23	12	11	中势
工业企业 R&D 经费投入强度	5	6	−1	优势
中国驰名商标持有量	11	11	0	中势

3. 北京市可持续发展竞争力指标排名变化情况

表 1－7　2016～2017 年北京市可持续发展竞争力指标组排位及变化趋势

指标	2016	2017	排位升降	优劣势
3　可持续发展竞争力	4	6	−2	优势
3.1　资源竞争力	31	31	0	劣势
人均国土面积	30	30	0	劣势
人均可使用海域和滩涂面积	12	12	0	中势
人均年水资源量	29	30	−1	劣势
耕地面积	30	30	0	劣势
人均耕地面积	30	30	0	劣势
人均牧草地面积	24	24	0	劣势
主要能源矿产基础储量	25	24	1	劣势
人均主要能源矿产基础储量	24	21	3	劣势
人均森林储积量	29	29	0	劣势
3.2　环境竞争力	5	4	1	优势
森林覆盖率	16	16	0	中势
人均废水排放量	27	26	1	劣势
人均工业废气排放量	1	1	0	强势
人均工业固体废物排放量	1	1	0	强势
人均治理工业污染投资额	17	6	11	优势
一般工业固体废物综合利用率	6	7	−1	优势
生活垃圾无害化处理率	9	9	0	优势
自然灾害直接经济损失	3	3	0	强势
3.3　人力资源竞争力	1	1	0	强势
常住人口增长率	28	27	1	劣势
15～64 岁人口比例	4	3	1	强势
文盲率	1	1	0	强势
大专以上教育程度人口比例	1	1	0	强势
平均受教育程度	1	1	0	强势
人口健康素质	26	25	1	劣势
职业学校毕业生数	28	28	0	劣势

4. 北京市财政金融竞争力指标排名变化情况

表 1 - 8　2016 ~ 2017 年北京市财政金融竞争力指标组排位及变化趋势

指　标	2016	2017	排位升降	优劣势
4　财政金融竞争力	1	1	0	强势
4.1　财政竞争力	2	2	0	强势
地方财政收入	6	6	0	优势
地方财政支出	9	9	0	优势
地方财政收入占 GDP 比重	2	2	0	强势
地方财政支出占 GDP 比重	12	15	- 3	中势
税收收入占 GDP 比重	2	2	0	强势
税收收入占财政总收入比重	2	2	0	强势
人均地方财政收入	2	2	0	强势
人均地方财政支出	2	2	0	强势
人均税收收入	2	2	0	强势
地方财政收入增长率	7	12	- 5	中势
地方财政支出增长率	4	21	- 17	劣势
税收收入增长率	5	18	- 13	中势
4.2　金融竞争力	1	1	0	强势
存款余额	2	2	0	强势
人均存款余额	1	1	0	强势
贷款余额	3	5	- 2	优势
人均贷款余额	1	1	0	强势
中长期贷款占贷款余额比重	11	22	- 11	劣势
保险费净收入	4	5	- 1	优势
保险密度	1	1	0	强势
保险深度	1	1	0	强势
国内上市公司数	4	4	0	优势
国内上市公司市值	1	1	0	强势

5. 北京市知识经济竞争力指标排名变化情况

表 1 - 9　2016 ~ 2017 年北京市知识经济竞争力指标组排位及变化趋势

指　标	2016	2017	排位升降	优劣势
5　知识经济竞争力	3	3	0	强势
5.1　科技竞争力	3	3	0	强势
R&D 人员	14	15	- 1	中势
R&D 经费	14	15	- 1	中势
R&D 经费投入强度	14	16	- 2	中势
发明专利授权量	2	1	1	强势
技术市场成交合同金额	1	1	0	强势

指 标	2016	2017	排位升降	优劣势
财政科技支出占地方财政支出比重	4	2	2	强势
高技术产业主营业务收入	10	10	0	优势
高技术产业收入占工业增加值比重	2	2	0	强势
高技术产品出口额占商品出口额比重	7	8	−1	优势
5.2 教育竞争力	1	1	0	强势
教育经费	11	9	2	优势
教育经费占 GDP 比重	17	16	1	中势
人均教育经费	1	1	0	强势
公共教育经费占财政支出比重	23	25	−2	劣势
人均文化教育支出	2	2	0	强势
万人中小学学校数	30	30	0	劣势
万人中小学专任教师数	30	30	0	劣势
高等学校数	1	1	0	强势
高校专任教师数	8	9	−1	优势
万人高等学校在校学生数	1	1	0	强势
5.3 文化竞争力	6	6	0	优势
文化制造业营业收入	17	17	0	中势
文化批发零售业营业收入	4	4	0	优势
文化服务业企业营业收入	1	1	0	强势
图书和期刊出版数	11	14	−3	中势
报纸出版数	17	17	0	中势
印刷用纸量	4	4	0	优势
城镇居民人均文化娱乐支出	2	2	0	强势
农村居民人均文化娱乐支出	5	8	−3	优势
城镇居民人均文化娱乐支出占消费性支出比重	25	26	−1	劣势
农村居民人均文化娱乐支出占消费性支出比重	28	29	−1	劣势

6. 北京市发展环境竞争力指标排名变化情况

表1-10 2016~2017年北京市发展环境竞争力指标组排位及变化趋势

指 标	2016	2017	排位升降	优劣势
6 发展环境竞争力	2	2	0	强势
6.1 基础设施竞争力	4	5	−1	优势
铁路网线密度	2	2	0	强势
公路网线密度	9	9	0	优势
人均内河航道里程	28	28	0	劣势
全社会旅客周转量	25	26	−1	劣势
全社会货物周转量	28	27	1	劣势
人均邮电业务总量	1	2	−1	强势
电话普及率	1	1	0	强势

续表

指　标	2016	2017	排位升降	优劣势
网站数	2	2	0	强势
人均耗电量	13	13	0	中势
6.2　软环境竞争力	1	1	0	强势
外资企业数增长率	24	26	-2	劣势
万人外资企业数	2	2	0	强势
个体私营企业数增长率	30	30	0	劣势
万人个体私营企业数	2	3	-1	强势
万人商标注册件数	1	1	0	强势
查处商标侵权假冒案件	25	21	4	劣势
每十万人交通事故发生数	16	16	0	中势
罚没收入占财政收入比重	2	1	1	强势
社会捐赠款物	2	2	0	强势

7. 北京市政府作用竞争力指标排名变化情况

表1-11　2016～2017年北京市政府作用竞争力指标组排位及变化趋势

指　标	2016	2017	排位升降	优劣势
7　政府作用竞争力	7	9	-2	优势
7.1　政府发展经济竞争力	24	24	0	劣势
财政支出用于基本建设投资比重	22	23	-1	劣势
财政支出对GDP增长的拉动	20	17	3	中势
政府公务员对经济的贡献	9	9	0	优势
政府消费对民间消费的拉动	25	27	-2	劣势
财政投资对社会投资的拉动	28	27	1	劣势
7.2　政府规调经济竞争力	1	1	0	强势
物价调控	7	26	-19	劣势
调控城乡消费差距	19	19	0	中势
统筹经济社会发展	2	2	0	强势
规范税收	2	2	0	强势
固定资产投资价格指数	20	8	12	优势
7.3　政府保障经济竞争力	4	4	0	优势
城市城镇社区服务设施数	11	11	0	中势
医疗保险覆盖率	4	5	-1	优势
养老保险覆盖率	18	21	-3	劣势
失业保险覆盖率	4	4	0	优势
最低工资标准	4	4	0	优势
城镇登记失业率	1	1	0	强势

8. 北京市发展水平竞争力指标排名变化情况

表 1-12　2016~2017 年北京市发展水平竞争力指标组排位及变化趋势

指　标	2016	2017	排位升降	优劣势
8　发展水平竞争力	4	4	0	优势
8.1　工业化进程竞争力	7	5	2	优势
工业增加值占 GDP 比重	29	29	0	劣势
工业增加值增长率	7	16	-9	中势
高技术产业占工业增加值比重	2	2	0	强势
高技术产品出口额占商品出口额比重	15	7	8	优势
信息产业增加值占 GDP 比重	8	9	-1	优势
工农业增加值比值	3	3	0	强势
8.2　城市化进程竞争力	1	1	0	强势
城镇化率	2	2	0	强势
城镇居民人均可支配收入	2	2	0	强势
城市平均建成区面积比重	31	8	23	优势
人均拥有道路面积	30	30	0	劣势
人均日生活用水量	14	12	2	中势
人均公共绿地面积	6	6	0	优势
8.3　市场化进程竞争力	8	10	-2	优势
非公有制经济产值占全社会总产值比重	30	27	3	劣势
社会投资占投资总额比重	13	11	2	中势
私有和个体企业从业人员比重	1	2	-1	强势
亿元以上商品市场成交额	7	9	-2	优势
亿元以上商品市场成交额占全社会消费品零售总额比重	8	8	0	优势
居民消费支出占总消费支出比重	25	27	-2	劣势

9. 北京市统筹协调竞争力指标排名变化情况

表 1-13　2016~2017 年北京市统筹协调竞争力指标组排位及变化趋势

指　标	2016	2017	排位升降	优劣势
9　统筹协调竞争力	3	7	-4	优势
9.1　统筹发展竞争力	1	3	-2	强势
社会劳动生产率	1	1	0	强势
能源使用下降率	12	14	-2	中势
万元 GDP 综合能耗下降率	17	19	-2	中势
非农用地产出率	5	5	0	优势
生产税净额和营业盈余占 GDP 比重	8	9	-1	优势
最终消费率	8	9	-1	优势
固定资产投资额占 GDP 比重	5	6	-1	优势
固定资产交付使用率	2	30	-28	劣势

续表

指　标	2016	2017	排位升降	优劣势
9.2　协调发展竞争力	21	26	-5	劣势
环境竞争力与宏观经济竞争力比差	9	11	-2	中势
资源竞争力与宏观经济竞争力比差	31	29	2	劣势
人力资源竞争力与宏观经济竞争力比差	21	23	-2	劣势
资源竞争力与工业竞争力比差	29	29	0	劣势
环境竞争力与工业竞争力比差	19	24	-5	劣势
城乡居民家庭人均收入比差	18	18	0	中势
城乡居民人均现金消费支出比差	23	19	4	中势
全社会消费品零售总额与外贸出口总额比差	9	9	0	优势

B.3

2

天津市经济综合竞争力评价分析报告

天津市简称津，位于华北平原东北部，与北京市、河北省相接，是中央四大直辖市之一，也是中国北方最大的沿海开放城市，素有"渤海明珠"之称。全市面积为11919.7平方公里。2017年全市常住人口为1557万人，地区生产总值为18549亿元，同比增长3.6%，人均GDP达到118944元。本部分通过分析2016~2017年天津市经济综合竞争力以及各要素竞争力的排名变化，从中找出天津市经济综合竞争力的推动点及影响因素，为进一步提升天津市经济综合竞争力提供决策参考。

2.1 天津市经济综合竞争力总体分析

1. 天津市经济综合竞争力一级指标概要分析

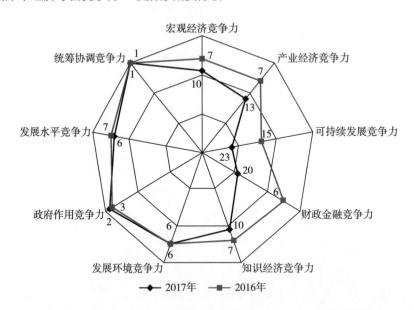

图2-1 2016~2017年天津市经济综合竞争力二级指标比较雷达图

（1）从综合排位看，2017年天津市经济综合竞争力综合排位在全国居第7位，这表明其在全国处于优势地位；与2016年相比，综合排位没有发生变化。

（2）从指标所处区位看，6个二级指标处于上游区，尤其是政府作用竞争力和统筹协调竞争力等2个指标为天津市经济综合竞争力的强势指标，其中政府作用竞争力这一

表2-1 2016~2017年天津市经济综合竞争力二级指标比较

年 份 \ 项目	宏观经济竞争力	产业经济竞争力	可持续发展竞争力	财政金融竞争力	知识经济竞争力	发展环境竞争力	政府作用竞争力	发展水平竞争力	统筹协调竞争力	综合排位
2016	7	7	15	6	7	6	3	6	1	7
2017	10	13	23	20	10	6	2	7	1	7
升降	-3	-6	-8	-14	-3	0	1	-1	0	0
优劣度	优势	中势	劣势	中势	优势	优势	强势	优势	强势	优势

指标从2016年的全国第三位上升到2017年的全国第二位。

（3）从指标变化趋势看，在9个二级指标中，天津市有1个指标处于上升趋势，为政府作用竞争力；有2个指标排位没有发生变化，分别为发展环境竞争力和统筹协调竞争力；有6个指标处于下降趋势，分别为宏观经济竞争力、产业经济竞争力、可持续发展竞争力、财政金融竞争力、知识经济竞争力和发展水平竞争力。

2. 天津市经济综合竞争力各级指标动态变化分析

表2-2 2016~2017年天津市经济综合竞争力各级指标排位变化态势比较

单位：个，%

二级指标	三级指标	四级指标数	上升		保持		下降		变化趋势
			指标数	比重	指标数	比重	指标数	比重	
宏观经济竞争力	经济实力竞争力	12	1	8.3	4	33.3	7	58.3	下降
	经济结构竞争力	6	3	50.0	2	33.3	1	16.7	下降
	经济外向度竞争力	9	2	22.2	4	44.4	3	33.3	下降
	小　计	27	6	22.2	10	37.0	11	40.7	下降
产业经济竞争力	农业竞争力	10	0	0.0	6	60.0	4	40.0	保持
	工业竞争力	10	2	20.0	1	10.0	7	70.0	下降
	服务业竞争力	10	1	10.0	4	40.0	5	50.0	下降
	企业竞争力	10	1	10.0	3	30.0	6	60.0	下降
	小　计	40	4	10.0	14	35.0	22	55.0	下降
可持续发展竞争力	资源竞争力	9	2	22.2	6	66.7	1	11.1	保持
	环境竞争力	8	0	0.0	6	75.0	2	25.0	上升
	人力资源竞争力	7	1	14.3	3	42.9	3	42.9	下降
	小　计	24	3	12.5	15	62.5	6	25.0	下降
财政金融竞争力	财政竞争力	12	1	8.3	2	16.7	9	75.0	下降
	金融竞争力	10	1	10.0	2	20.0	7	70.0	下降
	小　计	22	2	9.1	4	18.2	16	72.7	下降
知识经济竞争力	科技竞争力	9	0	0.0	3	33.3	6	66.7	下降
	教育竞争力	10	2	20.0	6	60.0	2	20.0	下降
	文化竞争力	10	2	20.0	5	50.0	3	30.0	保持
	小　计	29	4	13.8	14	48.3	11	37.9	下降

续表

二级指标	三级指标	四级指标数	上升		保持		下降		变化趋势
			指标数	比重	指标数	比重	指标数	比重	
发展环境竞争力	基础设施竞争力	9	2	22.2	3	33.3	4	44.4	保持
	软环境竞争力	9	2	22.2	5	55.6	2	22.2	下降
	小　计	18	4	22.2	8	44.4	6	33.3	保持
政府作用竞争力	政府发展经济竞争力	5	1	20.0	3	60.0	1	20.0	上升
	政府规调经济竞争力	5	1	20.0	1	20.0	3	60.0	下降
	政府保障经济竞争力	6	3	50.0	2	33.3	1	16.7	上升
	小　计	16	5	31.3	6	37.5	5	31.3	上升
发展水平竞争力	工业化进程竞争力	6	2	33.3	2	33.3	2	33.3	保持
	城市化进程竞争力	6	4	66.7	2	33.3	0	0.0	上升
	市场化进程竞争力	6	1	16.7	3	50.0	2	33.3	下降
	小　计	18	7	38.9	7	38.9	4	22.2	下降
统筹协调竞争力	统筹发展竞争力	8	4	50.0	3	37.5	1	12.5	保持
	协调发展竞争力	8	1	12.5	4	50.0	3	37.5	下降
	小　计	16	5	31.3	7	43.8	4	25.0	保持
合　计		210	40	19.0	85	40.5	85	40.5	保持

从表2-2可以看出，在210个四级指标中，天津市上升指标有40个，占指标总数的19%；下降指标有85个，占指标总数的40.5%；保持不变的指标有85个，占指标总数的40.5%。综上所述，虽然天津市经济综合竞争力的上升动力显著小于下降拉力，但排位保持不变的指标较多，2016~2017年天津市经济综合竞争力排位保持不变。

3. 天津市经济综合竞争力各级指标优劣势结构分析

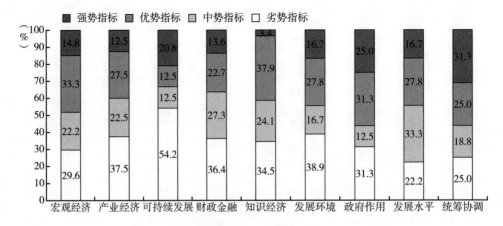

图2-2　2017年天津市经济综合竞争力各级指标优劣势比较

表 2-3   2017 年天津市经济综合竞争力各级指标优劣势比较

单位：个，%

二级指标	三级指标	四级指标数	强势指标		优势指标		中势指标		劣势指标		优劣势
			个数	比重	个数	比重	个数	比重	个数	比重	
宏观经济竞争力	经济实力竞争力	12	2	16.7	2	16.7	1	8.3	7	58.3	中势
	经济结构竞争力	6	2	33.3	1	16.7	3	50.0	0	0.0	优势
	经济外向度竞争力	9	0	0.0	6	66.7	2	22.2	1	11.1	中势
	小 计	27	4	14.8	9	33.3	6	22.2	8	29.6	优势
产业经济竞争力	农业竞争力	10	0	0.0	3	30.0	0	0.0	7	70.0	劣势
	工业竞争力	10	2	20.0	0	0.0	4	40.0	4	40.0	中势
	服务业竞争力	10	1	10.0	3	30.0	2	20.0	4	40.0	中势
	企业竞争力	10	2	20.0	5	50.0	3	30.0	0	0.0	优势
	小 计	40	5	12.5	11	27.5	9	22.5	15	37.5	中势
可持续发展竞争力	资源竞争力	9	0	0.0	1	11.1	1	11.1	7	77.8	劣势
	环境竞争力	8	2	25.0	1	12.5	2	25.0	3	37.5	中势
	人力资源竞争力	7	3	42.9	1	14.3	0	0.0	3	42.9	优势
	小 计	24	5	20.8	3	12.5	3	12.5	13	54.2	劣势
财政金融竞争力	财政竞争力	12	1	8.3	4	33.3	2	16.7	5	41.7	劣势
	金融竞争力	10	2	20.0	1	10.0	4	40.0	3	30.0	中势
	小 计	22	3	13.6	5	22.7	6	27.3	8	36.4	中势
知识经济竞争力	科技竞争力	9	0	0.0	4	44.4	5	55.6	0	0.0	中势
	教育竞争力	10	1	10.0	3	30.0	0	0.0	6	60.0	优势
	文化竞争力	10	0	0.0	4	40.0	2	20.0	4	40.0	中势
	小 计	29	1	3.4	11	37.9	7	24.1	10	34.5	优势
发展环境竞争力	基础设施竞争力	9	1	11.1	2	22.2	3	33.3	3	33.3	优势
	软环境竞争力	9	2	22.2	3	33.3	0	0.0	4	44.4	优势
	小 计	18	3	16.7	5	27.8	3	16.7	7	38.9	优势
政府作用竞争力	政府发展经济竞争力	5	2	40.0	1	20.0	0	0.0	2	40.0	强势
	政府规调经济竞争力	5	1	20.0	2	40.0	0	0.0	2	40.0	优势
	政府保障经济竞争力	6	1	16.7	2	33.3	2	33.3	1	16.7	优势
	小 计	16	4	25.0	5	31.3	2	12.5	5	31.3	强势
发展水平竞争力	工业化进程竞争力	6	1	16.7	3	50.0	1	16.7	1	16.7	优势
	城市化进程竞争力	6	1	16.7	2	33.3	2	33.3	1	16.7	强势
	市场化进程竞争力	6	1	16.7	0	0.0	3	50.0	2	33.3	中势
	小 计	18	3	16.7	5	27.8	6	33.3	4	22.2	优势
统筹协调竞争力	统筹发展竞争力	8	4	50.0	1	12.5	1	12.5	2	25.0	强势
	协调发展竞争力	8	1	12.5	3	37.5	2	25.0	2	25.0	优势
	小 计	16	5	31.3	4	25.0	3	18.8	4	25.0	强势
合 计		210	33	15.7	58	27.6	45	21.4	74	35.2	优势

基于图 2-2 和表 2-3，从四级指标来看，强势指标 33 个，占指标总数的 15.7%；优势指标 58 个，占指标总数的 27.6%；中势指标 45 个，占指标总数的 21.4%；劣势

指标 74 个，占指标总数的 35.2%。从三级指标来看，强势指标 3 个，占三级指标总数的 12%；优势指标 10 个，占三级指标总数的 40%；中势指标 9 个，占三级指标总数的 36%；劣势指标 3 个，占三级指标总数的 12%。反映到二级指标上，强势指标 2 个，占二级指标总数的 22.2%；优势指标有 4 个，占二级指标总数的 44.4%；中势指标有 2 个，占二级指标总数的 22.2%；劣势指标有 1 个，占二级指标总数的 11.1%。综合来看，由于优势指标在指标体系中居于主导地位，2017 年天津市经济综合竞争力处于优势地位。

4. 天津市经济综合竞争力四级指标优劣势对比分析

表 2-4　2017 年天津市经济综合竞争力各级指标优劣势比较

二级指标	优劣势	四级指标
宏观经济竞争力（27 个）	强势指标	人均地区生产总值、人均固定资产投资额、产业结构优化度、城乡经济结构优化度（4 个）
	优势指标	人均财政收入、人均全社会消费品零售总额、就业结构优化度、进出口总额、出口总额、实际 FDI、外贸依存度、外资企业数、对外直接投资额（9 个）
	劣势指标	地区生产总值增长率、财政总收入、财政总收入增长率、固定资产投资额、固定资产投资额增长率、全社会消费品零售总额、全社会消费品零售总额增长率、出口增长率（8 个）
产业经济竞争力（40 个）	强势指标	人均工业增加值、工业全员劳动生产率、人均服务业增加值、产品质量抽查合格率、工业企业 R&D 经费投入强度（5 个）
	优势指标	农民人均纯收入、农产品出口占农林牧渔总产值比重、农村人均用电量、限额以上批发零售企业主营业务收入、限额以上餐饮企业利税率、旅游外汇收入、规模以上企业平均收入、规模以上企业平均利润、规模以上企业劳动效率、城镇就业人员平均工资、新产品销售收入占主营业务收入比重（11 个）
	劣势指标	农业增加值、农业增加值增长率、人均农业增加值、农民人均纯收入增长率、人均主要农产品产量、农业机械化水平、财政支农资金比重、工业增加值增长率、工业资产总值增长率、规模以上工业主营业务收入、工业成本费用率、服务业增加值增长率、服务业从业人员数、限额以上批零企业利税率、商品房销售收入（15 个）
可持续发展竞争力（24 个）	强势指标	一般工业固体废物综合利用率、自然灾害直接经济损失、15 ~ 64 岁人口比例、大专以上教育程度人口比例、平均受教育程度（5 个）
	优势指标	人均可使用海域和滩涂面积、人均工业固体废物排放量、文盲率（3 个）
	劣势指标	人均国土面积、人均年水资源量、耕地面积、人均耕地面积、人均牧草地面积、主要能源矿产基础储量、人均森林储积量、森林覆盖率、人均废水排放量、生活垃圾无害化处理率、常住人口增长率、人口健康素质、职业学校毕业生数（13 个）
财政金融竞争力（22 个）	强势指标	人均税收收入、人均存款余额、人均贷款余额（3 个）
	优势指标	地方财政收入占 GDP 比重、税收收入占 GDP 比重、人均地方财政收入、人均地方财政支出、保险密度（5 个）
	劣势指标	地方财政支出、地方财政支出占 GDP 比重、地方财政收入增长率、地方财政支出增长率、税收收入增长率、中长期贷款占贷款余额比重、保险费净收入、保险深度（8 个）

二级指标	优劣势	四级指标
知识经济竞争力(29个)	强势指标	万人高等学校在校学生数(1个)
	优势指标	技术市场成交合同金额、财政科技支出占地方财政支出比重、高技术产业收入占工业增加值比重、高技术产品出口额占商品出口额比重、人均教育经费、人均文化教育支出、高等学校数、文化服务业企业营业收入、印刷用纸量、城镇居民人均文化娱乐支出、农村居民人均文化娱乐支出(11个)
	劣势指标	教育经费、教育经费占GDP比重、公共教育经费占财政支出比重、万人中小学学校数、万人中小学专任教师数、高校专任教师数、图书和期刊出版数、报纸出版数、城镇居民人均文化娱乐支出占消费性支出比重、农村居民人均文化娱乐支出占消费性支出比重(10个)
发展环境竞争力(18个)	强势指标	铁路网线密度、万人外资企业数、罚没收入占财政收入比重(3个)
	优势指标	公路网线密度、人均邮电业务总量、万人个体私营企业数、万人商标注册件数、查处商标侵权假冒案件(5个)
	劣势指标	人均内河航道里程、全社会旅客周转量、全社会货物周转量、外资企业数增长率、个体私营企业数增长率、每十万人交通事故发生数、社会捐赠款物(7个)
政府作用竞争力(16个)	强势指标	政府公务员对经济的贡献、财政投资对社会投资的拉动、统筹经济社会发展、最低工资标准(4个)
	优势指标	财政支出对GDP增长的拉动、调控城乡消费差距、固定资产投资价格指数、医疗保险覆盖率、失业保险覆盖率(5个)
	劣势指标	财政支出用于基本建设投资比重、政府消费对民间消费的拉动、物价调控、规范税收、城市城镇社区服务设施数(5个)
发展水平竞争力(18个)	强势指标	工农业增加值比值、城镇化率、社会投资占投资总额比重(3个)
	优势指标	高技术产业占工业增加值比重、高技术产品出口额占商品出口额比重、信息产业增加值占GDP比重、城镇居民人均可支配收入、城市平均建成区面积比重(5个)
	劣势指标	工业增加值增长率、人均日生活用水量、私有和个体企业从业人员比重、居民消费支出占总消费支出比重(4个)
统筹协调竞争力(16个)	强势指标	社会劳动生产率、能源使用下降率、非农用地产出率、固定资产投资额占GDP比重、城乡居民家庭人均收入比差(5个)
	优势指标	万元GDP综合能耗下降率、环境竞争力与宏观经济竞争力比差、城乡居民人均现金消费支出比差、全社会消费品零售总额与外贸出口总额比差(4个)
	劣势指标	生产税净额和营业盈余占GDP比重、最终消费率、资源竞争力与宏观经济竞争力比差、资源竞争力与工业竞争力比差(4个)

2.2 天津市经济综合竞争力各级指标具体分析

1. 天津市宏观经济竞争力指标排名变化情况

表2-5 2016~2017年天津市宏观经济竞争力指标组排位及变化趋势

指　标	2016年	2017年	排位升降	优劣势
1 宏观经济竞争力	7	10	-3	优势
1.1 经济实力竞争力	7	18	-11	中势
地区生产总值	19	18	1	中势
地区生产总值增长率	4	30	-26	劣势

续表

指　标	2016 年	2017 年	排位升降	优劣势
人均地区生产总值	3	3	0	强势
财政总收入	21	22	-1	劣势
财政总收入增长率	21	26	-5	劣势
人均财政收入	4	4	0	优势
固定资产投资额	21	22	-1	劣势
固定资产投资额增长率	23	29	-6	劣势
人均固定资产投资额	1	1	0	强势
全社会消费品零售总额	24	24	0	劣势
全社会消费品零售总额增长率	29	31	-2	劣势
人均全社会消费品零售总额	4	5	-1	优势
1.2　经济结构竞争力	3	4	-1	优势
产业结构优化度	3	3	0	强势
所有制经济结构优化度	14	18	-4	中势
城乡经济结构优化度	1	1	0	强势
就业结构优化度	11	8	3	优势
资本形成结构优化度	26	19	7	中势
贸易结构优化度	13	11	2	中势
1.3　经济外向度竞争力	7	13	-6	中势
进出口总额	8	7	1	优势
进出口增长率	21	17	4	中势
出口总额	10	10	0	优势
出口增长率	9	27	-18	劣势
实际 FDI	8	9	-1	优势
实际 FDI 增长率	4	20	-16	中势
外贸依存度	5	5	0	优势
外资企业数	9	9	0	优势
对外直接投资额	7	7	0	优势

2. 天津市产业经济竞争力指标排名变化情况

表 2 - 6　2016 ~ 2017 年天津市产业经济竞争力指标组排位及变化趋势

指　标	2016	2017	排位升降	优劣势
2　产业经济竞争力	7	13	-6	中势
2.1　农业竞争力	29	29	0	劣势
农业增加值	28	28	0	劣势
农业增加值增长率	23	27	-4	劣势
人均农业增加值	25	26	-1	劣势
农民人均纯收入	4	4	0	优势
农民人均纯收入增长率	12	24	-12	劣势

指 标	2016	2017	排位升降	优劣势
农产品出口占农林牧渔总产值比重	4	4	0	优势
人均主要农产品产量	29	29	0	劣势
农业机械化水平	28	28	0	劣势
农村人均用电量	5	9	−4	优势
财政支农资金比重	31	31	0	劣势
2.2　工业竞争力	7	17	−10	中势
工业增加值	18	16	2	中势
工业增加值增长率	27	30	−3	劣势
人均工业增加值	1	1	0	强势
工业资产总额	18	19	−1	中势
工业资产总额增长率	28	31	−3	劣势
规模以上工业主营业务收入	14	21	−7	劣势
工业成本费用率	8	21	−13	劣势
规模以上工业利润总额	13	20	−7	中势
工业全员劳动生产率	2	1	1	强势
工业收入利润率	4	18	−14	中势
2.3　服务业竞争力	7	15	−8	中势
服务业增加值	14	15	−1	中势
服务业增加值增长率	9	30	−21	劣势
人均服务业增加值	3	3	0	强势
服务业从业人员数	27	27	0	劣势
限额以上批发零售企业主营业务收入	6	7	−1	优势
限额以上批零企业利税率	31	31	0	劣势
限额以上餐饮企业利税率	7	5	2	优势
旅游外汇收入	6	6	0	优势
商品房销售收入	14	21	−7	劣势
电子商务销售额	9	15	−6	中势
2.4　企业竞争力	2	7	−5	优势
规模以上工业企业数	19	20	−1	中势
规模以上企业平均资产	11	13	−2	中势
规模以上企业平均收入	2	8	−6	优势
规模以上企业平均利润	2	8	−6	优势
规模以上企业劳动效率	2	8	−6	优势
城镇就业人员平均工资	4	4	0	优势
新产品销售收入占主营业务收入比重	4	5	−1	优势
产品质量抽查合格率	1	1	0	强势
工业企业 R&D 经费投入强度	3	2	1	强势
中国驰名商标持有量	15	15	0	中势

3. 天津市可持续发展竞争力指标排名变化情况

表 2 - 7　2016～2017 年天津市可持续发展竞争力指标组排位及变化趋势

指　　　标	2016	2017	排位升降	优劣势
3　可持续发展竞争力	15	23	-8	劣势
3.1　资源竞争力	29	29	0	劣势
人均国土面积	29	29	0	劣势
人均可使用海域和滩涂面积	9	9	0	优势
人均年水资源量	31	31	0	劣势
耕地面积	29	29	0	劣势
人均耕地面积	28	28	0	劣势
人均牧草地面积	30	31	-1	劣势
主要能源矿产基础储量	26	25	1	劣势
人均主要能源矿产基础储量	22	20	2	中势
人均森林储积量	30	30	0	劣势
3.2　环境竞争力	18	16	2	中势
森林覆盖率	29	29	0	劣势
人均废水排放量	24	24	0	劣势
人均工业废气排放量	13	14	-1	中势
人均工业固体废物排放量	8	8	0	优势
人均治理工业污染投资额	11	11	0	中势
一般工业固体废物综合利用率	1	1	0	强势
生活垃圾无害化处理率	24	27	-3	劣势
自然灾害直接经济损失	2	2	0	强势
3.3　人力资源竞争力	3	8	-5	优势
常住人口增长率	7	30	-23	劣势
15～64 岁人口比例	3	2	1	强势
文盲率	3	4	-1	优势
大专以上教育程度人口比例	3	3	0	强势
平均受教育程度	3	3	0	强势
人口健康素质	23	27	-4	劣势
职业学校毕业生数	27	27	0	劣势

4. 天津市财政金融竞争力指标排名变化情况

表 2 - 8　2016～2017 年天津市财政金融竞争力指标组排位及变化趋势

指　　　标	2016	2017	排位升降	优劣势
4　财政金融竞争力	6	20	-14	中势
4.1　财政竞争力	6	28	-22	劣势
地方财政收入	11	15	-4	中势
地方财政支出	24	27	-3	劣势
地方财政收入占 GDP 比重	4	7	-3	优势

指　标	2016	2017	排位升降	优劣势
地方财政支出占 GDP 比重	21	26	−5	劣势
税收收入占 GDP 比重	7	9	−2	优势
税收收入占财政总收入比重	30	18	12	中势
人均地方财政收入	3	5	−2	优势
人均地方财政支出	5	5	0	优势
人均税收收入	3	3	0	强势
地方财政收入增长率	21	30	−9	劣势
地方财政支出增长率	2	31	−29	劣势
税收收入增长率	8	29	−21	劣势
4.2　金融竞争力	8	11	−3	中势
存款余额	18	19	−1	中势
人均存款余额	3	3	0	强势
贷款余额	13	15	−2	中势
人均贷款余额	3	3	0	强势
中长期贷款占贷款余额比重	18	25	−7	劣势
保险费净收入	20	21	−1	劣势
保险密度	3	6	−3	优势
保险深度	23	29	−6	劣势
国内上市公司数	18	15	3	中势
国内上市公司市值	18	20	−2	中势

5. 天津市知识经济竞争力指标排名变化情况

表 2－9　2016～2017 年天津市知识经济竞争力指标组排位及变化趋势

指　标	2016	2017	排位升降	优劣势
5　知识经济竞争力	7	10	−3	优势
5.1　科技竞争力	7	12	−5	中势
R&D 人员	12	13	−1	中势
R&D 经费	11	16	−5	中势
R&D 经费投入强度	5	11	−6	中势
发明专利授权量	15	16	−1	中势
技术市场成交合同金额	7	7	0	优势
财政科技支出占地方财政支出比重	7	7	0	优势
高技术产业主营业务收入	8	13	−5	中势
高技术产业收入占工业增加值比重	6	6	0	优势
高技术产品出口额占商品出口额比重	9	10	−1	优势
5.2　教育竞争力	8	10	−2	优势
教育经费	27	27	0	劣势
教育经费占 GDP 比重	29	30	−1	劣势
人均教育经费	3	5	−2	优势
公共教育经费占财政支出比重	26	23	3	劣势
人均文化教育支出	7	6	1	优势

指 标	2016	2017	排位升降	优劣势
万人中小学学校数	28	28	0	劣势
万人中小学专任教师数	29	29	0	劣势
高等学校数	10	10	0	优势
高校专任教师数	24	24	0	劣势
万人高等学校在校学生数	2	2	0	强势
5.3 文化竞争力	17	17	0	中势
文化制造业营业收入	13	15	-2	中势
文化批发零售业营业收入	14	15	-1	中势
文化服务业企业营业收入	6	6	0	优势
图书和期刊出版数	26	25	1	劣势
报纸出版数	23	24	-1	劣势
印刷用纸量	5	5	0	优势
城镇居民人均文化娱乐支出	8	8	0	优势
农村居民人均文化娱乐支出	6	6	0	优势
城镇居民人均文化娱乐支出占消费性支出比重	30	29	1	劣势
农村居民人均文化娱乐支出占消费性支出比重	27	27	0	劣势

6. 天津市发展环境竞争力指标排名变化情况

表 2-10 2016~2017 年天津市发展环境竞争力指标组排位及变化趋势

指 标	2016	2017	排位升降	优劣势
6 发展环境竞争力	6	6	0	优势
6.1 基础设施竞争力	8	8	0	优势
铁路网线密度	1	1	0	强势
公路网线密度	6	6	0	优势
人均内河航道里程	27	27	0	劣势
全社会旅客周转量	26	25	1	劣势
全社会货物周转量	20	22	-2	劣势
人均邮电业务总量	7	10	-3	优势
电话普及率	12	14	-2	中势
网站数	18	16	2	中势
人均耗电量	9	12	-3	中势
6.2 软环境竞争力	4	5	-1	优势
外资企业数增长率	5	30	-25	劣势
万人外资企业数	3	3	0	强势
个体私营企业数增长率	8	26	-18	劣势
万人个体私营企业数	4	4	0	优势
万人商标注册件数	7	7	0	优势
查处商标侵权假冒案件	13	10	3	优势
每十万人交通事故发生数	31	30	1	劣势
罚没收入占财政收入比重	3	3	0	强势
社会捐赠款物	25	25	0	劣势

7. 天津市政府作用竞争力指标排名变化情况

表 2-11 2016~2017 年天津市政府作用竞争力指标组排位及变化趋势

指 标	2016	2017	排位升降	优劣势
7 政府作用竞争力	3	2	1	强势
7.1 政府发展经济竞争力	4	3	1	强势
财政支出用于基本建设投资比重	30	31	-1	劣势
财政支出对 GDP 增长的拉动	11	6	5	优势
政府公务员对经济的贡献	3	3	0	强势
政府消费对民间消费的拉动	22	22	0	劣势
财政投资对社会投资的拉动	1	1	0	强势
7.2 政府规调经济竞争力	2	4	-2	优势
物价调控	25	28	-3	劣势
调控城乡消费差距	2	5	-3	优势
统筹经济社会发展	1	1	0	强势
规范税收	21	29	-8	劣势
固定资产投资价格指数	11	6	5	优势
7.3 政府保障经济竞争力	10	6	4	优势
城市城镇社区服务设施数	25	25	0	劣势
医疗保险覆盖率	12	8	4	优势
养老保险覆盖率	9	12	-3	中势
失业保险覆盖率	9	8	1	优势
最低工资标准	2	2	0	强势
城镇登记失业率	14	12	2	中势

8. 天津市发展水平竞争力指标排名变化情况

表 2-12 2016~2017 年天津市发展水平竞争力指标组排位及变化趋势

指 标	2016	2017	排位升降	优劣势
8 发展水平竞争力	6	7	-1	优势
8.1 工业化进程竞争力	6	6	0	优势
工业增加值占 GDP 比重	14	13	1	中势
工业增加值增长率	27	25	2	劣势
高技术产业占工业增加值比重	6	6	0	优势
高技术产品出口额占商品出口额比重	5	8	-3	优势
信息产业增加值占 GDP 比重	5	6	-1	优势
工农业增加值比值	2	2	0	强势
8.2 城市化进程竞争力	6	3	3	强势
城镇化率	3	3	0	强势
城镇居民人均可支配收入	6	6	0	优势
城市平均建成区面积比重	8	6	2	优势

指　　标	2016	2017	排位升降	优劣势
人均拥有道路面积	17	11	6	中势
人均日生活用水量	30	21	9	劣势
人均公共绿地面积	27	13	14	中势
8.3　市场化进程竞争力	17	20	− 3	中势
非公有制经济产值占全社会总产值比重	14	18	− 4	中势
社会投资占投资总额比重	7	2	5	强势
私有和个体企业从业人员比重	28	28	0	劣势
亿元以上商品市场成交额	18	18	0	中势
亿元以上商品市场成交额占全社会消费品零售总额比重	14	15	− 1	中势
居民消费支出占总消费支出比重	22	22	0	劣势

9. 天津市统筹协调竞争力指标排名变化情况

表2－13　2016～2017年天津市统筹协调竞争力指标组排位及变化趋势

指　　标	2016	2017	排位升降	优劣势
9　统筹协调竞争力	1	1	0	强势
9.1　统筹发展竞争力	2	2	0	强势
社会劳动生产率	3	3	0	强势
能源使用下降率	5	1	4	强势
万元GDP综合能耗下降率	2	4	− 2	优势
非农用地产出率	2	2	0	强势
生产税净额和营业盈余占GDP比重	31	28	3	劣势
最终消费率	28	28	0	劣势
固定资产投资额占GDP比重	7	2	5	强势
固定资产交付使用率	19	16	3	中势
9.2　协调发展竞争力	6	7	− 1	优势
环境竞争力与宏观经济竞争力比差	7	10	− 3	优势
资源竞争力与宏观经济竞争力比差	29	28	1	劣势
人力资源竞争力与宏观经济竞争力比差	17	17	0	中势
资源竞争力与工业竞争力比差	28	28	0	劣势
环境竞争力与工业竞争力比差	9	18	− 9	中势
城乡居民家庭人均收入比差	1	1	0	强势
城乡居民人均现金消费支出比差	1	5	− 4	优势
全社会消费品零售总额与外贸出口总额比差	6	6	0	优势

B.4
3
河北省经济综合竞争力评价分析报告

河北省简称冀，位于黄河下游以北，东部濒临渤海，东南部和南部与山东、河南两省接壤，西部隔太行山与山西省为邻，西北部、北部和东北部同内蒙古自治区、辽宁省相接。全省面积为18.77万平方公里，2017年全省常住人口为7520万人，地区生产总值为34016亿元，同比增长6.6%，人均GDP达45387元。本部分通过分析2016~2017年河北省经济综合竞争力以及各要素竞争力的排名变化，从中找出河北省经济综合竞争力的推动点及影响因素，为进一步提升河北省经济综合竞争力提供决策参考。

3.1 河北省经济综合竞争力总体分析

1. 河北省经济综合竞争力一级指标概要分析

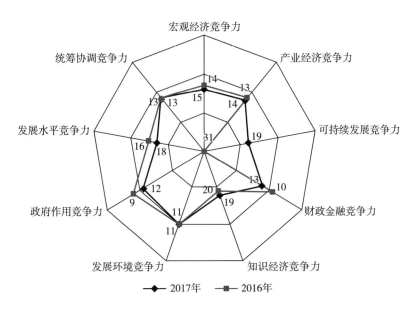

图3-1　2016~2017年河北省经济综合竞争力二级指标比较雷达图

（1）从综合排位看，2017年河北省经济综合竞争力综合排位在全国居第15位，这表明河北省在全国处于中势地位；与2016年相比，综合排位没有发生变化。

（2）从指标所处区位看，9个二级指标均处于中游区。

（3）从指标变化趋势看，9个二级指标中，2个指标排位处于上升趋势，分别为可

表3-1 2016～2017年河北省经济综合竞争力二级指标表现情况

项目 年份	宏观经济 竞争力	产业经济 竞争力	可持续发展 竞争力	财政金融 竞争力	知识经济 竞争力	发展环境 竞争力	政府作用 竞争力	发展水平 竞争力	统筹协调 竞争力	综合 排位
2016	14	13	31	10	20	11	9	16	13	15
2017	15	14	19	13	19	11	12	18	13	15
升降	-1	-1	12	-3	1	0	-3	-2	0	0
优劣度	中势	中势	中势	中势	中势	中势	中势	中势	中势	中势

持续发展竞争力和知识经济竞争力；有2个指标排位没有发生变化，分别为发展环境竞争力和统筹协调竞争力；其余5个指标呈下降趋势，分别为宏观经济竞争力、产业经济竞争力、财政金融竞争力、政府作用竞争力和发展水平竞争力。

2. 河北省经济综合竞争力各级指标动态变化分析

表3-2 2016～2017年河北省经济综合竞争力各级指标排位变化情况

单位：个，%

二级指标	三级指标	四级 指标数	上升		保持		下降		变化 趋势
			指标数	比重	指标数	比重	指标数	比重	
宏观经济 竞争力	经济实力竞争力	12	5	41.7	6	50.0	1	8.3	上升
	经济结构竞争力	6	2	33.3	3	50.0	1	16.7	上升
	经济外向度竞争力	9	1	11.1	4	44.4	4	44.4	下降
	小　计	27	8	29.6	13	48.1	6	22.2	下降
产业经济 竞争力	农业竞争力	10	4	40.0	2	20.0	4	40.0	下降
	工业竞争力	10	0	0.0	3	30.0	7	70.0	下降
	服务业竞争力	10	4	40.0	1	10.0	5	50.0	上升
	企业竞争力	10	4	40.0	1	10.0	5	50.0	保持
	小　计	40	12	30.0	7	17.5	21	52.5	下降
可持续发展 竞争力	资源竞争力	9	0	0.0	8	88.9	1	11.1	上升
	环境竞争力	8	6	75.0	2	25.0	0	0.0	上升
	人力资源竞争力	7	5	71.4	1	14.3	1	14.3	上升
	小　计	24	11	45.8	11	45.8	2	8.3	上升
财政金融 竞争力	财政竞争力	12	6	50.0	3	25.0	3	25.0	下降
	金融竞争力	10	4	40.0	2	20.0	4	40.0	保持
	小　计	22	10	45.5	5	22.7	7	31.8	下降
知识经济 竞争力	科技竞争力	9	5	55.6	2	22.2	2	22.2	下降
	教育竞争力	10	5	50.0	4	40.0	1	10.0	上升
	文化竞争力	10	2	20.0	4	40.0	4	40.0	上升
	小　计	29	12	41.4	10	34.5	7	24.1	上升

续表

二级指标	三级指标	四级指标数	上升		保持		下降		变化趋势
			指标数	比重	指标数	比重	指标数	比重	
发展环境竞争力	基础设施竞争力	9	0	0.0	6	66.7	3	33.3	保持
	软环境竞争力	9	4	44.4	3	33.3	2	22.2	上升
	小　计	18	4	22.2	9	50.0	5	27.8	保持
政府作用竞争力	政府发展经济竞争力	5	1	20.0	2	40.0	2	40.0	上升
	政府规调经济竞争力	5	1	20.0	0	0.0	4	80.0	下降
	政府保障经济竞争力	6	3	50.0	2	33.3	1	16.7	上升
	小　计	16	5	31.3	4	25.0	7	43.8	下降
发展水平竞争力	工业化进程竞争力	6	1	16.7	1	16.7	4	66.7	下降
	城市化进程竞争力	6	0	0.0	2	33.3	4	66.7	下降
	市场化进程竞争力	6	3	50.0	2	33.3	1	16.7	保持
	小　计	18	4	22.2	5	27.8	9	50.0	下降
统筹协调竞争力	统筹发展竞争力	8	2	25.0	3	37.5	3	37.5	上升
	协调发展竞争力	8	2	25.0	1	12.5	5	62.5	下降
	小　计	16	4	25.0	4	25.0	8	50.0	保持
合　计		210	70	33.3	68	32.4	72	34.3	保持

从表 3 - 2 可以看出，在 210 个四级指标中，河北省的上升指标有 70 个，占指标总数的 33.3%；下降指标有 72 个，占指标总数的 34.3%；保持不变的指标有 68 个，占指标总数的 32.4%。综上所述，河北省经济综合竞争力的上升动力略小于下降拉力，且排位保持不变的指标占较大比重，2016～2017 年河北省经济综合竞争力排位保持不变。

3. 河北省经济综合竞争力各级指标优劣势结构分析

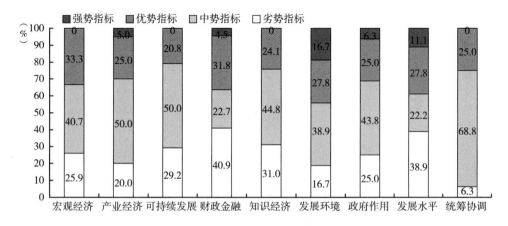

图 3 - 2　2017 年河北省经济综合竞争力各级指标优劣势比较

表 3-3　2017 年河北省经济综合竞争力各级指标优劣势情况

单位：个，%

二级指标	三级指标	四级指标数	强势指标		优势指标		中势指标		劣势指标		优劣势
			个数	比重	个数	比重	个数	比重	个数	比重	
宏观经济竞争力	经济实力竞争力	12	0	0.0	4	33.3	5	41.7	3	25.0	中势
	经济结构竞争力	6	0	0.0	3	50.0	2	33.3	1	16.7	优势
	经济外向度竞争力	9	0	0.0	2	22.2	4	44.4	3	33.3	劣势
	小　计	27	0	0.0	9	33.3	11	40.7	7	25.9	中势
产业经济竞争力	农业竞争力	10	1	10.0	2	20.0	6	60.0	1	10.0	优势
	工业竞争力	10	0	0.0	4	40.0	4	40.0	2	20.0	中势
	服务业竞争力	10	1	10.0	1	10.0	5	50.0	3	30.0	中势
	企业竞争力	10	0	0.0	3	30.0	5	50.0	2	20.0	中势
	小　计	40	2	5.0	10	25.0	20	50.0	8	20.0	中势
可持续发展竞争力	资源竞争力	9	0	0.0	2	22.2	4	44.4	3	33.3	中势
	环境竞争力	8	0	0.0	2	25.0	4	50.0	2	25.0	中势
	人力资源竞争力	7	0	0.0	1	14.3	4	57.1	2	28.6	中势
	小　计	24	0	0.0	5	20.8	12	50.0	7	29.2	中势
财政金融竞争力	财政竞争力	12	1	8.3	3	25.0	1	8.3	7	58.3	中势
	金融竞争力	10	0	0.0	4	40.0	4	40.0	2	20.0	优势
	小　计	22	1	4.5	7	31.8	5	22.7	9	40.9	中势
知识经济竞争力	科技竞争力	9	0	0.0	0	0.0	6	66.7	3	33.3	劣势
	教育竞争力	10	0	0.0	5	50.0	2	20.0	3	30.0	中势
	文化竞争力	10	0	0.0	2	20.0	5	50.0	3	30.0	中势
	小　计	29	0	0.0	7	24.1	13	44.8	9	31.0	中势
发展环境竞争力	基础设施竞争力	9	1	11.1	3	33.3	3	33.3	2	22.2	优势
	软环境竞争力	9	2	22.2	2	22.2	4	44.4	1	11.1	中势
	小　计	18	3	16.7	5	27.8	7	38.9	3	16.7	中势
政府作用竞争力	政府发展经济竞争力	5	0	0.0	2	40.0	2	40.0	1	20.0	中势
	政府规调经济竞争力	5	0	0.0	0	0.0	2	40.0	3	60.0	劣势
	政府保障经济竞争力	6	1	16.7	2	33.3	3	50.0	0	0.0	优势
	小　计	16	1	6.3	4	25.0	7	43.8	4	25.0	中势
发展水平竞争力	工业化进程竞争力	6	1	16.7	0	0.0	1	16.7	4	66.7	劣势
	城市化进程竞争力	6	0	0.0	2	33.3	2	33.3	2	33.3	劣势
	市场化进程竞争力	6	1	16.7	3	50.0	1	16.7	1	16.7	优势
	小　计	18	2	11.1	5	27.8	4	22.2	7	38.9	中势
统筹协调竞争力	统筹发展竞争力	8	0	0.0	3	37.5	4	50.0	1	12.5	中势
	协调发展竞争力	8	0	0.0	1	12.5	7	87.5	0	0.0	优势
	小　计	16	0	0.0	4	25.0	11	68.8	1	6.3	中势
合　计		210	9	4.3	56	26.7	90	42.9	55	26.2	中势

基于图 3-2 和表 3-3，具体到四级指标，强势指标 9 个，占指标总数的 4.3%；优势指标 56 个，占指标总数的 26.7%；中势指标 90 个，占指标总数的 42.9%；劣势

指标 55 个，占指标总数的 26.2%。三级指标中，无强势指标；有优势指标 7 个，占三级指标总数的 28%；中势指标 13 个，占三级指标总数的 52%；劣势指标 5 个，占三级指标总数的 20%。从二级指标看，无强势指标、优势指标和劣势指标，中势指标有 9 个，占二级指标总数的 100%。综合来看，由于中势指标在指标体系中居于绝对主导地位，2017 年河北省经济综合竞争力处于中势地位。

4. 河北省经济综合竞争力四级指标优劣势对比分析

表 3－4　2017 年河北省经济综合竞争力各级指标优劣势情况

二级指标	优劣势	四级指标
宏观经济竞争力（27 个）	强势指标	（0 个）
	优势指标	地区生产总值、财政总收入增长率、固定资产投资额、全社会消费品零售总额、所有制经济结构优化度、城乡经济结构优化度、资本形成结构优化度、进出口总额、出口总额（9 个）
	劣势指标	地区生产总值增长率、人均财政收入、固定资产投资额增长率、产业结构优化度、进出口增长率、出口增长率、实际 FDI 增长率（7 个）
产业经济竞争力（40 个）	强势指标	农业机械化水平、服务业增加值增长率（2 个）
	优势指标	农业增加值、农村人均用电量、工业增加值、工业资产总额、规模以上工业主营业务收入、规模以上工业利润总额、商品房销售收入、规模以上工业企业数、产品质量抽查合格率、中国驰名商标持有量（10 个）
	劣势指标	农民人均纯收入增长率、工业增加值增长率、工业资产总额增长率、人均服务业增加值、限额以上批零企业利税率、旅游外汇收入、规模以上企业平均收入、城镇就业人员平均工资（8 个）
可持续发展竞争力（24 个）	强势指标	（0 个）
	优势指标	人均可使用海域和滩涂面积、耕地面积、人均废水排放量、生活垃圾无害化处理率、职业学校毕业生数（5 个）
	劣势指标	人均国土面积、人均年水资源量、人均森林储积量、人均工业废气排放量、人均工业固体废物排放量、15～64 岁人口比例、大专以上教育程度人口比例（7 个）
财政金融竞争力（22 个）	强势指标	地方财政收入增长率（1 个）
	优势指标	地方财政收入、地方财政支出增长率、税收收入增长率、存款余额、贷款余额、保险费净收入、保险深度（7 个）
	劣势指标	地方财政收入占 GDP 比重、地方财政支出占 GDP 比重、税收收入占 GDP 比重、税收收入占财政总收入比重、人均地方财政收入、人均地方财政支出、人均税收收入、人均存款余额、人均贷款余额（9 个）
知识经济竞争力（29 个）	强势指标	（0 个）
	优势指标	教育经费、公共教育经费占财政支出比重、万人中小学学校数、万人中小学专任教师数、高校专任教师数、报纸出版数、印刷用纸量（7 个）
	劣势指标	财政科技支出占地方财政支出比重、高技术产业收入占工业增加值比重、高技术产品出口额占商品出口额比重、人均教育经费、人均文化教育支出、万人高等学校在校学生数、城镇居民人均文化娱乐支出、农村居民人均文化娱乐支出、城镇居民人均文化娱乐支出占消费性支出比重（9 个）
发展环境竞争力（18 个）	强势指标	全社会货物周转量、个体私营企业数增长率、每十万人交通事故发生数（3 个）
	优势指标	铁路网线密度、全社会旅客周转量、网站数、万人个体私营企业数、社会捐赠款物（5 个）
	劣势指标	人均内河航道里程、人均邮电业务总量、罚没收入占财政收入比重（3 个）

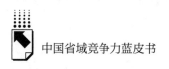

二级指标	优劣势	四级指标
政府作用竞争力（16个）	强势指标	城市城镇社区服务设施数（1个）
	优势指标	财政支出对GDP增长的拉动、财政投资对社会投资的拉动、养老保险覆盖率、城镇登记失业率（4个）
	劣势指标	财政支出用于基本建设投资比重、物价调控、规范税收、固定资产投资价格指数（4个）
发展水平竞争力（18个）	强势指标	工业增加值占GDP比重、社会投资占投资总额比重（2个）
	优势指标	人均拥有道路面积、人均公共绿地面积、非公有制经济产值占全社会总产值比重、亿元以上商品市场成交额、亿元以上商品市场成交额占全社会消费品零售总额比重（5个）
	劣势指标	工业增加值增长率、高技术产业占工业增加值比重、高技术产品出口额占商品出口额比重、信息产业增加值占GDP比重、城镇居民人均可支配收入、人均日生活用水量、私有和个体企业从业人员比重（7个）
统筹协调竞争力（16个）	强势指标	（0个）
	优势指标	能源使用下降率、生产税净额和营业盈余占GDP比重、固定资产交付使用率、城乡居民家庭人均收入比差（4个）
	劣势指标	最终消费率（1个）

3.2　河北省经济综合竞争力各级指标具体分析

1. 河北省宏观经济竞争力指标排名变化情况

表3-5　2016～2017年河北省宏观经济竞争力指标组排位及变化趋势

指　标	2016	2017	排位升降	优劣势
1　宏观经济竞争力	14	15	-1	中势
1.1　经济实力竞争力	17	15	2	中势
地区生产总值	8	8	0	优势
地区生产总值增长率	27	25	2	劣势
人均地区生产总值	19	19	0	中势
财政总收入	20	15	5	中势
财政总收入增长率	18	6	12	优势
人均财政收入	28	28	0	劣势
固定资产投资额	5	5	0	优势
固定资产投资额增长率	24	22	2	劣势
人均固定资产投资额	17	20	-3	中势
全社会消费品零售总额	8	8	0	优势
全社会消费品零售总额增长率	17	14	3	中势
人均全社会消费品零售总额	17	17	0	中势
1.2　经济结构竞争力	8	7	1	优势
产业结构优化度	29	26	3	劣势
所有制经济结构优化度	9	9	0	优势
城乡经济结构优化度	10	10	0	优势

指　标	2016	2017	排位升降	优劣势
就业结构优化度	16	15	1	中势
资本形成结构优化度	5	6	−1	优势
贸易结构优化度	17	17	0	中势
1.3　经济外向度竞争力	13	24	−11	劣势
进出口总额	10	10	0	优势
进出口增长率	15	25	−10	劣势
出口总额	9	9	0	优势
出口增长率	20	28	−8	劣势
实际FDI	13	14	−1	中势
实际FDI增长率	8	23	−15	劣势
外贸依存度	14	14	0	中势
外资企业数	13	12	1	中势
对外直接投资额	12	12	0	中势

2. 河北省产业经济竞争力指标排名变化情况

表 3-6　2016～2017 年河北省产业经济竞争力指标组排位及变化趋势

指　标	2016	2017	排位升降	优劣势
2　产业经济竞争力	13	14	−1	中势
2.1　农业竞争力	6	8	−2	优势
农业增加值	8	7	1	优势
农业增加值增长率	19	15	4	中势
人均农业增加值	16	18	−2	中势
农民人均纯收入	14	15	−1	中势
农民人均纯收入增长率	23	27	−4	劣势
农产品出口占农林牧渔总产值比重	22	17	5	中势
人均主要农产品产量	11	11	0	中势
农业机械化水平	3	3	0	强势
农村人均用电量	9	8	1	优势
财政支农资金比重	11	15	−4	中势
2.2　工业竞争力	11	15	−4	中势
工业增加值	6	6	0	优势
工业增加值增长率	15	26	−11	劣势
人均工业增加值	14	15	−1	中势
工业资产总额	6	7	−1	优势
工业资产总额增长率	23	23	0	劣势
规模以上工业主营业务收入	6	9	−3	优势
工业成本费用率	14	16	−2	中势
规模以上工业利润总额	8	9	−1	优势
工业全员劳动生产率	13	13	0	中势
工业收入利润率	17	19	−2	中势

指　标	2016	2017	排位升降	优劣势
2.3　服务业竞争力	16	11	5	中势
服务业增加值	11	11	0	中势
服务业增加值增长率	10	2	8	强势
人均服务业增加值	24	25	−1	劣势
服务业从业人员数	12	13	−1	中势
限额以上批发零售企业主营业务收入	14	17	−3	中势
限额以上批零企业利税率	24	22	2	劣势
限额以上餐饮企业利税率	17	12	5	中势
旅游外汇收入	22	24	−2	劣势
商品房销售收入	12	10	2	优势
电子商务销售额	12	17	−5	中势
2.4　企业竞争力	16	16	0	中势
规模以上工业企业数	9	10	−1	优势
规模以上企业平均资产	17	19	−2	中势
规模以上企业平均收入	17	23	−6	劣势
规模以上企业平均利润	15	20	−5	中势
规模以上企业劳动效率	12	18	−6	中势
城镇就业人员平均工资	28	25	3	劣势
新产品销售收入占主营业务收入比重	17	15	2	中势
产品质量抽查合格率	13	7	6	优势
工业企业 R&D 经费投入强度	19	16	3	中势
中国驰名商标持有量	8	8	0	优势

3. 河北省可持续发展竞争力指标排名变化情况

表 3−7　2016～2017 年河北省可持续发展竞争力指标组排位及变化趋势

指　标	2016	2017	排位升降	优劣势
3　可持续发展竞争力	31	19	12	中势
3.1　资源竞争力	18	17	1	中势
人均国土面积	22	22	0	劣势
人均可使用海域和滩涂面积	8	8	0	优势
人均年水资源量	26	27	−1	劣势
耕地面积	7	7	0	优势
人均耕地面积	17	17	0	中势
人均牧草地面积	11	11	0	中势
主要能源矿产基础储量	11	11	0	中势
人均主要能源矿产基础储量	14	14	0	中势
人均森林储积量	25	25	0	劣势

续表

指　标	2016	2017	排位升降	优劣势
3.2　环境竞争力	29	17	12	中势
森林覆盖率	19	19	0	中势
人均废水排放量	8	4	4	优势
人均工业废气排放量	26	24	2	劣势
人均工业固体废物排放量	26	26	0	劣势
人均治理工业污染投资额	21	12	9	中势
一般工业固体废物综合利用率	19	13	6	中势
生活垃圾无害化处理率	17	10	7	优势
自然灾害直接经济损失	30	12	18	中势
3.3　人力资源竞争力	20	14	6	中势
常住人口增长率	17	13	4	中势
15~64岁人口比例	23	22	1	劣势
文盲率	13	12	1	中势
大专以上教育程度人口比例	21	24	−3	劣势
平均受教育程度	20	19	1	中势
人口健康素质	12	12	0	中势
职业学校毕业生数	9	6	3	优势

4. 河北省财政金融竞争力指标排名变化情况

表3-8　2016~2017年河北省财政金融竞争力指标组排位及变化趋势

指　标	2016	2017	排位升降	优劣势
4　财政金融竞争力	10	13	−3	中势
4.1　财政竞争力	16	18	−2	中势
地方财政收入	10	10	0	优势
地方财政支出	11	11	0	中势
地方财政收入占GDP比重	25	21	4	劣势
地方财政支出占GDP比重	25	23	2	劣势
税收收入占GDP比重	24	23	1	劣势
税收收入占财政总收入比重	13	21	−8	劣势
人均地方财政收入	26	31	−5	劣势
人均地方财政支出	30	31	−1	劣势
人均税收收入	25	25	0	劣势
地方财政收入增长率	6	3	3	强势
地方财政支出增长率	13	10	3	优势
税收收入增长率	7	5	2	优势

指　　标	2016	2017	排位升降	优劣势
4.2　金融竞争力	9	9	0	优势
存款余额	8	8	0	优势
人均存款余额	22	22	0	劣势
贷款余额	9	8	1	优势
人均贷款余额	22	24	-2	劣势
中长期贷款占贷款余额比重	23	18	5	中势
保险费净收入	9	8	1	优势
保险密度	9	16	-7	中势
保险深度	5	7	-2	优势
国内上市公司数	14	13	1	中势
国内上市公司市值	12	14	-2	中势

5. 河北省知识经济竞争力指标排名变化情况

表 3-9　2016~2017 年河北省知识经济竞争力指标组排位及变化趋势

指　　标	2016	2017	排位升降	优劣势
5　知识经济竞争力	20	19	1	中势
5.1　科技竞争力	19	21	-2	劣势
R&D 人员	11	11	0	中势
R&D 经费	12	11	1	中势
R&D 经费投入强度	16	15	1	中势
发明专利授权量	19	18	1	中势
技术市场成交合同金额	19	19	0	中势
财政科技支出占地方财政支出比重	19	23	-4	劣势
高技术产业主营业务收入	20	19	1	中势
高技术产业收入占工业增加值比重	24	26	-2	劣势
高技术产品出口额占商品出口额比重	28	26	2	劣势
5.2　教育竞争力	25	16	9	中势
教育经费	7	7	0	优势
教育经费占 GDP 比重	20	20	0	中势
人均教育经费	31	29	2	劣势
公共教育经费占财政支出比重	9	6	3	优势
人均文化教育支出	25	26	-1	劣势
万人中小学校数	15	10	5	优势
万人中小学专任教师数	11	10	1	优势
高等学校数	18	18	0	中势
高校专任教师数	7	7	0	优势
万人高等学校在校学生数	24	21	3	劣势

指　标	2016	2017	排位升降	优劣势
5.3　文化竞争力	16	14	2	中势
文化制造业营业收入	14	13	1	中势
文化批发零售业营业收入	17	17	0	中势
文化服务业企业营业收入	19	19	0	中势
图书和期刊出版数	12	12	0	中势
报纸出版数	8	8	0	优势
印刷用纸量	8	7	1	优势
城镇居民人均文化娱乐支出	28	29	−1	劣势
农村居民人均文化娱乐支出	23	25	−2	劣势
城镇居民人均文化娱乐支出占消费性支出比重	26	27	−1	劣势
农村居民人均文化娱乐支出占消费性支出比重	19	20	−1	中势

6. 河北省发展环境竞争力指标排名变化情况

表3－10　2016～2017年河北省发展环境竞争力指标组排位及变化趋势

指　标	2016	2017	排位升降	优劣势
6　发展环境竞争力	11	11	0	中势
6.1　基础设施竞争力	10	10	0	优势
铁路网线密度	5	5	0	优势
公路网线密度	14	14	0	中势
人均内河航道里程	28	28	0	劣势
全社会旅客周转量	5	5	0	优势
全社会货物周转量	3	3	0	强势
人均邮电业务总量	21	23	−2	劣势
电话普及率	17	18	−1	中势
网站数	9	10	−1	优势
人均耗电量	15	15	0	中势
6.2　软环境竞争力	23	18	5	中势
外资企业数增长率	21	13	8	中势
万人外资企业数	16	18	−2	中势
个体私营企业数增长率	4	3	1	强势
万人个体私营企业数	16	10	6	优势
万人商标注册件数	16	17	−1	中势
查处商标侵权假冒案件	19	19	0	中势
每十万人交通事故发生数	3	2	1	强势
罚没收入占财政收入比重	31	31	0	劣势
社会捐赠款物	4	4	0	优势

7. 河北省政府作用竞争力指标排名变化情况

表 3 – 11 2016 ~ 2017 年河北省政府作用竞争力指标组排位及变化趋势

指　标	2016	2017	排位升降	优劣势
7　政府作用竞争力	9	12	– 3	中势
7.1　政府发展经济竞争力	13	12	1	中势
财政支出用于基本建设投资比重	18	21	– 3	劣势
财政支出对 GDP 增长的拉动	7	9	– 2	优势
政府公务员对经济的贡献	16	16	0	中势
政府消费对民间消费的拉动	16	14	2	中势
财政投资对社会投资的拉动	5	5	0	优势
7.2　政府规调经济竞争力	8	23	– 15	劣势
物价调控	10	24	– 14	劣势
调控城乡消费差距	9	13	– 4	中势
统筹经济社会发展	6	13	– 7	中势
规范税收	26	21	5	劣势
固定资产投资价格指数	12	27	– 15	劣势
7.3　政府保障经济竞争力	12	10	2	优势
城市城镇社区服务设施数	3	3	0	强势
医疗保险覆盖率	19	11	8	中势
养老保险覆盖率	13	5	8	优势
失业保险覆盖率	20	13	7	中势
最低工资标准	9	19	– 10	中势
城镇登记失业率	9	9	0	优势

8. 河北省发展水平竞争力指标排名变化情况

表 3 – 12 2016 ~ 2017 年河北省发展水平竞争力指标组排位及变化趋势

指　标	2016	2017	排位升降	优劣势
8　发展水平竞争力	16	18	– 2	中势
8.1　工业化进程竞争力	20	22	– 2	劣势
工业增加值占 GDP 比重	2	3	– 1	强势
工业增加值增长率	15	24	– 9	劣势
高技术产业占工业增加值比重	25	25	0	劣势
高技术产品出口额占商品出口额比重	22	28	– 6	劣势
信息产业增加值占 GDP 比重	21	22	– 1	劣势
工农业增加值比值	19	14	5	中势

指　标	2016	2017	排位升降	优劣势
8.2　城市化进程竞争力	20	25	−5	劣势
城镇化率	19	19	0	中势
城镇居民人均可支配收入	22	22	0	劣势
城市平均建成区面积比重	16	17	−1	中势
人均拥有道路面积	6	7	−1	优势
人均日生活用水量	23	28	−5	劣势
人均公共绿地面积	9	10	−1	优势
8.3　市场化进程竞争力	9	9	0	优势
非公有制经济产值占全社会总产值比重	9	9	0	优势
社会投资占投资总额比重	4	1	3	强势
私有和个体企业从业人员比重	29	27	2	劣势
亿元以上商品市场成交额	5	5	0	优势
亿元以上商品市场成交额占全社会消费品零售总额比重	6	7	−1	优势
居民消费支出占总消费支出比重	16	14	2	中势

9. 河北省统筹协调竞争力指标排名变化情况

表 3 – 13　2016~2017 年河北省统筹协调竞争力指标组排位及变化趋势

指　标	2016	2017	排位升降	优劣势
9　统筹协调竞争力	13	13	0	中势
9.1　统筹发展竞争力	27	19	8	中势
社会劳动生产率	19	19	0	中势
能源使用下降率	10	9	1	优势
万元 GDP 综合能耗下降率	13	16	−3	中势
非农用地产出率	17	17	0	中势
生产税净额和营业盈余占 GDP 比重	10	10	0	优势
最终消费率	26	27	−1	劣势
固定资产投资额占 GDP 比重	19	20	−1	中势
固定资产交付使用率	29	7	22	优势
9.2　协调发展竞争力	4	10	−6	优势
环境竞争力与宏观经济竞争力比差	5	14	−9	中势
资源竞争力与宏观经济竞争力比差	18	15	3	中势
人力资源竞争力与宏观经济竞争力比差	10	19	−9	中势
资源竞争力与工业竞争力比差	18	16	2	中势
环境竞争力与工业竞争力比差	3	16	−13	中势
城乡居民家庭人均收入比差	10	10	0	优势
城乡居民人均现金消费支出比差	6	13	−7	中势
全社会消费品零售总额与外贸出口总额比差	18	20	−2	中势

B.5

4

山西省经济综合竞争力评价分析报告

山西省简称晋，地处黄河以东，太行山以西，基本地形是中间为盆地，东西两侧为山地，北与内蒙古自治区相接，东与河北省相接，南与河南省相连，西隔黄河与陕西省为邻。山西省总面积为15.6万平方公里，2017年全省常住人口为3702万人，地区生产总值为15528亿元，同比增长7.1%，人均GDP达42060元。本部分通过分析2016～2017年山西省经济综合竞争力以及各要素竞争力的排名变化，从中找出山西省经济综合竞争力的推动点及影响因素，为进一步提升山西省经济综合竞争力提供决策参考。

4.1 山西省经济综合竞争力总体分析

1. 山西省经济综合竞争力一级指标概要分析

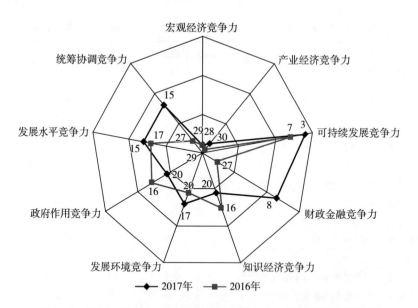

图4-1 2016～2017年山西省经济综合竞争力二级指标比较雷达图

（1）从综合排位看，2017年山西省经济综合竞争力综合排位在全国居第20位，这表明其在全国处于中势地位；与2016年相比，山西省经济综合竞争力综合排位提升了4位。

（2）从各指标所处区位看，2个指标处于上游区，特别是可持续发展竞争力从全国

表 4-1　2016~2017 年山西省经济综合竞争力二级指标表现情况

项目 年份	宏观经济 竞争力	产业经济 竞争力	可持续发展 竞争力	财政金融 竞争力	知识经济 竞争力	发展环境 竞争力	政府作用 竞争力	发展水平 竞争力	统筹协调 竞争力	综合 排位
2016	29	30	7	27	16	20	16	17	27	24
2017	29	28	3	8	20	17	20	15	15	20
升降	0	2	4	19	-4	3	-4	2	12	4
优劣度	劣势	劣势	强势	优势	中势	中势	中势	中势	中势	中势

排名第 7 位上升到全国排名第 3 位，成为山西省经济综合竞争力的强势指标。

（3）从指标变化趋势看，在 9 个二级指标中，山西省有 6 个指标处于上升趋势，具体为产业经济竞争力、可持续发展竞争力、财政金融竞争力、发展环境竞争力、发展水平竞争力和统筹协调竞争力，这为山西省经济综合竞争力上升提供了充足的动力；有 1 个指标排位没有发生变化，为宏观经济竞争力；其余 2 个指标处于下降趋势，分别为知识经济竞争力和政府作用竞争力。

2. 山西省经济综合竞争力各级指标动态变化分析

表 4-2　2016~2017 年山西省经济综合竞争力各级指标排位变化情况

单位：个，%

二级指标	三级指标	四级 指标数	上升		保持		下降		变化 趋势
			指标数	比重	指标数	比重	指标数	比重	
宏观经济 竞争力	经济实力竞争力	12	5	41.7	4	33.3	3	25.0	保持
	经济结构竞争力	6	4	66.7	0	0.0	2	33.3	上升
	经济外向度竞争力	9	2	22.2	5	55.6	2	22.2	下降
	小　计	27	11	40.7	9	33.3	7	25.9	保持
产业经济 竞争力	农业竞争力	10	3	30.0	4	40.0	3	30.0	下降
	工业竞争力	10	9	90.0	1	10.0	0	0.0	上升
	服务业竞争力	10	4	40.0	4	40.0	2	20.0	上升
	企业竞争力	10	5	50.0	2	20.0	3	30.0	上升
	小　计	40	21	52.5	11	27.5	8	20.0	上升
可持续发展 竞争力	资源竞争力	9	0	0.0	8	88.9	1	11.1	上升
	环境竞争力	8	3	37.5	4	50.0	1	12.5	上升
	人力资源竞争力	7	2	28.6	4	57.1	1	14.3	上升
	小　计	24	5	20.8	16	66.7	3	12.5	上升
财政金融 竞争力	财政竞争力	12	9	75.0	1	8.3	2	16.7	上升
	金融竞争力	10	0	0.0	4	40.0	6	60.0	下降
	小　计	22	9	40.9	5	22.7	8	36.4	上升
知识经济 竞争力	科技竞争力	9	4	44.4	3	33.3	2	22.2	下降
	教育竞争力	10	1	10.0	1	10.0	8	80.0	下降
	文化竞争力	10	1	10.0	6	60.0	3	30.0	保持
	小　计	29	6	20.7	10	34.5	13	44.8	下降

续表

二级指标	三级指标	四级指标数	上升		保持		下降		变化趋势
			指标数	比重	指标数	比重	指标数	比重	
发展环境竞争力	基础设施竞争力	9	3	33.3	4	44.4	2	22.2	保持
	软环境竞争力	9	3	33.3	3	33.3	3	33.3	上升
	小　计	18	6	33.3	7	38.9	5	27.8	上升
政府作用竞争力	政府发展经济竞争力	5	3	60.0	0	0.0	2	40.0	下降
	政府规调经济竞争力	5	2	40.0	0	0.0	3	60.0	下降
	政府保障经济竞争力	6	0	0.0	2	33.3	4	66.7	下降
	小　计	16	5	31.3	2	12.5	9	56.3	下降
发展水平竞争力	工业化进程竞争力	6	3	50.0	2	33.3	1	16.7	上升
	城市化进程竞争力	6	2	33.3	1	16.7	3	50.0	下降
	市场化进程竞争力	6	4	66.7	2	33.3	0	0.0	上升
	小　计	18	9	50.0	5	27.8	4	22.2	上升
统筹协调竞争力	统筹发展竞争力	8	4	50.0	1	12.5	3	37.5	上升
	协调发展竞争力	8	3	37.5	0	0.0	5	62.5	上升
	小　计	16	7	43.8	1	6.3	8	50.0	上升
合　计		210	79	37.6	66	31.4	65	31.0	上升

从表4-2可以看出，在统计分析的210个四级指标中，山西省上升指标有79个，占指标总数的37.6%；下降指标有65个，占指标总数的31.0%；保持不变的指标有66个，占指标总数的31.4%，上升的四级指标数量明显大于下降指标数量。综上所述，山西省经济综合竞争力的上升动力大于下降拉力，使得2016~2017年山西省经济综合竞争力排位上升。

3. 山西省经济综合竞争力各级指标优劣势结构分析

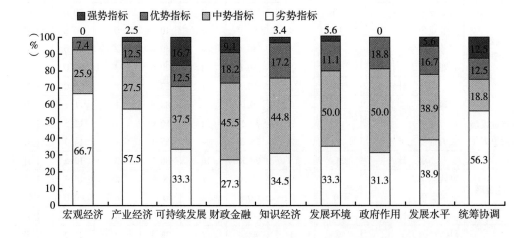

图4-2　2017年山西省经济综合竞争力各级指标优劣势比较

表4-3　2017年山西省经济综合竞争力各级指标优劣势情况

单位：个，%

二级指标	三级指标	四级指标数	强势指标		优势指标		中势指标		劣势指标		优劣势
			个数	比重	个数	比重	个数	比重	个数	比重	
宏观经济竞争力	经济实力竞争力	12	0	0.0	1	8.3	2	16.7	9	75.0	劣势
	经济结构竞争力	6	0	0.0	1	16.7	2	33.3	3	50.0	劣势
	经济外向度竞争力	9	0	0.0	0	0.0	3	33.3	6	66.7	劣势
	小　计	27	0	0.0	2	7.4	7	25.9	18	66.7	劣势
产业经济竞争力	农业竞争力	10	0	0.0	0	0.0	2	20.0	8	80.0	劣势
	工业竞争力	10	0	0.0	1	10.0	5	50.0	4	40.0	劣势
	服务业竞争力	10	0	0.0	1	10.0	2	20.0	7	70.0	劣势
	企业竞争力	10	1	10.0	3	30.0	2	20.0	4	40.0	中势
	小　计	40	1	2.5	5	12.5	11	27.5	23	57.5	劣势
可持续发展竞争力	资源竞争力	9	2	22.2	0	0.0	5	55.6	2	22.2	优势
	环境竞争力	8	1	12.5	1	12.5	1	12.5	5	62.5	劣势
	人力资源竞争力	7	1	14.3	2	28.6	3	42.9	1	14.3	优势
	小　计	24	4	16.7	3	12.5	9	37.5	8	33.3	强势
财政金融竞争力	财政竞争力	12	2	16.7	3	25.0	4	33.3	3	25.0	优势
	金融竞争力	10	0	0.0	1	10.0	6	60.0	3	30.0	中势
	小　计	22	2	9.1	4	18.2	10	45.5	6	27.3	优势
知识经济竞争力	科技竞争力	9	0	0.0	1	11.1	5	55.6	3	33.3	中势
	教育竞争力	10	0	0.0	3	30.0	5	50.0	2	20.0	劣势
	文化竞争力	10	1	10.0	1	10.0	3	30.0	5	50.0	中势
	小　计	29	1	3.4	5	17.2	13	44.8	10	34.5	中势
发展环境竞争力	基础设施竞争力	9	0	0.0	2	22.2	3	33.3	4	44.4	劣势
	软环境竞争力	9	1	11.1	0	0.0	6	66.7	2	22.2	优势
	小　计	18	1	5.6	2	11.1	9	50.0	6	33.3	中势
政府作用竞争力	政府发展经济竞争力	5	0	0.0	1	20.0	2	40.0	2	40.0	劣势
	政府规调经济竞争力	5	0	0.0	2	40.0	1	20.0	2	40.0	中势
	政府保障经济竞争力	6	0	0.0	0	0.0	5	83.3	1	16.7	中势
	小　计	16	0	0.0	3	18.8	8	50.0	5	31.3	中势
发展水平竞争力	工业化进程竞争力	6	1	16.7	2	33.3	2	33.3	1	16.7	优势
	城市化进程竞争力	6	0	0.0	0	0.0	3	50.0	3	50.0	劣势
	市场化进程竞争力	6	0	0.0	1	16.7	2	33.3	3	50.0	劣势
	小　计	18	1	5.6	3	16.7	7	38.9	7	38.9	中势
统筹协调竞争力	统筹发展竞争力	8	1	12.5	1	12.5	3	37.5	3	37.5	中势
	协调发展竞争力	8	1	12.5	1	12.5	0	0.0	6	75.0	中势
	小　计	16	2	12.5	2	12.5	3	18.8	9	56.3	中势
合　计		210	12	5.7	29	13.8	77	36.7	92	43.8	中势

　　基于图4-2和表4-3可以实现对2017年山西省经济综合竞争力各级指标优劣势结构的具体分析。首先考察四级指标可以发现，强势指标有12个，占指标总数的

5.7%；优势指标有 29 个，占指标总数的 13.8%；中势指标有 77 个，占指标总数的 36.7%；劣势指标有 92 个，占指标总数的 43.8%。在三级指标中，无强势指标；优势指标 5 个，占三级指标总数的 20%；中势指标 8 个，占三级指标总数的 32%；劣势指标 12 个，占三级指标总数的 48%。从二级指标看，强势指标 1 个，占二级指标总数的 11.1%；优势指标有 1 个，占二级指标总数的 11.1%；中势指标 5 个，占二级指标总数的 55.6%；劣势指标 2 个，占二级指标总数的 22.2%。综合来看，由于中势指标在指标体系中居于主导地位，2017 年山西省经济综合竞争力处于中势地位。

4. 山西省经济综合竞争力四级指标优劣势对比分析

表 4 - 4　2017 年山西省经济综合竞争力各级指标优劣势情况

二级指标	优劣势	四级指标
宏观经济竞争力（27 个）	强势指标	（0 个）
	优势指标	财政总收入增长率、产业结构优化度（2 个）
	劣势指标	地区生产总值、人均地区生产总值、财政总收入、人均财政收入、固定资产投资额、固定资产投资额增长率、人均固定资产投资额、全社会消费品零售总额、全社会消费品零售总额增长率、所有制经济结构优化度、城乡经济结构优化度、资本形成结构优化度、进出口总额、进出口增长率、出口总额、实际 FDI、外资企业数、对外直接投资额（18 个）
产业经济竞争力（40 个）	强势指标	产品质量抽查合格率（1 个）
	优势指标	工业资产总额增长率、限额以上餐饮企业利税率、规模以上企业平均资产、规模以上企业平均收入、规模以上企业平均利润（5 个）
	劣势指标	农业增加值、农业增加值增长率、人均农业增加值、农民人均纯收入、农民人均纯收入增长率、农产品出口占农林牧渔总产值比重、人均主要农产品产量、农业机械化水平、人均工业增加值、规模以上工业利润总额、工业全员劳动生产率、工业收入利润率、服务业增加值、服务业增加值增长率、服务业从业人员数、限额以上批零企业利税率、旅游外汇收入、商品房销售收入、电子商务销售额、规模以上工业企业数、规模以上企业劳动效率、城镇就业人员平均工资、工业企业 R&D 经费投入强度（23 个）
可持续发展竞争力（24 个）	强势指标	主要能源矿产基础储量、人均主要能源矿产基础储量、人均治理工业污染投资额、文盲率（4 个）
	优势指标	人均废水排放量、15 ~ 64 岁人口比例、平均受教育程度（3 个）
	劣势指标	人均年水资源量、人均森林储积量、森林覆盖率、人均工业废气排放量、人均工业固体废物排放量、一般工业固体废物综合利用率、生活垃圾无害化处理率、人口健康素质（8 个）
财政金融竞争力（22 个）	强势指标	地方财政收入增长率、税收收入增长率（2 个）
	优势指标	地方财政收入占 GDP 比重、税收收入占 GDP 比重、税收收入占财政总收入比重、保险深度（4 个）
	劣势指标	地方财政支出、人均地方财政收入、人均地方财政支出、贷款余额、人均贷款余额、中长期贷款占贷款余额比重（6 个）
知识经济竞争力（29 个）	强势指标	城镇居民人均文化娱乐支出占消费性支出比重（1 个）
	优势指标	高技术产品出口额占商品出口额比重、公共教育经费占财政支出比重、万人中小学学校数、万人中小学专任教师数、报纸出版数（5 个）
	劣势指标	发明专利授权量、高技术产业主营业务收入、高技术产业收入占工业增加值比重、教育经费、人均教育经费、文化制造业营业收入、文化服务业企业营业收入、图书和期刊出版数、印刷用纸量、农村居民人均文化娱乐支出占消费性支出比重（10 个）

续表

二级指标	优劣势	四级指标
发展环境 竞争力 (18个)	强势指标	外资企业数增长率(1个)
	优势指标	铁路网线密度、人均耗电量(2个)
	劣势指标	人均内河航道里程、全社会旅客周转量、人均邮电业务总量、电话普及率、万人外资企业数、万人商标注册件数(6个)
政府作用 竞争力 (16个)	强势指标	(0个)
	优势指标	政府消费对民间消费的拉动、物价调控、规范税收(3个)
	劣势指标	财政支出用于基本建设投资比重、政府公务员对经济的贡献、调控城乡消费差距、固定资产投资价格指数、养老保险覆盖率(5个)
发展水平 竞争力 (18个)	强势指标	工业增加值增长率(1个)
	优势指标	高技术产品出口额占商品出口额比重、工农业增加值比值、居民消费支出占总消费支出比重(3个)
	劣势指标	高技术产业占工业增加值比重、城镇居民人均可支配收入、人均日生活用水量、人均公共绿地面积、非公有制经济产值占全社会总产值比重、亿元以上商品市场成交额、亿元以上商品市场成交额占全社会消费品零售总额比重(7个)
统筹协调 竞争力 (16个)	强势指标	固定资产投资额占GDP比重、资源竞争力与工业竞争力比差(2个)
	优势指标	固定资产交付使用率、资源竞争力与宏观经济竞争力比差(2个)
	劣势指标	能源使用下降率、万元GDP综合能耗下降率、非农用地产出率、环境竞争力与宏观经济竞争力比差、人力资源竞争力与宏观经济竞争力比差、环境竞争力与工业竞争力比差、城乡居民家庭人均收入比差、城乡居民人均现金消费支出比差、全社会消费品零售总额与外贸出口总额比差(9个)

4.2　山西省经济综合竞争力各级指标具体分析

1. 山西省宏观经济竞争力指标排名变化情况

表4-5　2016~2017年山西省宏观经济竞争力指标组排位及变化趋势

指　标	2016	2017	排位升降	优劣势
1　宏观经济竞争力	29	29	0	劣势
1.1　经济实力竞争力	29	29	0	劣势
地区生产总值	24	23	1	劣势
地区生产总值增长率	30	20	10	中势
人均地区生产总值	27	25	2	劣势
财政总收入	25	25	0	劣势
财政总收入增长率	11	4	7	优势
人均财政收入	27	25	2	劣势
固定资产投资额	18	26	-8	劣势
固定资产投资额增长率	29	31	-2	劣势

指　标	2016	2017	排位升降	优劣势
人均固定资产投资额	21	30	−9	劣势
全社会消费品零售总额	22	22	0	劣势
全社会消费品零售总额增长率	28	28	0	劣势
人均全社会消费品零售总额	20	20	0	中势
1.2　经济结构竞争力	28	24	4	劣势
产业结构优化度	4	10	−6	优势
所有制经济结构优化度	29	24	5	劣势
城乡经济结构优化度	21	22	−1	劣势
就业结构优化度	12	11	1	中势
资本形成结构优化度	31	30	1	劣势
贸易结构优化度	27	12	15	中势
1.3　经济外向度竞争力	26	27	−1	劣势
进出口总额	22	22	0	劣势
进出口增长率	1	22	−21	劣势
出口总额	21	21	0	劣势
出口增长率	30	15	15	中势
实际FDI	21	21	0	劣势
实际FDI增长率	25	16	9	中势
外贸依存度	20	20	0	中势
外资企业数	23	24	−1	劣势
对外直接投资额	27	27	0	劣势

2. 山西省产业经济竞争力指标排名变化情况

表4−6　2016～2017年山西省产业经济竞争力指标组排位及变化趋势

指　标	2016	2017	排位升降	优劣势
2　产业经济竞争力	30	28	2	劣势
2.1　农业竞争力	30	31	−1	劣势
农业增加值	25	25	0	劣势
农业增加值增长率	25	26	−1	劣势
人均农业增加值	28	29	−1	劣势
农民人均纯收入	24	24	0	劣势
农民人均纯收入增长率	30	29	1	劣势
农产品出口占农林牧渔总产值比重	30	31	−1	劣势
人均主要农产品产量	24	22	2	劣势
农业机械化水平	22	22	0	劣势
农村人均用电量	17	17	0	中势
财政支农资金比重	14	12	2	中势

续表

指 标	2016	2017	排位升降	优劣势
2.2 工业竞争力	28	24	4	劣势
工业增加值	21	20	1	中势
工业增加值增长率	28	14	14	中势
人均工业增加值	24	21	3	劣势
工业资产总额	12	12	0	中势
工业资产总额增长率	22	10	12	优势
规模以上工业主营业务收入	22	20	2	中势
工业成本费用率	31	20	11	中势
规模以上工业利润总额	26	21	5	劣势
工业全员劳动生产率	31	27	4	劣势
工业收入利润率	30	22	8	劣势
2.3 服务业竞争力	28	27	1	劣势
服务业增加值	22	22	0	劣势
服务业增加值增长率	30	24	6	劣势
人均服务业增加值	19	20	−1	中势
服务业从业人员数	21	23	−2	劣势
限额以上批发零售企业主营业务收入	19	19	0	中势
限额以上批零企业利税率	29	26	3	劣势
限额以上餐饮企业利税率	12	8	4	优势
旅游外汇收入	26	26	0	劣势
商品房销售收入	26	24	2	劣势
电子商务销售额	23	23	0	劣势
2.4 企业竞争力	21	19	2	中势
规模以上工业企业数	24	22	2	劣势
规模以上企业平均资产	4	5	−1	优势
规模以上企业平均收入	7	5	2	优势
规模以上企业平均利润	27	7	20	优势
规模以上企业劳动效率	31	30	1	劣势
城镇就业人员平均工资	29	29	0	劣势
新产品销售收入占主营业务收入比重	19	20	−1	中势
产品质量抽查合格率	5	3	2	强势
工业企业 R&D 经费投入强度	17	22	−5	劣势
中国驰名商标持有量	18	18	0	中势

3. 山西省可持续发展竞争力指标排名变化情况

表4-7 2016～2017年山西省可持续发展竞争力指标组排位及变化趋势

指　标	2016	2017	排位升降	优劣势
3　可持续发展竞争力	7	3	4	强势
3.1　资源竞争力	5	4	1	优势
人均国土面积	14	14	0	中势
人均可使用海域和滩涂面积	13	13	0	中势
人均年水资源量	24	25	-1	劣势
耕地面积	18	18	0	中势
人均耕地面积	11	11	0	中势
人均牧草地面积	16	16	0	中势
主要能源矿产基础储量	1	1	0	强势
人均主要能源矿产基础储量	1	1	0	强势
人均森林储积量	23	23	0	劣势
3.2　环境竞争力	25	24	1	劣势
森林覆盖率	22	22	0	劣势
人均废水排放量	6	6	0	优势
人均工业废气排放量	27	27	0	劣势
人均工业固体废物排放量	29	29	0	劣势
人均治理工业污染投资额	8	3	5	强势
一般工业固体废物综合利用率	26	25	1	劣势
生活垃圾无害化处理率	23	25	-2	劣势
自然灾害直接经济损失	17	16	1	中势
3.3　人力资源竞争力	11	9	2	优势
常住人口增长率	23	20	3	中势
15～64岁人口比例	8	8	0	优势
文盲率	5	3	2	强势
大专以上教育程度人口比例	13	13	0	中势
平均受教育程度	5	5	0	优势
人口健康素质	24	24	0	劣势
职业学校毕业生数	14	15	-1	中势

4. 山西省财政金融竞争力指标排名变化情况

表4-8 2016～2017年山西省财政金融竞争力指标组排位及变化趋势

指　标	2016	2017	排位升降	优劣势
4　财政金融竞争力	27	8	19	优势
4.1　财政竞争力	29	5	24	优势
地方财政收入	22	20	2	中势
地方财政支出	26	24	2	劣势

续表

指　标	2016	2017	排位升降	优劣势
地方财政收入占 GDP 比重	12	9	3	优势
地方财政支出占 GDP 比重	10	16	-6	中势
税收收入占 GDP 比重	13	7	6	优势
税收收入占财政总收入比重	23	9	14	优势
人均地方财政收入	22	25	-3	劣势
人均地方财政支出	25	25	0	劣势
人均税收收入	24	17	7	中势
地方财政收入增长率	29	1	28	强势
地方财政支出增长率	31	12	19	中势
税收收入增长率	25	1	24	强势
4.2　金融竞争力	14	19	-5	中势
存款余额	17	17	0	中势
人均存款余额	16	16	0	中势
贷款余额	20	21	-1	劣势
人均贷款余额	20	21	-1	劣势
中长期贷款占贷款余额比重	25	28	-3	劣势
保险费净收入	16	17	-1	中势
保险密度	16	19	-3	中势
保险深度	3	4	-1	优势
国内上市公司数	20	20	0	中势
国内上市公司市值	19	19	0	中势

5. 山西省知识经济竞争力指标排名变化情况

表4-9　2016~2017年山西省知识经济竞争力指标组排位及变化趋势

指　标	2016	2017	排位升降	优劣势
5　知识经济竞争力	16	20	-4	中势
5.1　科技竞争力	18	19	-1	中势
R&D 人员	21	19	2	中势
R&D 经费	20	19	1	中势
R&D 经费投入强度	20	20	0	中势
发明专利授权量	21	21	0	劣势
技术市场成交合同金额	24	18	6	中势
财政科技支出占地方财政支出比重	26	17	9	中势
高技术产业主营业务收入	21	22	-1	劣势
高技术产业收入占工业增加值比重	22	22	0	劣势
高技术产品出口额占商品出口额比重	5	7	-2	优势

指　标	2016	2017	排位升降	优劣势
5.2　教育竞争力	13	25	−12	劣势
教育经费	20	23	−3	劣势
教育经费占 GDP 比重	8	11	−3	中势
人均教育经费	16	23	−7	劣势
公共教育经费占财政支出比重	6	9	−3	优势
人均文化教育支出	12	17	−5	中势
万人中小学学校数	8	5	3	优势
万人中小学专任教师数	5	7	−2	优势
高等学校数	18	18	0	中势
高校专任教师数	18	20	−2	中势
万人高等学校在校学生数	12	16	−4	中势
5.3　文化竞争力	11	11	0	中势
文化制造业营业收入	27	24	3	劣势
文化批发零售业营业收入	20	20	0	中势
文化服务业企业营业收入	26	26	0	劣势
图书和期刊出版数	23	23	0	劣势
报纸出版数	5	5	0	优势
印刷用纸量	23	23	0	劣势
城镇居民人均文化娱乐支出	13	15	−2	中势
农村居民人均文化娱乐支出	11	20	−9	中势
城镇居民人均文化娱乐支出占消费性支出比重	2	2	0	强势
农村居民人均文化娱乐支出占消费性支出比重	28	29	−1	劣势

6. 山西省发展环境竞争力指标排名变化情况

表 4 – 10　2016~2017 年山西省发展环境竞争力指标组排位及变化趋势

指　标	2016	2017	排位升降	优劣势
6　发展环境竞争力	20	17	3	中势
6.1　基础设施竞争力	22	22	0	劣势
铁路网线密度	7	7	0	优势
公路网线密度	16	16	0	中势
人均内河航道里程	24	24	0	劣势
全社会旅客周转量	24	23	1	劣势
全社会货物周转量	16	16	0	中势
人均邮电业务总量	26	25	1	劣势
电话普及率	21	22	−1	劣势
网站数	16	17	−1	中势
人均耗电量	12	10	2	优势

指　标	2016	2017	排位升降	优劣势
6.2　软环境竞争力	11	10	1	优势
外资企业数增长率	18	3	15	强势
万人外资企业数	29	27	2	劣势
个体私营企业数增长率	1	14	−13	中势
万人个体私营企业数	10	11	−1	中势
万人商标注册件数	29	29	0	劣势
查处商标侵权假冒案件	10	14	−4	中势
每十万人交通事故发生数	15	15	0	中势
罚没收入占财政收入比重	26	14	12	中势
社会捐赠款物	16	16	0	中势

7. 山西省政府作用竞争力指标排名变化情况

表4－11　2016～2017年山西省政府作用竞争力指标组排位及变化趋势

指　标	2016	2017	排位升降	优劣势
7　政府作用竞争力	16	20	−4	中势
7.1　政府发展经济竞争力	19	21	−2	劣势
财政支出用于基本建设投资比重	19	29	−10	劣势
财政支出对GDP增长的拉动	22	16	6	中势
政府公务员对经济的贡献	27	26	1	劣势
政府消费对民间消费的拉动	12	8	4	优势
财政投资对社会投资的拉动	9	11	−2	中势
7.2　政府规调经济竞争力	11	12	−1	中势
物价调控	1	4	−3	优势
调控城乡消费差距	17	21	−4	劣势
统筹经济社会发展	9	19	−10	中势
规范税收	10	9	1	优势
固定资产投资价格指数	26	25	1	劣势
7.3　政府保障经济竞争力	17	18	−1	中势
城市城镇社区服务设施数	19	19	0	中势
医疗保险覆盖率	16	18	−2	中势
养老保险覆盖率	23	26	−3	劣势
失业保险覆盖率	12	14	−2	中势
最低工资标准	11	12	−1	中势
城镇登记失业率	13	13	0	中势

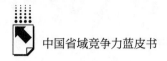

8. 山西省发展水平竞争力指标排名变化情况

表4－12　2016～2017年山西省发展水平竞争力指标组排位及变化趋势

指　　标	2016	2017	排位升降	优劣势
8　发展水平竞争力	17	15	2	中势
8.1　工业化进程竞争力	12	8	4	优势
工业增加值占 GDP 比重	21	12	9	中势
工业增加值增长率	28	1	27	强势
高技术产业占工业增加值比重	21	21	0	劣势
高技术产品出口额占商品出口额比重	2	4	−2	优势
信息产业增加值占 GDP 比重	17	17	0	中势
工农业增加值比值	8	7	1	优势
8.2　城市化进程竞争力	23	26	−3	劣势
城镇化率	16	16	0	中势
城镇居民人均可支配收入	24	27	−3	劣势
城市平均建成区面积比重	6	11	−5	中势
人均拥有道路面积	19	16	3	中势
人均日生活用水量	29	25	4	劣势
人均公共绿地面积	21	23	−2	劣势
8.3　市场化进程竞争力	24	23	1	劣势
非公有制经济产值占全社会总产值比重	29	24	5	劣势
社会投资占投资总额比重	19	15	4	中势
私有和个体企业从业人员比重	19	18	1	中势
亿元以上商品市场成交额	24	24	0	劣势
亿元以上商品市场成交额占全社会消费品零售总额比重	25	25	0	劣势
居民消费支出占总消费支出比重	12	8	4	优势

9. 山西省统筹协调竞争力指标排名变化情况

表4－13　2016～2017年山西省统筹协调竞争力指标组排位及变化趋势

指　　标	2016	2017	排位升降	优劣势
9　统筹协调竞争力	27	15	12	中势
9.1　统筹发展竞争力	24	11	13	中势
社会劳动生产率	23	18	5	中势
能源使用下降率	8	21	−13	劣势
万元 GDP 综合能耗下降率	21	24	−3	劣势
非农用地产出率	24	22	2	劣势

续表

指　标	2016	2017	排位升降	优劣势
生产税净额和营业盈余占 GDP 比重	9	11	−2	中势
最终消费率	13	13	0	中势
固定资产投资额占 GDP 比重	25	3	22	强势
固定资产交付使用率	28	10	18	优势
9.2　协调发展竞争力	26	20	6	中势
环境竞争力与宏观经济竞争力比差	26	28	−2	劣势
资源竞争力与宏观经济竞争力比差	3	5	−2	优势
人力资源竞争力与宏观经济竞争力比差	31	30	1	劣势
资源竞争力与工业竞争力比差	13	1	12	强势
环境竞争力与工业竞争力比差	27	21	6	劣势
城乡居民家庭人均收入比差	21	22	−1	劣势
城乡居民人均现金消费支出比差	15	21	−6	劣势
全社会消费品零售总额与外贸出口总额比差	23	24	−1	劣势

B.6

5

内蒙古自治区经济综合竞争力评价分析报告

内蒙古自治区位于中华人民共和国北部边疆，横跨中国东北、西北、华北"三北"地区，西北接壤蒙古和俄罗斯两国，紧邻黑龙江省、吉林省、辽宁省、河北省、山西省、陕西省、宁夏回族自治区、甘肃省等八个省区，全区土地总面积1183000平方公里，是中国五个少数民族自治区之一。2017年总人口为2529万人，地区生产总值16090亿元，同比增长4.0%，人均GDP达到63764元。本部分通过分析2016～2017年内蒙古自治区经济综合竞争力以及各要素竞争力的排名变化，从中找出内蒙古自治区经济综合竞争力的推动点及影响因素，为进一步提升内蒙古自治区经济综合竞争力提供决策参考。

5.1 内蒙古自治区经济综合竞争力总体分析

1. 内蒙古自治区经济综合竞争力一级指标概要分析

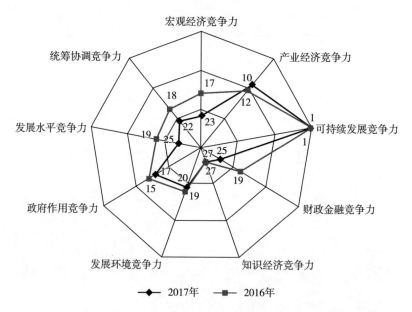

图5-1 2016～2017年内蒙古自治区经济综合竞争力二级指标比较雷达图

（1）从综合排位看，2017年内蒙古自治区经济综合竞争力综合排位在全国居第19位，这表明其在全国处于中势地位；与2016年相比，综合排位下降了3位。

表5-1 2016~2017年内蒙古自治区经济综合竞争力二级指标比较

项目 年份	宏观经济 竞争力	产业经济 竞争力	可持续发展 竞争力	财政金融 竞争力	知识经济 竞争力	发展环境 竞争力	政府作用 竞争力	发展水平 竞争力	统筹协调 竞争力	综合 排位
2016	17	12	1	19	27	19	15	19	18	16
2017	23	10	1	25	27	20	17	25	22	19
升降	-6	2	0	-6	0	-1	-2	-6	-4	-3
优劣度	劣势	优势	强势	劣势	劣势	中势	中势	劣势	劣势	中势

（2）从指标所处区位看，2个指标处于上游区，分别为产业经济竞争力和可持续发展竞争力；2个指标处于中游区，分别为发展环境竞争力和政府作用竞争力；其余5个指标处于下游区，分别为宏观经济竞争力、财政金融竞争力、知识经济竞争力、发展水平竞争力和统筹协调竞争力。

（3）从指标变化趋势考察，9个二级指标中，有1个指标呈上升趋势，为产业经济竞争力；有2个指标排位没有发生变化，分别为可持续发展竞争力和知识经济竞争力；其余指标均处于下降趋势，这些是内蒙古自治区经济综合竞争力下降的拉力所在，下降的拉力显著大于上升的动力，内蒙古自治区经济综合竞争力整体下降。

2. 内蒙古自治区经济综合竞争力各级指标动态变化分析

表5-2 2016~2017年内蒙古自治区经济综合竞争力各级指标排位变化态势比较

单位：个，%

二级指标	三级指标	四级 指标数	上升		保持		下降		变化 趋势
			指标数	比重	指标数	比重	指标数	比重	
宏观经济 竞争力	经济实力竞争力	12	0	0.0	1	8.3	11	91.7	下降
	经济结构竞争力	6	2	33.3	2	33.3	2	33.3	上升
	经济外向度竞争力	9	3	33.3	4	44.4	2	22.2	下降
	小 计	27	5	18.5	7	25.9	15	55.6	下降
产业经济 竞争力	农业竞争力	10	5	50.0	3	30.0	2	20.0	上升
	工业竞争力	10	3	30.0	1	10.0	6	60.0	下降
	服务业竞争力	10	2	20.0	3	30.0	5	50.0	下降
	企业竞争力	10	6	60.0	1	10.0	3	30.0	上升
	小 计	40	16	40.0	8	20.0	16	40.0	上升
可持续发展 竞争力	资源竞争力	9	0	0.0	9	100.0	0	0.0	保持
	环境竞争力	8	3	37.5	4	50.0	1	12.5	下降
	人力资源竞争力	7	1	14.3	2	28.6	4	57.1	下降
	小 计	24	4	16.7	15	62.5	5	20.8	保持
财政金融 竞争力	财政竞争力	12	5	41.7	0	0.0	7	58.3	下降
	金融竞争力	10	3	30.0	2	20.0	5	50.0	下降
	小 计	22	8	36.4	2	9.1	12	54.5	下降

续表

二级指标	三级指标	四级指标数	上升		保持		下降		变化趋势
			指标数	比重	指标数	比重	指标数	比重	
知识经济竞争力	科技竞争力	9	2	22.2	3	33.3	4	44.4	保持
	教育竞争力	10	3	30.0	6	60.0	1	10.0	上升
	文化竞争力	10	1	10.0	4	40.0	5	50.0	下降
	小　计	29	6	20.7	13	44.8	10	34.5	保持
发展环境竞争力	基础设施竞争力	9	2	22.2	5	55.6	2	22.2	保持
	软环境竞争力	9	4	44.4	2	22.2	3	33.3	下降
	小　计	18	6	33.3	7	38.9	5	27.8	下降
政府作用竞争力	政府发展经济竞争力	5	1	20.0	1	20.0	3	60.0	下降
	政府规调经济竞争力	5	2	40.0	0	0.0	3	60.0	保持
	政府保障经济竞争力	6	3	50.0	2	33.3	1	16.7	上升
	小　计	16	6	37.5	3	18.8	7	43.8	下降
发展水平竞争力	工业化进程竞争力	6	2	33.3	1	16.7	3	50.0	下降
	城市化进程竞争力	6	0	0.0	6	100.0	0	0.0	下降
	市场化进程竞争力	6	2	33.3	2	33.3	2	33.3	下降
	小　计	18	4	22.2	9	50.0	5	27.8	下降
统筹协调竞争力	统筹发展竞争力	8	3	37.5	1	12.5	4	50.0	上升
	协调发展竞争力	8	3	37.5	1	12.5	4	50.0	下降
	小　计	16	6	37.5	2	12.5	8	50.0	下降
合　计		210	61	29.0	66	31.4	83	39.5	下降

从表5－2可以看出，210个四级指标中，上升指标有61个，占指标总数的29.0%；下降指标有83个，占指标总数的39.5%；保持不变的指标有66个，占指标总数的31.4%。综上所述，内蒙古自治区经济综合竞争力上升的动力小于下降的拉力，2016～2017年内蒙古自治区经济综合竞争力排位呈现下降趋势。

3. 内蒙古自治区经济综合竞争力各级指标优劣势结构分析

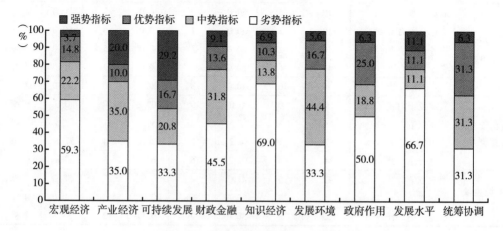

图5－2　2017年内蒙古自治区经济综合竞争力各级指标优劣势比较

表5-3 2017年内蒙古自治区经济综合竞争力各级指标优劣势比较

单位：个，%

二级指标	三级指标	四级指标数	强势指标		优势指标		中势指标		劣势指标		优劣势
			个数	比重	个数	比重	个数	比重	个数	比重	
宏观经济竞争力	经济实力竞争力	12	0	0.0	3	25.0	3	25.0	6	50.0	劣势
	经济结构竞争力	6	1	16.7	0	0.0	1	16.7	4	66.7	中势
	经济外向度竞争力	9	0	0.0	1	11.1	2	22.2	6	66.7	劣势
	小 计	27	1	3.7	4	14.8	6	22.2	16	59.3	劣势
产业经济竞争力	农业竞争力	10	3	30.0	0	0.0	5	50.0	2	20.0	优势
	工业竞争力	10	3	30.0	0	0.0	3	30.0	4	40.0	优势
	服务业竞争力	10	0	0.0	1	10.0	4	40.0	5	50.0	劣势
	企业竞争力	10	2	20.0	3	30.0	2	20.0	3	30.0	优势
	小 计	40	8	20.0	4	10.0	14	35.0	14	35.0	优势
可持续发展竞争力	资源竞争力	9	6	66.7	1	11.1	2	22.2	0	0.0	强势
	环境竞争力	8	1	12.5	0	0.0	2	25.0	5	62.5	劣势
	人力资源竞争力	7	0	0.0	3	42.9	1	14.3	3	42.9	中势
	小 计	24	7	29.2	4	16.7	5	20.8	8	33.3	强势
财政金融竞争力	财政竞争力	12	2	16.7	3	25.0	2	16.7	5	41.7	中势
	金融竞争力	10	0	0.0	0	0.0	5	50.0	5	50.0	劣势
	小 计	22	2	9.1	3	13.6	7	31.8	10	45.5	劣势
知识经济竞争力	科技竞争力	9	0	0.0	0	0.0	1	11.1	8	88.9	劣势
	教育竞争力	10	0	0.0	2	20.0	3	30.0	5	50.0	劣势
	文化竞争力	10	2	20.0	1	10.0	0	0.0	7	70.0	劣势
	小 计	29	2	6.9	3	10.3	4	13.8	20	69.0	劣势
发展环境竞争力	基础设施竞争力	9	1	11.1	0	0.0	4	44.4	4	44.4	中势
	软环境竞争力	9	0	0.0	3	33.3	4	44.4	2	22.2	中势
	小 计	18	1	5.6	3	16.7	8	44.4	6	33.3	中势
政府作用竞争力	政府发展经济竞争力	5	0	0.0	0	0.0	1	20.0	4	80.0	劣势
	政府规调经济竞争力	5	1	20.0	1	20.0	0	0.0	3	60.0	劣势
	政府保障经济竞争力	6	0	0.0	3	50.0	2	33.3	1	16.7	中势
	小 计	16	1	6.3	4	25.0	3	18.8	8	50.0	劣势
发展水平竞争力	工业化进程竞争力	6	0	0.0	0	0.0	1	16.7	5	83.3	劣势
	城市化进程竞争力	6	2	33.3	2	33.3	0	0.0	2	33.3	优势
	市场化进程竞争力	6	0	0.0	0	0.0	1	16.7	5	83.3	劣势
	小 计	18	2	11.1	2	11.1	2	11.1	12	66.7	劣势
统筹协调竞争力	统筹发展竞争力	8	1	12.5	1	12.5	4	50.0	2	25.0	中势
	协调发展竞争力	8	0	0.0	4	50.0	1	12.5	3	37.5	劣势
	小 计	16	1	6.3	5	31.3	5	31.3	5	31.3	劣势
合 计		210	25	11.9	32	15.2	54	25.7	99	47.1	中势

基于图5-2和表5-3，从四级指标来看，强势指标25个，占指标总数的11.9%；优势指标32个，占指标总数的15.2%；中势指标54个，占指标总数的25.7%；劣势

指标 99 个，占指标总数的 47.1%。从三级指标来看，强势指标 1 个，占三级指标总数的 4.0%；优势指标 4 个，占三级指标总数的 16%；中势指标 8 个，占三级指标总数的 32.0%；劣势指标 12 个，占三级指标总数的 48.0%。反映到二级指标上来，强势指标 1 个，占二级指标总数的 11.1%；优势指标有 1 个，占二级指标总数的 11.1%；中势指标 2 个，占二级指标总数的 22.2%；劣势指标 5 个，占二级指标总数的 55.6%。综合来看，劣势指标及中势指标在指标体系中所占比重较大，2017 年内蒙古自治区经济综合竞争力处于中势地位。

4. 内蒙古自治区经济综合竞争力四级指标优劣势对比分析

表 5 - 4　2017 年内蒙古自治区经济综合竞争力各级指标优劣势比较

二级指标	优劣势	四级指标
宏观经济竞争力(27 个)	强势指标	资本形成结构优化度(1 个)
	优势指标	人均地区生产总值、人均财政收入、人均固定资产投资额、进出口增长率(4 个)
	劣势指标	地区生产总值、地区生产总值增长率、财政总收入增长率、固定资产投资额增长率、全社会消费品零售总额、全社会消费品零售总额增长率、所有制经济结构优化度、城乡经济结构优化度、就业结构优化度、贸易结构优化度、进出口总额、出口总额、实际 FDI、实际 FDI 增长率、外贸依存度、外资企业数(16 个)
产业经济竞争力(40 个)	强势指标	人均农业增加值、人均主要农产品产量、财政支农资金比重、工业成本费用率、工业全员劳动生产率、工业收入利润率、规模以上企业平均收入、规模以上企业平均利润(8 个)
	优势指标	人均服务业增加值、规模以上企业平均资产、规模以上企业劳动效率、产品质量抽查合格率(4 个)
	劣势指标	农业增加值增长率、农民人均纯收入增长率、工业增加值、工业增加值增长率、工业资产总额增长率、规模以上工业主营业务收入、服务业增加值、服务业增加值增长率、服务业从业人员数、限额以上批发零售企业主营业务收入、商品房销售收入、规模以上工业企业数、新产品销售收入占主营业务收入比重、中国驰名商标持有量(14 个)
可持续发展竞争力(24 个)	强势指标	耕地面积、人均耕地面积、人均牧草地面积、主要能源矿产基础储量、人均主要能源矿产基础储量、人均森林储积量、人均治理工业污染投资额(7 个)
	优势指标	人均国土面积、15～64 岁人口比例、大专以上教育程度人口比例、平均受教育程度(4 个)
	劣势指标	森林覆盖率、人均工业废气排放量、人均工业固体废物排放量、一般工业固体废物综合利用率、自然灾害直接经济损失、常住人口增长率、人口健康素质、职业学校毕业生数(8 个)
财政金融竞争力(22 个)	强势指标	人均地方财政收入、人均地方财政支出(2 个)
	优势指标	地方财政支出占 GDP 比重、税收收入占财政总收入比重、人均税收收入(3 个)
	劣势指标	地方财政收入、地方财政支出、地方财政收入增长率、地方财政支出增长率、税收收入增长率、存款余额、贷款余额、保险费净收入、保险深度、国内上市公司数(10 个)
知识经济竞争力(29 个)	强势指标	农村居民人均文化娱乐支出、农村居民人均文化娱乐支出占消费性支出比重(2 个)
	优势指标	人均教育经费、人均文化教育支出、城镇居民人均文化娱乐支出(3 个)
	劣势指标	R&D 人员、R&D 经费投入强度、发明专利授权量、技术市场成交合同金额、财政科技支出占地方财政支出比重、高技术产业主营业务收入、高技术产业收入占工业增加值比重、高技术产品出口额占商品出口额比重、教育经费、公共教育经费占财政支出比重、万人中小学学校数、高校专任教师数、万人高等学校在校学生数、文化制造业营业收入、文化批发零售业营业收入、文化服务业企业营业收入、图书和期刊出版数、报纸出版数、印刷用纸量、城镇居民人均文化娱乐支出占消费性支出比重(20 个)

二级指标	优劣势	四级指标
发展环境 竞争力 (18个)	强势指标	人均耗电量(1个)
	优势指标	个体私营企业数增长率、查处商标侵权假冒案件、社会捐赠款物(3个)
	劣势指标	铁路网线密度、公路网线密度、全社会旅客周转量、网站数、万人外资企业数、万人商标注册件数(6个)
政府作用 竞争力 (16个)	强势指标	固定资产投资价格指数(1个)
	优势指标	调控城乡消费差距、养老保险覆盖率、最低工资标准、城镇登记失业率(4个)
	劣势指标	财政支出对GDP增长的拉动、政府公务员对经济的贡献、政府消费对民间消费的拉动、财政投资对社会投资的拉动、物价调控、统筹经济社会发展、规范税收、城市城镇社区服务设施数(8个)
发展水平 竞争力 (18个)	强势指标	人均拥有道路面积、人均公共绿地面积(2个)
	优势指标	城镇化率、城镇居民人均可支配收入(2个)
	劣势指标	工业增加值增长率、高技术产业占工业增加值比重、高技术产品出口额占商品出口额比重、信息产业增加值占GDP比重、工农业增加值比值、城市平均建成区面积比重、人均日生活用水量、非公有制经济产值占全社会总产值比重、社会投资占投资总额比重、亿元以上商品市场成交额、亿元以上商品市场成交额占全社会消费品零售总额比重、居民消费支出占总消费支出比重(12个)
统筹协调 竞争力 (16个)	强势指标	固定资产交付使用率(1个)
	优势指标	社会劳动生产率、资源竞争力与宏观经济竞争力比差、资源竞争力与工业竞争力比差、环境竞争力与工业竞争力比差、城乡居民人均现金消费支出比差(5个)
	劣势指标	万元GDP综合能耗下降率、非农用地产出率、人力资源竞争力与宏观经济竞争力比差、城乡居民家庭人均收入比差、全社会消费品零售总额与外贸出口总额比差(5个)

5.2　内蒙古自治区经济综合竞争力各级指标具体分析

1. 内蒙古自治区宏观经济竞争力指标排名变化情况

表5−5　2016～2017年内蒙古自治区宏观经济竞争力指标组排位及变化趋势

指　　标	2016	2017	排位升降	优劣势
1　宏观经济竞争力	17	23	−6	劣势
1.1　经济实力竞争力	12	24	−12	劣势
地区生产总值	18	21	−3	劣势
地区生产总值增长率	24	29	−5	劣势
人均地区生产总值	8	9	−1	优势
财政总收入	9	17	−8	中势
财政总收入增长率	13	30	−17	劣势
人均财政收入	6	9	−3	优势
固定资产投资额	17	18	−1	中势
固定资产投资额增长率	17	28	−11	劣势

指　标	2016	2017	排位升降	优劣势
人均固定资产投资额	4	9	-5	优势
全社会消费品零售总额	20	21	-1	劣势
全社会消费品零售总额增长率	22	27	-5	劣势
人均全社会消费品零售总额	12	12	0	中势
1.2　经济结构竞争力	23	20	3	中势
产业结构优化度	22	13	9	中势
所有制经济结构优化度	16	21	-5	劣势
城乡经济结构优化度	25	25	0	劣势
就业结构优化度	29	29	0	劣势
资本形成结构优化度	8	1	7	强势
贸易结构优化度	22	25	-3	劣势
1.3　经济外向度竞争力	17	25	-8	劣势
进出口总额	25	25	0	劣势
进出口增长率	11	9	2	优势
出口总额	23	23	0	劣势
出口增长率	8	13	-5	中势
实际FDI	22	22	0	劣势
实际FDI增长率	7	24	-17	劣势
外贸依存度	27	26	1	劣势
外资企业数	24	23	1	劣势
对外直接投资额	19	19	0	中势

2. 内蒙古自治区产业经济竞争力指标排名变化情况

表5-6　2016~2017年内蒙古自治区产业经济竞争力指标组排位及变化趋势

指　标	2016	2017	排位升降	优劣势
2　产业经济竞争力	12	10	2	优势
2.1　农业竞争力	5	4	1	优势
农业增加值	20	19	1	中势
农业增加值增长率	23	24	-1	劣势
人均农业增加值	4	3	1	强势
农民人均纯收入	19	20	-1	中势
农民人均纯收入增长率	25	23	2	劣势
农产品出口占农林牧渔总产值比重	17	15	2	中势
人均主要农产品产量	2	2	0	强势
农业机械化水平	12	12	0	中势
农村人均用电量	12	12	0	中势
财政支农资金比重	3	1	2	强势

指　标	2016	2017	排位升降	优劣势
2.2　工业竞争力	9	10	−1	优势
工业增加值	14	21	−7	劣势
工业增加值增长率	29	29	0	劣势
人均工业增加值	7	12	−5	中势
工业资产总额	15	16	−1	中势
工业资产总额增长率	21	27	−6	劣势
规模以上工业主营业务收入	20	22	−2	劣势
工业成本费用率	9	2	7	强势
规模以上工业利润总额	19	18	1	中势
工业全员劳动生产率	1	2	−1	强势
工业收入利润率	12	2	10	强势
2.3　服务业竞争力	26	28	−2	劣势
服务业增加值	19	21	−2	劣势
服务业增加值增长率	27	29	−2	劣势
人均服务业增加值	9	9	0	优势
服务业从业人员数	23	24	−1	劣势
限额以上批发零售企业主营业务收入	26	26	0	劣势
限额以上批零企业利税率	17	13	4	中势
限额以上餐饮企业利税率	24	16	8	中势
旅游外汇收入	17	18	−1	中势
商品房销售收入	23	26	−3	劣势
电子商务销售额	18	18	0	中势
2.4　企业竞争力	9	8	1	优势
规模以上工业企业数	21	26	−5	劣势
规模以上企业平均资产	7	4	3	优势
规模以上企业平均收入	4	3	1	强势
规模以上企业平均利润	4	2	2	强势
规模以上企业劳动效率	4	7	−3	优势
城镇就业人员平均工资	17	18	−1	中势
新产品销售收入占主营业务收入比重	29	22	7	劣势
产品质量抽查合格率	21	9	12	优势
工业企业 R&D 经费投入强度	21	17	4	中势
中国驰名商标持有量	23	23	0	劣势

3. 内蒙古自治区可持续发展竞争力指标排名变化情况

表 5 - 7　2016～2017 年内蒙古自治区可持续发展竞争力指标组排位及变化趋势

指　　标	2016	2017	排位升降	优劣势
3　可持续发展竞争力	1	1	0	强势
3.1　资源竞争力	1	1	0	强势
人均国土面积	4	4	0	优势
人均可使用海域和滩涂面积	13	13	0	中势
人均年水资源量	19	19	0	中势
耕地面积	2	2	0	强势
人均耕地面积	2	2	0	强势
人均牧草地面积	3	3	0	强势
主要能源矿产基础储量	2	2	0	强势
人均主要能源矿产基础储量	2	2	0	强势
人均森林储积量	2	2	0	强势
3.2　环境竞争力	26	27	-1	劣势
森林覆盖率	21	21	0	劣势
人均废水排放量	12	11	1	中势
人均工业废气排放量	30	30	0	劣势
人均工业固体废物排放量	30	30	0	劣势
人均治理工业污染投资额	4	2	2	强势
一般工业固体废物综合利用率	27	27	0	劣势
生活垃圾无害化处理率	11	14	-3	中势
自然灾害直接经济损失	26	25	1	劣势
3.3　人力资源竞争力	10	12	-2	中势
常住人口增长率	25	23	2	劣势
15～64 岁人口比例	2	6	-4	优势
文盲率	15	16	-1	中势
大专以上教育程度人口比例	4	4	0	优势
平均受教育程度	6	8	-2	优势
人口健康素质	21	22	-1	劣势
职业学校毕业生数	22	22	0	劣势

4. 内蒙古自治区财政金融竞争力指标排名变化情况

表 5 - 8　2016～2017 年内蒙古自治区财政金融竞争力指标组排位及变化趋势

指　　标	2016	2017	排位升降	优劣势
4　财政金融竞争力	19	25	-6	劣势
4.1　财政竞争力	12	19	-7	中势
地方财政收入	18	21	-3	劣势
地方财政支出	16	22	-6	劣势

指标	2016	2017	排位升降	优劣势
地方财政收入占 GDP 比重	15	16	−1	中势
地方财政支出占 GDP 比重	13	10	3	优势
税收收入占 GDP 比重	18	11	7	中势
税收收入占财政总收入比重	24	8	16	优势
人均地方财政收入	7	3	4	强势
人均地方财政支出	7	3	4	强势
人均税收收入	8	9	−1	优势
地方财政收入增长率	20	31	−11	劣势
地方财政支出增长率	19	29	−10	劣势
税收收入增长率	14	31	−17	劣势
4.2　金融竞争力	22	24	−2	劣势
存款余额	24	24	0	劣势
人均存款余额	15	15	0	中势
贷款余额	21	22	−1	劣势
人均贷款余额	13	14	−1	中势
中长期贷款占贷款余额比重	20	17	3	中势
保险费净收入	22	23	−1	劣势
保险密度	14	18	−4	中势
保险深度	27	24	3	劣势
国内上市公司数	27	28	−1	劣势
国内上市公司市值	20	17	3	中势

5. 内蒙古自治区知识经济竞争力指标排名变化情况

表 5 – 9　2016～2017 年内蒙古自治区知识经济竞争力指标组排位及变化趋势

指标	2016	2017	排位升降	优劣势
5　知识经济竞争力	27	27	0	劣势
5.1　科技竞争力	27	27	0	劣势
R&D 人员	20	21	−1	劣势
R&D 经费	19	20	−1	中势
R&D 经费投入强度	22	21	1	劣势
发明专利授权量	27	27	0	劣势
技术市场成交合同金额	27	27	0	劣势
财政科技支出占地方财政支出比重	29	30	−1	劣势
高技术产业主营业务收入	24	25	−1	劣势
高技术产业收入占工业增加值比重	30	30	0	劣势
高技术产品出口额占商品出口额比重	23	21	2	劣势

指　标	2016	2017	排位升降	优劣势
5.2　教育竞争力	28	27	1	劣势
教育经费	23	22	1	劣势
教育经费占 GDP 比重	22	12	10	中势
人均教育经费	10	8	2	优势
公共教育经费占财政支出比重	27	27	0	劣势
人均文化教育支出	9	9	0	优势
万人中小学学校数	25	25	0	劣势
万人中小学专任教师数	19	19	0	中势
高等学校数	18	18	0	中势
高校专任教师数	26	26	0	劣势
万人高等学校在校学生数	27	28	−1	劣势
5.3　文化竞争力	18	23	−5	劣势
文化制造业营业收入	26	28	−2	劣势
文化批发零售业营业收入	27	28	−1	劣势
文化服务业企业营业收入	25	27	−2	劣势
图书和期刊出版数	27	27	0	劣势
报纸出版数	26	26	0	劣势
印刷用纸量	27	27	0	劣势
城镇居民人均文化娱乐支出	9	10	−1	优势
农村居民人均文化娱乐支出	2	2	0	强势
城镇居民人均文化娱乐支出占消费性支出比重	14	21	−7	劣势
农村居民人均文化娱乐支出占消费性支出比重	4	3	1	强势

6. 内蒙古自治区发展环境竞争力指标排名变化情况

表 5−10　2016~2017 年内蒙古自治区发展环境竞争力指标组排位及变化趋势

指　标	2016	2017	排位升降	优劣势
6　发展环境竞争力	19	20	−1	中势
6.1　基础设施竞争力	20	20	0	中势
铁路网线密度	25	25	0	劣势
公路网线密度	28	28	0	劣势
人均内河航道里程	13	13	0	中势
全社会旅客周转量	23	24	−1	劣势
全社会货物周转量	12	12	0	中势
人均邮电业务总量	20	16	4	中势

续表

指　　标	2016	2017	排位升降	优劣势
电话普及率	14	13	1	中势
网站数	25	26	-1	劣势
人均耗电量	3	3	0	强势
6.2　软环境竞争力	12	13	-1	中势
外资企业数增长率	28	14	14	中势
万人外资企业数	26	25	1	劣势
个体私营企业数增长率	11	6	5	优势
万人个体私营企业数	22	20	2	中势
万人商标注册件数	19	22	-3	劣势
查处商标侵权假冒案件	4	8	-4	优势
每十万人交通事故发生数	13	13	0	中势
罚没收入占财政收入比重	10	19	-9	中势
社会捐赠款物	6	6	0	优势

7. 内蒙古自治区政府作用竞争力指标排名变化情况

表5-11　2016~2017年内蒙古自治区政府作用竞争力指标组排位及变化趋势

指　　标	2016	2017	排位升降	优劣势
7　政府作用竞争力	15	17	-2	中势
7.1　政府发展经济竞争力	21	22	-1	劣势
财政支出用于基本建设投资比重	15	11	4	中势
财政支出对GDP增长的拉动	19	22	-3	劣势
政府公务员对经济的贡献	14	21	-7	劣势
政府消费对民间消费的拉动	23	23	0	劣势
财政投资对社会投资的拉动	19	21	-2	劣势
7.2　政府规调经济竞争力	13	13	0	中势
物价调控	2	23	-21	劣势
调控城乡消费差距	10	9	1	优势
统筹经济社会发展	24	30	-6	劣势
规范税收	23	27	-4	劣势
固定资产投资价格指数	15	1	14	强势
7.3　政府保障经济竞争力	15	14	1	中势
城市城镇社区服务设施数	21	21	0	劣势
医疗保险覆盖率	13	13	0	中势
养老保险覆盖率	10	9	1	优势
失业保险覆盖率	18	19	-1	中势
最低工资标准	10	9	1	优势
城镇登记失业率	11	10	1	优势

8. 内蒙古自治区发展水平竞争力指标排名变化情况

表5-12　2016~2017年内蒙古自治区发展水平竞争力指标组排位及变化趋势

指标	2016	2017	排位升降	优劣势
8　发展水平竞争力	19	25	-6	劣势
8.1　工业化进程竞争力	24	29	-5	劣势
工业增加值占 GDP 比重	8	18	-10	中势
工业增加值增长率	29	31	-2	劣势
高技术产业占工业增加值比重	30	30	0	劣势
高技术产品出口额占商品出口额比重	24	23	1	劣势
信息产业增加值占 GDP 比重	28	27	1	劣势
工农业增加值比值	11	22	-11	劣势
8.2　城市化进程竞争力	7	9	-2	优势
城镇化率	10	10	0	优势
城镇居民人均可支配收入	9	9	0	优势
城市平均建成区面积比重	22	22	0	劣势
人均拥有道路面积	3	3	0	强势
人均日生活用水量	31	31	0	劣势
人均公共绿地面积	1	1	0	强势
8.3　市场化进程竞争力	23	24	-1	劣势
非公有制经济产值占全社会总产值比重	16	21	-5	劣势
社会投资占投资总额比重	26	26	0	劣势
私有和个体企业从业人员比重	11	14	-3	中势
亿元以上商品市场成交额	26	23	3	劣势
亿元以上商品市场成交额占全社会消费品零售总额比重	29	24	5	劣势
居民消费支出占总消费支出比重	23	23	0	劣势

9. 内蒙古自治区统筹协调竞争力指标排名变化情况

表5-13　2016~2017年内蒙古自治区统筹协调竞争力指标组排位及变化趋势

指标	2016	2017	排位升降	优劣势
9　统筹协调竞争力	18	22	-4	劣势
9.1　统筹发展竞争力	26	18	8	中势
社会劳动生产率	7	10	-3	优势
能源使用下降率	18	13	5	中势
万元 GDP 综合能耗下降率	22	27	-5	劣势
非农用地产出率	27	27	0	劣势
生产税净额和营业盈余占 GDP 比重	13	18	-5	中势
最终消费率	29	16	13	中势
固定资产投资额占 GDP 比重	11	14	-3	中势
固定资产交付使用率	26	2	24	强势

指　　标	2016	2017	排位升降	优劣势
9.2　协调发展竞争力	13	25	−12	劣势
环境竞争力与宏观经济竞争力比差	10	20	−10	中势
资源竞争力与宏观经济竞争力比差	5	10	−5	优势
人力资源竞争力与宏观经济竞争力比差	24	25	−1	劣势
资源竞争力与工业竞争力比差	4	8	−4	优势
环境竞争力与工业竞争力比差	6	5	1	优势
城乡居民家庭人均收入比差	25	25	0	劣势
城乡居民人均现金消费支出比差	13	9	4	优势
全社会消费品零售总额与外贸出口总额比差	29	27	2	劣势

B.7

6

辽宁省经济综合竞争力评价分析报告

辽宁省简称辽，位于中国东北地区的南部沿海，东隔鸭绿江与朝鲜为邻，内接吉林省、内蒙古自治区、河北省，是中国东北经济区和环渤海经济区的重要结合部。全省陆地面积达 148000 平方公里。2017 年总人口为 4369 万人，地区生产总值为 23409 亿元，同比增长 4.2%，人均 GDP 达 53527 元。本部分通过分析 2016～2017 年辽宁省经济综合竞争力以及各要素竞争力的排名变化，从中找出辽宁省经济综合竞争力的推动点及影响因素，为进一步提升辽宁省经济综合竞争力提供决策参考。

6.1 辽宁省经济综合竞争力总体分析

1. 辽宁省经济综合竞争力一级指标概要分析

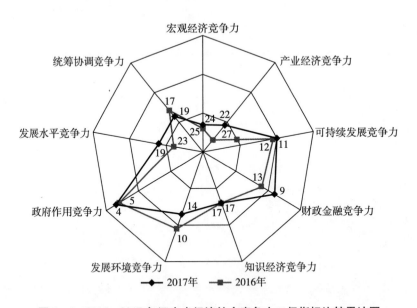

图 6-1 2016～2017 年辽宁省经济综合竞争力二级指标比较雷达图

（1）从综合排位看，2017 年辽宁省经济综合竞争力在全国的综合排位处于第 16 位，这表明其在全国处于中势地位；与 2016 年相比，辽宁省经济综合竞争力综合排位上升了 1 位。

（2）从指标所处区位看，辽宁省的财政金融竞争力和政府作用竞争力这 2 个指标

表6-1 2016~2017年辽宁省经济综合竞争力二级指标比较

项目 年份	宏观经济 竞争力	产业经济 竞争力	可持续发展 竞争力	财政金融 竞争力	知识经济 竞争力	发展环境 竞争力	政府作用 竞争力	发展水平 竞争力	统筹协调 竞争力	综合 排位
2016	25	27	12	13	17	10	5	23	17	17
2017	24	22	11	9	17	14	4	19	19	16
升降	1	5	1	4	0	-4	1	4	-2	1
优劣度	劣势	劣势	中势	优势	中势	中势	优势	中势	中势	中势

处于上游区;可持续发展竞争力、知识经济竞争力、发展环境竞争力、发展水平竞争力和统筹协调竞争力这5个指标处于中游区;宏观经济竞争力与产业经济竞争力处于下游区。

(3)从指标变化趋势看,9个二级指标中,有6个指标处于上升趋势,分别为宏观经济竞争力、产业经济竞争力、可持续发展竞争力、财政金融竞争力、政府作用竞争力和发展水平竞争力,这些是辽宁省经济综合竞争力上升的动力所在;知识经济竞争力指标排位没有发生变化;而发展环境竞争力和统筹协调竞争力这2个指标处于下降趋势,成为辽宁省经济综合竞争力下降的拉力。

2.辽宁省经济综合竞争力各级指标动态变化分析

表6-2 2016~2017年辽宁省经济综合竞争力各级指标排位变化态势比较

单位:个,%

二级指标	三级指标	四级 指标数	上升		保持		下降		变化 趋势
			指标数	比重	指标数	比重	指标数	比重	
宏观经济 竞争力	经济实力竞争力	12	4	33.3	4	33.3	4	33.3	上升
	经济结构竞争力	6	2	33.3	3	50.0	1	16.7	下降
	经济外向度竞争力	9	4	44.4	4	44.4	1	11.1	下降
	小 计	27	10	37.0	11	40.7	6	22.2	上升
产业经济 竞争力	农业竞争力	10	3	30.0	1	10.0	6	60.0	上升
	工业竞争力	10	8	80.0	1	10.0	1	10.0	上升
	服务业竞争力	10	2	20.0	6	60.0	2	20.0	保持
	企业竞争力	10	5	50.0	1	10.0	4	40.0	上升
	小 计	40	18	45.0	9	22.5	13	32.5	上升
可持续发展 竞争力	资源竞争力	9	0	0.0	8	88.9	1	11.1	上升
	环境竞争力	8	1	12.5	4	50.0	3	37.5	下降
	人力资源竞争力	7	4	57.1	3	42.9	0	0.0	上升
	小 计	24	5	20.8	15	62.5	4	16.7	上升
财政金融 竞争力	财政竞争力	12	8	66.7	2	16.7	2	16.7	上升
	金融竞争力	10	3	30.0	3	30.0	4	40.0	上升
	小 计	22	11	50.0	5	22.7	6	27.3	上升
知识经济 竞争力	科技竞争力	9	1	11.1	3	33.3	5	55.6	保持
	教育竞争力	10	1	10.0	4	40.0	5	50.0	下降
	文化竞争力	10	1	10.0	5	50.0	4	40.0	保持
	小 计	29	3	10.3	12	41.4	14	48.3	保持

续表

二级指标	三级指标	四级指标数	上升		保持		下降		变化趋势
			指标数	比重	指标数	比重	指标数	比重	
发展环境竞争力	基础设施竞争力	9	1	11.1	6	66.7	2	22.2	保持
	软环境竞争力	9	2	22.2	1	11.1	6	66.7	下降
	小　计	18	3	16.7	7	38.9	8	44.4	下降
政府作用竞争力	政府发展经济竞争力	5	1	20.0	2	40.0	2	40.0	下降
	政府规调经济竞争力	5	3	60.0	1	20.0	1	20.0	上升
	政府保障经济竞争力	6	1	16.7	4	66.7	1	16.7	保持
	小　计	16	5	31.3	7	43.8	4	25.0	上升
发展水平竞争力	工业化进程竞争力	6	3	50.0	1	16.7	2	33.3	上升
	城市化进程竞争力	6	1	16.7	2	33.3	3	50.0	下降
	市场化进程竞争力	6	3	50.0	0	0.0	3	50.0	上升
	小　计	18	7	38.9	3	16.7	8	44.4	上升
统筹协调竞争力	统筹发展竞争力	8	2	25.0	2	25.0	4	50.0	下降
	协调发展竞争力	8	3	37.5	2	25.0	3	37.5	上升
	小　计	16	5	31.3	4	25.0	7	43.8	下降
合　计		210	67	31.9	73	34.8	70	33.3	上升

从表6-2可以看出，210个四级指标中，上升指标有67个，占指标总数的31.9%；下降指标有70个，占指标总数的33.3%；保持不变的指标有73个，占指标总数的34.8%。辽宁省经济综合竞争力上升和下降的动力基本相当，但受其他因素影响，2016~2017年辽宁省经济综合竞争力排位总体呈现上升趋势。

3. 辽宁省经济综合竞争力各级指标优劣势结构分析

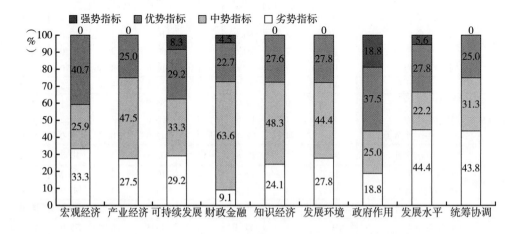

图6-2　2017年辽宁省经济综合竞争力各级指标优劣势比较

表6－3 2017年辽宁省经济综合竞争力各级指标优劣势比较

单位：个，%

二级指标	三级指标	四级指标数	强势指标		优势指标		中势指标		劣势指标		优劣势
			个数	比重	个数	比重	个数	比重	个数	比重	
宏观经济竞争力	经济实力竞争力	12	0	0.0	3	25.0	3	25.0	6	50.0	劣势
	经济结构竞争力	6	0	0.0	1	16.7	2	33.3	3	50.0	劣势
	经济外向度竞争力	9	0	0.0	7	77.8	2	22.2	0	0.0	中势
	小　计	27	0	0.0	11	40.7	7	25.9	9	33.3	劣势
产业经济竞争力	农业竞争力	10	0	0.0	5	50.0	3	30.0	2	20.0	劣势
	工业竞争力	10	0	0.0	0	0.0	6	60.0	4	40.0	劣势
	服务业竞争力	10	0	0.0	2	20.0	6	60.0	2	20.0	劣势
	企业竞争力	10	0	0.0	3	30.0	4	40.0	3	30.0	中势
	小　计	40	0	0.0	10	25.0	19	47.5	11	27.5	劣势
可持续发展竞争力	资源竞争力	9	1	11.1	3	33.3	4	44.4	1	11.1	优势
	环境竞争力	8	0	0.0	0	0.0	3	37.5	5	62.5	劣势
	人力资源竞争力	7	1	14.3	4	57.1	1	14.3	1	14.3	优势
	小　计	24	2	8.3	7	29.2	8	33.3	7	29.2	中势
财政金融竞争力	财政竞争力	12	0	0.0	2	16.7	9	75.0	1	8.3	优势
	金融竞争力	10	1	10.0	3	30.0	5	50.0	1	10.0	优势
	小　计	22	1	4.5	5	22.7	14	63.6	2	9.1	优势
知识经济竞争力	科技竞争力	9	0	0.0	1	11.1	6	66.7	2	22.2	中势
	教育竞争力	10	0	0.0	3	30.0	2	20.0	5	50.0	劣势
	文化竞争力	10	0	0.0	4	40.0	6	60.0	0	0.0	优势
	小　计	29	0	0.0	8	27.6	14	48.3	7	24.1	中势
发展环境竞争力	基础设施竞争力	9	0	0.0	3	33.3	5	55.6	1	11.1	中势
	软环境竞争力	9	0	0.0	2	22.2	3	33.3	4	44.4	劣势
	小　计	18	0	0.0	5	27.8	8	44.4	5	27.8	中势
政府作用竞争力	政府发展经济竞争力	5	1	20.0	1	20.0	2	40.0	1	20.0	中势
	政府规调经济竞争力	5	0	0.0	3	60.0	1	20.0	1	20.0	优势
	政府保障经济竞争力	6	2	33.3	2	33.3	1	16.7	1	16.7	强势
	小　计	16	3	18.8	6	37.5	4	25.0	3	18.8	优势
发展水平竞争力	工业化进程竞争力	6	0	0.0	0	0.0	3	50.0	3	50.0	劣势
	城市化进程竞争力	6	0	0.0	2	33.3	0	0.0	4	66.7	中势
	市场化进程竞争力	6	1	16.7	3	50.0	1	16.7	1	16.7	中势
	小　计	18	1	5.6	5	27.8	4	22.2	8	44.4	中势
统筹协调竞争力	统筹发展竞争力	8	0	0.0	2	25.0	3	37.5	3	37.5	劣势
	协调发展竞争力	8	0	0.0	2	25.0	2	25.0	4	50.0	中势
	小　计	16	0	0.0	4	25.0	5	31.3	7	43.8	中势
合　计		210	7	3.3	61	29.0	83	39.5	59	28.1	中势

基于图6－2和表6－3，从四级指标来看，强势指标的数量最少，仅为7个，占指标总数的3.3%；优势指标、中势指标和劣势指标的数量较多，优势指标61个，占指

标总数的29.0%；中势指标83个，占指标总数的39.5%；劣势指标59个，占指标总数的28.1%。从三级指标来看，强势指标1个，占三级指标总数的4.0%；优势指标6个，占三级指标总数的24.0%；中势指标8个，占三级指标总数的32.0%；劣势指标10个，占三级指标总数的40.0%。反映到二级指标上来，没有强势指标；优势指标有2个，占二级指标总数的22.2%；中势指标5个，占二级指标总数的55.6%；劣势指标有2个，占二级指标总数的22.2%。总体来看，中势指标在各级指标中都居于主导地位，由此2017年辽宁省经济综合竞争力处于中势地位。

4. 辽宁省经济综合竞争力四级指标优劣势对比分析

表6-4　2017年辽宁省经济综合竞争力各级指标优劣势比较

二级指标	优劣势	四级指标
宏观经济竞争力（27个）	强势指标	（0个）
	优势指标	财政总收入、全社会消费品零售总额、人均全社会消费品零售总额、产业结构优化度、进出口总额、出口总额、实际FDI、实际FDI增长率、外贸依存度、外资企业数、对外直接投资额（11个）
	劣势指标	地区生产总值增长率、财政总收入增长率、固定资产投资额、固定资产投资额增长率、人均固定资产投资额、全社会消费品零售总额增长率、所有制经济结构优化度、就业结构优化度、资本形成结构优化度（9个）
产业经济竞争力（40个）	强势指标	（0个）
	优势指标	人均农业增加值、农民人均纯收入、农产品出口占农林牧渔总产值比重、人均主要农产品产量、农村人均用电量、限额以上批发零售企业主营业务收入、限额以上餐饮企业利税率、规模以上企业平均资产、工业企业R&D经费投入强度、中国驰名商标持有量（10个）
	劣势指标	农民人均纯收入增长率、财政支农资金比重、工业增加值增长率、工业资产总额增长率、工业成本费用率、工业收入利润率、服务业增加值增长率、限额以上批发零售企业利税率、规模以上企业平均利润、规模以上企业劳动效率、城镇就业人员平均工资（11个）
可持续发展竞争力（24个）	强势指标	人均可使用海域和滩涂面积、文盲率（2个）
	优势指标	人均耕地面积、主要能源矿产基础储量、人均主要能源矿产基础储量、15~64岁人口比例、大专以上教育程度人口比例、平均受教育程度、人口健康素质（7个）
	劣势指标	人均年水资源量、人均废水排放量、人均工业废气排放量、人均工业固体废物排放量、一般工业固体废物综合利用率、自然灾害直接经济损失、常住人口增长率（7个）
财政金融竞争力（22个）	强势指标	保险深度（1个）
	优势指标	税收收入占财政总收入比重、地方财政收入增长率、存款余额、人均存款余额、保险密度（5个）
	劣势指标	地方财政支出占GDP比重、中长期贷款占贷款余额比重（2个）
知识经济竞争力（29个）	强势指标	（0个）
	优势指标	技术市场成交合同金额、人均文化教育支出、高等学校数、万人高等学校在校学生数、印刷用纸量、城镇居民人均文化娱乐支出、农村居民人均文化娱乐支出、城镇居民人均文化娱乐支出占消费性支出比重（8个）
	劣势指标	财政科技支出占地方财政支出比重、高技术产业收入占工业增加值比重、教育经费占GDP比重、人均教育经费、公共教育经费占财政支出比重、万人中小学学校数、万人中小学专任教师数（7个）
发展环境竞争力（18个）	强势指标	（0个）
	优势指标	铁路网线密度、全社会货物周转量、电话普及率、万人外资企业数、每十万人交通事故发生数（5个）
	劣势指标	人均内河航道里程、外资企业数增长率、个体私营企业数增长率、罚没收入占财政收入比重、社会捐赠款物（5个）

二级指标	优劣势	四级指标
政府作用竞争力(16个)	强势指标	政府消费对民间消费的拉动、医疗保险覆盖率、养老保险覆盖率(3个)
	优势指标	财政投资对社会投资的拉动、物价调控、统筹经济社会发展、固定资产投资价格指数、失业保险覆盖率、城镇登记失业率(6个)
	劣势指标	财政支出用于基本建设投资比重、调控城乡消费差距、最低工资标准(3个)
发展水平竞争力(18个)	强势指标	居民消费支出占总消费支出比重(1个)
	优势指标	城镇化率、城镇居民人均可支配收入、社会投资占投资总额比重、亿元以上商品市场成交额、亿元以上商品市场成交额占全社会消费品零售总额比重(5个)
	劣势指标	工业增加值占GDP比重、高技术产业占工业增加值比重、信息产业增加值占GDP比重、城市平均建成区面积比重、人均拥有道路面积、人均日生活用水量、人均公共绿地面积、非公有制经济产值占全社会总产值比重(8个)
统筹协调竞争力(16个)	强势指标	(0个)
	优势指标	最终消费率、固定资产投资额占GDP比重、资源竞争力与宏观经济竞争力比差、资源竞争力与工业竞争力比差(4个)
	劣势指标	万元GDP综合能耗下降率、生产税净额和营业盈余占GDP比重、固定资产交付使用率、环境竞争力与宏观经济竞争力比差、人力资源竞争力与宏观经济竞争力比差、环境竞争力与工业竞争力比差、城乡居民人均现金消费支出比差(7个)

6.2 辽宁省经济综合竞争力各级指标具体分析

1. 辽宁省宏观经济竞争力指标排名变化情况

表6-5 2016~2017年辽宁省宏观经济竞争力指标组排位及变化趋势

指标	2016	2017	排位升降	优劣势
1 宏观经济竞争力	25	24	1	劣势
1.1 经济实力竞争力	30	28	2	劣势
地区生产总值	14	14	0	中势
地区生产总值增长率	31	28	3	劣势
人均地区生产总值	14	14	0	中势
财政总收入	6	8	-2	优势
财政总收入增长率	20	29	-9	劣势
人均财政收入	11	13	-2	中势
固定资产投资额	27	25	2	劣势
固定资产投资额增长率	31	25	6	劣势
人均固定资产投资额	31	31	0	劣势
全社会消费品零售总额	10	10	0	优势
全社会消费品零售总额增长率	31	30	1	劣势
人均全社会消费品零售总额	8	9	-1	优势

指　标	2016	2017	排位升降	优劣势
1.2　经济结构竞争力	21	23	-2	劣势
产业结构优化度	9	9	0	优势
所有制经济结构优化度	23	22	1	劣势
城乡经济结构优化度	16	16	0	中势
就业结构优化度	27	27	0	劣势
资本形成结构优化度	28	27	1	劣势
贸易结构优化度	12	14	-2	中势
1.3　经济外向度竞争力	10	11	-1	中势
进出口总额	9	9	0	优势
进出口增长率	22	14	8	中势
出口总额	8	8	0	优势
出口增长率	11	16	-5	中势
实际 FDI	9	6	3	优势
实际 FDI 增长率	23	5	18	优势
外贸依存度	8	6	2	优势
外资企业数	8	8	0	优势
对外直接投资额	8	8	0	优势

2. 辽宁省产业经济竞争力指标排名变化情况

表 6-6　2016～2017 年辽宁省产业经济竞争力指标组排位及变化趋势

指　标	2016	2017	排位升降	优劣势
2　产业经济竞争力	27	22	5	劣势
2.1　农业竞争力	26	22	4	劣势
农业增加值	13	15	-2	中势
农业增加值增长率	29	20	9	中势
人均农业增加值	6	7	-1	优势
农民人均纯收入	9	10	-1	优势
农民人均纯收入增长率	29	31	-2	劣势
农产品出口占农林牧渔总产值比重	9	8	1	优势
人均主要农产品产量	7	8	-1	优势
农业机械化水平	18	18	0	中势
农村人均用电量	6	5	1	优势
财政支农资金比重	23	24	-1	劣势
2.2　工业竞争力	29	26	3	劣势
工业增加值	16	15	1	中势
工业增加值增长率	31	25	6	劣势
人均工业增加值	20	19	1	中势

指 标	2016	2017	排位升降	优劣势
工业资产总额	11	11	0	中势
工业资产总额增长率	31	25	6	劣势
规模以上工业主营业务收入	18	15	3	中势
工业成本费用率	28	23	5	劣势
规模以上工业利润总额	22	19	3	中势
工业全员劳动生产率	23	18	5	中势
工业收入利润率	28	29	-1	劣势
2.3 服务业竞争力	24	24	0	劣势
服务业增加值	13	13	0	中势
服务业增加值增长率	31	31	0	劣势
人均服务业增加值	11	11	0	中势
服务业从业人员数	15	15	0	中势
限额以上批发零售企业主营业务收入	11	10	1	优势
限额以上批零企业利税率	30	30	0	劣势
限额以上餐饮企业利税率	5	6	-1	优势
旅游外汇收入	14	15	-1	中势
商品房销售收入	17	17	0	中势
电子商务销售额	17	16	1	中势
2.4 企业竞争力	17	11	6	中势
规模以上工业企业数	14	15	-1	中势
规模以上企业平均资产	14	10	4	优势
规模以上企业平均收入	24	13	11	中势
规模以上企业平均利润	30	25	5	劣势
规模以上企业劳动效率	27	23	4	劣势
城镇就业人员平均工资	27	28	-1	劣势
新产品销售收入占主营业务收入比重	10	11	-1	中势
产品质量抽查合格率	16	14	2	中势
工业企业 R&D 经费投入强度	6	9	-3	优势
中国驰名商标持有量	7	7	0	优势

3. 辽宁省可持续发展竞争力指标排名变化情况

表6-7 2016~2017年辽宁省可持续发展竞争力指标组排位及变化趋势

指 标	2016	2017	排位升降	优劣势
3 可持续发展竞争力	12	11	1	中势
3.1 资源竞争力	10	8	2	优势
人均国土面积	17	17	0	中势
人均可使用海域和滩涂面积	3	3	0	强势

指　标	2016	2017	排位升降	优劣势
人均年水资源量	21	24	-3	劣势
耕地面积	13	13	0	中势
人均耕地面积	10	10	0	优势
人均牧草地面积	19	19	0	中势
主要能源矿产基础储量	10	10	0	优势
人均主要能源矿产基础储量	8	8	0	优势
人均森林储积量	16	16	0	中势
3.2　环境竞争力	21	25	-4	劣势
森林覆盖率	14	14	0	中势
人均废水排放量	23	23	0	劣势
人均工业废气排放量	25	26	-1	劣势
人均工业固体废物排放量	27	27	0	劣势
人均治理工业污染投资额	18	19	-1	中势
一般工业固体废物综合利用率	28	28	0	劣势
生活垃圾无害化处理率	25	17	8	中势
自然灾害直接经济损失	8	23	-15	劣势
3.3　人力资源竞争力	7	6	1	优势
常住人口增长率	29	28	1	劣势
15～64岁人口比例	7	5	2	优势
文盲率	2	2	0	强势
大专以上教育程度人口比例	5	5	0	优势
平均受教育程度	4	4	0	优势
人口健康素质	9	8	1	优势
职业学校毕业生数	18	17	1	中势

4. 辽宁省财政金融竞争力指标排名变化情况

表6-8　2016～2017年辽宁省财政金融竞争力指标组排位及变化趋势

指　标	2016	2017	排位升降	优劣势
4　财政金融竞争力	13	9	4	优势
4.1　财政竞争力	20	10	10	优势
地方财政收入	16	14	2	中势
地方财政支出	15	16	-1	中势
地方财政收入占GDP比重	20	18	2	中势
地方财政支出占GDP比重	22	21	1	劣势
税收收入占GDP比重	17	13	4	中势
税收收入占财政总收入比重	7	7	0	优势
人均地方财政收入	15	11	4	中势
人均地方财政支出	22	11	11	中势
人均税收收入	12	12	0	中势

指　标	2016	2017	排位升降	优劣势
地方财政收入增长率	15	8	7	优势
地方财政支出增长率	28	20	8	中势
税收收入增长率	10	13	−3	中势
4.2　金融竞争力	10	8	2	优势
存款余额	10	10	0	优势
人均存款余额	8	8	0	优势
贷款余额	7	11	−4	中势
人均贷款余额	9	11	−2	中势
中长期贷款占贷款余额比重	14	27	−13	劣势
保险费净收入	11	11	0	中势
保险密度	15	7	8	优势
保险深度	12	3	9	强势
国内上市公司数	13	12	1	中势
国内上市公司市值	13	15	−2	中势

5. 辽宁省知识经济竞争力指标排名变化情况

表6-9　2016~2017年辽宁省知识经济竞争力指标组排位及变化趋势

指　标	2016	2017	排位升降	优劣势
5　知识经济竞争力	17	17	0	中势
5.1　科技竞争力	17	17	0	中势
R&D 人员	15	16	−1	中势
R&D 经费	15	14	1	中势
R&D 经费投入强度	12	12	0	中势
发明专利授权量	14	14	0	中势
技术市场成交合同金额	9	10	−1	优势
财政科技支出占地方财政支出比重	15	22	−7	劣势
高技术产业主营业务收入	18	20	−2	中势
高技术产业收入占工业增加值比重	18	21	−3	劣势
高技术产品出口额占商品出口额比重	20	20	0	中势
5.2　教育竞争力	19	23	−4	劣势
教育经费	19	19	0	中势
教育经费占 GDP 比重	21	23	−2	劣势
人均教育经费	23	26	−3	劣势
公共教育经费占财政支出比重	22	24	−2	劣势
人均文化教育支出	6	8	−2	优势
万人中小学学校数	19	23	−4	劣势
万人中小学专任教师数	27	26	1	劣势
高等学校数	8	8	0	优势
高校专任教师数	11	11	0	中势
万人高等学校在校学生数	9	9	0	优势

指　标	2016	2017	排位升降	优劣势
5.3　文化竞争力	10	10	0	优势
文化制造业营业收入	19	20	−1	中势
文化批发零售业营业收入	18	18	0	中势
文化服务业企业营业收入	15	15	0	中势
图书和期刊出版数	16	16	0	中势
报纸出版数	11	13	−2	中势
印刷用纸量	10	9	1	优势
城镇居民人均文化娱乐支出	7	7	0	优势
农村居民人均文化娱乐支出	7	10	−3	优势
城镇居民人均文化娱乐支出占消费性支出比重	6	6	0	优势
农村居民人均文化娱乐支出占消费性支出比重	9	11	−2	中势

6. 辽宁省发展环境竞争力指标排名变化情况

表 6 – 10　2016～2017 年辽宁省发展环境竞争力指标组排位及变化趋势

指　标	2016	2017	排位升降	优劣势
6　发展环境竞争力	10	14	−4	中势
6.1　基础设施竞争力	11	11	0	中势
铁路网线密度	4	4	0	优势
公路网线密度	20	20	0	中势
人均内河航道里程	26	26	0	劣势
全社会旅客周转量	12	11	1	中势
全社会货物周转量	4	4	0	优势
人均邮电业务总量	12	15	−3	中势
电话普及率	7	7	0	优势
网站数	10	11	−1	中势
人均耗电量	14	14	0	中势
6.2　软环境竞争力	18	26	−8	劣势
外资企业数增长率	26	28	−2	劣势
万人外资企业数	7	8	−1	优势
个体私营企业数增长率	25	27	−2	劣势
万人个体私营企业数	11	15	−4	中势
万人商标注册件数	12	13	−1	中势
查处商标侵权假冒案件	12	11	1	中势
每十万人交通事故发生数	11	10	1	优势
罚没收入占财政收入比重	27	30	−3	劣势
社会捐赠款物	27	27	0	劣势

7. 辽宁省政府作用竞争力指标排名变化情况

表 6−11　2016～2017 年辽宁省政府作用竞争力指标组排位及变化趋势

指　　标	2016	2017	排位升降	优劣势
7　政府作用竞争力	5	4	1	优势
7.1　政府发展经济竞争力	11	15	−4	中势
财政支出用于基本建设投资比重	31	30	1	劣势
财政支出对 GDP 增长的拉动	10	11	−1	中势
政府公务员对经济的贡献	12	12	0	中势
政府消费对民间消费的拉动	2	3	−1	强势
财政投资对社会投资的拉动	7	7	0	优势
7.2　政府规调经济竞争力	10	6	4	优势
物价调控	12	8	4	优势
调控城乡消费差距	26	26	0	劣势
统筹经济社会发展	3	7	−4	优势
规范税收	18	14	4	中势
固定资产投资价格指数	8	4	4	优势
7.3　政府保障经济竞争力	3	3	0	强势
城市城镇社区服务设施数	15	15	0	中势
医疗保险覆盖率	1	1	0	强势
养老保险覆盖率	1	1	0	强势
失业保险覆盖率	7	6	1	优势
最低工资标准	16	23	−7	劣势
城镇登记失业率	8	8	0	优势

8. 辽宁省发展水平竞争力指标排名变化情况

表 6−12　2016～2017 年辽宁省发展水平竞争力指标组排位及变化趋势

指　　标	2016	2017	排位升降	优劣势
8　发展水平竞争力	23	19	4	中势
8.1　工业化进程竞争力	30	21	9	劣势
工业增加值占 GDP 比重	23	22	1	劣势
工业增加值增长率	31	14	17	中势
高技术产业占工业增加值比重	22	22	0	劣势
高技术产品出口额占商品出口额比重	18	20	−2	中势
信息产业增加值占 GDP 比重	20	21	−1	劣势
工农业增加值比值	22	19	3	中势
8.2　城市化进程竞争力	16	18	−2	中势
城镇化率	6	7	−1	优势
城镇居民人均可支配收入	10	10	0	优势
城市平均建成区面积比重	28	29	−1	劣势

续表

指 标	2016	2017	排位升降	优劣势
人均拥有道路面积	25	25	0	劣势
人均日生活用水量	21	22	−1	劣势
人均公共绿地面积	23	21	2	劣势
8.3　市场化进程竞争力	15	13	2	中势
非公有制经济产值占全社会总产值比重	23	22	1	劣势
社会投资占投资总额比重	2	5	−3	优势
私有和个体企业从业人员比重	10	11	−1	中势
亿元以上商品市场成交额	8	7	1	优势
亿元以上商品市场成交额占全社会消费品零售总额比重	12	9	3	优势
居民消费支出占总消费支出比重	2	3	−1	强势

9. 辽宁省统筹协调竞争力指标排名变化情况

表 6-13　2016～2017 年辽宁省统筹协调竞争力指标组排位及变化趋势

指 标	2016	2017	排位升降	优劣势
9　统筹协调竞争力	17	19	−2	中势
9.1　统筹发展竞争力	11	22	−11	劣势
社会劳动生产率	13	12	1	中势
能源使用下降率	1	14	−13	中势
万元 GDP 综合能耗下降率	30	26	4	劣势
非农用地产出率	18	18	0	中势
生产税净额和营业盈余占 GDP 比重	19	25	−6	劣势
最终消费率	10	10	0	优势
固定资产投资额占 GDP 比重	6	8	−2	优势
固定资产交付使用率	5	29	−24	劣势
9.2　协调发展竞争力	24	17	7	中势
环境竞争力与宏观经济竞争力比差	25	21	4	劣势
资源竞争力与宏观经济竞争力比差	7	8	−1	优势
人力资源竞争力与宏观经济竞争力比差	30	27	3	劣势
资源竞争力与工业竞争力比差	1	7	−6	优势
环境竞争力与工业竞争力比差	29	26	3	劣势
城乡居民家庭人均收入比差	16	16	0	中势
城乡居民人均现金消费支出比差	26	26	0	劣势
全社会消费品零售总额与外贸出口总额比差	13	14	−1	中势

B.8
7
吉林省经济综合竞争力评价分析报告

吉林省简称吉，位于我国东北地区中部，南隔图们江、鸭绿江与朝鲜为邻，东与俄罗斯接壤，内陆与黑龙江省、内蒙古自治区、辽宁省相接。全省总面积为 187400 平方公里，2017 年总人口为 2717 万人，地区生产总值达 14945 亿元，同比增长 5.3%，人均 GDP 达 54838 元。本部分通过分析 2016~2017 年吉林省经济综合竞争力以及各要素竞争力的排名变化，从中找出吉林省经济综合竞争力的推动点及影响因素，为进一步提升吉林省经济综合竞争力提供决策参考。

7.1 吉林省经济综合竞争力总体分析

1. 吉林省经济综合竞争力一级指标概要分析

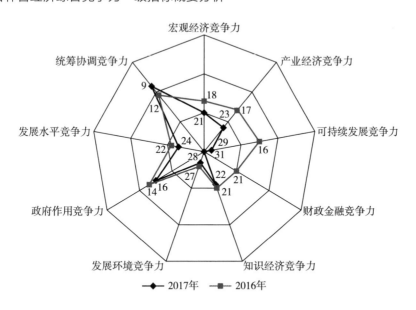

图 7-1　2016~2017 年吉林省经济综合竞争力二级指标比较雷达图

（1）从综合排位看，2017 年吉林省经济综合竞争力综合排位在全国居第 22 位，这表明其在全国处于劣势地位；与 2016 年相比，吉林省经济综合竞争力综合排位下降了 3 位。

（2）从指标所处区位看，9 个二级指标中，仅有统筹协调竞争力这 1 个指标处于上

表 7 - 1　2016～2017 年吉林省经济综合竞争力二级指标比较

项目 年份	宏观经济 竞争力	产业经济 竞争力	可持续发展 竞争力	财政金融 竞争力	知识经济 竞争力	发展环境 竞争力	政府作用 竞争力	发展水平 竞争力	统筹协调 竞争力	综合 排位
2016	18	17	16	21	21	27	14	22	12	19
2017	21	23	29	31	22	28	16	24	9	22
升降	-3	-6	-13	-10	-1	-1	-2	-2	3	-3
优劣度	劣势	劣势	劣势	劣势	劣势	劣势	中势	劣势	优势	劣势

游区，也是吉林省唯一的优势指标，且仅有政府作用竞争力这 1 个指标处于中游区，其余指标均处于下游区。

（3）从指标变化趋势看，9 个二级指标中，仅有统筹协调竞争力指标处于上升趋势，也是吉林省经济综合竞争力排位上升的主要动力；其余指标均处于下降趋势，导致了吉林省经济综合竞争力排位总体下降。

2. 吉林省经济综合竞争力各级指标动态变化分析

表 7 - 2　2016～2017 年吉林省经济综合竞争力各级指标排位变化态势比较

单位：个，%

二级指标	三级指标	四级 指标数	上升		保持		下降		变化 趋势
			指标数	比重	指标数	比重	指标数	比重	
宏观经济 竞争力	经济实力竞争力	12	3	25.0	1	8.3	8	66.7	下降
	经济结构竞争力	6	1	16.7	3	50.0	2	33.3	上升
	经济外向度竞争力	9	1	11.1	5	55.6	3	33.3	下降
	小　计	27	5	18.5	9	33.3	13	48.1	下降
产业经济 竞争力	农业竞争力	10	1	10.0	5	50.0	4	40.0	保持
	工业竞争力	10	2	20.0	2	20.0	6	60.0	下降
	服务业竞争力	10	2	20.0	4	40.0	4	40.0	保持
	企业竞争力	10	0	0.0	5	50.0	5	50.0	下降
	小　计	40	5	12.5	16	40.0	19	47.5	下降
可持续发展 竞争力	资源竞争力	9	3	33.3	6	66.7	0	0.0	保持
	环境竞争力	8	1	12.5	2	25.0	5	62.5	下降
	人力资源竞争力	7	2	28.6	2	28.6	3	42.9	保持
	小　计	24	6	25.0	10	41.7	8	33.3	下降
财政金融 竞争力	财政竞争力	12	2	16.7	2	16.7	8	66.7	下降
	金融竞争力	10	1	10.0	2	20.0	7	70.0	下降
	小　计	22	3	13.6	4	18.2	15	68.2	下降
知识经济 竞争力	科技竞争力	9	3	33.3	2	22.2	4	44.4	保持
	教育竞争力	10	3	30.0	4	40.0	3	30.0	上升
	文化竞争力	10	2	20.0	4	40.0	4	40.0	下降
	小　计	29	8	27.6	10	34.5	11	37.9	下降

续表

二级指标	三级指标	四级指标数	上升		保持		下降		变化趋势
			指标数	比重	指标数	比重	指标数	比重	
发展环境竞争力	基础设施竞争力	9	1	11.1	7	77.8	1	11.1	保持
	软环境竞争力	9	2	22.2	2	22.2	5	55.6	保持
	小　计	18	3	16.7	9	50.0	6	33.3	下降
政府作用竞争力	政府发展经济竞争力	5	2	40.0	0	0.0	3	60.0	上升
	政府规调经济竞争力	5	1	20.0	0	0.0	4	80.0	下降
	政府保障经济竞争力	6	4	66.7	1	16.7	1	16.7	上升
	小　计	16	7	43.8	1	6.3	8	50.0	下降
发展水平竞争力	工业化进程竞争力	6	3	50.0	0	0.0	3	50.0	下降
	城市化进程竞争力	6	0	0.0	1	16.7	5	83.3	下降
	市场化进程竞争力	6	2	33.3	0	0.0	4	66.7	下降
	小　计	18	5	27.8	1	5.6	12	66.7	下降
统筹协调竞争力	统筹发展竞争力	8	3	37.5	2	25.0	3	37.5	下降
	协调发展竞争力	8	5	62.5	1	12.5	2	25.0	上升
	小　计	16	8	50.0	3	18.8	5	31.3	上升
合　计		210	50	23.8	63	30.0	97	46.2	下降

从表 7-2 可以看出，210 个四级指标中，上升指标有 50 个，占指标总数的 23.8%；下降指标有 97 个，占指标总数的 46.2%；排位保持不变的指标有 63 个，占指标总数的 30.0%。吉林省经济综合竞争力排位上升的动力小于下降的拉力，使得 2016~2017 年吉林省经济综合竞争力排位处于下降趋势。

3. 吉林省经济综合竞争力各级指标优劣势结构分析

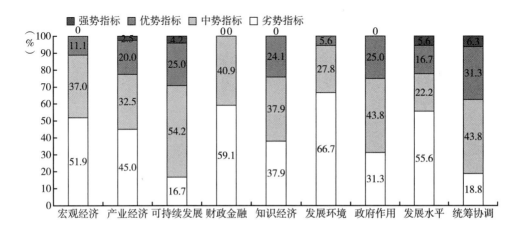

图 7-2　2017 年吉林省经济综合竞争力各级指标优劣势比较

表7-3 2017年吉林省经济综合竞争力各级指标优劣势比较

单位：个，%

二级指标	三级指标	四级指标数	强势指标		优势指标		中势指标		劣势指标		优劣势
			个数	比重	个数	比重	个数	比重	个数	比重	
宏观经济竞争力	经济实力竞争力	12	0	0.0	1	8.3	7	58.3	4	33.3	劣势
	经济结构竞争力	6	0	0.0	2	33.3	2	33.3	2	33.3	中势
	经济外向度竞争力	9	0	0.0	0	0.0	1	11.1	8	88.9	劣势
	小计	27	0	0.0	3	11.1	10	37.0	14	51.9	劣势
产业经济竞争力	农业竞争力	10	1	10.0	2	20.0	3	30.0	4	40.0	中势
	工业竞争力	10	0	0.0	2	20.0	2	20.0	6	60.0	劣势
	服务业竞争力	10	0	0.0	2	20.0	3	30.0	5	50.0	劣势
	企业竞争力	10	0	0.0	2	20.0	5	50.0	3	30.0	劣势
	小计	40	1	2.5	8	20.0	13	32.5	18	45.0	劣势
可持续发展竞争力	资源竞争力	9	1	11.1	4	44.4	4	44.4	0	0.0	优势
	环境竞争力	8	0	0.0	0	0.0	6	75.0	2	25.0	劣势
	人力资源竞争力	7	0	0.0	2	28.6	3	42.9	2	28.6	劣势
	小计	24	1	4.2	6	25.0	13	54.2	4	16.7	劣势
财政金融竞争力	财政竞争力	12	0	0.0	0	0.0	4	33.3	8	66.7	劣势
	金融竞争力	10	0	0.0	0	0.0	5	50.0	5	50.0	劣势
	小计	22	0	0.0	0	0.0	9	40.9	13	59.1	劣势
知识经济竞争力	科技竞争力	9	0	0.0	0	0.0	5	55.6	4	44.4	劣势
	教育竞争力	10	0	0.0	3	30.0	3	30.0	4	40.0	劣势
	文化竞争力	10	0	0.0	4	40.0	3	30.0	3	30.0	中势
	小计	29	0	0.0	7	24.1	11	37.9	11	37.9	劣势
发展环境竞争力	基础设施竞争力	9	0	0.0	0	0.0	4	44.4	5	55.6	劣势
	软环境竞争力	9	0	0.0	1	11.1	1	11.1	7	77.8	劣势
	小计	18	0	0.0	1	5.6	5	27.8	12	66.7	劣势
政府作用竞争力	政府发展经济竞争力	5	0	0.0	1	20.0	2	40.0	2	40.0	中势
	政府规调经济竞争力	5	0	0.0	1	20.0	2	40.0	2	40.0	中势
	政府保障经济竞争力	6	0	0.0	2	33.3	3	50.0	1	16.7	中势
	小计	16	0	0.0	4	25.0	7	43.8	5	31.3	中势
发展水平竞争力	工业化进程竞争力	6	1	16.7	1	16.7	1	16.7	3	50.0	中势
	城市化进程竞争力	6	0	0.0	0	0.0	2	33.3	4	66.7	劣势
	市场化进程竞争力	6	0	0.0	2	33.3	1	16.7	3	50.0	劣势
	小计	18	1	5.6	3	16.7	4	22.2	10	55.6	劣势
统筹协调竞争力	统筹发展竞争力	8	1	12.5	1	12.5	4	50.0	2	25.0	中势
	协调发展竞争力	8	0	0.0	4	50.0	3	37.5	1	12.5	优势
	小计	16	1	6.3	5	31.3	7	43.8	3	18.8	优势
合计		210	4	1.9	37	17.6	79	37.6	90	42.9	劣势

基于图7-2和表7-3，从四级指标来看，强势指标和优势指标均较少，其中强势指标有4个，占指标总数的1.9%；优势指标有37个，占指标总数的17.6%；中势指

标和劣势指标均较多，其中中势指标有 79 个，占指标总数的 37.6%；劣势指标最多，共有 90 个，占指标总数的 42.9%。从三级指标来看，没有强势指标；优势指标有 2 个，占三级指标总数的 8%；中势指标有 8 个，占三级指标总数的 32%；劣势指标有 15 个，占三级指标总数的 60%。反映到二级指标上来，没有强势指标；优势指标有 1 个，占二级指标总数的 11.1%；中势指标有 1 个，占二级指标总数的 11.1%；劣势指标有 7 个，占二级指标总数的 77.8%。可以看出，由于劣势指标在指标体系中居于主导地位，综合其他方面的因素影响，2017 年吉林省经济综合竞争力处于劣势地位。

4. 吉林省经济综合竞争力四级指标优劣势对比分析

表 7 - 4　2017 年吉林省经济综合竞争力各级指标优劣势比较

二级指标	优劣势	四级指标
宏观经济竞争力（27 个）	强势指标	（0 个）
	优势指标	财政总收入增长率、城乡经济结构优化度、资本形成结构优化度（3 个）
	劣势指标	地区生产总值、地区生产总值增长率、固定资产投资额增长率、全社会消费品零售总额增长率、产业结构优化度、就业结构优化度、进出口总额、进出口增长率、出口总额、实际 FDI、实际 FDI 增长率、外贸依存度、外资企业数、对外直接投资额（14 个）
产业经济竞争力（40 个）	强势指标	人均主要农产品产量（1 个）
	优势指标	农产品出口占农林牧渔总产值比重、财政支农资金比重、人均工业增加值、工业全员劳动生产率、限额以上批零企业利税率、限额以上餐饮企业利税率、规模以上企业劳动效率、产品质量抽查合格率（8 个）
	劣势指标	农业增加值、农业增加值增长率、农民人均纯收入增长率、农村人均用电量、工业增加值增长率、工业资产总额、工业资产总额增长率、工业成本费用率、规模以上工业利润总额、工业收入利润率、服务业增加值、服务业增加值增长率、限额以上批发零售企业主营业务收入、商品房销售收入、电子商务销售额、规模以上企业平均利润、城镇就业人员平均工资、工业企业 R&D 经费投入强度（18 个）
可持续发展竞争力（24 个）	强势指标	人均耕地面积（1 个）
	优势指标	人均国土面积、耕地面积、人均牧草地面积、人均森林储积量、15 ~ 64 岁人口比例、平均受教育程度（6 个）
	劣势指标	生活垃圾无害化处理率、自然灾害直接经济损失、常住人口增长率、职业学校毕业生数（4 个）
财政金融竞争力（22 个）	强势指标	（0 个）
	优势指标	（0 个）
	劣势指标	地方财政收入、地方财政支出、地方财政收入占 GDP 比重、税收收入占 GDP 比重、人均税收收入、地方财政收入增长率、地方财政支出增长率、税收收入增长率、存款余额、人均存款余额、贷款余额、中长期贷款占贷款余额比重、国内上市公司市值（13 个）
知识经济竞争力（29 个）	强势指标	（0 个）
	优势指标	万人中小学学校数、高等学校数、万人高等学校在校学生数、图书和期刊出版版数、农村居民人均文化娱乐支出、城镇居民人均文化娱乐支出占消费性支出比重、农村居民人均文化娱乐支出占消费性支出比重（7 个）
	劣势指标	R&D 人员、R&D 经费、R&D 经费投入强度、高技术产品出口额占商品出口额比重、教育经费、公共教育经费占财政支出比重、万人中小学专任教师数、高校专任教师数、文化制造业营业收入、文化批发零售业营业收入、文化服务业企业营业收入（11 个）

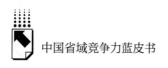

续表

二级指标	优劣势	四级指标
发展环境 竞争力 (18个)	强势指标	(0个)
	优势指标	查处商标侵权假冒案件(1个)
	劣势指标	公路网线密度、全社会旅客周转量、全社会货物周转量、网站数、人均耗电量、外资企业数增长率、个体私营企业数增长率、万人个体私营企业数、万人商标注册件数、每十万人交通事故发生数、罚没收入占财政收入比重、社会捐赠款物(12个)
政府作用 竞争力 (16个)	强势指标	(0个)
	优势指标	财政投资对社会投资的拉动、固定资产投资价格指数、养老保险覆盖率、最低工资标准(4个)
	劣势指标	财政支出用于基本建设投资比重、政府消费对民间消费的拉动、统筹经济社会发展、规范税收、城市城镇社区服务设施数(5个)
发展水平 竞争力 (18个)	强势指标	工业增加值占GDP比重(1个)
	优势指标	工农业增加值比值、社会投资占投资总额比重、私有和个体企业从业人员比重(3个)
	劣势指标	工业增加值增长率、高技术产品出口额占商品出口额比重、信息产业增加值占GDP比重、城镇居民人均可支配收入、城市平均建成区面积比重、人均日生活用水量、人均公共绿地面积、亿元以上商品市场成交额、亿元以上商品市场成交额占全社会消费品零售总额比重、居民消费支出占总消费支出比重(10个)
统筹协调 竞争力 (16个)	强势指标	固定资产交付使用率(1个)
	优势指标	能源使用下降率、环境竞争力与宏观经济竞争力比差、资源竞争力与宏观经济竞争力比差、资源竞争力与工业竞争力比差、城乡居民家庭人均收入比差(5个)
	劣势指标	生产税净额和营业盈余占GDP比重、最终消费率、全社会消费品零售总额与外贸出口总额比差(3个)

7.2　吉林省经济综合竞争力各级指标具体分析

1. 吉林省宏观经济竞争力指标排名变化情况

表7-5　2016～2017年吉林省宏观经济竞争力指标组排位及变化趋势

指　标	2016	2017	排位升降	优劣势
1　宏观经济竞争力	18	21	-3	劣势
1.1　经济实力竞争力	19	23	-4	劣势
地区生产总值	23	24	-1	劣势
地区生产总值增长率	25	27	-2	劣势
人均地区生产总值	12	13	-1	中势
财政总收入	22	20	2	中势
财政总收入增长率	30	7	23	优势
人均财政收入	14	12	2	中势
固定资产投资额	19	19	0	中势
固定资产投资额增长率	20	27	-7	劣势
人均固定资产投资额	12	14	-2	中势
全社会消费品零售总额	17	18	-1	中势

指　标	2016	2017	排位升降	优劣势
全社会消费品零售总额增长率	21	26	−5	劣势
人均全社会消费品零售总额	10	11	−1	中势
1.2　经济结构竞争力	14	11	3	中势
产业结构优化度	25	23	2	劣势
所有制经济结构优化度	18	20	−2	中势
城乡经济结构优化度	4	4	0	优势
就业结构优化度	26	26	0	劣势
资本形成结构优化度	2	4	−2	优势
贸易结构优化度	15	15	0	中势
1.3　经济外向度竞争力	23	29	−6	劣势
进出口总额	21	23	−2	劣势
进出口增长率	7	29	−22	劣势
出口总额	25	25	0	劣势
出口增长率	18	19	−1	中势
实际FDI	23	23	0	劣势
实际FDI增长率	27	26	1	劣势
外贸依存度	21	21	0	劣势
外资企业数	22	22	0	劣势
对外直接投资额	26	26	0	劣势

2. 吉林省产业经济竞争力指标排名变化情况

表7−6　2016～2017年吉林省产业经济竞争力指标组排位及变化趋势

指　标	2016	2017	排位升降	优劣势
2　产业经济竞争力	17	23	−6	劣势
2.1　农业竞争力	17	17	0	中势
农业增加值	21	22	−1	劣势
农业增加值增长率	14	24	−10	劣势
人均农业增加值	9	19	−10	中势
农民人均纯收入	12	12	0	中势
农民人均纯收入增长率	28	30	−2	劣势
农产品出口占农林牧渔总产值比重	12	10	2	优势
人均主要农产品产量	3	3	0	强势
农业机械化水平	13	13	0	中势
农村人均用电量	24	24	0	劣势
财政支农资金比重	6	6	0	优势
2.2　工业竞争力	20	25	−5	劣势
工业增加值	20	18	2	中势
工业增加值增长率	23	24	−1	劣势
人均工业增加值	9	9	0	优势

指　标	2016	2017	排位升降	优劣势
工业资产总额	23	23	0	劣势
工业资产总额增长率	20	22	−2	劣势
规模以上工业主营业务收入	16	19	−3	中势
工业成本费用率	22	28	−6	劣势
规模以上工业利润总额	20	22	−2	劣势
工业全员劳动生产率	8	6	2	优势
工业收入利润率	21	26	−5	劣势
2.3　服务业竞争力	22	22	0	劣势
服务业增加值	24	24	0	劣势
服务业增加值增长率	23	25	−2	劣势
人均服务业增加值	14	14	0	中势
服务业从业人员数	22	20	2	中势
限额以上批发零售企业主营业务收入	27	27	0	劣势
限额以上批零企业利税率	7	10	−3	优势
限额以上餐饮企业利税率	16	10	6	优势
旅游外汇收入	19	20	−1	中势
商品房销售收入	25	25	0	劣势
电子商务销售额	25	27	−2	劣势
2.4　企业竞争力	14	21	−7	劣势
规模以上工业企业数	16	17	−1	中势
规模以上企业平均资产	16	16	0	中势
规模以上企业平均收入	8	14	−6	中势
规模以上企业平均利润	13	23	−10	劣势
规模以上企业劳动效率	5	5	0	优势
城镇就业人员平均工资	26	26	0	劣势
新产品销售收入占主营业务收入比重	12	12	0	中势
产品质量抽查合格率	2	4	−2	优势
工业企业 R&D 经费投入强度	28	30	−2	劣势
中国驰名商标持有量	16	16	0	中势

3. 吉林省可持续发展竞争力指标排名变化情况

表 7 - 7　2016 ~ 2017 年吉林省可持续发展竞争力指标组排位及变化趋势

指　标	2016	2017	排位升降	优劣势
3　可持续发展竞争力	16	29	−13	劣势
3.1　资源竞争力	7	7	0	优势
人均国土面积	9	9	0	优势
人均可使用海域和滩涂面积	13	13	0	中势
人均年水资源量	18	17	1	中势
耕地面积	5	5	0	优势

指　标	2016	2017	排位升降	优劣势
人均耕地面积	3	3	0	强势
人均牧草地面积	10	10	0	优势
主要能源矿产基础储量	18	17	1	中势
人均主要能源矿产基础储量	18	17	1	中势
人均森林储积量	5	5	0	优势
3.2　环境竞争力	16	30	− 14	劣势
森林覆盖率	11	11	0	中势
人均废水排放量	4	16	− 12	中势
人均工业废气排放量	20	20	0	中势
人均工业固体废物排放量	15	17	− 2	中势
人均治理工业污染投资额	20	18	2	中势
一般工业固体废物综合利用率	18	19	− 1	中势
生活垃圾无害化处理率	28	31	− 3	劣势
自然灾害直接经济损失	15	30	− 15	劣势
3.3　人力资源竞争力	26	26	0	劣势
常住人口增长率	31	31	0	劣势
15 ~ 64 岁人口比例	6	9	− 3	优势
文盲率	4	13	− 9	中势
大专以上教育程度人口比例	9	12	− 3	中势
平均受教育程度	8	7	1	优势
人口健康素质	22	14	8	中势
职业学校毕业生数	24	24	0	劣势

4. 吉林省财政金融竞争力指标排名变化情况

表 7 – 8　2016 ~ 2017 年吉林省财政金融竞争力指标组排位及变化趋势

指　标	2016	2017	排位升降	优劣势
4　财政金融竞争力	21	31	− 10	劣势
4.1　财政竞争力	22	31	− 9	劣势
地方财政收入	25	26	− 1	劣势
地方财政支出	25	25	0	劣势
地方财政收入占 GDP 比重	27	29	− 2	劣势
地方财政支出占 GDP 比重	16	13	3	中势
税收收入占 GDP 比重	27	27	0	劣势
税收收入占财政总收入比重	15	16	− 1	中势
人均地方财政收入	19	16	3	中势
人均地方财政支出	11	17	− 6	中势
人均税收收入	17	22	− 5	劣势
地方财政收入增长率	18	29	− 11	劣势
地方财政支出增长率	5	28	− 23	劣势
税收收入增长率	16	30	− 14	劣势

指　　　标	2016	2017	排位升降	优劣势
4.2　金融竞争力	20	27	-7	劣势
存款余额	25	25	0	劣势
人均存款余额	21	21	0	劣势
贷款余额	24	25	-1	劣势
人均贷款余额	14	20	-6	中势
中长期贷款占贷款余额比重	21	26	-5	劣势
保险费净收入	19	20	-1	中势
保险密度	8	13	-5	中势
保险深度	11	13	-2	中势
国内上市公司数	19	18	1	中势
国内上市公司市值	22	23	-1	劣势

5. 吉林省知识经济竞争力指标排名变化情况

表 7-9　2016～2017 年吉林省知识经济竞争力指标组排位及变化趋势

指　　　标	2016	2017	排位升降	优劣势
5　知识经济竞争力	21	22	-1	劣势
5.1　科技竞争力	22	22	0	劣势
R&D 人员	22	23	-1	劣势
R&D 经费	21	24	-3	劣势
R&D 经费投入强度	23	26	-3	劣势
发明专利授权量	20	20	0	中势
技术市场成交合同金额	16	13	3	中势
财政科技支出占地方财政支出比重	20	19	1	中势
高技术产业主营业务收入	17	18	-1	中势
高技术产业收入占工业增加值比重	13	13	0	中势
高技术产品出口额占商品出口额比重	26	25	1	劣势
5.2　教育竞争力	24	22	2	劣势
教育经费	26	26	0	劣势
教育经费占 GDP 比重	19	19	0	中势
人均教育经费	19	18	1	中势
公共教育经费占财政支出比重	24	21	3	劣势
人均文化教育支出	11	15	-4	中势
万人中小学学校数	12	7	5	优势
万人中小学专任教师数	21	22	-1	劣势
高等学校数	10	10	0	优势
高校专任教师数	21	21	0	劣势
万人高等学校在校学生数	6	7	-1	优势

指　标	2016	2017	排位升降	优劣势
5.3　文化竞争力	12	13	−1	中势
文化制造业营业收入	22	22	0	劣势
文化批发零售业营业收入	26	27	−1	劣势
文化服务业企业营业收入	24	24	0	劣势
图书和期刊出版数	10	9	1	优势
报纸出版数	16	15	1	中势
印刷用纸量	16	16	0	中势
城镇居民人均文化娱乐支出	17	19	−2	中势
农村居民人均文化娱乐支出	9	9	0	优势
城镇居民人均文化娱乐支出占消费性支出比重	5	8	−3	优势
农村居民人均文化娱乐支出占消费性支出比重	6	7	−1	优势

6. 吉林省发展环境竞争力指标排名变化情况

表7-10　2016~2017年吉林省发展环境竞争力指标组排位及变化趋势

指　标	2016	2017	排位升降	优劣势
6　发展环境竞争力	27	28	−1	劣势
6.1　基础设施竞争力	26	26	0	劣势
铁路网线密度	12	12	0	中势
公路网线密度	23	23	0	劣势
人均内河航道里程	18	18	0	中势
全社会旅客周转量	22	22	0	劣势
全社会货物周转量	26	26	0	劣势
人均邮电业务总量	18	17	1	中势
电话普及率	11	12	−1	中势
网站数	22	22	0	劣势
人均耗电量	28	28	0	劣势
6.2　软环境竞争力	28	28	0	劣势
外资企业数增长率	25	22	3	劣势
万人外资企业数	13	14	−1	中势
个体私营企业数增长率	27	23	4	劣势
万人个体私营企业数	26	28	−2	劣势
万人商标注册件数	18	21	−3	劣势
查处商标侵权假冒案件	7	7	0	优势
每十万人交通事故发生数	21	23	−2	劣势
罚没收入占财政收入比重	17	21	−4	劣势
社会捐赠款物	22	22	0	劣势

7. 吉林省政府作用竞争力指标排名变化情况

表7-11 2016~2017年吉林省政府作用竞争力指标组排位及变化趋势

指 标	2016	2017	排位升降	优劣势
7 政府作用竞争力	14	16	-2	中势
7.1 政府发展经济竞争力	20	19	1	中势
财政支出用于基本建设投资比重	24	25	-1	劣势
财政支出对GDP增长的拉动	16	19	-3	中势
政府公务员对经济的贡献	13	14	-1	中势
政府消费对民间消费的拉动	26	25	1	劣势
财政投资对社会投资的拉动	6	4	2	优势
7.2 政府规调经济竞争力	5	17	-12	中势
物价调控	14	17	-3	中势
调控城乡消费差距	11	12	-1	中势
统筹经济社会发展	25	23	2	劣势
规范税收	24	25	-1	劣势
固定资产投资价格指数	2	9	-7	优势
7.3 政府保障经济竞争力	18	13	5	中势
城市城镇社区服务设施数	28	28	0	劣势
医疗保险覆盖率	15	14	1	中势
养老保险覆盖率	12	7	5	优势
失业保险覆盖率	19	20	-1	中势
最低工资标准	22	8	14	优势
城镇登记失业率	16	11	5	中势

8. 吉林省发展水平竞争力指标排名变化情况

表7-12 2016~2017年吉林省发展水平竞争力指标组排位及变化趋势

指 标	2016	2017	排位升降	优劣势
8 发展水平竞争力	22	24	-2	劣势
8.1 工业化进程竞争力	19	20	-1	中势
工业增加值占GDP比重	4	2	2	强势
工业增加值增长率	23	27	-4	劣势
高技术产业占工业增加值比重	16	13	3	中势
高技术产品出口额占商品出口额比重	21	25	-4	劣势
信息产业增加值占GDP比重	24	26	-2	劣势
工农业增加值比值	15	10	5	优势
8.2 城市化进程竞争力	27	29	-2	劣势
城镇化率	17	18	-1	中势
城镇居民人均可支配收入	29	29	0	劣势
城市平均建成区面积比重	19	21	-2	劣势

指　　标	2016	2017	排位升降	优劣势
人均拥有道路面积	18	20	−2	中势
人均日生活用水量	26	30	−4	劣势
人均公共绿地面积	13	26	−13	劣势
8.3 市场化进程竞争力	19	22	−3	劣势
非公有制经济产值占全社会总产值比重	18	20	−2	中势
社会投资占投资总额比重	11	9	2	优势
私有和个体企业从业人员比重	8	10	−2	优势
亿元以上商品市场成交额	22	26	−4	劣势
亿元以上商品市场成交额占全社会消费品零售总额比重	26	29	−3	劣势
居民消费支出占总消费支出比重	26	25	1	劣势

9. 吉林省统筹协调竞争力指标排名变化情况

表 7 –13　2016～2017 年吉林省统筹协调竞争力指标组排位及变化趋势

指　　标	2016	2017	排位升降	优劣势
9　统筹协调竞争力	12	9	3	优势
9.1 统筹发展竞争力	13	15	−2	中势
社会劳动生产率	11	13	−2	中势
能源使用下降率	3	4	−1	优势
万元 GDP 综合能耗下降率	4	13	−9	中势
非农用地产出率	16	16	0	中势
生产税净额和营业盈余占 GDP 比重	24	21	3	劣势
最终消费率	31	31	0	劣势
固定资产投资额占 GDP 比重	17	15	2	中势
固定资产交付使用率	30	3	27	强势
9.2 协调发展竞争力	16	4	12	优势
环境竞争力与宏观经济竞争力比差	19	7	12	优势
资源竞争力与宏观经济竞争力比差	8	7	1	优势
人力资源竞争力与宏观经济竞争力比差	7	18	−11	中势
资源竞争力与工业竞争力比差	9	4	5	优势
环境竞争力与工业竞争力比差	20	13	7	中势
城乡居民家庭人均收入比差	4	4	0	优势
城乡居民人均现金消费支出比差	11	12	−1	中势
全社会消费品零售总额与外贸出口总额比差	31	29	2	劣势

B.9

8

黑龙江省经济综合竞争力评价分析报告

黑龙江省简称黑，位于我国最东北部，与俄罗斯为邻，内接内蒙古自治区、吉林省。全省面积为 46 万多平方公里，2017 年总人口为 3789 万人，地区生产总值达 15903 亿元，同比增长 6.4%，人均 GDP 达 41916 元。本部分通过分析 2016～2017 年黑龙江省经济综合竞争力以及各要素竞争力的排名变化，从中找出黑龙江省经济综合竞争力的推动点及影响因素，为进一步提升黑龙江省经济综合竞争力提供决策参考。

8.1 黑龙江省经济综合竞争力总体分析

1. 黑龙江省经济综合竞争力一级指标概要分析

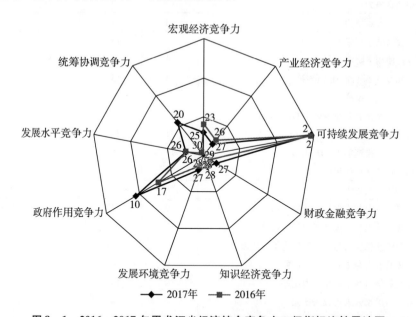

图 8-1 2016～2017 年黑龙江省经济综合竞争力二级指标比较雷达图

（1）从综合排位看，2017 年黑龙江省经济综合竞争力综合排位居全国第 25 位，这表明其在全国处于劣势地位；与 2016 年相比，黑龙江省经济综合竞争力综合排位上升 1 位。

（2）从指标所处区位看，9 个二级指标中，有两个指标处于上游区，其中可持续发展竞争力为强势指标、政府作用竞争力为优势指标；统筹协调竞争力指标处于中游区，为中势指标；有 6 个劣势指标，分别为宏观经济竞争力、产业经济竞争力、财政金融

表 8 - 1 2016~2017 年黑龙江省经济综合竞争力二级指标比较

项目 年份	宏观经济 竞争力	产业经济 竞争力	可持续发展 竞争力	财政金融 竞争力	知识经济 竞争力	发展环境 竞争力	政府作用 竞争力	发展水平 竞争力	统筹协调 竞争力	综合 排位
2016	23	26	2	29	28	28	17	26	30	26
2017	25	27	2	27	28	27	10	26	20	25
升降	-2	-1	0	2	0	1	7	0	10	1
优劣度	劣势	劣势	强势	劣势	劣势	劣势	优势	劣势	中势	劣势

竞争力、知识经济竞争力、发展环境竞争力和发展水平竞争力。

（3）从指标变化趋势看，9 个二级指标中，有 4 个指标处于上升趋势，分别为政府作用竞争力、财政金融竞争力、发展环境竞争力和统筹协调竞争力，成为黑龙江省经济综合竞争力的上升动力；有 3 个指标排位没有发生变化，分别为可持续发展竞争力、知识经济竞争力和发展水平竞争力；有 2 个指标处于下降趋势，分别为宏观经济竞争力和产业经济竞争力，成为黑龙江省经济综合竞争力下降的拉力所在。

2. 黑龙江省经济综合竞争力各级指标动态变化分析

表 8 - 2 2016~2017 年黑龙江经济综合竞争力各级指标排位变化态势比较

单位：个，%

二级指标	三级指标	四级 指标数	上升		保持		下降		变化 趋势
			指标数	比重	指标数	比重	指标数	比重	
宏观经济 竞争力	经济实力竞争力	12	7	58.3	2	16.7	3	25.0	上升
	经济结构竞争力	6	2	33.3	2	33.3	2	33.3	下降
	经济外向度竞争力	9	1	11.1	5	55.6	3	33.3	下降
	小　计	27	10	37.0	9	33.3	8	29.6	下降
产业经济 竞争力	农业竞争力	10	3	30.0	5	50.0	2	20.0	上升
	工业竞争力	10	3	30.0	3	30.0	4	40.0	保持
	服务业竞争力	10	3	30.0	2	20.0	5	50.0	上升
	企业竞争力	10	3	30.0	4	40.0	3	30.0	保持
	小　计	40	12	30.0	14	35.0	14	35.0	下降
可持续发展 竞争力	资源竞争力	9	2	22.2	7	77.8	0	0.0	保持
	环境竞争力	8	4	50.0	3	37.5	1	12.5	下降
	人力资源竞争力	7	3	42.9	2	28.6	2	28.6	上升
	小　计	24	9	37.5	12	50.0	3	12.5	保持
财政金融 竞争力	财政竞争力	12	7	58.3	3	25.0	2	16.7	上升
	金融竞争力	10	3	30.0	2	20.0	5	50.0	下降
	小　计	22	10	45.5	5	22.7	7	31.8	上升
知识经济 竞争力	科技竞争力	9	2	22.2	3	33.3	4	44.4	下降
	教育竞争力	10	2	20.0	6	60.0	2	20.0	保持
	文化竞争力	10	6	60.0	1	10.0	3	30.0	保持
	小　计	29	10	34.5	10	34.5	9	31.0	保持

续表

二级指标	三级指标	四级指标数	上升		保持		下降		变化趋势
			指标数	比重	指标数	比重	指标数	比重	
发展环境竞争力	基础设施竞争力	9	1	11.1	5	55.6	3	33.3	保持
	软环境竞争力	9	4	44.4	3	33.3	2	22.2	上升
	小　计	18	5	27.8	8	44.4	5	27.8	上升
政府作用竞争力	政府发展经济竞争力	5	2	40.0	3	60.0	0	0.0	保持
	政府规调经济竞争力	5	5	100.0	0	0.0	0	0.0	上升
	政府保障经济竞争力	6	2	33.3	3	50.0	1	16.7	上升
	小　计	16	9	56.3	6	37.5	1	6.3	上升
发展水平竞争力	工业化进程竞争力	6	1	16.7	2	33.3	3	50.0	下降
	城市化进程竞争力	6	1	16.7	1	16.7	4	66.7	保持
	市场化进程竞争力	6	2	33.3	2	33.3	2	33.3	保持
	小　计	18	4	22.2	5	27.8	9	50.0	保持
统筹协调竞争力	统筹发展竞争力	8	2	25	2	25.0	4	50.0	上升
	协调发展竞争力	8	4	50	3	37.5	1	12.5	上升
	小　计	16	6	37.5	5	31.3	5	31.3	上升
合　计		210	75	35.7	74	35.2	61	29.0	上升

从表8-2可以看出，210个四级指标中，排位上升的指标有75个，占指标总数的35.7%；排位下降的指标有61个，占指标总数的29%；排位保持不变的指标有74个，占指标总数的35.2%。从指标数量可以看出，排位上升的指标数量略大于排位下降的指标数量，即黑龙江省经济综合竞争力排位上升的动力大于下降的拉力，同时，综合其他外部因素的影响，2016～2017年黑龙江省经济综合竞争力排位呈现上升趋势。

3. 黑龙江省经济综合竞争力各级指标优劣势结构分析

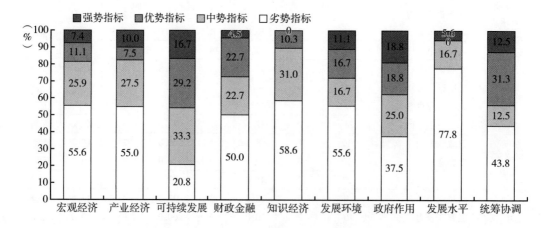

图8-2　2017年黑龙江省经济综合竞争力各级指标优劣势比较

表8－3 2017年黑龙江省经济综合竞争力各级指标优劣势比较

单位：个，%

二级指标	三级指标	四级指标数	强势指标		优势指标		中势指标		劣势指标		优劣势
			个数	比重	个数	比重	个数	比重	个数	比重	
宏观经济竞争力	经济实力竞争力	12	1	8.3	0	0.0	3	25.0	8	66.7	中势
	经济结构竞争力	6	1	16.7	2	33.3	0	0.0	3	50.0	劣势
	经济外向度竞争力	9	0	0.0	1	11.1	4	44.4	4	44.4	劣势
	小　计	27	2	7.4	3	11.1	7	25.9	15	55.6	劣势
产业经济竞争力	农业竞争力	10	3	30.0	3	30.0	2	20.0	2	20.0	强势
	工业竞争力	10	0	0.0	0	0.0	1	10.0	9	90.0	劣势
	服务业竞争力	10	0	0.0	0	0.0	5	50.0	5	50.0	劣势
	企业竞争力	10	1	10.0	0	0.0	3	30.0	6	60.0	劣势
	小　计	40	4	10.0	3	7.5	11	27.5	22	55.0	劣势
可持续发展竞争力	资源竞争力	9	3	33.3	3	33.3	3	33.3	0	0.0	强势
	环境竞争力	8	0	0.0	2	25.0	2	25.0	4	50.0	劣势
	人力资源竞争力	7	1	14.3	2	28.6	3	42.9	1	14.3	中势
	小　计	24	4	16.7	7	29.2	8	33.3	5	20.8	强势
财政金融竞争力	财政竞争力	12	0	0.0	4	33.3	4	33.3	4	33.3	劣势
	金融竞争力	10	1	10.0	1	10.0	1	10.0	7	70.0	劣势
	小　计	22	1	4.5	5	22.7	5	22.7	11	50.0	劣势
知识经济竞争力	科技竞争力	9	0	0.0	0	0.0	3	33.3	6	66.7	劣势
	教育竞争力	10	0	0.0	1	10.0	4	40.0	5	50.0	劣势
	文化竞争力	10	0	0.0	2	20.0	2	20.0	6	60.0	劣势
	小　计	29	0	0.0	3	10.3	9	31.0	17	58.6	劣势
发展环境竞争力	基础设施竞争力	9	0	0.0	1	11.1	1	11.1	7	77.8	劣势
	软环境竞争力	9	2	22.2	2	22.2	2	22.2	3	33.3	中势
	小　计	18	2	11.1	3	16.7	3	16.7	10	55.6	劣势
政府作用竞争力	政府发展经济竞争力	5	0	0.0	1	20.0	1	20.0	3	60.0	劣势
	政府规调经济竞争力	5	1	20.0	2	40.0	1	20.0	1	20.0	强势
	政府保障经济竞争力	6	2	33.3	0	0.0	2	33.3	2	33.3	中势
	小　计	16	3	18.8	3	18.8	4	25.0	6	37.5	优势
发展水平竞争力	工业化进程竞争力	6	0	0.0	0	0.0	0	0.0	6	100.0	劣势
	城市化进程竞争力	6	1	16.7	0	0.0	1	16.7	4	66.7	中势
	市场化进程竞争力	6	0	0.0	0	0.0	2	33.3	4	66.7	劣势
	小　计	18	1	5.6	0	0.0	3	16.7	14	77.8	劣势
统筹协调竞争力	统筹发展竞争力	8	1	12.5	3	37.5	2	25.0	2	25.0	优势
	协调发展竞争力	8	1	12.5	2	25.0	0	0.0	5	62.5	劣势
	小　计	16	2	12.5	5	31.3	2	12.5	7	43.8	中势
合　计		210	19	9.0	32	15.2	52	24.8	107	51.0	劣势

基于图8－2和表8－3，从四级指标来看，强势指标有19个，占指标总数的9%；优势指标有32个，占指标总数的15.2%；中势指标有52个，占指标总数的24.8%；

劣势指标有 107 个，占指标总数的 51%。从三级指标来看，强势指标有 3 个，占三级指标总数的 12%；优势指标有 1 个，占三级指标总数的 4%；中势指标有 5 个，占三级指标总数的 20%；劣势指标有 16 个，占三级指标总数的 64%。反映到二级指标上来，有 1 个强势指标，占二级指标总数的 11.1%；有 1 个优势指标，占二级指标总数的 11.1%；中势指标有 1 个，占二级指标总数的 11.1%；劣势指标有 6 个，占二级指标总数的 66.7%。因此，不论从四级、三级还是二级指标来看，劣势指标的数量均为最多，2017 年黑龙江省经济综合竞争力处于劣势地位。

4. 黑龙江省经济综合竞争力四级指标优劣势对比分析

表 8-4　2017 年黑龙江省经济综合竞争力各级指标优劣势比较

二级指标	优劣势	四级指标
宏观经济竞争力（27 个）	强势指标	财政总收入增长率、城乡经济结构优化度（2 个）
	优势指标	产业结构优化度、资本形成结构优化度、进出口增长率（3 个）
	劣势指标	地区生产总值、地区生产总值增长率、人均地区生产总值、财政总收入、人均财政收入、固定资产投资额、人均固定资产投资额、全社会消费品零售总额增长率、所有制经济结构优化度、就业结构优化度、贸易结构优化度、进出口总额、出口总额、实际 FDI、外贸依存度（15 个）
产业经济竞争力（40 个）	强势指标	人均农业增加值、人均主要农产品产量、财政支农资金比重、产品质量抽查合格率（4 个）
	优势指标	农业增加值、农业增加值增长率、农业机械化水平（3 个）
	劣势指标	农民人均纯收入增长率、农产品出口占农林牧渔总产值比重、工业增加值、工业增加值增长率、人均工业增加值、工业资产总额、工业资产总额增长率、规模以上工业主营业务收入、规模以上工业利润总额、工业全员劳动生产率、工业收入利润率、服务业从业人员数、限额以上批发零售企业主营业务收入、旅游外汇收入、商品房销售收入、电子商务销售额、规模以上工业企业数、规模以上企业平均收入、规模以上企业平均利润、规模以上企业劳动效率、城镇就业人员平均工资、新产品销售收入占主营业务收入比重（22 个）
可持续发展竞争力（24 个）	强势指标	耕地面积、人均耕地面积、人均森林储量量、15~64 岁人口比例（4 个）
	优势指标	人均国土面积、人均牧草地面积、人均主要能源矿产基础储量、森林覆盖率、人均废水排放量、文盲率、平均受教育程度（7 个）
	劣势指标	人均工业废气排放量、人均治理工业污染投资额、一般工业固体废物综合利用率、生活垃圾无害化处理率、常住人口增长率（5 个）
财政金融竞争力（22 个）	强势指标	保险深度（1 个）
	优势指标	地方财政支出占 GDP 比重、地方财政收入增长率、地方财政支出增长率、税收收入增长率、保险密度（5 个）
	劣势指标	地方财政收入、地方财政收入占 GDP 比重、税收收入占 GDP 比重、人均税收收入、存款余额、人均存款余额、贷款余额、人均贷款余额、中长期贷款占贷款余额比重、国内上市公司数、国内上市公司市值（11 个）
知识经济竞争力（29 个）	强势指标	（0 个）
	优势指标	高等学校数、农村居民人均文化娱乐支出、农村居民人均文化娱乐支出占消费性支出比重（3 个）
	劣势指标	R&D 经费、R&D 经费投入强度、财政科技支出占地方财政支出比重、高技术产业主营业务收入、高技术产业收入占工业增加值比重、高技术产品出口额占商品出口额比重、教育经费、人均教育经费、公共教育经费占财政支出比重、万人中小学学校数、万人中小学专任教师数、文化制造业营业收入、文化批发零售业营业收入、文化服务业企业营业收入、图书和期刊出版数、印刷用纸量、城镇居民人均文化娱乐支出（17 个）

续表

二级指标	优劣势	四级指标
发展环境 竞争力 (18个)	强势指标	个体私营企业数增长率、查处商标侵权假冒案件(2个)
	优势指标	人均内河航道里程、外资企业数增长率、每十万人交通事故发生数(3个)
	劣势指标	铁路网线密度、公路网线密度、全社会货物周转量、人均邮电业务总量、电话普及率、网站数、人均耗电量、万人个体私营企业数、万人商标注册件数、罚没收入占财政收入比重(10个)
政府作用 竞争力 (16个)	强势指标	固定资产投资价格指数、养老保险覆盖率、城镇登记失业率(3个)
	优势指标	财政投资对社会投资的拉动、物价调控、调控城乡消费差距(3个)
	劣势指标	财政支出用于基本建设投资比重、财政支出对GDP增长的拉动、政府消费对民间消费的拉动、统筹经济社会发展、城市城镇社区服务设施数、失业保险覆盖率(6个)
发展水平 竞争力 (18个)	强势指标	城市平均建成区面积比重(1个)
	优势指标	(0个)
	劣势指标	工业增加值占GDP比重、工业增加值增长率、高技术产业占工业增加值比重、高技术产品出口额占商品出口额比重、信息产业增加值占GDP比重、工农业增加值比值、城镇居民人均可支配收入、人均拥有道路面积、人均日生活用水量、人均公共绿地面积、非公有制经济产值占全社会总产值比重、私有和个体企业从业人员比重、亿元以上商品市场成交额占全社会消费品零售总额比重、居民消费支出占总消费支出比重(14个)
统筹协调 竞争力 (16个)	强势指标	固定资产交付使用率、城乡居民家庭人均收入比差(2个)
	优势指标	能源使用下降率、最终消费率、固定资产投资额占GDP比重、资源竞争力与宏观经济竞争力比差、城乡居民人均现金消费支出比差(5个)
	劣势指标	社会劳动生产率、非农用地产出率、环境竞争力与宏观经济竞争力比差、人力资源竞争力与宏观经济竞争力比差、资源竞争力与工业竞争力比差、环境竞争力与工业竞争力比差、全社会消费品零售总额与外贸出口总额比差(7个)

8.2 黑龙江省经济综合竞争力各级指标具体分析

1.黑龙江省宏观经济竞争力指标排名变化情况

表8-5 2016~2017年黑龙江省宏观经济竞争力指标组排位及变化趋势

指标	2016年	2017年	排位升降	优劣势
1 宏观经济竞争力	23	25	-2	劣势
1.1 经济实力竞争力	25	19	6	中势
地区生产总值	21	22	-1	劣势
地区生产总值增长率	29	26	3	劣势
人均地区生产总值	22	26	-4	劣势
财政总收入	30	23	7	劣势
财政总收入增长率	2	1	1	强势
人均财政收入	31	23	8	劣势
固定资产投资额	22	21	1	劣势
固定资产投资额增长率	28	20	8	中势
人均固定资产投资额	29	28	1	劣势

指 标	2016 年	2017 年	排位升降	优劣势
全社会消费品零售总额	15	15	0	中势
全社会消费品零售总额增长率	20	22	−2	劣势
人均全社会消费品零售总额	14	14	0	中势
1.2 经济结构竞争力	24	26	−2	劣势
产业结构优化度	6	5	1	优势
所有制经济结构优化度	22	25	−3	劣势
城乡经济结构优化度	3	3	0	强势
就业结构优化度	31	31	0	劣势
资本形成结构优化度	14	8	6	优势
贸易结构优化度	26	28	−2	劣势
1.3 经济外向度竞争力	16	26	−10	劣势
进出口总额	24	24	0	劣势
进出口增长率	28	10	18	优势
出口总额	24	26	−2	劣势
出口增长率	3	20	−17	中势
实际 FDI	25	25	0	劣势
实际 FDI 增长率	3	15	−12	中势
外贸依存度	25	25	0	劣势
外资企业数	20	20	0	中势
对外直接投资额	17	17	0	中势

2. 黑龙江省产业经济竞争力指标排名变化情况

表 8 - 6   2016～2017 年黑龙江省产业经济竞争力指标组排位及变化趋势

指 标	2016 年	2017 年	排位升降	优劣势
2 产业经济竞争力	26	27	−1	劣势
2.1 农业竞争力	2	1	1	强势
农业增加值	10	9	1	优势
农业增加值增长率	6	4	2	优势
人均农业增加值	2	2	0	强势
农民人均纯收入	16	18	−2	中势
农民人均纯收入增长率	31	28	3	劣势
农产品出口占农林牧渔总产值比重	28	28	0	劣势
人均主要农产品产量	1	1	0	强势
农业机械化水平	6	6	0	优势
农村人均用电量	19	19	0	中势
财政支农资金比重	1	2	−1	强势

续表

指 标	2016 年	2017 年	排位升降	优劣势
2.2 工业竞争力	30	30	0	劣势
工业增加值	25	25	0	劣势
工业增加值增长率	30	27	3	劣势
人均工业增加值	27	27	0	劣势
工业资产总额	25	26	−1	劣势
工业资产总额增长率	30	30	0	劣势
规模以上工业主营业务收入	23	26	−3	劣势
工业成本费用率	26	11	15	中势
规模以上工业利润总额	25	26	−1	劣势
工业全员劳动生产率	20	21	−1	劣势
工业收入利润率	29	28	1	劣势
2.3 服务业竞争力	27	26	1	劣势
服务业增加值	17	18	−1	中势
服务业增加值增长率	26	20	6	中势
人均服务业增加值	15	18	−3	中势
服务业从业人员数	24	26	−2	劣势
限额以上批发零售企业主营业务收入	23	25	−2	劣势
限额以上批零企业利税率	16	16	0	中势
限额以上餐饮企业利税率	18	18	0	中势
旅游外汇收入	24	25	−1	劣势
商品房销售收入	24	23	1	劣势
电子商务销售额	29	24	5	劣势
2.4 企业竞争力	27	27	0	劣势
规模以上工业企业数	23	23	0	劣势
规模以上企业平均资产	15	15	0	中势
规模以上企业平均收入	21	27	−6	劣势
规模以上企业平均利润	29	31	−2	劣势
规模以上企业劳动效率	26	31	−5	劣势
城镇就业人员平均工资	30	30	0	劣势
新产品销售收入占主营业务收入比重	28	23	5	劣势
产品质量抽查合格率	3	2	1	强势
工业企业 R&D 经费投入强度	15	14	1	中势
中国驰名商标持有量	20	20	0	中势

3. 黑龙江省可持续发展竞争力指标排名变化情况

表 8-7　2016～2017 年黑龙江省可持续发展竞争力指标组排位及变化趋势

指　　标	2016 年	2017 年	排位升降	优劣势
3　可持续发展竞争力	2	2	0	强势
3.1　资源竞争力	3	3	0	强势
人均国土面积	6	6	0	优势
人均可使用海域和滩涂面积	13	13	0	中势
人均年水资源量	15	14	1	中势
耕地面积	1	1	0	强势
人均耕地面积	1	1	0	强势
人均牧草地面积	9	9	0	优势
主要能源矿产基础储量	13	12	1	中势
人均主要能源矿产基础储量	9	9	0	优势
人均森林储积量	3	3	0	强势
3.2　环境竞争力	20	21	-1	劣势
森林覆盖率	9	9	0	优势
人均废水排放量	5	5	0	优势
人均工业废气排放量	24	23	1	劣势
人均工业固体废物排放量	17	16	1	中势
人均治理工业污染投资额	16	23	-7	劣势
一般工业固体废物综合利用率	22	21	1	劣势
生活垃圾无害化处理率	30	30	0	劣势
自然灾害直接经济损失	23	14	9	中势
3.3　人力资源竞争力	14	11	3	中势
常住人口增长率	30	29	1	劣势
15～64 岁人口比例	1	1	0	强势
文盲率	9	7	2	优势
大专以上教育程度人口比例	14	15	-1	中势
平均受教育程度	10	6	4	优势
人口健康素质	10	11	-1	中势
职业学校毕业生数	20	20	0	中势

4. 黑龙江省财政金融竞争力指标排名变化情况

表 8-8　2016～2017 年黑龙江省财政金融竞争力指标组排位及变化趋势

指　　标	2016 年	2017 年	排位升降	优劣势
4　财政金融竞争力	29	27	2	劣势
4.1　财政竞争力	28	22	6	劣势
地方财政收入	26	25	1	劣势
地方财政支出	21	19	2	中势
地方财政收入占 GDP 比重	31	30	1	劣势

续表

指　标	2016 年	2017 年	排位升降	优劣势
地方财政支出占 GDP 比重	9	9	0	优势
税收收入占 GDP 比重	29	29	0	劣势
税收收入占财政总收入比重	10	14	-4	中势
人均地方财政收入	30	17	13	中势
人均地方财政支出	18	20	-2	中势
人均税收收入	29	29	0	劣势
地方财政收入增长率	27	9	18	优势
地方财政支出增长率	22	9	13	优势
税收收入增长率	29	8	21	优势
4.2　金融竞争力	21	28	-7	劣势
存款余额	23	23	0	劣势
人均存款余额	29	29	0	劣势
贷款余额	23	24	-1	劣势
人均贷款余额	27	28	-1	劣势
中长期贷款占贷款余额比重	28	31	-3	劣势
保险费净收入	17	15	2	中势
保险密度	19	10	9	优势
保险深度	7	2	5	强势
国内上市公司数	22	23	-1	劣势
国内上市公司市值	21	28	-7	劣势

5. 黑龙江省知识经济竞争力指标排名变化情况

表8-9　2016~2017 年黑龙江省知识经济竞争力指标组排位及变化趋势

指　标	2016 年	2017 年	排位升降	优劣势
5　知识经济竞争力	28	28	0	劣势
5.1　科技竞争力	24	26	-2	劣势
R&D 人员	19	20	-1	中势
R&D 经费	22	23	-1	劣势
R&D 经费投入强度	24	24	0	劣势
发明专利授权量	18	17	1	中势
技术市场成交合同金额	15	16	-1	中势
财政科技支出占地方财政支出比重	24	24	0	劣势
高技术产业主营业务收入	23	23	0	劣势
高技术产业收入占工业增加值比重	23	25	-2	劣势
高技术产品出口额占商品出口额比重	29	27	2	劣势
5.2　教育竞争力	30	30	0	劣势
教育经费	24	24	0	劣势

指标	2016 年	2017 年	排位升降	优劣势
教育经费占 GDP 比重	15	13	2	中势
人均教育经费	27	27	0	劣势
公共教育经费占财政支出比重	20	26	−6	劣势
人均文化教育支出	18	16	2	中势
万人中小学学校数	26	27	−1	劣势
万人中小学专任教师数	28	28	0	劣势
高等学校数	8	8	0	优势
高校专任教师数	15	15	0	中势
万人高等学校在校学生数	15	15	0	中势
5.3 文化竞争力	24	24	0	劣势
文化制造业营业收入	23	25	−2	劣势
文化批发零售业营业收入	28	26	2	劣势
文化服务业企业营业收入	27	25	2	劣势
图书和期刊出版数	24	23	1	劣势
报纸出版数	19	19	0	中势
印刷用纸量	20	22	−2	劣势
城镇居民人均文化娱乐支出	25	24	1	劣势
农村居民人均文化娱乐支出	8	5	3	优势
城镇居民人均文化娱乐支出占消费性支出比重	22	11	11	中势
农村居民人均文化娱乐支出占消费性支出比重	5	6	−1	优势

6. 黑龙江省发展环境竞争力指标排名变化情况

表 8 – 10　2016 ~ 2017 年黑龙江省发展环境竞争力指标组排位及变化趋势

指标	2016 年	2017 年	排位升降	优劣势
6　发展环境竞争力	28	27	1	劣势
6.1　基础设施竞争力	28	28	0	劣势
铁路网线密度	24	24	0	劣势
公路网线密度	26	26	0	劣势
人均内河航道里程	6	6	0	优势
全社会旅客周转量	19	20	−1	中势
全社会货物周转量	24	24	0	劣势
人均邮电业务总量	29	24	5	劣势
电话普及率	20	21	−1	劣势
网站数	20	21	−1	劣势
人均耗电量	29	29	0	劣势

指　标	2016 年	2017 年	排位升降	优劣势
6.2　软环境竞争力	27	16	11	中势
外资企业数增长率	1	6	−5	优势
万人外资企业数	20	19	1	中势
个体私营企业数增长率	14	2	12	强势
万人个体私营企业数	30	26	4	劣势
万人商标注册件数	24	25	−1	劣势
查处商标侵权假冒案件	6	3	3	强势
每十万人交通事故发生数	7	7	0	优势
罚没收入占财政收入比重	28	28	0	劣势
社会捐赠款物	20	20	0	中势

7. 黑龙江省政府作用竞争力指标排名变化情况

表 8 - 11　2016 ~ 2017 年黑龙江省政府作用竞争力指标组排位及变化趋势

指　标	2016 年	2017 年	排位升降	优劣势
7　政府作用竞争力	17	10	7	优势
7.1　政府发展经济竞争力	25	25	0	劣势
财政支出用于基本建设投资比重	27	26	1	劣势
财政支出对 GDP 增长的拉动	23	23	0	劣势
政府公务员对经济的贡献	21	20	1	中势
政府消费对民间消费的拉动	24	24	0	劣势
财政投资对社会投资的拉动	8	8	0	优势
7.2　政府规调经济竞争力	12	2	10	强势
物价调控	9	7	2	优势
调控城乡消费差距	6	4	2	优势
统筹经济社会发展	27	22	5	劣势
规范税收	17	13	4	中势
固定资产投资价格指数	10	1	9	强势
7.3　政府保障经济竞争力	13	11	2	中势
城市城镇社区服务设施数	23	23	0	劣势
医疗保险覆盖率	8	15	−7	中势
养老保险覆盖率	4	3	1	强势
失业保险覆盖率	22	22	0	劣势
最低工资标准	22	14	8	中势
城镇登记失业率	1	1	0	强势

8. 黑龙江省发展水平竞争力指标排名变化情况

表 8 – 12　2016 ~ 2017 年黑龙江省发展水平竞争力指标组排位及变化趋势

指　标	2016 年	2017 年	排位升降	优劣势
8　发展水平竞争力	26	26	0	劣势
8.1　工业化进程竞争力	28	30	– 2	劣势
工业增加值占 GDP 比重	28	28	0	劣势
工业增加值增长率	30	28	2	劣势
高技术产业占工业增加值比重	23	26	– 3	劣势
高技术产品出口额占商品出口额比重	26	29	– 3	劣势
信息产业增加值占 GDP 比重	26	30	– 4	劣势
工农业增加值比值	29	29	0	劣势
8.2　城市化进程竞争力	11	11	0	中势
城镇化率	11	12	– 1	中势
城镇居民人均可支配收入	30	31	– 1	劣势
城市平均建成区面积比重	1	1	0	强势
人均拥有道路面积	23	22	1	劣势
人均日生活用水量	27	29	– 2	劣势
人均公共绿地面积	20	24	– 4	劣势
8.3　市场化进程竞争力	25	25	0	劣势
非公有制经济产值占全社会总产值比重	22	25	– 3	劣势
社会投资占投资总额比重	21	16	5	中势
私有和个体企业从业人员比重	31	31	0	劣势
亿元以上商品市场成交额	19	20	– 1	中势
亿元以上商品市场成交额占全社会消费品零售总额比重	22	21	1	劣势
居民消费支出占总消费支出比重	24	24	0	劣势

9. 黑龙江省统筹协调竞争力指标排名变化情况

表 8 – 13　2016 ~ 2017 年黑龙江省统筹协调竞争力指标组排位及变化趋势

指　标	2016	2017	排位升降	优劣势
9　统筹协调竞争力	30	20	10	中势
9.1　统筹发展竞争力	20	8	12	优势
社会劳动生产率	20	21	– 1	劣势
能源使用下降率	9	10	– 1	优势
万元 GDP 综合能耗下降率	19	18	1	中势
非农用地产出率	26	26	0	劣势
生产税净额和营业盈余占 GDP 比重	14	15	– 1	中势
最终消费率	6	6	0	优势
固定资产投资额占 GDP 比重	4	7	– 3	优势
固定资产交付使用率	31	1	30	强势

指　标	2016	2017	排位升降	优劣势
9.2　协调发展竞争力	31	29	2	劣势
环境竞争力与宏观经济竞争力比差	22	25	-3	劣势
资源竞争力与宏观经济竞争力比差	4	4	0	优势
人力资源竞争力与宏观经济竞争力比差	28	26	2	劣势
资源竞争力与工业竞争力比差	31	31	0	劣势
环境竞争力与工业竞争力比差	31	29	2	劣势
城乡居民家庭人均收入比差	3	3	0	强势
城乡居民人均现金消费支出比差	7	4	3	优势
全社会消费品零售总额与外贸出口总额比差	30	28	2	劣势

B.10
9
上海市经济综合竞争力评价分析报告

上海市简称沪,地处长江三角洲前缘,东濒东海,南临杭州湾,西接江苏、浙江两省,北接长江入海口,处于我国南北海岸线的中部,交通便利,腹地广阔,地理位置优越,是一个良好的江海港口城市。全市面积为6340.5平方公里,2017年总人口为2418万人,地区生产总值达30633亿元,同比增长6.9%,人均GDP达126634元。本部分通过分析2016~2017年上海市经济综合竞争力以及各要素竞争力的排名变化分析,从中找出上海市经济综合竞争力的推动点及影响因素,为进一步提升上海市经济综合竞争力提供决策参考。

9.1 上海市经济综合竞争力总体分析

1.上海市经济综合竞争力一级指标概要分析

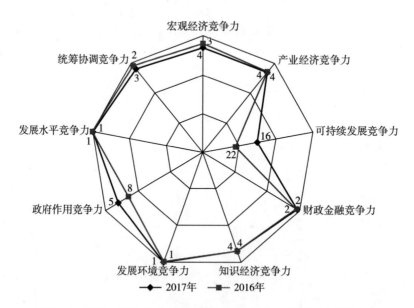

图9-1 2016~2017年上海市经济综合竞争力二级指标比较雷达图

(1) 从综合排位看,2017年上海市经济综合竞争力综合排位在全国居第3位,这表明其在全国处于强势地位;与2016年相比,上海市经济综合竞争力综合排位没有发生变化。

表 9－1 2016～2017 年上海市经济综合竞争力二级指标比较

项目 年份	宏观经济 竞争力	产业经济 竞争力	可持续发展 竞争力	财政金融 竞争力	知识经济 竞争力	发展环境 竞争力	政府作用 竞争力	发展水平 竞争力	统筹协调 竞争力	综合 排位
2016	3	4	22	2	4	1	8	1	2	3
2017	4	4	16	2	4	1	5	1	3	3
升降	－1	0	6	0	0	0	3	0	－1	0
优劣度	优势	优势	中势	强势	优势	强势	优势	强势	强势	强势

（2）从指标所处区位看，9个指标中，有8个指标处于上游区，其中，财政金融竞争力、发展环境竞争力、发展水平竞争力和统筹协调竞争力这4个指标为强势指标，宏观经济竞争力、产业经济竞争力、知识经济竞争力与政府作用竞争力均为优势指标，仅有可持续发展竞争力处于中游区，为中势指标；没有指标处于下游区。

（3）从指标变化趋势看，9个二级指标中，有2个指标处于上升趋势，分别为可持续发展竞争力和政府作用竞争力，成为上海市经济综合竞争力上升的动力所在；产业经济竞争力、财政金融竞争力、知识经济竞争力、发展环境竞争力和发展水平竞争力这5个指标排位没有发生变化；有2个指标处于下降趋势，分别为宏观经济竞争力和统筹协调竞争力，这些是上海市经济综合竞争力下降的拉力所在。

2. 上海市经济综合竞争力各级指标动态变化分析

表 9－2 2016～2017 年上海市经济综合竞争力各级指标排位变化态势比较

单位：个，%

二级指标	三级指标	四级 指标数	上升		保持		下降		变化 趋势
			指标数	比重	指标数	比重	指标数	比重	
宏观经济 竞争力	经济实力竞争力	12	6	50.0	4	33.3	2	16.7	下降
	经济结构竞争力	6	1	16.7	5	83.3	0	0.0	保持
	经济外向度竞争力	9	0	0.0	6	66.7	3	33.3	保持
	小 计	27	7	25.9	15	55.6	5	18.5	下降
产业经济 竞争力	农业竞争力	10	1	10.0	8	80.0	1	10.0	上升
	工业竞争力	10	4	40.0	3	30.0	3	30.0	保持
	服务业竞争力	10	2	20.0	4	40.0	4	40.0	保持
	企业竞争力	10	4	40.0	4	40.0	2	20.0	上升
	小 计	40	11	27.5	19	47.5	10	25.0	保持
可持续发展 竞争力	资源竞争力	9	0	0.0	8	88.9	1	11.1	保持
	环境竞争力	8	1	12.5	6	75.0	1	12.5	上升
	人力资源竞争力	7	4	57.1	3	42.9	0	0.0	保持
	小 计	24	5	20.8	17	70.8	2	8.3	上升
财政金融 竞争力	财政竞争力	12	1	8.3	6	50.0	5	41.7	保持
	金融竞争力	10	0	0.0	4	40.0	6	60.0	下降
	小 计	22	1	4.5	10	45.5	11	50.0	保持

续表

二级指标	三级指标	四级指标数	上升		保持		下降		变化趋势
			指标数	比重	指标数	比重	指标数	比重	
知识经济竞争力	科技竞争力	9	2	22.2	2	22.2	5	55.6	保持
	教育竞争力	10	2	20.0	8	80.0	0	0.0	上升
	文化竞争力	10	2	20.0	7	70.0	1	10.0	保持
	小 计	29	6	20.7	17	58.6	6	20.7	保持
发展环境竞争力	基础设施竞争力	9	1	11.1	7	77.8	1	11.1	保持
	软环境竞争力	9	0	0.0	5	55.6	4	44.4	保持
	小 计	18	1	5.6	12	66.7	5	27.8	保持
政府作用竞争力	政府发展经济竞争力	5	1	20.0	2	40.0	2	40.0	下降
	政府规调经济竞争力	5	1	20.0	2	40.0	2	40.0	上升
	政府保障经济竞争力	6	0	0.0	4	66.7	2	33.3	保持
	小 计	16	2	12.5	8	50.0	6	37.5	上升
发展水平竞争力	工业化进程竞争力	6	2	33.3	3	50.0	1	16.7	保持
	城市化进程竞争力	6	2	33.3	3	50.0	1	16.7	保持
	市场化进程竞争力	6	2	33.3	2	33.3	2	33.3	保持
	小 计	18	6	33.3	8	44.4	4	22.2	保持
统筹协调竞争力	统筹发展竞争力	8	2	25.0	4	50.0	2	25.0	上升
	协调发展竞争力	8	3	37.5	4	50.0	1	12.5	下降
	小 计	16	5	31.3	8	50.0	3	18.8	下降
合 计		210	44	21.0	114	54.3	52	24.8	保持

从表9-2可以看出，210个四级指标中，排位上升的指标有44个，占指标总数的21%；排位下降的指标有52个，占指标总数的24.8%；排位保持不变的指标数量最多，达114个，占指标总数的54.3%。由此可见，虽然上海市经济综合竞争力上升的动力小于下降的拉力，但由于排位不变的指标数量较多，加之其他外部因素的综合影响，2016~2017年上海市经济综合竞争力排位保持不变。

3. 上海市经济综合竞争力各级指标优劣势结构分析

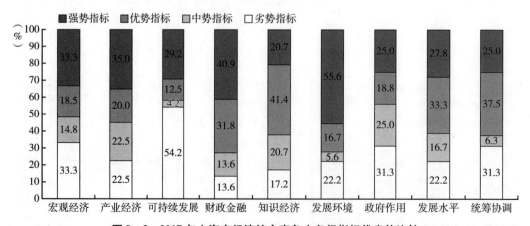

图9-2 2017年上海市经济综合竞争力各级指标优劣势比较

表 9 – 3 2017 年上海市经济综合竞争力各级指标优劣势比较

单位：个，%

二级指标	三级指标	四级指标数	强势指标		优势指标		中势指标		劣势指标		优劣势
			个数	比重	个数	比重	个数	比重	个数	比重	
宏观经济竞争力	经济实力竞争力	12	3	25.0	1	8.3	3	25.0	5	41.7	优势
	经济结构竞争力	6	1	16.7	3	50.0	1	16.7	1	16.7	优势
	经济外向度竞争力	9	5	55.6	1	11.1	0	0.0	3	33.3	强势
	小　计	27	9	33.3	5	18.5	4	14.8	9	33.3	优势
产业经济竞争力	农业竞争力	10	3	30.0	0	0.0	1	10.0	6	60.0	优势
	工业竞争力	10	1	10.0	5	50.0	3	30.0	1	10.0	优势
	服务业竞争力	10	5	50.0	2	20.0	2	20.0	1	10.0	强势
	企业竞争力	10	5	50.0	1	10.0	3	30.0	1	10.0	强势
	小　计	40	14	35.0	8	20.0	9	22.5	9	22.5	优势
可持续发展竞争力	资源竞争力	9	0	0.0	0	0.0	1	11.1	8	88.9	劣势
	环境竞争力	8	5	62.5	1	12.5	0	0.0	2	25.0	优势
	人力资源竞争力	7	2	28.6	2	28.6	0	0.0	3	42.9	优势
	小　计	24	7	29.2	3	12.5	1	4.2	13	54.2	中势
财政金融竞争力	财政竞争力	12	5	41.7	3	25.0	2	16.7	2	16.7	强势
	金融竞争力	10	4	40.0	4	40.0	1	10.0	1	10.0	强势
	小　计	22	9	40.9	7	31.8	3	13.6	3	13.6	强势
知识经济竞争力	科技竞争力	9	1	11.1	8	88.9	0	0.0	0	0.0	优势
	教育竞争力	10	3	30.0	1	10.0	2	20.0	4	40.0	强势
	文化竞争力	10	2	20.0	3	30.0	4	40.0	1	10.0	优势
	小　计	29	6	20.7	12	41.4	6	20.7	5	17.2	优势
发展环境竞争力	基础设施竞争力	9	6	66.7	1	11.1	1	11.1	1	11.1	强势
	软环境竞争力	9	4	44.4	2	22.2	0	0.0	3	33.3	强势
	小　计	18	10	55.6	3	16.7	1	5.6	4	22.2	强势
政府作用竞争力	政府发展经济竞争力	5	1	20.0	0	0.0	2	40.0	2	40.0	优势
	政府规调经济竞争力	5	1	20.0	0	0.0	1	20.0	3	60.0	中势
	政府保障经济竞争力	6	2	33.3	3	50.0	1	16.7	0	0.0	强势
	小　计	16	4	25.0	3	18.8	4	25.0	5	31.3	优势
发展水平竞争力	工业化进程竞争力	6	1	16.7	4	66.7	0	0.0	1	16.7	强势
	城市化进程竞争力	6	2	33.3	1	16.7	0	0.0	3	50.0	强势
	市场化进程竞争力	6	2	33.3	1	16.7	3	50.0	0	0.0	强势
	小　计	18	5	27.8	6	33.3	3	16.7	4	22.2	强势
统筹协调竞争力	统筹发展竞争力	8	2	25.0	3	37.5	1	12.5	2	25.0	强势
	协调发展竞争力	8	2	25.0	3	37.5	0	0.0	3	37.5	中势
	小　计	16	4	25.0	6	37.5	1	6.3	5	31.3	强势
合　计		210	68	32.4	53	25.2	32	15.2	57	27.1	强势

基于图 9 - 2 和表 9 - 3，从四级指标来看，强势指标有 68 个，占指标总数的 32.4%；优势指标有 53 个，占指标总数的 25.2%；中势指标有 32 个，占指标总数的 15.2%；劣势指标有 57 个，占指标总数的 27.1%。从三级指标来看，强势指标的数量占到了一半以上，共 13 个，占三级指标总数的 52%；优势指标有 9 个，占三级指标总数的 36%；中势指标有 2 个，占三级指标总数的 8%；劣势指标有 1 个，占三级指标总数的 4%。反映到二级指标上来，强势指标有 4 个，占二级指标总数的 44.4%；优势指标有 4 个，占二级指标总数的 44.4%；中势指标有 1 个，占二级指标总数的 11.1%。综合来看，由于强势指标和优势指标在指标体系中居于主导地位，2017 年上海市经济综合竞争力处于强势地位。

4. 上海市经济综合竞争力四级指标优劣势对比分析

表 9 - 4　2017 年上海市经济综合竞争力各级指标优劣势比较

二级指标	优劣势	四级指标
宏观经济竞争力（27 个）	强势指标	人均地区生产总值、人均财政收入、人均全社会消费品零售总额、产业结构优化度、进出口总额、实际 FDI、外贸依存度、外资企业数、对外直接投资额（9 个）
	优势指标	财政总收入、城乡经济结构优化度、就业结构优化度、贸易结构优化度、出口总额（5 个）
	劣势指标	地区生产总值增长率、财政总收入增长率、固定资产投资额、人均固定资产投资额、全社会消费品零售总额增长率、资本形成结构优化度、进出口增长率、出口增长率、实际 FDI 增长率（9 个）
产业经济竞争力（40 个）	强势指标	农民人均纯收入、农产品出口占农林牧渔总产值比重、农村人均用电量、人均工业增加值、人均服务业增加值、限额以上批发零售企业主营业务收入、限额以上餐饮企业利税率、旅游外汇收入、电子商务销售额、规模以上企业平均利润、规模以上企业劳动效率、城镇就业人员平均工资、新产品销售收入占主营业务收入比重、工业企业 R&D 经费投入强度（14 个）
	优势指标	工业资产总额、工业资产总额增长率、工业成本费用率、规模以上工业利润总额、工业收入利润率、服务业增加值、服务业从业人员数、规模以上企业平均收入（8 个）
	劣势指标	农业增加值、农业增加值增长率、人均农业增加值、人均主要农产品产量、农业机械化水平、财政支农资金比重、工业增加值增长率、服务业增加值增长率、产品质量抽查合格率（9 个）
可持续发展竞争力（24 个）	强势指标	人均工业废气排放量、人均治理工业污染投资额、一般工业固体废物综合利用率、生活垃圾无害化处理率、自然灾害直接经济损失、大专以上教育程度人口比例、平均受教育程度（7 个）
	优势指标	人均工业固体废物排放量、15～64 岁人口比例、文盲率（3 个）
	劣势指标	人均国土面积、人均年水资源量、耕地面积、人均耕地面积、人均牧草地面积、主要能源矿产基础储量、人均主要能源矿产基础储量、人均森林储积量、森林覆盖率、人均废水排放量、常住人口增长率、人口健康素质、职业学校毕业生数（13 个）
财政金融竞争力（22 个）	强势指标	地方财政收入、地方财政收入占 GDP 比重、税收收入占 GDP 比重、税收收入占财政总收入比重、人均税收收入、人均存款余额、人均贷款余额、保险密度、国内上市公司市值（9 个）
	优势指标	地方财政支出、人均地方财政收入、人均地方财政支出、存款余额、贷款余额、保险费净收入、保险深度（7 个）
	劣势指标	地方财政收入增长率、税收收入增长率、中长期贷款占贷款余额比重（3 个）

二级指标	优劣势	四级指标
知识经济 竞争力 (29个)	强势指标	财政科技支出占地方财政支出比重、人均教育经费、人均文化教育支出、高等学校数、文化批发零售业营业收入、城镇居民人均文化娱乐支出(6个)
	优势指标	R&D人员、R&D经费、R&D经费投入强度、发明专利授权量、技术市场成交合同金额、高技术产业主营业务收入、高技术产业收入占工业增加值比重、高技术产品出口额占商品出口额比重、万人高等学校在校学生数、文化服务业企业营业收入、图书和期刊出版数、城镇居民人均文化娱乐支出占消费性支出比重(12个)
	劣势指标	教育经费占GDP比重、公共教育经费占财政支出比重、万人中小学学校数、万人中小学专任教师数、农村居民人均文化娱乐支出占消费性支出比重(5个)
发展环境 竞争力 (18个)	强势指标	铁路网线密度、公路网线密度、全社会货物周转量、人均邮电业务总量、电话普及率、网站数、万人外资企业数、万人商标注册件数、每十万人交通事故发生数、罚没收入占财政收入比重(10个)
	优势指标	人均耗电量、万人个体私营企业数、社会捐赠款物(3个)
	劣势指标	全社会旅客周转量、外资企业数增长率、个体私营企业数增长率、查处商标侵权假冒案件(4个)
政府作用 竞争力 (16个)	强势指标	政府公务员对经济的贡献、规范税收、失业保险覆盖率、最低工资标准(4个)
	优势指标	医疗保险覆盖率、养老保险覆盖率、城镇登记失业率(3个)
	劣势指标	财政支出用于基本建设投资比重、财政投资对社会投资的拉动、物价调控、调控城乡消费差距、固定资产投资价格指数(5个)
发展水平 竞争力 (18个)	强势指标	工农业增加值比值、城镇化率、城镇居民人均可支配收入、私有和个体企业从业人员比重、亿元以上商品市场成交额占全社会消费品零售总额比重(5个)
	优势指标	工业增加值增长率、高技术产业占工业增加值比重、高技术产品出口额占商品出口额比重、信息产业增加值占GDP比重、人均日生活用水量、亿元以上商品市场成交额(6个)
	劣势指标	工业增加值占GDP比重、城市平均建成区面积比重、人均拥有道路面积、人均公共绿地面积(4个)
统筹协调 竞争力 (16个)	强势指标	社会劳动生产率、非农用地产出率、人力资源竞争力与宏观经济竞争力比差、全社会消费品零售总额与外贸出口总额比差(4个)
	优势指标	能源使用下降率、万元GDP综合能耗下降率、固定资产投资额占GDP比重、环境竞争力与宏观经济竞争力比差、环境竞争力与工业竞争力比差、城乡居民家庭人均收入比差(6个)
	劣势指标	生产税净额和营业盈余占GDP比重、固定资产交付使用率、资源竞争力与宏观经济竞争力比差、资源竞争力与工业竞争力比差、城乡居民人均现金消费支出比差(5个)

9.2　上海市经济综合竞争力各级指标具体分析

1. 上海市宏观经济竞争力指标排名变化情况

表9-5　2016~2017年上海市宏观经济竞争力指标组排位及变化趋势

指标	2016年	2017年	排位升降	优劣势
1　宏观经济竞争力	3	4	-1	优势
1.1　经济实力竞争力	5	6	-1	优势
地区生产总值	11	11	0	中势

指　　标	2016 年	2017 年	排位升降	优劣势
地区生产总值增长率	25	23	2	劣势
人均地区生产总值	2	2	0	强势
财政总收入	5	5	0	优势
财政总收入增长率	26	27	− 1	劣势
人均财政收入	1	3	− 2	强势
固定资产投资额	26	24	2	劣势
固定资产投资额增长率	26	19	7	中势
人均固定资产投资额	30	27	3	劣势
全社会消费品零售总额	13	12	1	中势
全社会消费品零售总额增长率	26	23	3	劣势
人均全社会消费品零售总额	2	2	0	强势
1.2　经济结构竞争力	5	5	0	优势
产业结构优化度	2	2	0	强势
所有制经济结构优化度	21	19	2	中势
城乡经济结构优化度	5	5	0	优势
就业结构优化度	9	9	0	优势
资本形成结构优化度	29	29	0	劣势
贸易结构优化度	5	5	0	优势
1.3　经济外向度竞争力	2	2	0	强势
进出口总额	3	3	0	强势
进出口增长率	10	21	− 11	劣势
出口总额	4	4	0	优势
出口增长率	22	23	− 1	劣势
实际 FDI	3	3	0	强势
实际 FDI 增长率	18	27	− 9	劣势
外贸依存度	1	1	0	强势
外资企业数	2	2	0	强势
对外直接投资额	2	2	0	强势

2. 上海市产业经济竞争力指标排名变化情况

表 9 - 6　2016 ~ 2017 年上海市产业经济竞争力指标组排位及变化趋势

指　　标	2016 年	2017 年	排位升降	优劣势
2　产业经济竞争力	4	4	0	优势
2.1　农业竞争力	9	6	3	优势
农业增加值	31	31	0	劣势
农业增加值增长率	30	30	0	劣势
人均农业增加值	31	31	0	劣势
农民人均纯收入	1	1	0	强势
农民人均纯收入增长率	2	11	− 9	中势

续表

指　标	2016 年	2017 年	排位升降	优劣势
农产品出口占农林牧渔总产值比重	1	1	0	强势
人均主要农产品产量	30	30	0	劣势
农业机械化水平	31	31	0	劣势
农村人均用电量	1	1	0	强势
财政支农资金比重	30	29	1	劣势
2.2　工业竞争力	6	6	0	优势
工业增加值	13	13	0	中势
工业增加值增长率	16	21	− 5	劣势
人均工业增加值	4	3	1	强势
工业资产总额	9	9	0	优势
工业资产总额增长率	16	9	7	优势
规模以上工业主营业务收入	13	12	1	中势
工业成本费用率	7	8	− 1	优势
规模以上工业利润总额	6	6	0	优势
工业全员劳动生产率	15	14	1	中势
工业收入利润率	2	5	− 3	优势
2.3　服务业竞争力	2	2	0	强势
服务业增加值	6	6	0	优势
服务业增加值增长率	13	26	− 13	劣势
人均服务业增加值	2	2	0	强势
服务业从业人员数	9	8	1	优势
限额以上批发零售企业主营业务收入	1	1	0	强势
限额以上批零企业利税率	19	15	4	中势
限额以上餐饮企业利税率	2	3	− 1	强势
旅游外汇收入	3	3	0	强势
商品房销售收入	5	13	− 8	中势
电子商务销售额	2	3	− 1	强势
2.4　企业竞争力	3	2	1	强势
规模以上工业企业数	13	13	0	中势
规模以上企业平均资产	12	11	1	中势
规模以上企业平均收入	5	4	1	优势
规模以上企业平均利润	3	3	0	强势
规模以上企业劳动效率	6	2	4	强势
城镇就业人员平均工资	1	2	− 1	强势
新产品销售收入占主营业务收入比重	2	2	0	强势
产品质量抽查合格率	27	26	1	劣势
工业企业 R&D 经费投入强度	2	3	− 1	强势
中国驰名商标持有量	12	12	0	中势

3. 上海市可持续发展竞争力指标排名变化情况

表 9 - 7 2016 ~ 2017 年上海市可持续发展竞争力指标组排位及变化趋势

指　标	2016 年	2017 年	排位升降	优劣势
3　可持续发展竞争力	22	16	6	中势
3.1　资源竞争力	30	30	0	劣势
人均国土面积	31	31	0	劣势
人均可使用海域和滩涂面积	11	11	0	中势
人均年水资源量	27	29	-2	劣势
耕地面积	31	31	0	劣势
人均耕地面积	31	31	0	劣势
人均牧草地面积	30	30	0	劣势
主要能源矿产基础储量	31	31	0	劣势
人均主要能源矿产基础储量	31	31	0	劣势
人均森林储积量	31	31	0	劣势
3.2　环境竞争力	14	7	7	优势
森林覆盖率	28	28	0	劣势
人均废水排放量	31	31	0	劣势
人均工业废气排放量	3	3	0	强势
人均工业固体废物排放量	4	6	-2	优势
人均治理工业污染投资额	2	1	1	强势
一般工业固体废物综合利用率	2	2	0	强势
生活垃圾无害化处理率	1	1	0	强势
自然灾害直接经济损失	1	1	0	强势
3.3　人力资源竞争力	4	4	0	优势
常住人口增长率	27	26	1	劣势
15 ~ 64 岁人口比例	5	4	1	优势
文盲率	7	5	2	优势
大专以上教育程度人口比例	2	2	0	强势
平均受教育程度	2	2	0	强势
人口健康素质	28	25	3	劣势
职业学校毕业生数	25	25	0	劣势

4. 上海市财政金融竞争力指标排名变化情况

表 9 - 8 2016 ~ 2017 年上海市财政金融竞争力指标组排位及变化趋势

指　标	2016 年	2017 年	排位升降	优劣势
4　财政金融竞争力	2	2	0	强势
4.1　财政竞争力	1	1	0	强势
地方财政收入	3	3	0	强势
地方财政支出	7	6	1	优势
地方财政收入占 GDP 比重	1	1	0	强势

指　标	2016 年	2017 年	排位升降	优劣势
地方财政支出占 GDP 比重	14	14	0	中势
税收收入占 GDP 比重	1	1	0	强势
税收收入占财政总收入比重	1	1	0	强势
人均地方财政收入	1	6	−5	优势
人均地方财政支出	3	6	−3	优势
人均税收收入	1	1	0	强势
地方财政收入增长率	1	22	−21	劣势
地方财政支出增长率	3	14	−11	中势
税收收入增长率	1	22	−21	劣势
4.2　金融竞争力	2	3	−1	强势
存款余额	4	4	0	优势
人均存款余额	2	2	0	强势
贷款余额	5	6	−1	优势
人均贷款余额	2	2	0	强势
中长期贷款占贷款余额比重	16	24	−8	劣势
保险费净收入	8	9	−1	优势
保险密度	2	2	0	强势
保险深度	2	6	−4	优势
国内上市公司数	5	20	−15	中势
国内上市公司市值	2	3	−1	强势

5. 上海市知识经济竞争力指标排名变化情况

表 9 – 9　2016 ~ 2017 年上海市知识经济竞争力指标组排位及变化趋势

指　标	2016 年	2017 年	排位升降	优劣势
5　知识经济竞争力	4	4	0	优势
5.1　科技竞争力	4	4	0	优势
R&D 人员	8	10	−2	优势
R&D 经费	5	5	0	优势
R&D 经费投入强度	6	5	1	优势
发明专利授权量	5	5	0	优势
技术市场成交合同金额	4	5	−1	优势
财政科技支出占地方财政支出比重	2	3	−1	强势
高技术产业主营业务收入	4	5	−1	优势
高技术产业收入占工业增加值比重	3	4	−1	优势
高技术产品出口额占商品出口额比重	6	5	1	优势
5.2　教育竞争力	4	3	1	强势
教育经费	13	13	0	中势
教育经费占 GDP 比重	26	24	2	劣势
人均教育经费	2	2	0	强势

指　　　标	2016 年	2017 年	排位升降	优劣势
公共教育经费占财政支出比重	31	30	1	劣势
人均文化教育支出	1	1	0	强势
万人中小学学校数	31	31	0	劣势
万人中小学专任教师数	31	31	0	劣势
高等学校数	3	3	0	强势
高校专任教师数	17	17	0	中势
万人高等学校在校学生数	4	4	0	优势
5.3　文化竞争力	5	5	0	优势
文化制造业营业收入	11	11	0	中势
文化批发零售业营业收入	1	1	0	强势
文化服务业企业营业收入	2	4	-2	优势
图书和期刊出版数	4	4	0	优势
报纸出版数	12	11	1	中势
印刷用纸量	15	15	0	中势
城镇居民人均文化娱乐支出	1	1	0	强势
农村居民人均文化娱乐支出	12	12	0	中势
城镇居民人均文化娱乐支出占消费性支出比重	16	10	6	优势
农村居民人均文化娱乐支出占消费性支出比重	30	30	0	劣势

6. 上海市发展环境竞争力指标排名变化情况

表 9 - 10　2016 ~ 2017 年上海市发展环境竞争力指标组排位及变化趋势

指　　　标	2016 年	2017 年	排位升降	优劣势
6　发展环境竞争力	1	1	0	强势
6.1　基础设施竞争力	2	2	0	强势
铁路网线密度	3	3	0	强势
公路网线密度	1	1	0	强势
人均内河航道里程	15	15	0	中势
全社会旅客周转量	27	27	0	劣势
全社会货物周转量	2	2	0	强势
人均邮电业务总量	2	3	-1	强势
电话普及率	2	2	0	强势
网站数	12	3	9	强势
人均耗电量	7	7	0	优势
6.2　软环境竞争力	2	2	0	强势
外资企业数增长率	16	24	-8	劣势
万人外资企业数	1	1	0	强势
个体私营企业数增长率	28	29	-1	劣势
万人个体私营企业数	5	6	-1	优势
万人商标注册件数	2	2	0	强势
查处商标侵权假冒案件	24	24	0	劣势
每十万人交通事故发生数	1	1	0	强势
罚没收入占财政收入比重	1	2	-1	强势
社会捐赠款物	10	10	0	优势

7. 上海市政府作用竞争力指标排名变化情况

表 9－11　2016～2017 年上海市政府作用竞争力指标组排位及变化趋势

指　标	2016 年	2017 年	排位升降	优劣势
7　政府作用竞争力	8	5	3	优势
7.1　政府发展经济竞争力	8	9	－1	优势
财政支出用于基本建设投资比重	29	27	2	劣势
财政支出对 GDP 增长的拉动	18	18	0	中势
政府公务员对经济的贡献	1	1	0	强势
政府消费对民间消费的拉动	13	16	－3	中势
财政投资对社会投资的拉动	23	26	－3	劣势
7.2　政府规调经济竞争力	26	18	8	中势
物价调控	31	22	9	劣势
调控城乡消费差距	25	25	0	劣势
统筹经济社会发展	10	15	－5	中势
规范税收	3	3	0	强势
固定资产投资价格指数	18	26	－8	劣势
7.3　政府保障经济竞争力	2	2	0	强势
城市城镇社区服务设施数	17	17	0	中势
医疗保险覆盖率	3	4	－1	优势
养老保险覆盖率	6	10	－4	优势
失业保险覆盖率	3	3	0	强势
最低工资标准	1	1	0	强势
城镇登记失业率	5	5	0	优势

8. 上海市发展水平竞争力指标排名变化情况

表 9－12　2016～2017 年上海市发展水平竞争力指标组排位及变化趋势

指　标	2016 年	2017 年	排位升降	优劣势
8　发展水平竞争力	1	1	0	强势
8.1　工业化进程竞争力	1	1	0	强势
工业增加值占 GDP 比重	25	25	0	劣势
工业增加值增长率	16	7	9	优势
高技术产业占工业增加值比重	4	4	0	优势
高技术产品出口额占商品出口额比重	10	5	5	优势
信息产业增加值占 GDP 比重	3	4	－1	优势
工农业增加值比值	1	1	0	强势
8.2　城市化进程竞争力	2	2	0	强势
城镇化率	1	1	0	强势
城镇居民人均可支配收入	1	1	0	强势
城市平均建成区面积比重	30	31	－1	劣势

指　　标	2016 年	2017 年	排位升降	优劣势
人均拥有道路面积	31	31	0	劣势
人均日生活用水量	9	8	1	优势
人均公共绿地面积	31	30	1	劣势
8.3　市场化进程竞争力	3	3	0	强势
非公有制经济产值占全社会总产值比重	21	19	2	中势
社会投资占投资总额比重	12	14	-2	中势
私有和个体企业从业人员比重	2	1	1	强势
亿元以上商品市场成交额	4	4	0	优势
亿元以上商品市场成交额占全社会消费品零售总额比重	1	1	0	强势
居民消费支出占总消费支出比重	13	16	-3	中势

9. 上海市统筹协调竞争力指标排名变化情况

表 9 - 13　2016 ~ 2017 年上海市统筹协调竞争力指标组排位及变化趋势

指　　标	2016	2017	排位升降	优劣势
9　统筹协调竞争力	2	3	-1	强势
9.1　统筹发展竞争力	3	1	2	强势
社会劳动生产率	2	2	0	强势
能源使用下降率	20	7	13	优势
万元 GDP 综合能耗下降率	26	8	18	优势
非农用地产出率	1	1	0	强势
生产税净额和营业盈余占 GDP 比重	29	29	0	劣势
最终消费率	11	11	0	中势
固定资产投资额占 GDP 比重	8	10	-2	优势
固定资产交付使用率	4	23	-19	劣势
9.2　协调发展竞争力	11	18	-7	中势
环境竞争力与宏观经济竞争力比差	3	4	-1	优势
资源竞争力与宏观经济竞争力比差	30	30	0	劣势
人力资源竞争力与宏观经济竞争力比差	4	2	2	强势
资源竞争力与工业竞争力比差	30	30	0	劣势
环境竞争力与工业竞争力比差	10	9	1	优势
城乡居民家庭人均收入比差	5	5	0	优势
城乡居民人均现金消费支出比差	25	25	0	劣势
全社会消费品零售总额与外贸出口总额比差	2	1	1	强势

B.11
10
江苏省经济综合竞争力评价分析报告

江苏省简称苏，位于我国大陆东部沿海中心，位居长江、淮河下游，东濒黄海，东南与浙江省和上海市毗邻，西连安徽省，北接山东省。全省面积为10.26万平方公里，2017年总人口8029万人，地区生产总值达85870亿元，同比增长7.2%，人均GDP达107150元。本部分通过对江苏省2016~2017年经济综合竞争力以及各要素竞争力的排名变化分析，从中找出江苏省经济综合竞争力的推动点及影响因素，为进一步提升江苏省经济综合竞争力提供决策参考。

10.1 江苏省经济综合竞争力总体分析

1. 江苏省经济综合竞争力一级指标概要分析

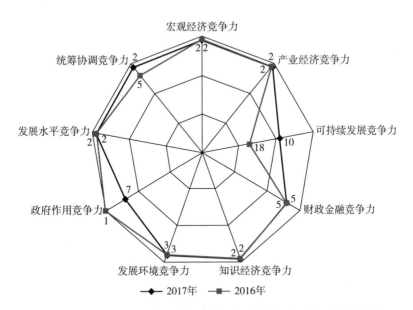

图 10-1 2016~2017 年江苏省经济综合竞争力二级指标比较雷达图

（1）从综合排位看，2017年江苏省经济综合竞争力综合排位在全国居第2位，这表明其在全国处于强势地位；与2016年相比，综合排位没有发生变化。

（2）从指标所处区位看，江苏省所有的指标均处于上游区，其中，宏观经济竞争力、产业经济竞争力、知识经济竞争力、发展环境竞争力、发展水平竞争力和统筹协调

表 10 - 1 2016～2017 年江苏省经济综合竞争力二级指标比较

项目 年份	宏观经济 竞争力	产业经济 竞争力	可持续发展 竞争力	财政金融 竞争力	知识经济 竞争力	发展环境 竞争力	政府作用 竞争力	发展水平 竞争力	统筹协调 竞争力	综合 排位
2016	2	2	18	5	2	3	1	2	5	2
2017	2	2	10	5	2	3	7	2	2	2
升降	0	0	8	0	0	0	-6	0	3	0
优劣度	强势	强势	优势	优势	强势	强势	优势	强势	强势	强势

竞争力这 6 个指标为强势指标，其余指标为优势指标。

（3）从指标变化趋势看，9 个二级指标中，有 2 个指标处于上升趋势，分别为可持续发展竞争力和统筹协调竞争力，是江苏省经济综合竞争力上升的动力所在；有 6 个指标排位没有发生变化，分别为宏观经济竞争力、产业经济竞争力、财政金融竞争力、知识经济竞争力、发展环境竞争力和发展水平竞争力；有 1 个指标处于下降趋势，为政府作用竞争力，是江苏省经济综合竞争力下降的拉力所在。

2. 江苏省经济综合竞争力各级指标动态变化分析

表 10 - 2 2016～2017 年江苏省经济综合竞争力各级指标排位变化态势比较

单位：个，%

二级指标	三级指标	四级 指标数	上升		保持		下降		变化 趋势
			指标数	比重	指标数	比重	指标数	比重	
宏观经济 竞争力	经济实力竞争力	12	4	33.3	5	41.7	3	25.0	保持
	经济结构竞争力	6	4	66.7	2	33.3	0	0.0	保持
	经济外向度竞争力	9	1	11.1	5	55.6	3	33.3	保持
	小　计	27	9	33.3	12	44.4	6	22.2	保持
产业经济 竞争力	农业竞争力	10	3	30.0	4	40.0	3	30.0	下降
	工业竞争力	10	1	10.0	5	50.0	4	40.0	保持
	服务业竞争力	10	0	0.0	6	60.0	4	40.0	保持
	企业竞争力	10	1	10.0	3	30.0	6	60.0	保持
	小　计	40	5	12.5	18	45.0	17	42.5	保持
可持续发展 竞争力	资源竞争力	9	2	22.2	6	66.7	1	11.1	保持
	环境竞争力	8	4	50.0	2	25.0	2	25.0	上升
	人力资源竞争力	7	3	42.9	2	28.6	2	28.6	上升
	小　计	24	9	37.5	10	41.7	5	20.8	上升
财政金融 竞争力	财政竞争力	12	1	8.3	2	16.7	9	75.0	保持
	金融竞争力	10	3	30.0	5	50.0	2	20.0	保持
	小　计	22	4	18.2	7	31.8	11	50.0	保持
知识经济 竞争力	科技竞争力	9	1	11.1	4	44.4	4	44.4	保持
	教育竞争力	10	3	30.0	5	50.0	2	20.0	保持
	文化竞争力	10	1	10.0	8	80.0	1	10.0	保持
	小　计	29	5	17.2	17	58.6	7	24.1	保持

续表

二级指标	三级指标	四级指标数	上升		保持		下降		变化趋势
			指标数	比重	指标数	比重	指标数	比重	
发展环境竞争力	基础设施竞争力	9	1	11.1	7	77.8	1	11.1	上升
	软环境竞争力	9	4	44.4	4	44.4	1	11.1	保持
	小 计	18	5	27.8	11	61.1	2	11.1	保持
政府作用竞争力	政府发展经济竞争力	5	2	40.0	3	60.0	0	0.0	上升
	政府规调经济竞争力	5	3	60.0	0	0.0	2	40.0	下降
	政府保障经济竞争力	6	1	16.7	5	83.3	0	0.0	下降
	小 计	16	6	37.5	8	50.0	2	12.5	下降
发展水平竞争力	工业化进程竞争力	6	1	16.7	3	50.0	2	33.3	保持
	城市化进程竞争力	6	2	33.3	3	50.0	1	16.7	下降
	市场化进程竞争力	6	2	33.3	4	66.7	0	0.0	上升
	小 计	18	5	27.8	10	55.6	3	16.7	保持
统筹协调竞争力	统筹发展竞争力	8	3	37.5	3	37.5	2	25.0	上升
	协调发展竞争力	8	6	75.0	2	25.0	0	0.0	上升
	小 计	16	9	56.3	5	31.3	2	12.5	上升
合 计		210	57	27.1	98	46.7	55	26.2	保持

　　从表10-2可以看出，210个四级指标中，排位上升的指标有57个，占指标总数的27.1%；排位下降的指标有55个，占指标总数的26.2%；排位保持不变的指标数量最多，共98个，占指标总数的46.7%。由于江苏省经济综合竞争力排位上升的动力与下降的拉力相当，并且排位不变的指标占多数，2016～2017年江苏省经济综合竞争力排位保持不变。

　　3.江苏省经济综合竞争力各级指标优劣势结构分析

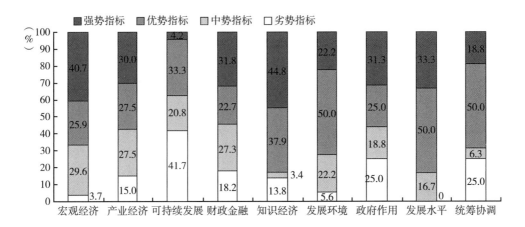

图10-2 2017年江苏省经济综合竞争力各级指标优劣势比较

表 10 - 3　2017 年江苏省经济综合竞争力各级指标优劣势比较

单位：个，%

二级指标	三级指标	四级指标数	强势指标		优势指标		中势指标		劣势指标		优劣势
			个数	比重	个数	比重	个数	比重	个数	比重	
宏观经济竞争力	经济实力竞争力	12	5	41.7	3	25.0	4	33.3	0	0.0	强势
	经济结构竞争力	6	2	33.3	2	33.3	2	33.3	0	0.0	强势
	经济外向度竞争力	9	4	44.4	2	22.2	2	22.2	1	11.1	强势
	小　计	27	11	40.7	7	25.9	8	29.6	1	3.7	强势
产业经济竞争力	农业竞争力	10	2	20.0	3	30.0	3	30.0	2	20.0	优势
	工业竞争力	10	5	50.0	0	0.0	4	40.0	1	10.0	强势
	服务业竞争力	10	3	30.0	4	40.0	2	20.0	1	10.0	优势
	企业竞争力	10	2	20.0	4	40.0	2	20.0	2	20.0	优势
	小　计	40	12	30.0	11	27.5	11	27.5	6	15.0	强势
可持续发展竞争力	资源竞争力	9	0	0.0	1	11.1	2	22.2	6	66.7	中势
	环境竞争力	8	1	12.5	3	37.5	2	25.0	2	25.0	中势
	人力资源竞争力	7	0	0.0	4	57.1	1	14.3	2	28.6	优势
	小　计	24	1	4.2	8	33.3	5	20.8	10	41.7	优势
财政金融竞争力	财政竞争力	12	2	16.7	2	16.7	4	33.3	4	33.3	优势
	金融竞争力	10	5	50.0	3	30.0	2	20.0	0	0.0	优势
	小　计	22	7	31.8	5	22.7	6	27.3	4	18.2	优势
知识经济竞争力	科技竞争力	9	6	66.7	2	22.2	1	11.1	0	0.0	强势
	教育竞争力	10	4	40.0	3	30.0	0	0.0	3	30.0	强势
	文化竞争力	10	3	30.0	6	60.0	0	0.0	1	10.0	强势
	小　计	29	13	44.8	11	37.9	1	3.4	4	13.8	强势
发展环境竞争力	基础设施竞争力	9	2	22.2	6	66.7	1	11.1	0	0.0	优势
	软环境竞争力	9	2	22.2	3	33.3	3	33.3	1	11.1	强势
	小　计	18	4	22.2	9	50.0	4	22.2	1	5.6	强势
政府作用竞争力	政府发展经济竞争力	5	3	60.0	0	0.0	1	20.0	1	20.0	强势
	政府规调经济竞争力	5	1	20.0	1	20.0	1	20.0	2	40.0	中势
	政府保障经济竞争力	6	1	16.7	3	50.0	1	16.7	1	16.7	中势
	小　计	16	5	31.3	4	25.0	3	18.8	4	25.0	优势
发展水平竞争力	工业化进程竞争力	6	2	33.3	3	50.0	1	16.7	0	0.0	强势
	城市化进程竞争力	6	2	33.3	3	50.0	1	16.7	0	0.0	优势
	市场化进程竞争力	6	2	33.3	3	50.0	1	16.7	0	0.0	强势
	小　计	18	6	33.3	9	50.0	3	16.7	0	0.0	强势
统筹协调竞争力	统筹发展竞争力	8	0	0.0	6	75.0	0	0.0	2	25.0	优势
	协调发展竞争力	8	3	37.5	2	25.0	1	12.5	2	25.0	强势
	小　计	16	3	18.8	8	50.0	1	6.3	4	25.0	强势
合　计		210	62	29.5	72	34.3	42	20.0	34	16.2	强势

基于图 10 - 2 和表 10 - 3，从四级指标来看，强势指标有 62 个，占指标总数的 29.5%；优势指标有 72 个，占指标总数的 34.3%；中势指标有 42 个，占指标总数的

20%；劣势指标有 34 个，占指标总数的 16.2%。从三级指标来看，强势指标有 12 个，占三级指标总数的 48%；优势指标有 9 个，占三级指标总数的 36%；中势指标有 4 个，占三级指标总数的 16%；没有劣势指标。反映到二级指标上来，强势指标有 6 个，占二级指标总数的 66.7%；优势指标有 3 个，占二级指标总数的 33.3%；没有中势指标和劣势指标。综合来看，由于强势指标和优势指标在指标体系中居于主导地位，2017 年江苏省经济综合竞争力处于强势地位。

4. 江苏省经济综合竞争力四级指标优劣势对比分析

表 10 - 4　2017 年江苏省经济综合竞争力各级指标优劣势比较

二级指标	优劣势	四级指标
宏观经济竞争力（27 个）	强势指标	地区生产总值、财政总收入、固定资产投资额、人均固定资产投资额、全社会消费品零售总额、所有制经济结构优化度、贸易结构优化度、进出口总额、出口总额、实际 FDI、外资企业数（11 个）
	优势指标	人均地区生产总值、人均财政收入、人均全社会消费品零售总额、城乡经济结构优化度、就业结构优化度、外贸依存度、对外直接投资额（7 个）
	劣势指标	实际 FDI 增长率（1 个）
产业经济竞争力（40 个）	强势指标	农业增加值、农村人均用电量、工业增加值、人均工业增加值、工业资产总额、规模以上工业主营业务收入、规模以上工业利润总额、服务业增加值、服务业从业人员数、商品房销售收入、规模以上工业企业数、中国驰名商标持有量（12 个）
	优势指标	人均农业增加值、农民人均纯收入、农业机械化水平、人均服务业增加值、限额以上批发零售企业主营业务收入、旅游外汇收入、电子商务销售额、规模以上企业劳动效率、城镇就业人员平均工资、新产品销售收入占主营业务收入比重、工业企业 R&D 经费投入强度（11 个）
	劣势指标	农业增加值增长率、财政支农资金比重、工业全员劳动生产率、服务业增加值增长率、规模以上企业平均资产、产品质量抽查合格率（6 个）
可持续发展竞争力（24 个）	强势指标	生活垃圾无害化处理率（1 个）
	优势指标	人均可使用海域和滩涂面积、人均治理工业污染投资额、一般工业固体废物综合利用率、自然灾害直接经济损失、大专以上教育程度人口比例、平均受教育程度、人口健康素质、职业学校毕业生数（8 个）
	劣势指标	人均国土面积、人均年水资源量、人均耕地面积、人均牧草地面积、人均主要能源矿产基础储量、人均森林储积量、森林覆盖率、人均废水排放量、常住人口增长率、文盲率（10 个）
财政金融竞争力（22 个）	强势指标	地方财政收入、地方财政支出、存款余额、贷款余额、保险费净收入、保险密度、国内上市公司数（7 个）
	优势指标	税收收入占财政总收入比重、人均税收收入、人均存款余额、人均贷款余额、国内上市公司市值（5 个）
	劣势指标	地方财政支出占 GDP 比重、地方财政收入增长率、地方财政支出增长率、税收收入增长率（4 个）
知识经济竞争力（29 个）	强势指标	R&D 人员、R&D 经费、R&D 经费投入强度、发明专利授权量、高技术产业主营业务收入、高技术产业收入占工业增加值比重、教育经费、公共教育经费占财政支出比重、高等学校数、高校专任教师数、文化制造业营业收入、文化批发零售业营业收入、图书和期刊出版数（13 个）
	优势指标	技术市场成交合同金额、财政科技支出占地方财政支出比重、人均教育经费、人均文化教育支出、万人高等学校在校学生数、文化服务业企业营业收入、报纸出版数、印刷用纸量、城镇居民人均文化娱乐支出、农村居民人均文化娱乐支出、城镇居民人均文化娱乐支出占消费性支出比重（11 个）
	劣势指标	教育经费占 GDP 比重、万人中小学学校数、万人中小学专任教师数、农村居民人均文化娱乐支出占消费性支出比重（4 个）

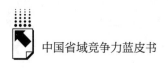

续表

二级指标	优劣势	四级指标
发展环境竞争力（18个）	强势指标	人均内河航道里程、全社会旅客周转量、万人个体私营企业数、社会捐赠款物（4个）
	优势指标	公路网线密度、全社会货物周转量、人均邮电业务总量、电话普及率、网站数、人均耗电量、万人外资企业数、万人商标注册件数、罚没收入占财政收入比重（9个）
	劣势指标	查处商标侵权假冒案件（1个）
政府作用竞争力（16个）	强势指标	财政支出对GDP增长的拉动、政府公务员对经济的贡献、财政投资对社会投资的拉动、调控城乡消费差距、城市城镇社区服务设施数（5个）
	优势指标	统筹经济社会发展、医疗保险覆盖率、失业保险覆盖率、最低工资标准（4个）
	劣势指标	财政支出用于基本建设投资比重、物价调控、固定资产投资价格指数、城镇登记失业率（4个）
发展水平竞争力（18个）	强势指标	高技术产业占工业增加值比重、信息产业增加值占GDP比重、人均拥有道路面积、人均公共绿地面积、私有和个体企业从业人员比重、居民消费支出占总消费支出比重（6个）
	优势指标	工业增加值占GDP比重、工业增加值增长率、工农业增加值比值、城镇化率、城镇居民人均可支配收入、人均日生活用水量、非公有制经济产值占全社会总产值比重、社会投资占投资总额比重、亿元以上商品市场成交额（9个）
	劣势指标	（0个）
统筹协调竞争力（16个）	强势指标	环境竞争力与宏观经济竞争力比差、环境竞争力与工业竞争力比差、城乡居民人均现金消费支出比差（3个）
	优势指标	社会劳动生产率、能源使用下降率、万元GDP综合能耗下降率、非农用地产出率、固定资产投资额占GDP比重、固定资产交付使用率、城乡居民家庭人均收入比差、全社会消费品零售总额与外贸出口总额比差（8个）
	劣势指标	生产税净额和营业盈余占GDP比重、最终消费率、资源竞争力与宏观经济竞争力比差、资源竞争力与工业竞争力比差（4个）

10.2　江苏省经济综合竞争力各级指标具体分析

1. 江苏省宏观经济竞争力指标排名变化情况

表10-5　2016~2017年江苏省宏观经济竞争力指标组排位及变化趋势

指　标	2016年	2017年	排位升降	优劣势
1　宏观经济竞争力	2	2	0	强势
1.1　经济实力竞争力	1	1	0	强势
地区生产总值	2	2	0	强势
地区生产总值增长率	14	19	-5	中势
人均地区生产总值	4	4	0	优势
财政总收入	1	1	0	强势
财政总收入增长率	27	20	7	中势
人均财政收入	8	7	1	优势
固定资产投资额	2	2	0	强势
固定资产投资额增长率	25	18	7	中势

指　标	2016 年	2017 年	排位升降	优劣势
人均固定资产投资额	2	3	-1	强势
全社会消费品零售总额	3	3	0	强势
全社会消费品零售总额增长率	15	17	-2	中势
人均全社会消费品零售总额	5	4	1	优势
1.2　经济结构竞争力	1	1	0	强势
产业结构优化度	12	12	0	中势
所有制经济结构优化度	2	1	1	强势
城乡经济结构优化度	6	6	0	优势
就业结构优化度	7	6	1	优势
资本形成结构优化度	18	16	2	中势
贸易结构优化度	2	1	1	强势
1.3　经济外向度竞争力	3	3	0	强势
进出口总额	2	2	0	强势
进出口增长率	13	15	-2	中势
出口总额	2	2	0	强势
出口增长率	24	11	13	中势
实际 FDI	1	2	-1	强势
实际 FDI 增长率	13	25	-12	劣势
外贸依存度	4	4	0	优势
外资企业数	3	3	0	强势
对外直接投资额	5	5	0	优势

2. 江苏省产业经济竞争力指标排名变化情况

表 10-6　2016~2017 年江苏省产业经济竞争力指标组排位及变化趋势

指　标	2016 年	2017 年	排位升降	优劣势
2　产业经济竞争力	2	2	0	强势
2.1　农业竞争力	3	5	-2	优势
农业增加值	3	3	0	强势
农业增加值增长率	28	29	-1	劣势
人均农业增加值	5	4	1	优势
农民人均纯收入	5	5	0	优势
农民人均纯收入增长率	17	16	1	中势
农产品出口占农林牧渔总产值比重	10	11	-1	中势
人均主要农产品产量	15	14	1	中势
农业机械化水平	7	7	0	优势
农村人均用电量	2	2	0	强势
财政支农资金比重	25	26	-1	劣势

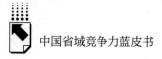

续表

指　　标	2016 年	2017 年	排位升降	优劣势
2.2　工业竞争力	1	1	0	强势
工业增加值	2	2	0	强势
工业增加值增长率	4	18	−14	中势
人均工业增加值	2	2	0	强势
工业资产总额	1	1	0	强势
工业资产总额增长率	15	20	−5	中势
规模以上工业主营业务收入	1	1	0	强势
工业成本费用率	15	18	−3	中势
规模以上工业利润总额	1	1	0	强势
工业全员劳动生产率	26	24	2	劣势
工业收入利润率	11	14	−3	中势
2.3　服务业竞争力	4	4	0	优势
服务业增加值	2	2	0	强势
服务业增加值增长率	11	22	−11	劣势
人均服务业增加值	4	4	0	优势
服务业从业人员数	3	3	0	强势
限额以上批发零售企业主营业务收入	4	5	−1	优势
限额以上批零企业利税率	18	19	−1	中势
限额以上餐饮企业利税率	13	15	−2	中势
旅游外汇收入	5	5	0	优势
商品房销售收入	2	2	0	强势
电子商务销售额	6	6	0	优势
2.4　企业竞争力	4	4	0	优势
规模以上工业企业数	1	2	−1	强势
规模以上企业平均资产	25	24	1	劣势
规模以上企业平均收入	16	17	−1	中势
规模以上企业平均利润	12	13	−1	中势
规模以上企业劳动效率	8	9	−1	优势
城镇就业人员平均工资	7	7	0	优势
新产品销售收入占主营业务收入比重	8	9	−1	优势
产品质量抽查合格率	18	28	−10	劣势
工业企业 R&D 经费投入强度	7	7	0	优势
中国驰名商标持有量	3	3	0	强势

3. 江苏省可持续发展竞争力指标排名变化情况

表 10 - 7 2016 ~ 2017 年江苏省可持续发展竞争力指标组排位及变化趋势

指 标	2016 年	2017 年	排位升降	优劣势
3 可持续发展竞争力	18	10	8	优势
3.1 资源竞争力	19	19	0	中势
人均国土面积	28	28	0	劣势
人均可使用海域和滩涂面积	5	5	0	优势
人均年水资源量	20	22	-2	劣势
耕地面积	14	14	0	中势
人均耕地面积	25	25	0	劣势
人均牧草地面积	29	29	0	劣势
主要能源矿产基础储量	21	19	2	中势
人均主要能源矿产基础储量	25	23	2	劣势
人均森林储积量	28	28	0	劣势
3.2 环境竞争力	19	15	4	中势
森林覆盖率	24	24	0	劣势
人均废水排放量	29	28	1	劣势
人均工业废气排放量	17	18	-1	中势
人均工业固体废物排放量	14	13	1	中势
人均治理工业污染投资额	7	8	-1	优势
一般工业固体废物综合利用率	4	4	0	优势
生活垃圾无害化处理率	7	1	6	强势
自然灾害直接经济损失	18	5	13	优势
3.3 人力资源竞争力	6	5	1	优势
常住人口增长率	26	22	4	劣势
15 ~ 64 岁人口比例	16	14	2	中势
文盲率	20	22	-2	劣势
大专以上教育程度人口比例	6	6	0	优势
平均受教育程度	9	10	-1	优势
人口健康素质	4	4	0	优势
职业学校毕业生数	18	10	8	优势

4. 江苏省财政金融竞争力指标排名变化情况

表 10 - 8 2016 ~ 2017 年江苏省财政金融竞争力指标组排位及变化趋势

指 标	2016 年	2017 年	排位升降	优劣势
4 财政金融竞争力	5	5	0	优势
4.1 财政竞争力	7	7	0	优势
地方财政收入	2	2	0	强势
地方财政支出	2	2	0	强势
地方财政收入占 GDP 比重	18	20	-2	中势

指　　标	2016 年	2017 年	排位升降	优劣势
地方财政支出占 GDP 比重	30	31	−1	劣势
税收收入占 GDP 比重	10	16	−6	中势
税收收入占财政总收入比重	4	5	−1	优势
人均地方财政收入	4	13	−9	中势
人均地方财政支出	12	13	−1	中势
人均税收收入	4	5	−1	优势
地方财政收入增长率	23	28	−5	劣势
地方财政支出增长率	27	22	5	劣势
税收收入增长率	23	28	−5	劣势
4.2　金融竞争力	4	4	0	优势
存款余额	3	3	0	强势
人均存款余额	6	6	0	优势
贷款余额	1	2	−1	强势
人均贷款余额	5	5	0	优势
中长期贷款占贷款余额比重	24	14	10	中势
保险费净收入	2	2	0	强势
保险密度	4	3	1	强势
保险深度	17	16	1	中势
国内上市公司数	3	3	0	强势
国内上市公司市值	4	5	−1	优势

5. 江苏省知识经济竞争力指标排名变化情况

表 10 - 9　2016 ~ 2017 年江苏省知识经济竞争力指标组排位及变化趋势

指　　标	2016 年	2017 年	排位升降	优劣势
5　知识经济竞争力	2	2	0	强势
5.1　科技竞争力	2	2	0	强势
R&D 人员	1	2	−1	强势
R&D 经费	2	2	0	强势
R&D 经费投入强度	1	2	−1	强势
发明专利授权量	1	3	−2	强势
技术市场成交合同金额	6	6	0	优势
财政科技支出占地方财政支出比重	6	6	0	优势
高技术产业主营业务收入	2	2	0	强势
高技术产业收入占工业增加值比重	4	3	1	强势
高技术产品出口额占商品出口额比重	10	11	−1	中势

指　　标	2016 年	2017 年	排位升降	优劣势
5.2　教育竞争力	2	2	0	强势
教育经费	2	2	0	强势
教育经费占 GDP 比重	31	31	0	劣势
人均教育经费	9	10	−1	优势
公共教育经费占财政支出比重	5	3	2	强势
人均文化教育支出	4	5	−1	优势
万人中小学学校数	29	29	0	劣势
万人中小学专任教师数	25	24	1	劣势
高等学校数	2	2	0	强势
高校专任教师数	1	1	0	强势
万人高等学校在校学生数	8	6	2	优势
5.3　文化竞争力	2	2	0	强势
文化制造业营业收入	2	2	0	强势
文化批发零售业营业收入	3	2	1	强势
文化服务业企业营业收入	5	5	0	优势
图书和期刊出版数	1	1	0	强势
报纸出版量	4	4	0	优势
印刷用纸量	6	6	0	优势
城镇居民人均文化娱乐支出	5	5	0	优势
农村居民人均文化娱乐支出	4	4	0	优势
城镇居民人均文化娱乐支出占消费性支出比重	7	7	0	优势
农村居民人均文化娱乐支出占消费性支出比重	20	21	−1	劣势

6. 江苏省发展环境竞争力指标排名变化情况

表 10 – 10　2016～2017 年江苏省发展环境竞争力指标组排位及变化趋势

指　　标	2016 年	2017 年	排位升降	优劣势
6　发展环境竞争力	3	3	0	强势
6.1　基础设施竞争力	5	4	1	优势
铁路网线密度	11	11	0	中势
公路网线密度	5	5	0	优势
人均内河航道里程	1	1	0	强势
全社会旅客周转量	4	3	1	强势
全社会货物周转量	8	8	0	优势
人均邮电业务总量	5	5	0	优势
电话普及率	6	6	0	优势
网站数	6	7	−1	优势
人均耗电量	6	6	0	优势

指　　标	2016 年	2017 年	排位升降	优劣势
6.2　软环境竞争力	3	3	0	强势
外资企业数增长率	20	19	1	中势
万人外资企业数	4	4	0	优势
个体私营企业数增长率	9	19	－ 10	中势
万人个体私营企业数	3	2	1	强势
万人商标注册件数	6	6	0	优势
查处商标侵权假冒案件	28	27	1	劣势
每十万人交通事故发生数	19	19	0	中势
罚没收入占财政收入比重	6	5	1	优势
社会捐赠款物	1	1	0	强势

7. 江苏省政府作用竞争力指标排名变化情况

表 10 - 11　2016 ~ 2017 年江苏省政府作用竞争力指标组排位及变化趋势

指　　标	2016 年	2017 年	排位升降	优劣势
7　政府作用竞争力	1	7	－ 6	优势
7.1　政府发展经济竞争力	2	1	1	强势
财政支出用于基本建设投资比重	28	28	0	劣势
财政支出对 GDP 增长的拉动	2	1	1	强势
政府公务员对经济的贡献	2	2	0	强势
政府消费对民间消费的拉动	18	15	3	中势
财政投资对社会投资的拉动	2	2	0	强势
7.2　政府规调经济竞争力	4	19	－ 15	中势
物价调控	27	25	2	劣势
调控城乡消费差距	3	2	1	强势
统筹经济社会发展	11	9	2	优势
规范税收	11	17	－ 6	中势
固定资产投资价格指数	4	30	－ 26	劣势
7.3　政府保障经济竞争力	9	15	－ 6	中势
城市城镇社区服务设施数	2	2	0	强势
医疗保险覆盖率	9	9	0	优势
养老保险覆盖率	20	20	0	中势
失业保险覆盖率	10	10	0	优势
最低工资标准	6	6	0	优势
城镇登记失业率	22	21	1	劣势

8. 江苏省发展水平竞争力指标排名变化情况

表 10-12　2016~2017 年江苏省发展水平竞争力指标组排位及变化趋势

指　标	2016 年	2017 年	排位升降	优劣势
8　发展水平竞争力	2	2	0	强势
8.1　工业化进程竞争力	3	3	0	强势
工业增加值占 GDP 比重	10	6	4	优势
工业增加值增长率	4	6	-2	优势
高技术产业占工业增加值比重	3	3	0	强势
高技术产品出口额占商品出口额比重	4	11	-7	中势
信息产业增加值占 GDP 比重	2	2	0	强势
工农业增加值比值	6	6	0	优势
8.2　城市化进程竞争力	3	5	-2	优势
城镇化率	5	5	0	优势
城镇居民人均可支配收入	4	4	0	优势
城市平均建成区面积比重	18	20	-2	中势
人均拥有道路面积	1	1	0	强势
人均日生活用水量	6	5	1	优势
人均公共绿地面积	2	1	1	强势
8.3　市场化进程竞争力	2	1	1	强势
非公有制经济产值占全社会总产值比重	5	4	1	优势
社会投资占投资总额比重	4	4	0	优势
私有和个体企业从业人员比重	1	1	0	强势
亿元以上商品市场成交额	4	4	0	优势
亿元以上商品市场成交额占全社会消费品零售总额比重	18	15	3	中势
居民消费支出占总消费支出比重	2	2	0	强势

9. 江苏省统筹协调竞争力指标排名变化情况

表 10-13　2016~2017 年江苏省统筹协调竞争力指标组排位及变化趋势

指　标	2016	2017	排位升降	优劣势
9　统筹协调竞争力	5	2	3	强势
9.1　统筹发展竞争力	7	4	3	优势
社会劳动生产率	4	4	0	优势
能源使用下降率	16	6	10	优势
万元 GDP 综合能耗下降率	18	5	13	优势
非农用地产出率	7	7	0	优势
生产税净额和营业盈余占 GDP 比重	27	27	0	劣势
最终消费率	18	21	-3	劣势
固定资产投资额占 GDP 比重	3	5	-2	优势
固定资产交付使用率	27	4	23	优势

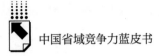

续表

指　标	2016	2017	排位升降	优劣势
9.2　协调发展竞争力	3	1	2	强势
环境竞争力与宏观经济竞争力比差	2	1	1	强势
资源竞争力与宏观经济竞争力比差	25	23	2	劣势
人力资源竞争力与宏观经济竞争力比差	15	11	4	中势
资源竞争力与工业竞争力比差	26	25	1	劣势
环境竞争力与工业竞争力比差	4	3	1	强势
城乡居民家庭人均收入比差	6	6	0	优势
城乡居民人均现金消费支出比差	5	2	3	强势
全社会消费品零售总额与外贸出口总额比差	4	4	0	优势

B.12

11

浙江省经济综合竞争力评价分析报告

　　浙江省简称浙，位于我国东南沿海，地处长江三角洲南翼，东临东海，南邻福建，西接安徽、江西，北连上海、江苏。浙江山清水秀，物产丰饶，人杰地灵，素有"鱼米之乡、丝茶之府、文物之邦、旅游胜地"的美誉。全省面积104300平方公里，2017年总人口为5657万人，全省地区生产总值达51768亿元，同比增长7.8%，人均GDP达92057元。本部分通过分析浙江省2016~2017年经济综合竞争力以及各要素竞争力的排名变化，从中找出浙江省经济综合竞争力的推动点及影响因素，为进一步提升浙江省经济综合竞争力提供决策参考。

11.1　浙江省经济综合竞争力总体分析

　　1. 浙江省经济综合竞争力一级指标概要分析

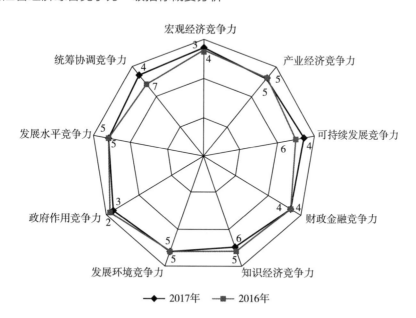

图11-1　2016~2017年浙江省经济综合竞争力二级指标比较雷达图

　　（1）从综合排位看，2017年浙江省经济综合竞争力综合排位在全国居第5位，这表明其在全国处于优势地位；与2016年相比，综合排位保持不变。

表 11 - 1 2016~2017 年浙江省经济综合竞争力二级指标比较

项目 年份	宏观经济 竞争力	产业经济 竞争力	可持续发展 竞争力	财政金融 竞争力	知识经济 竞争力	发展环境 竞争力	政府作用 竞争力	发展水平 竞争力	统筹协调 竞争力	综合 排位
2016	4	5	6	4	5	5	2	5	7	5
2017	3	5	4	4	6	5	3	5	4	5
升降	1	0	2	0	-1	0	-1	0	3	0
优劣度	强势	优势	优势	优势	优势	优势	强势	优势	优势	优势

（2）从指标所处区位看，9 个指标均处于上游区，其中，宏观经济竞争力和政府作用竞争力为浙江省经济综合竞争力的强势指标，其余 7 个指标为优势指标。

（3）从指标变化趋势看，9 个二级指标中，有 3 个指标处于上升趋势，包括宏观经济竞争力、可持续发展竞争力和统筹协调竞争力，这些是浙江省经济综合竞争力上升的动力所在；有 4 个指标排位没有发生变化，包括产业经济竞争力、财政金融竞争力、发展环境竞争力和发展水平竞争力；有 2 个指标处于下降趋势，为知识经济竞争力和政府作用竞争力。

2. 浙江省经济综合竞争力各级指标动态变化分析

表 11 - 2 2016~2017 年浙江省经济综合竞争力各级指标排位变化态势比较

单位：个，%

二级指标	三级指标	四级 指标数	上升 指标数	上升 比重	保持 指标数	保持 比重	下降 指标数	下降 比重	变化 趋势
宏观经济 竞争力	经济实力竞争力	12	3	25.0	6	50.0	3	25.0	保持
	经济结构竞争力	6	2	33.3	4	66.7	0	0.0	保持
	经济外向度竞争力	9	2	22.2	6	66.7	1	11.1	保持
	小　计	27	7	25.9	16	59.3	4	14.8	上升
产业经济 竞争力	农业竞争力	10	1	10.0	5	50.0	4	40.0	上升
	工业竞争力	10	1	10.0	4	40.0	5	50.0	保持
	服务业竞争力	10	2	20.0	6	60.0	2	20.0	保持
	企业竞争力	10	0	0.0	6	60.0	4	40.0	保持
	小　计	40	4	10.0	21	52.5	15	37.5	保持
可持续发展 竞争力	资源竞争力	9	1	11.1	7	77.8	1	11.1	上升
	环境竞争力	8	2	25.0	2	25.0	4	50.0	上升
	人力资源竞争力	7	4	57.1	2	28.6	1	14.3	上升
	小　计	24	7	29.2	11	45.8	6	25.0	上升
财政金融 竞争力	财政竞争力	12	3	25.0	5	41.7	4	33.3	上升
	金融竞争力	10	2	20.0	6	60.0	2	20.0	保持
	小　计	22	5	22.7	11	50.0	6	27.3	保持

续表

二级指标	三级指标	四级指标数	上升		保持		下降		变化趋势
			指标数	比重	指标数	比重	指标数	比重	
知识经济竞争力	科技竞争力	9	2	22.2	5	55.6	2	22.2	保持
	教育竞争力	10	2	20.0	3	30.0	5	50.0	下降
	文化竞争力	10	1	10.0	4	40.0	5	50.0	下降
	小　计	29	5	17.2	12	41.4	12	41.4	下降
发展环境竞争力	基础设施竞争力	9	2	22.2	6	66.7	1	11.1	保持
	软环境竞争力	9	2	22.2	6	66.7	1	11.1	上升
	小　计	18	4	22.2	12	66.7	2	11.1	保持
政府作用竞争力	政府发展经济竞争力	5	1	20.0	2	40.0	2	40.0	保持
	政府规调经济竞争力	5	1	20.0	2	40.0	2	40.0	下降
	政府保障经济竞争力	6	4	66.7	1	16.7	1	16.7	保持
	小　计	16	6	37.5	5	31.3	5	31.3	下降
发展水平竞争力	工业化进程竞争力	6	0	0.0	2	33.3	4	66.7	保持
	城市化进程竞争力	6	2	33.3	1	16.7	3	50.0	下降
	市场化进程竞争力	6	2	33.3	2	33.3	2	33.3	下降
	小　计	18	4	22.2	5	27.8	9	50.0	保持
统筹协调竞争力	统筹发展竞争力	8	3	37.5	2	25.0	3	37.5	上升
	协调发展竞争力	8	4	50.0	3	37.5	1	12.5	下降
	小　计	16	7	43.8	5	31.3	4	25.0	上升
合　计		210	49	23.3	98	46.7	63	30.0	保持

从表 11－2 可以看出，210 个四级指标中，上升指标有 49 个，占指标总数的 23.3%；下降指标有 63 个，占指标总数的 30.0%；保持不变的指标有 98 个，占指标总数的 46.7%。总体而言，虽然从四级指标升降变动数量上看，浙江省经济综合竞争力下降的拉力大于上升的动力，但受升降幅度及其他外部因素的综合影响，2016～2017 年浙江省经济综合竞争力排位保持不变。

3. 浙江省经济综合竞争力各级指标优劣势结构分析

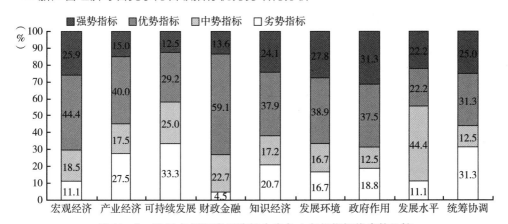

图 11－2　2017 年浙江省经济综合竞争力各级指标优劣势比较

表 11 – 3   2017 年浙江省经济综合竞争力各级指标优劣势比较

单位：个，%

二级指标	三级指标	四级指标数	强势指标		优势指标		中势指标		劣势指标		优劣势
			个数	比重	个数	比重	个数	比重	个数	比重	
宏观经济竞争力	经济实力竞争力	12	2	16.7	6	50.0	3	25.0	1	8.3	优势
	经济结构竞争力	6	3	50.0	2	33.3	0	0.0	1	16.7	强势
	经济外向度竞争力	9	2	22.2	4	44.4	2	22.2	1	11.1	优势
	小　计	27	7	25.9	12	44.4	5	18.5	3	11.1	强势
产业经济竞争力	农业竞争力	10	2	20.0	2	20.0	3	30.0	3	30.0	优势
	工业竞争力	10	0	0.0	6	60.0	2	20.0	2	20.0	优势
	服务业竞争力	10	1	10.0	6	60.0	2	20.0	1	10.0	优势
	企业竞争力	10	3	30.0	2	20.0	0	0.0	5	50.0	优势
	小　计	40	6	15.0	16	40.0	7	17.5	11	27.5	优势
可持续发展竞争力	资源竞争力	9	0	0.0	1	11.1	2	22.2	6	66.7	劣势
	环境竞争力	8	3	37.5	3	37.5	1	12.5	1	12.5	强势
	人力资源竞争力	7	0	0.0	3	42.9	3	42.9	1	14.3	强势
	小　计	24	3	12.5	7	29.2	6	25.0	8	33.3	优势
财政金融竞争力	财政竞争力	12	1	8.3	6	50.0	4	33.3	1	8.3	优势
	金融竞争力	10	2	20.0	7	70.0	1	10.0	0	0.0	优势
	小　计	22	3	13.6	13	59.1	5	22.7	1	4.5	优势
知识经济竞争力	科技竞争力	9	1	11.1	5	55.6	2	22.2	1	11.1	优势
	教育竞争力	10	2	20.0	2	20.0	3	30.0	3	30.0	优势
	文化竞争力	10	4	40.0	4	40.0	0	0.0	2	20.0	优势
	小　计	29	7	24.1	11	37.9	5	17.2	6	20.7	优势
发展环境竞争力	基础设施竞争力	9	3	33.3	4	44.4	2	22.2	0	0.0	强势
	软环境竞争力	9	2	22.2	3	33.3	1	11.1	3	33.3	优势
	小　计	18	5	27.8	7	38.9	3	16.7	3	16.7	优势
政府作用竞争力	政府发展经济竞争力	5	1	20.0	2	40.0	1	20.0	1	20.0	优势
	政府规调经济竞争力	5	2	40.0	1	20.0	1	20.0	1	20.0	优势
	政府保障经济竞争力	6	2	33.3	3	50.0	0	0.0	1	16.7	优势
	小　计	16	5	31.3	6	37.5	2	12.5	3	18.8	强势
发展水平竞争力	工业化进程竞争力	6	0	0.0	1	16.7	4	66.7	1	16.7	中势
	城市化进程竞争力	6	1	16.7	2	33.3	2	33.3	1	16.7	优势
	市场化进程竞争力	6	3	50.0	1	16.7	2	33.3	0	0.0	强势
	小　计	18	4	22.2	4	22.2	8	44.4	2	11.1	优势
统筹协调竞争力	统筹发展竞争力	8	0	0.0	3	37.5	2	25.0	3	37.5	优势
	协调发展竞争力	8	4	50.0	2	25.0	0	0.0	2	25.0	强势
	小　计	16	4	25.0	5	31.3	2	12.5	5	31.3	优势
合　计		210	44	21.0	81	38.6	43	20.5	42	20.0	优势

基于图 11 – 2 和表 11 – 3，从四级指标来看，强势指标 44 个，占指标总数的 21.0%；优势指标 81 个，占指标总数的 38.6%；中势指标 43 个，占指标总数的

20.5%；劣势指标42个，占指标总数的20.0%。从三级指标来看，强势指标6个，占三级指标总数的24%；优势指标17个，占三级指标总数的68%；中势指标1个，占三级指标总数的4%；劣势指标1个，占三级指标总数的4%。反映到二级指标上来，强势指标2个，占二级指标总数的22.2%；优势指标有7个，占二级指标总数的77.8%。综合来看，由于优势指标在指标体系中居于主导地位，2017年浙江省经济综合竞争力处于优势地位。

4. 浙江省经济综合竞争力四级指标优劣势对比分析

表11-4 2017年浙江省经济综合竞争力各级指标优劣势比较

二级指标	优劣势	四级指标
宏观经济竞争力（27个）	强势指标	财政总收入、人均全社会消费品零售总额、城乡经济结构优化度、就业结构优化度、贸易结构优化度、出口总额、外贸依存度（7个）
	优势指标	地区生产总值、人均地区生产总值、人均财政收入、固定资产投资额、人均固定资产投资额、全社会消费品零售总额、产业结构优化度、所有制经济结构优化度、进出口总额、实际FDI、外资企业数、对外直接投资额（12个）
	劣势指标	固定资产投资额增长率、资本形成结构优化度、出口增长率（3个）
产业经济竞争力（40个）	强势指标	农民人均纯收入、农村人均用电量、商品房销售收入、规模以上工业企业数、新产品销售收入占主营业务收入比重、工业企业R&D经费投入强度（6个）
	优势指标	农民人均纯收入增长率、农产品出口占农林牧渔总产值比重、工业增加值、人均工业增加值、工业资产总额、规模以上工业主营业务收入、规模以上工业利润总额、工业收入利润率、服务业增加值、人均服务业增加值、服务业从业人员数、限额以上批发零售企业主营业务收入、旅游外汇收入、电子商务销售额、城镇就业人员平均工资、中国驰名商标持有量（16个）
	劣势指标	农业增加值增长率、人均主要农产品产量、财政支农资金比重、工业成本费用率、工业全员劳动生产率、限额以上批零企业利税率、规模以上企业平均资产、规模以上企业平均收入、规模以上企业平均利润、规模以上企业劳动效率、产品质量抽查合格率（11个）
可持续发展竞争力（24个）	强势指标	森林覆盖率、一般工业固体废物综合利用率、生活垃圾无害化处理率（3个）
	优势指标	人均可使用海域和滩涂面积、人均工业废气排放量、人均工业固体废物排放量、人均治理工业污染投资额、常住人口增长率、15～64岁人口比例、大专以上教育程度人口比例（7个）
	劣势指标	人均国土面积、耕地面积、人均耕地面积、人均牧草地面积、主要能源矿产基础储量、人均主要能源矿产基础储量、人均废水排放量、人口健康素质（8个）
财政金融竞争力（22个）	强势指标	税收收入占财政总收入比重、贷款余额、保险深度（3个）
	优势指标	地方财政收入、地方财政支出、税收收入占GDP比重、人均税收收入、地方财政收入增长率、税收收入增长率、存款余额、人均存款余额、人均贷款余额、中长期贷款占贷款余额比重、保险费净收入、国内上市公司数、国内上市公司市值（13个）
	劣势指标	地方财政支出占GDP比重（1个）
知识经济竞争力（29个）	强势指标	R&D人员、公共教育经费占财政支出比重、人均文化教育支出、文化服务业企业营业收入、报纸出版数、印刷用纸量、农村居民人均文化娱乐支出（7个）
	优势指标	R&D经费、R&D经费投入强度、发明专利授权量、财政科技支出占地方财政支出比重、高技术产业主营业务收入、教育经费、人均教育经费、文化制造业营业收入、文化批发零售业营业收入、图书和期刊出版数、城镇居民人均文化娱乐支出（11个）
	劣势指标	高技术产品出口额占商品出口额比重、教育经费占GDP比重、万人中小学学校数、万人中小学专任教师数、城镇居民人均文化娱乐支出占消费性支出比重、农村居民人均文化娱乐支出占消费性支出比重（6个）

二级指标	优劣势	四级指标
发展环境竞争力（18个）	强势指标	人均内河航道里程、人均邮电业务总量、电话普及率、万人个体私营企业数、万人商标注册件数（5个）
	优势指标	全社会旅客周转量、全社会货物周转量、网站数、人均耗电量、外资企业数增长率、万人外资企业数、罚没收入占财政收入比重（7个）
	劣势指标	个体私营企业数增长率、查处商标侵权假冒案件、每十万人交通事故发生数（3个）
政府作用竞争力（16个）	强势指标	财政支出对GDP增长的拉动、调控城乡消费差距、规范税收、医疗保险覆盖率、最低工资标准（5个）
	优势指标	财政支出用于基本建设投资比重、政府公务员对经济的贡献、统筹经济社会发展、城市城镇社区服务设施数、养老保险覆盖率、失业保险覆盖率（6个）
	劣势指标	财政投资对社会投资的拉动、物价调控、城镇登记失业率（3个）
发展水平竞争力（18个）	强势指标	城镇居民人均可支配收入、私有和个体企业从业人员比重、亿元以上商品市场成交额、亿元以上商品市场成交额占全社会消费品零售总额比重（4个）
	优势指标	工农业增加值比值、城镇化率、人均日生活用水量、非公有制经济产值占全社会总产值比重（4个）
	劣势指标	高技术产品出口额占商品出口额比重、城市平均建成区面积比重（2个）
统筹协调竞争力（16个）	强势指标	人力资源竞争力与宏观经济竞争力比差、城乡居民家庭人均收入比差、城乡居民人均现金消费支出比差、全社会消费品零售总额与外贸出口总额比差（4个）
	优势指标	社会劳动生产率、非农用地产出率、固定资产投资额占GDP比重、环境竞争力与宏观经济竞争力比差、环境竞争力与工业竞争力比差（5个）
	劣势指标	能源使用下降率、生产税净额和营业盈余占GDP比重、最终消费率、资源竞争力与宏观经济竞争力比差、资源竞争力与工业竞争力比差（5个）

11.2　浙江省经济综合竞争力各级指标具体分析

1.浙江省宏观经济竞争力指标排名变化情况

表11-5　2016~2017年浙江省宏观经济竞争力指标组排位及变化趋势

指　标	2016年	2017年	排位升降	优劣势
1　宏观经济竞争力	4	3	1	强势
1.1　经济实力竞争力	4	4	0	优势
地区生产总值	4	4	0	优势
地区生产总值增长率	20	11	9	中势
人均地区生产总值	5	5	0	优势
财政总收入	3	3	0	强势
财政总收入增长率	25	14	11	中势
人均财政收入	7	6	1	优势
固定资产投资额	6	9	-3	优势

续表

指 标	2016 年	2017 年	排位升降	优劣势
固定资产投资额增长率	14	23	-9	劣势
人均固定资产投资额	8	8	0	优势
全社会消费品零售总额	4	4	0	优势
全社会消费品零售总额增长率	13	15	-2	中势
人均全社会消费品零售总额	3	3	0	强势
1.2 经济结构竞争力	2	2	0	强势
产业结构优化度	11	8	3	优势
所有制经济结构优化度	6	5	1	优势
城乡经济结构优化度	2	2	0	强势
就业结构优化度	1	1	0	强势
资本形成结构优化度	22	22	0	劣势
贸易结构优化度	3	3	0	强势
1.3 经济外向度竞争力	4	4	0	优势
进出口总额	4	4	0	优势
进出口增长率	9	20	-11	中势
出口总额	3	3	0	强势
出口增长率	25	21	4	劣势
实际 FDI	5	5	0	优势
实际 FDI 增长率	19	17	2	中势
外贸依存度	3	3	0	强势
外资企业数	4	4	0	优势
对外直接投资额	6	6	0	优势

2. 浙江省产业经济竞争力指标排名变化情况

表 11-6　2016~2017 年浙江省产业经济竞争力指标组排位及变化趋势

指 标	2016 年	2017 年	排位升降	优劣势
2　产业经济竞争力	5	5	0	优势
2.1　农业竞争力	12	10	2	优势
农业增加值	15	16	-1	中势
农业增加值增长率	26	28	-2	劣势
人均农业增加值	15	15	0	中势
农民人均纯收入	2	2	0	强势
农民人均纯收入增长率	18	8	10	优势
农产品出口占农林牧渔总产值比重	6	6	0	优势
人均主要农产品产量	27	27	0	劣势
农业机械化水平	19	20	-1	中势
农村人均用电量	3	3	0	强势
财政支农资金比重	24	25	-1	劣势

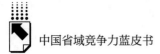

续表

指　　标	2016 年	2017 年	排位升降	优劣势
2.2　工业竞争力	4	4	0	优势
工业增加值	4	4	0	优势
工业增加值增长率	8	16	− 8	中势
人均工业增加值	3	4	− 1	优势
工业资产总额	4	4	0	优势
工业资产总额增长率	24	19	5	中势
规模以上工业主营业务收入	5	5	0	优势
工业成本费用率	19	22	− 3	劣势
规模以上工业利润总额	5	5	0	优势
工业全员劳动生产率	27	28	− 1	劣势
工业收入利润率	8	10	− 2	优势
2.3　服务业竞争力	5	5	0	优势
服务业增加值	4	4	0	优势
服务业增加值增长率	12	16	− 4	中势
人均服务业增加值	5	5	0	优势
服务业从业人员数	4	4	0	优势
限额以上批发零售企业主营业务收入	5	4	1	优势
限额以上批零企业利税率	27	29	− 2	劣势
限额以上餐饮企业利税率	14	13	1	中势
旅游外汇收入	7	7	0	优势
商品房销售收入	3	3	0	强势
电子商务销售额	5	5	0	优势
2.4　企业竞争力	6	6	0	优势
规模以上工业企业数	3	3	0	强势
规模以上企业平均资产	30	31	− 1	劣势
规模以上企业平均收入	30	31	− 1	劣势
规模以上企业平均利润	26	30	− 4	劣势
规模以上企业劳动效率	28	28	0	劣势
城镇就业人员平均工资	5	5	0	优势
新产品销售收入占主营业务收入比重	1	1	0	强势
产品质量抽查合格率	15	22	− 7	劣势
工业企业 R&D 经费投入强度	1	1	0	强势
中国驰名商标持有量	4	4	0	优势

3. 浙江省可持续发展竞争力指标排名变化情况

表11-7 2016~2017年浙江省可持续发展竞争力指标组排位及变化趋势

指 标	2016年	2017年	排位升降	优劣势
3　可持续发展竞争力	6	4	2	优势
3.1　资源竞争力	26	25	1	劣势
人均国土面积	24	24	0	劣势
人均可使用海域和滩涂面积	7	7	0	优势
人均年水资源量	13	16	-3	中势
耕地面积	23	23	0	劣势
人均耕地面积	26	26	0	劣势
人均牧草地面积	27	27	0	劣势
主要能源矿产基础储量	29	29	0	劣势
人均主要能源矿产基础储量	30	29	1	劣势
人均森林储积量	20	20	0	中势
3.2　环境竞争力	3	2	1	强势
森林覆盖率	3	3	0	强势
人均废水排放量	28	30	-2	劣势
人均工业废气排放量	6	10	-4	优势
人均工业固体废物排放量	5	7	-2	优势
人均治理工业污染投资额	6	7	-1	优势
一般工业固体废物综合利用率	3	3	0	强势
生活垃圾无害化处理率	3	1	2	强势
自然灾害直接经济损失	24	13	11	中势
3.3　人力资源竞争力	8	3	5	强势
常住人口增长率	8	4	4	优势
15~64岁人口比例	10	10	0	优势
文盲率	21	18	3	中势
大专以上教育程度人口比例	8	9	-1	优势
平均受教育程度	16	15	1	中势
人口健康素质	24	23	1	劣势
职业学校毕业生数	11	11	0	中势

4. 浙江省财政金融竞争力指标排名变化情况

表11-8 2016~2017年浙江省财政金融竞争力指标组排位及变化趋势

指 标	2016年	2017年	排位升降	优劣势
4　财政金融竞争力	4	4	0	优势
4.1　财政竞争力	5	4	1	优势
地方财政收入	5	5	0	优势
地方财政支出	6	7	-1	优势
地方财政收入占GDP比重	14	14	0	中势

续表

指　标	2016 年	2017 年	排位升降	优劣势
地方财政支出占 GDP 比重	29	29	0	劣势
税收收入占 GDP 比重	5	5	0	优势
税收收入占财政总收入比重	3	3	0	强势
人均地方财政收入	5	12	−7	中势
人均地方财政支出	13	12	1	中势
人均税收收入	5	4	1	优势
地方财政收入增长率	4	5	−1	优势
地方财政支出增长率	23	19	4	中势
税收收入增长率	3	9	−6	优势
4.2　金融竞争力	5	5	0	优势
存款余额	5	5	0	优势
人均存款余额	4	4	0	优势
贷款余额	2	3	−1	强势
人均贷款余额	4	4	0	优势
中长期贷款占贷款余额比重	6	4	2	优势
保险费净收入	5	5	0	优势
保险密度	21	14	7	中势
保险深度	2	2	0	强势
国内上市公司数	3	4	−1	优势
国内上市公司市值	4	4	0	优势

5. 浙江省知识经济竞争力指标排名变化情况

表 11 − 9　2016 ～ 2017 年浙江省知识经济竞争力指标组排位及变化趋势

指　标	2016	2017	排位升降	优劣势
5　知识经济竞争力	5	6	−1	优势
5.1　科技竞争力	5	5	0	优势
R&D 人员	3	3	0	强势
R&D 经费	4	4	0	优势
R&D 经费投入强度	4	4	0	优势
发明专利授权量	4	4	0	优势
技术市场成交合同金额	12	11	1	中势
财政科技支出占地方财政支出比重	5	5	0	优势
高技术产业主营业务收入	6	7	−1	优势
高技术产业收入占工业增加值比重	17	18	−1	中势
高技术产品出口额占商品出口额比重	25	23	2	劣势
5.2　教育竞争力	5	7	−2	优势
教育经费	4	6	−2	优势
教育经费占 GDP 比重	25	27	−2	劣势

指　　标	2016	2017	排位升降	优劣势
人均教育经费	5	9	−4	优势
公共教育经费占财政支出比重	3	2	1	强势
人均文化教育支出	3	3	0	强势
万人中小学学校数	27	26	1	劣势
万人中小学专任教师数	24	25	−1	劣势
高等学校数	18	18	0	中势
高校专任教师数	12	12	0	中势
万人高等学校在校学生数	16	19	−3	中势
5.3　文化竞争力	3	4	−1	优势
文化制造业营业收入	5	6	−1	优势
文化批发零售业营业收入	6	6	0	优势
文化服务业企业营业收入	4	3	1	强势
图书和期刊出版数	5	5	0	优势
报纸出版数	3	3	0	强势
印刷用纸量	3	3	0	强势
城镇居民人均文化娱乐支出	3	4	−1	优势
农村居民人均文化娱乐支出	1	3	−2	强势
城镇居民人均文化娱乐支出占消费性支出比重	13	23	−10	劣势
农村居民人均文化娱乐支出占消费性支出比重	21	24	−3	劣势

6. 浙江省发展环境竞争力指标排名变化情况

表 11 – 10　2016~2017 年浙江省发展环境竞争力指标组排位及变化趋势

指　　标	2016 年	2017 年	排位升降	优劣势
6　发展环境竞争力	5	5	0	优势
6.1　基础设施竞争力	3	3	0	强势
铁路网线密度	15	15	0	中势
公路网线密度	11	11	0	中势
人均内河航道里程	2	2	0	强势
全社会旅客周转量	9	9	0	优势
全社会货物周转量	6	6	0	优势
人均邮电业务总量	3	1	2	强势
电话普及率	4	3	1	强势
网站数	3	4	−1	优势
人均耗电量	5	5	0	优势
6.2　软环境竞争力	5	4	1	优势
外资企业数增长率	30	10	20	优势
万人外资企业数	5	5	0	优势
个体私营企业数增长率	24	24	0	劣势

续表

指　　标	2016 年	2017 年	排位升降	优劣势
万人个体私营企业数	1	1	0	强势
万人商标注册件数	3	3	0	强势
查处商标侵权假冒案件	30	31	−1	劣势
每十万人交通事故发生数	28	28	0	劣势
罚没收入占财政收入比重	18	10	8	优势
社会捐赠款物	17	17	0	中势

7. 浙江省政府作用竞争力指标排名变化情况

表 11 – 11　2016 ～ 2017 年浙江省政府作用竞争力指标组排位及变化趋势

指　　标	2016 年	2017 年	排位升降	优劣势
7　政府作用竞争力	2	3	−1	强势
7.1　政府发展经济竞争力	5	5	0	优势
财政支出用于基本建设投资比重	14	6	8	优势
财政支出对 GDP 增长的拉动	3	3	0	强势
政府公务员对经济的贡献	6	6	0	优势
政府消费对民间消费的拉动	10	11	−1	中势
财政投资对社会投资的拉动	13	23	−10	劣势
7.2　政府规调经济竞争力	3	7	−4	优势
物价调控	21	29	−8	劣势
调控城乡消费差距	1	1	0	强势
统筹经济社会发展	15	8	7	优势
规范税收	1	1	0	强势
固定资产投资价格指数	13	18	−5	中势
7.3　政府保障经济竞争力	5	5	0	优势
城市城镇社区服务设施数	4	4	0	优势
医疗保险覆盖率	5	3	2	强势
养老保险覆盖率	7	8	−1	优势
失业保险覆盖率	6	5	1	优势
最低工资标准	5	3	2	强势
城镇登记失业率	25	24	1	劣势

8. 浙江省发展水平竞争力指标排名变化情况

表 11 – 12　2016 ～ 2017 年浙江省发展水平竞争力指标组排位及变化趋势

指　　标	2016	2017	排位升降	优劣势
8　发展水平竞争力	5	5	0	优势
8.1　工业化进程竞争力	16	16	0	中势
工业增加值占 GDP 比重	9	11	−2	中势
工业增加值增长率	8	20	−12	中势
高技术产业占工业增加值比重	15	17	−2	中势

指 标	2016	2017	排位升降	优劣势
高技术产品出口额占商品出口额比重	20	24	−4	劣势
信息产业增加值占 GDP 比重	14	14	0	中势
工农业增加值比值	4	4	0	优势
8.2 城市化进程竞争力	5	6	−1	优势
城镇化率	7	6	1	优势
城镇居民人均可支配收入	3	3	0	强势
城市平均建成区面积比重	23	25	−2	劣势
人均拥有道路面积	9	13	−4	中势
人均日生活用水量	12	9	3	优势
人均公共绿地面积	14	15	−1	中势
8.3 市场化进程竞争力	1	2	−1	强势
非公有制经济产值占全社会总产值比重	6	5	1	优势
社会投资占投资总额比重	14	12	2	中势
私有和个体企业从业人员比重	3	3	0	强势
亿元以上商品市场成交额	2	2	0	强势
亿元以上商品市场成交额占全社会消费品零售总额比重	2	3	−1	强势
居民消费支出占总消费支出比重	10	11	−1	中势

9. 浙江省统筹协调竞争力指标排名变化情况

表 11-13　2016~2017 年浙江省统筹协调竞争力指标组排位及变化趋势

指 标	2016	2017	排位升降	优劣势
9　统筹协调竞争力	7	4	3	优势
9.1 统筹发展竞争力	10	6	4	优势
社会劳动生产率	6	6	0	优势
能源使用下降率	24	25	−1	劣势
万元 GDP 综合能耗下降率	24	20	4	中势
非农地产出率	4	4	0	优势
生产税净额和营业盈余占 GDP 比重	25	24	1	劣势
最终消费率	22	23	−1	劣势
固定资产投资额占 GDP 比重	2	4	−2	优势
固定资产交付使用率	23	19	4	中势
9.2 协调发展竞争力	1	2	−1	强势
环境竞争力与宏观经济竞争力比差	8	6	2	优势
资源竞争力与宏观经济竞争力比差	27	26	1	劣势
人力资源竞争力与宏观经济竞争力比差	6	1	5	强势
资源竞争力与工业竞争力比差	25	26	−1	劣势
环境竞争力与工业竞争力比差	8	8	0	优势
城乡居民家庭人均收入比差	2	2	0	强势
城乡居民人均现金消费支出比差	2	1	1	强势
全社会消费品零售总额与外贸出口总额比差	3	3	0	强势

B.13

12

安徽省经济综合竞争力评价分析报告

安徽省简称皖，位于华东腹地，地跨长江、淮河中下游，东连江苏、浙江，西接湖北、河南，南邻江西，北靠山东。全省总面积 140100 平方公里。2017 年总人口为 6255 万人，全省地区生产总值达 27018 亿元，同比增长 8.5%，人均 GDP 达 43401 元。本部分通过分析安徽省 2016～2017 年经济综合竞争力以及各要素竞争力的排名变化，从中找出安徽省经济综合竞争力的推动点及影响因素，为进一步提升安徽省经济综合竞争力提供决策参考。

12.1 安徽省经济综合竞争力总体分析

1. 安徽省经济综合竞争力一级指标概要分析

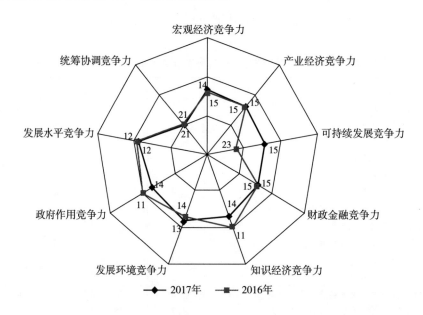

图 12-1 2016～2017 年安徽省经济综合竞争力二级指标比较雷达图

（1）从综合排位看，2017 年安徽省经济综合竞争力综合排位在全国居第 13 位，这表明其在全国处于中势地位；与 2016 年相比，综合排位没有变化。

（2）从指标所处区位看，9 个二级指标中，仅统筹协调竞争力 1 个指标处于下游

表 12 - 1 2016～2017 年安徽省经济综合竞争力二级指标比较

项目 年份	宏观经济 竞争力	产业经济 竞争力	可持续发展 竞争力	财政金融 竞争力	知识经济 竞争力	发展环境 竞争力	政府作用 竞争力	发展水平 竞争力	统筹协调 竞争力	综合 排位
2016	15	15	23	15	11	14	11	12	21	13
2017	14	15	15	15	14	13	14	12	21	13
升降	1	0	8	0	-3	1	-3	0	0	0
优劣度	中势	中势	中势	中势	中势	中势	中势	中势	劣势	中势

区，其余 8 个指标均处于中游区。

（3）从指标变化趋势看，9 个二级指标中，有 3 个指标处于上升趋势，包括宏观经济竞争力、可持续发展竞争力和发展环境竞争力，这些构成了安徽省经济综合竞争力上升的动力；有 2 个指标处于下降趋势，包括知识经济竞争力和政府作用竞争力，这些构成了安徽省经济综合竞争力下降的拉力；其余指标排位没有发生变化。值得指出的是，可持续发展竞争力的排位提升幅度最大，从 2016 年的第 23 位上升至 2017 年的第 15 位。

2. 安徽省经济综合竞争力各级指标动态变化分析

表 12 - 2 2016～2017 年安徽省经济综合竞争力各级指标排位变化态势比较

单位：个，%

二级指标	三级指标	四级 指标数	上升		保持		下降		变化 趋势
			指标数	比重	指标数	比重	指标数	比重	
宏观经济 竞争力	经济实力竞争力	12	2	16.7	4	33.3	6	50.0	上升
	经济结构竞争力	6	3	50.0	2	33.3	1	16.7	上升
	经济外向度竞争力	9	5	55.6	4	44.4	0	0.0	上升
	小　计	27	10	37.0	10	37.0	7	25.9	上升
产业经济 竞争力	农业竞争力	10	5	50.0	4	40.0	1	10.0	上升
	工业竞争力	10	4	40.0	4	40.0	2	20.0	保持
	服务业竞争力	10	4	40.0	4	40.0	2	20.0	保持
	企业竞争力	10	5	50.0	4	40.0	1	10.0	保持
	小　计	40	18	45.0	16	40.0	6	15.0	保持
可持续发展 竞争力	资源竞争力	9	1	11.1	7	77.8	1	11.1	下降
	环境竞争力	8	4	50.0	1	12.5	3	37.5	上升
	人力资源竞争力	7	1	14.3	2	28.6	4	57.1	下降
	小　计	24	6	25.0	10	41.7	8	33.3	上升
财政金融 竞争力	财政竞争力	12	4	33.3	2	16.7	6	50.0	下降
	金融竞争力	10	3	30.0	5	50.0	2	20.0	下降
	小　计	22	7	31.8	7	31.8	8	36.4	保持
知识经济 竞争力	科技竞争力	9	2	22.2	5	55.6	2	22.2	下降
	教育竞争力	10	1	10.0	4	40.0	5	50.0	下降
	文化竞争力	10	6	60.0	0	0.0	4	40.0	上升
	小　计	29	9	31.0	9	31.0	11	37.9	下降

续表

二级指标	三级指标	四级指标数	上升		保持		下降		变化趋势
			指标数	比重	指标数	比重	指标数	比重	
发展环境竞争力	基础设施竞争力	9	1	11.1	7	77.8	1	11.1	下降
	软环境竞争力	9	3	33.3	3	33.3	3	33.3	上升
	小　计	18	4	22.2	10	55.6	4	22.2	上升
政府作用竞争力	政府发展经济竞争力	5	2	40.0	2	40.0	1	20.0	上升
	政府规调经济竞争力	5	2	40.0	0	0.0	3	60.0	下降
	政府保障经济竞争力	6	1	16.7	1	16.7	4	66.7	下降
	小　计	16	5	31.3	3	18.8	8	50.0	下降
发展水平竞争力	工业化进程竞争力	6	1	16.7	2	33.3	3	50.0	下降
	城市化进程竞争力	6	2	33.3	2	33.3	2	33.3	上升
	市场化进程竞争力	6	3	50.0	1	16.7	2	33.3	上升
	小　计	18	6	33.3	5	27.8	7	38.9	保持
统筹协调竞争力	统筹发展竞争力	8	4	50.0	3	37.5	1	12.5	上升
	协调发展竞争力	8	1	12.5	3	37.5	4	50.0	下降
	小　计	16	5	31.3	6	37.5	5	31.3	保持
合　计		210	70	33.3	76	36.2	64	30.5	保持

从表 12 - 2 可以看出，210 个四级指标中，上升指标有 70 个，占指标总数的 33.3%；下降指标有 64 个，占指标总数的 30.5%；保持不变的指标有 76 个，占指标总数的 36.2%。总体而言，从四级指标升降变动数量看，安徽省经济综合竞争力上升的动力略大于下降的拉力，超过三分之一的指标保持不变，受升降幅度及其他外部因素的综合影响，2016～2017 年安徽省经济综合竞争力排位保持不变。

3. 安徽省经济综合竞争力各级指标优劣势结构分析

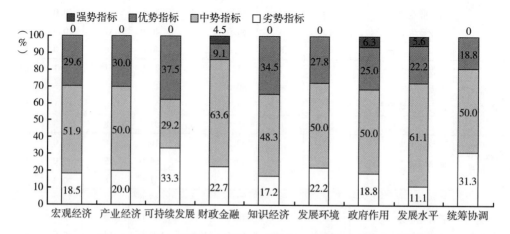

图 12 - 2　2017 年安徽省经济综合竞争力各级指标优劣势比较

表 12 - 3　2017 年安徽省经济综合竞争力各级指标优劣势比较

单位：个，%

二级指标	三级指标	四级指标数	强势指标		优势指标		中势指标		劣势指标		优劣势
			个数	比重	个数	比重	个数	比重	个数	比重	
宏观经济竞争力	经济实力竞争力	12	0	0.0	3	25.0	5	41.7	4	33.3	中势
	经济结构竞争力	6	0	0.0	2	33.3	3	50.0	1	16.7	中势
	经济外向度竞争力	9	0	0.0	3	33.3	6	66.7	0	0.0	中势
	小　计	27	0	0.0	8	29.6	14	51.9	5	18.5	中势
产业经济竞争力	农业竞争力	10	0	0.0	2	20.0	7	70.0	1	10.0	中势
	工业竞争力	10	0	0.0	2	20.0	6	60.0	2	20.0	中势
	服务业竞争力	10	0	0.0	4	40.0	5	50.0	1	10.0	中势
	企业竞争力	10	0	0.0	4	40.0	2	20.0	4	40.0	中势
	小　计	40	0	0.0	12	30.0	20	50.0	8	20.0	中势
可持续发展竞争力	资源竞争力	9	0	0.0	3	33.3	3	33.3	3	33.3	劣势
	环境竞争力	8	0	0.0	4	50.0	4	50.0	0	0.0	优势
	人力资源竞争力	7	0	0.0	2	28.6	0	0.0	5	71.4	劣势
	小　计	24	0	0.0	9	37.5	7	29.2	8	33.3	中势
财政金融竞争力	财政竞争力	12	1	8.3	0	0.0	9	75.0	2	16.7	中势
	金融竞争力	10	0	0.0	2	20.0	5	50.0	3	30.0	中势
	小　计	22	1	4.5	2	9.1	14	63.6	5	22.7	中势
知识经济竞争力	科技竞争力	9	0	0.0	5	55.6	4	44.4	0	0.0	优势
	教育竞争力	10	0	0.0	1	10.0	6	60.0	3	30.0	劣势
	文化竞争力	10	0	0.0	4	40.0	4	40.0	2	20.0	中势
	小　计	29	0	0.0	10	34.5	14	48.3	5	17.2	中势
发展环境竞争力	基础设施竞争力	9	0	0.0	4	44.4	2	22.2	3	33.3	中势
	软环境竞争力	9	0	0.0	1	11.1	7	77.8	1	11.1	劣势
	小　计	18	0	0.0	5	27.8	9	50.0	4	22.2	中势
政府作用竞争力	政府发展经济竞争力	5	1	20.0	1	20.0	3	60.0	0	0.0	优势
	政府规调经济竞争力	5	0	0.0	3	60.0	1	20.0	1	20.0	优势
	政府保障经济竞争力	6	0	0.0	0	0.0	4	66.7	2	33.3	劣势
	小　计	16	1	6.3	4	25.0	8	50.0	3	18.8	中势
发展水平竞争力	工业化进程竞争力	6	0	0.0	3	50.0	3	50.0	0	0.0	中势
	城市化进程竞争力	6	0	0.0	1	16.7	4	66.7	1	16.7	中势
	市场化进程竞争力	6	1	16.7	0	0.0	4	66.7	1	16.7	中势
	小　计	18	1	5.6	4	22.2	11	61.1	2	11.1	中势
统筹协调竞争力	统筹发展竞争力	8	0	0.0	1	12.5	3	37.5	4	50.0	劣势
	协调发展竞争力	8	0	0.0	2	25.0	5	62.5	1	12.5	中势
	小　计	16	0	0.0	3	18.8	8	50.0	5	31.3	劣势
合　计		210	3	1.4	57	27.1	105	50.0	45	21.4	中势

　　基于图 12 - 2 和表 12 - 3，从四级指标来看，强势指标 3 个，占指标总数的 1.4%；优势指标 57 个，占指标总数的 27.1%；中势指标 105 个，占指标总数的 50.0%；劣势

指标 45 个，占指标总数的 21.4%。从三级指标来看，没有强势指标；优势指标 4 个，占三级指标总数的 16%；中势指标 15 个，占三级指标总数的 60%；劣势指标 6 个，占三级指标总数的 24%。反映到二级指标上来，没有强势指标和优势指标；中势指标 8 个，占二级指标总数的 88.9%；劣势指标有 1 个，占二级指标总数的 11.1%。综合来看，由于中势指标在指标体系中居于主导地位，2017 年安徽省经济综合竞争力处于中势地位。

4. 安徽省经济综合竞争力四级指标优劣势对比分析

表 12 - 4　2017 年安徽省经济综合竞争力各级指标优劣势比较

二级指标	优劣势	四级指标
宏观经济竞争力（27 个）	强势指标	（0 个）
	优势指标	地区生产总值增长率、固定资产投资额、全社会消费品零售总额增长率、资本形成结构优化度、贸易结构优化度、进出口增长率、出口增长率、实际 FDI 增长率（8 个）
	劣势指标	人均地区生产总值、财政总收入增长率、人均财政收入、人均全社会消费品零售总额、产业结构优化度（5 个）
产业经济竞争力（40 个）	强势指标	（0 个）
	优势指标	人均主要农产品产量、农业机械化水平、工业增加值增长率、规模以上工业主营业务收入、服务业增加值增长率、限额以上批零企业利税率、旅游外汇收入、商品房销售收入、规模以上工业企业数、规模以上企业劳动效率、新产品销售收入占主营业务收入比重、产品质量抽查合格率（12 个）
	劣势指标	人均农业增加值、工业成本费用率、工业收入利润率、人均服务业增加值、规模以上企业平均资产、规模以上企业平均收入、规模以上企业平均利润、城镇就业人员平均工资（8 个）
可持续发展竞争力（24 个）	强势指标	（0 个）
	优势指标	耕地面积、主要能源矿产基础储量、人均主要能源矿产基础储量、人均废水排放量、一般工业固体废物综合利用率、生活垃圾无害化处理率、自然灾害直接经济损失、常住人口增长率、职业学校毕业生数（9 个）
	劣势指标	人均国土面积、人均牧草地面积、人均森林储积量、15~64 岁人口比例、文盲率、大专以上教育程度人口比例、平均受教育程度、人口健康素质（8 个）
财政金融竞争力（22 个）	强势指标	地方财政支出增长率（1 个）
	优势指标	国内上市公司数、国内上市公司市值（2 个）
	劣势指标	人均地方财政支出、人均税收收入、人均存款余额、人均贷款余额、保险密度（5 个）
知识经济竞争力（29 个）	强势指标	（0 个）
	优势指标	R&D 人员、R&D 经费、R&D 经费投入强度、发明专利授权量、财政科技支出占地方财政支出比重、高等学校数、文化制造业营业收入、文化批发零售业营业收入、图书和期刊出版数、印刷用纸量（10 个）
	劣势指标	人均教育经费、人均文化教育支出、万人高等学校在校学生数、城镇居民人均文化娱乐支出、农村居民人均文化娱乐支出（5 个）
发展环境竞争力（18 个）	强势指标	（0 个）
	优势指标	铁路网线密度、公路网线密度、全社会旅客周转量、全社会货物周转量、个体私营企业数增长率（5 个）
	劣势指标	人均邮电业务总量、电话普及率、人均耗电量、查处商标侵权假冒案件（4 个）

二级指标	优劣势	四级指标
政府作用 竞争力 （16个）	强势指标	政府消费对民间消费的拉动（1个）
	优势指标	财政支出用于基本建设投资比重、物价调控、调控城乡消费差距、统筹经济社会发展（4个）
	劣势指标	固定资产投资价格指数、最低工资标准、城镇登记失业率（3个）
发展水平 竞争力 （18个）	强势指标	居民消费支出占总消费支出比重（1个）
	优势指标	工业增加值占GDP比重、工业增加值增长率、信息产业增加值占GDP比重、人均拥有道路 面积（4个）
	劣势指标	城镇化率、私有和个体企业从业人员比重（2个）
统筹协调 竞争力 （16个）	强势指标	（0个）
	优势指标	万元GDP综合能耗下降率、人力资源竞争力与宏观经济竞争力比差、城乡居民人均现金消 费支出比差（3个）
	劣势指标	社会劳动生产率、生产税净额和营业盈余占GDP比重、最终消费率、固定资产投资额占GDP 比重、环境竞争力与宏观经济竞争力比差（5个）

12.2　安徽省经济综合竞争力各级指标具体分析

1. 安徽省宏观经济竞争力指标排名变化情况

表 12－5　2016～2017 年安徽省宏观经济竞争力指标组排位及变化趋势

指　标	2016	2017	排位升降	优劣势
1　宏观经济竞争力	15	14	1	中势
1.1　经济实力竞争力	16	14	2	中势
地区生产总值	13	13	0	中势
地区生产总值增长率	7	6	1	优势
人均地区生产总值	25	24	1	劣势
财政总收入	15	18	-3	中势
财政总收入增长率	15	24	-9	劣势
人均财政收入	22	27	-5	劣势
固定资产投资额	10	10	0	优势
固定资产投资额增长率	13	16	-3	中势
人均固定资产投资额	14	16	-2	中势
全社会消费品零售总额	14	14	0	中势
全社会消费品零售总额增长率	5	6	-1	优势
人均全社会消费品零售总额	21	21	0	劣势
1.2　经济结构竞争力	15	14	1	中势
产业结构优化度	30	29	1	劣势
所有制经济结构优化度	10	11	-1	中势
城乡经济结构优化度	14	14	0	中势

指　标	2016	2017	排位升降	优劣势
就业结构优化度	18	17	1	中势
资本形成结构优化度	9	9	0	优势
贸易结构优化度	9	8	1	优势
1.3　经济外向度竞争力	24	15	9	中势
进出口总额	15	15	0	中势
进出口增长率	6	6	0	优势
出口总额	13	13	0	中势
出口增长率	23	9	14	优势
实际 FDI	17	16	1	中势
实际 FDI 增长率	31	10	21	优势
外贸依存度	17	15	2	中势
外资企业数	18	15	3	中势
对外直接投资额	16	16	0	中势

2. 安徽省产业经济竞争力指标排名变化情况

表 12 - 6　2016 ~ 2017 年安徽省产业经济竞争力指标组排位及变化趋势

指　标	2016	2017	排位升降	优劣势
2　产业经济竞争力	15	15	0	中势
2.1　农业竞争力	18	13	5	中势
农业增加值	11	11	0	中势
农业增加值增长率	27	13	14	中势
人均农业增加值	21	21	0	劣势
农民人均纯收入	17	16	1	中势
农民人均纯收入增长率	16	15	1	中势
农产品出口占农林牧渔总产值比重	21	18	3	中势
人均主要农产品产量	9	7	2	优势
农业机械化水平	4	4	0	优势
农村人均用电量	18	18	0	中势
财政支农资金比重	19	20	- 1	中势
2.2　工业竞争力	16	16	0	中势
工业增加值	11	11	0	中势
工业增加值增长率	5	5	0	优势
人均工业增加值	17	16	1	中势
工业资产总额	13	13	0	中势
工业资产总额增长率	14	13	1	中势
规模以上工业主营业务收入	9	8	1	优势
工业成本费用率	23	25	- 2	劣势
规模以上工业利润总额	12	12	0	中势
工业全员劳动生产率	21	20	1	中势
工业收入利润率	22	24	- 2	劣势

指　　标	2016	2017	排位升降	优劣势
2.3　服务业竞争力	13	13	0	中势
服务业增加值	15	14	1	中势
服务业增加值增长率	3	7	-4	优势
人均服务业增加值	27	26	1	劣势
服务业从业人员数	13	11	2	中势
限额以上批发零售企业主营业务收入	15	15	0	中势
限额以上批零企业利税率	14	7	7	优势
限额以上餐饮企业利税率	20	20	0	中势
旅游外汇收入	10	10	0	优势
商品房销售收入	8	8	0	优势
电子商务销售额	10	11	-1	中势
2.4　企业竞争力	15	15	0	中势
规模以上工业企业数	6	6	0	优势
规模以上企业平均资产	31	29	2	劣势
规模以上企业平均收入	29	28	1	劣势
规模以上企业平均利润	25	28	-3	劣势
规模以上企业劳动效率	13	10	3	优势
城镇就业人员平均工资	21	21	0	劣势
新产品销售收入占主营业务收入比重	9	7	2	优势
产品质量抽查合格率	8	8	0	优势
工业企业 R&D 经费投入强度	13	12	1	中势
中国驰名商标持有量	14	14	0	中势

3. 安徽省可持续发展竞争力指标排名变化情况

表 12-7　2016～2017 年安徽省可持续发展竞争力指标组排位及变化趋势

指　　标	2016	2017	排位升降	优劣势
3　可持续发展竞争力	23	15	8	中势
3.1　资源竞争力	21	22	-1	劣势
人均国土面积	23	23	0	劣势
人均可使用海域和滩涂面积	13	13	0	中势
人均年水资源量	16	18	-2	中势
耕地面积	9	9	0	优势
人均耕地面积	14	14	0	中势
人均牧草地面积	25	25	0	劣势
主要能源矿产基础储量	7	6	1	优势
人均主要能源矿产基础储量	10	10	0	优势
人均森林储积量	22	22	0	劣势

指　　标	2016	2017	排位升降	优劣势
3.2　环境竞争力	22	6	16	优势
森林覆盖率	18	18	0	中势
人均废水排放量	9	7	2	优势
人均工业废气排放量	12	13	−1	中势
人均工业固体废物排放量	19	18	1	中势
人均治理工业污染投资额	10	14	−4	中势
一般工业固体废物综合利用率	7	5	2	优势
生活垃圾无害化处理率	5	6	−1	优势
自然灾害直接经济损失	29	10	19	优势
3.3　人力资源竞争力	13	22	−9	劣势
常住人口增长率	11	9	2	优势
15~64 岁人口比例	21	31	−10	劣势
文盲率	24	24	0	劣势
大专以上教育程度人口比例	24	25	−1	劣势
平均受教育程度	25	27	−2	劣势
人口健康素质	19	21	−2	劣势
职业学校毕业生数	4	4	0	优势

4. 安徽省财政金融竞争力指标排名变化情况

表 12−8　2016~2017 年安徽省财政金融竞争力指标组排位及变化趋势

指　　标	2016	2017	排位升降	优劣势
4　财政金融竞争力	15	15	0	中势
4.1　财政竞争力	13	14	−1	中势
地方财政收入	13	11	2	中势
地方财政支出	12	12	0	中势
地方财政收入占 GDP 比重	16	17	−1	中势
地方财政支出占 GDP 比重	18	18	0	中势
税收收入占 GDP 比重	16	19	−3	中势
税收收入占财政总收入比重	14	17	−3	中势
人均地方财政收入	21	18	3	中势
人均地方财政支出	28	22	6	劣势
人均税收收入	20	21	−1	劣势
地方财政收入增长率	5	16	−11	中势
地方财政支出增长率	21	2	19	强势
税收收入增长率	6	14	−8	中势

续表

指　　　标	2016	2017	排位升降	优劣势
4.2　金融竞争力	15	17	−2	中势
存款余额	13	13	0	中势
人均存款余额	25	23	2	劣势
贷款余额	12	13	−1	中势
人均贷款余额	25	26	−1	劣势
中长期贷款占贷款余额比重	15	13	2	中势
保险费净收入	13	13	0	中势
保险密度	23	23	0	劣势
保险深度	15	15	0	中势
国内上市公司数	9	8	1	优势
国内上市公司市值	9	9	0	优势

5. 安徽省知识经济竞争力指标排名变化情况

表 12 − 9　2016 ~ 2017 年安徽省知识经济竞争力指标组排位及变化趋势

指　　　标	2016	2017	排位升降	优劣势
5　知识经济竞争力	11	14	−3	中势
5.1　科技竞争力	8	9	−1	优势
R&D 人员	7	7	0	优势
R&D 经费	10	10	0	优势
R&D 经费投入强度	7	6	1	优势
发明专利授权量	7	7	0	优势
技术市场成交合同金额	11	12	−1	中势
财政科技支出占地方财政支出比重	3	4	−1	优势
高技术产业主营业务收入	15	15	0	中势
高技术产业收入占工业增加值比重	14	14	0	中势
高技术产品出口额占商品出口额比重	15	14	1	中势
5.2　教育竞争力	23	24	−1	劣势
教育经费	9	11	−2	中势
教育经费占 GDP 比重	14	15	−1	中势
人均教育经费	26	28	−2	劣势
公共教育经费占财政支出比重	13	18	−5	中势
人均文化教育支出	21	21	0	劣势
万人中小学学校数	16	12	4	中势
万人中小学专任教师数	20	20	0	中势
高等学校数	10	10	0	优势
高校专任教师数	13	13	0	中势
万人高等学校在校学生数	20	24	−4	劣势

219

指　标	2016	2017	排位升降	优劣势
5.3　文化竞争力	15	12	3	中势
文化制造业营业收入	10	9	1	优势
文化批发零售业营业收入	7	8	−1	优势
文化服务业企业营业收入	14	13	1	中势
图书和期刊出版数	13	9	4	优势
报纸出版数	15	16	−1	中势
印刷用纸量	12	10	2	优势
城镇居民人均文化娱乐支出	20	21	−1	劣势
农村居民人均文化娱乐支出	24	22	2	劣势
城镇居民人均文化娱乐支出占消费性支出比重	15	17	−2	中势
农村居民人均文化娱乐支出占消费性支出比重	23	19	4	中势

6. 安徽省发展环境竞争力指标排名变化情况

表 12 – 10　2016～2017 年安徽省发展环境竞争力指标组排位及变化趋势

指　标	2016	2017	排位升降	优劣势
6　发展环境竞争力	14	13	1	中势
6.1　基础设施竞争力	12	13	−1	中势
铁路网线密度	10	9	1	优势
公路网线密度	7	7	0	优势
人均内河航道里程	14	14	0	中势
全社会旅客周转量	8	8	0	优势
全社会货物周转量	5	5	0	优势
人均邮电业务总量	23	26	−3	劣势
电话普及率	30	30	0	劣势
网站数	14	14	0	中势
人均耗电量	24	24	0	劣势
6.2　软环境竞争力	26	22	4	劣势
外资企业数增长率	10	12	−2	中势
万人外资企业数	14	15	−1	中势
个体私营企业数增长率	16	7	9	优势
万人个体私营企业数	14	14	0	中势
万人商标注册件数	17	16	1	中势
查处商标侵权假冒案件	29	29	0	劣势
每十万人交通事故发生数	22	20	2	中势
罚没收入占财政收入比重	9	11	−2	中势
社会捐赠款物	18	18	0	中势

7. 安徽省政府作用竞争力指标排名变化情况

表 12 – 11 2016～2017 年安徽省政府作用竞争力指标组排位及变化趋势

指　　标	2016	2017	排位升降	优劣势
7　政府作用竞争力	11	14	−3	中势
7.1　政府发展经济竞争力	7	6	1	优势
财政支出用于基本建设投资比重	13	10	3	优势
财政支出对 GDP 增长的拉动	14	14	0	中势
政府公务员对经济的贡献	11	11	0	中势
政府消费对民间消费的拉动	3	2	1	强势
财政投资对社会投资的拉动	10	13	−3	中势
7.2　政府规调经济竞争力	7	10	−3	优势
物价调控	16	6	10	优势
调控城乡消费差距	5	7	−2	优势
统筹经济社会发展	17	5	12	优势
规范税收	19	20	−1	中势
固定资产投资价格指数	8	29	−21	劣势
7.3　政府保障经济竞争力	20	21	−1	劣势
城市城镇社区服务设施数	13	13	0	中势
医疗保险覆盖率	17	19	−2	中势
养老保险覆盖率	24	19	5	中势
失业保险覆盖率	16	17	−1	中势
最低工资标准	18	25	−7	劣势
城镇登记失业率	20	22	−2	劣势

8. 安徽省发展水平竞争力指标排名变化情况

表 12 – 12 2016～2017 年安徽省发展水平竞争力指标组排位及变化趋势

指　　标	2016	2017	排位升降	优劣势
8　发展水平竞争力	12	12	0	中势
8.1　工业化进程竞争力	10	12	−2	中势
工业增加值占 GDP 比重	3	4	−1	优势
工业增加值增长率	5	10	−5	优势
高技术产业占工业增加值比重	12	12	0	中势
高技术产品出口额占商品出口额比重	9	14	−5	中势
信息产业增加值占 GDP 比重	12	8	4	优势
工农业增加值比值	17	17	0	中势

指　标	2016	2017	排位升降	优劣势
8.2　城市化进程竞争力	14	13	1	中势
城镇化率	22	22	0	劣势
城镇居民人均可支配收入	14	14	0	中势
城市平均建成区面积比重	14	15	−1	中势
人均拥有道路面积	5	4	1	优势
人均日生活用水量	13	11	2	中势
人均公共绿地面积	11	12	−1	中势
8.3　市场化进程竞争力	13	12	1	中势
非公有制经济产值占全社会总产值比重	10	11	−1	中势
社会投资占投资总额比重	15	17	−2	中势
私有和个体企业从业人员比重	27	26	1	劣势
亿元以上商品市场成交额	12	12	0	中势
亿元以上商品市场成交额占全社会消费品零售总额比重	13	11	2	中势
居民消费支出占总消费支出比重	3	2	1	强势

9. 安徽省统筹协调竞争力指标排名变化情况

表 12 - 13　2016~2017 年安徽省统筹协调竞争力指标组排位及变化趋势

指　标	2016	2017	排位升降	优劣势
9　统筹协调竞争力	21	21	0	劣势
9.1　统筹发展竞争力	29	27	2	劣势
社会劳动生产率	28	28	0	劣势
能源使用下降率	20	18	2	中势
万元 GDP 综合能耗下降率	11	8	3	优势
非农用地产出率	14	14	0	中势
生产税净额和营业盈余占 GDP 比重	23	23	0	劣势
最终消费率	21	22	−1	劣势
固定资产投资额占 GDP 比重	26	23	3	劣势
固定资产交付使用率	20	12	8	中势
9.2　协调发展竞争力	12	15	−3	中势
环境竞争力与宏观经济竞争力比差	13	22	−9	劣势
资源竞争力与宏观经济竞争力比差	20	20	0	中势
人力资源竞争力与宏观经济竞争力比差	20	9	11	优势
资源竞争力与工业竞争力比差	17	17	0	中势
环境竞争力与工业竞争力比差	13	20	−7	中势
城乡居民家庭人均收入比差	14	14	0	中势
城乡居民人均现金消费支出比差	4	7	−3	优势
全社会消费品零售总额与外贸出口总额比差	15	16	−1	中势

B.14
13
福建省经济综合竞争力评价分析报告

福建省简称闽，地处中国东南沿海，毗邻浙江、江西、广东，与台湾隔海相望。全省土地面积124000平方公里。2017年总人口为3911万人，全省地区生产总值达32182亿元，同比增长8.1%，人均GDP达82677元。本部分通过分析2016～2017年福建省经济综合竞争力以及各要素竞争力的排名变化，从中找出福建省经济综合竞争力的推动点及影响因素，为进一步提升福建省经济综合竞争力提供决策参考。

13.1 福建省经济综合竞争力总体分析

1. 福建省经济综合竞争力一级指标概要分析

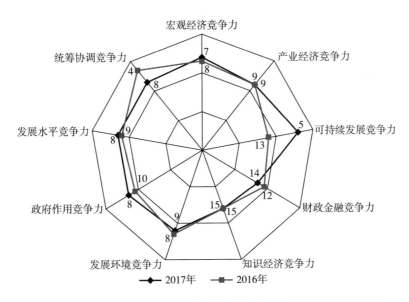

图13－1 2016～2017年福建省经济综合竞争力二级指标比较雷达图

（1）从综合排位看，2017年福建省经济综合竞争力综合排位在全国居第8位，这表明其在全国处于优势地位；与2016年相比，综合排位保持不变。

（2）从指标所处区位看，有7个指标处于上游区，分别为宏观经济竞争力、产业经济竞争力、可持续发展竞争力、发展环境竞争力、政府作用竞争力、发展水平竞争力和统筹协调竞争力。其余2个指标处于中游区，分别为财政金融竞争力和知识经济竞争力。

表 13 - 1   2016～2017 年福建省经济综合竞争力二级指标比较

项目 年份	宏观经济 竞争力	产业经济 竞争力	可持续发展 竞争力	财政金融 竞争力	知识经济 竞争力	发展环境 竞争力	政府作用 竞争力	发展水平 竞争力	统筹协调 竞争力	综合 排位
2016	8	9	13	12	15	8	10	9	4	8
2017	7	9	5	14	15	9	8	8	8	8
升降	1	0	8	-2	0	-1	2	1	-4	0
优劣度	优势	优势	优势	中势	中势	优势	优势	优势	优势	优势

（3）从指标变化趋势看，9 个二级指标中，有 4 个指标处于上升趋势，分别为宏观经济竞争力、可持续发展竞争力、政府作用竞争力和发展水平竞争力，这些是进一步提升福建省经济综合竞争力的动力所在；有 2 个指标排位没有发生变化，分别为产业经济竞争力和知识经济竞争力；有 3 个指标处于下降趋势，分别为财政金融竞争力、发展环境竞争力和统筹协调竞争力，这些是阻碍福建省经济综合竞争力提升的拉力所在。值得指出的是，可持续发展竞争力上升幅度最大，从 2016 年的第 13 位上升至 2017 年的第 5 位，而统筹协调竞争力下降幅度最大，从 2016 年的第 4 位降为 2017 年的第 8 位。

2. 福建省经济综合竞争力各级指标动态变化分析

表 13 - 2   2016～2017 年福建省经济综合竞争力各级指标排位变化态势比较

单位：个，%

二级指标	三级指标	四级 指标数	上升		保持		下降		变化 趋势
			指标数	比重	指标数	比重	指标数	比重	
宏观经济 竞争力	经济实力竞争力	12	5	41.7	6	50.0	1	8.3	上升
	经济结构竞争力	6	1	16.7	2	33.3	3	50.0	上升
	经济外向度竞争力	9	0	0.0	5	55.6	4	44.4	下降
	小　计	27	6	22.2	13	48.1	8	29.6	上升
产业经济 竞争力	农业竞争力	10	3	30.0	3	30.0	4	40.0	下降
	工业竞争力	10	3	30.0	4	40.0	3	30.0	保持
	服务业竞争力	10	4	40.0	4	40.0	2	20.0	上升
	企业竞争力	10	3	30.0	2	20.0	5	50.0	下降
	小　计	40	13	32.5	13	32.5	14	35.0	保持
可持续发展 竞争力	资源竞争力	9	2	22.2	6	66.7	1	11.1	下降
	环境竞争力	8	2	25.0	4	50.0	2	25.0	上升
	人力资源竞争力	7	5	71.4	1	14.3	1	14.3	上升
	小　计	24	9	37.5	11	45.8	4	16.7	上升
财政金融 竞争力	财政竞争力	12	5	41.7	1	8.3	6	50.0	下降
	金融竞争力	10	3	30.0	4	40.0	3	30.0	下降
	小　计	22	8	36.4	5	22.7	9	40.9	下降
知识经济 竞争力	科技竞争力	9	2	22.2	6	66.7	1	11.1	保持
	教育竞争力	10	1	10.0	4	40.0	5	50.0	下降
	文化竞争力	10	2	20.0	5	50.0	3	30.0	保持
	小　计	29	5	17.2	15	51.7	9	31.0	保持

续表

二级指标	三级指标	四级指标数	上升		保持		下降		变化趋势
			指标数	比重	指标数	比重	指标数	比重	
发展环境竞争力	基础设施竞争力	9	1	11.1	5	55.6	3	33.3	保持
	软环境竞争力	9	1	11.1	2	22.2	6	66.7	下降
	小 计	18	2	11.1	7	38.9	9	50.0	下降
政府作用竞争力	政府发展经济竞争力	5	1	20.0	2	40.0	2	40.0	下降
	政府规调经济竞争力	5	5	100.0	0	0.0	0	0.0	上升
	政府保障经济竞争力	6	2	33.3	1	16.7	3	50.0	上升
	小 计	16	8	50.0	3	18.8	5	31.3	上升
发展水平竞争力	工业化进程竞争力	6	0	0.0	3	50.0	3	50.0	下降
	城市化进程竞争力	6	3	50.0	3	50.0	0	0.0	上升
	市场化进程竞争力	6	1	16.7	1	16.7	4	66.7	上升
	小 计	18	4	22.2	7	38.9	7	38.9	上升
统筹协调竞争力	统筹发展竞争力	8	2	25.0	3	37.5	3	37.5	下降
	协调发展竞争力	8	1	12.5	3	37.5	4	50.0	下降
	小 计	16	3	18.8	6	37.5	7	43.8	下降
合 计		210	58	27.6	80	38.1	72	34.3	保持

从表 13-2 可以看出，210 个四级指标中，上升指标有 58 个，占指标总数的 27.6%；下降指标有 72 个，占指标总数的 34.3%；保持不变的指标有 80 个，占指标总数的 38.1%。总体而言，从四级指标升降变动数量看，福建省经济综合竞争力下降的拉力大于上升的动力，但受升降幅度与其他外部因素的综合影响，2016~2017 年福建省经济综合竞争力排位保持不变。

3. 福建省经济综合竞争力各级指标优劣势结构分析

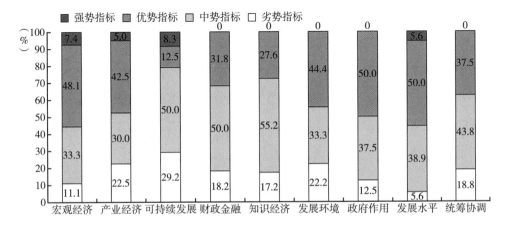

图 13-2 2017 年福建省经济综合竞争力各级指标优劣势比较

表 13－3 2017 年福建省经济综合竞争力各级指标优劣势比较

单位：个，%

二级指标	三级指标	四级指标数	强势指标		优势指标		中势指标		劣势指标		优劣势
			个数	比重	个数	比重	个数	比重	个数	比重	
宏观经济竞争力	经济实力竞争力	12	1	8.3	6	50.0	5	41.7	0	0.0	优势
	经济结构竞争力	6	1	16.7	1	16.7	2	33.3	2	33.3	中势
	经济外向度竞争力	9	0	0.0	6	66.7	2	22.2	1	11.1	中势
	小 计	27	2	7.4	13	48.1	9	33.3	3	11.1	优势
产业经济竞争力	农业竞争力	10	1	10.0	3	30.0	3	30.0	3	30.0	中势
	工业竞争力	10	0	0.0	6	60.0	3	30.0	1	10.0	优势
	服务业竞争力	10	1	10.0	5	50.0	2	20.0	2	20.0	优势
	企业竞争力	10	0	0.0	3	30.0	4	40.0	3	30.0	中势
	小 计	40	2	5.0	17	42.5	12	30.0	9	22.5	优势
可持续发展竞争力	资源竞争力	9	1	11.1	1	11.1	2	22.2	5	55.6	中势
	环境竞争力	8	1	12.5	1	12.5	5	62.5	1	12.5	强势
	人力资源竞争力	7	0	0.0	1	14.3	5	71.4	1	14.3	中势
	小 计	24	2	8.3	3	12.5	12	50.0	7	29.2	优势
财政金融竞争力	财政竞争力	12	0	0.0	1	8.3	8	66.7	3	25.0	中势
	金融竞争力	10	0	0.0	6	60.0	3	30.0	1	10.0	中势
	小 计	22	0	0.0	7	31.8	11	50.0	4	18.2	中势
知识经济竞争力	科技竞争力	9	0	0.0	5	55.6	3	33.3	1	11.1	中势
	教育竞争力	10	0	0.0	1	10.0	8	80.0	1	10.0	中势
	文化竞争力	10	0	0.0	2	20.0	5	50.0	3	30.0	中势
	小 计	29	0	0.0	8	27.6	16	55.2	5	17.2	中势
发展环境竞争力	基础设施竞争力	9	0	0.0	5	55.6	4	44.4	0	0.0	优势
	软环境竞争力	9	0	0.0	3	33.3	2	22.2	4	44.4	优势
	小 计	18	0	0.0	8	44.4	6	33.3	4	22.2	优势
政府作用竞争力	政府发展经济竞争力	5	0	0.0	4	80.0	1	20.0	0	0.0	优势
	政府规调经济竞争力	5	0	0.0	3	60.0	2	40.0	0	0.0	强势
	政府保障经济竞争力	6	0	0.0	1	16.7	3	50.0	2	33.3	中势
	小 计	16	0	0.0	8	50.0	6	37.5	2	12.5	优势
发展水平竞争力	工业化进程竞争力	6	0	0.0	4	66.7	2	33.3	0	0.0	中势
	城市化进程竞争力	6	0	0.0	3	50.0	3	50.0	0	0.0	优势
	市场化进程竞争力	6	1	16.7	2	33.3	2	33.3	1	16.7	优势
	小 计	18	1	5.6	9	50.0	7	38.9	1	5.6	优势
统筹协调竞争力	统筹发展竞争力	8	0	0.0	3	37.5	2	25.0	3	37.5	优势
	协调发展竞争力	8	0	0.0	3	37.5	5	62.5	0	0.0	强势
	小 计	16	0	0.0	6	37.5	7	43.8	3	18.8	优势
合 计		210	7	3.3	79	37.6	86	41.0	38	18.1	优势

基于图 13－2 和表 13－3，从四级指标来看，强势指标 7 个，占指标总数的 3.3%；优势指标 79 个，占指标总数的 37.6%；中势指标 86 个，占指标总数的 41.0%；劣势

指标 38 个，占指标总数的 18.1% 。从三级指标来看，强势指标 3 个，占三级指标总数的 12%；优势指标 9 个，占三级指标总数的 36%；中势指标 13 个，占三级指标总数的 52%；没有劣势指标。反映到二级指标上来，优势指标有 7 个，占二级指标总数的 77.8%；中势指标有 2 个，占二级指标的 22.2%，没有强势指标和劣势指标。综合来看，由于优势指标在指标体系中居于主导地位，2017 年福建省经济综合竞争力处于优势地位。

4. 福建省经济综合竞争力四级指标优劣势对比分析

表 13 – 4　2017 年福建省经济综合竞争力各级指标优劣势比较

二级指标	优劣势	四级指标
宏观经济竞争力 (27 个)	强势指标	人均固定资产投资额、所有制经济结构优化度(2 个)
	优势指标	地区生产总值、地区生产总值增长率、人均地区生产总值、固定资产投资额增长率、全社会消费品零售总额增长率、人均全社会消费品零售总额、贸易结构优化度、进出口总额、出口总额、实际 FDI、外贸依存度、外资企业数、对外直接投资额(13 个)
	劣势指标	产业结构优化度、资本形成结构优化度、出口增长率(3 个)
产业经济竞争力 (40 个)	强势指标	农产品出口占农林牧渔总产值比重、旅游外汇收入(2 个)
	优势指标	人均农业增加值、农民人均纯收入、农村人均用电量、工业增加值、人均工业增加值、工业资产总额增长率、规模以上工业主营业务收入、规模以上工业利润总额、工业收入利润率、服务业增加值增长率、人均服务业增加值、服务业从业人员数、限额以上批发零售企业主营业务收入、商品房销售收入、规模以上工业企业数、产品质量抽查合格率、中国驰名商标持有量(17 个)
	劣势指标	人均主要农产品产量、农业机械化水平、财政支农资金比重、工业全员劳动生产率、限额以上批零企业利税率、限额以上餐饮企业利税率、规模以上企业平均资产、规模以上企业平均收入、规模以上企业劳动效率(9 个)
可持续发展竞争力 (24 个)	强势指标	人均可使用海域和滩涂面积、森林覆盖率(2 个)
	优势指标	人均森林储积量、自然灾害直接经济损失、常住人口增长率(3 个)
	劣势指标	耕地面积、人均耕地面积、人均牧草地面积、主要能源矿产基础储量、人均主要能源矿产基础储量、人均废水排放量、平均受教育程度(7 个)
财政金融竞争力 (22 个)	强势指标	(0 个)
	优势指标	人均税收收入、人均存款余额、贷款余额、人均贷款余额、保险密度、国内上市公司数、国内上市公司市值(7 个)
	劣势指标	地方财政收入占 GDP 比重、地方财政支出占 GDP 比重、税收收入占 GDP 比重、保险深度(4 个)
知识经济竞争力 (29 个)	强势指标	(0 个)
	优势指标	R&D 人员、R&D 经费、R&D 经费投入强度、财政科技支出占地方财政支出比重、高技术产业主营业务收入、公共教育经费占财政支出比重、文化制造业营业收入、文化批发零售业营业收入(8 个)
	劣势指标	技术市场成交合同金额、教育经费占 GDP 比重、图书和期刊出版数、城镇居民人均文化娱乐支出占消费性支出比重、农村居民人均文化娱乐支出占消费性支出比重(5 个)
发展环境竞争力 (18 个)	强势指标	(0 个)
	优势指标	全社会货物周转量、人均邮电业务总量、电话普及率、网站数、人均耗电量、万人外资企业数、万人个体私营企业数、万人商标注册件数(8 个)
	劣势指标	外资企业数增长率、个体私营企业数增长率、查处商标侵权假冒案件、每十万人交通事故发生数(4 个)

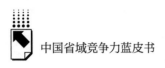

续表

二级指标	优劣势	四级指标
政府作用 竞争力 （16个）	强势指标	（0个）
	优势指标	财政支出用于基本建设投资比重、财政支出对GDP增长的拉动、政府公务员对经济的贡献、政府消费对民间消费的拉动、物价调控、调控城乡消费差距、规范税收、城镇登记失业率（8个）
	劣势指标	医疗保险覆盖率、养老保险覆盖率（2个）
发展水平 竞争力 （18个）	强势指标	非公有制经济产值占全社会总产值比重（1个）
	优势指标	工业增加值占GDP比重、工业增加值增长率、信息产业增加值占GDP比重、工农业增加值比值、城镇化率、城镇居民人均可支配收入、人均日生活用水量、私有和个体企业从业人员比重、居民消费支出占总消费支出比重（9个）
	劣势指标	亿元以上商品市场成交额占全社会消费品零售总额比重（1个）
统筹协调 竞争力 （16个）	强势指标	（0个）
	优势指标	社会劳动生产率、非农用地产出率、固定资产交付使用率、人力资源竞争力与宏观经济竞争力比差、城乡居民人均现金消费支出比差、全社会消费品零售总额与外贸出口总额比差（6个）
	劣势指标	能源使用下降率、万元GDP综合能耗下降率、最终消费率（3个）

13.2 福建省经济综合竞争力各级指标具体分析

1. 福建省宏观经济竞争力指标排名变化情况

表13-5 2016~2017年福建省宏观经济竞争力指标组排位及变化趋势

指标	2016	2017	排位升降	优劣势
1 宏观经济竞争力	8	7	1	优势
1.1 经济实力竞争力	8	7	1	优势
地区生产总值	10	10	0	优势
地区生产总值增长率	8	7	1	优势
人均地区生产总值	6	6	0	优势
财政总收入	14	14	0	中势
财政总收入增长率	9	18	-9	中势
人均财政收入	15	15	0	中势
固定资产投资额	11	11	0	中势
固定资产投资额增长率	21	6	15	优势
人均固定资产投资额	3	2	1	强势
全社会消费品零售总额	11	11	0	中势
全社会消费品零售总额增长率	12	9	3	优势
人均全社会消费品零售总额	9	8	1	优势
1.2 经济结构竞争力	13	12	1	中势
产业结构优化度	23	24	-1	劣势
所有制经济结构优化度	1	2	-1	强势
城乡经济结构优化度	11	11	0	中势

续表

指　标	2016	2017	排位升降	优劣势
就业结构优化度	15	16	−1	中势
资本形成结构优化度	30	25	5	劣势
贸易结构优化度	6	6	0	优势
1.3　经济外向度竞争力	8	14	−6	中势
进出口总额	6	6	0	优势
进出口增长率	16	19	−3	中势
出口总额	6	6	0	优势
出口增长率	21	22	−1	劣势
实际 FDI	7	8	−1	优势
实际 FDI 增长率	9	19	−10	中势
外贸依存度	7	7	0	优势
外资企业数	7	7	0	优势
对外直接投资额	9	9	0	优势

2. 福建省产业经济竞争力指标排名变化情况

表 13－6　2016~2017 年福建省产业经济竞争力指标组排位及变化趋势

指　标	2016	2017	排位升降	优劣势
2　产业经济竞争力	9	9	0	优势
2.1　农业竞争力	10	11	−1	中势
农业增加值	12	13	−1	中势
农业增加值增长率	18	17	1	中势
人均农业增加值	3	5	−2	优势
农民人均纯收入	6	6	0	优势
农民人均纯收入增长率	11	14	−3	中势
农产品出口占农林牧渔总产值比重	3	3	0	强势
人均主要农产品产量	23	25	−2	劣势
农业机械化水平	24	24	0	劣势
农村人均用电量	7	6	1	优势
财政支农资金比重	26	23	3	劣势
2.2　工业竞争力	8	8	0	优势
工业增加值	8	8	0	优势
工业增加值增长率	9	13	−4	中势
人均工业增加值	5	5	0	优势
工业资产总额	14	14	0	中势
工业资产总额增长率	10	6	4	优势
规模以上工业主营业务收入	8	6	2	优势
工业成本费用率	13	14	−1	中势
规模以上工业利润总额	7	7	0	优势
工业全员劳动生产率	25	26	−1	劣势
工业收入利润率	10	9	1	优势

指　　标	2016	2017	排位升降	优劣势
2.3　服务业竞争力	10	9	1	优势
服务业增加值	12	12	0	中势
服务业增加值增长率	2	6	-4	优势
人均服务业增加值	8	7	1	优势
服务业从业人员数	10	10	0	优势
限额以上批发零售企业主营业务收入	8	8	0	优势
限额以上批零企业利税率	23	24	-1	劣势
限额以上餐饮企业利税率	29	28	1	劣势
旅游外汇收入	2	2	0	强势
商品房销售收入	11	9	2	优势
电子商务销售额	13	12	1	中势
2.4　企业竞争力	13	14	-1	中势
规模以上工业企业数	7	7	0	优势
规模以上企业平均资产	28	27	1	劣势
规模以上企业平均收入	26	25	1	劣势
规模以上企业平均利润	17	19	-2	中势
规模以上企业劳动效率	25	26	-1	劣势
城镇就业人员平均工资	15	17	-2	中势
新产品销售收入占主营业务收入比重	14	16	-2	中势
产品质量抽查合格率	7	5	2	优势
工业企业 R&D 经费投入强度	12	13	-1	中势
中国驰名商标持有量	5	5	0	优势

3. 福建省可持续发展竞争力指标排名变化情况

表 13 - 7　2016～2017 年福建省可持续发展竞争力指标组排位及变化趋势

指　　标	2016	2017	排位升降	优劣势
3　可持续发展竞争力	13	5	8	优势
3.1　资源竞争力	11	13	-2	中势
人均国土面积	18	18	0	中势
人均可使用海域和滩涂面积	2	2	0	强势
人均年水资源量	3	11	-8	中势
耕地面积	24	24	0	劣势
人均耕地面积	27	27	0	劣势
人均牧草地面积	26	26	0	劣势
主要能源矿产基础储量	23	22	1	劣势
人均主要能源矿产基础储量	23	22	1	劣势
人均森林储积量	7	7	0	优势

续表

指 标	2016	2017	排位升降	优劣势
3.2 环境竞争力	10	1	9	强势
森林覆盖率	1	1	0	强势
人均废水排放量	25	25	0	劣势
人均工业废气排放量	11	11	0	中势
人均工业固体废物排放量	9	12	-3	中势
人均治理工业污染投资额	14	15	-1	中势
一般工业固体废物综合利用率	13	12	1	中势
生活垃圾无害化处理率	15	15	0	中势
自然灾害直接经济损失	28	7	21	优势
3.3 人力资源竞争力	19	15	4	中势
常住人口增长率	9	8	1	优势
15~64岁人口比例	19	17	2	中势
文盲率	22	20	2	中势
大专以上教育程度人口比例	19	14	5	中势
平均受教育程度	24	21	3	劣势
人口健康素质	14	17	-3	中势
职业学校毕业生数	13	13	0	中势

4. 福建省财政金融竞争力指标排名变化情况

表 13-8 2016~2017 年福建省财政金融竞争力指标组排位及变化趋势

指 标	2016	2017	排位升降	优劣势
4 财政金融竞争力	12	14	-2	中势
4.1 财政竞争力	14	17	-3	中势
地方财政收入	14	12	2	中势
地方财政支出	19	18	1	中势
地方财政收入占 GDP 比重	24	25	-1	劣势
地方财政支出占 GDP 比重	28	28	0	劣势
税收收入占 GDP 比重	22	24	-2	劣势
税收收入占财政总收入比重	9	13	-4	中势
人均地方财政收入	10	15	-5	中势
人均地方财政支出	19	15	4	中势
人均税收收入	9	8	1	优势
地方财政收入增长率	12	13	-1	中势
地方财政支出增长率	14	11	3	中势
税收收入增长率	13	20	-7	中势

指　　标	2016	2017	排位升降	优劣势
4.2　金融竞争力	12	13	−1	中势
存款余额	14	14	0	中势
人均存款余额	10	10	0	优势
贷款余额	8	9	−1	优势
人均贷款余额	6	8	−2	优势
中长期贷款占贷款余额比重	19	19	0	中势
保险费净收入	14	14	0	中势
保险密度	13	9	4	优势
保险深度	29	26	3	劣势
国内上市公司数	8	6	2	优势
国内上市公司市值	6	7	−1	优势

5. 福建省知识经济竞争力指标排名变化情况

表 13－9　2016～2017 年福建省知识经济竞争力指标组排位及变化趋势

指　　标	2016	2017	排位升降	优劣势
5　知识经济竞争力	15	15	0	中势
5.1　科技竞争力	14	14	0	中势
R&D 人员	6	6	0	优势
R&D 经费	9	9	0	优势
R&D 经费投入强度	9	8	1	优势
发明专利授权量	11	11	0	中势
技术市场成交合同金额	23	23	0	劣势
财政科技支出占地方财政支出比重	10	10	0	优势
高技术产业主营业务收入	11	9	2	优势
高技术产业收入占工业增加值比重	11	12	−1	中势
高技术产品出口额占商品出口额比重	19	19	0	中势
5.2　教育竞争力	11	17	−6	中势
教育经费	15	17	−2	中势
教育经费占 GDP 比重	28	28	0	劣势
人均教育经费	13	14	−1	中势
公共教育经费占财政支出比重	4	5	−1	优势
人均文化教育支出	10	11	−1	中势
万人中小学学校数	18	14	4	中势
万人中小学专任教师数	17	17	0	中势
高等学校数	15	15	0	中势
高校专任教师数	16	16	0	中势
万人高等学校在校学生数	13	18	−5	中势

续表

指 标	2016	2017	排位升降	优劣势
5.3 文化竞争力	20	20	0	中势
文化制造业营业收入	7	4	3	优势
文化批发零售业营业收入	9	7	2	优势
文化服务业企业营业收入	13	14	−1	中势
图书和期刊出版数	22	22	0	劣势
报纸出版数	14	14	0	中势
印刷用纸量	19	19	0	中势
城镇居民人均文化娱乐支出	12	18	−6	中势
农村居民人均文化娱乐支出	17	17	0	中势
城镇居民人均文化娱乐支出占消费性支出比重	28	30	−2	劣势
农村居民人均文化娱乐支出占消费性支出比重	26	26	0	劣势

6. 福建省发展环境竞争力指标排名变化情况

表 13 – 10 2016～2017 年福建省发展环境竞争力指标组排位及变化趋势

指 标	2016	2017	排位升降	优劣势
6 发展环境竞争力	8	9	−1	优势
6.1 基础设施竞争力	9	9	0	优势
铁路网线密度	13	14	−1	中势
公路网线密度	17	18	−1	中势
人均内河航道里程	16	16	0	中势
全社会旅客周转量	17	17	0	中势
全社会货物周转量	10	10	0	优势
人均邮电业务总量	6	6	0	优势
电话普及率	5	5	0	优势
网站数	4	6	−2	优势
人均耗电量	11	9	2	优势
6.2 软环境竞争力	7	9	−2	优势
外资企业数增长率	22	27	−5	劣势
万人外资企业数	8	7	1	优势
个体私营企业数增长率	21	25	−4	劣势
万人个体私营企业数	7	8	−1	优势
万人商标注册件数	5	5	0	优势
查处商标侵权假冒案件	22	23	−1	劣势
每十万人交通事故发生数	26	27	−1	劣势
罚没收入占财政收入比重	12	13	−1	中势
社会捐赠款物	14	14	0	中势

7. 福建省政府作用竞争力指标排名变化情况

表 13－11　2016～2017 年福建省政府作用竞争力指标组排位及变化趋势

指　标	2016	2017	排位升降	优劣势
7　政府作用竞争力	10	8	2	优势
7.1　政府发展经济竞争力	3	4	－1	优势
财政支出用于基本建设投资比重	3	5	－2	优势
财政支出对 GDP 增长的拉动	4	4	0	优势
政府公务员对经济的贡献	5	5	0	优势
政府消费对民间消费的拉动	5	6	－1	优势
财政投资对社会投资的拉动	22	17	5	中势
7.2　政府规调经济竞争力	16	3	13	强势
物价调控	15	5	10	优势
调控城乡消费差距	7	6	1	优势
统筹经济社会发展	18	12	6	中势
规范税收	8	6	2	优势
固定资产投资价格指数	24	15	9	中势
7.3　政府保障经济竞争力	21	20	1	中势
城市城镇社区服务设施数	18	18	0	中势
医疗保险覆盖率	22	23	－1	劣势
养老保险覆盖率	27	29	－2	劣势
失业保险覆盖率	17	18	－1	中势
最低工资标准	19	12	7	中势
城镇登记失业率	7	6	1	优势

8. 福建省发展水平竞争力指标排名变化情况

表 13－12　2016～2017 年福建省发展水平竞争力指标组排位及变化趋势

指　标	2016	2017	排位升降	优劣势
8　发展水平竞争力	9	8	1	优势
8.1　工业化进程竞争力	9	14	－5	中势
工业增加值占 GDP 比重	5	8	－3	优势
工业增加值增长率	9	9	0	优势
高技术产业占工业增加值比重	11	11	0	中势
高技术产品出口额占商品出口额比重	13	19	－6	中势
信息产业增加值占 GDP 比重	6	7	－1	优势
工农业增加值比值	9	9	0	优势

续表

指　　标	2016	2017	排位升降	优劣势
8.2　城市化进程竞争力	8	7	1	优势
城镇化率	8	8	0	优势
城镇居民人均可支配收入	7	7	0	优势
城市平均建成区面积比重	13	13	0	中势
人均拥有道路面积	21	11	10	中势
人均日生活用水量	10	6	4	优势
人均公共绿地面积	15	14	1	中势
8.3　市场化进程竞争力	10	7	3	优势
非公有制经济产值占全社会总产值比重	1	2	-1	强势
社会投资占投资总额比重	17	19	-2	中势
私有和个体企业从业人员比重	13	5	8	优势
亿元以上商品市场成交额	17	17	0	中势
亿元以上商品市场成交额占全社会消费品零售总额比重	20	22	-2	劣势
居民消费支出占总消费支出比重	5	6	-1	优势

9. 福建省统筹协调竞争力指标排名变化情况

表13-13　2016～2017年福建省统筹协调竞争力指标组排位及变化趋势

指　　标	2016	2017	排位升降	优劣势
9　统筹协调竞争力	4	8	-4	优势
9.1　统筹发展竞争力	6	9	-3	优势
社会劳动生产率	9	7	2	优势
能源使用下降率	11	28	-17	劣势
万元GDP综合能耗下降率	8	22	-14	劣势
非农用地产出率	6	6	0	优势
生产税净额和营业盈余占GDP比重	12	12	0	中势
最终消费率	30	30	0	劣势
固定资产投资额占GDP比重	10	12	-2	中势
固定资产交付使用率	16	5	11	优势
9.2　协调发展竞争力	2	3	-1	强势
环境竞争力与宏观经济竞争力比差	11	19	-8	中势
资源竞争力与宏观经济竞争力比差	12	13	-1	中势
人力资源竞争力与宏观经济竞争力比差	1	6	-5	优势
资源竞争力与工业竞争力比差	14	14	0	中势
环境竞争力与工业竞争力比差	11	17	-6	中势
城乡居民家庭人均收入比差	11	11	0	中势
城乡居民人均现金消费支出比差	8	6	2	优势
全社会消费品零售总额与外贸出口总额比差	5	5	0	优势

B.15

14

江西省经济综合竞争力评价分析报告

江西省简称赣,地处中国东南偏中部长江中下游南岸,东邻浙江省、福建省,南连广东省,西靠湖南省,北毗湖北省、安徽省而共接长江,是长江经济带的重要组成部分。全省土地总面积166900平方公里,2017年总人口为4622万人,地区生产总值为20006亿元,同比增长8.8%,人均GDP达43424元。本部分通过分析2016~2017年江西省经济综合竞争力以及各要素竞争力的排名变化,从中找出江西省经济综合竞争力的推动点及影响因素,为进一步提升江西省经济综合竞争力提供决策参考。

14.1 江西省经济综合竞争力总体分析

1. 江西省经济综合竞争力一级指标概要分析

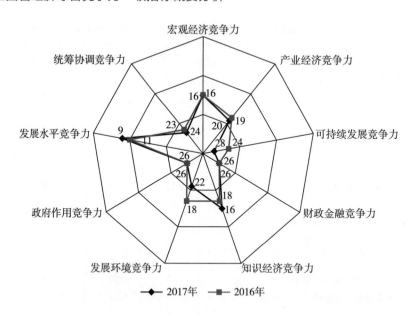

图14-1 2016~2017年江西省经济综合竞争力二级指标比较

(1)从综合排位看,2017年江西省经济综合竞争力综合排位在全国居第18位,这表明其在全国处于中势地位;与2016年相比,综合排位没有发生变化。

(2)从指标所处区位看,只有1个指标处于上游区,即发展水平竞争力,其为优

236

表 14−1 2016～2017 年江西省经济综合竞争力二级指标表现情况

年 份 \ 项 目	宏观经济 竞争力	产业经济 竞争力	可持续发展 竞争力	财政金融 竞争力	知识经济 竞争力	发展环境 竞争力	政府作用 竞争力	发展水平 竞争力	统筹协调 竞争力	综合 排位
2016	16	19	24	26	18	18	26	11	23	18
2017	16	20	28	26	16	22	26	9	24	18
升降	0	−1	−4	0	2	−4	0	2	−1	0
优劣度	中势	中势	劣势	劣势	中势	劣势	劣势	优势	劣势	中势

势指标；有 3 个指标为中势指标，分别为宏观经济竞争力、产业经济竞争力和知识经济竞争力；有 5 个指标处于下游区，分别为可持续发展竞争力、财政金融竞争力、发展环境竞争力、政府作用竞争力和统筹协调竞争力。

（3）从指标变化趋势看，9 个二级指标中，有 2 个指标处于上升趋势，分别为知识经济竞争力和发展水平竞争力，这些是江西省经济综合竞争力的上升动力所在；有 3 个指标排位没有发生变化，分别为宏观经济竞争力、财政金融竞争力和政府作用竞争力；有 4 个指标处于下降趋势，分别为产业经济竞争力、可持续发展竞争力、发展环境竞争力和统筹协调竞争力，这些是江西省经济综合竞争力的下降拉力所在。虽然知识经济竞争力和发展水平竞争力 2 个指标有所提升，但是提升幅度较小；而可持续发展竞争力和发展环境竞争力 2 个指标的下降幅度较大。

2. 江西省经济综合竞争力各级指标动态变化分析

表 14−2 2016～2017 年江西省经济综合竞争力各级指标排位变化情况

单位：个，%

二级指标	三级指标	四级 指标数	上升		保持		下降		变化 趋势
			指标数	比重	指标数	比重	指标数	比重	
宏观经济 竞争力	经济实力竞争力	12	7	58.3	4	33.3	1	8.3	上升
	经济结构竞争力	6	1	16.7	2	33.3	3	50.0	下降
	经济外向度竞争力	9	0	0.0	3	33.3	6	66.7	下降
	小　计	27	8	29.6	9	33.3	10	37.0	保持
产业经济 竞争力	农业竞争力	10	2	20.0	5	50.0	3	30.0	保持
	工业竞争力	10	3	30.0	1	10.0	6	60.0	下降
	服务业竞争力	10	6	60.0	1	10.0	3	30.0	上升
	企业竞争力	10	2	20.0	2	20.0	6	60.0	下降
	小　计	40	13	32.5	9	22.5	18	45.0	下降
可持续发展 竞争力	资源竞争力	9	1	11.1	7	77.8	1	11.1	下降
	环境竞争力	8	3	37.5	2	25.0	3	37.5	下降
	人力资源竞争力	7	2	28.6	1	14.3	4	57.1	下降
	小　计	24	6	25.0	10	41.7	8	33.3	下降
财政金融 竞争力	财政竞争力	12	3	25.0	3	25.0	6	50.0	上升
	金融竞争力	10	5	50.0	2	20.0	3	30.0	下降
	小　计	22	8	36.4	5	22.7	9	40.9	保持

续表

二级指标	三级指标	四级指标数	上升		保持		下降		变化趋势
			指标数	比重	指标数	比重	指标数	比重	
知识经济竞争力	科技竞争力	9	7	77.8	1	11.1	1	11.1	保持
	教育竞争力	10	4	40.0	6	60.0	0	0.0	保持
	文化竞争力	10	4	40.0	4	40.0	2	20.0	保持
	小　计	29	15	51.7	11	37.9	3	10.3	上升
发展环境竞争力	基础设施竞争力	9	1	11.1	7	77.8	1	11.1	下降
	软环境竞争力	9	3	33.3	1	11.1	5	55.6	下降
	小　计	18	4	22.2	8	44.4	6	33.3	下降
政府作用竞争力	政府发展经济竞争力	5	2	40.0	2	40.0	1	20.0	上升
	政府规调经济竞争力	5	3	60.0	0	0.0	2	40.0	下降
	政府保障经济竞争力	6	1	16.7	2	33.3	3	50.0	保持
	小　计	16	6	37.5	4	25.0	6	37.5	保持
发展水平竞争力	工业化进程竞争力	6	5	83.3	1	16.7	0	0.0	上升
	城市化进程竞争力	6	1	16.7	2	33.3	3	50.0	上升
	市场化进程竞争力	6	1	16.7	1	16.7	4	66.7	下降
	小　计	18	7	38.9	4	22.2	7	38.9	上升
统筹协调竞争力	统筹发展竞争力	8	2	25.0	2	25.0	4	50.0	上升
	协调发展竞争力	8	0	0.0	3	37.5	5	62.5	下降
	小　计	16	2	12.5	5	31.3	9	56.3	下降
合　计		210	69	32.9	65	31.0	76	36.2	保持

从表 14 - 2 可以看出，210 个四级指标中，上升指标有 69 个，占指标总数的 32.9%；下降指标有 76 个，占指标总数的 36.2%；保持不变的指标有 65 个，占指标总数的 31.0%。总体而言，从四级指标升降变动数量看，江西省经济综合竞争力的下降拉力略大于上升动力，但因下降幅度有限且排位保持不变的指标比重较大，2016~2017年江西省经济综合竞争力排位保持不变。

3. 江西省经济综合竞争力各级指标优劣势结构分析

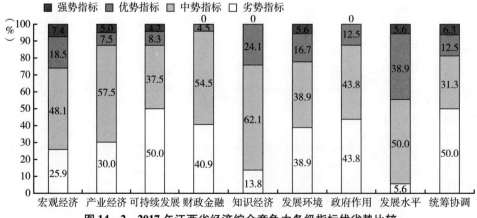

图 14 - 2　2017 年江西省经济综合竞争力各级指标优劣势比较

表 14-3 2017 年江西省经济综合竞争力各级指标优劣势情况

单位：个，%

二级指标	三级指标	四级指标数	强势指标		优势指标		中势指标		劣势指标		优劣势
			个数	比重	个数	比重	个数	比重	个数	比重	
宏观经济竞争力	经济实力竞争力	12	2	16.7	2	16.7	6	50.0	2	16.7	中势
	经济结构竞争力	6	0	0.0	3	50.0	2	33.3	1	16.7	中势
	经济外向度竞争力	9	0	0.0	0	0.0	5	55.6	4	44.4	劣势
	小　计	27	2	7.4	5	18.5	13	48.1	7	25.9	中势
产业经济竞争力	农业竞争力	10	0	0.0	2	20.0	6	60.0	2	20.0	劣势
	工业竞争力	10	0	0.0	1	10.0	7	70.0	2	20.0	劣势
	服务业竞争力	10	2	20.0	0	0.0	4	40.0	4	40.0	劣势
	企业竞争力	10	0	0.0	0	0.0	6	60.0	4	40.0	劣势
	小　计	40	2	5.0	3	7.5	23	57.5	12	30.0	中势
可持续发展竞争力	资源竞争力	9	0	0.0	1	11.1	4	44.4	4	44.4	劣势
	环境竞争力	8	1	12.5	1	12.5	1	12.5	5	62.5	优势
	人力资源竞争力	7	0	0.0	0	0.0	4	57.1	3	42.9	劣势
	小　计	24	1	4.2	2	8.3	9	37.5	12	50.0	劣势
财政金融竞争力	财政竞争力	12	0	0.0	1	8.3	7	58.3	4	33.3	劣势
	金融竞争力	10	0	0.0	0	0.0	5	50.0	5	50.0	劣势
	小　计	22	0	0.0	1	4.5	12	54.5	9	40.9	劣势
知识经济竞争力	科技竞争力	9	0	0.0	2	22.2	6	66.7	1	11.1	中势
	教育竞争力	10	0	0.0	4	40.0	5	50.0	1	10.0	中势
	文化竞争力	10	0	0.0	1	10.0	7	70.0	2	20.0	中势
	小　计	29	0	0.0	7	24.1	18	62.1	4	13.8	中势
发展环境竞争力	基础设施竞争力	9	0	0.0	2	22.2	4	44.4	3	33.3	中势
	软环境竞争力	9	1	11.1	1	11.1	3	33.3	4	44.4	劣势
	小　计	18	1	5.6	3	16.7	7	38.9	7	38.9	劣势
政府作用竞争力	政府发展经济竞争力	5	0	0.0	2	40.0	3	60.0	0	0.0	中势
	政府规调经济竞争力	5	0	0.0	0	0.0	2	40.0	3	60.0	劣势
	政府保障经济竞争力	6	0	0.0	0	0.0	2	33.3	4	66.7	劣势
	小　计	16	0	0.0	2	12.5	7	43.8	7	43.8	劣势
发展水平竞争力	工业化进程竞争力	6	0	0.0	3	50.0	3	50.0	0	0.0	中势
	城市化进程竞争力	6	1	16.7	1	16.7	3	50.0	1	16.7	优势
	市场化进程竞争力	6	0	0.0	3	50.0	3	50.0	0	0.0	优势
	小　计	18	1	5.6	7	38.9	9	50.0	1	5.6	优势
统筹协调竞争力	统筹发展竞争力	8	0	0.0	1	12.5	3	37.5	4	50.0	劣势
	协调发展竞争力	8	1	12.5	1	12.5	2	25.0	4	50.0	中势
	小　计	16	1	6.3	2	12.5	5	31.3	8	50.0	劣势
合　计		210	8	3.8	32	15.2	103	49.0	67	31.9	中势

　　基于图 14-2 和表 14-3，具体到四级指标，强势指标 8 个，占指标总数的 3.8%；优势指标 32 个，占指标总数的 15.2%；中势指标 103 个，占指标总数的 49.0%；劣势

指标 67 个，占指标总数的 31.9%。三级指标中，强势指标 0 个；优势指标 3 个，占三级指标总数的 12.0%；中势指标 10 个，占三级指标总数的 40.0%；劣势指标 12 个，占三级指标总数的 48.0%。从二级指标看，没有强势指标；优势指标 1 个，占二级指标总数的 11.1%；中势指标 3 个，占二级指标总数的 33.3%；劣势指标 5 个，占二级指标总数的 55.6%。综合来看，由于中势指标在指标体系中居于主导地位，2017 年江西省经济综合竞争力处于中势地位。

4. 江西省经济综合竞争力四级指标优劣势对比分析

表 14 - 4　2017 年江西省经济综合竞争力各级指标优劣势情况

二级指标	优劣势	四级指标
宏观经济竞争力（27 个）	强势指标	财政总收入增长率、全社会消费品零售总额增长率（2 个）
	优势指标	地区生产总值增长率、固定资产投资额增长率、所有制经济结构优化度、城乡经济结构优化度、贸易结构优化度（5 个）
	劣势指标	人均地区生产总值、人均全社会消费品零售总额、产业结构优化度、进出口增长率、出口增长率、实际 FDI 增长率、对外直接投资额（7 个）
产业经济竞争力（40 个）	强势指标	服务业增加值增长率、限额以上批零企业利税率（2 个）
	优势指标	农业增加值增长率、农民人均纯收入增长率、工业增加值增长率（3 个）
	劣势指标	人均农业增加值、农产品出口占农林牧渔总产值比重、工业资产总额增长率、工业全员劳动生产率、人均服务业增加值、限额以上批发零售企业主营业务收入、限额以上餐饮企业利税率、旅游外汇收入、规模以上企业平均资产、城镇就业人员平均工资、产品质量抽查合格率、工业企业 R&D 经费投入强度（12 个）
可持续发展竞争力（24 个）	强势指标	森林覆盖率（1 个）
	优势指标	人均年水资源量、人均废水排放量（2 个）
	劣势指标	人均耕地面积、人均牧草地面积、主要能源矿产基础储量、人均主要能源矿产基础储量、人均工业固体废物排放量、人均治理工业污染投资额、一般工业固体废物综合利用率、生活垃圾无害化处理率、自然灾害直接经济损失、15～64 岁人口比例、大专以上教育程度人口比例、平均受教育程度（12 个）
财政金融竞争力（22 个）	强势指标	（0 个）
	优势指标	地方财政支出增长率（1 个）
	劣势指标	税收收入占财政总收入比重、人均地方财政收入、人均地方财政支出、税收收入增长率、人均存款余额、人均贷款余额、保险密度、保险深度、国内上市公司市值（9 个）
知识经济竞争力（29 个）	强势指标	（0 个）
	优势指标	财政科技支出占地方财政支出比重、高技术产业收入占工业增加值比重、教育经费占 GDP 比重、公共教育经费占财政支出比重、万人中小学学校数、万人高等学校在校学生数、文化制造业营业收入（7 个）
	劣势指标	发明专利授权量、人均文化教育支出、城镇居民人均文化娱乐支出、农村居民人均文化娱乐支出（4 个）
发展环境竞争力（18 个）	强势指标	社会捐赠款物（1 个）
	优势指标	人均内河航道里程、全社会旅客周转量、个体私营企业数增长率（3 个）
	劣势指标	人均邮电业务总量、电话普及率、人均耗电量、万人外资企业数、万人个体私营企业数、万人商标注册件数、罚没收入占财政收入比重（7 个）

二级指标	优劣势	四级指标
政府作用竞争力（16个）	强势指标	（0个）
	优势指标	政府消费对民间消费的拉动、财政投资对社会投资的拉动（2个）
	劣势指标	物价调控、规范税收、固定资产投资价格指数、城市城镇社区服务设施数、医疗保险覆盖率、失业保险覆盖率、最低工资标准（7个）
发展水平竞争力（18个）	强势指标	城市平均建成区面积比重（1个）
	优势指标	工业增加值占GDP比重、高技术产业占工业增加值比重、信息产业增加值占GDP比重、人均拥有道路面积、非公有制经济产值占全社会总产值比重、社会投资占投资总额比重、居民消费支出占总消费支出比重（7个）
	劣势指标	城镇化率（1个）
统筹协调竞争力（16个）	强势指标	人力资源竞争力与宏观经济竞争力比差（1个）
	优势指标	万元GDP综合能耗下降率、城乡居民家庭人均收入比差（2个）
	劣势指标	社会劳动生产率、生产税净额和营业盈余占GDP比重、固定资产投资额占GDP比重、固定资产交付使用率、环境竞争力与宏观经济竞争力比差、资源竞争力与宏观经济竞争力比差、资源竞争力与工业竞争力比差、环境竞争力与工业竞争力比差（8个）

14.2　江西省经济综合竞争力各级指标具体分析

1. 江西省宏观经济竞争力指标排名变化情况

表14－5　2016～2017年江西省宏观经济竞争力指标组排位及变化趋势

指标	2016	2017	排位升降	优劣势
1　宏观经济竞争力	16	16	0	中势
1.1　经济实力竞争力	20	16	4	中势
地区生产总值	16	16	0	中势
地区生产总值增长率	5	5	0	优势
人均地区生产总值	23	23	0	劣势
财政总收入	23	19	4	中势
财政总收入增长率	16	3	13	强势
人均财政收入	26	20	6	中势
固定资产投资额	13	13	0	中势
固定资产投资额增长率	5	10	－5	优势
人均固定资产投资额	16	15	1	中势
全社会消费品零售总额	21	20	1	中势
全社会消费品零售总额增长率	8	2	6	强势
人均全社会消费品零售总额	24	23	1	劣势

指标	2016	2017	排位升降	优劣势
1.2　经济结构竞争力	9	15	−6	中势
产业结构优化度	27	30	−3	劣势
所有制经济结构优化度	7	8	−1	优势
城乡经济结构优化度	9	9	0	优势
就业结构优化度	19	19	0	中势
资本形成结构优化度	20	17	3	中势
贸易结构优化度	8	9	−1	优势
1.3　经济外向度竞争力	14	28	−14	劣势
进出口总额	17	18	−1	中势
进出口增长率	27	27	0	劣势
出口总额	16	16	0	中势
出口增长率	4	26	−22	劣势
实际 FDI	15	17	−2	中势
实际 FDI 增长率	21	29	−8	劣势
外贸依存度	15	17	−2	中势
外资企业数	14	16	−2	中势
对外直接投资额	24	24	0	劣势

2. 江西省产业经济竞争力指标排名变化情况

表 14-6　2016～2017 年江西省产业经济竞争力指标组排位及变化趋势

指标	2016	2017	排位升降	优劣势
2　产业经济竞争力	19	20	−1	中势
2.1　农业竞争力	21	21	0	劣势
农业增加值	16	17	−1	中势
农业增加值增长率	11	8	3	优势
人均农业增加值	20	24	−4	劣势
农民人均纯收入	11	11	0	中势
农民人均纯收入增长率	10	10	0	优势
农产品出口占农林牧渔总产值比重	24	25	−1	劣势
人均主要农产品产量	12	12	0	中势
农业机械化水平	16	16	0	中势
农村人均用电量	20	20	0	中势
财政支农资金比重	15	13	2	中势

续表

指　标	2016	2017	排位升降	优劣势
2.2　工业竞争力	17	22	−5	劣势
工业增加值	15	14	1	中势
工业增加值增长率	17	6	11	优势
人均工业增加值	18	18	0	中势
工业资产总额	19	18	1	中势
工业资产总额增长率	2	28	−26	劣势
规模以上工业主营业务收入	12	13	−1	中势
工业成本费用率	12	13	−1	中势
规模以上工业利润总额	10	11	−1	中势
工业全员劳动生产率	28	29	−1	劣势
工业收入利润率	9	11	−2	中势
2.3　服务业竞争力	17	16	1	中势
服务业增加值	20	19	1	中势
服务业增加值增长率	4	3	1	强势
人均服务业增加值	26	27	−1	劣势
服务业从业人员数	16	16	0	中势
限额以上批发零售企业主营业务收入	25	23	2	劣势
限额以上批零企业利税率	4	3	1	强势
限额以上餐饮企业利税率	22	23	−1	劣势
旅游外汇收入	21	23	−2	劣势
商品房销售收入	16	14	2	中势
电子商务销售额	15	13	2	中势
2.4　企业竞争力	22	26	−4	劣势
规模以上工业企业数	12	12	0	中势
规模以上企业平均资产	27	28	−1	劣势
规模以上企业平均收入	15	19	−4	中势
规模以上企业平均利润	9	14	−5	中势
规模以上企业劳动效率	9	19	−10	中势
城镇就业人员平均工资	25	27	−2	劣势
新产品销售收入占主营业务收入比重	16	14	2	中势
产品质量抽查合格率	20	23	−3	劣势
工业企业 R&D 经费投入强度	24	21	3	劣势
中国驰名商标持有量	19	19	0	中势

3. 江西省可持续发展竞争力指标排名变化情况

表 14 - 7　2016～2017 年江西省可持续发展竞争力指标组排位及变化趋势

指　　标	2016	2017	排位升降	优劣势
3　可持续发展竞争力	24	28	-4	劣势
3.1　资源竞争力	24	26	-2	劣势
人均国土面积	16	16	0	中势
人均可使用海域和滩涂面积	13	13	0	中势
人均年水资源量	5	7	-2	优势
耕地面积	20	20	0	中势
人均耕地面积	23	23	0	劣势
人均牧草地面积	23	23	0	劣势
主要能源矿产基础储量	24	23	1	劣势
人均主要能源矿产基础储量	26	26	0	劣势
人均森林储积量	12	12	0	中势
3.2　环境竞争力	7	8	-1	优势
森林覆盖率	2	2	0	强势
人均废水排放量	20	10	10	优势
人均工业废气排放量	15	17	-2	中势
人均工业固体废物排放量	24	23	1	劣势
人均治理工业污染投资额	25	24	1	劣势
一般工业固体废物综合利用率	30	30	0	劣势
生活垃圾无害化处理率	21	22	-1	劣势
自然灾害直接经济损失	16	24	-8	劣势
3.3　人力资源竞争力	28	30	-2	劣势
常住人口增长率	18	14	4	中势
15～64 岁人口比例	28	28	0	劣势
文盲率	16	15	1	中势
大专以上教育程度人口比例	26	29	-3	劣势
平均受教育程度	23	25	-2	劣势
人口健康素质	17	19	-2	中势
职业学校毕业生数	15	16	-1	中势

4. 江西省财政金融竞争力指标排名变化情况

表 14 - 8　2016～2017 年江西省财政金融竞争力指标组排位及变化趋势

指　　标	2016	2017	排位升降	优劣势
4　财政金融竞争力	26	26	0	劣势
4.1　财政竞争力	26	23	3	劣势
地方财政收入	17	17	0	中势
地方财政支出	14	14	0	中势
地方财政收入占 GDP 比重	13	13	0	中势

续表

指 标	2016	2017	排位升降	优劣势
地方财政支出占 GDP 比重	11	12	-1	中势
税收收入占 GDP 比重	12	15	-3	中势
税收收入占财政总收入比重	19	23	-4	劣势
人均地方财政收入	18	30	-12	劣势
人均地方财政支出	23	24	-1	劣势
人均税收收入	16	20	-4	中势
地方财政收入增长率	26	18	8	中势
地方财政支出增长率	26	5	21	优势
税收收入增长率	26	25	1	劣势
4.2 金融竞争力	24	26	-2	劣势
存款余额	19	18	1	中势
人均存款余额	26	25	1	劣势
贷款余额	18	18	0	中势
人均贷款余额	26	25	1	劣势
中长期贷款占贷款余额比重	22	16	6	中势
保险费净收入	18	18	0	中势
保险密度	24	25	-1	劣势
保险深度	19	23	-4	劣势
国内上市公司数	22	19	3	中势
国内上市公司市值	23	24	-1	劣势

5. 江西省知识经济竞争力指标排名变化情况

表 14 - 9 2016～2017 年江西省知识经济竞争力指标组排位及变化趋势

指 标	2016	2017	排位升降	优劣势
5 知识经济竞争力	18	16	2	中势
5.1 科技竞争力	16	16	0	中势
R&D 人员	18	17	1	中势
R&D 经费	18	17	1	中势
R&D 经费投入强度	15	13	2	中势
发明专利授权量	24	23	1	劣势
技术市场成交合同金额	18	17	1	中势
财政科技支出占地方财政支出比重	11	9	2	优势
高技术产业主营业务收入	13	12	1	中势
高技术产业收入占工业增加值比重	8	8	0	优势
高技术产品出口额占商品出口额比重	17	18	-1	中势

指　　标	2016	2017	排位升降	优劣势
5.2　教育竞争力	15	15	0	中势
教育经费	16	16	0	中势
教育经费占 GDP 比重	11	10	1	优势
人均教育经费	20	19	1	中势
公共教育经费占财政支出比重	8	8	0	优势
人均文化教育支出	29	23	6	劣势
万人中小学学校数	7	4	3	优势
万人中小学专任教师数	13	13	0	中势
高等学校数	18	18	0	中势
高校专任教师数	14	14	0	中势
万人高等学校在校学生数	10	10	0	优势
5.3　文化竞争力	19	19	0	中势
文化制造业营业收入	8	10	-2	优势
文化批发零售业营业收入	19	19	0	中势
文化服务业企业营业收入	18	17	1	中势
图书和期刊出版数	15	14	1	中势
报纸出版数	10	11	-1	中势
印刷用纸量	18	18	0	中势
城镇居民人均文化娱乐支出	29	26	3	劣势
农村居民人均文化娱乐支出	26	26	0	劣势
城镇居民人均文化娱乐支出占消费性支出比重	21	14	7	中势
农村居民人均文化娱乐支出占消费性支出比重	18	18	0	中势

6. 江西省发展环境竞争力指标排名变化情况

表 14-10　2016~2017 年江西省发展环境竞争力指标组排位及变化趋势

指　　标	2016	2017	排位升降	优劣势
6　发展环境竞争力	18	22	-4	劣势
6.1　基础设施竞争力	17	19	-2	中势
铁路网线密度	16	16	0	中势
公路网线密度	15	15	0	中势
人均内河航道里程	8	8	0	优势
全社会旅客周转量	10	10	0	优势
全社会货物周转量	15	15	0	中势
人均邮电业务总量	25	27	-2	劣势
电话普及率	31	31	0	劣势
网站数	21	20	1	中势
人均耗电量	26	26	0	劣势

指　标	2016	2017	排位升降	优劣势
6.2　软环境竞争力	16	24	−8	劣势
外资企业数增长率	27	16	11	中势
万人外资企业数	17	21	−4	劣势
个体私营企业数增长率	13	9	4	优势
万人个体私营企业数	20	21	−1	劣势
万人商标注册件数	25	24	1	劣势
查处商标侵权假冒案件	9	12	−3	中势
每十万人交通事故发生数	8	12	−4	中势
罚没收入占财政收入比重	25	29	−4	劣势
社会捐赠款物	3	3	0	强势

7. 江西省政府作用竞争力指标排名变化情况

表 14−11　2016~2017 年江西省政府作用竞争力指标组排位及变化趋势

指　标	2016	2017	排位升降	优劣势
7　政府作用竞争力	26	26	0	劣势
7.1　政府发展经济竞争力	14	13	1	中势
财政支出用于基本建设投资比重	12	18	−6	中势
财政支出对 GDP 增长的拉动	21	20	1	中势
政府公务员对经济的贡献	18	18	0	中势
政府消费对民间消费的拉动	4	4	0	优势
财政投资对社会投资的拉动	15	10	5	优势
7.2　政府规调经济竞争力	24	29	−5	劣势
物价调控	23	27	−4	劣势
调控城乡消费差距	8	11	−3	中势
统筹经济社会发展	20	16	4	中势
规范税收	29	28	1	劣势
固定资产投资价格指数	25	24	1	劣势
7.3　政府保障经济竞争力	26	26	0	劣势
城市城镇社区服务设施数	22	22	0	劣势
医疗保险覆盖率	27	30	−3	劣势
养老保险覆盖率	17	18	−1	中势
失业保险覆盖率	29	29	0	劣势
最低工资标准	16	23	−7	劣势
城镇登记失业率	17	16	1	中势

8. 江西省发展水平竞争力指标排名变化情况

表 14 – 12　2016 ~ 2017 年江西省发展水平竞争力指标组排位及变化趋势

指　　标	2016	2017	排位升降	优劣势
8　发展水平竞争力	11	9	2	优势
8.1　工业化进程竞争力	13	11	2	中势
工业增加值占 GDP 比重	12	10	2	优势
工业增加值增长率	17	13	4	中势
高技术产业占工业增加值比重	7	7	0	优势
高技术产品出口额占商品出口额比重	17	16	1	中势
信息产业增加值占 GDP 比重	10	5	5	优势
工农业增加值比值	18	16	2	中势
8.2　城市化进程竞争力	10	8	2	优势
城镇化率	20	21	−1	劣势
城镇居民人均可支配收入	15	15	0	中势
城市平均建成区面积比重	2	2	0	强势
人均拥有道路面积	10	9	1	优势
人均日生活用水量	16	18	−2	中势
人均公共绿地面积	10	11	−1	中势
8.3　市场化进程竞争力	7	8	−1	优势
非公有制经济产值占全社会总产值比重	7	8	−1	优势
社会投资占投资总额比重	9	8	1	优势
私有和个体企业从业人员比重	12	15	−3	中势
亿元以上商品市场成交额	15	16	−1	中势
亿元以上商品市场成交额占全社会消费品零售总额比重	10	12	−2	中势
居民消费支出占总消费支出比重	4	4	0	优势

9. 江西省统筹协调竞争力指标排名变化情况

表 14 – 13　2016 ~ 2017 年江西省统筹协调竞争力指标组排位及变化趋势

指　　标	2016	2017	排位升降	优劣势
9　统筹协调竞争力	23	24	−1	劣势
9.1　统筹发展竞争力	30	29	1	劣势
社会劳动生产率	22	24	−2	劣势
能源使用下降率	29	18	11	中势
万元 GDP 综合能耗下降率	16	5	11	优势
非农用地产出率	15	15	0	中势
生产税净额和营业盈余占 GDP 比重	28	30	−2	劣势
最终消费率	19	19	0	中势
固定资产投资额占 GDP 比重	22	25	−3	劣势
固定资产交付使用率	14	21	−7	劣势

续表

指 标	2016	2017	排位升降	优劣势
9.2 协调发展竞争力	14	16	−2	中势
环境竞争力与宏观经济竞争力比差	21	23	−2	劣势
资源竞争力与宏观经济竞争力比差	22	22	0	劣势
人力资源竞争力与宏观经济竞争力比差	3	3	0	强势
资源竞争力与工业竞争力比差	19	21	−2	劣势
环境竞争力与工业竞争力比差	21	25	−4	劣势
城乡居民家庭人均收入比差	9	9	0	优势
城乡居民人均现金消费支出比差	9	11	−2	中势
全社会消费品零售总额与外贸出口总额比差	10	11	−1	中势

B.16

15

山东省经济综合竞争力评价分析报告

山东省简称鲁，地处华东沿海、黄河下游、京杭大运河中北段，是华东地区的最北端省份。西部为黄淮海平原，连接中原，西北与河北省接壤，西南与河南省毗邻，南及东南分别与安徽、江苏两省相望；中部为鲁中山区，地势高突，泰山是全境最高点；东部为山东半岛，伸入黄海、渤海，北隔渤海海峡与辽东半岛相对、拱卫京畿，东隔黄海与朝鲜半岛相望，东南临黄海、遥望东海及日本南部列岛。全省土地总面积155800平方公里，2017年总人口为10006万人，地区生产总值为72634亿元，同比增长7.4%，人均GDP达72807元。本部分通过分析2016～2017年山东省经济综合竞争力以及各要素竞争力的排名变化，从中找出山东省经济综合竞争力的推动点及影响因素，为进一步提升山东省经济综合竞争力提供决策参考。

15.1 山东省经济综合竞争力总体分析

1. 山东省经济综合竞争力一级指标概要分析

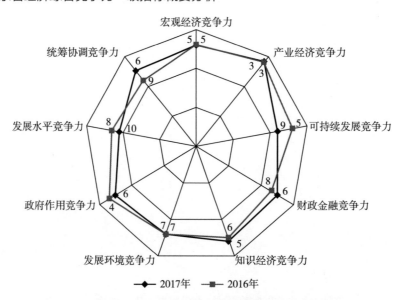

图 15-1 2016～2017 年山东省经济综合竞争力二级指标比较

（1）从综合排位看，2017年山东省经济综合竞争力综合排位在全国居第6位，这表明其在全国处于优势地位；与2016年相比，综合排位没有发生变化。

250

表 15-1 2016~2017 年山东省经济综合竞争力二级指标表现情况

年份\项目	宏观经济竞争力	产业经济竞争力	可持续发展竞争力	财政金融竞争力	知识经济竞争力	发展环境竞争力	政府作用竞争力	发展水平竞争力	统筹协调竞争力	综合排位
2016	5	3	5	8	6	7	4	8	9	6
2017	5	3	9	6	5	7	6	10	6	6
升降	0	0	-4	2	1	0	-2	-2	3	0
优劣度	优势	强势	优势	优势	优势	优势	优势	优势	优势	优势

（2）从指标所处区位看，9 个指标都处于上游区，其中只有产业经济竞争力 1 个指标为强势指标，其余 8 个指标为优势指标。

（3）从指标变化趋势看，9 个二级指标中，有 3 个指标处于上升趋势，分别为财政金融竞争力、知识经济竞争力和统筹协调竞争力，这些是山东省经济综合竞争力的上升动力所在；有 3 个指标处于下降趋势，分别为可持续发展竞争力、政府作用竞争力和发展水平竞争力，这些是山东省经济综合竞争力的下降拉力所在；有 3 个指标排位没有发生变化，分别为宏观经济竞争力、产业经济竞争力和发展环境竞争力。统筹协调竞争力上升幅度最大，从第 9 位上升至第 6 位，而可持续发展竞争力下降幅度最大，从第 5 位降为第 9 位。

2. 山东省经济综合竞争力各级指标动态变化分析

表 15-2 2016~2017 年山东省经济综合竞争力各级指标排位变化情况

单位：个，%

二级指标	三级指标	四级指标数	上升		保持		下降		变化趋势
			指标数	比重	指标数	比重	指标数	比重	
宏观经济竞争力	经济实力竞争力	12	2	16.7	6	50.0	4	33.3	下降
	经济结构竞争力	6	0	0.0	3	50.0	3	50.0	下降
	经济外向度竞争力	9	1	11.1	5	55.6	3	33.3	上升
	小 计	27	3	11.1	14	51.9	10	37.0	保持
产业经济竞争力	农业竞争力	10	2	20.0	5	50.0	3	30.0	下降
	工业竞争力	10	2	20.0	4	40.0	4	40.0	保持
	服务业竞争力	10	2	20.0	6	60.0	2	20.0	保持
	企业竞争力	10	1	10.0	7	70.0	2	20.0	上升
	小 计	40	7	17.5	22	55.0	11	27.5	保持
可持续发展竞争力	资源竞争力	9	2	22.2	7	77.8	0	0.0	上升
	环境竞争力	8	2	25.0	4	50.0	2	25.0	上升
	人力资源竞争力	7	1	14.3	2	28.6	4	57.1	下降
	小 计	24	5	20.8	13	54.2	6	25.0	下降
财政金融竞争力	财政竞争力	12	2	16.7	4	33.3	6	50.0	下降
	金融竞争力	10	4	40.0	4	40.0	2	20.0	下降
	小 计	22	6	27.3	8	36.4	8	36.4	上升

二级指标	三级指标	四级指标数	上升		保持		下降		变化趋势
			指标数	比重	指标数	比重	指标数	比重	
知识经济竞争力	科技竞争力	9	1	11.1	6	66.7	2	22.2	保持
	教育竞争力	10	4	40.0	6	60.0	0	0.0	上升
	文化竞争力	10	3	30.0	5	50.0	2	20.0	上升
	小　计	29	8	27.6	17	58.6	4	13.8	上升
发展环境竞争力	基础设施竞争力	9	0	0.0	7	77.8	2	22.2	保持
	软环境竞争力	9	2	22.2	4	44.4	3	33.3	保持
	小　计	18	2	11.1	11	61.1	5	27.8	保持
政府作用竞争力	政府发展经济竞争力	5	1	20.0	3	60.0	1	20.0	下降
	政府规调经济竞争力	5	1	20.0	0	0.0	4	80.0	保持
	政府保障经济竞争力	6	1	16.7	4	66.7	1	16.7	下降
	小　计	16	3	18.8	7	43.8	6	37.5	下降
发展水平竞争力	工业化进程竞争力	6	1	16.7	1	16.7	4	66.7	下降
	城市化进程竞争力	6	1	16.7	2	33.3	3	50.0	下降
	市场化进程竞争力	6	1	16.7	2	33.3	3	50.0	保持
	小　计	18	3	16.7	5	27.8	10	55.6	下降
统筹协调竞争力	统筹发展竞争力	8	5	62.5	3	37.5	0	0.0	上升
	协调发展竞争力	8	4	50.0	1	12.5	3	37.5	保持
	小　计	16	9	56.3	4	25.0	3	18.8	上升
合　计		210	46	21.9	101	48.1	63	30.0	保持

从表15-2可以看出，210个四级指标中，上升指标有46个，占指标总数的21.9%；下降指标有63个，占指标总数的30.0%；保持不变的指标有101个，占指标总数的48.1%。综上所述，山东省经济综合竞争力的下降拉力略大于上升动力，但因下降幅度有限且排位保持不变的指标比重较大，2016～2017年山东省经济综合竞争力排位保持不变。

3. 山东省经济综合竞争力各级指标优劣势结构分析

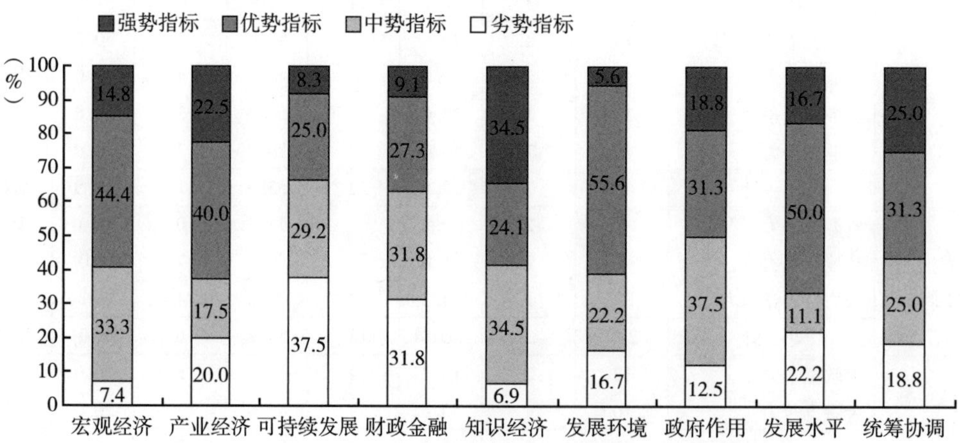

图15-2　2017年山东省经济综合竞争力各级指标优劣势比较

表15-3 2017年山东省经济综合竞争力各级指标优劣势情况

单位：个，%

二级指标	三级指标	四级指标数	强势指标		优势指标		中势指标		劣势指标		优劣势
			个数	比重	个数	比重	个数	比重	个数	比重	
宏观经济竞争力	经济实力竞争力	12	3	25.0	4	33.3	4	33.3	1	8.3	强势
	经济结构竞争力	6	1	16.7	2	33.3	2	33.3	1	16.7	优势
	经济外向度竞争力	9	0	0.0	6	66.7	3	33.3	0	0.0	优势
	小　计	27	4	14.8	12	44.4	9	33.3	2	7.4	优势
产业经济竞争力	农业竞争力	10	2	20.0	5	50.0	0	0.0	3	30.0	强势
	工业竞争力	10	4	40.0	1	10.0	2	20.0	3	30.0	强势
	服务业竞争力	10	2	20.0	5	50.0	2	20.0	1	10.0	优势
	企业竞争力	10	1	10.0	5	50.0	3	30.0	1	10.0	强势
	小　计	40	9	22.5	16	40.0	7	17.5	8	20.0	强势
可持续发展竞争力	资源竞争力	9	0	0.0	3	33.3	2	22.2	4	44.4	优势
	环境竞争力	8	1	12.5	2	25.0	2	25.0	3	37.5	中势
	人力资源竞争力	7	1	14.3	1	14.3	3	42.9	2	28.6	优势
	小　计	24	2	8.3	6	25.0	7	29.2	9	37.5	优势
财政金融竞争力	财政竞争力	12	1	8.3	1	8.3	4	33.3	6	50.0	中势
	金融竞争力	10	1	10.0	5	50.0	3	30.0	1	10.0	优势
	小　计	22	2	9.1	6	27.3	7	31.8	7	31.8	优势
知识经济竞争力	科技竞争力	9	3	33.3	4	44.4	1	11.1	1	11.1	优势
	教育竞争力	10	3	30.0	1	10.0	5	50.0	1	10.0	优势
	文化竞争力	10	4	40.0	2	20.0	4	40.0	0	0.0	强势
	小　计	29	10	34.5	7	24.1	10	34.5	2	6.9	优势
发展环境竞争力	基础设施竞争力	9	1	11.1	5	55.6	2	22.2	1	11.1	优势
	软环境竞争力	9	0	0.0	5	55.6	2	22.2	2	22.2	优势
	小　计	18	1	5.6	10	55.6	4	22.2	3	16.7	优势
政府作用竞争力	政府发展经济竞争力	5	3	60.0	1	20.0	0	0.0	1	20.0	强势
	政府规调经济竞争力	5	0	0.0	1	20.0	3	60.0	1	20.0	中势
	政府保障经济竞争力	6	0	0.0	3	50.0	3	50.0	0	0.0	中势
	小　计	16	3	18.8	5	31.3	6	37.5	2	12.5	优势
发展水平竞争力	工业化进程竞争力	6	0	0.0	4	66.7	0	0.0	2	33.3	中势
	城市化进程竞争力	6	1	16.7	2	33.3	1	16.7	3	33.3	优势
	市场化进程竞争力	6	2	33.3	3	50.0	1	16.7	0	0.0	优势
	小　计	18	3	16.7	9	50.0	2	11.1	4	22.2	优势
统筹协调竞争力	统筹发展竞争力	8	2	25.0	3	37.5	1	12.5	2	25.0	优势
	协调发展竞争力	8	2	25.0	2	25.0	3	37.5	1	12.5	优势
	小　计	16	4	25.0	5	31.3	4	25.0	3	18.8	优势
合　计		210	38	18.1	76	36.2	56	26.7	40	19.0	优势

　　基于图15-2和表15-3，具体到四级指标，强势指标38个，占指标总数的18.1%；优势指标76个，占指标总数的36.2%；中势指标56个，占指标总数的

26.7%；劣势指标 40 个，占指标总数的 19.0%。三级指标中，强势指标 6 个，占三级指标总数的 24.0%；优势指标 14 个，占三级指标总数的 56.0%；中势指标 5 个，占三级指标总数的 20.0%；没有劣势指标。从二级指标看，强势指标 1 个，占二级指标总数的 11.1%；优势指标有 8 个，占二级指标总数的 88.9%。综合来看，由于优势指标在指标体系中居于主导地位，2017 年山东省经济综合竞争力处于优势地位。

4. 山东省经济综合竞争力四级指标优劣势对比分析

表 15 - 4　2017 年山东省经济综合竞争力各级指标优劣势情况

二级指标	优劣势	四级指标
宏观经济竞争力（27 个）	强势指标	地区生产总值、固定资产投资额、全社会消费品零售总额、就业结构优化度（4 个）
	优势指标	人均地区生产总值、财政总收入、人均固定资产投资额、人均全社会消费品零售总额、所有制经济结构优化度、贸易结构优化度、进出口总额、出口总额、实际 FDI、外贸依存度、外资企业数、对外直接投资额（12 个）
	劣势指标	固定资产投资额增长率、资本形成结构优化度（2 个）
产业经济竞争力（40 个）	强势指标	农业增加值、农业机械化水平、工业增加值、工业资产总额、规模以上工业主营业务收入、规模以上工业利润总额、服务业增加值、服务业从业人员数、中国驰名商标持有量（9 个）
	优势指标	人均农业增加值、农民人均纯收入、农产品出口占农林牧渔总产值比重、人均主要农产品产量、农村人均用电量、人均工业增加值、人均服务业增加值、限额以上批发零售企业主营业务收入、旅游外汇收入、商品房销售收入、电子商务销售额、规模以上工业企业数、规模以上企业平均收入、规模以上企业劳动效率、产品质量抽查合格率、工业企业 R&D 经费投入强度（16 个）
	劣势指标	农业增加值增长率、农民人均纯收入增长率、财政支农资金比重、工业成本费用率、工业全员劳动生产率、工业收入利润率、限额以上餐饮企业利税率、规模以上企业平均资产（8 个）
可持续发展竞争力（24 个）	强势指标	生活垃圾无害化处理率、人口健康素质（2 个）
	优势指标	人均可使用海域和滩涂面积、耕地面积、主要能源矿产基础储量、人均治理工业污染投资额、一般工业固体废物综合利用率、职业学校毕业生数（6 个）
	劣势指标	人均国土面积、人均年水资源量、人均耕地面积、人均森林储积量、森林覆盖率、人均废水排放量、人均工业废气排放量、15～64 岁人口比例、文盲率（9 个）
财政金融竞争力（22 个）	强势指标	地方财政支出、保险费净收入（2 个）
	优势指标	地方财政收入、存款余额、贷款余额、保险密度、国内上市公司数、国内上市公司市值（6 个）
	劣势指标	地方财政收入占 GDP 比重、地方财政支出占 GDP 比重、税收收入占 GDP 比重、人均地方财政收入、人均地方财政支出、地方财政支出增长率、中长期贷款占贷款余额比重（7 个）
知识经济竞争力（29 个）	强势指标	R&D 经费、R&D 经费投入强度、高技术产业主营业务收入、教育经费、公共教育经费占财政支出比重、高校专任教师数、文化制造业营业收入、图书和期刊出版数、报纸出版数、印刷用纸量（10 个）
	优势指标	R&D 人员、发明专利授权量、技术市场成交合同金额、高技术产业收入占工业增加值比重、高等学校数、文化批发零售业营业收入、文化服务业企业营业收入（7 个）
	劣势指标	高技术产品出口额占商品出口额比重、教育经费占 GDP 比重（2 个）
发展环境竞争力（18 个）	强势指标	公路网线密度（1 个）
	优势指标	铁路网线密度、全社会旅客周转量、全社会货物周转量、网站数、人均耗电量、外资企业数增长率、万人外资企业数、个体私营企业数增长率、万人个体私营企业数、万人商标注册件数（10 个）
	劣势指标	人均内河航道里程、查处商标侵权假冒案件、罚没收入占财政收入比重（3 个）

二级指标	优劣势	四级指标
政府作用 竞争力 (16个)	强势指标	财政支出对GDP增长的拉动、政府消费对民间消费的拉动、财政投资对社会投资的拉动(3个)
	优势指标	政府公务员对经济的贡献、统筹经济社会发展、城市城镇社区服务设施数、医疗保险覆盖率、最低工资标准(5个)
	劣势指标	财政支出用于基本建设投资比重、调控城乡消费差距(2个)
发展水平 竞争力 (18个)	强势指标	人均拥有道路面积、亿元以上商品市场成交额、居民消费支出占总消费支出比重(3个)
	优势指标	工业增加值占GDP比重、高技术产业占工业增加值比重、信息产业增加值占GDP比重、工农业增加值比值、城镇居民人均可支配收入、人均公共绿地面积、非公有制经济产值占全社会总产值比重、社会投资占投资总额比重、亿元以上商品市场成交额占全社会消费品零售总额比重(9个)
	劣势指标	工业增加值增长率、高技术产品出口额占商品出口额比重、城市平均建成区面积比重、人均日生活用水量(4个)
统筹协调 竞争力 (16个)	强势指标	能源使用下降率、万元GDP综合能耗下降率、环境竞争力与宏观经济竞争力比差、环境竞争力与工业竞争力比差(4个)
	优势指标	社会劳动生产率、非农用地产出率、固定资产投资额占GDP比重、人力资源竞争力与宏观经济竞争力比差、全社会消费品零售总额与外贸出口总额比差(5个)
	劣势指标	生产税净额和营业盈余占GDP比重、最终消费率、城乡居民人均现金消费支出比差(3个)

15.2 山东省经济综合竞争力各级指标具体分析

1. 山东省宏观经济竞争力指标排名变化情况

表15-5 2016~2017年山东省宏观经济竞争力指标组排位及变化趋势

指标	2016	2017	排位升降	优劣势
1 宏观经济竞争力	5	5	0	优势
1.1 经济实力竞争力	2	3	-1	强势
地区生产总值	3	3	0	强势
地区生产总值增长率	16	17	-1	中势
人均地区生产总值	9	8	1	优势
财政总收入	4	4	0	优势
财政总收入增长率	24	19	5	中势
人均财政收入	17	17	0	中势
固定资产投资额	1	1	0	强势
固定资产投资额增长率	16	24	-8	劣势
人均固定资产投资额	9	10	-1	优势
全社会消费品零售总额	2	2	0	强势
全社会消费品零售总额增长率	18	19	-1	中势
人均全社会消费品零售总额	7	7	0	优势

指　标	2016	2017	排位升降	优劣势
1.2　经济结构竞争力	7	10	-3	优势
产业结构优化度	16	17	-1	中势
所有制经济结构优化度	5	6	-1	优势
城乡经济结构优化度	13	13	0	中势
就业结构优化度	2	2	0	强势
资本形成结构优化度	21	25	-4	劣势
贸易结构优化度	4	4	0	优势
1.3　经济外向度竞争力	6	5	1	优势
进出口总额	5	5	0	优势
进出口增长率	5	16	-11	中势
出口总额	5	5	0	优势
出口增长率	26	18	8	中势
实际FDI	6	7	-1	优势
实际FDI增长率	10	13	-3	中势
外贸依存度	9	9	0	优势
外资企业数	6	6	0	优势
对外直接投资额	4	4	0	优势

2. 山东省产业经济竞争力指标排名变化情况

表15-6　2016~2017年山东省产业经济竞争力指标组排位及变化趋势

指　标	2016	2017	排位升降	优劣势
2　产业经济竞争力	3	3	0	强势
2.1　农业竞争力	1	2	-1	强势
农业增加值	1	1	0	强势
农业增加值增长率	14	23	-9	劣势
人均农业增加值	10	9	1	优势
农民人均纯收入	8	8	0	优势
农民人均纯收入增长率	22	25	-3	劣势
农产品出口占农林牧渔总产值比重	5	5	0	优势
人均主要农产品产量	8	9	-1	优势
农业机械化水平	2	1	1	强势
农村人均用电量	10	10	0	优势
财政支农资金比重	22	22	0	劣势
2.2　工业竞争力	3	3	0	强势
工业增加值	3	3	0	强势
工业增加值增长率	14	20	-6	中势
人均工业增加值	8	7	1	优势
工业资产总额	3	3	0	强势
工业资产总额增长率	25	18	7	中势

指　标	2016	2017	排位升降	优劣势
规模以上工业主营业务收入	2	2	0	强势
工业成本费用率	24	27	-3	劣势
规模以上工业利润总额	2	3	-1	强势
工业全员劳动生产率	22	22	0	劣势
工业收入利润率	19	23	-4	劣势
2.3　服务业竞争力	6	6	0	优势
服务业增加值	3	3	0	强势
服务业增加值增长率	18	18	0	中势
人均服务业增加值	7	8	-1	优势
服务业从业人员数	2	2	0	强势
限额以上批发零售企业主营业务收入	7	6	1	优势
限额以上批零企业利税率	13	17	-4	中势
限额以上餐饮企业利税率	26	25	1	劣势
旅游外汇收入	9	9	0	优势
商品房销售收入	4	4	0	优势
电子商务销售额	4	4	0	优势
2.4　企业竞争力	5	3	2	强势
规模以上工业企业数	4	4	0	优势
规模以上企业平均资产	22	22	0	劣势
规模以上企业平均收入	9	9	0	优势
规模以上企业平均利润	10	15	-5	中势
规模以上企业劳动效率	3	4	-1	优势
城镇就业人员平均工资	14	14	0	中势
新产品销售收入占主营业务收入比重	13	13	0	中势
产品质量抽查合格率	10	10	0	优势
工业企业 R&D 经费投入强度	11	10	1	优势
中国驰名商标持有量	2	2	0	强势

3. 山东省可持续发展竞争力指标排名变化情况

表 15-7　2016～2017 年山东省可持续发展竞争力指标组排位及变化趋势

指　标	2016	2017	排位升降	优劣势
3　可持续发展竞争力	5	9	-4	优势
3.1　资源竞争力	12	10	2	优势
人均国土面积	27	27	0	劣势
人均可使用海域和滩涂面积	4	4	0	优势
人均年水资源量	28	26	2	劣势
耕地面积	4	4	0	优势
人均耕地面积	22	22	0	劣势
人均牧草地面积	20	20	0	中势

指　标	2016	2017	排位升降	优劣势
主要能源矿产基础储量	8	7	1	优势
人均主要能源矿产基础储量	16	16	0	中势
人均森林储积量	27	27	0	劣势
3.2　环境竞争力	15	13	2	中势
森林覆盖率	23	23	0	劣势
人均废水排放量	22	22	0	劣势
人均工业废气排放量	22	21	1	劣势
人均工业固体废物排放量	21	20	1	中势
人均治理工业污染投资额	5	5	0	优势
一般工业固体废物综合利用率	8	9	−1	优势
生活垃圾无害化处理率	1	1	0	强势
自然灾害直接经济损失	10	19	−9	中势
3.3　人力资源竞争力	5	10	−5	优势
常住人口增长率	6	17	−11	中势
15～64岁人口比例	20	25	−5	劣势
文盲率	23	23	0	劣势
大专以上教育程度人口比例	17	19	−2	中势
平均受教育程度	19	20	−1	中势
人口健康素质	3	1	2	强势
职业学校毕业生数	5	5	0	优势

4. 山东省财政金融竞争力指标排名变化情况

表 15－8　2016～2017 年山东省财政金融竞争力指标组排位及变化趋势

指　标	2016	2017	排位升降	优劣势
4　财政金融竞争力	8	6	2	优势
4.1　财政竞争力	10	15	−5	中势
地方财政收入	4	4	0	优势
地方财政支出	3	3	0	强势
地方财政收入占GDP比重	26	27	−1	劣势
地方财政支出占GDP比重	31	30	1	劣势
税收收入占GDP比重	26	26	0	劣势
税收收入占财政总收入比重	11	15	−4	中势
人均地方财政收入	11	23	−12	劣势
人均地方财政支出	29	26	3	劣势
人均税收收入	11	11	0	中势
地方财政收入增长率	9	20	−11	中势
地方财政支出增长率	18	25	−7	劣势
税收收入增长率	18	19	−1	中势

续表

指　标	2016	2017	排位升降	优劣势
4.2　金融竞争力	6	7	-1	优势
存款余额	6	6	0	优势
人均存款余额	14	14	0	中势
贷款余额	4	4	0	优势
人均贷款余额	16	15	1	中势
中长期贷款占贷款余额比重	27	29	-2	劣势
保险费净收入	3	3	0	强势
保险密度	11	8	3	优势
保险深度	24	20	4	中势
国内上市公司数	6	5	1	优势
国内上市公司市值	5	6	-1	优势

5. 山东省知识经济竞争力指标排名变化情况

表15-9　2016~2017年山东省知识经济竞争力指标组排位及变化趋势

指　标	2016	2017	排位升降	优劣势
5　知识经济竞争力	6	5	1	优势
5.1　科技竞争力	6	6	0	优势
R&D 人员	4	4	0	优势
R&D 经费	3	3	0	强势
R&D 经费投入强度	2	1	1	强势
发明专利授权量	6	6	0	优势
技术市场成交合同金额	8	8	0	优势
财政科技支出占地方财政支出比重	9	11	-2	中势
高技术产业主营业务收入	3	3	0	强势
高技术产业收入占工业增加值比重	9	9	0	优势
高技术产品出口额占商品出口额比重	21	22	-1	劣势
5.2　教育竞争力	7	5	2	优势
教育经费	3	3	0	强势
教育经费占 GDP 比重	30	29	1	劣势
人均教育经费	22	20	2	中势
公共教育经费占财政支出比重	1	1	0	强势
人均文化教育支出	15	13	2	中势
万人中小学学校数	20	20	0	中势
万人中小学专任教师数	16	15	1	中势
高等学校数	10	10	0	优势
高校专任教师数	2	2	0	强势
万人高等学校在校学生数	11	11	0	中势

指　　标	2016	2017	排位升降	优劣势
5.3　文化竞争力	4	3	1	强势
文化制造业营业收入	3	3	0	强势
文化批发零售业营业收入	5	5	0	优势
文化服务业企业营业收入	8	9	−1	优势
图书和期刊出版数	3	2	1	强势
报纸出版数	2	2	0	强势
印刷用纸量	1	1	0	强势
城镇居民人均文化娱乐支出	16	13	3	中势
农村居民人均文化娱乐支出	20	18	2	中势
城镇居民人均文化娱乐支出占消费性支出比重	19	19	0	中势
农村居民人均文化娱乐支出占消费性支出比重	16	17	−1	中势

6. 山东省发展环境竞争力指标排名变化情况

表 15 − 10　2016 ~ 2017 年山东省发展环境竞争力指标组排位及变化趋势

指　　标	2016	2017	排位升降	优劣势
6　发展环境竞争力	7	7	0	优势
6.1　基础设施竞争力	6	6	0	优势
铁路网线密度	6	6	0	优势
公路网线密度	3	3	0	强势
人均内河航道里程	25	25	0	劣势
全社会旅客周转量	7	7	0	优势
全社会货物周转量	7	7	0	优势
人均邮电业务总量	15	20	−5	中势
电话普及率	19	20	−1	中势
网站数	5	5	0	优势
人均耗电量	8	8	0	优势
6.2　软环境竞争力	8	8	0	优势
外资企业数增长率	14	5	9	优势
万人外资企业数	9	9	0	优势
个体私营企业数增长率	6	10	−4	优势
万人个体私营企业数	8	7	1	优势
万人商标注册件数	9	9	0	优势
查处商标侵权假冒案件	23	25	−2	劣势
每十万人交通事故发生数	14	14	0	中势
罚没收入占财政收入比重	21	22	−1	劣势
社会捐赠款物	13	13	0	中势

7. 山东省政府作用竞争力指标排名变化情况

表 15－11　2016～2017 年山东省政府作用竞争力指标组排位及变化趋势

指　标	2016	2017	排位升降	优劣势
7　政府作用竞争力	4	6	－2	优势
7.1　政府发展经济竞争力	1	2	－1	强势
财政支出用于基本建设投资比重	26	24	2	劣势
财政支出对 GDP 增长的拉动	1	2	－1	强势
政府公务员对经济的贡献	7	7	0	优势
政府消费对民间消费的拉动	1	1	0	强势
财政投资对社会投资的拉动	3	3	0	强势
7.2　政府规调经济竞争力	14	14	0	中势
物价调控	24	15	9	中势
调控城乡消费差距	21	23	－2	劣势
统筹经济社会发展	5	10	－5	优势
规范税收	15	18	－3	中势
固定资产投资价格指数	6	17	－11	中势
7.3　政府保障经济竞争力	11	12	－1	中势
城市城镇社区服务设施数	5	5	0	优势
医疗保险覆盖率	10	10	0	优势
养老保险覆盖率	14	15	－1	中势
失业保险覆盖率	11	11	0	中势
最低工资标准	7	7	0	优势
城镇登记失业率	15	14	1	中势

8. 山东省发展水平竞争力指标排名变化情况

表 15－12　2016～2017 年山东省发展水平竞争力指标组排位及变化趋势

指　标	2016	2017	排位升降	优劣势
8　发展水平竞争力	8	10	－2	优势
8.1　工业化进程竞争力	11	15	－4	中势
工业增加值占 GDP 比重	6	7	－1	优势
工业增加值增长率	14	22	－8	劣势
高技术产业占工业增加值比重	9	9	0	优势
高技术产品出口额占商品出口额比重	14	21	－7	劣势
信息产业增加值占 GDP 比重	11	10	1	优势
工农业增加值比值	7	8	－1	优势

指　标	2016	2017	排位升降	优劣势
8.2　城市化进程竞争力	9	10	−1	优势
城镇化率	12	11	1	中势
城镇居民人均可支配收入	8	8	0	优势
城市平均建成区面积比重	26	27	−1	劣势
人均拥有道路面积	2	2	0	强势
人均日生活用水量	22	26	−4	劣势
人均公共绿地面积	3	4	−1	优势
8.3　市场化进程竞争力	4	4	0	优势
非公有制经济产值占全社会总产值比重	5	6	−1	优势
社会投资占投资总额比重	6	7	−1	优势
私有和个体企业从业人员比重	15	13	2	中势
亿元以上商品市场成交额	3	3	0	强势
亿元以上商品市场成交额占全社会消费品零售总额比重	9	10	−1	优势
居民消费支出占总消费支出比重	1	1	0	强势

9. 山东省统筹协调竞争力指标排名变化情况

表 15 − 13　2016 ~ 2017 年山东省统筹协调竞争力指标组排位及变化趋势

指　标	2016	2017	排位升降	优劣势
9　统筹协调竞争力	9	6	3	优势
9.1　统筹发展竞争力	12	7	5	优势
社会劳动生产率	10	9	1	优势
能源使用下降率	13	3	10	强势
万元 GDP 综合能耗下降率	12	3	9	强势
非农用地产出率	8	8	0	优势
生产税净额和营业盈余占 GDP 比重	26	22	4	劣势
最终消费率	24	24	0	劣势
固定资产投资额占 GDP 比重	9	9	0	优势
固定资产交付使用率	18	17	1	中势
9.2　协调发展竞争力	5	5	0	优势
环境竞争力与宏观经济竞争力比差	4	3	1	强势
资源竞争力与宏观经济竞争力比差	19	18	1	中势
人力资源竞争力与宏观经济竞争力比差	2	4	−2	优势
资源竞争力与工业竞争力比差	20	19	1	中势
环境竞争力与工业竞争力比差	1	2	−1	强势
城乡居民家庭人均收入比差	13	13	0	中势
城乡居民人均现金消费支出比差	22	23	−1	劣势
全社会消费品零售总额与外贸出口总额比差	11	10	1	优势

河南省经济综合竞争力评价分析报告

　　河南省简称豫，位于中国中部，东接安徽、山东，北界河北、山西，西连陕西，南临湖北。全省土地总面积 16.7 万平方公里，2017 年总人口为 9559 万人，地区生产总值为 44553 亿元，同比增长 7.8%，人均 GDP 达 46674 元。本部分通过分析 2016～2017年河南省经济综合竞争力以及各要素竞争力的排名变化，从中找出河南省经济综合竞争力的推动点及影响因素，为进一步提升河南省经济综合竞争力提供决策参考。

16.1　河南省经济综合竞争力总体分析

　　1. 河南省经济综合竞争力一级指标概要分析

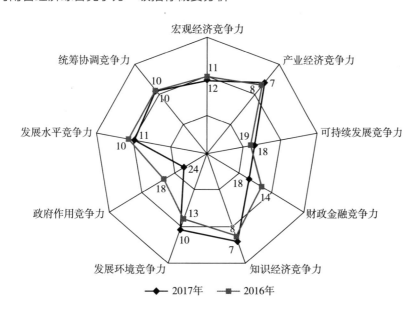

图 16-1　2016～2017 年河南省经济综合竞争力二级指标比较雷达图

　　（1）从综合排位看，2017 年河南省经济综合竞争力综合排位在全国居第 10 位，这表明其在全国处于优势地位；与 2016 年相比，综合排位下降 1 位。

　　（2）从指标所处区位看，有 4 个指标处于上游区，分别为产业经济竞争力、知识经济竞争力、发展环境竞争力和统筹协调竞争力；有 4 个指标处于中游区，分别为宏观经济竞争力、可持续发展竞争力、财政金融竞争力和发展水平竞争力；政府作用竞争力指

表 16 – 1   2016 ~ 2017 年河南省经济综合竞争力二级指标表现情况

项目 年份	宏观经济竞争力	产业经济竞争力	可持续发展竞争力	财政金融竞争力	知识经济竞争力	发展环境竞争力	政府作用竞争力	发展水平竞争力	统筹协调竞争力	综合排位
2016	11	8	19	14	8	13	18	10	10	9
2017	12	7	18	18	7	10	24	11	10	10
升降	–1	1	1	–4	1	3	–6	–1	0	–1
优劣度	中势	优势	中势	中势	优势	优势	劣势	中势	优势	优势

标处于下游区。

（3）从指标变化趋势看，9 个二级指标中，有 4 个指标处于上升趋势，分别为产业经济竞争力、可持续发展竞争力、知识经济竞争力和发展环境竞争力，这些是河南省经济综合竞争力的上升动力所在；有 4 个指标处于下降趋势，分别为宏观经济竞争力、财政金融竞争力、政府作用竞争力和发展水平竞争力，这些是河南省经济综合竞争力的下降拉力所在。此外，统筹协调竞争力排位没有发生变化。虽然上升指标和下降指标数量相等，但下降的拉力大于上升的动力，河南省经济综合竞争力的综合排位下降 1 位。

2. 河南省经济综合竞争力各级指标动态变化分析

表 16 – 2   2016 ~ 2017 年河南省经济综合竞争力各级指标排位变化情况

单位：个，%

二级指标	三级指标	四级指标数	上升		保持		下降		变化趋势
			指标数	比重	指标数	比重	指标数	比重	
宏观经济竞争力	经济实力竞争力	12	5	41.7	4	33.3	3	25.0	上升
	经济结构竞争力	6	1	16.7	4	66.7	1	16.7	下降
	经济外向度竞争力	9	2	22.2	3	33.3	4	44.4	下降
	小　计	27	8	29.6	11	40.7	8	29.6	下降
产业经济竞争力	农业竞争力	10	4	40.0	3	30.0	3	30.0	上升
	工业竞争力	10	3	30.0	4	40.0	3	30.0	下降
	服务业竞争力	10	4	40.0	2	20.0	4	40.0	上升
	企业竞争力	10	3	30.0	5	50.0	2	20.0	下降
	小　计	40	14	35.0	14	35.0	12	30.0	上升
可持续发展竞争力	资源竞争力	9	2	22.2	7	77.8	0	0.0	上升
	环境竞争力	8	4	50.0	3	37.5	1	12.5	上升
	人力资源竞争力	7	2	28.6	2	28.6	3	42.9	下降
	小　计	24	8	33.3	12	50.0	4	16.7	上升
财政金融竞争力	财政竞争力	12	4	33.3	5	41.7	3	25.0	下降
	金融竞争力	10	3	30.0	4	40.0	3	30.0	下降
	小　计	22	7	31.8	9	40.9	6	27.3	下降

续表

二级指标	三级指标	四级指标数	上升		保持		下降		变化趋势
			指标数	比重	指标数	比重	指标数	比重	
知识经济竞争力	科技竞争力	9	4	44.4	2	22.2	3	33.3	上升
	教育竞争力	10	3	30.0	4	40.0	3	30.0	上升
	文化竞争力	10	4	40.0	1	10.0	5	50.0	保持
	小　计	29	11	37.9	7	24.1	11	37.9	上升
发展环境竞争力	基础设施竞争力	9	2	22.2	6	66.7	1	11.1	保持
	软环境竞争力	9	4	44.4	3	33.3	2	22.2	上升
	小　计	18	6	33.3	9	50.0	3	16.7	上升
政府作用竞争力	政府发展经济竞争力	5	2	40.0	1	20.0	2	40.0	下降
	政府规调经济竞争力	5	2	40.0	1	20.0	2	40.0	下降
	政府保障经济竞争力	6	2	33.3	2	33.3	2	33.3	上升
	小　计	16	6	37.5	4	25.0	6	37.5	下降
发展水平竞争力	工业化进程竞争力	6	1	16.7	3	50.0	2	33.3	下降
	城市化进程竞争力	6	4	66.7	2	33.3	0	0.0	上升
	市场化进程竞争力	6	0	0.0	5	83.3	1	16.7	保持
	小　计	18	5	27.8	10	55.6	3	16.7	下降
统筹协调竞争力	统筹发展竞争力	8	3	37.5	2	25.0	3	37.5	下降
	协调发展竞争力	8	4	50.0	2	25.0	2	25.0	上升
	小　计	16	7	43.8	4	25.0	5	31.3	保持
合　计		210	72	34.3	80	38.1	58	27.6	下降

从表16－2可以看出，210个四级指标中，上升指标有72个，占指标总数的34.3%；下降指标有58个，占指标总数的27.6%；保持不变的指标有80个，占指标总数的38.1%。综上所述，虽然河南上升指标数量大于下降指标数量，但因下降幅度大且排位保持不变的指标比重较大，2016～2017年河南省经济综合竞争力排位下降。

3. 河南省经济综合竞争力各级指标优劣势结构分析

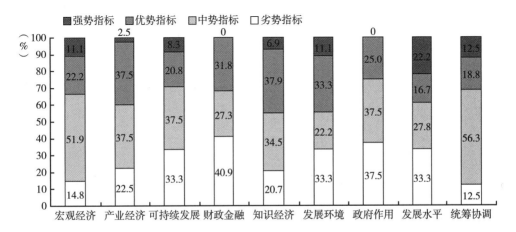

图16－2　2017年河南省经济综合竞争力各级指标优劣势比较

表 16 - 3　2017 年河南省经济综合竞争力各级指标优劣势情况

单位：个，%

二级指标	三级指标	四级指标数	强势指标		优势指标		中势指标		劣势指标		优劣势
			个数	比重	个数	比重	个数	比重	个数	比重	
宏观经济竞争力	经济实力竞争力	12	1	8.3	4	33.3	6	50.0	1	8.3	优势
	经济结构竞争力	6	2	33.3	1	16.7	1	16.7	2	33.3	中势
	经济外向度竞争力	9	0	0.0	1	11.1	7	77.8	1	11.1	中势
	小　计	27	3	11.1	6	22.2	14	51.9	4	14.8	中势
产业经济竞争力	农业竞争力	10	1	10.0	3	30.0	5	50.0	1	10.0	强势
	工业竞争力	10	0	0.0	5	50.0	3	30.0	2	20.0	优势
	服务业竞争力	10	0	0.0	5	50.0	2	20.0	3	30.0	优势
	企业竞争力	10	0	0.0	2	20.0	5	50.0	3	30.0	中势
	小　计	40	1	2.5	15	37.5	15	37.5	9	22.5	优势
可持续发展竞争力	资源竞争力	9	1	11.1	1	11.1	3	33.3	4	44.4	中势
	环境竞争力	8	0	0.0	3	37.5	5	62.5	0	0.0	优势
	人力资源竞争力	7	1	14.3	1	14.3	1	14.3	4	57.1	中势
	小　计	24	2	8.3	5	20.8	9	37.5	8	33.3	中势
财政金融竞争力	财政竞争力	12	0	0.0	4	33.3	2	16.7	6	50.0	劣势
	金融竞争力	10	0	0.0	3	30.0	4	40.0	3	30.0	中势
	小　计	22	0	0.0	7	31.8	6	27.3	9	40.9	中势
知识经济竞争力	科技竞争力	9	0	0.0	5	55.6	3	33.3	1	11.1	优势
	教育竞争力	10	2	20.0	2	20.0	3	30.0	3	30.0	优势
	文化竞争力	10	0	0.0	4	40.0	4	40.0	2	20.0	优势
	小　计	29	2	6.9	11	37.9	10	34.5	6	20.7	优势
发展环境竞争力	基础设施竞争力	9	1	11.1	4	44.4	2	22.2	2	22.2	优势
	软环境竞争力	9	1	11.1	2	22.2	2	22.2	4	44.4	劣势
	小　计	18	2	11.1	6	33.3	4	22.2	6	33.3	优势
政府作用竞争力	政府发展经济竞争力	5	0	0.0	2	40.0	3	60.0	0	0.0	优势
	政府规调经济竞争力	5	0	0.0	2	40.0	1	20.0	2	40.0	劣势
	政府保障经济竞争力	6	0	0.0	0	0.0	2	33.3	4	66.7	劣势
	小　计	16	0	0.0	4	25.0	6	37.5	6	37.5	劣势
发展水平竞争力	工业化进程竞争力	6	2	33.3	1	16.7	3	50.0	0	0.0	优势
	城市化进程竞争力	6	0	0.0	1	16.7	0	0.0	5	83.3	劣势
	市场化进程竞争力	6	2	33.3	1	16.7	2	33.3	1	16.7	中势
	小　计	18	4	22.2	3	16.7	5	27.8	6	33.3	中势
统筹协调竞争力	统筹发展竞争力	8	2	25.0	1	12.5	3	37.5	2	25.0	优势
	协调发展竞争力	8	0	0.0	2	25.0	6	75.0	0	0.0	中势
	小　计	16	2	12.5	3	18.8	9	56.3	2	12.5	优势
合　计		210	16	7.6	60	28.6	78	37.1	56	26.7	优势

从图 16 - 2 和表 16 - 3 可以看出，四级指标中，强势指标 16 个，占指标总数的 7.6%；优势指标 60 个，占指标总数的 28.6%；中势指标 78 个，占指标总数的

37.1%；劣势指标 56 个，占指标总数的 26.7%。三级指标中，强势指标 1 个，占三级指标总数的 4.0%；优势指标 11 个，占三级指标总数的 44.0%；中势指标 8 个，占三级指标总数的 32.0%；劣势指标 5 个，占三级指标总数的 20.0%。从二级指标看，没有强势指标；优势指标 4 个，占二级指标总数的 44.4%；中势指标有 4 个，占二级指标总数的 44.4%；劣势指标有 1 个，占二级指标总数的 11.1%。综合来看，由于优势指标在指标体系中居于主导地位，2017 年河南省经济综合竞争力处于优势地位。

4. 河南省经济综合竞争力四级指标优劣势对比分析

表 16-4 2017 年河南省经济综合竞争力各级指标优劣势情况

二级指标	优劣势	四级指标
宏观经济 竞争力 （27 个）	强势指标	固定资产投资额、所有制经济结构优化度、就业结构优化度（3 个）
	优势指标	地区生产总值、财政总收入增长率、全社会消费品零售总额、全社会消费品零售总额增长率、城乡经济结构优化度、出口总额（6 个）
	劣势指标	人均财政收入、产业结构优化度、贸易结构优化度、进出口增长率（4 个）
产业经济 竞争力 （40 个）	强势指标	农业机械化水平（1 个）
	优势指标	农业增加值、农业增加值增长率、人均主要农产品产量、工业增加值、工业增加值增长率、工业资产总额、规模以上工业主营业务收入、规模以上工业利润总额、服务业增加值、服务业从业人员数、限额以上批零企业利税率、商品房销售收入、电子商务销售额、规模以上工业企业数、规模以上企业平均利润（15 个）
	劣势指标	人均农业增加值、工业资产总额增长率、工业全员劳动生产率、人均服务业增加值、限额以上餐饮企业利税率、旅游外汇收入、规模以上企业平均资产、城镇就业人员平均工资、工业企业 R&D 经费投入强度（9 个）
可持续发展竞争力 （24 个）	强势指标	耕地面积、职业学校毕业生数（2 个）
	优势指标	主要能源矿产基础储量、人均工业废气排放量、人均治理工业污染投资额、一般工业固体废物综合利用率、人口健康素质（5 个）
	劣势指标	人均国土面积、人均年水资源量、人均牧草地面积、人均森林储积量、常住人口增长率、15～64 岁人口比例、大专以上教育程度人口比例、平均受教育程度（8 个）
财政金融竞争力 （22 个）	强势指标	（0 个）
	优势指标	地方财政收入、地方财政支出、地方财政收入增长率、地方财政支出增长率、存款余额、贷款余额、保险费净收入（7 个）
	劣势指标	地方财政收入占 GDP 比重、地方财政支出占 GDP 比重、税收收入占 GDP 比重、人均地方财政收入、人均地方财政支出、人均税收收入、人均存款余额、人均贷款余额、保险密度（9 个）
知识经济竞争力 （29 个）	强势指标	万人中小学学校数、高校专任教师数（2 个）
	优势指标	R&D 人员、R&D 经费、高技术产业主营业务收入、高技术产业收入占工业增加值比重、高技术产品出口额占商品出口额比重、教育经费、万人中小学专任教师数、文化制造业营业收入、文化批发零售业营业收入、图书和期刊出版数、报纸出版数（11 个）
	劣势指标	技术市场成交合同金额、教育经费占 GDP 比重、人均教育经费、人均文化教育支出、城镇居民人均文化娱乐支出、农村居民人均文化娱乐支出（6 个）

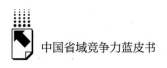

续表

二级指标	优劣势	四级指标
发展环境竞争力(18个)	强势指标	全社会旅客周转量、每十万人交通事故发生数(2个)
	优势指标	铁路网线密度、公路网线密度、全社会货物周转量、网站数、外资企业数增长率、个体私营企业数增长率(6个)
	劣势指标	人均内河航道里程、电话普及率、万人外资企业数、万人个体私营企业数、查处商标侵权假冒案件、罚没收入占财政收入比重(6个)
政府作用竞争力(16个)	强势指标	(0个)
	优势指标	财政支出对GDP增长的拉动、财政投资对社会投资的拉动、物价调控、统筹经济社会发展(4个)
	劣势指标	规范税收、固定资产投资价格指数、医疗保险覆盖率、养老保险覆盖率、失业保险覆盖率、城镇登记失业率(6个)
发展水平竞争力(18个)	强势指标	工业增加值占GDP比重、高技术产品出口额占商品出口额比重、非公有制经济产值占全社会总产值比重、社会投资占投资总额比重(4个)
	优势指标	高技术产业占工业增加值比重、城市平均建成区面积比重、亿元以上商品市场成交额(3个)
	劣势指标	城镇化率、城镇居民人均可支配收入、人均拥有道路面积、人均日生活用水量、人均公共绿地面积、私有和个体企业从业人员比重(6个)
统筹协调竞争力(16个)	强势指标	能源使用下降率、万元GDP综合能耗下降率(2个)
	优势指标	非农用地产出率、环境竞争力与工业竞争力比差、城乡居民家庭人均收入比差(3个)
	劣势指标	社会劳动生产率、固定资产投资额占GDP比重(2个)

16.2 河南省经济综合竞争力各级指标具体分析

1. 河南省宏观经济竞争力指标排名变化情况

表16-5 2016～2017年河南省宏观经济竞争力指标组排位及变化趋势

指标	2016	2017	排位升降	优劣势
1 宏观经济竞争力	11	12	-1	中势
1.1 经济实力竞争力	9	8	1	优势
地区生产总值	5	5	0	优势
地区生产总值增长率	9	11	-2	中势
人均地区生产总值	20	18	2	中势
财政总收入	18	11	7	中势
财政总收入增长率	6	5	1	优势
人均财政收入	29	30	-1	劣势
固定资产投资额	3	3	0	强势
固定资产投资额增长率	4	12	-8	中势
人均固定资产投资额	19	18	1	中势
全社会消费品零售总额	5	5	0	优势
全社会消费品零售总额增长率	9	8	1	优势
人均全社会消费品零售总额	19	19	0	中势

指 标	2016	2017	排位升降	优劣势
1.2 经济结构竞争力	18	19	−1	中势
产业结构优化度	28	28	0	劣势
所有制经济结构优化度	3	3	0	强势
城乡经济结构优化度	8	8	0	优势
就业结构优化度	5	3	2	强势
资本形成结构优化度	3	14	−11	中势
贸易结构优化度	31	31	0	劣势
1.3 经济外向度竞争力	15	20	−5	中势
进出口总额	11	11	0	中势
进出口增长率	8	23	−15	劣势
出口总额	7	7	0	优势
出口增长率	28	14	14	中势
实际 FDI	14	13	1	中势
实际 FDI 增长率	6	12	−6	中势
外贸依存度	16	18	−2	中势
外资企业数	12	13	−1	中势
对外直接投资额	11	11	0	中势

2. 河南省产业经济竞争力指标排名变化情况

表 16－6　2016～2017 年河南省产业经济竞争力指标组排位及变化趋势

指　标	2016	2017	排位升降	优劣势
2　产业经济竞争力	8	7	1	优势
2.1 农业竞争力	4	3	1	强势
农业增加值	2	4	−2	优势
农业增加值增长率	10	10	0	优势
人均农业增加值	22	23	−1	劣势
农民人均纯收入	18	17	1	中势
农民人均纯收入增长率	24	17	7	中势
农产品出口占农林牧渔总产值比重	20	16	4	中势
人均主要农产品产量	6	6	0	优势
农业机械化水平	1	2	−1	强势
农村人均用电量	15	15	0	中势
财政支农资金比重	21	19	2	中势
2.2 工业竞争力	5	7	−2	优势
工业增加值	5	5	0	优势
工业增加值增长率	11	9	2	优势
人均工业增加值	15	14	1	中势
工业资产总额	5	5	0	优势
工业资产总额增长率	8	24	−16	劣势
规模以上工业主营业务收入	4	4	0	优势

指　标	2016	2017	排位升降	优劣势
工业成本费用率	16	15	1	中势
规模以上工业利润总额	4	4	0	优势
工业全员劳动生产率	29	30	−1	劣势
工业收入利润率	13	16	−3	中势
2.3　服务业竞争力	11	10	1	优势
服务业增加值	7	7	0	优势
服务业增加值增长率	7	15	−8	中势
人均服务业增加值	25	23	2	劣势
服务业从业人员数	8	6	2	优势
限额以上批发零售企业主营业务收入	10	11	−1	中势
限额以上批零企业利税率	5	5	0	优势
限额以上餐饮企业利税率	31	26	5	劣势
旅游外汇收入	20	22	−2	劣势
商品房销售收入	6	5	1	优势
电子商务销售额	7	8	−1	优势
2.4　企业竞争力	18	20	−2	中势
规模以上工业企业数	5	5	0	优势
规模以上企业平均资产	23	23	0	劣势
规模以上企业平均收入	14	12	2	中势
规模以上企业平均利润	11	10	1	优势
规模以上企业劳动效率	23	20	3	中势
城镇就业人员平均工资	31	31	0	劣势
新产品销售收入占主营业务收入比重	18	18	0	中势
产品质量抽查合格率	6	11	−5	中势
工业企业 R&D 经费投入强度	23	24	−1	劣势
中国驰名商标持有量	13	13	0	中势

3. 河南省可持续发展竞争力指标排名变化情况

表 16 - 7　2016 ~ 2017 年河南省可持续发展竞争力指标组排位及变化趋势

指　标	2016	2017	排位升降	优劣势
3　可持续发展竞争力	19	18	1	中势
3.1　资源竞争力	22	20	2	中势
人均国土面积	25	25	0	劣势
人均可使用海域和滩涂面积	13	13	0	中势
人均年水资源量	25	23	2	劣势
耕地面积	3	3	0	强势
人均耕地面积	18	18	0	中势
人均牧草地面积	28	28	0	劣势
主要能源矿产基础储量	9	8	1	优势
人均主要能源矿产基础储量	15	15	0	中势
人均森林储积量	24	24	0	劣势

指　标	2016	2017	排位升降	优劣势
3.2　环境竞争力	13	10	3	优势
森林覆盖率	20	20	0	中势
人均废水排放量	13	13	0	中势
人均工业废气排放量	10	7	3	优势
人均工业固体废物排放量	16	14	2	中势
人均治理工业污染投资额	9	10	−1	优势
一般工业固体废物综合利用率	12	10	2	优势
生活垃圾无害化处理率	12	12	0	中势
自然灾害直接经济损失	20	17	3	中势
3.3　人力资源竞争力	15	20	−5	中势
常住人口增长率	21	25	−4	劣势
16～64岁人口比例	29	29	0	劣势
文盲率	19	17	2	中势
大专以上教育程度人口比例	29	27	2	劣势
平均受教育程度	21	22	−1	劣势
人口健康素质	2	7	−5	优势
职业学校毕业生数	3	3	0	强势

4. 河南省财政金融竞争力指标排名变化情况

表16－8　2016～2017年河南省财政金融竞争力指标组排位及变化趋势

指　标	2016	2017	排位升降	优劣势
4　财政金融竞争力	14	18	−4	中势
4.1　财政竞争力	19	24	−5	劣势
地方财政收入	8	8	0	优势
地方财政支出	5	5	0	优势
地方财政收入占GDP比重	30	31	−1	劣势
地方财政支出占GDP比重	26	25	1	劣势
税收收入占GDP比重	30	30	0	劣势
税收收入占财政总收入比重	17	20	−3	中势
人均地方财政收入	28	28	0	劣势
人均地方财政支出	31	30	1	劣势
人均税收收入	28	28	0	劣势
地方财政收入增长率	11	10	1	优势
地方财政支出增长率	9	7	2	优势
税收收入增长率	9	11	−2	中势
4.2　金融竞争力	11	12	−1	中势
存款余额	9	9	0	优势
人均存款余额	30	30	0	劣势
贷款余额	10	10	0	优势
人均贷款余额	30	31	−1	劣势

续表

指　标	2016	2017	排位升降	优劣势
中长期贷款占贷款余额比重	26	20	6	中势
保险费净收入	7	6	1	优势
保险密度	21	21	0	劣势
保险深度	10	12	−2	中势
国内上市公司数	12	11	1	中势
国内上市公司市值	11	12	−1	中势

5. 河南省知识经济竞争力指标排名变化情况

表 16 − 9　2016～2017 年河南省知识经济竞争力指标组排位及变化趋势

指　标	2016	2017	排位升降	优劣势
5　知识经济竞争力	8	7	1	优势
5.1　科技竞争力	11	10	1	优势
R&D 人员	5	5	0	优势
R&D 经费	7	6	1	优势
R&D 经费投入强度	13	14	−1	中势
发明专利授权量	13	12	1	中势
技术市场成交合同金额	20	22	−2	劣势
财政科技支出占地方财政支出比重	17	14	3	中势
高技术产业主营业务收入	5	4	1	优势
高技术产业收入占工业增加值比重	10	10	0	优势
高技术产品出口额占商品出口额比重	3	4	−1	优势
5.2　教育竞争力	9	8	1	优势
教育经费	5	4	1	优势
教育经费占 GDP 比重	18	21	−3	劣势
人均教育经费	28	31	−3	劣势
公共教育经费占财政支出比重	15	12	3	中势
人均文化教育支出	27	28	−1	劣势
万人中小学学校数	2	2	0	强势
万人中小学专任教师数	4	4	0	优势
高等学校数	18	18	0	中势
高校专任教师数	3	3	0	强势
万人高等学校在校学生数	17	12	5	中势
5.3　文化竞争力	8	8	0	优势
文化制造业营业收入	6	5	1	优势
文化批发零售业营业收入	8	9	−1	优势

指　标	2016	2017	排位升降	优劣势
文化服务业企业营业收入	12	11	1	中势
图书和期刊出版数	9	8	1	优势
报纸出版数	6	6	0	优势
印刷用纸量	11	12	−1	中势
城镇居民人均文化娱乐支出	24	27	−3	劣势
农村居民人均文化娱乐支出	25	24	1	劣势
城镇居民人均文化娱乐支出占消费性支出比重	12	16	−4	中势
农村居民人均文化娱乐支出占消费性支出比重	14	16	−2	中势

6. 河南省发展环境竞争力指标排名变化情况

表 16 – 10　2016～2017 年河南省发展环境竞争力指标组排位及变化趋势

指　标	2016	2017	排位升降	优劣势
6　发展环境竞争力	13	10	3	优势
6.1　基础设施竞争力	7	7	0	优势
铁路网线密度	8	8	0	优势
公路网线密度	4	4	0	优势
人均内河航道里程	23	23	0	劣势
全社会旅客周转量	2	2	0	强势
全社会货物周转量	9	9	0	优势
人均邮电业务总量	27	19	8	中势
电话普及率	26	25	1	劣势
网站数	7	8	−1	优势
人均耗电量	19	19	0	中势
6.2　软环境竞争力	30	21	9	劣势
外资企业数增长率	11	4	7	优势
万人外资企业数	28	28	0	劣势
个体私营企业数增长率	29	4	25	优势
万人个体私营企业数	27	25	2	劣势
万人商标注册件数	22	19	3	中势
查处商标侵权假冒案件	26	26	0	劣势
每十万人交通事故发生数	2	3	−1	强势
罚没收入占财政收入比重	22	26	−4	劣势
社会捐赠款物	11	11	0	中势

7. 河南省政府作用竞争力指标排名变化情况

表 16 – 11　2016 ～ 2017 年河南省政府作用竞争力指标组排位及变化趋势

指　标	2016	2017	排位升降	优劣势
7　政府作用竞争力	18	24	– 6	劣势
7.1　政府发展经济竞争力	9	10	– 1	优势
财政支出用于基本建设投资比重	21	19	2	中势
财政支出对 GDP 增长的拉动	6	7	– 1	优势
政府公务员对经济的贡献	19	15	4	中势
政府消费对民间消费的拉动	17	17	0	中势
财政投资对社会投资的拉动	4	6	– 2	优势
7.2　政府规调经济竞争力	9	24	– 15	劣势
物价调控	22	9	13	优势
调控城乡消费差距	15	17	– 2	中势
统筹经济社会发展	4	4	0	优势
规范税收	28	26	2	劣势
固定资产投资价格指数	7	28	– 21	劣势
7.3　政府保障经济竞争力	28	27	1	劣势
城市城镇社区服务设施数	20	20	0	中势
医疗保险覆盖率	31	31	0	劣势
养老保险覆盖率	25	27	– 2	劣势
失业保险覆盖率	26	25	1	劣势
最低工资标准	12	11	1	中势
城镇登记失业率	22	23	– 1	劣势

8. 河南省发展水平竞争力指标排名变化情况

表 16 – 12　2016 ～ 2017 年河南省发展水平竞争力指标组排位及变化趋势

指　标	2016	2017	排位升降	优劣势
8　发展水平竞争力	10	11	– 1	中势
8.1　工业化进程竞争力	4	7	– 3	优势
工业增加值占 GDP 比重	1	1	0	强势
工业增加值增长率	11	11	0	中势
高技术产业占工业增加值比重	10	10	0	优势
高技术产品出口额占商品出口额比重	1	2	– 1	强势
信息产业增加值占 GDP 比重	9	11	– 2	中势
工农业增加值比值	16	13	3	中势

续表

指　标	2016	2017	排位升降	优劣势
8.2　城市化进程竞争力	25	23	2	劣势
城镇化率	25	25	0	劣势
城镇居民人均可支配收入	25	24	1	劣势
城市平均建成区面积比重	4	4	0	优势
人均拥有道路面积	26	21	5	劣势
人均日生活用水量	28	24	4	劣势
人均公共绿地面积	29	22	7	劣势
8.3　市场化进程竞争力	11	11	0	中势
非公有制经济产值占全社会总产值比重	3	3	0	强势
社会投资占投资总额比重	1	3	−2	强势
私有和个体企业从业人员比重	30	30	0	劣势
亿元以上商品市场成交额	10	10	0	优势
亿元以上商品市场成交额占全社会消费品零售总额比重	16	16	0	中势
居民消费支出占总消费支出比重	17	17	0	中势

9. 河南省统筹协调竞争力指标排名变化情况

表 16 – 13　2016~2017 年河南省统筹协调竞争力指标组排位及变化趋势

指　标	2016	2017	排位升降	优劣势
9　统筹协调竞争力	10	10	0	优势
9.1　统筹发展竞争力	9	10	−1	优势
社会劳动生产率	26	26	0	劣势
能源使用下降率	5	2	3	强势
万元 GDP 综合能耗下降率	5	1	4	强势
非农用地产出率	11	10	1	优势
生产税净额和营业盈余占 GDP 比重	15	17	−2	中势
最终消费率	16	18	−2	中势
固定资产投资额占 GDP 比重	20	21	−1	劣势
固定资产交付使用率	15	15	0	中势
9.2　协调发展竞争力	15	13	2	中势
环境竞争力与宏观经济竞争力比差	14	15	−1	中势
资源竞争力与宏观经济竞争力比差	21	19	2	中势
人力资源竞争力与宏观经济竞争力比差	14	13	1	中势
资源竞争力与工业竞争力比差	22	20	2	中势
环境竞争力与工业竞争力比差	7	6	1	优势
城乡居民家庭人均收入比差	8	8	0	优势
城乡居民人均现金消费支出比差	17	17	0	中势
全社会消费品零售总额与外贸出口总额比差	16	18	−2	中势

B.18

17

湖北省经济综合竞争力评价分析报告

　　湖北省简称鄂，位于长江中游，周边分别与河南省、安徽省、江西省、湖南省、重庆市、陕西省为邻。省域内多湖泊，有"千湖之省"之称。全省面积 185900 平方公里，2017 年总人口为 5902 万人，全省地区生产总值达 35478 亿元，同比增长 7.8%，人均 GDP 达 60199 元。本部分通过分析 2016～2017 年湖北省经济综合竞争力以及各要素竞争力的排名变化，从中找出湖北省经济综合竞争力的推动点及影响因素，为进一步提升湖北省经济综合竞争力提供决策参考。

17.1　湖北省经济综合竞争力总体分析

1. 湖北省经济综合竞争力一级指标概要分析

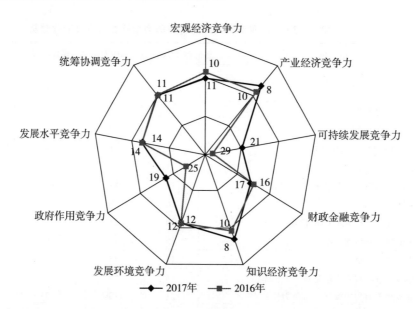

图 17－1　2016～2017 年湖北省经济综合竞争力二级指标比较雷达图

　　（1）从综合排位的变化比较看，2017 年湖北省经济综合竞争力综合排位处于全国第 11 位，表明其在全国处于中势地位；与 2016 年相比，综合排位保持不变。

　　（2）从指标所处区位看，有 2 个指标处于上游区，分别为产业经济竞争力和知识经济竞争力，且没有强势指标；处于中游区的指标有 6 个，分别是宏观经济竞争力、财政

表 17 – 1 2016～2017 年湖北省经济综合竞争力二级指标比较

项目 年份	宏观经济竞争力	产业经济竞争力	可持续发展竞争力	财政金融竞争力	知识经济竞争力	发展环境竞争力	政府作用竞争力	发展水平竞争力	统筹协调竞争力	综合排位
2016	10	10	29	16	10	12	25	14	11	11
2017	11	8	21	17	8	12	19	14	11	11
升降	−1	2	8	−1	2	0	6	0	0	0
优劣度	中势	优势	劣势	中势	优势	中势	中势	中势	中势	中势

金融竞争力、发展环境竞争力、政府作用竞争力、发展水平竞争力和统筹协调竞争力；处于下游区的指标有 1 个，为可持续发展竞争力。

（3）从指标变化趋势看，9 个二级指标中，有 4 个指标处于上升趋势，为产业经济竞争力、可持续发展竞争力、知识经济竞争力和政府作用竞争力，这些是湖北省经济综合竞争力的上升动力；有 3 个指标排位没有发生变化，为发展环境竞争力、发展水平竞争力和统筹协调竞争力；有 2 个指标处于下降趋势，为宏观经济竞争力和财政金融竞争力，它们是湖北省经济综合竞争力的下降拉力。

2. 湖北省经济综合竞争力各级指标动态变化分析

表 17 – 2 2016～2017 年湖北省经济综合竞争力各级指标排位变化态势比较

单位：个，%

二级指标	三级指标	四级指标数	上升		保持		下降		变化趋势
			指标数	比重	指标数	比重	指标数	比重	
宏观经济竞争力	经济实力竞争力	12	4	33.3	4	33.3	4	33.3	上升
	经济结构竞争力	6	0	0.0	4	66.7	2	33.3	下降
	经济外向度竞争力	9	3	33.3	3	33.3	3	33.3	上升
	小　计	27	7	25.9	11	40.7	9	33.3	下降
产业经济竞争力	农业竞争力	10	4	40.0	4	40.0	2	20.0	上升
	工业竞争力	10	1	10.0	5	50.0	4	40.0	上升
	服务业竞争力	10	3	30.0	6	60.0	1	10.0	上升
	企业竞争力	10	4	40.0	2	20.0	4	40.0	上升
	小　计	40	12	30.0	17	42.5	11	27.5	上升
可持续发展竞争力	资源竞争力	9	0	0.0	5	55.6	4	44.4	保持
	环境竞争力	8	3	37.5	3	37.5	2	25.0	上升
	人力资源竞争力	7	4	57.1	0	0.0	3	42.9	下降
	小　计	24	7	29.2	8	33.3	9	37.5	上升
财政金融竞争力	财政竞争力	12	1	8.3	3	25.0	8	66.7	下降
	金融竞争力	10	4	40.0	3	30.0	3	30.0	上升
	小　计	22	5	22.7	6	27.3	11	50.0	下降
知识经济竞争力	科技竞争力	9	2	22.2	4	44.4	3	33.3	上升
	教育竞争力	10	5	50.0	3	30.0	2	20.0	上升
	文化竞争力	10	5	50.0	4	40.0	1	10.0	保持
	小　计	29	12	41.4	11	37.9	6	20.7	上升

续表

二级指标	三级指标	四级指标数	上升		保持		下降		变化趋势
			指标数	比重	指标数	比重	指标数	比重	
发展环境竞争力	基础设施竞争力	9	1	11.1	4	44.4	4	44.4	上升
	软环境竞争力	9	2	22.2	4	44.4	3	33.3	上升
	小　计	18	3	16.7	8	44.4	7	38.9	保持
政府作用竞争力	政府发展经济竞争力	5	1	20.0	2	40.0	2	40.0	上升
	政府规调经济竞争力	5	4	80.0	1	20.0	0	0.0	上升
	政府保障经济竞争力	6	4	66.7	2	33.3	0	0.0	上升
	小　计	16	9	56.3	5	31.3	2	12.5	上升
发展水平竞争力	工业化进程竞争力	6	1	16.7	2	33.3	3	50.0	上升
	城市化进程竞争力	6	1	16.7	2	33.3	3	50.0	上升
	市场化进程竞争力	6	0	0.0	1	16.7	5	83.3	下降
	小　计	18	2	11.1	5	27.8	11	61.1	保持
统筹协调竞争力	统筹发展竞争力	8	3	37.5	2	25.0	3	37.5	上升
	协调发展竞争力	8	2	25.0	3	37.5	3	37.5	下降
	小　计	16	5	31.3	5	31.3	6	37.5	保持
合　计		210	62	29.5	76	36.2	72	34.3	保持

从表 17-2 可以看出，210 个四级指标中，上升指标有 62 个，占指标总数的 29.5%；下降指标有 72 个，占指标总数的 34.3%；保持指标有 76 个，占指标总数的 36.2%。综上所述，上升的动力略小于下降的拉力，但受综合因素影响，2016~2017 年湖北省经济综合竞争力排位保持不变。

3. 湖北省经济综合竞争力各级指标优劣势结构分析

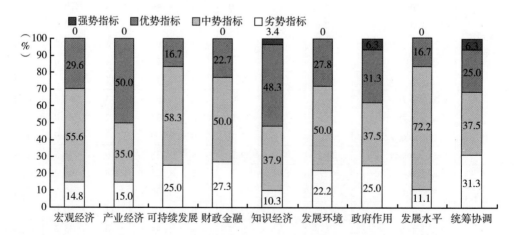

图 17-2　2017 年湖北省经济综合竞争力各级指标优劣势比较

表 17 - 3　2017 年湖北省经济综合竞争力各级指标优劣势比较

单位：个，%

二级指标	三级指标	四级指标数	强势指标		优势指标		中势指标		劣势指标		优劣势
			个数	比重	个数	比重	个数	比重	个数	比重	
宏观经济竞争力	经济实力竞争力	12	0	0.0	5	41.7	6	50.0	1	8.3	优势
	经济结构竞争力	6	0	0.0	2	33.3	2	33.3	2	33.3	中势
	经济外向度竞争力	9	0	0.0	1	11.1	7	77.8	1	11.1	中势
	小　计	27	0	0.0	8	29.6	15	55.6	4	14.8	中势
产业经济竞争力	农业竞争力	10	0	0.0	5	50.0	4	40.0	1	10.0	优势
	工业竞争力	10	0	0.0	5	50.0	3	30.0	2	20.0	优势
	服务业竞争力	10	0	0.0	6	60.0	4	40.0	0	0.0	优势
	企业竞争力	10	0	0.0	4	40.0	3	30.0	3	30.0	优势
	小　计	40	0	0.0	20	50.0	14	35.0	6	15.0	优势
可持续发展竞争力	资源竞争力	9	0	0.0	0	0.0	6	66.7	3	33.3	劣势
	环境竞争力	8	0	0.0	2	25.0	5	62.5	1	12.5	中势
	人力资源竞争力	7	0	0.0	2	28.6	3	42.9	2	28.6	中势
	小　计	24	0	0.0	4	16.7	14	58.3	6	25.0	劣势
财政金融竞争力	财政竞争力	12	0	0.0	2	16.7	4	33.3	6	50.0	劣势
	金融竞争力	10	0	0.0	3	30.0	7	70.0	0	0.0	优势
	小　计	22	0	0.0	5	22.7	11	50.0	6	27.3	中势
知识经济竞争力	科技竞争力	9	1	11.1	6	66.7	2	22.2	0	0.0	优势
	教育竞争力	10	0	0.0	4	40.0	3	30.0	3	30.0	中势
	文化竞争力	10	0	0.0	4	40.0	6	60.0	0	0.0	优势
	小　计	29	1	3.4	14	48.3	11	37.9	3	10.3	优势
发展环境竞争力	基础设施竞争力	9	0	0.0	3	33.3	4	44.4	2	22.2	中势
	软环境竞争力	9	0	0.0	2	22.2	5	55.6	2	22.2	中势
	小　计	18	0	0.0	5	27.8	9	50.0	4	22.2	中势
政府作用竞争力	政府发展经济竞争力	5	0	0.0	3	60.0	2	40.0	0	0.0	优势
	政府规调经济竞争力	5	1	20.0	0	0.0	3	60.0	1	20.0	劣势
	政府保障经济竞争力	6	0	0.0	2	33.3	1	16.7	3	50.0	劣势
	小　计	16	1	6.3	5	31.3	6	37.5	4	25.0	中势
发展水平竞争力	工业化进程竞争力	6	0	0.0	1	16.7	4	66.7	1	16.7	中势
	城市化进程竞争力	6	0	0.0	1	16.7	4	66.7	1	16.7	中势
	市场化进程竞争力	6	0	0.0	1	16.7	5	83.3	0	0.0	中势
	小　计	18	0	0.0	3	16.7	13	72.2	2	11.1	中势
统筹协调竞争力	统筹发展竞争力	8	0	0.0	2	25.0	4	50.0	2	25.0	中势
	协调发展竞争力	8	1	12.5	2	25.0	2	25.0	3	37.5	中势
	小　计	16	1	6.3	4	25.0	6	37.5	5	31.3	中势
合　计		210	3	1.4	68	32.4	99	47.1	40	19.0	中势

　　基于图 17 - 2 和表 17 - 3，从四级指标来看，强势指标 3 个，占指标总数的 1.4%；优势指标 68 个，占指标总数的 32.4%；中势指标 99 个，占指标总数的 47.1%；劣势

指标 40 个，占指标总数的 19.0%。从三级指标来看，没有强势指标；优势指标 9 个，占三级指标总数的 36%；中势指标 12 个，占三级指标总数的 48%；劣势指标 4 个，占三级指标总数的 16%。上升至二级指标，依旧没有强势指标；优势指标有 2 个，占二级指标总数的 22.2%；中势指标有 6 个，占二级指标总数的 66.7%；劣势指标有 1 个，占二级指标总数的 11.1%。综合来看，由于中势指标在指标体系中居于主导地位，2017 年湖北省经济综合竞争力也居于中势地位。

4. 湖北省经济综合竞争力四级指标优劣势对比分析

表 17 - 4　2017 年湖北省经济综合竞争力各级指标优劣势比较

二级指标	优劣势	四级指标
宏观经济竞争力（27 个）	强势指标	（0 个）
	优势指标	地区生产总值、财政总收入增长率、固定资产投资额、全社会消费品零售总额、人均全社会消费品零售总额、城乡经济结构优化度、资本形成结构优化度、出口增长率（8 个）
	劣势指标	人均财政收入、产业结构优化度、贸易结构优化度、外贸依存度（4 个）
产业经济竞争力（40 个）	强势指标	（0 个）
	优势指标	农业增加值、人均农业增加值、农民人均纯收入、人均主要农产品产量、农业机械化水平、工业增加值、人均工业增加值、工业资产总额、规模以上工业主营业务收入、规模以上工业利润总额、服务业增加值、服务业从业人员数、限额以上批发零售企业主营业务收入、限额以上批零企业利税率、商品房销售收入、电子商务销售额、规模以上工业企业数、新产品销售收入占主营业务收入比重、产品质量抽查合格率、中国驰名商标持有量（20 个）
	劣势指标	财政支农资金比重、工业资产总额增长率、工业收入利润率、规模以上企业平均资产、规模以上企业平均收入、规模以上企业平均利润（6 个）
可持续发展竞争力（24 个）	强势指标	（0 个）
	优势指标	人均工业废气排放量、生活垃圾无害化处理率、大专以上教育程度人口比例、人口健康素质（4 个）
	劣势指标	人均牧草地面积、主要能源矿产基础储量、人均主要能源矿产基础储量、自然灾害直接经济损失、常住人口增长率、文盲率（6 个）
财政金融竞争力（22 个）	强势指标	（0 个）
	优势指标	地方财政收入、地方财政支出、保险费净收入、国内上市公司数、国内上市公司市值（5 个）
	劣势指标	地方财政收入占 GDP 比重、地方财政支出占 GDP 比重、税收收入占 GDP 比重、人均地方财政收入、人均地方财政支出、地方财政支出增长率（6 个）
知识经济竞争力（29 个）	强势指标	技术市场成交合同金额（1 个）
	优势指标	R&D 人员、R&D 经费、R&D 经费投入强度、发明专利授权量、财政科技支出占地方财政支出比重、高技术产品出口额占商品出口额比重、教育经费、高等学校数、高校专任教师数、万人高等学校在校学生数、文化服务业企业营业收入、图书和期刊出版数、报纸出版数、农村居民人均文化娱乐支出（14 个）
	劣势指标	教育经费占 GDP 比重、人均教育经费、万人中小学专任教师数（3 个）
发展环境竞争力（18 个）	强势指标	（0 个）
	优势指标	公路网线密度、人均内河航道里程、全社会旅客周转量、万人外资企业数、社会捐赠款物（5 个）
	劣势指标	电话普及率、人均耗电量、查处商标侵权假冒案件、每十万人交通事故发生数（4 个）

续表

二级指标	优劣势	四级指标
政府作用竞争力（16个）	强势指标	调控城乡消费差距（1个）
	优势指标	财政支出用于基本建设投资比重、财政支出对GDP增长的拉动、政府公务员对经济的贡献、城市城镇社区服务设施数、最低工资标准（5个）
	劣势指标	规范税收、医疗保险覆盖率、失业保险覆盖率、城镇登记失业率（4个）
发展水平竞争力（18个）	强势指标	（0个）
	优势指标	高技术产品出口额占商品出口额比重、人均日生活用水量、私有和个体企业从业人员比重（3个）
	劣势指标	工业增加值增长率、人均公共绿地面积（2个）
统筹协调竞争力（16个）	强势指标	城乡居民人均现金消费支出比差（1个）
	优势指标	能源使用下降率、万元GDP综合能耗下降率、人力资源竞争力与宏观经济竞争力比差、城乡居民家庭人均收入比差（4个）
	劣势指标	最终消费率、固定资产交付使用率、资源竞争力与宏观经济竞争力比差、资源竞争力与工业竞争力比差、全社会消费品零售总额与外贸出口总额比差（5个）

17.2　湖北省经济综合竞争力各级指标具体分析

1.湖北省宏观经济竞争力指标排名变化情况

表17-5　2016~2017年湖北省宏观经济竞争力指标组排位及变化趋势

指标	2016	2017	排位升降	优劣势
1　宏观经济竞争力	10	11	-1	中势
1.1　经济实力竞争力	11	9	2	优势
地区生产总值	7	7	0	优势
地区生产总值增长率	10	11	-1	中势
人均地区生产总值	11	11	0	中势
财政总收入	16	12	4	中势
财政总收入增长率	17	8	9	优势
人均财政收入	21	21	0	劣势
固定资产投资额	7	6	1	优势
固定资产投资额增长率	7	17	-10	中势
人均固定资产投资额	11	11	0	中势
全社会消费品零售总额	6	7	-1	优势
全社会消费品零售总额增长率	10	12	-2	中势
人均全社会消费品零售总额	11	10	1	优势
1.2　经济结构竞争力	10	13	-3	中势
产业结构优化度	21	21	0	劣势
所有制经济结构优化度	13	14	-1	中势
城乡经济结构优化度	7	7	0	优势

指　标	2016	2017	排位升降	优劣势
就业结构优化度	20	20	0	中势
资本形成结构优化度	10	10	0	优势
贸易结构优化度	19	24	−5	劣势
1.3　经济外向度竞争力	22	19	3	中势
进出口总额	16	16	0	中势
进出口增长率	26	12	14	中势
出口总额	15	14	1	中势
出口增长率	17	8	9	优势
实际FDI	10	11	−1	中势
实际FDI增长率	16	18	−2	中势
外贸依存度	22	23	−1	劣势
外资企业数	11	11	0	中势
对外直接投资额	20	20	0	中势

2. 湖北省产业经济竞争力指标排名变化情况

表17-6　2016~2017年湖北省产业经济竞争力指标组排位及变化趋势

指　标	2016	2017	排位升降	优劣势
2　产业经济竞争力	10	8	2	优势
2.1　农业竞争力	14	7	7	优势
农业增加值	6	6	0	优势
农业增加值增长率	14	17	−3	中势
人均农业增加值	7	6	1	优势
农民人均纯收入	10	9	1	优势
农民人均纯收入增长率	27	20	7	中势
农产品出口占农林牧渔总产值比重	16	14	2	中势
人均主要农产品产量	10	10	0	优势
农业机械化水平	9	9	0	优势
农村人均用电量	16	16	0	中势
财政支农资金比重	20	21	−1	劣势
2.2　工业竞争力	10	9	1	优势
工业增加值	7	7	0	优势
工业增加值增长率	6	11	−5	中势
人均工业增加值	10	10	0	优势
工业资产总额	10	10	0	优势
工业资产总额增长率	12	21	−9	劣势
规模以上工业主营业务收入	7	7	0	优势
工业成本费用率	21	19	2	中势
规模以上工业利润总额	9	10	−1	优势
工业全员劳动生产率	12	12	0	中势
工业收入利润率	18	21	−3	劣势

续表

指　标	2016	2017	排位升降	优劣势
2.3　服务业竞争力	8	7	1	优势
服务业增加值	10	10	0	优势
服务业增加值增长率	15	12	3	中势
人均服务业增加值	12	12	0	中势
服务业从业人员数	5	5	0	优势
限额以上批发零售企业主营业务收入	9	9	0	优势
限额以上批零企业利税率	6	9	-3	优势
限额以上餐饮企业利税率	19	19	0	中势
旅游外汇收入	13	13	0	中势
商品房销售收入	9	7	2	优势
电子商务销售额	11	7	4	优势
2.4　企业竞争力	11	9	2	优势
规模以上工业企业数	8	9	-1	优势
规模以上企业平均资产	26	25	1	劣势
规模以上企业平均收入	23	21	2	劣势
规模以上企业平均利润	18	22	-4	劣势
规模以上企业劳动效率	10	13	-3	中势
城镇就业人员平均工资	19	19	0	中势
新产品销售收入占主营业务收入比重	11	10	1	优势
产品质量抽查合格率	11	6	5	优势
工业企业 R&D 经费投入强度	10	11	-1	中势
中国驰名商标持有量	8	8	0	优势

3. 湖北省可持续发展竞争力指标排名变化情况

表 17 - 7　2016 ~ 2017 年湖北省可持续发展竞争力指标组排位及变化趋势

指　标	2016	2017	排位升降	优劣势
3　可持续发展竞争力	29	21	8	劣势
3.1　资源竞争力	23	23	0	劣势
人均国土面积	19	19	0	中势
人均可使用海域和滩涂面积	13	13	0	中势
人均年水资源量	12	13	-1	中势
耕地面积	11	12	-1	中势
人均耕地面积	16	16	0	中势
人均牧草地面积	21	21	0	劣势
主要能源矿产基础储量	17	21	-4	劣势
人均主要能源矿产基础储量	19	24	-5	劣势
人均森林储积量	17	17	0	中势

指　标	2016	2017	排位升降	优劣势
3.2　环境竞争力	28	12	16	中势
森林覆盖率	13	13	0	中势
人均废水排放量	18	20	－2	中势
人均工业废气排放量	9	9	0	优势
人均工业固体废物排放量	11	11	0	中势
人均治理工业污染投资额	12	20	－8	中势
一般工业固体废物综合利用率	17	15	2	中势
生活垃圾无害化处理率	20	8	12	优势
自然灾害直接经济损失	31	26	5	劣势
3.3　人力资源竞争力	12	18	－6	中势
常住人口增长率	20	24	－4	劣势
15~64岁人口比例	15	19	－4	中势
文盲率	18	21	－3	劣势
大专以上教育程度人口比例	10	8	2	优势
平均受教育程度	12	11	1	中势
人口健康素质	7	6	1	优势
职业学校毕业生数	17	14	3	中势

4. 湖北省财政金融竞争力指标排名变化情况

表17－8　2016~2017年湖北省财政金融竞争力指标组排位及变化趋势

指　标	2016	2017	排位升降	优劣势
4　财政金融竞争力	16	17	－1	中势
4.1　财政竞争力	21	25	－4	劣势
地方财政收入	9	9	0	优势
地方财政支出	8	10	－2	优势
地方财政收入占GDP比重	21	24	－3	劣势
地方财政支出占GDP比重	24	24	0	劣势
税收收入占GDP比重	23	25	－2	劣势
税收收入占财政总收入比重	18	19	－1	中势
人均地方财政收入	14	29	－15	劣势
人均地方财政支出	20	21	－1	劣势
人均税收收入	15	16	－1	中势
地方财政收入增长率	17	17	0	中势
地方财政支出增长率	25	24	1	劣势
税收收入增长率	11	15	－4	中势

指　　标	2016	2017	排位升降	优劣势
4.2　金融竞争力	13	10	3	优势
存款余额	11	11	0	中势
人均存款余额	19	17	2	中势
贷款余额	11	12	−1	中势
人均贷款余额	19	19	0	中势
中长期贷款占贷款余额比重	13	11	2	中势
保险费净收入	10	10	0	优势
保险密度	20	15	5	中势
保险深度	22	19	3	中势
国内上市公司数	9	10	−1	优势
国内上市公司市值	8	10	−2	优势

5. 湖北省知识经济竞争力指标排名变化情况

表 17－9　2016～2017 年湖北省知识经济竞争力指标组排位及变化趋势

指　　标	2016	2017	排位升降	优劣势
5　知识经济竞争力	10	8	2	优势
5.1　科技竞争力	10	8	2	优势
R&D 人员	9	8	1	优势
R&D 经费	6	7	−1	优势
R&D 经费投入强度	8	10	−2	优势
发明专利授权量	9	9	0	优势
技术市场成交合同金额	2	2	0	强势
财政科技支出占地方财政支出比重	8	8	0	优势
高技术产业主营业务收入	12	11	1	中势
高技术产业收入占工业增加值比重	15	15	0	中势
高技术产品出口额占商品出口额比重	8	9	−1	优势
5.2　教育竞争力	12	11	1	中势
教育经费	10	10	0	优势
教育经费占 GDP 比重	27	25	2	劣势
人均教育经费	25	24	1	劣势
公共教育经费占财政支出比重	21	19	2	中势
人均文化教育支出	17	14	3	中势
万人中小学学校数	21	19	2	中势
万人中小学专任教师数	26	27	−1	劣势
高等学校数	4	4	0	优势
高校专任教师数	6	6	0	优势
万人高等学校在校学生数	7	8	−1	优势

指　　标	2016	2017	排位升降	优劣势
5.3　文化竞争力	9	9	0	优势
文化制造业营业收入	12	12	0	中势
文化批发零售业营业收入	13	12	1	中势
文化服务业企业营业收入	7	7	0	优势
图书和期刊出版数	6	7	−1	优势
报纸出版数	9	9	0	优势
印刷用纸量	13	13	0	中势
城镇居民人均文化娱乐支出	22	20	2	中势
农村居民人均文化娱乐支出	10	7	3	优势
城镇居民人均文化娱乐支出占消费性支出比重	20	18	2	中势
农村居民人均文化娱乐支出占消费性支出比重	17	14	3	中势

6. 湖北省发展环境竞争力指标排名变化情况

表 17 – 10　2016~2017 年湖北省发展环境竞争力指标组排位及变化趋势

指　　标	2016	2017	排位升降	优劣势
6　发展环境竞争力	12	12	0	中势
6.1　基础设施竞争力	13	12	1	中势
铁路网线密度	20	19	1	中势
公路网线密度	8	8	0	优势
人均内河航道里程	4	4	0	优势
全社会旅客周转量	6	6	0	优势
全社会货物周转量	11	11	0	中势
人均邮电业务总量	14	18	−4	中势
电话普及率	25	27	−2	劣势
网站数	11	12	−1	中势
人均耗电量	22	23	−1	劣势
6.2　软环境竞争力	21	20	1	中势
外资企业数增长率	7	17	−10	中势
万人外资企业数	10	10	0	优势
个体私营企业数增长率	2	13	−11	中势
万人个体私营企业数	12	12	0	中势
万人商标注册件数	15	15	0	中势
查处商标侵权假冒案件	27	28	−1	劣势
每十万人交通事故发生数	29	22	7	劣势
罚没收入占财政收入比重	23	17	6	中势
社会捐赠款物	9	9	0	优势

7. 湖北省政府作用竞争力指标排名变化情况

表 17 - 11　2016～2017 年湖北省政府作用竞争力指标组排位及变化趋势

指　　标	2016	2017	排位升降	优劣势
7　政府作用竞争力	25	19	6	中势
7.1　政府发展经济竞争力	10	8	2	优势
财政支出用于基本建设投资比重	9	8	1	优势
财政支出对 GDP 增长的拉动	8	8	0	优势
政府公务员对经济的贡献	10	10	0	优势
政府消费对民间消费的拉动	11	13	－2	中势
财政投资对社会投资的拉动	17	19	－2	中势
7.2　政府规调经济竞争力	28	25	3	劣势
物价调控	26	16	10	中势
调控城乡消费差距	4	3	1	强势
统筹经济社会发展	12	11	1	中势
规范税收	30	30	0	劣势
固定资产投资价格指数	28	19	9	中势
7.3　政府保障经济竞争力	23	22	1	劣势
城市城镇社区服务设施数	8	8	0	优势
医疗保险覆盖率	24	21	3	劣势
养老保险覆盖率	21	16	5	中势
失业保险覆盖率	21	21	0	劣势
最低工资标准	15	10	5	优势
城镇登记失业率	29	27	2	劣势

8. 湖北省发展水平竞争力指标排名变化情况

表 17 - 12　2016～2017 年湖北省发展水平竞争力指标组排位及变化趋势

指　　标	2016	2017	排位升降	优劣势
8　发展水平竞争力	14	14	0	中势
8.1　工业化进程竞争力	14	13	1	中势
工业增加值占 GDP 比重	13	14	－1	中势
工业增加值增长率	6	21	－15	劣势
高技术产业占工业增加值比重	14	15	－1	中势
高技术产品出口额占商品出口额比重	12	9	3	优势
信息产业增加值占 GDP 比重	15	15	0	中势
工农业增加值比值	20	20	0	中势

指　标	2016	2017	排位升降	优劣势
8.2　城市化进程竞争力	19	17	2	中势
城镇化率	13	13	0	中势
城镇居民人均可支配收入	13	13	0	中势
城市平均建成区面积比重	21	19	2	中势
人均拥有道路面积	13	17	−4	中势
人均日生活用水量	8	10	−2	优势
人均公共绿地面积	25	28	−3	劣势
8.3　市场化进程竞争力	12	14	−2	中势
非公有制经济产值占全社会总产值比重	13	14	−1	中势
社会投资占投资总额比重	18	20	−2	中势
私有和个体企业从业人员比重	7	8	−1	优势
亿元以上商品市场成交额	14	14	0	中势
亿元以上商品市场成交额占全社会消费品零售总额比重	19	20	−1	中势
居民消费支出占总消费支出比重	11	13	−2	中势

9. 湖北省统筹协调竞争力指标排名变化情况

表17－13　2016～2017年湖北省统筹协调竞争力指标组排位及变化趋势

指　标	2016	2017	排位升降	优劣势
9　统筹协调竞争力	11	11	0	中势
9.1　统筹发展竞争力	17	16	1	中势
社会劳动生产率	14	14	0	中势
能源使用下降率	16	8	8	优势
万元GDP综合能耗下降率	15	5	10	优势
非农用地产出率	10	11	−1	中势
生产税净额和营业盈余占GDP比重	20	19	1	中势
最终消费率	25	25	0	劣势
固定资产投资额占GDP比重	15	17	−2	中势
固定资产交付使用率	11	24	−13	劣势
9.2　协调发展竞争力	7	11	−4	中势
环境竞争力与宏观经济竞争力比差	6	12	−6	中势
资源竞争力与宏观经济竞争力比差	23	21	2	劣势
人力资源竞争力与宏观经济竞争力比差	16	10	6	优势
资源竞争力与工业竞争力比差	21	22	−1	劣势
环境竞争力与工业竞争力比差	5	14	−9	中势
城乡居民家庭人均收入比差	7	7	0	优势
城乡居民人均现金消费支出比差	3	3	0	强势
全社会消费品零售总额与外贸出口总额比差	22	22	0	劣势

B.19

18

湖南省经济综合竞争力评价分析报告

湖南省简称湘，位于长江中下游南岸，东与江西为邻，北和湖北为界，西连重庆、贵州，南接广东、广西，是我国东南部地区腹地。全省面积 21 万平方公里，2017 年全省常住人口为 6860 万人，地区生产总值为 33903 亿元，同比增长 8%，人均 GDP 达 49558 元。本部分通过分析 2016～2017 年湖南省经济综合竞争力以及各要素竞争力的排名变化，从中找出湖南省经济综合竞争力的推动点及影响因素，为进一步提升湖南省经济综合竞争力提供决策参考。

18.1 湖南省经济综合竞争力总体分析

1. 湖南省经济综合竞争力一级指标概要分析

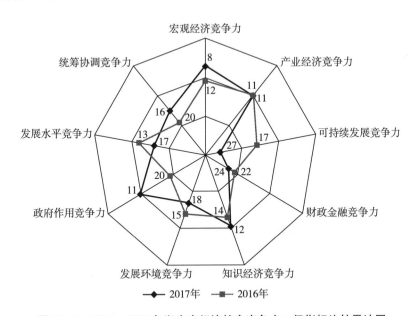

图 18-1 2016～2017 年湖南省经济综合竞争力二级指标比较雷达图

（1）从综合排位看，2017 年湖南省经济综合竞争力综合排位在全国居第 14 位，这表明其在全国处于中势地位；与 2016 年相比，综合排位没有发生变化。

（2）从指标所处区位看，1 个指标处于上游区，其中宏观经济竞争力为湖南省经济综合竞争力的优势指标。

表 18－1　2016～2017 年湖南省经济综合竞争力二级指标表现情况

项目 年份	宏观经济 竞争力	产业经济 竞争力	可持续发展 竞争力	财政金融 竞争力	知识经济 竞争力	发展环境 竞争力	政府作用 竞争力	发展水平 竞争力	统筹协调 竞争力	综合 排位
2016	12	11	17	22	14	15	20	13	20	14
2017	8	11	27	24	12	18	11	17	16	14
升降	4	0	－10	－2	2	－3	9	－4	4	0
优劣度	优势	中势	劣势	劣势	中势	中势	中势	中势	中势	中势

（3）从指标变化趋势看，9 个二级指标中，有 4 个指标处于上升趋势，分别为宏观经济竞争力、知识经济竞争力、政府作用竞争力和统筹协调竞争力；产业经济竞争力指标排位没有发生变化；有 4 个指标处于下降趋势，为可持续发展竞争力、财政金融竞争力、发展环境竞争力和发展水平竞争力。

2. 湖南省经济综合竞争力各级指标动态变化分析

表 18－2　2016～2017 年湖南省经济综合竞争力各级指标排位变化情况

单位：个，%

二级指标	三级指标	四级 指标数	上升 指标数	上升 比重	保持 指标数	保持 比重	下降 指标数	下降 比重	变化 趋势
宏观经济 竞争力	经济实力竞争力	12	6	50.0	4	33.3	2	16.7	上升
	经济结构竞争力	6	2	33.3	1	16.7	3	50.0	下降
	经济外向度竞争力	9	4	44.4	3	33.3	2	22.2	上升
	小　计	27	12	44.4	8	29.6	7	25.9	上升
产业经济 竞争力	农业竞争力	10	3	30.0	3	30.0	4	40.0	下降
	工业竞争力	10	2	20.0	4	40.0	4	40.0	下降
	服务业竞争力	10	5	50.0	3	30.0	2	20.0	保持
	企业竞争力	10	2	20.0	2	20.0	6	60.0	下降
	小　计	40	12	30.0	12	30.0	16	40.0	保持
可持续发展 竞争力	资源竞争力	9	2	22.2	6	66.7	1	11.1	保持
	环境竞争力	8	4	50.0	1	12.5	3	37.5	下降
	人力资源竞争力	7	2	28.6	1	14.3	4	57.1	上升
	小　计	24	8	33.3	8	33.3	8	33.3	下降
财政金融 竞争力	财政竞争力	12	3	25.0	4	33.3	5	41.7	下降
	金融竞争力	10	3	30.0	5	50.0	2	20.0	上升
	小　计	22	6	27.3	9	40.9	7	31.8	下降
知识经济 竞争力	科技竞争力	9	4	44.4	4	44.4	1	11.1	保持
	教育竞争力	10	5	50.0	5	50.0	0	0.0	上升
	文化竞争力	10	5	50.0	1	10.0	4	40.0	保持
	小　计	29	14	48.3	10	34.5	5	17.2	上升

续表

二级指标	三级指标	四级指标数	上升		保持		下降		变化趋势
			指标数	比重	指标数	比重	指标数	比重	
发展环境竞争力	基础设施竞争力	9	0	0.0	6	66.7	3	33.3	保持
	软环境竞争力	9	5	55.6	1	11.1	3	33.3	下降
	小　计	18	5	27.8	7	38.9	6	33.3	下降
政府作用竞争力	政府发展经济竞争力	5	3	60.0	0	0.0	2	40.0	上升
	政府规调经济竞争力	5	3	60.0	0	0.0	2	4.0	上升
	政府保障经济竞争力	6	4	66.7	2	33.3	0	0.0	保持
	小　计	16	10	62.5	2	12.5	4	25.0	上升
发展水平竞争力	工业化进程竞争力	6	3	50.0	2	33.3	1	16.7	下降
	城市化进程竞争力	6	1	16.7	2	33.3	3	50.0	下降
	市场化进程竞争力	6	3	50.0	0	0.0	3	50.0	下降
	小　计	18	7	38.9	4	22.2	7	38.9	下降
统筹协调竞争力	统筹发展竞争力	8	5	62.5	2	25.0	1	12.5	上升
	协调发展竞争力	8	4	50.0	1	12.5	3	37.5	上升
	小　计	16	9	56.3	3	18.8	4	25.0	上升
合　计		210	83	39.5	63	30.0	64	30.5	保持

从表18-2可以看出，210个四级指标中，上升指标有83个，占指标总数的39.5%；下降指标有64个，占指标总数的30.5%；保持不变的指标有63个，占指标总数的30.0%。综上所述，湖南省经济综合竞争力上升动力大于下降拉力，但受其他因素影响，2016～2017年湖南省经济综合竞争力排位保持不变。

3. 湖南省经济综合竞争力各级指标优劣势结构分析

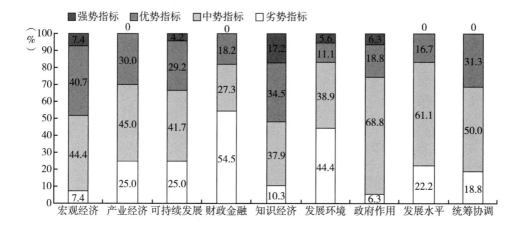

图18-2　2017年湖南省经济综合竞争力各级指标优劣势比较

表18-3 2017年湖南省经济综合竞争力各级指标优劣势情况

单位：个，%

二级指标	三级指标	四级指标数	强势指标		优势指标		中势指标		劣势指标		优劣势
			个数	比重	个数	比重	个数	比重	个数	比重	
宏观经济竞争力	经济实力竞争力	12	1	8.3	6	50.0	5	41.7	0	0.0	优势
	经济结构竞争力	6	0	0.0	1	16.7	4	66.7	1	16.7	中势
	经济外向度竞争力	9	1	11.1	4	44.4	3	33.3	1	11.1	优势
	小　计	27	2	7.4	11	40.7	12	44.4	2	7.4	优势
产业经济竞争力	农业竞争力	10	0	0.0	2	20.0	5	50.0	3	30.0	中势
	工业竞争力	10	0	0.0	3	30.0	6	60.0	1	10.0	中势
	服务业竞争力	10	0	0.0	3	30.0	6	60.0	1	10.0	中势
	企业竞争力	10	0	0.0	4	40.0	1	10.0	5	50.0	优势
	小　计	40	0	0.0	12	30.0	18	45.0	10	25.0	中势
可持续发展竞争力	资源竞争力	9	0	0.0	1	11.1	6	66.7	2	22.2	劣势
	环境竞争力	8	0	0.0	4	50.0	2	25.0	2	25.0	劣势
	人力资源竞争力	7	1	14.3	2	28.6	2	28.6	2	28.6	中势
	小　计	24	1	4.2	7	29.2	10	41.7	6	25.0	劣势
财政金融竞争力	财政竞争力	12	0	0.0	2	16.7	2	16.7	8	66.7	劣势
	金融竞争力	10	0	0.0	2	20.0	4	40.0	4	40.0	中势
	小　计	22	0	0.0	4	18.2	6	27.3	12	54.5	劣势
知识经济竞争力	科技竞争力	9	0	0.0	3	33.3	6	66.7	0	0.0	中势
	教育竞争力	10	0	0.0	4	40.0	3	30.0	3	30.0	中势
	文化竞争力	10	5	50.0	3	30.0	2	20.0	0	0.0	优势
	小　计	29	5	17.2	10	34.5	11	37.9	3	10.3	中势
发展环境竞争力	基础设施竞争力	9	1	11.1	1	11.1	4	44.4	3	33.3	中势
	软环境竞争力	9	0	0.0	1	11.1	3	33.3	5	55.6	劣势
	小　计	18	1	5.6	2	11.1	7	38.9	8	44.4	中势
政府作用竞争力	政府发展经济竞争力	5	0	0.0	2	40.0	3	60.0	0	0.0	中势
	政府规调经济竞争力	5	0	0.0	0	0.0	5	100.0	0	0.0	优势
	政府保障经济竞争力	6	1	16.7	1	16.7	3	50.0	1	16.7	中势
	小　计	16	1	6.3	3	18.8	11	68.8	1	6.3	中势
发展水平竞争力	工业化进程竞争力	6	0	0.0	0	0.0	6	100.0	0	0.0	中势
	城市化进程竞争力	6	0	0.0	1	16.7	3	50.0	2	33.3	中势
	市场化进程竞争力	6	0	0.0	2	33.3	2	33.3	2	33.3	中势
	小　计	18	0	0.0	3	16.7	11	61.1	4	22.2	中势
统筹协调竞争力	统筹发展竞争力	8	0	0.0	2	25.0	6	75.0	0	0.0	中势
	协调发展竞争力	8	0	0.0	3	37.5	2	25.0	3	37.5	中势
	小　计	16	0	0.0	5	31.3	8	50.0	3	18.8	中势
	合　计	210	10	4.8	57	27.1	94	44.8	49	23.3	中势

基于图18-2和表18-3，具体到四级指标，强势指标10个，占指标总数的4.8%；优势指标57个，占指标总数的27.1%；中势指标94个，占指标总数的

44.8%；劣势指标 49 个，占指标总数的 23.3%。三级指标中，没有强势指标；优势指标 5 个，占三级指标总数的 20%；中势指标 16 个，占三级指标总数的 64%；劣势指标 4 个，占三级指标总数的 16%。从二级指标看，没有强势指标；优势指标有 1 个，占二级指标总数的 11.1%；中势指标有 6 个，占二级指标总数的 66.7%；劣势指标 2 个，占二级指标总数的 22.2%。综合来看，由于中势指标在指标体系中居于主导地位，2017 年湖南省经济综合竞争力处于中势地位。

4. 湖南省经济综合竞争力四级指标优劣势对比分析

表 18 - 4　2017 年湖南省经济综合竞争力各级指标优劣势情况

二级指标	优劣势	四级指标
宏观经济竞争力（27 个）	强势指标	财政总收入增长率、实际 FDI 增长率（2 个）
	优势指标	地区生产总值、地区生产总值增长率、财政总收入、固定资产投资额、固定资产投资额增长率、全社会消费品零售总额、所有制经济结构优化度、进出口增长率、出口增长率、实际 FDI、对外直接投资额（11 个）
	劣势指标	贸易结构优化度、外贸依存度（2 个）
产业经济竞争力（40 个）	强势指标	（0 个）
	优势指标	农业增加值、农业机械化水平、工业增加值、工业资产总额增长率、工业成本费用率、服务业增加值、服务业增加值增长率、限额以上批零企业利税率、规模以上工业企业数、新产品销售收入占主营业务收入比重、工业企业 R&D 经费投入强度、中国驰名商标持有量（12 个）
	劣势指标	农民人均纯收入增长率、农产品出口占农林牧渔总产值比重、农村人均用电量、工业收入利润率、限额以上餐饮企业利税率、规模以上企业平均资产、规模以上企业平均收入、规模以上企业平均利润、规模以上企业劳动效率、城镇就业人员平均工资（10 个）
可持续发展竞争力（24 个）	强势指标	人口健康素质（1 个）
	优势指标	人均年水资源量、森林覆盖率、人均工业废气排放量、人均工业固体废物排放量、一般工业固体废物综合利用率、文盲率、职业学校毕业生数（7 个）
	劣势指标	人均耕地面积、人均主要能源矿产基础储量、人均治理工业污染投资额、自然灾害直接经济损失、15～64 岁人口比例、大专以上教育程度人口比例（6 个）
财政金融竞争力（22 个）	强势指标	（0 个）
	优势指标	地方财政支出、税收收入增长率、中长期贷款占贷款余额比重、国内上市公司数（4 个）
	劣势指标	地方财政收入占 GDP 比重、地方财政支出占 GDP 比重、税收收入占 GDP 比重、税收收入占财政总收入比重、人均地方财政收入、人均地方财政支出、人均税收收入、地方财政收入增长率、人均存款余额、人均贷款余额、保险密度、保险深度（12 个）
知识经济竞争力（29 个）	强势指标	图书和期刊出版数、城镇居民人均文化娱乐支出、农村居民人均文化娱乐支出、城镇居民人均文化娱乐支出占消费性支出比重、农村居民人均文化娱乐支出占消费性支出比重（5 个）
	优势指标	R&D 人员、R&D 经费、R&D 经费投入强度、教育经费、人均文化教育支出、高等学校数、高校专任教师数、文化制造业营业收入、文化服务业企业营业收入、报纸出版数（10 个）
	劣势指标	教育经费占 GDP 比重、人均教育经费、万人中小学专任教师数（3 个）
发展环境竞争力（18 个）	强势指标	人均内河航道里程（1 个）
	优势指标	全社会旅客周转量、每十万人交通事故发生数（2 个）
	劣势指标	人均邮电业务总量、电话普及率、人均耗电量、万人外资企业数、万人个体私营企业数、查处商标侵权假冒案件、罚没收入占财政收入比重、社会捐赠款物（8 个）

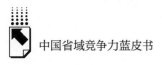
续表

二级指标	优劣势	四级指标
政府作用 竞争力 (16个)	强势指标	城镇登记失业率(1个)
	优势指标	财政支出对GDP增长的拉动、财政投资对社会投资的拉动、城市城镇社区服务设施数(3个)
	劣势指标	最低工资标准(1个)
发展水平 竞争力 (18个)	强势指标	(0个)
	优势指标	城市平均建成区面积比重、非公有制经济产值占全社会总产值比重、亿元以上商品市场成交额(3个)
	劣势指标	人均拥有道路面积、人均公共绿地面积、社会投资占投资总额比重、私有和个体企业从业人员比重(4个)
统筹协调 竞争力 (16个)	强势指标	(0个)
	优势指标	万元GDP综合能耗下降率、固定资产交付使用率、环境竞争力与宏观经济竞争力比差、人力资源竞争力与宏观经济竞争力比差、环境竞争力与工业竞争力比差(5个)
	劣势指标	资源竞争力与宏观经济竞争力比差、资源竞争力与工业竞争力比差、全社会消费品零售总额与外贸出口总额比差(3个)

18.2 湖南省经济综合竞争力各级指标具体分析

1. 湖南省宏观经济竞争力指标排名变化情况

表 18-5 2016~2017 年湖南省宏观经济竞争力指标组排位及变化趋势

指标	2016	2017	排位升降	优劣势
1 宏观经济竞争力	12	8	4	优势
1.1 经济实力竞争力	13	10	3	优势
地区生产总值	9	9	0	优势
地区生产总值增长率	12	9	3	优势
人均地区生产总值	16	16	0	中势
财政总收入	17	7	10	优势
财政总收入增长率	7	2	5	强势
人均财政收入	25	18	7	中势
固定资产投资额	9	7	2	优势
固定资产投资额增长率	6	8	-2	优势
人均固定资产投资额	20	17	3	中势
全社会消费品零售总额	9	9	0	优势
全社会消费品零售总额增长率	11	16	-5	中势
人均全社会消费品零售总额	15	15	0	中势
1.2 经济结构竞争力	12	16	-4	中势
产业结构优化度	17	15	2	中势
所有制经济结构优化度	8	7	1	优势
城乡经济结构优化度	20	20	0	中势

续表

指　标	2016	2017	排位升降	优劣势
就业结构优化度	10	13	－3	中势
资本形成结构优化度	11	15	－4	中势
贸易结构优化度	18	21	－3	劣势
1.3　经济外向度竞争力	18	7	11	优势
进出口总额	20	20	0	中势
进出口增长率	29	5	24	优势
出口总额	18	18	0	中势
出口增长率	2	6	－4	优势
实际 FDI	18	10	8	优势
实际 FDI 增长率	17	2	15	强势
外贸依存度	26	27	－1	劣势
外资企业数	15	14	1	中势
对外直接投资额	10	10	0	优势

2. 湖南省产业经济竞争力指标排名变化情况

表 18－6　2016～2017 年湖南省产业经济竞争力指标组排位及变化趋势

指　标	2016	2017	排位升降	优劣势
2　产业经济竞争力	11	11	0	中势
2.1　农业竞争力	8	12	－4	中势
农业增加值	7	8	－1	优势
农业增加值增长率	21	20	1	中势
人均农业增加值	12	17	－5	中势
农民人均纯收入	13	13	0	中势
农民人均纯收入增长率	14	22	－8	劣势
农产品出口占农林牧渔总产值比重	26	22	4	劣势
人均主要农产品产量	13	13	0	中势
农业机械化水平	5	5	0	优势
农村人均用电量	25	26	－1	劣势
财政支农资金比重	18	17	1	中势
2.2　工业竞争力	13	14	－1	中势
工业增加值	9	9	0	优势
工业增加值增长率	18	14	4	中势
人均工业增加值	16	17	－1	中势
工业资产总额	17	17	0	中势
工业资产总额增长率	9	5	4	优势
规模以上工业主营业务收入	11	11	0	中势
工业成本费用率	6	9	－3	优势
规模以上工业利润总额	14	14	0	中势
工业全员劳动生产率	17	19	－2	中势
工业收入利润率	23	25	－2	劣势

指　标	2016	2017	排位升降	优劣势
2.3　服务业竞争力	12	12	0	中势
服务业增加值	9	9	0	优势
服务业增加值增长率	6	4	2	优势
人均服务业增加值	17	15	2	中势
服务业从业人员数	14	14	0	中势
限额以上批发零售企业主营业务收入	16	16	0	中势
限额以上批零企业利税率	3	4	−1	优势
限额以上餐饮企业利税率	23	24	−1	劣势
旅游外汇收入	18	17	1	中势
商品房销售收入	13	12	1	中势
电子商务销售额	16	14	2	中势
2.4　企业竞争力	8	10	−2	优势
规模以上工业企业数	10	8	2	优势
规模以上企业平均资产	29	30	−1	劣势
规模以上企业平均收入	25	26	−1	劣势
规模以上企业平均利润	21	26	−5	劣势
规模以上企业劳动效率	19	22	−3	劣势
城镇就业人员平均工资	22	23	−1	劣势
新产品销售收入占主营业务收入比重	6	6	0	优势
产品质量抽查合格率	9	17	−8	中势
工业企业 R&D 经费投入强度	9	8	1	优势
中国驰名商标持有量	6	6	0	优势

3. 湖南省可持续发展竞争力指标排名变化情况

表 18−7　2016~2017 年湖南省可持续发展竞争力指标组排位及变化趋势

指　标	2016	2017	排位升降	优劣势
3　可持续发展竞争力	17	27	−10	劣势
3.1　资源竞争力	27	27	0	劣势
人均国土面积	20	20	0	中势
人均可使用海域和滩涂面积	13	13	0	中势
人均年水资源量	9	10	−1	优势
耕地面积	17	17	0	中势
人均耕地面积	24	24	0	劣势
人均牧草地面积	17	17	0	中势
主要能源矿产基础储量	22	20	2	中势
人均主要能源矿产基础储量	27	25	2	劣势
人均森林储积量	18	18	0	中势

指　标	2016	2017	排位升降	优劣势
3.2　环境竞争力	6	26	-20	劣势
森林覆盖率	8	8	0	优势
人均废水排放量	16	15	1	中势
人均工业废气排放量	7	4	3	优势
人均工业固体废物排放量	7	5	2	优势
人均治理工业污染投资额	26	29	-3	劣势
一般工业固体废物综合利用率	11	8	3	优势
生活垃圾无害化处理率	8	11	-3	中势
自然灾害直接经济损失	27	31	-4	劣势
3.3　人力资源竞争力	18	13	5	中势
常住人口增长率	19	19	0	中势
15~64岁人口比例	27	24	3	劣势
文盲率	8	9	-1	优势
大专以上教育程度人口比例	18	21	-3	劣势
平均受教育程度	11	12	-1	中势
人口健康素质	5	3	2	强势
职业学校毕业生数	8	9	-1	优势

4. 湖南省财政金融竞争力指标排名变化情况

表18-8　2016~2017年湖南省财政金融竞争力指标组排位及变化趋势

指　标	2016	2017	排位升降	优劣势
4　财政金融竞争力	22	24	-2	劣势
4.1　财政竞争力	25	27	-2	劣势
地方财政收入	12	13	-1	中势
地方财政支出	10	8	2	优势
地方财政收入占GDP比重	28	28	0	劣势
地方财政支出占GDP比重	23	22	1	劣势
税收收入占GDP比重	31	31	0	劣势
税收收入占财政总收入比重	31	31	0	劣势
人均地方财政收入	25	26	-1	劣势
人均地方财政支出	26	28	-2	劣势
人均税收收入	27	27	0	劣势
地方财政收入增长率	8	26	-18	劣势
地方财政支出增长率	7	16	-9	中势
税收收入增长率	12	4	8	优势

指 标	2016	2017	排位升降	优劣势
4.2　金融竞争力	18	16	2	中势
存款余额	12	12	0	中势
人均存款余额	27	26	1	劣势
贷款余额	14	14	0	中势
人均贷款余额	29	30	-1	劣势
中长期贷款占贷款余额比重	5	5	0	优势
保险费净收入	12	12	0	中势
保险密度	25	24	1	劣势
保险深度	25	25	0	劣势
国内上市公司数	11	9	2	优势
国内上市公司市值	10	13	-3	中势

5. 湖南省知识经济竞争力指标排名变化情况

表 18 - 9　2016～2017 年湖南省知识经济竞争力指标组排位及变化趋势

指 标	2016	2017	排位升降	优劣势
5　知识经济竞争力	14	12	2	中势
5.1　科技竞争力	15	15	0	中势
R&D 人员	10	9	1	优势
R&D 经费	8	8	0	优势
R&D 经费投入强度	11	9	2	优势
发明专利授权量	12	13	-1	中势
技术市场成交合同金额	17	14	3	中势
财政科技支出占地方财政支出比重	22	18	4	中势
高技术产业主营业务收入	14	14	0	中势
高技术产业收入占工业增加值比重	16	16	0	中势
高技术产品出口额占商品出口额比重	16	16	0	中势
5.2　教育竞争力	20	14	6	中势
教育经费	8	8	0	优势
教育经费占 GDP 比重	23	22	1	劣势
人均教育经费	30	30	0	劣势
公共教育经费占财政支出比重	19	14	5	中势
人均文化教育支出	8	4	4	优势
万人中小学学校数	17	17	0	中势
万人中小学专任教师数	23	23	0	劣势
高等学校数	10	10	0	优势
高校专任教师数	9	8	1	优势
万人高等学校在校学生数	22	14	8	中势

续表

指 标	2016	2017	排位升降	优劣势
5.3 文化竞争力	7	7	0	优势
文化制造业营业收入	4	7	−3	优势
文化批发零售业营业收入	12	11	1	中势
文化服务业企业营业收入	9	10	−1	优势
图书和期刊出版数	2	3	−1	强势
报纸出版数	13	10	3	优势
印刷用纸量	9	11	−2	中势
城镇居民人均文化娱乐支出	4	3	1	强势
农村居民人均文化娱乐支出	3	1	2	强势
城镇居民人均文化娱乐支出占消费性支出比重	1	1	0	强势
农村居民人均文化娱乐支出占消费性支出比重	3	1	2	强势

6. 湖南省发展环境竞争力指标排名变化情况

表 18 - 10　2016 ~ 2017 年湖南省发展环境竞争力指标组排位及变化趋势

指 标	2016	2017	排位升降	优劣势
6 发展环境竞争力	15	18	−3	中势
6.1 基础设施竞争力	15	15	0	中势
铁路网线密度	19	20	−1	中势
公路网线密度	12	12	0	中势
人均内河航道里程	3	3	0	强势
全社会旅客周转量	3	4	−1	优势
全社会货物周转量	14	14	0	中势
人均邮电业务总量	28	29	−1	劣势
电话普及率	29	29	0	劣势
网站数	13	13	0	中势
人均耗电量	30	30	0	劣势
6.2 软环境竞争力	24	27	−3	劣势
外资企业数增长率	13	11	2	中势
万人外资企业数	27	24	3	劣势
个体私营企业数增长率	10	12	−2	中势
万人个体私营企业数	23	22	1	劣势
万人商标注册件数	21	20	1	中势
查处商标侵权假冒案件	16	22	−6	劣势
每十万人交通事故发生数	9	5	4	优势
罚没收入占财政收入比重	24	27	−3	劣势
社会捐赠款物	28	28	0	劣势

7. 湖南省政府作用竞争力指标排名变化情况

表 18 – 11　2016～2017 年湖南省政府作用竞争力指标组排位及变化趋势

指　　标	2016	2017	排位升降	优劣势
7　政府作用竞争力	20	11	9	中势
7.1　政府发展经济竞争力	15	14	1	中势
财政支出用于基本建设投资比重	17	16	1	中势
财政支出对 GDP 增长的拉动	9	10	− 1	优势
政府公务员对经济的贡献	15	13	2	中势
政府消费对民间消费的拉动	14	18	− 4	中势
财政投资对社会投资的拉动	11	9	2	优势
7.2　政府规调经济竞争力	23	9	14	优势
物价调控	19	12	7	中势
调控城乡消费差距	12	14	− 2	中势
统筹经济社会发展	8	17	− 9	中势
规范税收	14	12	2	中势
固定资产投资价格指数	31	16	15	中势
7.3　政府保障经济竞争力	16	16	0	中势
城市城镇社区服务设施数	10	10	0	优势
医疗保险覆盖率	21	20	1	中势
养老保险覆盖率	16	14	2	中势
失业保险覆盖率	13	12	1	中势
最低工资标准	30	21	9	劣势
城镇登记失业率	3	3	0	强势

8. 湖南省发展水平竞争力指标排名变化情况

表 18 – 12　2016～2017 年湖南省发展水平竞争力指标组排位及变化趋势

指　标	2016	2017	排位升降	优劣势
8　发展水平竞争力	13	17	− 4	中势
8.1　工业化进程竞争力	15	17	− 2	中势
工业增加值占 GDP 比重	16	15	1	中势
工业增加值增长率	18	18	0	中势
高技术产业占工业增加值比重	17	16	1	中势
高技术产品出口额占商品出口额比重	8	18	− 10	中势
信息产业增加值占 GDP 比重	16	16	0	中势
工农业增加值比值	21	18	3	中势

续表

指　标	2016	2017	排位升降	优劣势
8.2　城市化进程竞争力	15	20	−5	中势
城镇化率	21	20	1	中势
城镇居民人均可支配收入	11	11	0	中势
城市平均建成区面积比重	9	9	0	优势
人均拥有道路面积	20	23	−3	劣势
人均日生活用水量	5	15	−10	中势
人均公共绿地面积	28	29	−1	劣势
8.3　市场化进程竞争力	14	15	−1	中势
非公有制经济产值占全社会总产值比重	8	7	1	优势
社会投资占投资总额比重	20	21	−1	劣势
私有和个体企业从业人员比重	18	29	−11	劣势
亿元以上商品市场成交额	11	8	3	优势
亿元以上商品市场成交额占全社会消费品零售总额比重	15	13	2	中势
居民消费支出占总消费支出比重	14	18	−4	中势

9. 湖南省统筹协调竞争力指标排名变化情况

表 18 – 13　2016～2017 年湖南省统筹协调竞争力指标组排位及变化趋势

指　标	2016	2017	排位升降	优劣势
9　统筹协调竞争力	20	16	4	中势
9.1　统筹发展竞争力	18	12	6	中势
社会劳动生产率	17	16	1	中势
能源使用下降率	14	12	2	中势
万元 GDP 综合能耗下降率	10	10	0	优势
非农用地产出率	13	13	0	中势
生产税净额和营业盈余占 GDP 比重	21	20	1	中势
最终消费率	17	15	2	中势
固定资产投资额占 GDP 比重	13	18	−5	中势
固定资产交付使用率	17	8	9	优势
9.2　协调发展竞争力	20	19	1	中势
环境竞争力与宏观经济竞争力比差	18	5	13	优势
资源竞争力与宏观经济竞争力比差	24	25	−1	劣势
人力资源竞争力与宏观经济竞争力比差	13	7	6	优势
资源竞争力与工业竞争力比差	23	24	−1	劣势
环境竞争力与工业竞争力比差	16	10	6	优势
城乡居民家庭人均收入比差	20	20	0	中势
城乡居民人均现金消费支出比差	10	14	−4	中势
全社会消费品零售总额与外贸出口总额比差	25	23	2	劣势

B.20

19

广东省经济综合竞争力评价分析报告

广东省简称粤，北接湖南省、江西省，东连福建省，西邻广西壮族自治区，南隔琼州海峡与海南省相望。全省土地总面积 17.8 万平方公里，2017 年总人口为 11169 万人，全省地区生产总值达 89705 亿元，同比增长 7.5%，人均 GDP 达 80932 元。本部分通过分析 2016 ~ 2017 年广东省经济综合竞争力以及各要素竞争力的排名变化，从中找出广东省经济综合竞争力的推动点及影响因素，为进一步提升广东省经济综合竞争力提供决策参考。

19.1 广东省经济综合竞争力总体分析

1. 广东省经济综合竞争力一级指标概要分析

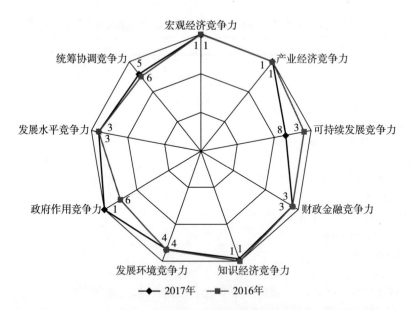

图 19-1 2016 ~ 2017 年广东省经济综合竞争力二级指标比较雷达图

（1）从综合排位看，2017 年广东省经济综合竞争力排名全国第一，与 2016 年相比，继续保持全国首位，这表明其在全国处于强势地位。

（2）从指标所处区位看，全部指标都处于上游区。其中，宏观经济竞争力、产业经济竞争力、财政金融竞争力、知识经济竞争力、政府作用竞争力和发展水平竞争力等 6 个

表 19 – 1　2016~2017 年广东省经济综合竞争力二级指标比较

项目 年份	宏观经济 竞争力	产业经济 竞争力	可持续发展 竞争力	财政金融 竞争力	知识经济 竞争力	发展环境 竞争力	政府作用 竞争力	发展水平 竞争力	统筹协调 竞争力	综合 排位
2016	1	1	3	3	1	4	6	3	6	1
2017	1	1	8	3	1	4	1	3	5	1
升降	0	0	– 5	0	0	0	5	0	1	0
优劣度	强势	强势	优势	强势	强势	优势	强势	强势	优势	强势

指标为广东省经济综合竞争力的强势指标。

（3）从指标变化趋势看，9 个二级指标中，有 2 个指标处于上升趋势，为政府作用竞争力和统筹协调竞争力，是广东省经济综合竞争力的上升动力所在；有 6 个指标排位没有发生变化，为宏观经济竞争力、产业经济竞争力、财政金融竞争力、知识经济竞争力、发展环境竞争力和发展水平竞争力；有 1 个指标处于下降趋势，为可持续发展竞争力，这是广东省经济综合竞争力的下降拉力所在。

2. 广东省经济综合竞争力各级指标动态变化分析

表 19 – 2　2016~2017 年广东省经济综合竞争力各级指标排位变化态势比较

单位：个，%

二级指标	三级指标	四级 指标数	上升		保持		下降		变化 趋势
			指标数	比重	指标数	比重	指标数	比重	
宏观经济 竞争力	经济实力竞争力	12	5	41.7	7	58.3	0	0.0	上升
	经济结构竞争力	6	2	33.3	2	33.3	2	33.3	上升
	经济外向度竞争力	9	2	22.2	5	55.6	2	22.2	保持
	小　计	27	9	33.3	14	51.9	4	14.8	保持
产业经济 竞争力	农业竞争力	10	1	10.0	7	70.0	2	20.0	上升
	工业竞争力	10	2	20.0	4	40.0	4	40.0	保持
	服务业竞争力	10	0	0.0	7	70.0	3	30.0	保持
	企业竞争力	10	2	20.0	5	50.0	3	30.0	上升
	小　计	40	5	12.5	23	57.5	12	30.0	保持
可持续发展 竞争力	资源竞争力	9	0	0.0	6	66.7	3	33.3	上升
	环境竞争力	8	2	25.0	2	25.0	4	50.0	下降
	人力资源竞争力	7	1	14.3	4	57.1	2	28.6	保持
	小　计	24	3	12.5	12	50.0	9	37.5	下降
财政金融 竞争力	财政竞争力	12	2	16.7	6	50.0	4	33.3	保持
	金融竞争力	10	5	50.0	4	40.0	1	10.0	上升
	小　计	22	7	31.8	10	45.5	5	22.7	保持

二级指标	三级指标	四级指标数	上升		保持		下降		变化趋势
			指标数	比重	指标数	比重	指标数	比重	
知识经济竞争力	科技竞争力	9	3	33.3	5	55.6	1	11.1	保持
	教育竞争力	10	3	30.0	4	40.0	3	30.0	下降
	文化竞争力	10	4	40.0	4	40.0	2	20.0	保持
	小　计	29	10	34.5	13	44.8	6	20.7	保持
发展环境竞争力	基础设施竞争力	9	0	0.0	6	66.7	3	33.3	保持
	软环境竞争力	9	2	22.2	4	44.4	3	33.3	下降
	小　计	18	2	11.1	10	55.6	6	33.3	保持
政府作用竞争力	政府发展经济竞争力	5	2	40.0	2	40.0	1	20.0	下降
	政府规调经济竞争力	5	4	80.0	1	20.0	0	0.0	上升
	政府保障经济竞争力	6	0	0.0	3	50.0	3	50.0	保持
	小　计	16	6	37.5	6	37.5	4	25.0	上升
发展水平竞争力	工业化进程竞争力	6	0	0.0	3	50.0	3	50.0	保持
	城市化进程竞争力	6	1	16.7	3	50.0	2	33.3	保持
	市场化进程竞争力	6	0	0.0	2	33.3	4	66.7	保持
	小　计	18	1	5.6	8	44.4	9	50.0	保持
统筹协调竞争力	统筹发展竞争力	8	3	37.5	4	50.0	1	12.5	下降
	协调发展竞争力	8	2	25.0	3	37.5	3	37.5	下降
	小　计	16	5	31.3	7	43.8	4	25.0	上升
合　计		210	48	22.9	103	49.0	59	28.1	保持

从表 19 - 2 可以看出，210 个四级指标中，上升指标有 48 个，占指标总数的 22.9%；下降指标有 59 个，占指标总数的 28.1%；保持指标有 103 个，占指标总数的 49.0%。综上所述，广东省经济综合竞争力下降的拉力大于上升的动力，但受其他外部因素的综合影响，2016～2017 年广东省经济综合竞争力排位保持不变。

3. 广东省经济综合竞争力各级指标优劣势结构分析

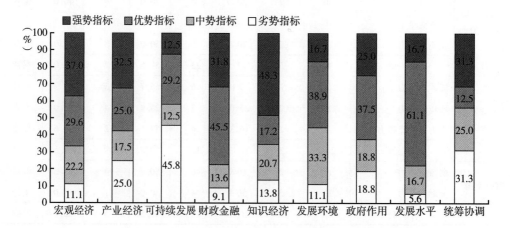

图 19 - 2　2017 年广东省经济综合竞争力各级指标优劣势比较

表 19 - 3　2017 年广东省经济综合竞争力各级指标优劣势比较

单位：个，%

二级指标	三级指标	四级指标数	强势指标		优势指标		中势指标		劣势指标		优劣势
			个数	比重	个数	比重	个数	比重	个数	比重	
宏观经济竞争力	经济实力竞争力	12	3	25.0	4	33.3	4	33.3	1	8.3	强势
	经济结构竞争力	6	1	16.7	3	50.0	2	33.3	0	0.0	强势
	经济外向度竞争力	9	6	66.7	1	11.1	0	0.0	2	22.2	强势
	小　计	27	10	37.0	8	29.6	6	22.2	3	11.1	强势
产业经济竞争力	农业竞争力	10	0	0.0	4	40.0	4	40.0	2	20.0	中势
	工业竞争力	10	4	40.0	2	20.0	2	20.0	2	20.0	强势
	服务业竞争力	10	6	60.0	2	20.0	0	0.0	2	20.0	强势
	企业竞争力	10	3	30.0	2	20.0	1	10.0	4	40.0	优势
	小　计	40	13	32.5	10	25.0	7	17.5	10	25.0	强势
可持续发展竞争力	资源竞争力	9	0	0.0	1	11.1	1	11.1	7	77.8	劣势
	环境竞争力	8	1	12.5	3	37.5	1	12.5	3	37.5	中势
	人力资源竞争力	7	2	28.6	3	42.9	1	14.3	1	14.3	强势
	小　计	24	3	12.5	7	29.2	3	12.5	11	45.8	优势
财政金融竞争力	财政竞争力	12	2	16.7	7	58.3	1	8.3	2	16.7	强势
	金融竞争力	10	5	50.0	3	30.0	2	20.0	0	0.0	强势
	小　计	22	7	31.8	10	45.5	3	13.6	2	9.1	强势
知识经济竞争力	科技竞争力	9	8	88.9	0	0.0	1	11.1	0	0.0	强势
	教育竞争力	10	1	10.0	3	30.0	4	40.0	2	20.0	优势
	文化竞争力	10	5	50.0	2	20.0	1	10.0	2	20.0	强势
	小　计	29	14	48.3	5	17.2	6	20.7	4	13.8	强势
发展环境竞争力	基础设施竞争力	9	3	33.3	3	33.3	3	33.3	0	0.0	强势
	软环境竞争力	9	0	0.0	4	44.4	3	33.3	2	22.2	中势
	小　计	18	3	16.7	7	38.9	6	33.3	2	11.1	优势
政府作用竞争力	政府发展经济竞争力	5	0	0.0	3	60.0	1	20.0	1	20.0	优势
	政府规调经济竞争力	5	1	20.0	1	20.0	2	40.0	1	20.0	优势
	政府保障经济竞争力	6	3	50.0	2	33.3	0	0.0	1	16.7	强势
	小　计	16	4	25.0	6	37.5	3	18.8	3	18.8	强势
发展水平竞争力	工业化进程竞争力	6	2	33.3	3	50.0	1	16.7	0	0.0	强势
	城市化进程竞争力	6	1	16.7	3	50.0	1	16.7	1	16.7	优势
	市场化进程竞争力	6	0	0.0	5	83.3	1	16.7	0	0.0	优势
	小　计	18	3	16.7	11	61.1	3	16.7	1	5.6	强势
统筹协调竞争力	统筹发展竞争力	8	2	25.0	1	12.5	3	37.5	2	25.0	优势
	协调发展竞争力	8	3	37.5	1	12.5	1	12.5	3	37.5	中势
	小　计	16	5	31.3	2	12.5	4	25.0	5	31.3	优势
合　计		210	62	29.5	66	31.4	41	19.5	41	19.5	强势

从图 19 - 2 和表 19 - 3 可以看出，四级指标中，强势指标 62 个，占指标总数的 29.5%；优势指标 66 个，占指标总数的 31.4%；中势指标 41 个，占指标总数的 19.5%；

劣势指标 41 个，占指标总数的 19.5%。从三级指标来看，强势指标 13 个，占三级指标总数的 52%；优势指标 7 个，占三级指标总数的 28%；中势指标 4 个，占三级指标总数的 16%；劣势指标 1 个，占三级指标总数的 4%。反映到二级指标上来，强势指标 6 个，占二级指标总数的 66.7%；优势指标 3 个，占二级指标总数的 33.3%。综合来看，由于强势和优势指标在指标体系中居于主导地位，2017 年广东省经济综合竞争力处于强势地位。

4. 广东省经济综合竞争力四级指标优劣势对比分析

表 19 - 4 2017 年广东省经济综合竞争力各级指标优劣势比较

二级指标	优劣势	四级指标
宏观经济竞争力(27 个)	强势指标	地区生产总值、财政总收入、全社会消费品零售总额、贸易结构优化度、进出口总额、出口总额、实际 FDI、外贸依存度、外资企业数、对外直接投资额(10 个)
	优势指标	人均地区生产总值、固定资产投资额、固定资产投资额增长率、人均全社会消费品零售总额、产业结构优化度、所有制经济结构优化度、就业结构优化度、实际 FDI 增长率(8 个)
	劣势指标	人均固定资产投资额、进出口增长率、出口增长率(3 个)
产业经济竞争力(40 个)	强势指标	工业增加值、工业资产总额、规模以上工业主营业务收入、规模以上工业利润总额、服务业增加值、服务业从业人员数、限额以上批发零售企业主营业务收入、旅游外汇收入、商品房销售收入、电子商务销售额、规模以上工业企业数、新产品销售收入占主营业务收入比重、中国驰名商标持有量(13 个)
	优势指标	农业增加值、农民人均纯收入、农产品出口占农林牧渔总产值比重、农村人均用电量、人均工业增加值、工业资产总额增长率、人均服务业增加值、限额以上餐饮企业利税率、城镇就业人员平均工资、工业企业 R&D 经费投入强度(10 个)
	劣势指标	人均主要农产品产量、财政支农资金比重、工业成本费用率、工业全员劳动生产率、服务业增加值增长率、限额以上批零企业利税率、规模以上企业平均资产、规模以上企业平均收入、规模以上企业劳动效率、产品质量抽查合格率(10 个)
可持续发展竞争力(24 个)	强势指标	人均工业固体废物排放量、常住人口增长率、职业学校毕业生数(3 个)
	优势指标	人均可使用海域和滩涂面积、森林覆盖率、人均工业废气排放量、一般工业固体废物综合利用率、15 ~ 64 岁人口比例、文盲率、平均受教育程度(7 个)
	劣势指标	人均国土面积、耕地面积、人均耕地面积、人均牧草地面积、主要能源矿产基础储量、人均主要能源矿产基础储量、人均森林储量、人均废水排放量、生活垃圾无害化处理率、自然灾害直接经济损失、人口健康素质(11 个)
财政金融竞争力(22 个)	强势指标	地方财政收入、地方财政支出、存款余额、贷款余额、保险费净收入、国内上市公司数、国内上市公司市值(7 个)
	优势指标	地方财政收入占 GDP 比重、税收收入占 GDP 比重、税收收入占财政总收入比重、人均税收收入、地方财政收入增长率、地方财政支出增长率、税收增长率、人均存款余额、人均贷款余额、保险密度(10 个)
	劣势指标	地方财政支出占 GDP 比重、人均地方财政收入(2 个)
知识经济竞争力(29 个)	强势指标	R&D 人员、R&D 经费、R&D 经费投入强度、发明专利授权量、技术市场成交合同金额、财政科技支出占地方财政支出比重、高技术产业主营业务收入、高技术产业收入占工业增加值比重、教育经费、文化制造业营业收入、文化批发零售业营业收入、文化服务业企业营业收入、报纸出版数、印刷用纸量(14 个)
	优势指标	人均文化教育支出、高等学校数、高校专任教师数、图书和期刊出版数、城镇居民人均文化娱乐支出(5 个)
	劣势指标	教育经费占 GDP 比重、万人中小学学校数、城镇居民人均文化娱乐支出占消费性支出比重、农村居民人均文化娱乐支出占消费性支出比重(4 个)

二级指标	优劣势	四级指标
发展环境 竞争力 （18个）	强势指标	全社会旅客周转量、全社会货物周转量、网站数（3个）
	优势指标	公路网线密度、人均邮电业务总量、电话普及率、万人外资企业数、万人商标注册件数、罚没收入占财政收入比重、社会捐赠款物（7个）
	劣势指标	查处商标侵权假冒案件、每十万人交通事故发生数（2个）
政府作用 竞争力 （16个）	强势指标	统筹经济社会发展、城市城镇社区服务设施数、医疗保险覆盖率、失业保险覆盖率（4个）
	优势指标	财政支出对GDP增长的拉动、政府公务员对经济的贡献、政府消费对民间消费的拉动、规范税收、养老保险覆盖率、最低工资标准（6个）
	劣势指标	财政支出用于基本建设投资比重、调控城乡消费差距、城镇登记失业率（3个）
发展水平 竞争力 （18个）	强势指标	高技术产业占工业增加值比重、信息产业增加值占GDP比重、人均公共绿地面积（3个）
	优势指标	工业增加值占GDP比重、高技术产品出口额占商品出口额比重、工农业增加值比值、城镇化率、城镇居民人均可支配收入、人均日生活用水量、非公有制经济产值占全社会总产值比重、社会投资占投资总额比重、私有和个体企业从业人员比重、亿元以上商品市场成交额、居民消费支出占总消费支出比重（11个）
	劣势指标	人均拥有道路面积（1个）
统筹协调 竞争力 （16个）	强势指标	非农用地产出率、固定资产投资额占GDP比重、环境竞争力与宏观经济竞争力比差、环境竞争力与工业竞争力比差、全社会消费品零售总额与外贸出口总额比差（5个）
	优势指标	社会劳动生产率、人力资源竞争力与宏观经济竞争力比差（2个）
	劣势指标	能源使用下降率、固定资产交付使用率、资源竞争力与宏观经济竞争力比差、资源竞争力与工业竞争力比差、城乡居民人均现金消费支出比差（5个）

19.2 广东省经济综合竞争力各级指标具体分析

1. 广东省宏观经济竞争力指标排名变化情况

表19-5 2016～2017年广东省宏观经济竞争力指标组排位及变化趋势

指标	2016年	2017年	排位升降	优劣势
1 宏观经济竞争力	1	1	0	强势
1.1 经济实力竞争力	3	2	1	强势
地区生产总值	1	1	0	强势
地区生产总值增长率	21	16	5	中势
人均地区生产总值	7	7	0	优势
财政总收入	2	2	0	强势
财政总收入增长率	23	12	11	中势
人均财政收入	16	16	0	中势
固定资产投资额	4	4	0	优势
固定资产投资额增长率	19	7	12	优势
人均固定资产投资额	28	26	2	劣势
全社会消费品零售总额	1	1	0	强势
全社会消费品零售总额增长率	19	18	1	中势
人均全社会消费品零售总额	6	6	0	优势

指　标	2016 年	2017 年	排位升降	优劣势
1.2　经济结构竞争力	4	3	1	强势
产业结构优化度	8	7	1	优势
所有制经济结构优化度	4	4	0	优势
城乡经济结构优化度	19	19	0	中势
就业结构优化度	4	5	−1	优势
资本形成结构优化度	24	19	5	中势
贸易结构优化度	1	2	−1	强势
1.3　经济外向度竞争力	1	1	0	强势
进出口总额	1	1	0	强势
进出口增长率	20	26	−6	劣势
出口总额	1	1	0	强势
出口增长率	15	25	−10	劣势
实际 FDI	2	1	1	强势
实际 FDI 增长率	5	4	1	优势
外贸依存度	2	2	0	强势
外资企业数	1	1	0	强势
对外直接投资额	1	1	0	强势

2. 广东省产业经济竞争力指标排名变化情况

表 19 – 6　2016 ~ 2017 年广东省产业经济竞争力指标组排位及变化趋势

指　标	2016 年	2017 年	排位升降	优劣势
2　产业经济竞争力	1	1	0	强势
2.1　农业竞争力	20	19	1	中势
农业增加值	5	5	0	优势
农业增加值增长率	22	19	3	中势
人均农业增加值	14	14	0	中势
农民人均纯收入	7	7	0	优势
农民人均纯收入增长率	13	18	−5	中势
农产品出口占农林牧渔总产值比重	7	7	0	优势
人均主要农产品产量	28	28	0	劣势
农业机械化水平	15	15	0	中势
农村人均用电量	4	4	0	优势
财政支农资金比重	29	30	−1	劣势
2.2　工业竞争力	2	2	0	强势
工业增加值	1	1	0	强势
工业增加值增长率	10	17	−7	中势
人均工业增加值	6	6	0	优势
工业资产总额	2	2	0	强势
工业资产总额增长率	5	4	1	优势

续表

指 标	2016 年	2017 年	排位升降	优劣势
规模以上工业主营业务收入	3	3	0	强势
工业成本费用率	20	26	−6	劣势
规模以上工业利润总额	3	2	1	强势
工业全员劳动生产率	30	31	−1	劣势
工业收入利润率	14	17	−3	中势
2.3 服务业竞争力	1	1	0	强势
服务业增加值	1	1	0	强势
服务业增加值增长率	19	21	−2	劣势
人均服务业增加值	6	6	0	优势
服务业从业人员数	1	1	0	强势
限额以上批发零售企业主营业务收入	2	2	0	强势
限额以上批零企业利税率	20	21	−1	劣势
限额以上餐饮企业利税率	6	7	−1	优势
旅游外汇收入	1	1	0	强势
商品房销售收入	1	1	0	强势
电子商务销售额	1	1	0	强势
2.4 企业竞争力	7	5	2	优势
规模以上工业企业数	2	1	1	强势
规模以上企业平均资产	24	26	−2	劣势
规模以上企业平均收入	19	22	−3	劣势
规模以上企业平均利润	14	17	−3	中势
规模以上企业劳动效率	29	29	0	劣势
城镇就业人员平均工资	6	6	0	优势
新产品销售收入占主营业务收入比重	3	3	0	强势
产品质量抽查合格率	30	29	1	劣势
工业企业 R&D 经费投入强度	4	4	0	优势
中国驰名商标持有量	1	1	0	强势

3. 广东省可持续发展竞争力指标排名变化情况

表 19 – 7 2016 ~ 2017 年广东省可持续发展竞争力指标组排位及变化趋势

指 标	2016 年	2017 年	排位升降	优劣势
3 可持续发展竞争力	3	8	−5	优势
3.1 资源竞争力	25	24	1	劣势
人均国土面积	26	26	0	劣势
人均可使用海域和滩涂面积	6	6	0	优势
人均年水资源量	14	15	−1	中势
耕地面积	21	21	0	劣势
人均耕地面积	29	29	0	劣势

指标	2016 年	2017 年	排位升降	优劣势
人均牧草地面积	22	22	0	劣势
主要能源矿产基础储量	27	28	-1	劣势
人均主要能源矿产基础储量	29	30	-1	劣势
人均森林储积量	21	21	0	劣势
3.2 环境竞争力	9	19	-10	中势
森林覆盖率	6	6	0	优势
人均废水排放量	30	29	1	劣势
人均工业废气排放量	4	6	-2	优势
人均工业固体废物排放量	3	3	0	强势
人均治理工业污染投资额	24	16	8	中势
一般工业固体废物综合利用率	5	6	-1	优势
生活垃圾无害化处理率	19	21	-2	劣势
自然灾害直接经济损失	22	29	-7	劣势
3.3 人力资源竞争力	2	2	0	强势
常住人口增长率	3	3	0	强势
15~64 岁人口比例	9	7	2	优势
文盲率	6	6	0	优势
大专以上教育程度人口比例	11	17	-6	中势
平均受教育程度	7	9	-2	优势
人口健康素质	30	30	0	劣势
职业学校毕业生数	2	2	0	强势

4. 广东省财政金融竞争力指标排名变化情况

表 19-8　2016~2017 年广东省财政金融竞争力指标组排位及变化趋势

指标	2016 年	2017 年	排位升降	优劣势
4 财政金融竞争力	3	3	0	强势
4.1 财政竞争力	3	3	0	强势
地方财政收入	1	1	0	强势
地方财政支出	1	1	0	强势
地方财政收入占 GDP 比重	8	6	2	优势
地方财政支出占 GDP 比重	27	27	0	劣势
税收收入占 GDP 比重	4	4	0	优势
税收收入占财政总收入比重	6	6	0	优势
人均地方财政收入	6	24	-18	劣势
人均地方财政支出	14	16	-2	中势
人均税收收入	6	6	0	优势
地方财政收入增长率	3	7	-4	优势
地方财政支出增长率	24	4	20	优势
税收收入增长率	2	7	-5	优势

指　标	2016 年	2017 年	排位升降	优劣势
4.2　金融竞争力	3	2	1	强势
存款余额	1	1	0	强势
人均存款余额	5	5	0	优势
贷款余额	27	1	26	强势
人均贷款余额	31	7	24	优势
中长期贷款占贷款余额比重	1	15	－ 14	中势
保险费净收入	1	1	0	强势
保险密度	6	4	2	优势
保险深度	13	11	2	中势
国内上市公司数	1	1	0	强势
国内上市公司市值	31	2	29	强势

5. 广东省知识经济竞争力指标排名变化情况

表 19 - 9　2016～2017 年广东省知识经济竞争力指标组排位及变化趋势

指　标	2016 年	2017 年	排位升降	优劣势
5　知识经济竞争力	1	1	0	强势
5.1　科技竞争力	1	1	0	强势
R&D 人员	2	1	1	强势
R&D 经费	1	1	0	强势
R&D 经费投入强度	3	3	0	强势
发明专利授权量	3	2	1	强势
技术市场成交合同金额	5	3	2	强势
财政科技支出占地方财政支出比重	1	1	0	强势
高技术产业主营业务收入	1	1	0	强势
高技术产业收入占工业增加值比重	1	1	0	强势
高技术产品出口额占商品出口额比重	11	13	－ 2	中势
5.2　教育竞争力	3	4	－ 1	优势
教育经费	1	1	0	强势
教育经费占 GDP 比重	24	26	－ 2	劣势
人均教育经费	11	13	－ 2	中势
公共教育经费占财政支出比重	16	15	1	中势
人均文化教育支出	5	7	－ 2	优势
万人中小学学校数	23	21	2	劣势
万人中小学专任教师数	14	14	0	中势
高等学校数	6	6	0	优势
高校专任教师数	4	4	0	优势
万人高等学校在校学生数	14	13	1	中势

指　标	2016 年	2017 年	排位升降	优劣势
5.3　文化竞争力	1	1	0	强势
文化制造业营业收入	1	1	0	强势
文化批发零售业营业收入	2	3	−1	强势
文化服务业企业营业收入	3	2	1	强势
图书和期刊出版数	7	6	1	优势
报纸出版数	1	1	0	强势
印刷用纸量	2	2	0	强势
城镇居民人均文化娱乐支出	6	6	0	优势
农村居民人均文化娱乐支出	19	15	4	中势
城镇居民人均文化娱乐支出占消费性支出比重	23	25	−2	劣势
农村居民人均文化娱乐支出占消费性支出比重	25	23	2	劣势

6. 广东省发展环境竞争力指标排名变化情况

表 19 – 10　2016 ~ 2017 年广东省发展环境竞争力指标组排位及变化趋势

指　标	2016 年	2017 年	排位升降	优劣势
6　发展环境竞争力	4	4	0	优势
6.1　基础设施竞争力	1	1	0	强势
铁路网线密度	17	18	−1	中势
公路网线密度	10	10	0	优势
人均内河航道里程	11	11	0	中势
全社会旅客周转量	1	1	0	强势
全社会货物周转量	1	1	0	强势
人均邮电业务总量	4	4	0	优势
电话普及率	3	4	−1	优势
网站数	1	1	0	强势
人均耗电量	10	11	−1	中势
6.2　软环境竞争力	9	12	−3	中势
外资企业数增长率	12	15	−3	中势
万人外资企业数	6	6	0	优势
个体私营企业数增长率	26	20	6	中势
万人个体私营企业数	9	13	−4	中势
万人商标注册件数	4	4	0	优势
查处商标侵权假冒案件	31	30	1	劣势
每十万人交通事故发生数	25	25	0	劣势
罚没收入占财政收入比重	4	7	−3	优势
社会捐赠款物	5	5	0	优势

7. 广东省政府作用竞争力指标排名变化情况

表 19 – 11　2016～2017 年广东省政府作用竞争力指标组排位及变化趋势

指　　标	2016 年	2017 年	排位升降	优劣势
7　政府作用竞争力	6	1	5	强势
7.1　政府发展经济竞争力	6	7	-1	优势
财政支出用于基本建设投资比重	25	22	3	劣势
财政支出对 GDP 增长的拉动	5	5	0	优势
政府公务员对经济的贡献	4	4	0	优势
政府消费对民间消费的拉动	8	10	-2	优势
财政投资对社会投资的拉动	16	14	2	中势
7.2　政府规调经济竞争力	27	5	22	优势
物价调控	28	14	14	中势
调控城乡消费差距	24	24	0	劣势
统筹经济社会发展	13	3	10	强势
规范税收	6	4	2	优势
固定资产投资价格指数	30	11	19	中势
7.3　政府保障经济竞争力	1	1	0	强势
城市城镇社区服务设施数	1	1	0	强势
医疗保险覆盖率	2	2	0	强势
养老保险覆盖率	2	6	-4	优势
失业保险覆盖率	2	2	0	强势
最低工资标准	3	5	-2	优势
城镇登记失业率	28	29	-1	劣势

8. 广东省发展水平竞争力指标排名变化情况

表 19 – 12　2016～2017 年广东省发展水平竞争力指标组排位及变化趋势

指　　标	2016 年	2017 年	排位升降	优劣势
8　发展水平竞争力	3	3	0	强势
8.1　工业化进程竞争力	2	2	0	强势
工业增加值占 GDP 比重	7	9	-2	优势
工业增加值增长率	10	12	-2	中势
高技术产业占工业增加值比重	1	1	0	强势
高技术产品出口额占商品出口额比重	7	10	-3	优势
信息产业增加值占 GDP 比重	1	1	0	强势
工农业增加值比值	5	5	0	优势

指　标	2016 年	2017 年	排位升降	优劣势
8.2　城市化进程竞争力	4	4	0	优势
城镇化率	4	4	0	优势
城镇居民人均可支配收入	5	5	0	优势
城市平均建成区面积比重	11	12	−1	中势
人均拥有道路面积	24	26	−2	劣势
人均日生活用水量	4	4	0	优势
人均公共绿地面积	4	3	1	强势
8.3　市场化进程竞争力	6	6	0	优势
非公有制经济产值占全社会总产值比重	4	4	0	优势
社会投资占投资总额比重	8	10	−2	优势
私有和个体企业从业人员比重	6	7	−1	优势
亿元以上商品市场成交额	6	6	0	优势
亿元以上商品市场成交额占全社会消费品零售总额比重	17	18	−1	中势
居民消费支出占总消费支出比重	8	10	−2	优势

9. 广东省统筹协调竞争力指标排名变化情况

表 19 – 13　2016～2017 年广东省统筹协调竞争力指标组排位及变化趋势

指　标	2016	2017	排位升降	优劣势
9　统筹协调竞争力	6	5	1	优势
9.1　统筹发展竞争力	4	5	−1	优势
社会劳动生产率	5	5	0	优势
能源使用下降率	29	23	6	劣势
万元 GDP 综合能耗下降率	28	20	8	中势
非农用地产出率	3	3	0	强势
生产税净额和营业盈余占 GDP 比重	17	16	1	中势
最终消费率	20	20	0	中势
固定资产投资额占 GDP 比重	1	1	0	强势
固定资产交付使用率	8	27	−19	劣势
9.2　协调发展竞争力	8	12	−4	中势
环境竞争力与宏观经济竞争力比差	1	2	−1	强势
资源竞争力与宏观经济竞争力比差	28	27	1	劣势
人力资源竞争力与宏观经济竞争力比差	8	8	0	优势
资源竞争力与工业竞争力比差	27	27	0	劣势
环境竞争力与工业竞争力比差	2	1	1	强势
城乡居民家庭人均收入比差	19	19	0	中势
城乡居民人均现金消费支出比差	19	24	−5	劣势
全社会消费品零售总额与外贸出口总额比差	1	2	−1	强势

B.21
20
广西壮族自治区经济综合竞争力评价分析报告

广西壮族自治区简称桂，地处华南地区西部，北靠贵州省、湖南省，东接广东省，西连云南省并与越南交界，南濒南海。全区土地面积23.67万平方公里，北部湾海域面积12.93万平方公里，2017年总人口为4885万人，全区地区生产总值达18523亿元，同比增长7.1%，人均GDP达38102元。本部分通过分析2016~2017年广西壮族自治区经济综合竞争力以及各要素竞争力的排名变化，从中找出广西壮族自治区经济综合竞争力的推动点及影响因素，为进一步提升广西壮族自治区经济综合竞争力提供决策参考。

20.1 广西壮族自治区经济综合竞争力总体分析

1. 广西壮族自治区经济综合竞争力一级指标概要分析

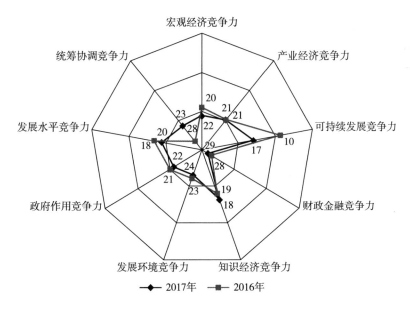

图20-1 2016~2017年广西壮族自治区经济综合竞争力二级指标比较雷达图

（1）从综合排位看，2017年广西壮族自治区经济综合竞争力综合排位在全国居第23位，这表明其在全国处于劣势地位；与2016年相比，综合排位下降了1位。

表 20 – 1　2016～2017 年广西壮族自治区经济综合竞争力二级指标比较

年份＼项目	宏观经济竞争力	产业经济竞争力	可持续发展竞争力	财政金融竞争力	知识经济竞争力	发展环境竞争力	政府作用竞争力	发展水平竞争力	统筹协调竞争力	综合排位
2016	20	21	10	28	19	23	21	18	28	22
2017	22	21	17	29	18	24	22	20	23	23
升降	-2	0	-7	-1	1	-1	-1	-2	5	-1
优劣度	劣势	劣势	中势	劣势	中势	劣势	劣势	中势	劣势	劣势

（2）从指标所处区位看，没有处于上游区的指标，可持续发展竞争力、知识经济竞争力和发展水平竞争力 3 个二级指标处于中游区，其他 6 个二级指标都处于下游区。

（3）从指标变化趋势看，9 个二级指标中，知识经济竞争力和统筹协调竞争力 2 个指标处于上升趋势，构成了广西壮族自治区经济综合竞争力上升的动力；产业经济竞争力指标排位没有发生变化；有 6 个指标处于下降趋势，分别为宏观经济竞争力、可持续发展竞争力、财政金融竞争力、发展环境竞争力、政府作用竞争力和发展水平竞争力，这些是广西壮族自治区经济综合竞争力的下降拉力所在。

2. 广西壮族自治区经济综合竞争力各级指标动态变化分析

表 20 – 2　2016～2017 年广西壮族自治区经济综合竞争力各级指标排位变化态势比较

单位：个，%

二级指标	三级指标	四级指标数	上升		保持		下降		变化趋势
			指标数	比重	指标数	比重	指标数	比重	
宏观经济竞争力	经济实力竞争力	12	3	25.0	4	33.3	5	41.7	上升
	经济结构竞争力	6	4	66.7	0	0.0	2	33.3	上升
	经济外向度竞争力	9	4	44.4	5	55.6	0	0.0	上升
	小　计	27	11	40.7	9	33.3	7	25.9	下降
产业经济竞争力	农业竞争力	10	5	50.0	3	30.0	2	20.0	上升
	工业竞争力	10	5	50.0	1	10.0	4	40.0	下降
	服务业竞争力	10	4	40.0	3	30.0	3	30.0	上升
	企业竞争力	10	5	50.0	3	30.0	2	20.0	上升
	小　计	40	19	47.5	10	25.0	11	27.5	保持
可持续发展竞争力	资源竞争力	9	1	11.1	6	66.7	2	22.2	下降
	环境竞争力	8	3	37.5	1	12.5	4	50.0	下降
	人力资源竞争力	7	2	28.6	1	14.3	4	57.1	下降
	小　计	24	6	25.0	8	33.3	10	41.7	下降
财政金融竞争力	财政竞争力	12	6	50.0	3	25.0	3	25.0	下降
	金融竞争力	10	1	10.0	5	50.0	4	40.0	上升
	小　计	22	7	31.8	8	36.4	7	31.8	下降
知识经济竞争力	科技竞争力	9	5	55.6	1	11.1	3	33.3	保持
	教育竞争力	10	5	50.0	4	40.0	1	10.0	保持
	文化竞争力	10	3	30.0	2	20.0	5	50.0	下降
	小　计	29	13	44.8	7	24.1	9	31.0	上升

续表

二级指标	三级指标	四级指标数	上升		保持		下降		变化趋势
			指标数	比重	指标数	比重	指标数	比重	
发展环境竞争力	基础设施竞争力	9	4	44.4	5	55.6	0	0.0	下降
	软环境竞争力	9	2	22.2	4	44.4	3	33.3	下降
	小　计	18	6	33.3	9	50.0	3	16.7	下降
政府作用竞争力	政府发展经济竞争力	5	2	40.0	1	20.0	2	40.0	保持
	政府规调经济竞争力	5	3	60.0	1	20.0	1	20.0	上升
	政府保障经济竞争力	6	1	16.7	3	50.0	2	33.3	下降
	小　计	16	6	37.5	5	31.3	5	31.3	下降
发展水平竞争力	工业化进程竞争力	6	1	16.7	1	16.7	4	66.7	保持
	城市化进程竞争力	6	2	33.3	2	33.3	2	33.3	上升
	市场化进程竞争力	6	2	23.3	1	16.7	3	50.0	上升
	小　计	18	5	27.8	4	22.2	9	50.0	下降
统筹协调竞争力	统筹发展竞争力	8	4	50.0	1	12.5	3	37.5	上升
	协调发展竞争力	8	4	50.0	0	0.0	4	50.0	上升
	小　计	16	8	50.0	1	6.3	7	43.8	上升
合　计		210	81	38.6	61	29.0	68	32.4	下降

从表 20-2 可以看出，210 个四级指标中，上升指标有 81 个，占指标总数的 38.6%；下降指标有 68 个，占指标总数的 32.4%；保持不变的指标有 61 个，占指标总数的 29%。总的来看，广西壮族自治区经济综合竞争力上升的动力较大，但受外部因素的综合影响，2016~2017 年广西壮族自治区经济综合竞争力排位下降 1 位。

3. 广西壮族自治区经济综合竞争力各级指标优劣势结构分析

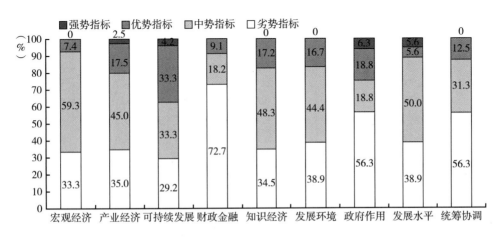

图 20-2　2017 年广西壮族自治区经济综合竞争力各级指标优劣势比较

317

表 20 - 3 2017 年广西壮族自治区经济综合竞争力各级指标优劣势比较

单位：个，%

二级指标	三级指标	四级指标数	强势指标		优势指标		中势指标		劣势指标		优劣势
			个数	比重	个数	比重	个数	比重	个数	比重	
宏观经济竞争力	经济实力竞争力	12	0	0.0	1	8.3	7	58.3	4	33.3	中势
	经济结构竞争力	6	0	0.0	0	0.0	2	33.3	4	66.7	劣势
	经济外向度竞争力	9	0	0.0	1	11.1	7	77.8	1	11.1	中势
	小　计	27	0	0.0	2	7.4	16	59.3	9	33.3	劣势
产业经济竞争力	农业竞争力	10	0	0.0	4	40.0	3	30.0	3	30.0	中势
	工业竞争力	10	1	10.0	1	10.0	4	40.0	4	40.0	劣势
	服务业竞争力	10	0	0.0	0	0.0	6	60.0	4	40.0	中势
	企业竞争力	10	0	0.0	2	20.0	5	50.0	3	30.0	劣势
	小　计	40	1	2.5	7	17.5	18	45.0	14	35.0	劣势
可持续发展竞争力	资源竞争力	9	1	11.1	2	22.2	4	44.4	2	22.2	劣势
	环境竞争力	8	0	0.0	4	50.0	2	25.0	2	25.0	优势
	人力资源竞争力	7	0	0.0	2	28.6	2	28.6	3	42.9	劣势
	小　计	24	1	4.2	8	33.3	8	33.3	7	29.2	中势
财政金融竞争力	财政竞争力	12	0	0.0	1	8.3	3	25.0	8	66.7	劣势
	金融竞争力	10	0	0.0	1	10.0	1	10.0	8	80.0	劣势
	小　计	22	0	0.0	2	9.1	4	18.2	16	72.7	劣势
知识经济竞争力	科技竞争力	9	0	0.0	0	0.0	4	44.4	5	55.6	中势
	教育竞争力	10	0	0.0	4	40.0	4	40.0	2	20.0	中势
	文化竞争力	10	0	0.0	1	10.0	6	60.0	3	30.0	中势
	小　计	29	0	0.0	5	17.2	14	48.3	10	34.5	中势
发展环境竞争力	基础设施竞争力	9	0	0.0	1	11.1	3	33.3	5	55.6	劣势
	软环境竞争力	9	0	0.0	2	22.2	5	55.6	2	22.2	中势
	小　计	18	0	0.0	3	16.7	8	44.4	7	38.9	劣势
政府作用竞争力	政府发展经济竞争力	5	1	20.0	0	0.0	1	20.0	3	60.0	中势
	政府规调经济竞争力	5	0	0.0	2	40.0	2	40.0	1	20.0	优势
	政府保障经济竞争力	6	0	0.0	1	16.7	0	0.0	5	83.3	劣势
	小　计	16	1	6.3	3	18.8	3	18.8	9	56.3	劣势
发展水平竞争力	工业化进程竞争力	6	0	0.0	0	0.0	4	66.7	2	33.3	中势
	城市化进程竞争力	6	1	16.7	1	16.7	1	16.7	3	50.0	劣势
	市场化进程竞争力	6	0	0.0	0	0.0	4	66.7	2	33.3	中势
	小　计	18	1	5.6	1	5.6	9	50.0	7	38.9	中势
统筹协调竞争力	统筹发展竞争力	8	0	0.0	1	12.5	2	25.0	5	62.5	劣势
	协调发展竞争力	8	0	0.0	1	12.5	3	37.5	4	50.0	劣势
	小　计	16	0	0.0	2	12.5	5	31.3	9	56.3	劣势
合　计		210	4	1.9	33	15.7	85	40.5	88	41.9	劣势

　　基于图 20 - 2 和表 20 - 3，广西壮族自治区经济综合竞争力的四级指标中，强势指标有 4 个，占指标总数的 1.9%；优势指标有 33 个，占指标总数的 15.7%；中势指标

有 85 个，占指标总数的 40.5%；劣势指标有 88 个，占指标总数的 41.9%。三级指标中，没有强势指标；优势指标 2 个，占三级指标总数的 8.0%；中势指标 11 个，占三级指标总数的 44.0%；劣势指标 12 个，占三级指标总数的 48.0%。从二级指标看，没有强势指标和优势指标；中势指标有 3 个，占二级指标总数的 33.3%；劣势指标有 6 个，占二级指标总数的 66.7%。综合来看，由于劣势指标在指标体系中居于主导地位，2017 年广西壮族自治区经济综合竞争力处于劣势地位。

4. 广西壮族自治区经济综合竞争力四级指标优劣势对比分析

表 20-4　2017 年广西壮族自治区经济综合竞争力各级指标优劣势比较

二级指标	优劣势	四级指标
宏观经济 竞争力 (27 个)	强势指标	(0 个)
	优势指标	固定资产投资额增长率、出口增长率(2 个)
	劣势指标	人均地区生产总值、财政总收入增长率、人均固定资产投资额、人均全社会消费品零售总额、产业结构优化度、城乡经济结构优化度、就业结构优化度、资本形成结构优化度、对外直接投资额(9 个)
产业经济 竞争力 (40 个)	强势指标	工业资产总额增长率(1 个)
	优势指标	农业增加值、人均农业增加值、农民人均纯收入增长率、农业机械化水平、工业成本费用率、规模以上企业平均收入、规模以上企业平均利润(7 个)
	劣势指标	农民人均纯收入、人均主要农产品产量、农村人均用电量、工业增加值增长率、人均工业增加值、工业资产总额、工业全员劳动生产率、人均服务业增加值、限额以上批发零售企业主营业务收入、限额以上批零企业利税率、电子商务销售额、城镇就业人员平均工资、工业企业 R&D 经费投入强度、中国驰名商标持有量(14 个)
可持续 发展竞争力 (24 个)	强势指标	人均年水资源量(1 个)
	优势指标	人均可使用海域和滩涂面积、人均森林储积量、森林覆盖率、人均废水排放量、人均工业固体废物排放量、生活垃圾无害化处理率、常住人口增长率、职业学校毕业生数(8 个)
	劣势指标	主要能源矿产基础储量、人均主要能源矿产基础储量、人均治理工业污染投资额、自然灾害直接经济损失、15~64 岁人口比例、大专以上教育程度人口比例、平均受教育程度(7 个)
财政金融 竞争力 (22 个)	强势指标	(0 个)
	优势指标	地方财政支出增长率、中长期贷款占贷款余额比重(2 个)
	劣势指标	地方财政收入、地方财政收入占 GDP 比重、税收收入占 GDP 比重、税收收入占财政总收入比重、人均地方财政支出、人均税收收入、地方财政收入增长率、税收收入增长率、存款额、人均存款余额、人均贷款余额、保险费净收入、保险密度、保险深度、国内上市公司数、国内上市公司市值(16 个)
知识经济 竞争力 (29 个)	强势指标	(0 个)
	优势指标	教育经费占 GDP 比重、公共教育经费占财政支出比重、万人中小学学校数、万人中小学专任教师数、印刷用纸量(5 个)
	劣势指标	R&D 人员、R&D 经费、R&D 经费投入强度、技术市场成交合同金额、财政科技支出占地方财政支出比重、人均教育经费、人均文化教育支出、文化批发零售业营业收入、文化服务业企业营业收入、城镇居民人均文化娱乐支出(10 个)

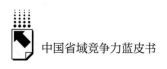

二级指标	优劣势	四级指标
发展环境 竞争力 (18个)	强势指标	(0个)
	优势指标	人均内河航道里程、外资企业数增长率、每十万人交通事故发生数(3个)
	劣势指标	铁路网线密度、公路网线密度、人均邮电业务总量、电话普及率、人均耗电量、万人商标注册件数、社会捐赠款物(7个)
政府作用 竞争力 (16个)	强势指标	财政支出用于基本建设投资比重(1个)
	优势指标	调控城乡消费差距、固定资产投资价格指数、城市城镇社区服务设施数(3个)
	劣势指标	财政支出对GDP增长的拉动、政府公务员对经济的贡献、财政投资对社会投资的拉动、规范税收、医疗保险覆盖率、养老保险覆盖率、失业保险覆盖率、最低工资标准、城镇登记失业率(9个)
发展水平 竞争力 (18个)	强势指标	人均日生活用水量(1个)
	优势指标	人均拥有道路面积(1个)
	劣势指标	工业增加值增长率、工农业增加值比值、城镇化率、城镇居民人均可支配收入、城市平均建成区面积比重、私有和个体企业从业人员比重、亿元以上商品市场成交额(7个)
统筹协调 竞争力 (16个)	强势指标	(0个)
	优势指标	生产税净额和营业盈余占GDP比重、城乡居民人均现金消费支出比差(2个)
	劣势指标	社会劳动生产率、能源使用下降率、万元GDP综合能耗下降率、非农用地产出率、固定资产投资额占GDP比重、环境竞争力与宏观经济竞争力比差、人力资源竞争力与宏观经济竞争力比差、环境竞争力与工业竞争力比差、城乡居民家庭人均收入比差(9个)

20.2 广西壮族自治区经济综合竞争力各级指标具体分析

1. 广西壮族自治区宏观经济竞争力指标排名变化情况

表20-5 2016~2017年广西壮族自治区宏观经济竞争力指标组排位及变化趋势

指标	2016	2017	排位升降	优劣势
1 宏观经济竞争力	20	22	-2	劣势
1.1 经济实力竞争力	21	20	1	中势
地区生产总值	17	19	-2	中势
地区生产总值增长率	23	20	3	中势
人均地区生产总值	26	28	-2	劣势
财政总收入	10	16	-6	中势
财政总收入增长率	19	28	-9	劣势
人均财政收入	19	19	0	中势
固定资产投资额	14	14	0	中势
固定资产投资额增长率	10	9	1	优势
人均固定资产投资额	22	22	0	劣势
全社会消费品零售总额	19	19	0	中势
全社会消费品零售总额增长率	16	11	5	中势
人均全社会消费品零售总额	23	24	-1	劣势

指　　标	2016	2017	排位升降	优劣势
1.2　经济结构竞争力	22	21	1	劣势
产业结构优化度	31	26	5	劣势
所有制经济结构优化度	17	15	2	中势
城乡经济结构优化度	22	21	1	劣势
就业结构优化度	23	24	−1	劣势
资本形成结构优化度	13	21	−8	劣势
贸易结构优化度	28	19	9	中势
1.3　经济外向度竞争力	19	18	1	中势
进出口总额	14	14	0	中势
进出口增长率	12	11	1	中势
出口总额	20	20	0	中势
出口增长率	16	10	6	优势
实际 FDI	20	20	0	中势
实际 FDI 增长率	24	11	13	中势
外贸依存度	13	12	1	中势
外资企业数	19	19	0	中势
对外直接投资额	25	25	0	劣势

2. 广西壮族自治区产业经济竞争力指标排名变化情况

表 20 − 6　2016 ~ 2017 年广西壮族自治区产业经济竞争力指标组排位及变化趋势

指　　标	2016	2017	排位升降	优劣势
2　产业经济竞争力	21	21	0	劣势
2.1　农业竞争力	15	14	1	中势
农业增加值	9	10	−1	优势
农业增加值增长率	20	11	9	中势
人均农业增加值	13	10	3	优势
农民人均纯收入	22	22	0	劣势
农民人均纯收入增长率	6	5	1	优势
农产品出口占农林牧渔总产值比重	11	12	−1	中势
人均主要农产品产量	21	21	0	劣势
农业机械化水平	10	10	0	优势
农村人均用电量	26	25	1	劣势
财政支农资金比重	13	11	2	中势

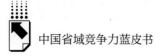
指　标	2016	2017	排位升降	优劣势
2.2　工业竞争力	21	23	−2	劣势
工业增加值	17	19	−2	中势
工业增加值增长率	13	22	−9	劣势
人均工业增加值	22	25	−3	劣势
工业资产总额	24	24	0	劣势
工业资产总额增长率	18	3	15	强势
规模以上工业主营业务收入	17	14	3	中势
工业成本费用率	11	10	1	优势
规模以上工业利润总额	18	16	2	中势
工业全员劳动生产率	9	23	−14	劣势
工业收入利润率	15	13	2	中势
2.3　服务业竞争力	21	20	1	中势
服务业增加值	21	20	1	中势
服务业增加值增长率	25	11	14	中势
人均服务业增加值	28	29	−1	劣势
服务业从业人员数	18	17	1	中势
限额以上批发零售企业主营业务收入	21	21	0	劣势
限额以上批零企业利税率	22	23	−1	劣势
限额以上餐饮企业利税率	11	14	−3	中势
旅游外汇收入	12	12	0	中势
商品房销售收入	18	15	3	中势
电子商务销售额	22	22	0	劣势
2.4　企业竞争力	26	23	3	劣势
规模以上工业企业数	18	18	0	中势
规模以上企业平均资产	20	18	2	中势
规模以上企业平均收入	6	7	−1	优势
规模以上企业平均利润	7	6	1	优势
规模以上企业劳动效率	14	11	3	中势
城镇就业人员平均工资	23	22	1	劣势
新产品销售收入占主营业务收入比重	15	17	−2	中势
产品质量抽查合格率	24	13	11	中势
工业企业 R&D 经费投入强度	29	29	0	劣势
中国驰名商标持有量	30	30	0	劣势

3. 广西壮族自治区可持续发展竞争力指标排名变化情况

表 20 – 7　2016～2017 年广西壮族自治区可持续发展竞争力指标组排位及变化趋势

指　　标	2016	2017	排位升降	优劣势
3　可持续发展竞争力	10	17	– 7	中势
3.1　资源竞争力	17	21	– 4	劣势
人均国土面积	13	13	0	中势
人均可使用海域和滩涂面积	10	10	0	优势
人均年水资源量	7	3	4	强势
耕地面积	16	16	0	中势
人均耕地面积	15	15	0	中势
人均牧草地面积	18	18	0	中势
主要能源矿产基础储量	20	26	– 6	劣势
人均主要能源矿产基础储量	20	28	– 8	劣势
人均森林储积量	9	9	0	优势
3.2　环境竞争力	1	5	– 4	优势
森林覆盖率	4	4	0	优势
人均废水排放量	11	9	2	优势
人均工业废气排放量	8	12	– 4	中势
人均工业固体废物排放量	13	10	3	优势
人均治理工业污染投资额	22	26	– 4	劣势
一般工业固体废物综合利用率	14	16	– 2	中势
生活垃圾无害化处理率	10	7	3	优势
自然灾害直接经济损失	5	21	– 16	劣势
3.3　人力资源竞争力	21	24	– 3	劣势
常住人口增长率	10	7	3	优势
15～64 岁人口比例	30	30	0	劣势
文盲率	10	11	– 1	中势
大专以上教育程度人口比例	28	31	– 3	劣势
平均受教育程度	22	26	– 4	劣势
人口健康素质	20	16	4	中势
职业学校毕业生数	7	8	– 1	优势

4. 广西壮族自治区财政金融竞争力指标排名变化情况

表 20 – 8　2016～2017 年广西壮族自治区财政金融竞争力指标组排位及变化趋势

指　　标	2016	2017	排位升降	优劣势
4　财政金融竞争力	28	29	– 1	劣势
4.1　财政竞争力	27	29	– 2	劣势
地方财政收入	23	22	1	劣势
地方财政支出	17	15	2	中势
地方财政收入占 GDP 比重	29	26	3	劣势

指　标	2016	2017	排位升降	优劣势
地方财政支出占 GDP 比重	17	11	6	中势
税收收入占 GDP 比重	28	28	0	劣势
税收收入占财政总收入比重	22	27	−5	劣势
人均地方财政收入	29	20	9	中势
人均地方财政支出	27	27	0	劣势
人均税收收入	30	30	0	劣势
地方财政收入增长率	19	21	−2	劣势
地方财政支出增长率	10	6	4	优势
税收收入增长率	17	27	−10	劣势
4.2　金融竞争力	28	25	3	劣势
存款余额	21	21	0	劣势
人均存款余额	31	31	0	劣势
贷款余额	19	20	−1	中势
人均贷款余额	28	29	−1	劣势
中长期贷款占贷款余额比重	7	7	0	优势
保险费净收入	24	24	0	劣势
保险密度	29	29	0	劣势
保险深度	30	28	2	劣势
国内上市公司数	21	23	−2	劣势
国内上市公司市值	24	25	−1	劣势

5. 广西壮族自治区知识经济竞争力指标排名变化情况

表 20－9　2016～2017 年广西壮族自治区知识经济竞争力指标组排位及变化趋势

指　标	2016	2017	排位升降	优劣势
5　知识经济竞争力	19	18	1	中势
5.1　科技竞争力	20	20	0	中势
R&D 人员	23	25	−2	劣势
R&D 经费	23	21	2	劣势
R&D 经费投入强度	27	25	2	劣势
发明专利授权量	16	19	−3	中势
技术市场成交合同金额	25	26	−1	劣势
财政科技支出占地方财政支出比重	25	21	4	劣势
高技术产业主营业务收入	19	17	2	中势
高技术产业收入占工业增加值比重	19	11	8	中势
高技术产品出口额占商品出口额比重	12	12	0	中势

指　标	2016	2017	排位升降	优劣势
5.2　教育竞争力	18	18	0	中势
教育经费	14	14	0	中势
教育经费占 GDP 比重	10	9	1	优势
人均教育经费	21	21	0	劣势
公共教育经费占财政支出比重	2	4	-2	优势
人均文化教育支出	26	25	1	劣势
万人中小学学校数	6	6	0	优势
万人中小学专任教师数	12	9	3	优势
高等学校数	18	18	0	中势
高校专任教师数	20	18	2	中势
万人高等学校在校学生数	19	17	2	中势
5.3　文化竞争力	14	15	-1	中势
文化制造业营业收入	16	14	2	中势
文化批发零售业营业收入	21	21	0	劣势
文化服务业企业营业收入	21	22	-1	劣势
图书和期刊出版数	8	12	-4	中势
报纸出版数	18	17	1	中势
印刷用纸量	7	8	-1	优势
城镇居民人均文化娱乐支出	27	30	-3	劣势
农村居民人均文化娱乐支出	21	19	2	中势
城镇居民人均文化娱乐支出占消费性支出比重	11	13	-2	中势
农村居民人均文化娱乐支出占消费性支出比重	12	12	0	中势

6. 广西壮族自治区发展环境竞争力指标排名变化情况

表 20-10　2016~2017 年广西壮族自治区发展环境竞争力指标组排位及变化趋势

指　标	2016	2017	排位升降	优劣势
6　发展环境竞争力	23	24	-1	劣势
6.1　基础设施竞争力	23	25	-2	劣势
铁路网线密度	21	21	0	劣势
公路网线密度	25	24	1	劣势
人均内河航道里程	9	9	0	优势
全社会旅客周转量	14	13	1	中势
全社会货物周转量	13	13	0	中势
人均邮电业务总量	31	28	3	劣势
电话普及率	28	26	2	劣势
网站数	19	19	0	中势
人均耗电量	25	25	0	劣势

指　标	2016	2017	排位升降	优劣势
6.2　软环境竞争力	15	17	−2	中势
外资企业数增长率	17	8	9	优势
万人外资企业数	18	20	−2	中势
个体私营企业数增长率	12	18	−6	中势
万人个体私营企业数	15	19	−4	中势
万人商标注册件数	30	30	0	劣势
查处商标侵权假冒案件	20	16	4	中势
每十万人交通事故发生数	4	4	0	优势
罚没收入占财政收入比重	20	20	0	中势
社会捐赠款物	30	30	0	劣势

7. 广西壮族自治区政府作用竞争力指标排名变化情况

表 20 − 11　2016 ~ 2017 年广西壮族自治区政府作用竞争力指标组排位及变化趋势

指　标	2016	2017	排位升降	优劣势
7　政府作用竞争力	21	22	−1	劣势
7.1　政府发展经济竞争力	17	17	0	中势
财政支出用于基本建设投资比重	6	3	3	强势
财政支出对 GDP 增长的拉动	15	21	−6	劣势
政府公务员对经济的贡献	17	22	−5	劣势
政府消费对民间消费的拉动	15	12	3	中势
财政投资对社会投资的拉动	25	25	0	劣势
7.2　政府规调经济竞争力	15	8	7	优势
物价调控	13	19	−6	中势
调控城乡消费差距	14	10	4	优势
统筹经济社会发展	14	14	0	中势
规范税收	25	23	2	劣势
固定资产投资价格指数	14	7	7	优势
7.3　政府保障经济竞争力	24	28	−4	劣势
城市城镇社区服务设施数	9	9	0	优势
医疗保险覆盖率	23	22	1	劣势
养老保险覆盖率	22	22	0	劣势
失业保险覆盖率	23	23	0	劣势
最低工资标准	28	30	−2	劣势
城镇登记失业率	24	31	−7	劣势

8. 广西壮族自治区发展水平竞争力指标排名变化情况

表 20 – 12 2016～2017 年广西壮族自治区发展水平竞争力指标组排位及变化趋势

指　　标	2016	2017	排位升降	优劣势
8　发展水平竞争力	18	20	－2	中势
8.1　工业化进程竞争力	18	18	0	中势
工业增加值占 GDP 比重	15	20	－5	中势
工业增加值增长率	13	30	－17	劣势
高技术产业占工业增加值比重	18	19	－1	中势
高技术产品出口额占商品出口额比重	16	13	3	中势
信息产业增加值占 GDP 比重	13	13	0	中势
工农业增加值比值	24	27	－3	劣势
8.2　城市化进程竞争力	26	22	4	劣势
城镇化率	27	27	0	劣势
城镇居民人均可支配收入	21	23	－2	劣势
城市平均建成区面积比重	24	24	0	劣势
人均拥有道路面积	11	10	1	优势
人均日生活用水量	2	3	－1	强势
人均公共绿地面积	22	19	3	中势
8.3　市场化进程竞争力	21	18	3	中势
非公有制经济产值占全社会总产值比重	17	15	2	中势
社会投资占投资总额比重	16	18	－2	中势
私有和个体企业从业人员比重	24	25	－1	劣势
亿元以上商品市场成交额	21	21	0	劣势
亿元以上商品市场成交额占全社会消费品零售总额比重	21	19	2	中势
居民消费支出占总消费支出比重	18	20	－2	中势

9. 广西壮族自治区统筹协调竞争力指标排名变化情况

表 20 – 13 2016～2017 年广西壮族自治区统筹协调竞争力指标组排位及变化趋势

指　　标	2016	2017	排位升降	优劣势
9　统筹协调竞争力	28	23	5	劣势
9.1　统筹发展竞争力	31	21	10	劣势
社会劳动生产率	25	27	－2	劣势
能源使用下降率	24	24	0	劣势
万元 GDP 综合能耗下降率	27	23	4	劣势
非农用地产出率	20	21	－1	劣势
生产税净额和营业盈余占 GDP 比重	11	5	6	优势

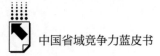
续表

指　标	2016	2017	排位升降	优劣势
最终消费率	14	12	2	中势
固定资产投资额占 GDP 比重	18	26	−8	劣势
固定资产交付使用率	24	14	10	中势
9.2　协调发展竞争力	23	22	1	劣势
环境竞争力与宏观经济竞争力比差	30	27	3	劣势
资源竞争力与宏观经济竞争力比差	14	17	−3	中势
人力资源竞争力与宏观经济竞争力比差	18	21	−3	劣势
资源竞争力与工业竞争力比差	15	12	3	中势
环境竞争力与工业竞争力比差	25	28	−3	劣势
城乡居民家庭人均收入比差	22	21	1	劣势
城乡居民人均现金消费支出比差	14	10	4	优势
全社会消费品零售总额与外贸出口总额比差	12	13	−1	中势

B.22
21
海南省经济综合竞争力评价分析报告

海南省简称琼，位于中国南部海域，北隔琼州海峡与广东省相望。全省陆地（主要包括海南岛和西沙、中沙、南沙群岛和南海诸岛）总面积3.5万平方公里，海域面积约200万平方公里，2017年总人口为926万人，全省地区生产总值达4463亿元，同比增长7%，人均GDP达48430元。本部分通过分析2016～2017年海南省经济综合竞争力以及各要素竞争力的排名变化，从中找出海南省经济综合竞争力的推动点及影响因素，为进一步提升海南省经济综合竞争力提供决策参考。

21.1 海南省经济综合竞争力总体分析

1. 海南省经济综合竞争力一级指标概要分析

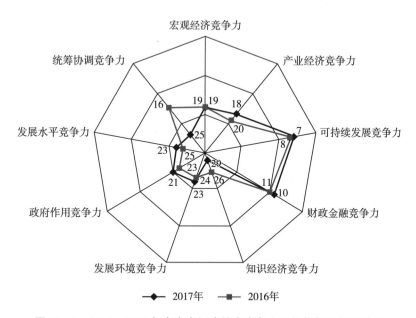

图21-1 2016～2017年海南省经济综合竞争力二级指标比较雷达图

（1）从综合排位的变化比较看，2017年海南省经济综合竞争力综合排位在全国处于第21位，这表明其在全国处于劣势地位；与2016年相比，综合排位保持不变。

（2）从指标所处区位看，处于上游区的指标有2个，为可持续发展竞争力、财政

表 21 –1　2016～2017 年海南省经济综合竞争力二级指标比较

表 21 –1　2016～2017 年海南省经济综合竞争力二级指标比较

项目年份	宏观经济竞争力	产业经济竞争力	可持续发展竞争力	财政金融竞争力	知识经济竞争力	发展环境竞争力	政府作用竞争力	发展水平竞争力	统筹协调竞争力	综合排位
2016	19	20	8	11	26	24	23	25	16	21
2017	19	18	7	10	29	23	21	23	25	21
升降	0	2	1	1	–3	1	2	2	–9	0
优劣度	中势	中势	优势	优势	劣势	劣势	劣势	劣势	劣势	劣势

金融竞争力；处于下游区的指标有 5 个，分别为知识经济竞争力、发展环境竞争力、政府作用竞争力、发展水平竞争力和统筹协调竞争力；宏观经济竞争力、产业经济竞争力 2 个指标处于中游区。

（3）从指标变化趋势看，9 个二级指标中，有 6 个指标处于上升趋势，分别为产业经济竞争力、可持续发展竞争力、财政金融竞争力、发展环境竞争力、政府作用竞争力和发展水平竞争力，这些是海南省经济综合竞争力的上升动力所在；有 2 个指标处于下降趋势，为知识经济竞争力和统筹协调竞争力，这是海南省经济综合竞争力的下降拉力所在。

2. 海南省经济综合竞争力各级指标动态变化分析

表 21 –2　2016～2017 年海南省经济综合竞争力各级指标排位变化态势比较

单位：个，%

二级指标	三级指标	四级指标数	上升		保持		下降		变化趋势
			指标数	比重	指标数	比重	指标数	比重	
宏观经济竞争力	经济实力竞争力	12	2	16.7	6	50.0	4	33.3	上升
	经济结构竞争力	6	3	50.0	2	33.3	1	16.7	上升
	经济外向度竞争力	9	1	11.1	6	66.7	2	22.2	下降
	小　计	27	6	22.2	14	51.9	7	25.9	保持
产业经济竞争力	农业竞争力	10	5	50.0	2	20.0	3	30.0	上升
	工业竞争力	10	2	20.0	4	40.0	4	40.0	下降
	服务业竞争力	10	5	50.0	4	40.0	1	10.0	上升
	企业竞争力	10	2	20.0	5	50.0	3	30.0	下降
	小　计	40	14	35.0	15	37.5	11	27.5	上升
可持续发展竞争力	资源竞争力	9	2	22.2	6	66.7	1	11.1	下降
	环境竞争力	8	2	25.0	4	50.0	2	25.0	下降
	人力资源竞争力	7	3	42.9	3	42.9	1	14.3	上升
	小　计	24	7	29.2	13	54.2	4	16.7	上升
财政金融竞争力	财政竞争力	12	5	41.7	5	41.7	2	16.7	上升
	金融竞争力	10	2	20.0	4	40.0	4	40.0	上升
	小　计	22	7	31.8	9	40.9	6	27.3	上升
知识经济竞争力	科技竞争力	9	0	0.0	4	44.4	5	55.6	保持
	教育竞争力	10	4	40.0	5	50.0	1	10.0	保持
	文化竞争力	10	5	50.0	3	30.0	2	20.0	上升
	小　计	29	9	31.0	12	41.4	8	27.6	下降

续表

二级指标	三级指标	四级指标数	上升		保持		下降		变化趋势
			指标数	比重	指标数	比重	指标数	比重	
发展环境竞争力	基础设施竞争力	9	2	22.2	4	44.4	3	33.3	上升
	软环境竞争力	9	3	33.3	2	22.2	4	44.4	下降
	小　计	18	5	27.8	6	33.3	7	38.9	上升
政府作用竞争力	政府发展经济竞争力	5	3	60.0	1	20.0	1	20.0	上升
	政府规调经济竞争力	5	1	20.0	1	20.0	3	60.0	上升
	政府保障经济竞争力	6	0	0.0	4	66.7	2	33.3	保持
	小　计	16	4	25.0	6	37.5	6	37.5	上升
发展水平竞争力	工业化进程竞争力	6	1	16.7	3	50.0	2	33.3	下降
	城市化进程竞争力	6	2	33.3	2	33.3	2	33.3	上升
	市场化进程竞争力	6	2	33.3	2	33.3	2	33.3	上升
	小　计	18	5	27.8	7	38.9	6	33.3	上升
统筹协调竞争力	统筹发展竞争力	8	0	0.0	3	37.5	5	62.5	下降
	协调发展竞争力	8	2	25.0	3	37.5	3	37.5	上升
	小　计	16	2	12.5	6	37.5	8	50.0	下降
	合计	210	59	28.1	88	41.9	63	30.0	保持

从表 21－2 可以看出，210 个四级指标中，上升指标有 59 个，占指标总数的 28.1%；下降指标有 63 个，占指标总数的 30.0%；保持不变的指标有 88 个，占指标总数的 41.9%。尽管海南省经济综合竞争力下降的拉力大于上升的动力，但受其他因素的综合影响，2016～2017 年海南省经济综合竞争力排位保持不变。

3. 海南省经济综合竞争力各级指标优劣势结构分析

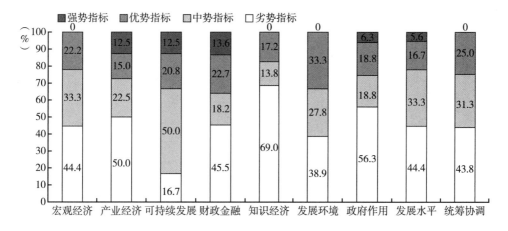

图 21－2　2017 年海南省经济综合竞争力各级指标优劣势比较

表 21 - 3　2017 年海南省经济综合竞争力各级指标优劣势比较

单位：个，%

二级指标	三级指标	四级指标数	强势指标		优势指标		中势指标		劣势指标		优劣势
			个数	比重	个数	比重	个数	比重	个数	比重	
宏观经济竞争力	经济实力竞争力	12	0	0.0	2	16.7	3	25.0	7	58.3	劣势
	经济结构竞争力	6	0	0.0	2	33.3	3	50.0	1	16.7	优势
	经济外向度竞争力	9	0	0.0	2	22.2	3	33.3	4	44.4	劣势
	小　计	27	0	0.0	6	22.2	9	33.3	12	44.4	中势
产业经济竞争力	农业竞争力	10	1	10.0	1	10.0	4	40.0	4	40.0	中势
	工业竞争力	10	1	10.0	1	10.0	2	20.0	6	60.0	劣势
	服务业竞争力	10	1	10.0	2	20.0	2	20.0	5	50.0	中势
	企业竞争力	10	2	20.0	2	20.0	1	10.0	5	50.0	中势
	小　计	40	5	12.5	6	15.0	9	22.5	20	50.0	中势
可持续发展竞争力	资源竞争力	9	1	11.1	1	11.1	5	55.6	2	22.2	中势
	环境竞争力	8	2	25.0	3	37.5	2	25.0	1	12.5	强势
	人力资源竞争力	7	0	0.0	1	14.3	5	71.4	1	14.3	劣势
	小　计	24	3	12.5	5	20.8	12	50.0	4	16.7	优势
财政金融竞争力	财政竞争力	12	2	16.7	5	41.7	2	16.7	3	25.0	优势
	金融竞争力	10	1	10.0	0	0.0	2	20.0	7	70.0	中势
	小　计	22	3	13.6	5	22.7	4	18.2	10	45.5	优势
知识经济竞争力	科技竞争力	9	0	0.0	0	0.0	1	11.1	8	88.9	劣势
	教育竞争力	10	0	0.0	4	40.0	2	20.0	4	40.0	劣势
	文化竞争力	10	0	0.0	1	10.0	1	10.0	8	80.0	劣势
	小　计	29	0	0.0	5	17.2	4	13.8	20	69.0	劣势
发展环境竞争力	基础设施竞争力	9	0	0.0	3	33.3	3	33.3	3	33.3	劣势
	软环境竞争力	9	0	0.0	3	33.3	2	22.2	4	44.4	中势
	小　计	18	0	0.0	6	33.3	5	27.8	7	38.9	劣势
政府作用竞争力	政府发展经济竞争力	5	0	0.0	0	0.0	1	20.0	4	80.0	劣势
	政府规调经济竞争力	5	0	0.0	2	40.0	1	20.0	2	40.0	劣势
	政府保障经济竞争力	6	1	16.7	1	16.7	1	16.7	3	50.0	优势
	小　计	16	1	6.3	3	18.8	3	18.8	9	56.3	劣势
发展水平竞争力	工业化进程竞争力	6	0	0.0	1	16.7	1	16.7	4	66.7	劣势
	城市化进程竞争力	6	1	16.7	1	16.7	3	50.0	1	16.7	中势
	市场化进程竞争力	6	0	0.0	1	16.7	2	33.3	3	50.0	中势
	小　计	18	1	5.6	3	16.7	6	33.3	8	44.4	劣势
统筹协调竞争力	统筹发展竞争力	8	0	0.0	2	25.0	1	12.5	5	62.5	劣势
	协调发展竞争力	8	0	0.0	2	25.0	4	50.0	2	25.0	中势
	小　计	16	0	0.0	4	25.0	5	31.3	7	43.8	劣势
合　计		210	13	6.2	43	20.5	57	27.1	97	46.2	劣势

　　基于图 21 - 2 和表 21 - 3，从四级指标来看，强势指标 13 个，占指标总数的 6.2%；优势指标 43 个，占指标总数的 20.5%；中势指标 57 个，占指标总数的

27.1%；劣势指标97个，占指标总数的46.2%。从三级指标来看，强势指标1个，占三级指标总数的4%；优势指标3个，占三级指标总数的12%；中势指标9个，占三级指标总数的36%；劣势指标12个，占三级指标总数的48%。反映到二级指标上来，强势指标0个；优势指标有2个，占二级指标总数的22.2%；劣势指标有5个，占二级指标总数的55.6%。综合来看，由于劣势指标数量较多，占主导地位，2017年海南省经济综合竞争力处于劣势地位。

4. 海南省经济综合竞争力四级指标优劣势对比分析

表21-4 2017年海南省经济综合竞争力各级指标优劣势比较

二级指标	优劣势	四级指标
宏观经济竞争力（27个）	强势指标	（0个）
	优势指标	人均财政收入、全社会消费品零售总额增长率、产业结构优化度、资本形成结构优化度、出口增长率、外贸依存度（6个）
	劣势指标	地区生产总值、地区生产总值增长率、财政总收入、财政总收入增长率、固定资产投资额、全社会消费品零售总额、人均全社会消费品零售总额、就业结构优化度、进出口总额、出口总额、实际FDI增长率、外资企业数（12个）
产业经济竞争力（40个）	强势指标	人均农业增加值、工业全员劳动生产率、限额以上餐饮企业利税率、规模以上企业平均收入、规模以上企业劳动效率（5个）
	优势指标	财政支农资金比重、工业成本费用率、服务业增加值增长率、限额以上批零企业利税率、规模以上企业平均资产、规模以上企业平均利润（6个）
	劣势指标	农业增加值、人均主要农产品产量、农业机械化水平、农村人均用电量、工业增加值、工业增加值增长率、人均工业增加值、工业资产总额、规模以上工业主营业务收入、规模以上工业利润总额、服务业增加值、服务业从业人员数、限额以上批发零售企业主营业务收入、旅游外汇收入、电子商务销售额、规模以上工业企业数、新产品销售收入占主营业务收入比重、产品质量抽查合格率、工业企业R&D经费投入强度、中国驰名商标持有量（20个）
可持续发展竞争力（24个）	强势指标	人均可使用海域和滩涂面积、人均工业废气排放量、人均工业固体废物排放量（3个）
	优势指标	人均年水资源量、森林覆盖率、生活垃圾无害化处理率、自然灾害直接经济损失、常住人口增长率（5个）
	劣势指标	耕地面积、主要能源矿产基础储量、人均废水排放量、职业学校毕业生数（4个）
财政金融竞争力（22个）	强势指标	地方财政收入占GDP比重、税收收入占GDP比重、中长期贷款占贷款余额比重（3个）
	优势指标	地方财政支出占GDP比重、税收收入占财政总收入比重、人均地方财政收入、人均地方财政支出、人均税收收入（5个）
	劣势指标	地方财政收入、地方财政支出、地方财政支出增长率、存款余额、贷款余额、保险费净收入、保险密度、保险深度、国内上市公司数、国内上市公司市值（10个）
知识经济竞争力（29个）	强势指标	（0个）
	优势指标	教育经费占GDP比重、人均教育经费、万人中小学学校数、万人中小学专任教师数、农村居民人均文化娱乐支出占消费性支出比重（5个）
	劣势指标	R&D人员、R&D经费、R&D经费投入强度、发明专利授权量、技术市场成交合同金额、财政科技支出占地方财政支出比重、高技术产业主营业务收入、高技术产品出口额占商品出口额比重、教育经费、高等学校数、高校专任教师数、万人高等学校在校学生数、文化制造业营业收入、文化批发零售业营业收入、文化服务业企业营业收入、图书和期刊出版数、报纸出版数、印刷用纸量、城镇居民人均文化娱乐支出、城镇居民人均文化娱乐支出占消费性支出比重（20个）

续表

二级指标	优劣势	四级指标
发展环境竞争力（18个）	强势指标	（0个）
	优势指标	铁路网线密度、人均邮电业务总量、电话普及率、万人商标注册件数、查处商标侵权假冒案件、罚没收入占财政收入比重（6个）
	劣势指标	全社会旅客周转量、全社会货物周转量、网站数、外资企业数增长率、万人个体私营企业数、每十万人交通事故发生数、社会捐赠款物（7个）
政府作用竞争力（16个）	强势指标	失业保险覆盖率（1个）
	优势指标	规范税收、固定资产投资价格指数、医疗保险覆盖率（3个）
	劣势指标	财政支出对GDP增长的拉动、政府公务员对经济的贡献、政府消费对民间消费的拉动、财政投资对社会投资的拉动、物价调控、统筹经济社会发展、城市城镇社区服务设施数、最低工资标准、城镇登记失业率（9个）
发展水平竞争力（18个）	强势指标	人均日生活用水量（1个）
	优势指标	工业增加值增长率、人均拥有道路面积、社会投资占投资总额比重（3个）
	劣势指标	工业增加值占GDP比重、高技术产品出口额占商品出口额比重、信息产业增加值占GDP比重、工农业增加值比值、城市平均建成区面积比重、亿元以上商品市场成交额、亿元以上商品市场成交额占全社会消费品零售总额比重、居民消费支出占总消费支出比重（8个）
统筹协调竞争力（16个）	强势指标	（0个）
	优势指标	生产税净额和营业盈余占GDP比重、最终消费率、资源竞争力与宏观经济竞争力比差、资源竞争力与工业竞争力比差（4个）
	劣势指标	社会劳动生产率、能源使用下降率、万元GDP综合能耗下降率、非农用地产出率、固定资产交付使用率、环境竞争力与宏观经济竞争力比差、环境竞争力与工业竞争力比差（7个）

21.2 海南省经济综合竞争力各级指标具体分析

1. 海南省宏观经济竞争力指标排名变化情况

表21－5 2016～2017年海南省宏观经济竞争力指标组排位及变化趋势

指 标	2016年	2017年	排位升降	优劣势
1 宏观经济竞争力	19	19	0	中势
1.1 经济实力竞争力	27	26	1	劣势
地区生产总值	28	28	0	劣势
地区生产总值增长率	22	22	0	劣势
人均地区生产总值	17	17	0	中势
财政总收入	26	27	-1	劣势
财政总收入增长率	22	21	1	劣势
人均财政收入	9	10	-1	优势
固定资产投资额	28	28	0	劣势
固定资产投资额增长率	9	15	-6	中势
人均固定资产投资额	18	19	-1	中势

续表

指　标	2016 年	2017 年	排位升降	优劣势
全社会消费品零售总额	28	28	0	劣势
全社会消费品零售总额增长率	23	10	13	优势
人均全社会消费品零售总额	22	22	0	劣势
1.2　经济结构竞争力	16	6	10	优势
产业结构优化度	5	4	1	优势
所有制经济结构优化度	15	12	3	中势
城乡经济结构优化度	12	12	0	中势
就业结构优化度	28	28	0	劣势
资本形成结构优化度	15	6	9	优势
贸易结构优化度	16	18	- 2	中势
1.3　经济外向度竞争力	9	21	- 12	劣势
进出口总额	26	26	0	劣势
进出口增长率	30	18	12	中势
出口总额	27	27	0	劣势
出口增长率	5	5	0	优势
实际 FDI	16	19	- 3	中势
实际 FDI 增长率	1	31	- 30	劣势
外贸依存度	10	10	0	优势
外资企业数	25	25	0	劣势
对外直接投资额	18	18	0	中势

2. 海南省产业经济竞争力指标排名变化情况

表 21 - 6　2016 ~ 2017 年海南省产业经济竞争力指标组排位及变化趋势

指　标	2016 年	2017 年	排位升降	优劣势
2　产业经济竞争力	20	18	2	中势
2.1　农业竞争力	16	15	1	中势
农业增加值	24	23	1	劣势
农业增加值增长率	12	20	- 8	中势
人均农业增加值	1	1	0	强势
农民人均纯收入	15	14	1	中势
农民人均纯收入增长率	9	13	- 4	中势
农产品出口占农林牧渔总产值比重	13	13	0	中势
人均主要农产品产量	19	23	- 4	劣势
农业机械化水平	27	26	1	劣势
农村人均用电量	29	28	1	劣势
财政支农资金比重	12	8	4	优势

续表

指　标	2016 年	2017 年	排位升降	优劣势
2.2　工业竞争力	26	28	−2	劣势
工业增加值	30	30	0	劣势
工业增加值增长率	24	28	−4	劣势
人均工业增加值	30	30	0	劣势
工业资产总额	30	30	0	劣势
工业资产总额增长率	29	17	12	中势
规模以上工业主营业务收入	30	30	0	劣势
工业成本费用率	2	7	−5	优势
规模以上工业利润总额	28	29	−1	劣势
工业全员劳动生产率	4	3	1	强势
工业收入利润率	16	20	−4	中势
2.3　服务业竞争力	19	14	5	中势
服务业增加值	28	28	0	劣势
服务业增加值增长率	8	4	4	优势
人均服务业增加值	13	13	0	中势
服务业从业人员数	28	28	0	劣势
限额以上批发零售企业主营业务收入	28	28	0	劣势
限额以上批零企业利税率	11	6	5	优势
限额以上餐饮企业利税率	3	2	1	强势
旅游外汇收入	25	21	4	劣势
商品房销售收入	22	18	4	中势
电子商务销售额	24	26	−2	劣势
2.4　企业竞争力	12	13	−1	中势
规模以上工业企业数	30	30	0	劣势
规模以上企业平均资产	5	6	−1	优势
规模以上企业平均收入	3	2	1	强势
规模以上企业平均利润	5	5	0	优势
规模以上企业劳动效率	7	3	4	强势
城镇就业人员平均工资	16	16	0	中势
新产品销售收入占主营业务收入比重	20	25	−5	劣势
产品质量抽查合格率	19	21	−2	劣势
工业企业 R&D 经费投入强度	26	26	0	劣势
中国驰名商标持有量	29	29	0	劣势

3. 海南省可持续发展竞争力指标排名变化情况

表 21 - 7 2016～2017 年海南省可持续发展竞争力指标组排位及变化趋势

指标	2016 年	2017 年	排位升降	优劣势
3 可持续发展竞争力	8	7	1	优势
3.1 资源竞争力	9	11	-2	中势
人均国土面积	15	15	0	中势
人均可使用海域和滩涂面积	1	1	0	强势
人均年水资源量	4	6	-2	优势
耕地面积	26	26	0	劣势
人均耕地面积	20	20	0	中势
人均牧草地面积	13	13	0	中势
主要能源矿产基础储量	28	27	1	劣势
人均主要能源矿产基础储量	21	19	2	中势
人均森林储积量	11	11	0	中势
3.2 环境竞争力	2	3	-1	强势
森林覆盖率	5	5	0	优势
人均废水排放量	19	21	-2	劣势
人均工业废气排放量	2	2	0	强势
人均工业固体废物排放量	2	2	0	强势
人均治理工业污染投资额	27	17	10	中势
一般工业固体废物综合利用率	15	17	-2	中势
生活垃圾无害化处理率	5	5	0	优势
自然灾害直接经济损失	13	4	9	优势
3.3 人力资源竞争力	25	21	4	劣势
常住人口增长率	15	6	9	优势
15～64 岁人口比例	18	18	0	中势
文盲率	14	14	0	中势
大专以上教育程度人口比例	22	20	2	中势
平均受教育程度	15	13	2	中势
人口健康素质	18	20	-2	中势
职业学校毕业生数	26	26	0	劣势

4. 海南省财政金融竞争力指标排名变化情况

表 21 - 8 2016～2017 年海南省财政金融竞争力指标组排位及变化趋势

指标	2016 年	2017 年	排位升降	优劣势
4 财政金融竞争力	11	10	1	优势
4.1 财政竞争力	8	6	2	优势
地方财政收入	28	28	0	劣势
地方财政支出	30	30	0	劣势
地方财政收入占 GDP 比重	3	3	0	强势
地方财政支出占 GDP 比重	7	8	-1	优势

指　　标	2016 年	2017 年	排位升降	优劣势
税收收入占 GDP 比重	3	3	0	强势
税收收入占财政总收入比重	5	4	1	优势
人均地方财政收入	9	8	1	优势
人均地方财政支出	9	8	1	优势
人均税收收入	7	7	0	优势
地方财政收入增长率	22	14	8	中势
地方财政支出增长率	6	26	−20	劣势
税收收入增长率	24	12	12	中势
4.2　金融竞争力	27	18	9	中势
存款余额	28	28	0	劣势
人均存款余额	11	11	0	中势
贷款余额	28	28	0	劣势
人均贷款余额	11	13	−2	中势
中长期贷款占贷款余额比重	2	1	1	强势
保险费净收入	29	28	1	劣势
保险密度	22	22	0	劣势
保险深度	20	22	−2	劣势
国内上市公司数	25	27	−2	劣势
国内上市公司市值	25	26	−1	劣势

5. 海南省知识经济竞争力指标排名变化情况

表 21 - 9　2016～2017 年海南省知识经济竞争力指标组排位及变化趋势

指　　标	2016 年	2017 年	排位升降	优劣势
5　知识经济竞争力	26	29	−3	劣势
5.1　科技竞争力	28	28	0	劣势
R&D 人员	29	29	0	劣势
R&D 经费	29	30	−1	劣势
R&D 经费投入强度	30	30	0	劣势
发明专利授权量	29	29	0	劣势
技术市场成交合同金额	30	30	0	劣势
财政科技支出占地方财政支出比重	21	27	−6	劣势
高技术产业主营业务收入	27	28	−1	劣势
高技术产业收入占工业增加值比重	12	17	−5	中势
高技术产品出口额占商品出口额比重	27	29	−2	劣势
5.2　教育竞争力	26	26	0	劣势
教育经费	28	28	0	劣势
教育经费占 GDP 比重	7	7	0	优势
人均教育经费	6	6	0	优势
公共教育经费占财政支出比重	18	16	2	中势
人均文化教育支出	22	20	2	中势

指　　标	2016 年	2017 年	排位升降	优劣势
万人中小学学校数	10	8	2	优势
万人中小学专任教师数	6	5	1	优势
高等学校数	31	31	0	劣势
高校专任教师数	28	28	0	劣势
万人高等学校在校学生数	21	23	−2	劣势
5.3　文化竞争力	29	28	1	劣势
文化制造业营业收入	25	23	2	劣势
文化批发零售业营业收入	29	29	0	劣势
文化服务业企业营业收入	22	23	−1	劣势
图书和期刊出版数	28	27	1	劣势
报纸出版数	28	28	0	劣势
印刷用纸量	28	28	0	劣势
城镇居民人均文化娱乐支出	30	25	5	劣势
农村居民人均文化娱乐支出	13	14	−1	中势
城镇居民人均文化娱乐支出占消费性支出比重	27	24	3	劣势
农村居民人均文化娱乐支出占消费性支出比重	11	8	3	优势

6. 海南省发展环境竞争力指标排名变化情况

表 21−10　2016～2017 年海南省发展环境竞争力指标组排位及变化趋势

指　　标	2016 年	2017 年	排位升降	优劣势
6　发展环境竞争力	24	23	1	劣势
6.1　基础设施竞争力	24	23	1	劣势
铁路网线密度	9	10	−1	优势
公路网线密度	19	17	2	中势
人均内河航道里程	19	19	0	中势
全社会旅客周转量	29	29	0	劣势
全社会货物周转量	27	28	−1	劣势
人均邮电业务总量	9	8	1	优势
电话普及率	8	9	−1	优势
网站数	24	24	0	劣势
人均耗电量	20	20	0	中势
6.2　软环境竞争力	14	19	−5	中势
外资企业数增长率	15	21	−6	劣势
万人外资企业数	11	12	−1	中势
个体私营企业数增长率	20	17	3	中势
万人个体私营企业数	25	27	−2	劣势
万人商标注册件数	10	10	0	优势
查处商标侵权假冒案件	5	4	1	优势
每十万人交通事故发生数	24	26	−2	劣势
罚没收入占财政收入比重	5	4	1	优势
社会捐赠款物	24	24	0	劣势

7. 海南省政府作用竞争力指标排名变化情况

表 21-11 2016～2017 年海南省政府作用竞争力指标组排位及变化趋势

指　标	2016 年	2017 年	排位升降	优劣势
7　政府作用竞争力	23	21	2	劣势
7.1　政府发展经济竞争力	27	26	1	劣势
财政支出用于基本建设投资比重	11	13	-2	中势
财政支出对 GDP 增长的拉动	25	24	1	劣势
政府公务员对经济的贡献	24	24	0	劣势
政府消费对民间消费的拉动	27	26	1	劣势
财政投资对社会投资的拉动	24	22	2	劣势
7.2　政府规调经济竞争力	30	26	4	劣势
物价调控	30	31	-1	劣势
调控城乡消费差距	18	18	0	中势
统筹经济社会发展	21	26	-5	劣势
规范税收	4	5	-1	优势
固定资产投资价格指数	29	5	24	优势
7.3　政府保障经济竞争力	8	8	0	优势
城市城镇社区服务设施数	27	27	0	劣势
医疗保险覆盖率	6	6	0	优势
养老保险覆盖率	11	13	-2	中势
失业保险覆盖率	1	1	0	强势
最低工资标准	27	29	-2	劣势
城镇登记失业率	30	30	0	劣势

8. 海南省发展水平竞争力指标排名变化情况

表 21-12 2016～2017 年海南省发展水平竞争力指标组排位及变化趋势

指　标	2016 年	2017 年	排位升降	优劣势
8　发展水平竞争力	25	23	2	劣势
8.1　工业化进程竞争力	27	28	-1	劣势
工业增加值占 GDP 比重	30	30	0	劣势
工业增加值增长率	24	8	16	优势
高技术产业占工业增加值比重	13	14	-1	中势
高技术产品出口额占商品出口额比重	27	27	0	劣势
信息产业增加值占 GDP 比重	25	28	-3	劣势
工农业增加值比值	31	31	0	劣势
8.2　城市化进程竞争力	18	14	4	中势
城镇化率	14	14	0	中势
城镇居民人均可支配收入	18	17	1	中势
城市平均建成区面积比重	25	26	-1	劣势

指　标	2016 年	2017 年	排位升降	优劣势
人均拥有道路面积	8	8	0	优势
人均日生活用水量	3	1	2	强势
人均公共绿地面积	19	20	−1	中势
8.3　市场化进程竞争力	20	17	3	中势
非公有制经济产值占全社会总产值比重	15	12	3	中势
社会投资占投资总额比重	3	6	−3	优势
私有和个体企业从业人员比重	14	16	−2	中势
亿元以上商品市场成交额	30	30	0	劣势
亿元以上商品市场成交额占全社会消费品零售总额比重	31	31	0	劣势
居民消费支出占总消费支出比重	27	26	1	劣势

9. 海南省统筹协调竞争力指标排名变化情况

表 21 – 13　2016～2017 年海南省统筹协调竞争力指标组排位及变化趋势

指　标	2016 年	2017 年	排位升降	优劣势
9　统筹协调竞争力	16	25	−9	劣势
9.1　统筹发展竞争力	14	30	−16	劣势
社会劳动生产率	21	22	−1	劣势
能源使用下降率	26	29	−3	劣势
万元 GDP 综合能耗下降率	25	25	0	劣势
非农用地产出率	22	23	−1	劣势
生产税净额和营业盈余占 GDP 比重	4	4	0	优势
最终消费率	7	7	0	优势
固定资产投资额占 GDP 比重	16	19	−3	中势
固定资产交付使用率	1	31	−30	劣势
9.2　协调发展竞争力	19	14	5	中势
环境竞争力与宏观经济竞争力比差	27	26	1	劣势
资源竞争力与宏观经济竞争力比差	9	9	0	优势
人力资源竞争力与宏观经济竞争力比差	9	20	−11	中势
资源竞争力与工业竞争力比差	5	6	−1	优势
环境竞争力与工业竞争力比差	28	30	−2	劣势
城乡居民家庭人均收入比差	12	12	0	中势
城乡居民人均现金消费支出比差	18	18	0	中势
全社会消费品零售总额与外贸出口总额比差	24	17	7	中势

B.23

22

重庆市经济综合竞争力评价分析报告

重庆市简称渝,北与陕西省相连,东与湖北省、湖南省相接,南与贵州省相邻,西接四川。全市面积8.5万平方公里,2017年全市常住人口为3075万人,地区生产总值为19425亿元,同比增长9.3%,人均GDP达63442元。本部分通过分析2016~2017年重庆市经济综合竞争力以及各要素竞争力的排名变化,从中找出重庆市经济综合竞争力的推动点及影响因素,为进一步提升重庆市经济综合竞争力提供决策参考。

22.1 重庆市经济综合竞争力总体分析

1. 重庆市经济综合竞争力一级指标概要分析

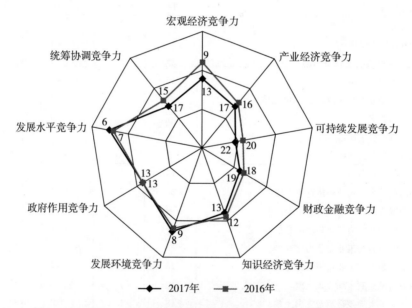

图22-1 2016~2017年重庆市经济综合竞争力二级指标比较雷达图

(1) 从综合排位看,2017年重庆市经济综合竞争力综合排位在全国居第9位,这表明其在全国处于优势地位;与2016年相比,综合排位上升了1位。

(2) 从指标所处区位看,重庆市经济综合竞争力中没有强势指标,优势指标2个,为发展环境竞争力和发展水平竞争力;处于中游区的指标6个,分别为宏观经济竞争力、

表 22 – 1 2016～2017 年重庆市经济综合竞争力二级指标比较

项目 年份	宏观经济 竞争力	产业经济 竞争力	可持续发展 竞争力	财政金融 竞争力	知识经济 竞争力	发展环境 竞争力	政府作用 竞争力	发展水平 竞争力	统筹协调 竞争力	综合 排位
2016	9	16	20	18	12	9	13	7	15	10
2017	13	17	22	19	13	8	13	6	17	9
升降	–4	–1	–2	–1	–1	1	0	1	–2	1
优劣度	中势	中势	劣势	中势	中势	优势	中势	优势	中势	优势

产业经济竞争力、财政金融竞争力、知识经济竞争力、政府作用竞争力和统筹协调竞争力；可持续发展竞争力指标处于下游区。

（3）从指标变化趋势看，9 个二级指标中，有 2 个指标处于上升趋势，为发展环境竞争力和发展水平竞争力，这些是重庆市经济综合竞争力的上升动力所在；有 6 个指标处于下降趋势，为宏观经济竞争力、产业经济竞争力、可持续发展竞争力、财政金融竞争力、知识经济竞争力和统筹协调竞争力，这些是重庆市经济综合竞争力的下降拉力所在；政府作用竞争力指标排位没有变化。

2. 重庆市经济综合竞争力各级指标动态变化分析

表 22 – 2 2016～2017 年重庆市经济综合竞争力各级指标排位变化态势比较

单位：个，%

二级指标	三级指标	四级 指标数	上升		保持		下降		变化 趋势
			指标数	比重	指标数	比重	指标数	比重	
宏观经济 竞争力	经济实力竞争力	12	5	41.7	3	25.0	4	33.3	下降
	经济结构竞争力	6	1	16.7	2	33.3	3	50.0	下降
	经济外向度竞争力	9	0	0.0	5	55.6	4	44.4	下降
	小　计	27	6	22.2	10	37.0	11	40.7	下降
产业经济 竞争力	农业竞争力	10	2	20.0	6	60.0	2	20.0	下降
	工业竞争力	10	2	20.0	2	20.0	6	60.0	下降
	服务业竞争力	10	2	20.0	2	20.0	6	60.0	下降
	企业竞争力	10	4	40.0	1	10.0	5	50.0	下降
	小　计	40	10	25.0	11	27.5	19	47.5	下降
可持续发展 竞争力	资源竞争力	9	1	11.1	7	77.8	1	11.1	保持
	环境竞争力	8	2	25.0	1	12.5	5	62.5	下降
	人力资源竞争力	7	2	28.6	1	14.3	4	57.1	下降
	小　计	24	5	20.8	9	37.5	10	41.7	下降
财政金融 竞争力	财政竞争力	12	3	25.0	2	16.7	7	58.3	下降
	金融竞争力	10	2	20.0	5	50.0	3	30.0	上升
	小　计	22	5	22.7	7	31.8	10	45.5	下降
知识经济 竞争力	科技竞争力	9	5	55.6	2	22.2	2	22.2	上升
	教育竞争力	10	2	20.0	7	70.0	1	10.0	下降
	文化竞争力	10	6	60.0	2	20.0	2	20.0	上升
	小　计	29	13	44.8	11	37.9	5	17.2	下降

续表

二级指标	三级指标	四级指标数	上升		保持		下降		变化趋势
			指标数	比重	指标数	比重	指标数	比重	
发展环境竞争力	基础设施竞争力	9	2	22.2	5	55.6	2	22.2	保持
	软环境竞争力	9	3	33.3	3	33.3	3	33.3	保持
	小　计	18	5	27.8	8	44.4	5	27.8	上升
政府作用竞争力	政府发展经济竞争力	5	1	20.0	2	40.0	2	40.0	上升
	政府规调经济竞争力	5	2	40.0	2	40.0	1	20.0	上升
	政府保障经济竞争力	6	1	16.7	1	16.7	4	66.7	下降
	小　计	16	4	25.0	5	31.3	7	43.8	保持
发展水平竞争力	工业化进程竞争力	6	3	50.0	1	16.7	2	33.3	上升
	城市化进程竞争力	6	0	0.0	5	83.3	1	16.7	下降
	市场化进程竞争力	6	0	0.0	2	33.3	4	66.7	保持
	小　计	18	3	16.7	8	44.4	7	38.9	上升
统筹协调竞争力	统筹发展竞争力	8	1	12.5	2	25.0	5	62.5	上升
	协调发展竞争力	8	2	25.0	2	25.0	4	50.0	下降
	小　计	16	3	18.8	4	25.0	9	56.3	下降
合计		210	54	25.7	73	34.8	83	39.5	上升

从表22-2可以看出，210个四级指标中，上升指标有54个，占指标总数的25.7%；下降指标有83个，占指标总数的39.5%；保持不变的指标有73个，占指标总数的34.8%。尽管排位下降的指标数量大于排位上升的指标数量，但受其他因素的综合影响，2016~2017年重庆市经济综合竞争力排位上升了1位。

3. 重庆市经济综合竞争力各级指标优劣势结构分析

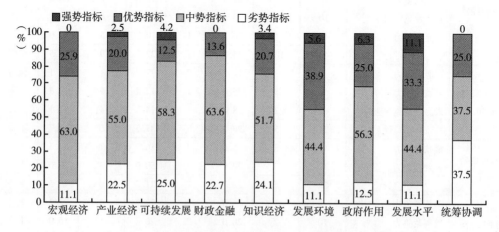

图22-2　2017年重庆市经济综合竞争力各级指标优劣势比较

表 22－3　2017 年重庆市经济综合竞争力各级指标优劣势比较

单位：个，%

二级指标	三级指标	四级指标数	强势指标		优势指标		中势指标		劣势指标		优劣势
			个数	比重	个数	比重	个数	比重	个数	比重	
宏观经济竞争力	经济实力竞争力	12	0	0.0	5	41.7	7	58.3	0	0.0	中势
	经济结构竞争力	6	0	0.0	2	33.3	3	50.0	1	16.7	中势
	经济外向度竞争力	9	0	0.0	0	0.0	7	77.8	2	22.2	劣势
	小　计	27	0	0.0	7	25.9	17	63.0	3	11.1	中势
产业经济竞争力	农业竞争力	10	1	10.0	0	0.0	5	50.0	4	40.0	劣势
	工业竞争力	10	0	0.0	2	20.0	6	60.0	2	20.0	中势
	服务业竞争力	10	0	0.0	3	30.0	6	60.0	1	10.0	中势
	企业竞争力	10	0	0.0	3	30.0	5	50.0	2	20.0	中势
	小　计	40	1	2.5	8	20.0	22	55.0	9	22.5	中势
可持续发展竞争力	资源竞争力	9	0	0.0	0	0.0	6	66.7	3	33.3	劣势
	环境竞争力	8	0	0.0	1	12.5	5	62.5	2	25.0	优势
	人力资源竞争力	7	1	14.3	2	28.6	3	42.9	1	14.3	中势
	小　计	24	1	4.2	3	12.5	14	58.3	6	25.0	劣势
财政金融竞争力	财政竞争力	12	0	0.0	1	8.3	7	58.3	4	33.3	劣势
	金融竞争力	10	0	0.0	2	20.0	7	70.0	1	10.0	中势
	小　计	22	0	0.0	3	13.6	14	63.6	5	22.7	中势
知识经济竞争力	科技竞争力	9	1	11.1	3	33.3	4	44.4	1	11.1	优势
	教育竞争力	10	0	0.0	2	20.0	5	50.0	3	30.0	中势
	文化竞争力	10	0	0.0	1	10.0	6	60.0	3	30.0	劣势
	小　计	29	1	3.4	6	20.7	15	51.7	7	24.1	中势
发展环境竞争力	基础设施竞争力	9	1	11.1	1	11.1	6	66.7	1	11.1	中势
	软环境竞争力	9	0	0.0	6	66.7	2	22.2	1	11.1	优势
	小　计	18	1	5.6	7	38.9	8	44.4	2	11.1	优势
政府作用竞争力	政府发展经济竞争力	5	0	0.0	2	40.0	3	60.0	0	0.0	中势
	政府规调经济竞争力	5	1	20.0	1	20.0	2	40.0	1	20.0	中势
	政府保障经济竞争力	6	0	0.0	1	16.7	4	66.7	1	16.7	中势
	小　计	16	1	6.3	4	25.0	9	56.3	2	12.5	中势
发展水平竞争力	工业化进程竞争力	6	2	33.3	1	16.7	3	50.0	0	0.0	优势
	城市化进程竞争力	6	0	0.0	2	33.3	2	33.3	2	33.3	中势
	市场化进程竞争力	6	0	0.0	3	50.0	3	50.0	0	0.0	优势
	小　计	18	2	11.1	6	33.3	8	44.4	2	11.1	优势
统筹协调竞争力	统筹发展竞争力	8	0	0.0	3	37.5	2	25.0	3	37.5	中势
	协调发展竞争力	8	0	0.0	1	12.5	4	50.0	3	37.5	劣势
	小　计	16	0	0.0	4	25.0	6	37.5	6	37.5	中势
合　计		210	7	3.3	48	22.9	113	53.8	42	20.0	优势

　　基于图 22－2 和表 22－3，从四级指标来看，强势指标 7 个，占指标总数的 3.3%；优势指标 48 个，占指标总数的 22.9%；中势指标 113 个，占指标总数的 53.8%；劣势

指标 42 个，占指标总数的 20%。从三级指标来看，没有强势指标；优势指标 5 个，占三级指标总数的 20%；中势指标 14 个，占三级指标总数的 56%；劣势指标 6 个，占三级指标总数的 24%。反映到二级指标上来，优势指标有 2 个，占二级指标总数的 22.2%；中势指标有 6 个，占二级指标总数的 66.7%；劣势指标有 1 个，占二级指标总数的 11.1%。综合来看，由于优势指标较为突出，2017 年重庆市经济综合竞争力处于优势地位。

4. 重庆市经济综合竞争力四级指标优劣势对比分析

表 22 - 4   2017 年重庆市经济综合竞争力各级指标优劣势比较

二级指标	优劣势	四级指标
宏观经济 竞争力 (27 个)	强势指标	(0 个)
	优势指标	地区生产总值增长率、人均地区生产总值、财政总收入、人均财政收入、人均固定资产投资额、就业结构优化度、贸易结构优化度(7 个)
	劣势指标	资本形成结构优化度、进出口增长率、实际 FDI 增长率(3 个)
产业经济 竞争力 (40 个)	强势指标	农民人均纯收入增长率(1 个)
	优势指标	工业增加值增长率、工业收入利润率、服务业增加值增长率、人均服务业增加值、电子商务销售额、城镇就业人员平均工资、新产品销售收入占主营业务收入比重、工业企业 R&D 经费投入强度(8 个)
	劣势指标	农业增加值、农产品出口占农林牧渔总产值比重、农业机械化水平、财政支农资金比重、工业资产总额、工业资产总额增长率、限额以上餐饮企业利税率、规模以上企业劳动效率、产品质量抽查合格率(9 个)
可持续发展 竞争力 (24 个)	强势指标	人口健康素质(1 个)
	优势指标	人均工业固体废物排放量、常住人口增长率、文盲率(3 个)
	劣势指标	人均国土面积、耕地面积、人均耕地面积、人均废水排放量、人均治理工业污染投资额、15～64 岁人口比例(6 个)
财政金融 竞争力 (22 个)	强势指标	(0 个)
	优势指标	人均税收收入、人均存款余额、中长期贷款占贷款余额比重(3 个)
	劣势指标	地方财政支出、税收收入占财政总收入比重、地方财政收入增长率、税收收入增长率、国内上市公司市值(5 个)
知识经济 竞争力 (29 个)	强势指标	高技术产品出口额占商品出口额比重(1 个)
	优势指标	R&D 经费投入强度、高技术产业主营业务收入、高技术产业收入占工业增加值比重、人均文化教育支出、万人高等学校在校学生数、文化批发零售业营业收入(6 个)
	劣势指标	技术市场成交合同金额、教育经费、公共教育经费占财政支出比重、万人中小学学校数、报纸出版数、印刷用纸量、城镇居民人均文化娱乐支出占消费性支出比重(7 个)
发展环境 竞争力 (18 个)	强势指标	公路网线密度(1 个)
	优势指标	人均内河航道里程、外资企业数增长率、万人个体私营企业数、万人商标注册件数、查处商标侵权假冒案件、罚没收入占财政收入比重、社会捐赠款物(7 个)
	劣势指标	人均耗电量、个体私营企业数增长率(2 个)
政府作用 竞争力 (16 个)	强势指标	物价调控(1 个)
	优势指标	政府公务员对经济的贡献、政府消费对民间消费的拉动、统筹经济社会发展、失业保险覆盖率(4 个)
	劣势指标	规范税收、最低工资标准(2 个)

续表

二级指标	优劣势	四级指标
发展水平竞争力（18个）	强势指标	高技术产品出口额占商品出口额比重、信息产业增加值占GDP比重（2个）
	优势指标	高技术产业占工业增加值比重、城镇化率、人均公共绿地面积、私有和个体企业从业人员比重、亿元以上商品市场成交额占全社会消费品零售总额比重、居民消费支出占总消费支出比重（6个）
	劣势指标	城市平均建成区面积比重、人均拥有道路面积（2个）
统筹协调竞争力（16个）	强势指标	（0个）
	优势指标	社会劳动生产率、非农用地产出率、固定资产交付使用率、全社会消费品零售总额与外贸出口总额比差（4个）
	劣势指标	能源使用下降率、生产税净额和营业盈余占GDP比重、最终消费率、资源竞争力与宏观经济竞争力比差、资源竞争力与工业竞争力比差、环境竞争力与工业竞争力比差（6个）

22.2　重庆市经济综合竞争力各级指标具体分析

1. 重庆市宏观经济竞争力指标排名变化情况

表22－5　2016～2017年重庆市宏观经济竞争力指标组排位及变化趋势

指　标	2016年	2017年	排位升降	优劣势
1　宏观经济竞争力	9	13	－4	中势
1.1　经济实力竞争力	10	11	－1	中势
地区生产总值	20	17	3	中势
地区生产总值增长率	1	4	－3	优势
人均地区生产总值	10	10	0	优势
财政总收入	12	10	2	优势
财政总收入增长率	12	13	－1	中势
人均财政收入	12	8	4	优势
固定资产投资额	16	16	0	中势
固定资产投资额增长率	12	14	－2	中势
人均固定资产投资额	10	7	3	优势
全社会消费品零售总额	18	17	1	中势
全社会消费品零售总额增长率	1	13	－12	中势
人均全社会消费品零售总额	13	13	0	中势
1.2　经济结构竞争力	17	18	－1	中势
产业结构优化度	13	16	－3	中势
所有制经济结构优化度	12	13	－1	中势
城乡经济结构优化度	17	17	0	中势
就业结构优化度	3	4	－1	优势
资本形成结构优化度	27	24	3	劣势
贸易结构优化度	10	10	0	优势

指　标	2016 年	2017 年	排位升降	优劣势
1.3　经济外向度竞争力	12	22	−10	劣势
进出口总额	12	13	−1	中势
进出口增长率	24	24	0	劣势
出口总额	11	11	0	中势
出口增长率	7	12	−5	中势
实际 FDI	12	15	−3	中势
实际 FDI 增长率	15	28	−13	劣势
外贸依存度	11	11	0	中势
外资企业数	17	17	0	中势
对外直接投资额	14	14	0	中势

2. 重庆市产业经济竞争力指标排名变化情况

表 22 – 6　2016～2017 年重庆市产业经济竞争力指标组排位及变化趋势

指　标	2016 年	2017 年	排位升降	优劣势
2　产业经济竞争力	16	17	−1	中势
2.1　农业竞争力	22	27	−5	劣势
农业增加值	22	21	1	劣势
农业增加值增长率	7	14	−7	中势
人均农业增加值	11	11	0	中势
农民人均纯收入	20	19	1	中势
农民人均纯收入增长率	3	3	0	强势
农产品出口占农林牧渔总产值比重	15	26	−11	劣势
人均主要农产品产量	20	20	0	中势
农业机械化水平	23	23	0	劣势
农村人均用电量	14	14	0	中势
财政支农资金比重	27	27	0	劣势
2.2　工业竞争力	15	20	−5	中势
工业增加值	19	17	2	中势
工业增加值增长率	3	4	−1	优势
人均工业增加值	11	11	0	中势
工业资产总额	20	22	−2	劣势
工业资产总额增长率	3	29	−26	劣势
规模以上工业主营业务收入	15	17	−2	中势
工业成本费用率	17	17	0	中势
规模以上工业利润总额	15	17	−2	中势
工业全员劳动生产率	19	15	4	中势
工业收入利润率	7	8	−1	优势

指　标	2016 年	2017 年	排位升降	优劣势
2.3　服务业竞争力	15	18	−3	中势
服务业增加值	16	16	0	中势
服务业增加值增长率	5	7	−2	优势
人均服务业增加值	10	10	0	优势
服务业从业人员数	11	12	−1	中势
限额以上批发零售企业主营业务收入	13	14	−1	中势
限额以上批零企业利税率	10	11	−1	中势
限额以上餐饮企业利税率	30	31	−1	劣势
旅游外汇收入	15	14	1	中势
商品房销售收入	15	11	4	中势
电子商务销售额	8	10	−2	优势
2.4　企业竞争力	10	12	−2	中势
规模以上工业企业数	15	14	1	中势
规模以上企业平均资产	19	20	−1	中势
规模以上企业平均收入	13	18	−5	中势
规模以上企业平均利润	8	12	−4	中势
规模以上企业劳动效率	16	21	−5	劣势
城镇就业人员平均工资	11	10	1	优势
新产品销售收入占主营业务收入比重	5	4	1	优势
产品质量抽查合格率	12	24	−12	劣势
工业企业 R&D 经费投入强度	8	5	3	优势
中国驰名商标持有量	17	17	0	中势

3. 重庆市可持续发展竞争力指标排名变化情况

表 22 - 7　2016 ~ 2017 年重庆市可持续发展竞争力指标组排位及变化趋势

指　标	2016 年	2017 年	排位升降	优劣势
3　可持续发展竞争力	20	22	−2	劣势
3.1　资源竞争力	28	28	0	劣势
人均国土面积	21	21	0	劣势
人均可使用海域和滩涂面积	13	13	0	中势
人均年水资源量	17	12	5	中势
耕地面积	22	22	0	劣势
人均耕地面积	21	21	0	劣势
人均牧草地面积	15	15	0	中势
主要能源矿产基础储量	16	16	0	中势
人均主要能源矿产基础储量	17	18	−1	中势
人均森林储积量	19	19	0	中势

指　标	2016 年	2017 年	排位升降	优劣势
3.2　环境竞争力	8	9	-1	优势
森林覆盖率	12	12	0	中势
人均废水排放量	26	27	-1	劣势
人均工业废气排放量	14	15	-1	中势
人均工业固体废物排放量	6	4	2	优势
人均治理工业污染投资额	30	25	5	劣势
一般工业固体废物综合利用率	9	11	-2	中势
生活垃圾无害化处理率	3	13	-10	中势
自然灾害直接经济损失	9	11	-2	中势
3.3　人力资源竞争力	16	17	-1	中势
常住人口增长率	5	10	-5	优势
15 ~ 64 岁人口比例	24	26	-2	劣势
文盲率	12	8	4	优势
大专以上教育程度人口比例	16	18	-2	中势
平均受教育程度	18	16	2	中势
人口健康素质	1	2	-1	强势
职业学校毕业生数	19	19	0	中势

4. 重庆市财政金融竞争力指标排名变化情况

表 22 - 8　2016 ~ 2017 年重庆市财政金融竞争力指标组排位及变化趋势

指　标	2016 年	2017 年	排位升降	优劣势
4　财政金融竞争力	18	19	-1	中势
4.1　财政竞争力	17	21	-4	劣势
地方财政收入	15	16	-1	中势
地方财政支出	23	23	0	劣势
地方财政收入占 GDP 比重	9	11	-2	中势
地方财政支出占 GDP 比重	20	19	1	中势
税收收入占 GDP 比重	11	14	-3	中势
税收收入占财政总收入比重	27	26	1	劣势
人均地方财政收入	8	14	-6	中势
人均地方财政支出	10	14	-4	中势
人均税收收入	10	10	0	优势
地方财政收入增长率	16	27	-11	劣势
地方财政支出增长率	20	17	3	中势
税收收入增长率	21	26	-5	劣势

指　标	2016 年	2017 年	排位升降	优劣势
4.2　金融竞争力	16	14	2	中势
存款余额	16	16	0	中势
人均存款余额	9	9	0	优势
贷款余额	15	16	−1	中势
人均贷款余额	12	12	0	中势
中长期贷款占贷款余额比重	6	8	−2	优势
保险费净收入	21	19	2	中势
保险密度	12	12	0	中势
保险深度	18	18	0	中势
国内上市公司数	17	15	2	中势
国内上市公司市值	14	21	−7	劣势

5. 重庆市知识经济竞争力指标排名变化情况

表 22 - 9　2016～2017 年重庆市知识经济竞争力指标组排位及变化趋势

指　标	2016 年	2017 年	排位升降	优劣势
5　知识经济竞争力	12	13	−1	中势
5.1　科技竞争力	9	7	2	优势
R&D 人员	16	14	2	中势
R&D 经费	16	13	3	中势
R&D 经费投入强度	10	7	3	优势
发明专利授权量	17	15	2	中势
技术市场成交合同金额	14	25	−11	劣势
财政科技支出占地方财政支出比重	16	16	0	中势
高技术产业主营业务收入	9	8	1	优势
高技术产业收入占工业增加值比重	5	5	0	优势
高技术产品出口额占商品出口额比重	1	2	−1	强势
5.2　教育竞争力	17	19	−2	中势
教育经费	21	21	0	劣势
教育经费占 GDP 比重	16	18	−2	中势
人均教育经费	12	12	0	中势
公共教育经费占财政支出比重	25	22	3	劣势
人均文化教育支出	16	10	6	优势
万人中小学学校数	22	22	0	劣势
万人中小学专任教师数	18	18	0	中势
高等学校数	15	15	0	中势
高校专任教师数	19	19	0	中势
万人高等学校在校学生数	5	5	0	优势

指　标	2016 年	2017 年	排位升降	优劣势
5.3　文化竞争力	25	21	4	劣势
文化制造业营业收入	15	16	−1	中势
文化批发零售业营业收入	15	10	5	优势
文化服务业企业营业收入	11	12	−1	中势
图书和期刊出版数	20	20	0	中势
报纸出版数	24	23	1	劣势
印刷用纸量	22	21	1	劣势
城镇居民人均文化娱乐支出	21	16	5	中势
农村居民人均文化娱乐支出	16	11	5	中势
城镇居民人均文化娱乐支出占消费性支出比重	24	22	2	劣势
农村居民人均文化娱乐支出占消费性支出比重	15	15	0	中势

6. 重庆市发展环境竞争力指标排名变化情况

表 22 - 10　2016～2017 年重庆市发展环境竞争力指标组排位及变化趋势

指　标	2016 年	2017 年	排位升降	优劣势
6　发展环境竞争力	9	8	1	优势
6.1　基础设施竞争力	14	14	0	中势
铁路网线密度	14	13	1	中势
公路网线密度	2	2	0	强势
人均内河航道里程	5	5	0	优势
全社会旅客周转量	18	18	0	中势
全社会货物周转量	18	18	0	中势
人均邮电业务总量	11	14	−3	中势
电话普及率	13	11	2	中势
网站数	17	18	−1	中势
人均耗电量	21	21	0	劣势
6.2　软环境竞争力	6	6	0	优势
外资企业数增长率	6	7	−1	优势
万人外资企业数	12	11	1	中势
个体私营企业数增长率	15	21	−6	劣势
万人个体私营企业数	6	5	1	优势
万人商标注册件数	8	8	0	优势
查处商标侵权假冒案件	8	9	−1	优势
每十万人交通事故发生数	17	17	0	中势
罚没收入占财政收入比重	7	6	1	优势
社会捐赠款物	7	7	0	优势

7. 重庆市政府作用竞争力指标排名变化情况

表 22 – 11　2016～2017 年重庆市政府作用竞争力指标组排位及变化趋势

指　　标	2016 年	2017 年	排位升降	优劣势
7　政府作用竞争力	13	13	0	中势
7.1　政府发展经济竞争力	12	11	1	中势
财政支出用于基本建设投资比重	16	17	−1	中势
财政支出对 GDP 增长的拉动	12	13	−1	中势
政府公务员对经济的贡献	8	8	0	优势
政府消费对民间消费的拉动	9	9	0	优势
财政投资对社会投资的拉动	14	12	2	中势
7.2　政府规调经济竞争力	20	15	5	中势
物价调控	17	3	14	强势
调控城乡消费差距	16	16	0	中势
统筹经济社会发展	7	6	1	优势
规范税收	31	31	0	劣势
固定资产投资价格指数	5	12	−7	中势
7.3　政府保障经济竞争力	14	17	−3	中势
城市城镇社区服务设施数	14	14	0	中势
医疗保险覆盖率	20	17	3	中势
养老保险覆盖率	8	11	−3	中势
失业保险覆盖率	8	9	−1	优势
最低工资标准	19	26	−7	劣势
城镇登记失业率	10	15	−5	中势

8. 重庆市发展水平竞争力指标排名变化情况

表 22 – 12　2016～2017 年重庆市发展水平竞争力指标组排位及变化趋势

指　　标	2016 年	2017 年	排位升降	优劣势
8　发展水平竞争力	7	6	1	优势
8.1　工业化进程竞争力	5	4	1	优势
工业增加值占 GDP 比重	18	16	2	中势
工业增加值增长率	3	15	−12	中势
高技术产业占工业增加值比重	5	5	0	优势
高技术产品出口额占商品出口额比重	3	1	2	强势
信息产业增加值占 GDP 比重	4	3	1	强势
工农业增加值比值	10	11	−1	中势
8.2　城市化进程竞争力	17	19	−2	中势
城镇化率	9	9	0	优势
城镇居民人均可支配收入	12	12	0	中势
城市平均建成区面积比重	29	30	−1	劣势

指　　标	2016 年	2017 年	排位升降	优劣势
人均拥有道路面积	27	27	0	劣势
人均日生活用水量	20	20	0	中势
人均公共绿地面积	5	5	0	优势
8.3　市场化进程竞争力	5	5	0	优势
非公有制经济产值占全社会总产值比重	12	13	−1	中势
社会投资占投资总额比重	10	13	−3	中势
私有和个体企业从业人员比重	5	6	−1	优势
亿元以上商品市场成交额	9	11	−2	中势
亿元以上商品市场成交额占全社会消费品零售总额比重	5	5	0	优势
居民消费支出占总消费支出比重	9	9	0	优势

9. 重庆市统筹协调竞争力指标排名变化情况

表 22 - 13　2016～2017 年重庆市统筹协调竞争力指标组排位及变化趋势

指　　标	2016 年	2017 年	排位升降	优劣势
9　统筹协调竞争力	15	17	−2	中势
9.1　统筹发展竞争力	15	13	2	中势
社会劳动生产率	8	8	0	优势
能源使用下降率	23	25	−2	劣势
万元 GDP 综合能耗下降率	7	12	−5	中势
非农用地产出率	9	9	0	优势
生产税净额和营业盈余占 GDP 比重	30	31	−1	劣势
最终消费率	23	26	−3	劣势
固定资产投资额占 GDP 比重	14	16	−2	中势
固定资产交付使用率	13	6	7	优势
9.2　协调发展竞争力	18	21	−3	劣势
环境竞争力与宏观经济竞争力比差	16	17	−1	中势
资源竞争力与宏观经济竞争力比差	26	24	2	劣势
人力资源竞争力与宏观经济竞争力比差	12	15	−3	中势
资源竞争力与工业竞争力比差	24	23	1	劣势
环境竞争力与工业竞争力比差	17	23	−6	劣势
城乡居民家庭人均收入比差	17	17	0	中势
城乡居民人均现金消费支出比差	16	16	0	中势
全社会消费品零售总额与外贸出口总额比差	7	8	−1	优势

B.24
23
四川省经济综合竞争力评价分析报告

　　四川省简称川或蜀，地处长江上游，北与青海省、甘肃省、陕西省相接，东与重庆相连，南与贵州省、云南省为邻，西与西藏自治区交界。全省面积为48.5万平方公里，物产丰富，素有"天府之国"美称。2017年全省常住人口为8302万人，地区生产总值为36980亿元，同比增长8.1%，人均GDP达到44651元。本章通过分析2016～2017年四川省经济综合竞争力以及各要素竞争力的排名变化，从中发现四川省经济综合竞争力的推动点及影响因素，为进一步提升四川省经济综合竞争力提供决策参考。

23.1　四川省经济综合竞争力总体分析

1. 四川省经济综合竞争力一级指标概要分析

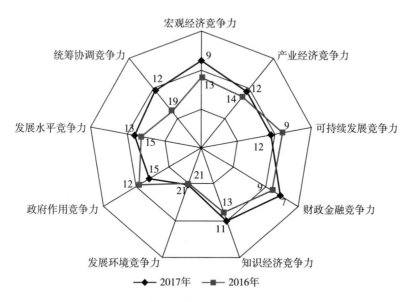

图23-1　2016～2017年四川省经济综合竞争力二级指标比较雷达图

　　（1）从综合排位看，2017年四川省经济综合竞争力排在全国第12位，表明其在全国处于中势地位；与2016年相比，综合排位没有发生变化。

　　（2）从指标所处区位看，2个指标处于上游区，分别为宏观经济竞争力和财政金融竞争力，均是优势指标；处于中游区的指标有6个，分别为产业经济竞争力、可持续发

表 23 - 1 2016～2017 年四川省经济综合竞争力二级指标表现情况

年份\项目	宏观经济竞争力	产业经济竞争力	可持续发展竞争力	财政金融竞争力	知识经济竞争力	发展环境竞争力	政府作用竞争力	发展水平竞争力	统筹协调竞争力	综合排位
2016	13	14	9	9	13	21	12	15	19	12
2017	9	12	12	7	11	21	15	13	12	12
升降	4	2	-3	2	2	0	-3	2	7	0
优劣度	优势	中势	中势	优势	中势	劣势	中势	中势	中势	中势

展竞争力、知识经济竞争力、政府作用竞争力、发展水平竞争力和统筹协调竞争力；发展环境竞争力指标处于下游区，是劣势指标。

（3）从指标变化趋势看，9个二级指标中，有6个指标处于上升趋势，分别为宏观经济竞争力、产业经济竞争力、财政金融竞争力、知识经济竞争力、发展水平竞争力和统筹协调竞争力，这些是四川省经济综合竞争力的上升动力所在；发展环境竞争力指标排位没有发生变化；有2个指标处于下降趋势，为可持续发展竞争力和政府作用竞争力，是四川省经济综合竞争力的下降拉力所在。

2. 四川省经济综合竞争力各级指标动态变化分析

表 23 - 2 2016～2017 年四川省经济综合竞争力各级指标排位变化情况

单位：个，%

二级指标	三级指标	四级指标数	上升		保持		下降		变化趋势
			指标数	比重	指标数	比重	指标数	比重	
宏观经济竞争力	经济实力竞争力	12	5	41.7	4	33.3	3	25.0	上升
	经济结构竞争力	6	2	33.3	2	33.3	2	33.3	上升
	经济外向度竞争力	9	3	33.3	5	55.6	1	11.1	上升
	小　计	27	10	37.0	11	40.7	6	22.2	上升
产业经济竞争力	农业竞争力	10	4	40.0	3	30.0	3	30.0	下降
	工业竞争力	10	7	70.0	3	30.0	0	0.0	上升
	服务业竞争力	10	4	40.0	4	40.0	2	20.0	上升
	企业竞争力	10	4	40.0	5	50.0	1	10.0	上升
	小　计	40	19	47.5	15	37.5	6	15.0	上升
可持续发展竞争力	资源竞争力	9	1	11.1	7	77.8	1	11.1	下降
	环境竞争力	8	1	12.5	3	37.5	4	50.0	下降
	人力资源竞争力	7	5	71.4	1	14.3	1	14.3	上升
	小　计	24	7	29.2	11	45.8	6	25.0	下降
财政金融竞争力	财政竞争力	12	2	16.7	4	33.3	6	50.0	下降
	金融竞争力	10	1	10.0	2	20.0	7	70.0	上升
	小　计	22	3	13.6	6	27.3	13	59.1	上升
知识经济竞争力	科技竞争力	9	5	55.6	2	22.2	2	22.2	上升
	教育竞争力	10	2	20.0	4	40.0	4	40.0	下降
	文化竞争力	10	6	60.0	2	20.0	2	20.0	上升
	小　计	29	13	44.8	8	27.6	8	27.6	上升

续表

二级指标	三级指标	四级指标数	上升		保持		下降		变化趋势
			指标数	比重	指标数	比重	指标数	比重	
发展环境竞争力	基础设施竞争力	9	1	11.1	4	44.4	4	44.4	下降
	软环境竞争力	9	3	33.3	2	22.2	4	44.4	下降
	小　计	18	4	22.2	6	33.3	8	44.4	保持
政府作用竞争力	政府发展经济竞争力	5	2	40.0	2	40.0	1	20.0	下降
	政府规调经济竞争力	5	2	40.0	0	0.0	3	60.0	下降
	政府保障经济竞争力	6	1	16.7	4	66.7	1	16.7	下降
	小　计	16	5	31.3	6	37.5	5	31.3	下降
发展水平竞争力	工业化进程竞争力	6	1	16.7	3	50.0	2	33.3	下降
	城市化进程竞争力	6	0	0.0	3	50.0	3	50.0	保持
	市场化进程竞争力	6	3	50.0	2	33.3	1	16.7	保持
	小　计	18	4	22.2	8	44.4	6	33.3	上升
统筹协调竞争力	统筹发展竞争力	8	5	62.5	1	12.5	2	25.0	上升
	协调发展竞争力	8	5	62.5	1	12.5	2	25.0	上升
	小　计	16	10	62.5	2	12.5	4	25.0	上升
合　计		210	75	35.7	73	34.8	62	29.5	保持

从表 23-2 可以看出，210 个四级指标中，上升指标有 75 个，占指标总数的 35.7%；下降指标有 62 个，占指标总数的 29.5%；保持不变的指标有 73 个，占指标总数的 34.8%。综合来看，四川省经济综合竞争力上升和下降的指标差距较小，2016~2017 年四川省经济综合竞争力排位保持不变。

3. 四川省经济综合竞争力各级指标优劣势结构分析

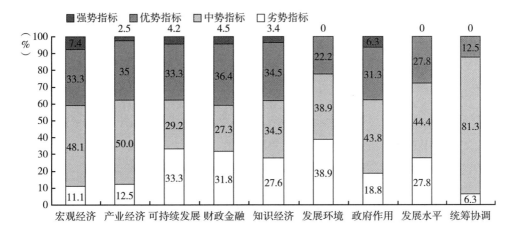

图 23-2　2017 年四川省经济综合竞争力各级指标优劣势比较

表 23 - 3 2017 年四川省经济综合竞争力各级指标优劣势情况

单位：个，%

二级指标	三级指标	四级指标数	强势指标		优势指标		中势指标		劣势指标		优劣势
			个数	比重	个数	比重	个数	比重	个数	比重	
宏观经济竞争力	经济实力竞争力	12	0	0.0	6	50.0	3	25.0	3	25.0	中势
	经济结构竞争力	6	0	0.0	2	33.3	4	66.7	0	0.0	优势
	经济外向度竞争力	9	2	22.2	1	11.1	6	66.7	0	0.0	优势
	小 计	27	2	7.4	9	33.3	13	48.1	3	11.1	优势
产业经济竞争力	农业竞争力	10	1	10.0	2	20.0	4	40.0	3	30.0	优势
	工业竞争力	10	0	0.0	5	50.0	4	40.0	1	10.0	中势
	服务业竞争力	10	0	0.0	6	60.0	3	30.0	1	10.0	中势
	企业竞争力	10	0	0.0	1	10.0	9	90.0	0	0.0	中势
	小 计	40	1	2.5	14	35.0	20	50.0	5	12.5	中势
可持续发展竞争力	资源竞争力	9	0	0.0	6	66.7	3	33.3	0	0.0	中势
	环境竞争力	8	0	0.0	1	12.5	4	50.0	3	37.5	中势
	人力资源竞争力	7	1	14.3	1	14.3	0	0.0	5	71.4	优势
	小 计	24	1	4.2	8	33.3	7	29.2	8	33.3	中势
财政金融竞争力	财政竞争力	12	0	0.0	2	16.7	4	33.3	6	50.0	中势
	金融竞争力	10	1	10.0	6	60.0	2	20.0	1	10.0	优势
	小 计	22	1	4.5	8	36.4	6	27.3	7	31.8	优势
知识经济竞争力	科技竞争力	9	1	11.1	4	44.4	4	44.4	0	0.0	中势
	教育竞争力	10	0	0.0	3	30.0	3	30.0	4	40.0	中势
	文化竞争力	10	0	0.0	3	30.0	3	30.0	4	40.0	中势
	小 计	29	1	3.4	10	34.5	10	34.5	8	27.6	中势
发展环境竞争力	基础设施竞争力	9	0	0.0	2	22.2	3	33.3	4	44.4	劣势
	软环境竞争力	9	0	0.0	2	22.2	4	44.4	3	33.3	劣势
	小 计	18	0	0.0	4	22.2	7	38.9	7	38.9	劣势
政府作用竞争力	政府发展经济竞争力	5	0	0.0	1	20.0	4	80.0	0	0.0	中势
	政府规调经济竞争力	5	0	0.0	1	20.0	2	40.0	2	40.0	劣势
	政府保障经济竞争力	6	1	16.7	3	50.0	1	16.7	1	16.7	优势
	小 计	16	1	6.3	5	31.3	7	43.8	3	18.8	中势
发展水平竞争力	工业化进程竞争力	6	0	0.0	2	33.3	2	33.3	2	33.3	优势
	城市化进程竞争力	6	0	0.0	1	16.7	3	50.0	2	33.3	劣势
	市场化进程竞争力	6	0	0.0	2	33.3	3	50.0	1	16.7	中势
	小 计	18	0	0.0	5	27.8	8	44.4	5	27.8	中势
统筹协调竞争力	统筹发展竞争力	8	0	0.0	0	0.0	7	87.5	1	12.5	中势
	协调发展竞争力	8	0	0.0	2	25.0	6	75.0	0	0.0	优势
	小 计	16	0	0.0	2	12.5	13	81.3	1	6.3	中势
合 计		210	7	3.3	65	31.0	91	43.3	47	22.4	中势

基于图 23 - 2 和表 23 - 3，具体看四级指标，强势指标 7 个，占指标总数的 3.3%；优势指标 65 个，占指标总数的 31.0%；中势指标 91 个，占指标总数的 43.3%；劣势

指标 47 个，占指标总数的 22.4%。三级指标中，没有强势指标，优势指标 9 个，占三级指标总数的 36%；中势指标 12 个，占三级指标总数的 48%；劣势指标 4 个，占三级指标总数的 16%。从二级指标看，没有强势指标，优势指标 2 个，占二级指标总数的 22.2%；中势指标有 6 个，占二级指标总数的 66.7%；劣势指标有 1 个，占二级指标总数的 11.1%。综合来看，由于中势指标在指标体系中居于主导地位，2017 年四川省经济综合竞争力处于中势地位。

4. 四川省经济综合竞争力四级指标优劣势对比分析

表 23 – 4　2017 年四川省经济综合竞争力各级指标优劣势情况

二级指标	优劣势	四级指标
宏观经济竞争力（27 个）	强势指标	进出口增长率、出口增长率（2 个）
	优势指标	地区生产总值、地区生产总值增长率、财政总收入、固定资产投资额、全社会消费品零售总额、全社会消费品零售总额增长率、所有制经济结构优化度、就业结构优化度、外资企业数（9 个）
	劣势指标	人均地区生产总值、人均财政收入、人均固定资产投资额（3 个）
产业经济竞争力（40 个）	强势指标	农业增加值（1 个）
	优势指标	农民人均纯收入增长率、农业机械化水平、工业增加值、工业增加值增长率、工业资产总额、规模以上工业主营业务收入、规模以上工业利润总额、服务业增加值、服务业增加值增长率、服务业从业人员数、限额以上批零企业利税率、商品房销售收入、电子商务销售额、中国驰名商标持有量（14 个）
	劣势指标	农民人均纯收入、农产品出口占农林牧渔总产值比重、农村人均用电量、人均工业增加值、限额以上餐饮企业利税率（5 个）
可持续发展竞争力（24 个）	强势指标	职业学校毕业生数（1 个）
	优势指标	人均国土面积、人均年水资源量、耕地面积、人均牧草地面积、主要能源矿产基础储量、人均森林储积量、人均工业废气排放量、人口健康素质（8 个）
	劣势指标	人均治理工业污染投资额、一般工业固体废物综合利用率、自然灾害直接经济损失、常住人口增长率、15 ~ 64 岁人口比例、文盲率、大专以上教育程度人口比例、平均受教育程度（8 个）
财政金融竞争力（22 个）	强势指标	中长期贷款占贷款余额比重（1 个）
	优势指标	地方财政收入、地方财政支出、存款余额、贷款余额、保险费净收入、保险深度、国内上市公司数、国内上市公司市值（8 个）
	劣势指标	税收收入占 GDP 比重、税收收入占财政总收入比重、人均地方财政收入、人均地方财政支出、人均税收收入、税收收入增长率、人均贷款余额（7 个）
知识经济竞争力（29 个）	强势指标	高技术产品出口额占商品出口额比重（1 个）
	优势指标	发明专利授权量、技术市场成交合同金额、高技术产业主营业务收入、高技术产业收入占工业增加值比重、教育经费、高等学校数、高校专任教师数、文化制造业营业收入、文化服务业企业营业收入、报纸出版数（10 个）
	劣势指标	人均教育经费、人均文化教育支出、万人中小学学校数、万人中小学专任教师数、城镇居民人均文化娱乐支出、农村居民人均文化娱乐支出、城镇居民人均文化娱乐支出占消费性支出比重、农村居民人均文化娱乐支出占消费性支出比重（8 个）

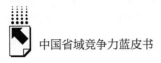

二级指标	优劣势	四级指标
发展环境竞争力（18个）	强势指标	（0个）
	优势指标	人均内河航道里程、网站数、每十万人交通事故发生数、社会捐赠款物（4个）
	劣势指标	铁路网线密度、公路网线密度、人均邮电业务总量、人均耗电量、外资企业数增长率、万人外资企业数、万人个体私营企业数（7个）
政府作用竞争力（16个）	强势指标	养老保险覆盖率（1个）
	优势指标	政府消费对民间消费的拉动、调控城乡消费差距、城市城镇社区服务设施数、医疗保险覆盖率、城镇登记失业率（5个）
	劣势指标	规范税收、固定资产投资价格指数、最低工资标准（3个）
发展水平竞争力（18个）	强势指标	（0个）
	优势指标	高技术产业占工业增加值比重、高技术产品出口额占商品出口额比重、人均日生活用水量、非公有制经济产值占全社会总产值比重、居民消费支出占总消费支出比重（5个）
	劣势指标	工业增加值占GDP比重、工农业增加值比值、城镇化率、人均拥有道路面积、社会投资占投资总额比重（5个）
统筹协调竞争力（16个）	强势指标	（0个）
	优势指标	环境竞争力与宏观经济竞争力比差、城乡居民人均现金消费支出比差（2个）
	劣势指标	社会劳动生产率（1个）

23.2　四川省经济综合竞争力各级指标具体分析

1. 四川省宏观经济竞争力指标排名变化情况

表23－5　2016～2017年四川省宏观经济竞争力指标组排位及变化趋势

指　标	2016	2017	排位升降	优劣势
1　宏观经济竞争力	13	9	4	优势
1.1　经济实力竞争力	15	12	3	中势
地区生产总值	6	6	0	优势
地区生产总值增长率	14	7	7	优势
人均地区生产总值	24	21	3	劣势
财政总收入	8	9	−1	优势
财政总收入增长率	31	17	14	中势
人均财政收入	23	26	−3	劣势
固定资产投资额	8	8	0	优势
固定资产投资额增长率	8	11	−3	中势
人均固定资产投资额	26	25	1	劣势
全社会消费品零售总额	7	6	1	优势
全社会消费品零售总额增长率	4	4	0	优势
人均全社会消费品零售总额	18	18	0	中势

指　　标	2016	2017	排位升降	优劣势
1.2　经济结构竞争力	11	9	2	优势
产业结构优化度	14	14	0	中势
所有制经济结构优化度	11	10	1	优势
城乡经济结构优化度	15	15	0	中势
就业结构优化度	8	10	-2	优势
资本形成结构优化度	16	12	4	中势
贸易结构优化度	11	13	-2	中势
1.3　经济外向度竞争力	11	10	1	优势
进出口总额	13	12	1	中势
进出口增长率	3	3	0	强势
出口总额	12	12	0	中势
出口增长率	19	3	16	强势
实际FDI	11	12	-1	中势
实际FDI增长率	22	14	8	中势
外贸依存度	19	19	0	中势
外资企业数	10	10	0	优势
对外直接投资额	15	15	0	中势

2. 四川省产业经济竞争力指标排名变化情况

表23-6　2016~2017年四川省产业经济竞争力指标组排位及变化趋势

指　　标	2016	2017	排位升降	优劣势
2　产业经济竞争力	14	12	2	中势
2.1　农业竞争力	7	9	-2	优势
农业增加值	4	2	2	强势
农业增加值增长率	17	16	1	中势
人均农业增加值	19	16	3	中势
农民人均纯收入	21	21	0	劣势
农民人均纯收入增长率	7	9	-2	优势
农产品出口占农林牧渔总产值比重	29	29	0	劣势
人均主要农产品产量	14	15	-1	中势
农业机械化水平	8	8	0	优势
农村人均用电量	22	23	-1	劣势
财政支农资金比重	17	16	1	中势
2.2　工业竞争力	18	11	7	中势
工业增加值	10	10	0	优势
工业增加值增长率	22	8	14	优势
人均工业增加值	23	22	1	劣势

指　标	2016	2017	排位升降	优劣势
工业资产总额	8	8	0	优势
工业资产总额增长率	27	15	12	中势
规模以上工业主营业务收入	10	10	0	优势
工业成本费用率	18	12	6	中势
规模以上工业利润总额	11	8	3	优势
工业全员劳动生产率	18	17	1	中势
工业收入利润率	20	12	8	中势
2.3　服务业竞争力	9	8	1	优势
服务业增加值	8	8	0	优势
服务业增加值增长率	20	10	10	优势
人均服务业增加值	20	19	1	中势
服务业从业人员数	6	9	-3	优势
限额以上批发零售企业主营业务收入	12	12	0	中势
限额以上批零企业利税率	8	8	0	优势
限额以上餐饮企业利税率	15	22	-7	劣势
旅游外汇收入	16	16	0	中势
商品房销售收入	7	6	1	优势
电子商务销售额	14	9	5	优势
2.4　企业竞争力	19	18	1	中势
规模以上工业企业数	11	11	0	中势
规模以上企业平均资产	18	17	1	中势
规模以上企业平均收入	20	20	0	中势
规模以上企业平均利润	16	16	0	中势
规模以上企业劳动效率	15	16	-1	中势
城镇就业人员平均工资	12	12	0	中势
新产品销售收入占主营业务收入比重	21	19	2	中势
产品质量抽查合格率	22	16	6	中势
工业企业 R&D 经费投入强度	22	19	3	中势
中国驰名商标持有量	10	10	0	优势

3. 四川省可持续发展竞争力指标排名变化情况

表 23 - 7　2016～2017 年四川省可持续发展竞争力指标组排位及变化趋势

指　标	2016	2017	排位升降	优劣势
3　可持续发展竞争力	9	12	-3	中势
3.1　资源竞争力	13	14	-1	中势
人均国土面积	10	10	0	优势
人均可使用海域和滩涂面积	13	13	0	中势
人均年水资源量	11	8	3	优势
耕地面积	6	6	0	优势

指　标	2016	2017	排位升降	优劣势
人均耕地面积	19	19	0	中势
人均牧草地面积	7	7	0	优势
主要能源矿产基础储量	6	9	−3	优势
人均主要能源矿产基础储量	13	13	0	中势
人均森林储积量	6	6	0	优势
3.2　环境竞争力	12	20	−8	中势
森林覆盖率	17	17	0	中势
人均废水排放量	14	14	0	中势
人均工业废气排放量	5	8	−3	优势
人均工业固体废物排放量	12	15	−3	中势
人均治理工业污染投资额	29	27	2	劣势
一般工业固体废物综合利用率	29	29	0	劣势
生活垃圾无害化处理率	13	19	−6	中势
自然灾害直接经济损失	11	27	−16	劣势
3.3　人力资源竞争力	9	7	2	优势
常住人口增长率	14	21	−7	劣势
15~64岁人口比例	25	21	4	劣势
文盲率	26	25	1	劣势
大专以上教育程度人口比例	25	23	2	劣势
平均受教育程度	27	24	3	劣势
人口健康素质	6	4	2	优势
职业学校毕业生数	1	1	0	强势

4. 四川省财政金融竞争力指标排名变化情况

表23-8　2016~2017年四川省财政金融竞争力指标组排位及变化趋势

指　标	2016	2017	排位升降	优劣势
4　财政金融竞争力	9	7	2	优势
4.1　财政竞争力	15	20	−5	中势
地方财政收入	7	7	0	优势
地方财政支出	4	4	0	优势
地方财政收入占GDP比重	19	19	0	中势
地方财政支出占GDP比重	15	17	−2	中势
税收收入占GDP比重	20	22	−2	劣势
税收收入占财政总收入比重	16	22	−6	劣势
人均地方财政收入	23	27	−4	劣势
人均地方财政支出	24	29	−5	劣势
人均税收收入	23	24	−1	劣势
地方财政收入增长率	24	15	9	中势
地方财政支出增长率	15	15	0	中势
税收收入增长率	22	21	1	劣势

指标	2016	2017	排位升降	优劣势
4.2　金融竞争力	7	6	1	优势
存款余额	7	7	0	优势
人均存款余额	17	19	−2	中势
贷款余额	6	7	−1	优势
人均贷款余额	21	23	−2	劣势
中长期贷款占贷款余额比重	30	3	27	强势
保险费净收入	5	7	−2	优势
保险密度	7	14	−7	中势
保险深度	4	5	−1	优势
国内上市公司数	7	7	0	优势
国内上市公司市值	7	8	−1	优势

5. 四川省知识经济竞争力指标排名变化情况

表 23 - 9　2016～2017 年四川省知识经济竞争力指标组排位及变化趋势

指标	2016	2017	排位升降	优劣势
5　知识经济竞争力	13	11	2	中势
5.1　科技竞争力	12	11	1	中势
R&D 人员	13	12	1	中势
R&D 经费	13	12	1	中势
R&D 经费投入强度	18	19	−1	中势
发明专利授权量	8	8	0	优势
技术市场成交合同金额	10	9	1	优势
财政科技支出占地方财政支出比重	18	20	−2	中势
高技术产业主营业务收入	7	6	1	优势
高技术产业收入占工业增加值比重	7	7	0	优势
高技术产品出口额占商品出口额比重	4	3	1	强势
5.2　教育竞争力	10	13	−3	中势
教育经费	6	5	1	优势
教育经费占 GDP 比重	13	14	−1	中势
人均教育经费	24	25	−1	劣势
公共教育经费占财政支出比重	12	17	−5	中势
人均文化教育支出	30	30	0	劣势
万人中小学学校数	24	24	0	劣势
万人中小学专任教师数	22	21	1	劣势
高等学校数	6	6	0	优势
高校专任教师数	5	5	0	优势
万人高等学校在校学生数	18	20	−2	中势

续表

指　标	2016	2017	排位升降	优劣势
5.3　文化竞争力	21	16	5	中势
文化制造业营业收入	9	8	1	优势
文化批发零售业营业收入	11	13	−2	中势
文化服务业企业营业收入	10	8	2	优势
图书和期刊出版数	14	11	3	中势
报纸出版数	7	7	0	优势
印刷用纸量	14	14	0	中势
城镇居民人均文化娱乐支出	26	28	−2	劣势
农村居民人均文化娱乐支出	30	29	1	劣势
城镇居民人均文化娱乐支出占消费性支出比重	29	28	1	劣势
农村居民人均文化娱乐支出占消费性支出比重	29	28	1	劣势

6. 四川省发展环境竞争力指标排名变化情况

表 23 – 10　2016 ~ 2017 年四川省发展环境竞争力指标组排位及变化趋势

指　标	2016	2017	排位升降	优劣势
6　发展环境竞争力	21	21	0	劣势
6.1　基础设施竞争力	19	21	−2	劣势
铁路网线密度	26	27	−1	劣势
公路网线密度	21	21	0	劣势
人均内河航道里程	7	7	0	优势
全社会旅客周转量	11	12	−1	中势
全社会货物周转量	19	19	0	中势
人均邮电业务总量	19	22	−3	劣势
电话普及率	18	16	2	中势
网站数	8	9	−1	优势
人均耗电量	27	27	0	劣势
6.2　软环境竞争力	19	23	−4	劣势
外资企业数增长率	23	29	−6	劣势
万人外资企业数	19	23	−4	劣势
个体私营企业数增长率	18	16	2	中势
万人个体私营企业数	29	29	0	劣势
万人商标注册件数	13	12	1	中势
查处商标侵权假冒案件	21	20	1	中势
每十万人交通事故发生数	5	6	−1	优势
罚没收入占财政收入比重	11	12	−1	中势
社会捐赠款物	8	8	0	优势

7. 四川省政府作用竞争力指标排名变化情况

表 23－11 2016～2017 年四川省政府作用竞争力指标组排位及变化趋势

指　　标	2016	2017	排位升降	优劣势
7　政府作用竞争力	12	15	−3	中势
7.1　政府发展经济竞争力	16	18	−2	中势
财政支出用于基本建设投资比重	10	12	−2	中势
财政支出对 GDP 增长的拉动	17	15	2	中势
政府公务员对经济的贡献	20	17	3	中势
政府消费对民间消费的拉动	7	7	0	优势
财政投资对社会投资的拉动	20	20	0	中势
7.2　政府规调经济竞争力	21	27	−6	劣势
物价调控	20	11	9	中势
调控城乡消费差距	13	8	5	优势
统筹经济社会发展	19	20	−1	中势
规范税收	20	22	−2	劣势
固定资产投资价格指数	21	31	−10	劣势
7.3　政府保障经济竞争力	7	9	−2	优势
城市城镇社区服务设施数	7	7	0	优势
医疗保险覆盖率	7	7	0	优势
养老保险覆盖率	3	2	1	强势
失业保险覆盖率	15	15	0	中势
最低工资标准	19	26	−7	劣势
城镇登记失业率	4	4	0	优势

8. 四川省发展水平竞争力指标排名变化情况

表 23－12 2016～2017 年四川省发展水平竞争力指标组排位及变化趋势

指　　标	2016	2017	排位升降	优劣势
8　发展水平竞争力	15	13	2	中势
8.1　工业化进程竞争力	8	9	−1	优势
工业增加值占 GDP 比重	19	21	−2	劣势
工业增加值增长率	22	19	3	中势
高技术产业占工业增加值比重	8	8	0	优势
高技术产品出口额占商品出口额比重	6	6	0	优势
信息产业增加值占 GDP 比重	7	12	−5	中势
工农业增加值比值	23	23	0	劣势
8.2　城市化进程竞争力	24	24	0	劣势
城镇化率	24	24	0	劣势
城镇居民人均可支配收入	20	20	0	中势
城市平均建成区面积比重	12	14	−2	中势

续表

指 标	2016	2017	排位升降	优劣势
人均拥有道路面积	22	23	−1	劣势
人均日生活用水量	7	7	0	优势
人均公共绿地面积	16	18	−2	中势
8.3 市场化进程竞争力	16	16	0	中势
非公有制经济产值占全社会总产值比重	11	10	1	优势
社会投资占投资总额比重	24	23	1	劣势
私有和个体企业从业人员比重	17	19	−2	中势
亿元以上商品市场成交额	13	13	0	中势
亿元以上商品市场成交额占全社会消费品零售总额比重	18	17	1	中势
居民消费支出占总消费支出比重	7	7	0	优势

9. 四川省统筹协调竞争力指标排名变化情况

表 23-13 2016~2017 年四川省统筹协调竞争力指标组排位及变化趋势

指 标	2016	2017	排位升降	优劣势
9 统筹协调竞争力	19	12	7	中势
9.1 统筹发展竞争力	25	20	5	中势
社会劳动生产率	24	23	1	劣势
能源使用下降率	15	14	1	中势
万元 GDP 综合能耗下降率	14	11	3	中势
非农用地产出率	19	19	0	中势
生产税净额和营业盈余占 GDP 比重	16	14	2	中势
最终消费率	15	17	−2	中势
固定资产投资额占 GDP 比重	12	13	−1	中势
固定资产交付使用率	25	18	7	中势
9.2 协调发展竞争力	17	8	9	优势
环境竞争力与宏观经济竞争力比差	15	8	7	优势
资源竞争力与宏观经济竞争力比差	15	16	−1	中势
人力资源竞争力与宏观经济竞争力比差	22	16	6	中势
资源竞争力与工业竞争力比差	12	13	−1	中势
环境竞争力与工业竞争力比差	18	12	6	中势
城乡居民家庭人均收入比差	15	15	0	中势
城乡居民人均现金消费支出比差	12	8	4	优势
全社会消费品零售总额与外贸出口总额比差	20	19	1	中势

B.25

24

贵州省经济综合竞争力评价分析报告

贵州省简称黔，地处我国西南地区云贵高原，东靠湖南，南邻广西，西毗云南，北连四川和重庆。全省辖区总面积17.6万平方公里，山地面积占80%以上。2017年全省常住人口为3580万人，地区生产总值为13541亿元，同比增长10.2%，人均GDP达到37956元。本章通过分析2016~2017年贵州省经济综合竞争力以及各要素竞争力的排名变化，从中找出贵州省经济综合竞争力的推动点及影响因素，为进一步提升贵州省经济综合竞争力提供决策参考。

24.1 贵州省经济综合竞争力总体分析

1.贵州省经济综合竞争力一级指标概要分析

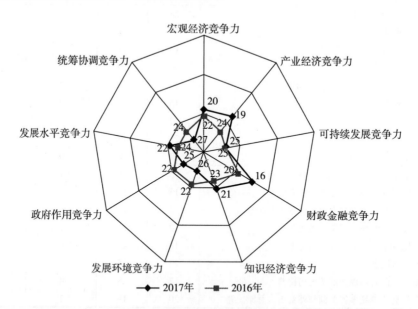

图24-1 2016~2017年贵州省经济综合竞争力二级指标比较雷达图

（1）从综合排位看，2017年贵州省经济综合竞争力排在全国居第24位，表明其在全国处于劣势地位；与2016年相比，综合排位下降了1位。

（2）从指标所处区位看，没有处于上游区的指标；有3个指标处于中游区，分别为宏观经济竞争力、产业经济竞争力和财政金融竞争力；其余6个指标处于下游区，均

表 24－1 2016～2017 年贵州省经济综合竞争力二级指标表现情况

项目\\年份	宏观经济竞争力	产业经济竞争力	可持续发展竞争力	财政金融竞争力	知识经济竞争力	发展环境竞争力	政府作用竞争力	发展水平竞争力	统筹协调竞争力	综合排位
2016	22	24	25	20	23	22	22	24	24	23
2017	20	19	25	16	21	26	25	22	27	24
升降	2	5	0	4	2	−4	−3	2	−3	−1
优劣度	中势	中势	劣势	中势	劣势	劣势	劣势	劣势	劣势	劣势

为劣势指标。

（3）从指标变化趋势看，9 个二级指标中，有 5 个指标处于上升趋势，分别为宏观经济竞争力、产业经济竞争力、财政金融竞争力、知识经济竞争力和发展水平竞争力；可持续发展竞争力指标排位没有发生变化；有 3 个指标处于下降趋势，为发展环境竞争力、政府作用竞争力和统筹协调竞争力，是贵州省经济综合竞争力的下降拉力所在。

2. 贵州省经济综合竞争力各级指标动态变化分析

表 24－2 2016～2017 年贵州省经济综合竞争力各级指标排位变化情况

单位：个，%

二级指标	三级指标	四级指标数	上升		保持		下降		变化趋势
			指标数	比重	指标数	比重	指标数	比重	
宏观经济竞争力	经济实力竞争力	12	3	25.0	5	41.7	4	33.3	上升
	经济结构竞争力	6	2	33.3	1	16.7	3	50.0	下降
	经济外向度竞争力	9	3	33.3	3	33.3	3	33.3	上升
	小　计	27	8	29.6	9	33.3	10	37.0	上升
产业经济竞争力	农业竞争力	10	6	60.0	4	40.0	0	0.0	下降
	工业竞争力	10	4	40.0	2	20.0	4	40.0	上升
	服务业竞争力	10	2	20.0	6	60.0	2	20.0	下降
	企业竞争力	10	3	30.0	4	40.0	3	30.0	上升
	小　计	40	15	37.5	16	40.0	9	22.5	上升
可持续发展竞争力	资源竞争力	9	1	11.1	8	88.9	0	0.0	下降
	环境竞争力	8	2	25.0	3	37.5	3	37.5	上升
	人力资源竞争力	7	4	57.1	1	14.3	2	28.6	上升
	小　计	24	7	29.2	12	50.0	5	20.8	保持
财政金融竞争力	财政竞争力	12	3	25.0	2	16.7	7	58.3	下降
	金融竞争力	10	4	40.0	4	40.0	2	20.0	上升
	小　计	22	7	31.8	6	27.3	9	40.9	上升
知识经济竞争力	科技竞争力	9	5	55.6	2	22.2	2	22.2	上升
	教育竞争力	10	2	20.0	5	50.0	3	30.0	上升
	文化竞争力	10	4	40.0	5	50.0	1	10.0	保持
	小　计	29	11	37.9	12	41.4	6	20.7	上升

续表

二级指标	三级指标	四级指标数	上升		保持		下降		变化趋势
			指标数	比重	指标数	比重	指标数	比重	
发展环境竞争力	基础设施竞争力	9	3	33.3	6	66.7	0	0.0	上升
	软环境竞争力	9	0	0.0	4	44.4	5	55.6	下降
	小 计	18	3	16.7	10	55.6	5	27.8	下降
政府作用竞争力	政府发展经济竞争力	5	4	80.0	0	0.0	1	20.0	上升
	政府规调经济竞争力	5	1	20.0	1	20.0	3	60.0	下降
	政府保障经济竞争力	6	2	33.3	3	50.0	1	16.7	下降
	小 计	16	7	43.8	4	25.0	5	31.3	下降
发展水平竞争力	工业化进程竞争力	6	3	50.0	1	16.7	2	33.3	上升
	城市化进程竞争力	6	1	16.7	3	50.0	2	33.3	上升
	市场化进程竞争力	6	4	66.7	0	0.0	2	33.3	下降
	小 计	18	8	44.4	4	22.2	6	33.3	上升
统筹协调竞争力	统筹发展竞争力	8	4	50.0	0	0.0	4	50.0	下降
	协调发展竞争力	8	2	25.0	3	37.5	3	37.5	下降
	小 计	16	6	37.5	3	18.8	7	43.8	下降
合 计		210	**72**	34.3	**76**	36.2	**62**	29.5	下降

从表24-2可以看出，210个四级指标中，上升的指标有72个，占指标总数的34.3%；下降的指标有62个，占指标总数的29.5%；保持不变的指标有76个，占指标总数的36.2%。综合来看，由于排位保持不变的指标占较大比重，上升指标与下降指标的占比较接近，受各指标和外部因素的综合影响，2016~2017年贵州省经济综合竞争力排位呈现下降趋势。

3.贵州省经济综合竞争力各级指标优劣势结构分析

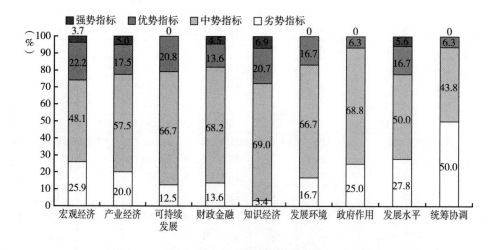

图24-2 2017年贵州省经济综合竞争力各级指标优劣势比较

表 24-3 2017 年贵州省经济综合竞争力各级指标优劣势情况

单位：个，%

二级指标	三级指标	四级指标数	强势指标		优势指标		中势指标		劣势指标		优劣势
			个数	比重	个数	比重	个数	比重	个数	比重	
宏观经济竞争力	经济实力竞争力	12	1	8.3	2	16.7	3	25.0	6	50.0	中势
	经济结构竞争力	6	0	0.0	1	16.7	2	33.3	3	50.0	劣势
	经济外向度竞争力	9	2	22.2	1	11.1	0	0.0	6	66.7	中势
	小　计	27	3	11.1	4	14.8	5	18.5	15	55.6	中势
产业经济竞争力	农业竞争力	10	2	20.0	1	10.0	4	40.0	3	30.0	中势
	工业竞争力	10	1	10.0	4	40.0	0	0.0	5	50.0	中势
	服务业竞争力	10	2	20.0	0	0.0	2	20.0	6	60.0	中势
	企业竞争力	10	0	0.0	1	10.0	2	20.0	7	70.0	劣势
	小　计	40	5	12.5	6	15.0	8	20.0	21	52.5	中势
可持续发展竞争力	资源竞争力	9	0	0.0	4	44.4	5	55.6	0	0.0	中势
	环境竞争力	8	1	12.5	0	0.0	3	37.5	4	50.0	中势
	人力资源竞争力	7	0	0.0	2	28.6	1	14.3	4	57.1	劣势
	小　计	24	1	4.2	6	25.0	9	37.5	8	33.3	劣势
财政金融竞争力	财政竞争力	12	0	0.0	5	41.7	4	33.3	3	25.0	中势
	金融竞争力	10	1	10.0	0	0.0	1	10.0	8	80.0	中势
	小　计	22	1	4.5	5	22.7	5	22.7	11	50.0	中势
知识经济竞争力	科技竞争力	9	0	0.0	1	11.1	2	22.2	6	66.7	中势
	教育竞争力	10	0	0.0	2	20.0	6	60.0	2	20.0	中势
	文化竞争力	10	2	20.0	1	10.0	2	20.0	5	50.0	劣势
	小　计	29	2	6.9	4	13.8	10	34.5	13	44.8	劣势
发展环境竞争力	基础设施竞争力	9	0	0.0	0	0.0	5	55.6	4	44.4	中势
	软环境竞争力	9	0	0.0	1	11.1	4	44.4	4	44.4	劣势
	小　计	18	0	0.0	1	5.6	9	50.0	8	44.4	劣势
政府作用竞争力	政府发展经济竞争力	5	0	0.0	1	20.0	2	40.0	2	40.0	中势
	政府规调经济竞争力	5	1	20.0	0	0.0	1	20.0	3	60.0	中势
	政府保障经济竞争力	6	0	0.0	1	16.7	2	33.3	3	50.0	劣势
	小　计	16	1	6.3	2	12.5	5	31.3	8	50.0	劣势
发展水平竞争力	工业化进程竞争力	6	0	0.0	1	16.7	3	50.0	2	33.3	中势
	城市化进程竞争力	6	0	0.0	1	16.7	2	33.3	3	50.0	劣势
	市场化进程竞争力	6	0	0.0	1	16.7	4	66.7	1	16.7	劣势
	小　计	18	0	0.0	3	16.7	9	50.0	6	33.3	劣势
统筹协调竞争力	统筹发展竞争力	8	1	12.5	1	12.5	4	50.0	2	25.0	中势
	协调发展竞争力	8	0	0.0	0	0.0	4	50.0	4	50.0	劣势
	小　计	16	1	6.3	1	6.3	8	50.0	6	37.5	劣势
合　计		210	**14**	6.7	**32**	15.2	**68**	32.4	**96**	45.7	劣势

　　基于图 24-2 和表 24-3，具体看四级指标，强势指标 14 个，占指标总数的 6.7%；优势指标 32 个，占指标总数的 15.2%；中势指标 68 个，占指标总数的

32.4%；劣势指标96个，占指标总数的45.7%。三级指标中，没有强势和优势指标；中势指标16个，占三级指标总数的64%；劣势指标9个，占三级指标总数的36%。从二级指标看，没有强势和优势指标；中势指标有3个，占二级指标总数的33.3%；劣势指标有6个，占二级指标总数的66.7%。综合来看，由于劣势指标在指标体系中居于主导地位，2017年贵州省经济综合竞争力处于劣势地位。

4. 贵州省经济综合竞争力四级指标优劣势对比分析

表24-4　2017年贵州省经济综合竞争力各级指标优劣势情况

二级指标	优劣势	四级指标
宏观经济竞争力（27个）	强势指标	地区生产总值增长率、进出口增长率、出口增长率（3个）
	优势指标	固定资产投资额增长率、全社会消费品零售总额增长率、就业结构优化度、实际FDI增长率（4个）
	劣势指标	地区生产总值、人均地区生产总值、财政总收入增长率、人均固定资产投资额、全社会消费品零售总额、人均全社会消费品零售总额、产业结构优化度、城乡经济结构优化度、贸易结构优化度、进出口总额、出口总额、实际FDI、外贸依存度、外资企业数、对外直接投资额（15个）
产业经济竞争力（40个）	强势指标	农业增加值增长率、农民人均纯收入增长率、工业增加值增长率、服务业增加值增长率、限额以上批零企业利税率（5个）
	优势指标	财政支农资金比重、工业资产总额增长率、工业成本费用率、工业全员劳动生产率、工业收入利润率、城镇就业人员平均工资（6个）
	劣势指标	农民人均纯收入、农产品出口占农林牧渔总产值比重、农村人均用电量、工业增加值、人均工业增加值、工业资产总额、规模以上工业主营业务收入、规模以上工业利润总额、服务业增加值、人均服务业增加值、限额以上批发零售企业主营业务收入、限额以上餐饮企业利税率、旅游外汇收入、商品房销售收入、规模以上企业平均资产、规模以上企业平均收入、规模以上企业平均利润、规模以上企业劳动效率、新产品销售收入占主营业务收入比重、工业企业R&D经费投入强度、中国驰名商标持有量（21个）
可持续发展竞争力（24个）	强势指标	人均废水排放量（1个）
	优势指标	人均年水资源量、人均耕地面积、主要能源矿产基础储量、人均主要能源矿产基础储量、人口健康素质、职业学校毕业生数（6个）
	劣势指标	人均工业废气排放量、人均工业固体废物排放量、人均治理工业污染投资额、生活垃圾无害化处理率、15~64岁人口比例、文盲率、大专以上教育程度人口比例、平均受教育程度（8个）
财政金融竞争力（22个）	强势指标	中长期贷款占贷款余额比重（1个）
	优势指标	地方财政收入占GDP比重、地方财政支出占GDP比重、税收收入占GDP比重、人均地方财政收入、人均地方财政支出（5个）
	劣势指标	地方财政收入、地方财政支出、地方财政收入增长率、存款余额、人均存款余额、贷款余额、人均贷款余额、保险费净收入、保险密度、保险深度、国内上市公司数（11个）
知识经济竞争力（29个）	强势指标	城镇居民人均文化娱乐支出占消费性支出比重、农村居民人均文化娱乐支出占消费性支出比重（2个）
	优势指标	高技术产品出口额占商品出口额比重、教育经费占GDP比重、万人中小学专任教师数、城镇居民人均文化娱乐支出（4个）
	劣势指标	R&D人员、R&D经费、R&D经费投入强度、发明专利授权量、技术市场成交合同金额、高技术产业主营业务收入、高校专任教师数、万人高等学校在校学生数、文化制造业营业收入、文化批发零售业营业收入、图书和期刊出版数、报纸出版数、印刷用纸量（13个）

二级指标	优劣势	四级指标
发展环境竞争力（18个）	强势指标	（0个）
	优势指标	个体私营企业数增长率（1个）
	劣势指标	铁路网线密度、全社会货物周转量、电话普及率、网站数、万人外资企业数、万人商标注册件数、每十万人交通事故发生数、罚没收入占财政收入比重（8个）
政府作用竞争力（16个）	强势指标	物价调控（1个）
	优势指标	政府消费对民间消费的拉动、城市城镇社区服务设施数（2个）
	劣势指标	财政支出对GDP增长的拉动、政府公务员对经济的贡献、调控城乡消费差距、统筹经济社会发展、固定资产投资价格指数、医疗保险覆盖率、养老保险覆盖率、失业保险覆盖率（8个）
发展水平竞争力（18个）	强势指标	（0个）
	优势指标	工业增加值增长率、人均公共绿地面积、居民消费支出占总消费支出比重（3个）
	劣势指标	信息产业增加值占GDP比重、工农业增加值比值、城镇化率、城镇居民人均可支配收入、人均拥有道路面积、社会投资占投资总额比重（6个）
统筹协调竞争力（16个）	强势指标	万元GDP综合能耗下降率（1个）
	优势指标	生产税净额和营业盈余占GDP比重（1个）
	劣势指标	社会劳动生产率、固定资产投资额占GDP比重、环境竞争力与宏观经济竞争力比差、城乡居民家庭人均收入比差、城乡居民人均现金消费支出比差、全社会消费品零售总额与外贸出口总额比差（6个）

24.2 贵州省经济综合竞争力各级指标具体分析

1. 贵州省宏观经济竞争力指标排名变化情况

表24-5 2016~2017年贵州省宏观经济竞争力指标组排位及变化趋势

指标	2016	2017	排位升降	优劣势
1 宏观经济竞争力	22	20	2	中势
1.1 经济实力竞争力	18	17	1	中势
地区生产总值	25	25	0	劣势
地区生产总值增长率	2	1	1	强势
人均地区生产总值	29	29	0	劣势
财政总收入	13	13	0	中势
财政总收入增长率	4	22	-18	劣势
人均财政收入	13	14	-1	中势
固定资产投资额	20	17	3	中势
固定资产投资额增长率	2	4	-2	优势
人均固定资产投资额	23	21	2	劣势
全社会消费品零售总额	25	25	0	劣势
全社会消费品零售总额增长率	2	5	-3	优势
人均全社会消费品零售总额	31	31	0	劣势

指　　标	2016	2017	排位升降	优劣势
1.2　经济结构竞争力	25	28	−3	劣势
产业结构优化度	20	25	−5	劣势
所有制经济结构优化度	19	17	2	中势
城乡经济结构优化度	30	30	0	劣势
就业结构优化度	6	7	−1	优势
资本形成结构优化度	19	17	2	中势
贸易结构优化度	25	27	−2	劣势
1.3　经济外向度竞争力	27	12	15	中势
进出口总额	27	27	0	劣势
进出口增长率	31	1	30	强势
出口总额	26	24	2	劣势
出口增长率	1	2	−1	强势
实际 FDI	26	26	0	劣势
实际 FDI 增长率	2	9	−7	优势
外贸依存度	30	29	1	劣势
外资企业数	27	28	−1	劣势
对外直接投资额	29	29	0	劣势

2. 贵州省产业经济竞争力指标排名变化情况

表 24-6　2016~2017 年贵州省产业经济竞争力指标组排位及变化趋势

指　　标	2016	2017	排位升降	优劣势
2　产业经济竞争力	24	19	5	中势
2.1　农业竞争力	19	20	−1	中势
农业增加值	17	14	3	中势
农业增加值增长率	1	1	0	强势
人均农业增加值	18	12	6	中势
农民人均纯收入	30	30	0	劣势
农民人均纯收入增长率	4	2	2	强势
农产品出口占农林牧渔总产值比重	27	27	0	劣势
人均主要农产品产量	22	19	3	中势
农业机械化水平	20	19	1	中势
农村人均用电量	23	22	1	劣势
财政支农资金比重	9	9	0	优势
2.2　工业竞争力	22	13	9	中势
工业增加值	24	23	1	劣势
工业增加值增长率	2	3	−1	强势
人均工业增加值	26	26	0	劣势
工业资产总额	26	25	1	劣势
工业资产总额增长率	19	8	11	优势

指　标	2016	2017	排位升降	优劣势
规模以上工业主营业务收入	24	24	0	劣势
工业成本费用率	3	4	-1	优势
规模以上工业利润总额	21	23	-2	劣势
工业全员劳动生产率	14	8	6	优势
工业收入利润率	5	6	-1	优势
2.3　服务业竞争力	14	17	-3	中势
服务业增加值	25	25	0	劣势
服务业增加值增长率	1	1	0	强势
人均服务业增加值	29	28	1	劣势
服务业从业人员数	20	19	1	中势
限额以上批发零售企业主营业务收入	22	22	0	劣势
限额以上批零企业利税率	2	2	0	强势
限额以上餐饮企业利税率	27	29	-2	劣势
旅游外汇收入	27	27	0	劣势
商品房销售收入	20	22	-2	劣势
电子商务销售额	19	19	0	中势
2.4　企业竞争力	31	29	2	劣势
规模以上工业企业数	20	19	1	中势
规模以上企业平均资产	21	21	0	劣势
规模以上企业平均收入	28	29	-1	劣势
规模以上企业平均利润	19	24	-5	劣势
规模以上企业劳动效率	24	24	0	劣势
城镇就业人员平均工资	9	9	0	优势
新产品销售收入占主营业务收入比重	26	27	-1	劣势
产品质量抽查合格率	31	18	13	中势
工业企业 R&D 经费投入强度	25	23	2	劣势
中国驰名商标持有量	28	28	0	劣势

3. 贵州省可持续发展竞争力指标排名变化情况

表 24 – 7　2016～2017 年贵州省可持续发展竞争力指标组排位及变化趋势

指　标	2016	2017	排位升降	优劣势
3　可持续发展竞争力	25	25	0	劣势
3.1　资源竞争力	15	16	-1	中势
人均国土面积	12	12	0	中势
人均可使用海域和滩涂面积	13	13	0	中势
人均年水资源量	10	9	1	优势
耕地面积	15	15	0	中势
人均耕地面积	9	9	0	优势
人均牧草地面积	14	14	0	中势
主要能源矿产基础储量	5	5	0	优势

指 标	2016	2017	排位升降	优劣势
人均主要能源矿产基础储量	6	6	0	优势
人均森林储积量	13	13	0	中势
3.2　环境竞争力	17	14	3	中势
森林覆盖率	15	15	0	中势
人均废水排放量	3	3	0	强势
人均工业废气排放量	23	25	−2	劣势
人均工业固体废物排放量	20	21	−1	劣势
人均治理工业污染投资额	28	28	0	劣势
一般工业固体废物综合利用率	16	14	2	中势
生活垃圾无害化处理率	22	24	−2	劣势
自然灾害直接经济损失	25	15	10	中势
3.3　人力资源竞争力	30	28	2	劣势
常住人口增长率	13	12	1	中势
15~64岁人口比例	31	27	4	劣势
文盲率	29	30	−1	劣势
大专以上教育程度人口比例	30	26	4	劣势
平均受教育程度	30	29	1	劣势
人口健康素质	8	9	−1	优势
职业学校毕业生数	10	10	0	优势

4. 贵州省财政金融竞争力指标排名变化情况

表 24-8　2016~2017 年贵州省财政金融竞争力指标组排位及变化趋势

指 标	2016	2017	排位升降	优劣势
4　财政金融竞争力	20	16	4	中势
4.1　财政竞争力	9	11	−2	中势
地方财政收入	21	23	−2	劣势
地方财政支出	20	21	−1	劣势
地方财政收入占 GDP 比重	7	10	−3	优势
地方财政支出占 GDP 比重	6	7	−1	优势
税收收入占 GDP 比重	6	8	−2	优势
税收收入占财政总收入比重	12	12	0	中势
人均地方财政收入	20	10	10	优势
人均地方财政支出	16	10	6	优势
人均税收收入	19	19	0	中势
地方财政收入增长率	13	24	−11	劣势
地方财政支出增长率	12	18	−6	中势
税收收入增长率	19	16	3	中势

指　标	2016	2017	排位升降	优劣势
4.2　金融竞争力	29	20	9	中势
存款余额	22	22	0	劣势
人均存款余额	24	24	0	劣势
贷款余额	22	23	-1	劣势
人均贷款余额	23	22	1	劣势
中长期贷款占贷款余额比重	3	2	1	强势
保险费净收入	27	27	0	劣势
保险密度	30	30	0	劣势
保险深度	26	30	-4	劣势
国内上市公司数	28	22	6	劣势
国内上市公司市值	15	11	4	中势

5. 贵州省知识经济竞争力指标排名变化情况

表 24-9　2016~2017 年贵州省知识经济竞争力指标组排位及变化趋势

指　标	2016	2017	排位升降	优劣势
5　知识经济竞争力	23	21	2	劣势
5.1　科技竞争力	21	18	3	中势
R&D 人员	25	24	1	劣势
R&D 经费	25	25	0	劣势
R&D 经费投入强度	26	27	-1	劣势
发明专利授权量	23	24	-1	劣势
技术市场成交合同金额	26	21	5	劣势
财政科技支出占地方财政支出比重	12	12	0	中势
高技术产业主营业务收入	22	21	1	劣势
高技术产业收入占工业增加值比重	21	20	1	中势
高技术产品出口额占商品出口额比重	14	6	8	优势
5.2　教育竞争力	22	20	2	中势
教育经费	18	15	3	中势
教育经费占 GDP 比重	4	5	-1	优势
人均教育经费	17	15	2	中势
公共教育经费占财政支出比重	10	11	-1	中势
人均文化教育支出	19	19	0	中势
万人中小学学校数	9	18	-9	中势
万人中小学专任教师数	8	8	0	优势
高等学校数	18	18	0	中势
高校专任教师数	23	23	0	劣势
万人高等学校在校学生数	26	26	0	劣势

指　标	2016	2017	排位升降	优劣势
5.3　文化竞争力	22	22	0	劣势
文化制造业营业收入	21	21	0	劣势
文化批发零售业营业收入	22	22	0	劣势
文化服务业企业营业收入	20	20	0	中势
图书和期刊出版数	25	25	0	劣势
报纸出版数	27	26	1	劣势
印刷用纸量	26	25	1	劣势
城镇居民人均文化娱乐支出	10	9	1	优势
农村居民人均文化娱乐支出	18	16	2	中势
城镇居民人均文化娱乐支出占消费性支出比重	3	3	0	强势
农村居民人均文化娱乐支出占消费性支出比重	1	2	-1	强势

6. 贵州省发展环境竞争力指标排名变化情况

表 24-10　2016~2017 年贵州省发展环境竞争力指标组排位及变化趋势

指　标	2016	2017	排位升降	优劣势
6　发展环境竞争力	22	26	-4	劣势
6.1　基础设施竞争力	21	18	3	中势
铁路网线密度	23	23	0	劣势
公路网线密度	13	13	0	中势
人均内河航道里程	12	12	0	中势
全社会旅客周转量	15	15	0	中势
全社会货物周转量	25	25	0	劣势
人均邮电业务总量	24	12	12	中势
电话普及率	24	23	1	劣势
网站数	26	25	1	劣势
人均耗电量	18	18	0	中势
6.2　软环境竞争力	22	30	-8	劣势
外资企业数增长率	3	18	-15	中势
万人外资企业数	30	30	0	劣势
个体私营企业数增长率	3	8	-5	优势
万人个体私营企业数	17	18	-1	中势
万人商标注册件数	28	28	0	劣势
查处商标侵权假冒案件	17	17	0	中势
每十万人交通事故发生数	30	31	-1	劣势
罚没收入占财政收入比重	19	23	-4	劣势
社会捐赠款物	12	12	0	中势

7. 贵州省政府作用竞争力指标排名变化情况

表 24 - 11　2016～2017 年贵州省政府作用竞争力指标组排位及变化趋势

指　标	2016	2017	排位升降	优劣势
7　政府作用竞争力	22	25	- 3	劣势
7.1　政府发展经济竞争力	22	20	2	中势
财政支出用于基本建设投资比重	23	15	8	中势
财政支出对 GDP 增长的拉动	26	25	1	劣势
政府公务员对经济的贡献	28	27	1	劣势
政府消费对民间消费的拉动	6	5	1	优势
财政投资对社会投资的拉动	12	18	- 6	中势
7.2　政府规调经济竞争力	6	20	- 14	中势
物价调控	5	1	4	强势
调控城乡消费差距	28	28	0	劣势
统筹经济社会发展	22	24	- 2	劣势
规范税收	9	11	- 2	中势
固定资产投资价格指数	1	23	- 22	劣势
7.3　政府保障经济竞争力	22	23	- 1	劣势
城市城镇社区服务设施数	6	6	0	优势
医疗保险覆盖率	25	25	0	劣势
养老保险覆盖率	29	25	4	劣势
失业保险覆盖率	24	24	0	劣势
最低工资标准	12	14	- 2	中势
城镇登记失业率	19	18	1	中势

8. 贵州省发展水平竞争力指标排名变化情况

表 24 - 12　2016～2017 年贵州省发展水平竞争力指标组排位及变化趋势

指　标	2016	2017	排位升降	优劣势
8　发展水平竞争力	24	22	2	劣势
8.1　工业化进程竞争力	21	19	2	中势
工业增加值占 GDP 比重	22	19	3	中势
工业增加值增长率	2	4	- 2	优势
高技术产业占工业增加值比重	20	20	0	中势
高技术产品出口额占商品出口额比重	25	15	10	中势
信息产业增加值占 GDP 比重	19	23	- 4	劣势
工农业增加值比值	25	24	1	劣势
8.2　城市化进程竞争力	30	28	2	劣势
城镇化率	30	30	0	劣势
城镇居民人均可支配收入	28	28	0	劣势
城市平均建成区面积比重	20	16	4	中势

指　标	2016	2017	排位升降	优劣势
人均拥有道路面积	28	29	−1	劣势
人均日生活用水量	15	17	−2	中势
人均公共绿地面积	7	7	0	优势
8.3　市场化进程竞争力	18	21	−3	劣势
非公有制经济产值占全社会总产值比重	19	17	2	中势
社会投资占投资总额比重	22	24	−2	劣势
私有和个体企业从业人员比重	20	17	3	中势
亿元以上商品市场成交额	20	19	1	中势
亿元以上商品市场成交额占全社会消费品零售总额比重	11	14	−3	中势
居民消费支出占总消费支出比重	6	5	1	优势

9. 贵州省统筹协调竞争力指标排名变化情况

表 24 – 13　2016～2017 年贵州省统筹协调竞争力指标组排位及变化趋势

指　标	2016	2017	排位升降	优劣势
9　统筹协调竞争力	24	27	−3	劣势
9.1　统筹发展竞争力	16	17	−1	中势
社会劳动生产率	27	25	2	劣势
能源使用下降率	18	14	4	中势
万元 GDP 综合能耗下降率	6	2	4	强势
非农用地产出率	21	20	1	中势
生产税净额和营业盈余占 GDP 比重	6	7	−1	优势
最终消费率	12	14	−2	中势
固定资产投资额占 GDP 比重	27	28	−1	劣势
固定资产交付使用率	6	20	−14	中势
9.2　协调发展竞争力	25	27	−2	劣势
环境竞争力与宏观经济竞争力比差	24	24	0	劣势
资源竞争力与宏观经济竞争力比差	11	11	0	中势
人力资源竞争力与宏观经济竞争力比差	11	12	−1	中势
资源竞争力与工业竞争力比差	11	15	−4	中势
环境竞争力与工业竞争力比差	22	15	7	中势
城乡居民家庭人均收入比差	30	30	0	劣势
城乡居民人均现金消费支出比差	27	28	−1	劣势
全社会消费品零售总额与外贸出口总额比差	26	25	1	劣势

云南省经济综合竞争力评价分析报告

云南省简称滇，位于中国西南地区云贵高原，东部与广西、贵州相连，北部与四川为邻，西北紧靠西藏，西部与缅甸接壤，南与老挝、越南毗邻，是中国通往东南亚、南亚的门户。全省辖区面积39.4万平方公里，国境线长4060公里。2017年全省常住人口4801万人，地区生产总值16376亿元，同比增长9.5%，人均GDP达到34221元。本章通过分析2016～2017年云南省经济综合竞争力以及各要素竞争力的排名变化，从中找出云南省经济综合竞争力的推动点及影响因素，为进一步提升云南省经济综合竞争力提供决策参考。

25.1 云南省经济综合竞争力总体分析

1. 云南省经济综合竞争力一级指标概要分析

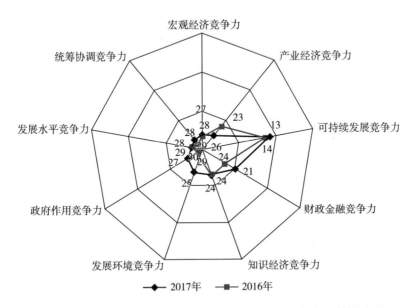

图25-1 2016～2017年云南省经济综合竞争力二级指标比较雷达图

（1）从综合排位看，2017年云南省经济综合竞争力排在全国第28位，这表明其在全国处于劣势地位；与2016年相比，综合排位没有发生变化。

（2）从指标所处区位看，没有处于上游区的指标；除可持续发展竞争力处于中游

表 25 - 1　2016～2017 年云南省经济综合竞争力二级指标表现情况

项目 年份	宏观经济 竞争力	产业经济 竞争力	可持续发展 竞争力	财政金融 竞争力	知识经济 竞争力	发展环境 竞争力	政府作用 竞争力	发展水平 竞争力	统筹协调 竞争力	综合 排位
2016	28	23	14	24	24	29	30	28	29	28
2017	27	26	13	21	24	25	27	29	28	28
升降	1	-3	1	3	0	4	3	-1	1	0
优劣度	劣势	劣势	中势	劣势	劣势	劣势	劣势	劣势	劣势	劣势

区外，其余 8 个指标均是处于下游区的劣势指标。

（3）从指标的变化趋势看，9 个二级指标中，有 6 个指标处于上升趋势，分别为宏观经济竞争力、可持续发展竞争力、财政金融竞争力、发展环境竞争力、政府作用竞争力和统筹协调竞争力，这些是云南省经济综合竞争力的上升动力所在；知识经济竞争力指标的排位没有发生变化；有 2 个指标处于下降趋势，为产业经济竞争力和发展水平竞争力，是云南省经济综合竞争力的下降拉力所在。

2. 云南省经济综合竞争力各级指标动态变化分析

表 25 - 2　2016～2017 年云南省经济综合竞争力各级指标排位变化情况

单位：个，%

二级指标	三级指标	四级 指标数	上升		保持		下降		变化 趋势
			指标 数	比重	指标 数	比重	指标 数	比重	
宏观经济 竞争力	经济实力竞争力	12	5	41.7	4	33.3	3	25.0	上升
	经济结构竞争力	6	2	33.3	3	50.0	1	16.7	保持
	经济外向度竞争力	9	4	44.4	4	44.4	1	11.1	下降
	小　计	27	11	40.7	11	40.7	5	18.5	上升
产业经济 竞争力	农业竞争力	10	5	50.0	2	20.0	3	30.0	下降
	工业竞争力	10	4	40.0	2	20.0	4	40.0	上升
	服务业竞争力	10	1	10.0	5	50.0	4	40.0	下降
	企业竞争力	10	5	50.0	1	10.0	4	40.0	下降
	小　计	40	15	37.5	10	25.0	15	37.5	下降
可持续发展 竞争力	资源竞争力	9	1	11.1	6	66.7	2	22.2	下降
	环境竞争力	8	2	25.0	2	25.0	4	50.0	保持
	人力资源竞争力	7	4	57.1	2	28.6	1	14.3	下降
	小　计	24	7	29.2	10	41.7	7	29.2	上升
财政金融 竞争力	财政竞争力	12	6	50.0	2	16.7	4	33.3	上升
	金融竞争力	10	2	20.0	3	30.0	5	50.0	上升
	小　计	22	8	36.4	5	22.7	9	40.9	上升
知识经济 竞争力	科技竞争力	9	8	88.9	1	11.1	0	0.0	上升
	教育竞争力	10	4	40.0	4	40.0	2	20.0	保持
	文化竞争力	10	5	50.0	2	20.0	3	30.0	下降
	小　计	29	17	58.6	7	24.1	5	17.2	保持

续表

二级指标	三级指标	四级指标数	上升		保持		下降		变化趋势
			指标数	比重	指标数	比重	指标数	比重	
发展环境竞争力	基础设施竞争力	9	3	33.3	4	44.4	2	22.2	上升
	软环境竞争力	9	6	66.7	2	22.2	1	11.1	上升
	小　计	18	9	50.0	6	33.3	3	16.7	上升
政府作用竞争力	政府发展经济竞争力	5	1	20.0	1	20.0	3	60.0	保持
	政府规调经济竞争力	5	3	60.0	1	20.0	1	20.0	上升
	政府保障经济竞争力	6	1	16.7	2	33.3	3	50.0	下降
	小　计	16	5	31.3	4	25.0	7	43.8	上升
发展水平竞争力	工业化进程竞争力	6	3	50.0	1	16.7	2	33.3	上升
	城市化进程竞争力	6	1	16.7	3	50.0	2	33.3	下降
	市场化进程竞争力	6	2	33.3	2	33.3	2	33.3	保持
	小　计	18	6	33.3	6	33.3	6	33.3	下降
统筹协调竞争力	统筹发展竞争力	8	1	12.5	2	25.0	5	62.5	下降
	协调发展竞争力	8	3	37.5	2	25.0	3	37.5	上升
	小　计	16	4	25.0	4	25.0	8	50.0	上升
合　计		210	82	39.0	63	30.0	65	31.0	保持

从表 25 - 2 可以看出，210 个四级指标中，上升指标有 82 个，占指标总数的 39%；下降指标有 65 个，占指标总数的 31%；保持不变的指标有 63 个，占指标总数的 30.0%。综合来看，云南省经济综合竞争力的上升动力大于下降拉力，但由于其他综合因素的影响，2016～2017 年云南省经济综合竞争力排位保持不变。

3. 云南省经济综合竞争力各级指标优劣势结构分析

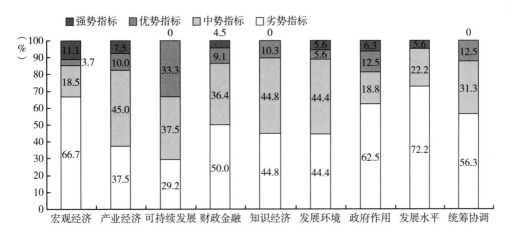

图 25 - 2　2017 年云南省经济综合竞争力各级指标优劣势比较

表 25 – 3　2017 年云南省经济综合竞争力各级指标优劣势情况

单位：个，%

二级指标	三级指标	四级指标数	强势指标		优势指标		中势指标		劣势指标		优劣势
			个数	比重	个数	比重	个数	比重	个数	比重	
宏观经济竞争力	经济实力竞争力	12	3	25.0	0	0.0	2	16.7	7	58.3	劣势
	经济结构竞争力	6	0	0.0	0	0.0	1	16.7	5	83.3	劣势
	经济外向度竞争力	9	0	0.0	1	11.1	2	22.2	6	66.7	劣势
	小　计	27	3	11.1	1	3.7	5	18.5	18	66.7	劣势
产业经济竞争力	农业竞争力	10	1	10.0	2	20.0	5	50.0	2	20.0	中势
	工业竞争力	10	2	20.0	1	10.0	2	20.0	5	50.0	中势
	服务业竞争力	10	0	0.0	1	10.0	6	60.0	3	30.0	劣势
	企业竞争力	10	0	0.0	0	0.0	5	50.0	5	50.0	劣势
	小　计	40	3	7.5	4	10.0	18	45.0	15	37.5	劣势
可持续发展竞争力	资源竞争力	9	0	0.0	5	55.6	4	44.4	0	0.0	优势
	环境竞争力	8	0	0.0	2	25.0	2	25.0	4	50.0	中势
	人力资源竞争力	7	0	0.0	1	14.3	3	42.9	3	42.9	劣势
	小　计	24	0	0.0	8	33.3	9	37.5	7	29.2	中势
财政金融竞争力	财政竞争力	12	1	8.3	1	8.3	6	50.0	4	33.3	中势
	金融竞争力	10	0	0.0	1	10.0	2	20.0	7	70.0	劣势
	小　计	22	1	4.5	2	9.1	8	36.4	11	50.0	劣势
知识经济竞争力	科技竞争力	9	0	0.0	0	0.0	2	22.2	7	77.8	劣势
	教育竞争力	10	0	0.0	1	10.0	6	60.0	3	30.0	劣势
	文化竞争力	10	0	0.0	2	20.0	5	50.0	3	30.0	劣势
	小　计	29	0	0.0	3	10.3	13	44.8	13	44.8	劣势
发展环境竞争力	基础设施竞争力	9	0	0.0	0	0.0	3	33.3	6	66.7	劣势
	软环境竞争力	9	1	11.1	1	11.1	5	55.6	2	22.2	中势
	小　计	18	1	5.6	1	5.6	8	44.4	8	44.4	劣势
政府作用竞争力	政府发展经济竞争力	5	0	0.0	1	20.0	1	20.0	3	60.0	劣势
	政府规调经济竞争力	5	1	20.0	1	20.0	1	20.0	2	40.0	中势
	政府保障经济竞争力	6	0	0.0	0	0.0	1	16.7	5	83.3	劣势
	小　计	16	1	6.3	2	12.5	3	18.8	10	62.5	劣势
发展水平竞争力	工业化进程竞争力	6	0	0.0	0	0.0	2	33.3	4	66.7	劣势
	城市化进程竞争力	6	0	0.0	1	16.7	1	16.7	4	66.7	劣势
	市场化进程竞争力	6	0	0.0	0	0.0	1	16.7	5	83.3	劣势
	小　计	18	0	0.0	1	5.6	4	22.2	13	72.2	劣势
统筹协调竞争力	统筹发展竞争力	8	0	0.0	1	12.5	3	37.5	4	50.0	劣势
	协调发展竞争力	8	0	0.0	1	12.5	2	25.0	5	62.5	劣势
	小　计	16	0	0.0	2	12.5	5	31.3	9	56.3	劣势
合　计		210	9	4.3	24	11.4	73	34.8	104	49.5	劣势

　　基于图 25 – 2 和表 25 – 3，具体看四级指标，强势指标 9 个，占指标总数的 4.3%；优势指标 24 个，占指标总数的 11.4%；中势指标 73 个，占指标总数的 34.8%；劣势

指标104个，占指标总数的49.5%。三级指标中，没有强势指标；优势指标1个，占三级指标总数的4%；中势指标6个，占三级指标总数的24%；劣势指标18个，占三级指标总数的72%。从二级指标看，没有强势和优势指标；中势指标有1个，占二级指标总数的11.1%；劣势指标有8个，占二级指标总数的88.9%。综合来看，由于劣势指标在指标体系中居于主导地位，2017年云南省经济综合竞争力处于劣势地位。

4. 云南省经济综合竞争力四级指标优劣势对比分析

表25-4 2017年云南省经济综合竞争力各级指标优劣势情况

二级指标	优劣势	四级指标
宏观经济竞争力（27个）	强势指标	地区生产总值增长率、固定资产投资额增长率、全社会消费品零售总额增长率（3个）
	优势指标	进出口增长率（1个）
	劣势指标	人均地区生产总值、财政总收入、财政总收入增长率、人均财政收入、人均固定资产投资额、全社会消费品零售总额、人均全社会消费品零售总额、所有制经济结构优化度、城乡经济结构优化度、就业结构优化度、资本形成结构优化度、贸易结构优化度、进出口总额、出口总额、实际FDI、实际FDI增长率、外贸依存度、外资企业数（18个）
产业经济竞争力（40个）	强势指标	农业增加值增长率、工业增加值增长率、工业成本费用率（3个）
	优势指标	农民人均纯收入增长率、农产品出口占农林牧渔总产值比重、工业全员劳动生产率、旅游外汇收入（4个）
	劣势指标	农民人均纯收入、农村人均用电量、工业增加值、人均工业增加值、工业资产总额、规模以上工业主营业务收入、规模以上工业利润总额、服务业增加值、人均服务业增加值、限额以上餐饮企业利税率、规模以上工业企业数、规模以上企业平均收入、新产品销售收入占主营业务收入比重、产品质量抽查合格率、中国驰名商标持有量（15个）
可持续发展竞争力（24个）	强势指标	（0个）
	优势指标	人均国土面积、人均年水资源量、耕地面积、人均耕地面积、人均森林储积量、森林覆盖率、人均废水排放量、人口健康素质（8个）
	劣势指标	人均工业固体废物排放量、人均治理工业污染投资额、一般工业固体废物综合利用率、生活垃圾无害化处理率、文盲率、大专以上教育程度人口比例、平均受教育程度（7个）
财政金融竞争力（22个）	强势指标	地方财政支出增长率（1个）
	优势指标	地方财政支出占GDP比重、中长期贷款占贷款余额比重（2个）
	劣势指标	税收收入占财政总收入比重、人均地方财政收入、人均地方财政支出、人均税收收入、人均存款余额、人均贷款余额、保险费净收入、保险密度、保险深度、国内上市公司数、国内上市公司市值（11个）
知识经济竞争力（29个）	强势指标	（0个）
	优势指标	教育经费占GDP比重、城镇居民人均文化娱乐支出占消费性支出比重、农村居民人均文化娱乐支出占消费性支出比重（3个）
	劣势指标	R&D人员、R&D经费、R&D经费投入强度、发明专利授权量、财政科技支出占地方财政支出比重、高技术产业主营业务收入、高技术产业收入占工业增加值比重、人均文化教育支出、高校专任教师数、万人高等学校在校学生数、报纸出版数、城镇居民人均文化娱乐支出、农村居民人均文化娱乐支出（13个）
发展环境竞争力（18个）	强势指标	外资企业数增长率（1个）
	优势指标	个体私营企业数增长率（1个）
	劣势指标	铁路网线密度、公路网线密度、全社会货物周转量、电话普及率、网站数、人均耗电量、万人商标注册件数、罚没收入占财政收入比重（8个）

二级指标	优劣势	四级指标
政府作用竞争力（16个）	强势指标	物价调控（1个）
	优势指标	财政支出用于基本建设投资比重、固定资产投资价格指数（2个）
	劣势指标	财政支出对GDP增长的拉动、政府公务员对经济的贡献、财政投资对社会投资的拉动、调控城乡消费差距、统筹经济社会发展、城市城镇社区服务设施数、医疗保险覆盖率、养老保险覆盖率、失业保险覆盖率、最低工资标准（10个）
发展水平竞争力（18个）	强势指标	（0个）
	优势指标	城市平均建成区面积比重（1个）
	劣势指标	工业增加值占GDP比重、高技术产业占工业增加值比重、信息产业增加值占GDP比重、工农业增加值比值、城镇化率、人均拥有道路面积、人均日生活用水量、人均公共绿地面积、非公有制经济产值占全社会总产值比重、社会投资占投资总额比重、私有和个体企业从业人员比重、亿元以上商品市场成交额、亿元以上商品市场成交额占全社会消费品零售总额比重（13个）
统筹协调竞争力（16个）	强势指标	（0个）
	优势指标	最终消费率、资源竞争力与宏观经济竞争力比差（2个）
	劣势指标	社会劳动生产率、能源使用下降率、非农用地产出率、固定资产投资额占GDP比重、环境竞争力与宏观经济竞争力比差、人力资源竞争力与宏观经济竞争力比差、城乡居民家庭人均收入比差、城乡居民人均现金消费支出比差、全社会消费品零售总额与外贸出口总额比差（9个）

25.2 云南省经济综合竞争力各级指标具体分析

1. 云南省宏观经济竞争力指标排名变化情况

表25-5 2016～2017年云南省宏观经济竞争力指标组排位及变化趋势

指　标	2016	2017	排位升降	优劣势
1　宏观经济竞争力	28	27	1	劣势
1.1　经济实力竞争力	24	22	2	劣势
地区生产总值	22	20	2	中势
地区生产总值增长率	6	3	3	强势
人均地区生产总值	30	30	0	劣势
财政总收入	11	26	-15	劣势
财政总收入增长率	29	31	-2	劣势
人均财政收入	18	29	-11	劣势
固定资产投资额	15	15	0	中势
固定资产投资额增长率	3	3	0	强势
人均固定资产投资额	27	23	4	劣势
全社会消费品零售总额	23	23	0	劣势
全社会消费品零售总额增长率	6	3	3	强势
人均全社会消费品零售总额	29	28	1	劣势

续表

指　标	2016	2017	排位升降	优劣势
1.2　经济结构竞争力	30	30	0	劣势
产业结构优化度	15	18	−3	中势
所有制经济结构优化度	28	26	2	劣势
城乡经济结构优化度	29	29	0	劣势
就业结构优化度	21	21	0	劣势
资本形成结构优化度	25	23	2	劣势
贸易结构优化度	30	30	0	劣势
1.3　经济外向度竞争力	20	23	−3	劣势
进出口总额	23	21	2	劣势
进出口增长率	18	7	11	优势
出口总额	22	22	0	劣势
出口增长率	6	17	−11	中势
实际 FDI	24	24	0	劣势
实际 FDI 增长率	28	22	6	劣势
外贸依存度	23	22	1	劣势
外资企业数	21	21	0	劣势
对外直接投资额	13	13	0	中势

2. 云南省产业经济竞争力指标排名变化情况

表 25 − 6　2016～2017 年云南省产业经济竞争力指标组排位及变化趋势

指　标	2016	2017	排位升降	优劣势
2　产业经济竞争力	23	26	−3	劣势
2.1　农业竞争力	13	16	−3	中势
农业增加值	14	12	2	中势
农业增加值增长率	3	2	1	强势
人均农业增加值	24	20	4	中势
农民人均纯收入	28	28	0	劣势
农民人均纯收入增长率	5	4	1	优势
农产品出口占农林牧渔总产值比重	8	9	−1	优势
人均主要农产品产量	17	18	−1	中势
农业机械化水平	11	11	0	中势
农村人均用电量	28	27	1	劣势
财政支农资金比重	10	14	−4	中势
2.2　工业竞争力	23	18	5	中势
工业增加值	23	24	−1	劣势
工业增加值增长率	20	2	18	强势
人均工业增加值	28	28	0	劣势
工业资产总额	22	21	1	劣势
工业资产总额增长率	13	16	−3	中势

指　标	2016	2017	排位升降	优劣势
规模以上工业主营业务收入	25	23	2	劣势
工业成本费用率	1	3	−2	强势
规模以上工业利润总额	24	24	0	劣势
工业全员劳动生产率	7	9	−2	优势
工业收入利润率	27	15	12	中势
2.3　服务业竞争力	20	23	−3	劣势
服务业增加值	23	23	0	劣势
服务业增加值增长率	15	12	3	中势
人均服务业增加值	30	30	0	劣势
服务业从业人员数	17	18	−1	中势
限额以上批发零售企业主营业务收入	18	18	0	中势
限额以上批零企业利税率	9	12	−3	中势
限额以上餐饮企业利税率	25	30	−5	劣势
旅游外汇收入	8	8	0	优势
商品房销售收入	19	20	−1	中势
电子商务销售额	20	20	0	中势
2.4　企业竞争力	30	31	−1	劣势
规模以上工业企业数	22	21	1	劣势
规模以上企业平均资产	13	14	−1	中势
规模以上企业平均收入	27	24	3	劣势
规模以上企业平均利润	28	18	10	中势
规模以上企业劳动效率	21	17	4	中势
城镇就业人员平均工资	18	13	5	中势
新产品销售收入占主营业务收入比重	22	26	−4	劣势
产品质量抽查合格率	28	31	−3	劣势
工业企业 R&D 经费投入强度	16	18	−2	中势
中国驰名商标持有量	21	21	0	劣势

3. 云南省可持续发展竞争力指标排名变化情况

表 25 – 7　2016～2017 年云南省可持续发展竞争力指标组排位及变化趋势

指　标	2016	2017	排位升降	优劣势
3　可持续发展竞争力	14	13	1	中势
3.1　资源竞争力	8	9	−1	优势
人均国土面积	7	8	−1	优势
人均可使用海域和滩涂面积	13	13	0	中势
人均年水资源量	8	4	4	优势
耕地面积	8	8	0	优势
人均耕地面积	8	8	0	优势
人均牧草地面积	12	12	0	中势
主要能源矿产基础储量	12	13	−1	中势

指 标	2016	2017	排位升降	优劣势
人均主要能源矿产基础储量	11	11	0	中势
人均森林储积量	4	4	0	优势
3.2 环境竞争力	11	11	0	中势
森林覆盖率	7	7	0	优势
人均废水排放量	7	8	-1	优势
人均工业废气排放量	18	16	2	中势
人均工业固体废物排放量	23	24	-1	劣势
人均治理工业污染投资额	23	30	-7	劣势
一般工业固体废物综合利用率	23	23	0	劣势
生活垃圾无害化处理率	26	28	-2	劣势
自然灾害直接经济损失	21	18	3	中势
3.3 人力资源竞争力	22	23	-1	劣势
常住人口增长率	16	15	1	中势
15~64岁人口比例	17	13	4	中势
文盲率	28	27	1	劣势
大专以上教育程度人口比例	27	28	-1	劣势
平均受教育程度	28	28	0	劣势
人口健康素质	11	10	1	优势
职业学校毕业生数	12	12	0	中势

4. 云南省财政金融竞争力指标排名变化情况

表 25-8 2016~2017 年云南省财政金融竞争力指标组排位及变化趋势

指 标	2016	2017	排位升降	优劣势
4 财政金融竞争力	24	21	3	劣势
4.1 财政竞争力	24	16	8	中势
地方财政收入	20	19	1	中势
地方财政支出	13	13	0	中势
地方财政收入占 GDP 比重	10	12	-2	中势
地方财政支出占 GDP 比重	8	6	2	优势
税收收入占 GDP 比重	14	17	-3	中势
税收收入占财政总收入比重	26	28	-2	劣势
人均地方财政收入	27	21	6	劣势
人均地方财政支出	21	23	-2	劣势
人均税收收入	26	26	0	劣势
地方财政收入增长率	25	19	6	中势
地方财政支出增长率	16	1	15	强势
税收收入增长率	27	17	10	中势

指　标	2016	2017	排位升降	优劣势
4.2　金融竞争力	23	22	1	劣势
存款余额	20	20	0	中势
人均存款余额	28	28	0	劣势
贷款余额	17	19	−2	中势
人均贷款余额	24	27	−3	劣势
中长期贷款占贷款余额比重	8	10	−2	优势
保险费净收入	23	22	1	劣势
保险密度	28	28	0	劣势
保险深度	16	21	−5	劣势
国内上市公司数	24	25	−1	劣势
国内上市公司市值	26	22	4	劣势

5. 云南省知识经济竞争力指标排名变化情况

表 25－9　2016～2017 年云南省知识经济竞争力指标组排位及变化趋势

指　标	2016	2017	排位升降	优劣势
5　知识经济竞争力	24	24	0	劣势
5.1　科技竞争力	25	24	1	劣势
R&D 人员	24	22	2	劣势
R&D 经费	24	22	2	劣势
R&D 经费投入强度	25	23	2	劣势
发明专利授权量	22	22	0	劣势
技术市场成交合同金额	21	20	1	中势
财政科技支出占地方财政支出比重	27	25	2	劣势
高技术产业主营业务收入	25	24	1	劣势
高技术产业收入占工业增加值比重	29	27	2	劣势
高技术产品出口额占商品出口额比重	18	17	1	中势
5.2　教育竞争力	21	21	0	劣势
教育经费	12	12	0	中势
教育经费占 GDP 比重	6	6	0	优势
人均教育经费	18	16	2	中势
公共教育经费占财政支出比重	17	13	4	中势
人均文化教育支出	28	27	1	劣势
万人中小学学校数	3	16	−13	中势
万人中小学专任教师数	10	12	−2	中势
高等学校数	18	18	0	中势
高校专任教师数	22	22	0	劣势
万人高等学校在校学生数	28	27	1	劣势

指　　标	2016	2017	排位升降	优劣势
5.3　文化竞争力	23	25	-2	劣势
文化制造业营业收入	20	19	1	中势
文化批发零售业营业收入	10	14	-4	中势
文化服务业企业营业收入	16	18	-2	中势
图书和期刊出版数	19	19	0	中势
报纸出版数	25	25	0	劣势
印刷用纸量	21	20	1	中势
城镇居民人均文化娱乐支出	23	22	1	劣势
农村居民人均文化娱乐支出	27	23	4	劣势
城镇居民人均文化娱乐支出占消费性支出比重	8	9	-1	优势
农村居民人均文化娱乐支出占消费性支出比重	10	5	5	优势

6. 云南省发展环境竞争力指标排名变化情况

表 25-10　2016~2017 年云南省发展环境竞争力指标组排位及变化趋势

指　　标	2016	2017	排位升降	优劣势
6　发展环境竞争力	29	25	4	劣势
6.1　基础设施竞争力	29	27	2	劣势
铁路网线密度	27	28	-1	劣势
公路网线密度	22	22	0	劣势
人均内河航道里程	17	17	0	中势
全社会旅客周转量	21	19	2	中势
全社会货物周转量	23	23	0	劣势
人均邮电业务总量	17	11	6	中势
电话普及率	27	28	-1	劣势
网站数	23	23	0	劣势
人均耗电量	23	22	1	劣势
6.2　软环境竞争力	25	11	14	中势
外资企业数增长率	9	2	7	强势
万人外资企业数	23	16	7	中势
个体私营企业数增长率	7	5	2	优势
万人个体私营企业数	18	16	2	中势
万人商标注册件数	23	23	0	劣势
查处商标侵权假冒案件	14	15	-1	中势
每十万人交通事故发生数	12	11	1	中势
罚没收入占财政收入比重	29	24	5	劣势
社会捐赠款物	15	15	0	中势

7. 云南省政府作用竞争力指标排名变化情况

表 25-11 2016~2017 年云南省政府作用竞争力指标组排位及变化趋势

指 标	2016	2017	排位升降	优劣势
7 政府作用竞争力	30	27	3	劣势
7.1 政府发展经济竞争力	23	23	0	劣势
财政支出用于基本建设投资比重	8	9	-1	优势
财政支出对 GDP 增长的拉动	24	26	-2	劣势
政府公务员对经济的贡献	25	25	0	劣势
政府消费对民间消费的拉动	19	20	-1	中势
财政投资对社会投资的拉动	26	24	2	劣势
7.2 政府规调经济竞争力	29	11	18	中势
物价调控	11	2	9	强势
调控城乡消费差距	27	27	0	劣势
统筹经济社会发展	26	21	5	劣势
规范税收	16	19	-3	中势
固定资产投资价格指数	27	10	17	优势
7.3 政府保障经济竞争力	29	30	-1	劣势
城市城镇社区服务设施数	24	24	0	劣势
医疗保险覆盖率	30	29	1	劣势
养老保险覆盖率	28	30	-2	劣势
失业保险覆盖率	30	30	0	劣势
最低工资标准	14	22	-8	劣势
城镇登记失业率	12	19	-7	中势

8. 云南省发展水平竞争力指标排名变化情况

表 25-12 2016~2017 年云南省发展水平竞争力指标组排位及变化趋势

指 标	2016	2017	排位升降	优劣势
8 发展水平竞争力	28	29	-1	劣势
8.1 工业化进程竞争力	26	25	1	劣势
工业增加值占 GDP 比重	26	26	0	劣势
工业增加值增长率	20	17	3	中势
高技术产业占工业增加值比重	29	27	2	劣势
高技术产品出口额占商品出口额比重	28	17	11	中势
信息产业增加值占 GDP 比重	27	29	-2	劣势
工农业增加值比值	26	28	-2	劣势
8.2 城市化进程竞争力	28	30	-2	劣势
城镇化率	28	28	0	劣势
城镇居民人均可支配收入	16	16	0	中势
城市平均建成区面积比重	10	10	0	优势

指　标	2016	2017	排位升降	优劣势
人均拥有道路面积	14	28	-14	劣势
人均日生活用水量	24	23	1	劣势
人均公共绿地面积	23	25	-2	劣势
8.3　市场化进程竞争力	28	28	0	劣势
非公有制经济产值占全社会总产值比重	28	26	2	劣势
社会投资占投资总额比重	29	29	0	劣势
私有和个体企业从业人员比重	25	24	1	劣势
亿元以上商品市场成交额	25	25	0	劣势
亿元以上商品市场成交额占全社会消费品零售总额比重	24	26	-2	劣势
居民消费支出占总消费支出比重	19	20	-1	中势

9. 云南省统筹协调竞争力指标排名变化情况

表 25－13　2016～2017 年云南省统筹协调竞争力指标组排位及变化趋势

指　标	2016	2017	排位升降	优劣势
9　统筹协调竞争力	29	28	1	劣势
9.1　统筹发展竞争力	23	26	-3	劣势
社会劳动生产率	29	29	0	劣势
能源使用下降率	20	27	-7	劣势
万元 GDP 综合能耗下降率	9	14	-5	中势
非农用地产出率	25	25	0	劣势
生产税净额和营业盈余占 GDP 比重	18	13	5	中势
最终消费率	4	5	-1	优势
固定资产投资额占 GDP 比重	24	29	-5	劣势
固定资产交付使用率	9	11	-2	中势
9.2　协调发展竞争力	29	28	1	劣势
环境竞争力与宏观经济竞争力比差	31	29	2	劣势
资源竞争力与宏观经济竞争力比差	6	6	0	优势
人力资源竞争力与宏观经济竞争力比差	27	28	-1	劣势
资源竞争力与工业竞争力比差	8	11	-3	中势
环境竞争力与工业竞争力比差	24	19	5	中势
城乡居民家庭人均收入比差	29	29	0	劣势
城乡居民人均现金消费支出比差	30	27	3	劣势
全社会消费品零售总额与外贸出口总额比差	19	21	-2	劣势

B.27

26

西藏自治区经济综合竞争力评价分析报告

　　西藏自治区简称藏，位于我国西南边疆，东靠四川省，北连新疆维吾尔自治区、青海省，南部和西部与缅甸、印度、不丹、尼泊尔等国接壤。西藏自治区地处青藏高原，素有"世界屋脊"之称。全区土地面积为 122 万多平方公里，是中国五大牧区之一。2017 年总人口 337 万人，全区生产总值达 1311 亿元，同比增长 10%，人均 GDP 达到 39267 元。本章通过分析 2016～2017 年西藏自治区经济综合竞争力以及各要素竞争力的排名变化分析，从中找出西藏自治区经济综合竞争力的推动点及影响因素，为进一步提升西藏自治区经济综合竞争力提供决策参考。

26.1　西藏自治区经济综合竞争力总体分析

　　1. 西藏自治区经济综合竞争力一级指标概要分析

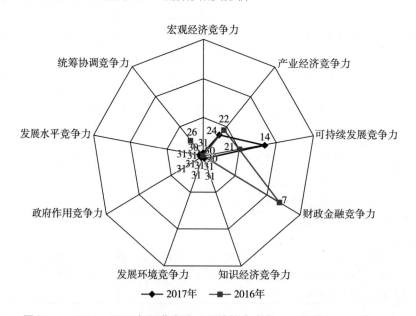

图 26 - 1　2016～2017 年西藏自治区经济综合竞争力二级指标比较雷达图

　　（1）从综合排位看，2017 年西藏自治区经济综合竞争力排在全国第 31 位，表明其在全国处于劣势地位；与 2016 年相比，综合排位保持不变。

　　（2）从指标所处区位看，处于中游区的指标有 1 个，为可持续发展竞争力；处于下

表 26 - 1　2016～2017 年西藏自治区经济综合竞争力二级指标比较

项目 年份	宏观经济竞争力	产业经济竞争力	可持续发展竞争力	财政金融竞争力	知识经济竞争力	发展环境竞争力	政府作用竞争力	发展水平竞争力	统筹协调竞争力	综合排位
2016	31	22	21	7	31	31	31	31	26	31
2017	30	24	14	30	31	31	31	31	30	31
升降	1	-2	7	-23	0	0	0	0	-4	0
优劣度	劣势	劣势	中势	劣势	劣势	劣势	劣势	劣势	劣势	劣势

游区的指标有 8 个，分别为宏观经济竞争力、产业经济竞争力、财政金融竞争力、知识经济竞争力、发展环境竞争力、政府作用竞争力、发展水平竞争力、统筹协调竞争力。

（3）从指标变化趋势看，9 个二级指标中，有 2 个指标处于上升趋势，分别为宏观经济竞争力和可持续发展竞争力，这些是西藏自治区经济综合竞争力的上升动力所在；有 4 个指标排位没有发生变化，分别为知识经济竞争力、发展环境竞争力、政府作用竞争力和发展水平竞争力；有 3 个指标处于下降趋势，分别为产业经济竞争力、财政金融竞争力和统筹协调竞争力，这些是西藏自治区经济综合竞争力的下降拉力所在。

2. 西藏自治区经济综合竞争力各级指标动态变化分析

表 26 - 2　2016～2017 年西藏自治区经济综合竞争力各级指标排位变化态势比较

单位：个，%

二级指标	三级指标	四级指标数	上升 指标数	上升 比重	保持 指标数	保持 比重	下降 指标数	下降 比重	变化趋势
宏观经济竞争力	经济实力竞争力	12	6	50.0	6	50.0	0	0.0	上升
	经济结构竞争力	6	2	33.3	0	0.0	4	66.7	下降
	经济外向度竞争力	9	1	11.1	5	55.6	3	33.3	下降
	小　计	27	9	33.3	11	40.7	7	25.9	上升
产业经济竞争力	农业竞争力	10	4	40.0	3	30.0	3	30.0	保持
	工业竞争力	10	1	10.0	8	80.0	1	10.0	上升
	服务业竞争力	10	1	10.0	7	70.0	2	20.0	下降
	企业竞争力	10	4	40.0	4	40.0	2	20.0	下降
	小　计	40	10	25.0	22	55.0	8	20.0	下降
可持续发展竞争力	资源竞争力	9	1	11.1	8	88.9	0	0.0	保持
	环境竞争力	8	3	37.5	4	50.0	1	12.5	上升
	人力资源竞争力	7	2	28.6	3	42.9	2	28.6	保持
	小　计	24	6	25.0	15	62.5	3	12.5	上升
财政金融竞争力	财政竞争力	12	6	50.0	5	41.7	1	8.3	下降
	金融竞争力	10	2	20.0	7	70.0	1	10.0	上升
	小　计	22	8	36.4	12	54.5	2	9.1	下降
知识经济竞争力	科技竞争力	9	1	11.1	7	77.8	1	11.1	保持
	教育竞争力	10	2	20.0	6	60.0	2	20.0	保持
	文化竞争力	10	2	20.0	8	80.0	0	0.0	保持
	小　计	29	5	17.2	21	72.4	3	10.3	保持

续表

二级指标	三级指标	四级指标数	上升		保持		下降		变化趋势
			指标数	比重	指标数	比重	指标数	比重	
发展环境竞争力	基础设施竞争力	9	0	0.0	7	77.8	2	22.2	保持
	软环境竞争力	9	1	11.1	5	55.6	3	33.3	保持
	小　计	18	1	5.6	12	66.7	5	27.8	保持
政府作用竞争力	政府发展经济竞争力	5	0	0.0	5	100.0	0	0.0	保持
	政府规调经济竞争力	5	2	40.0	2	40.0	1	20.0	保持
	政府保障经济竞争力	6	0	0.0	5	83.3	1	16.7	保持
	小　计	16	2	12.5	12	75.0	2	12.5	保持
发展水平竞争力	工业化进程竞争力	6	0	0.0	4	66.7	2	33.3	保持
	城市化进程竞争力	6	1	16.7	1	16.7	4	66.7	保持
	市场化进程竞争力	6	1	16.7	4	66.7	1	16.7	保持
	小　计	18	2	11.1	9	50.0	7	38.9	保持
统筹协调竞争力	统筹发展竞争力	8	3	37.5	4	50.0	1	12.5	下降
	协调发展竞争力	8	4	50.0	2	25.0	2	25.0	下降
	小　计	16	7	43.8	6	37.5	3	18.8	下降
合计		210	50	23.8	120	57.1	40	19.0	保持

　　从表 26 - 2 可以看出，210 个四级指标中，上升指标有 50 个，占指标总数的 23.8%；下降指标有 40 个，占指标总数的 19%；保持不变的指标有 120 个，占指标总数的 57.1%。综合来看，由于保持不变的指标在指标体系中占据主导地位，2017 年西藏自治区经济综合竞争力排位保持不变。

　　3. 西藏自治区经济综合竞争力各级指标优劣势结构分析

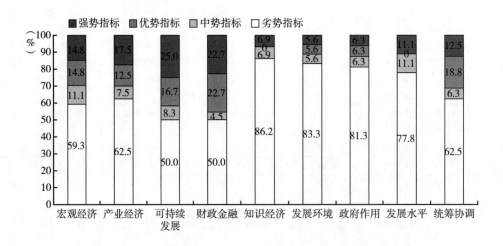

图 26 - 2　2017 年西藏自治区经济综合竞争力各级指标优劣势比较

表26-3 2017年西藏自治区经济综合竞争力各级指标优劣势比较

单位：个，%

二级指标	三级指标	四级指标数	强势指标		优势指标		中势指标		劣势指标		优劣势
			个数	比重	个数	比重	个数	比重	个数	比重	
宏观经济竞争力	经济实力竞争力	12	4	33.3	2	16.7	0	0.0	6	50.0	劣势
	经济结构竞争力	6	0	0.0	1	16.7	3	50.0	2	33.3	劣势
	经济外向度竞争力	9	0	0.0	1	11.1	0	0.0	8	88.9	劣势
	小 计	27	4	14.8	4	14.8	3	11.1	16	59.3	劣势
产业经济竞争力	农业竞争力	10	1	10.0	1	10.0	2	20.0	6	60.0	劣势
	工业竞争力	10	3	30.0	2	20.0	0	0.0	5	50.0	中势
	服务业竞争力	10	1	10.0	2	20.0	0	0.0	7	70.0	中势
	企业竞争力	10	2	20.0	0	0.0	1	10.0	7	70.0	劣势
	小 计	40	7	17.5	5	12.5	3	7.5	25	62.5	劣势
可持续发展竞争力	资源竞争力	9	4	44.4	1	11.1	1	11.1	3	33.3	强势
	环境竞争力	8	1	12.5	3	37.5	0	0.0	4	50.0	强势
	人力资源竞争力	7	1	14.3	0	0.0	1	14.3	5	71.4	劣势
	小 计	24	6	25.0	4	16.7	2	8.3	12	50.0	中势
财政金融竞争力	财政竞争力	12	5	41.7	2	16.7	1	8.3	4	33.3	劣势
	金融竞争力	10	0	0.0	3	30.0	0	0.0	7	70.0	劣势
	小 计	22	5	22.7	5	22.7	1	4.5	11	50.0	劣势
知识经济竞争力	科技竞争力	9	0	0.0	0	0.0	0	0.0	9	100.0	劣势
	教育竞争力	10	2	20.0	0	0.0	2	20.0	6	60.0	劣势
	文化竞争力	10	0	0.0	0	0.0	0	0.0	10	100.0	劣势
	小 计	29	2	6.9	0	0.0	2	6.9	25	86.2	劣势
发展环境竞争力	基础设施竞争力	9	0	0.0	0	0.0	0	0.0	9	100.0	劣势
	软环境竞争力	9	1	11.1	1	11.1	1	11.1	6	66.7	劣势
	小 计	18	1	5.6	1	5.6	1	5.6	15	83.3	劣势
政府作用竞争力	政府发展经济竞争力	5	1	20.0	0	0.0	0	0.0	4	80.0	劣势
	政府规调经济竞争力	5	0	0.0	1	20.0	1	20.0	3	60.0	劣势
	政府保障经济竞争力	6	0	0.0	0	0.0	0	0.0	6	100.0	劣势
	小 计	16	1	6.3	1	6.3	1	6.3	13	81.3	劣势
发展水平竞争力	工业化进程竞争力	6	1	16.7	0	0.0	0	0.0	5	83.3	劣势
	城市化进程竞争力	6	1	16.7	0	0.0	1	16.7	4	66.7	劣势
	市场化进程竞争力	6	0	0.0	0	0.0	1	16.7	5	83.3	劣势
	小 计	18	2	11.1	0	0.0	2	11.1	14	77.8	劣势
统筹协调竞争力	统筹发展竞争力	8	2	25.0	1	12.5	0	0.0	5	62.5	劣势
	协调发展竞争力	8	0	0.0	2	25.0	1	12.5	5	62.5	劣势
	小 计	16	2	12.5	3	18.8	1	6.3	10	62.5	劣势
合计		210	30	14.3	23	11.0	16	7.6	141	67.1	劣势

基于图26-2和表26-3，从四级指标来看，强势指标30个，占指标总数的14.3%；优势指标23个，占指标总数的11.0%；中势指标16个，占指标总数的

7.6%；劣势指标141个，占指标总数的67.1%。从三级指标来看，强势指标1个，占三级指标总数的4%；没有优势指标；中势指标2个，占三级指标总数的8%；劣势指标22个，占三级指标总数的88%。反映到二级指标上来，中势指标1个，占二级指标总数的11.11%；劣势指标有8个，占二级指标总数的88.9%。综合来看，由于劣势指标居于主导地位，2017年西藏自治区经济综合竞争力处于劣势地位。

4. 西藏自治区经济综合竞争力四级指标优劣势对比分析

表26-4　2017年西藏自治区经济综合竞争力各级指标优劣势比较

二级指标	优劣势	四级指标
宏观经济竞争力（27个）	强势指标	地区生产总值增长率、人均财政收入、固定资产投资额增长率、全社会消费品零售总额增长率（4个）
	优势指标	财政总收入增长率、人均固定资产投资额、资本形成结构优化度、实际FDI增长率（4个）
	劣势指标	地区生产总值、人均地区生产总值、财政总收入、固定资产投资额、全社会消费品零售总额、人均全社会消费品零售总额、所有制经济结构优化度、城乡经济结构优化度、进出口总额、进出口增长率、出口总额、出口增长率、实际FDI、外贸依存度、外资企业数、对外直接投资额（16个）
产业经济竞争力（40个）	强势指标	农民人均纯收入增长率、工业增加值增长率、工业资产总额增长率、工业收入利润率、限额以上批零企业利税率、规模以上企业平均资产、城镇就业人员平均工资（7个）
	优势指标	财政支农资金比重、工业成本费用率、工业全员劳动生产率、服务业增加值增长率、限额以上餐饮企业利税率（5个）
	劣势指标	农业增加值、人均农业增加值、农民人均纯收入、农产品出口占农林牧渔总产值比重、农业机械化水平、农村人均用电量、工业增加值、人均工业增加值、工业资产总额、规模以上工业主营业务收入、规模以上工业利润总额、服务业增加值、人均服务业增加值、服务业从业人员数、限额以上批发零售企业主营业务收入、旅游外汇收入、商品房销售收入、电子商务销售额、规模以上工业企业数、规模以上企业平均收入、规模以上企业劳动效率、新产品销售收入占主营业务收入比重、产品质量抽查合格率、工业企业R&D经费投入强度、中国驰名商标持有量（25个）
可持续发展竞争力（24个）	强势指标	人均国土面积、人均年水资源量、人均牧草地面积、人均森林储积量、人均废水排放量、常住人口增长率（6个）
	优势指标	人均耕地面积、人均工业废气排放量、人均工业固体废物排放量、自然灾害直接经济损失（4个）
	劣势指标	耕地面积、主要能源矿产基础储量、人均主要能源矿产基础储量、森林覆盖率、人均治理工业污染投资额、一般工业固体废物综合利用率、生活垃圾无害化处理率、文盲率、大专以上教育程度人口比例、平均受教育程度、人口健康素质、职业学校毕业生数（12个）
财政金融竞争力（22个）	强势指标	地方财政支出占GDP比重、人均地方财政收入、人均地方财政支出、地方财政收入增长率、税收收入增长率（5个）
	优势指标	地方财政收入占GDP比重、税收收入占GDP比重、人均存款余额、人均贷款余额、中长期贷款占贷款余额比重（5个）
	劣势指标	地方财政收入、地方财政支出、税收收入占财政总收入比重、地方财政支出增长率、存款余额、贷款余额、保险费净收入、保险密度、保险深度、国内上市公司数、国内上市公司市值（11个）

二级指标	优劣势	四级指标
知识经济竞争力（29个）	强势指标	教育经费占GDP比重、万人中小学专任教师数（2个）
	优势指标	（0个）
	劣势指标	R&D人员、R&D经费、R&D经费投入强度、发明专利授权量、技术市场成交合同金额、财政科技支出占地方财政支出比重、高技术产业主营业务收入、高技术产业收入占工业增加值比重、高技术产品出口额占商品出口额比重、教育经费、人均教育经费、公共教育经费占财政支出比重、人均文化教育支出、高校专任教师数、万人高等学校在校学生数、文化制造业营业收入、文化批发零售业营业收入、文化服务业企业营业收入、图书和期刊出版数、报纸出版数、印刷用纸量、城镇居民人均文化娱乐支出、农村居民人均文化娱乐支出、城镇居民人均文化娱乐支出占消费性支出比重、农村居民人均文化娱乐支出占消费性支出比重（25个）
发展环境竞争力（18个）	强势指标	查处商标侵权假冒案件（1个）
	优势指标	每十万人交通事故发生数（1个）
	劣势指标	铁路网线密度、公路网线密度、人均内河航道里程、全社会旅客周转量、全社会货物周转量、人均邮电业务总量、电话普及率、网站数、人均耗电量、外资企业数增长率、万人外资企业数、个体私营企业数增长率、万人个体私营企业数、万人商标注册件数、社会捐赠款物（15个）
政府作用竞争力（16个）	强势指标	财政支出用于基本建设投资比重（1个）
	优势指标	规范税收（1个）
	劣势指标	财政支出对GDP增长的拉动、政府公务员对经济的贡献、政府消费对民间消费的拉动、财政投资对社会投资的拉动、物价调控、调控城乡消费差距、统筹经济社会发展、城市城镇社区服务设施数、医疗保险覆盖率、养老保险覆盖率、失业保险覆盖率、最低工资标准、城镇登记失业率（13个）
发展水平竞争力（18个）	强势指标	工业增加值增长率、人均日生活用水量（2个）
	优势指标	（0个）
	劣势指标	工业增加值占GDP比重、高技术产业占工业增加值比重、高技术产品出口额占商品出口额比重、信息产业增加值占GDP比重、工农业增加值比值、城镇化率、城镇居民人均可支配收入、城市平均建成区面积比重、人均公共绿地面积、非公有制经济产值占全社会总产值比重、社会投资占投资总额比重、亿元以上商品市场成交额、亿元以上商品市场成交额占全社会消费品零售总额比重、居民消费支出占总消费支出比重（14个）
统筹协调竞争力（16个）	强势指标	生产税净额和营业盈余占GDP比重、最终消费率（2个）
	优势指标	能源使用下降率、人力资源竞争力与宏观经济竞争力比差、资源竞争力与工业竞争力比差（3个）
	劣势指标	社会劳动生产率、万元GDP综合能耗下降率、非农用地产出率、固定资产投资额占GDP比重、固定资产交付使用率、环境竞争力与宏观经济竞争力比差、资源竞争力与宏观经济竞争力比差、城乡居民家庭人均收入比差、城乡居民人均现金消费支出比差、全社会消费品零售总额与外贸出口总额比差（10个）

26.2 西藏自治区经济综合竞争力各级指标具体分析

1. 西藏自治区宏观经济竞争力指标排名变化情况

表 26 – 5　2016 ~ 2017 年西藏自治区宏观经济竞争力指标组排位及变化趋势

指　标	2016 年	2017 年	排位升降	优劣势
1　宏观经济竞争力	31	30	1	劣势
1.1　经济实力竞争力	31	30	1	劣势
地区生产总值	31	31	0	劣势
地区生产总值增长率	3	2	1	强势
人均地区生产总值	28	27	1	劣势
财政总收入	28	28	0	劣势
财政总收入增长率	14	9	5	优势
人均财政收入	2	1	1	强势
固定资产投资额	31	31	0	劣势
固定资产投资额增长率	1	1	0	强势
人均固定资产投资额	13	6	7	优势
全社会消费品零售总额	31	31	0	劣势
全社会消费品零售总额增长率	3	1	2	强势
人均全社会消费品零售总额	25	25	0	劣势
1.2　经济结构竞争力	20	22	-2	劣势
产业结构优化度	7	11	-4	中势
所有制经济结构优化度	25	29	-4	劣势
城乡经济结构优化度	27	26	1	劣势
就业结构优化度	17	18	-1	中势
资本形成结构优化度	7	5	2	优势
贸易结构优化度	14	16	-2	中势
1.3　经济外向度竞争力	28	30	-2	劣势
进出口总额	30	30	0	劣势
进出口增长率	23	28	-5	劣势
出口总额	30	30	0	劣势
出口增长率	14	30	-16	劣势
实际 FDI	31	31	0	劣势
实际 FDI 增长率	12	8	4	优势
外贸依存度	29	30	-1	劣势
外资企业数	31	31	0	劣势
对外直接投资额	31	31	0	劣势

2. 西藏自治区产业经济竞争力指标排名变化情况

表 26 - 6 2016～2017 年西藏自治区产业经济竞争力指标组排位及变化趋势

指　标	2016 年	2017 年	排位升降	优劣势
2　产业经济竞争力	22	24	-2	劣势
2.1　农业竞争力	23	23	0	劣势
农业增加值	30	29	1	劣势
农业增加值增长率	8	12	-4	中势
人均农业增加值	29	28	1	劣势
农民人均纯收入	27	26	1	劣势
农民人均纯收入增长率	1	1	0	强势
农产品出口占农林牧渔总产值比重	14	21	-7	劣势
人均主要农产品产量	18	16	2	中势
农业机械化水平	25	27	-2	劣势
农村人均用电量	31	31	0	劣势
财政支农资金比重	7	7	0	优势
2.2　工业竞争力	19	12	7	中势
工业增加值	31	31	0	劣势
工业增加值增长率	1	1	0	强势
人均工业增加值	31	31	0	劣势
工业资产总额	31	31	0	劣势
工业资产总额增长率	1	1	0	强势
规模以上工业主营业务收入	31	31	0	劣势
工业成本费用率	4	5	-1	优势
规模以上工业利润总额	31	31	0	劣势
工业全员劳动生产率	6	5	1	优势
工业收入利润率	1	1	0	强势
2.3　服务业竞争力	18	19	-1	中势
服务业增加值	31	31	0	劣势
服务业增加值增长率	13	7	6	优势
人均服务业增加值	22	24	-2	劣势
服务业从业人员数	31	31	0	劣势
限额以上批发零售企业主营业务收入	31	31	0	劣势
限额以上批零企业利税率	1	1	0	强势
限额以上餐饮企业利税率	8	9	-1	优势
旅游外汇收入	28	28	0	劣势
商品房销售收入	31	31	0	劣势
电子商务销售额	31	31	0	劣势
2.4　企业竞争力	29	30	-1	劣势
规模以上工业企业数	31	31	0	劣势
规模以上企业平均资产	3	2	1	强势
规模以上企业平均收入	31	30	1	劣势

续表

指 标	2016 年	2017 年	排位升降	优劣势
规模以上企业平均利润	20	11	9	中势
规模以上企业劳动效率	30	27	3	劣势
城镇就业人员平均工资	3	3	0	强势
新产品销售收入占主营业务收入比重	27	29	-2	劣势
产品质量抽查合格率	25	30	-5	劣势
工业企业 R&D 经费投入强度	31	31	0	劣势
中国驰名商标持有量	31	31	0	劣势

3. 西藏自治区可持续发展竞争力指标排名变化情况

表 26 - 7 2016～2017 年西藏自治区可持续发展竞争力指标组排位及变化趋势

指 标	2016 年	2017 年	排位升降	优劣势
3 可持续发展竞争力	21	14	7	中势
3.1 资源竞争力	2	2	0	强势
人均国土面积	1	1	0	强势
人均可使用海域和滩涂面积	13	13	0	中势
人均年水资源量	1	1	0	强势
耕地面积	28	28	0	劣势
人均耕地面积	7	7	0	优势
人均牧草地面积	1	1	0	强势
主要能源矿产基础储量	30	30	0	劣势
人均主要能源矿产基础储量	28	27	1	劣势
人均森林储积量	1	1	0	强势
3.2 环境竞争力	24	23	1	劣势
森林覆盖率	25	25	0	劣势
人均废水排放量	1	1	0	强势
人均工业废气排放量	16	5	11	优势
人均工业固体废物排放量	10	9	1	优势
人均治理工业污染投资额	31	31	0	劣势
一般工业固体废物综合利用率	31	31	0	劣势
生活垃圾无害化处理率	27	23	4	劣势
自然灾害直接经济损失	7	9	-2	优势
3.3 人力资源竞争力	31	31	0	劣势
常住人口增长率	1	2	-1	强势
15～64 岁人口比例	22	20	2	中势
文盲率	31	31	0	劣势
大专以上教育程度人口比例	31	30	1	劣势
平均受教育程度	31	31	0	劣势
人口健康素质	27	28	-1	劣势
职业学校毕业生数	31	31	0	劣势

4. 西藏自治区财政金融竞争力指标排名变化情况

表 26－8　2016～2017 年西藏自治区财政金融竞争力指标组排位及变化趋势

指　标	2016 年	2017 年	排位升降	优劣势
4　财政金融竞争力	7	30	－23	劣势
4.1　财政竞争力	4	30	－26	劣势
地方财政收入	31	31	0	劣势
地方财政支出	28	28	0	劣势
地方财政收入占 GDP 比重	5	4	1	优势
地方财政支出占 GDP 比重	1	1	0	强势
税收收入占 GDP 比重	9	6	3	优势
税收收入占财政总收入比重	29	25	4	劣势
人均地方财政收入	17	1	16	强势
人均地方财政支出	1	1	0	强势
人均税收收入	21	18	3	中势
地方财政收入增长率	2	2	0	强势
地方财政支出增长率	1	23	－22	劣势
税收收入增长率	4	2	2	强势
4.2　金融竞争力	31	30	1	劣势
存款余额	31	31	0	劣势
人均存款余额	7	7	0	优势
贷款余额	31	31	0	劣势
人均贷款余额	8	6	2	优势
中长期贷款占贷款余额比重	9	4	5	优势
保险费净收入	31	31	0	劣势
保险密度	31	31	0	劣势
保险深度	31	31	0	劣势
国内上市公司数	29	29	0	劣势
国内上市公司市值	29	30	－1	劣势

5. 西藏自治区知识经济竞争力指标排名变化情况

表 26－9　2016～2017 年西藏自治区知识经济竞争力指标组排位及变化趋势

指　标	2016 年	2017 年	排位升降	优劣势
5　知识经济竞争力	31	31	0	劣势
5.1　科技竞争力	31	31	0	劣势
R&D 人员	31	31	0	劣势
R&D 经费	31	31	0	劣势
R&D 经费投入强度	31	31	0	劣势
发明专利授权量	31	31	0	劣势
技术市场成交合同金额	31	31	0	劣势

续表

指　标	2016 年	2017 年	排位升降	优劣势
财政科技支出占地方财政支出比重	31	31	0	劣势
高技术产业主营业务收入	31	31	0	劣势
高技术产业收入占工业增加值比重	25	29	−4	劣势
高技术产品出口额占商品出口额比重	31	30	1	劣势
5.2　教育竞争力	31	31	0	劣势
教育经费	31	30	1	劣势
教育经费占 GDP 比重	1	1	0	强势
人均教育经费	29	22	7	劣势
公共教育经费占财政支出比重	28	31	−3	劣势
人均文化教育支出	31	31	0	劣势
万人中小学学校数	4	15	−11	中势
万人中小学专任教师数	2	2	0	强势
高等学校数	18	18	0	中势
高校专任教师数	31	31	0	劣势
万人高等学校在校学生数	30	30	0	劣势
5.3　文化竞争力	31	31	0	劣势
文化制造业营业收入	31	31	0	劣势
文化批发零售业营业收入	31	31	0	劣势
文化服务业企业营业收入	31	31	0	劣势
图书和期刊出版数	30	30	0	劣势
报纸出版数	31	29	2	劣势
印刷用纸量	31	30	1	劣势
城镇居民人均文化娱乐支出	31	31	0	劣势
农村居民人均文化娱乐支出	31	31	0	劣势
城镇居民人均文化娱乐支出占消费性支出比重	31	31	0	劣势
农村居民人均文化娱乐支出占消费性支出比重	31	31	0	劣势

6. 西藏自治区发展环境竞争力指标排名变化情况

表 26 – 10　2016 ~ 2017 年西藏自治区发展环境竞争力指标组排位及变化趋势

指　标	2016 年	2017 年	排位升降	优劣势
6　发展环境竞争力	31	31	0	劣势
6.1　基础设施竞争力	31	31	0	劣势
铁路网线密度	31	31	0	劣势
公路网线密度	31	31	0	劣势
人均内河航道里程	28	28	0	劣势
全社会旅客周转量	31	31	0	劣势
全社会货物周转量	31	31	0	劣势
人均邮电业务总量	22	31	−9	劣势

指　标	2016 年	2017 年	排位升降	优劣势
电话普及率	22	24	-2	劣势
网站数	31	31	0	劣势
人均耗电量	31	31	0	劣势
6.2　软环境竞争力	29	29	0	劣势
外资企业数增长率	31	31	0	劣势
万人外资企业数	25	29	-4	劣势
个体私营企业数增长率	31	31	0	劣势
万人个体私营企业数	31	31	0	劣势
万人商标注册件数	27	27	0	劣势
查处商标侵权假冒案件	1	2	-1	强势
每十万人交通事故发生数	6	8	-2	优势
罚没收入占财政收入比重	16	15	1	中势
社会捐赠款物	26	26	0	劣势

7. 西藏自治区政府作用竞争力指标排名变化情况

表 26-11　2016~2017 年西藏自治区政府作用竞争力指标组排位及变化趋势

指　标	2016 年	2017 年	排位升降	优劣势
7　政府作用竞争力	31	31	0	劣势
7.1　政府发展经济竞争力	31	31	0	劣势
财政支出用于基本建设投资比重	1	1	0	强势
财政支出对 GDP 增长的拉动	31	31	0	劣势
政府公务员对经济的贡献	31	31	0	劣势
政府消费对民间消费的拉动	31	31	0	劣势
财政投资对社会投资的拉动	31	31	0	劣势
7.2　政府规调经济竞争力	31	31	0	劣势
物价调控	29	21	8	劣势
调控城乡消费差距	31	31	0	劣势
统筹经济社会发展	31	31	0	劣势
规范税收	5	7	-2	优势
固定资产投资价格指数	16	14	2	中势
7.3　政府保障经济竞争力	31	31	0	劣势
城市城镇社区服务设施数	31	31	0	劣势
医疗保险覆盖率	26	26	0	劣势
养老保险覆盖率	31	31	0	劣势
失业保险覆盖率	31	31	0	劣势
最低工资标准	28	30	-2	劣势
城镇登记失业率	26	26	0	劣势

8. 西藏自治区发展水平竞争力指标排名变化情况

表 26 – 12　2016 ~ 2017 年西藏自治区发展水平竞争力指标组排位及变化趋势

指　标	2016 年	2017 年	排位升降	优劣势
8　发展水平竞争力	31	31	0	劣势
8.1　工业化进程竞争力	31	31	0	劣势
工业增加值占 GDP 比重	31	31	0	劣势
工业增加值增长率	1	3	– 2	强势
高技术产业占工业增加值比重	24	28	– 4	劣势
高技术产品出口额占商品出口额比重	31	31	0	劣势
信息产业增加值占 GDP 比重	31	31	0	劣势
工农业增加值比值	30	30	0	劣势
8.2　城市化进程竞争力	31	31	0	劣势
城镇化率	31	31	0	劣势
城镇居民人均可支配收入	23	21	2	劣势
城市平均建成区面积比重	15	23	– 8	劣势
人均拥有道路面积	12	18	– 6	中势
人均日生活用水量	1	2	– 1	强势
人均公共绿地面积	30	31	– 1	劣势
8.3　市场化进程竞争力	31	31	0	劣势
非公有制经济产值占全社会总产值比重	25	29	– 4	劣势
社会投资占投资总额比重	31	31	0	劣势
私有和个体企业从业人员比重	16	12	4	中势
亿元以上商品市场成交额	31	31	0	劣势
亿元以上商品市场成交额占全社会消费品零售总额比重	30	30	0	劣势
居民消费支出占总消费支出比重	31	31	0	劣势

9. 西藏自治区统筹协调竞争力指标排名变化情况

表 26 – 13　2016 ~ 2017 年西藏自治区统筹协调竞争力指标组排位及变化趋势

指　标	2016 年	2017 年	排位升降	优劣势
9　统筹协调竞争力	26	30	– 4	劣势
9.1　统筹发展竞争力	19	25	– 6	劣势
社会劳动生产率	30	30	0	劣势
能源使用下降率	7	4	3	优势
万元 GDP 综合能耗下降率	31	30	1	劣势
非农用地产出率	31	31	0	劣势
生产税净额和营业盈余占 GDP 比重	2	1	1	强势
最终消费率	1	1	0	强势
固定资产投资额占 GDP 比重	31	31	0	劣势
固定资产交付使用率	3	28	– 25	劣势

续表

指 标	2016 年	2017 年	排位升降	优劣势
9.2 协调发展竞争力	28	30	−2	劣势
环境竞争力与宏观经济竞争力比差	29	30	−1	劣势
资源竞争力与宏观经济竞争力比差	17	31	−14	劣势
人力资源竞争力与宏观经济竞争力比差	5	5	0	优势
资源竞争力与工业竞争力比差	6	5	1	优势
环境竞争力与工业竞争力比差	12	11	1	中势
城乡居民家庭人均收入比差	27	26	1	劣势
城乡居民人均现金消费支出比差	31	31	0	劣势
全社会消费品零售总额与外贸出口总额比差	28	26	2	劣势

B.28

27

陕西省经济综合竞争力评价分析报告

陕西省简称陕，东隔黄河与山西相望，西连甘肃、宁夏回族自治区，北邻内蒙古自治区，南连四川、重庆，东南与河南、湖北接壤。全省土地面积为 20.6 万平方公里，2017 年总人口为 3835 万人，地区生产总值达 21899 亿元，同比增长 8.0%，人均 GDP 达 57266 元。本章通过分析 2016~2017 年陕西省经济综合竞争力以及各要素竞争力的排名变化，从中找出陕西省经济综合竞争力的推动点及影响因素，为进一步提升陕西省经济综合竞争力提供决策参考。

27.1 陕西省经济综合竞争力总体分析

1. 陕西省经济综合竞争力一级指标概要分析

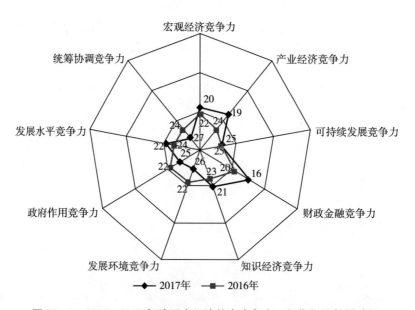

图 27 - 1 2016~2017 年陕西省经济综合竞争力二级指标比较雷达图

（1）从综合排位的变化来看，2017 年陕西省经济综合竞争力排在全国第 17 位，表明其在全国处于中势地位，与 2016 年相比，综合排位上升 3 位。

（2）从指标所处区位看，处于上游区的指标有 1 个，为知识经济竞争力；处于中游区的指标有 6 个，为宏观经济竞争力、产业经济竞争力、可持续发展竞争力、财政金

表27－1　2016～2017年陕西省经济综合竞争力二级指标比较

项目 年份	宏观经济 竞争力	产业经济 竞争力	可持续发展 竞争力	财政金融 竞争力	知识经济 竞争力	发展环境 竞争力	政府作用 竞争力	发展水平 竞争力	统筹协调 竞争力	综合 排位
2016	21	18	11	30	9	17	24	21	31	20
2017	17	16	20	11	9	19	23	16	26	17
升降	4	2	－9	19	0	－2	1	5	5	3
优劣度	中势	中势	中势	中势	优势	中势	劣势	中势	劣势	中势

融竞争力、发展环境竞争力和发展水平竞争力；处于下游区的指标有2个，为政府作用竞争力、统筹协调竞争力。

（3）从指标变化趋势看，9个二级指标中，有6个指标处于上升趋势，为宏观经济竞争力、产业经济竞争力、财政金融竞争力、政府作用竞争力、发展水平竞争力和统筹协调竞争力，这些是陕西省经济综合竞争力的上升动力所在；有2个指标处于下降趋势，为可持续发展竞争力和发展环境竞争力，这些是陕西省经济综合竞争力的下降拉力所在。

2. 陕西省经济综合竞争力各级指标动态变化分析

表27－2　2016～2017年陕西省经济综合竞争力各级指标排位变化态势比较

单位：个，%

二级指标	三级指标	四级 指标数	上升		保持		下降		变化 趋势
			指标数	比重	指标数	比重	指标数	比重	
宏观经济 竞争力	经济实力竞争力	12	4	33.3	7	58.3	1	8.3	上升
	经济结构竞争力	6	2	33.3	1	16.7	3	50.0	下降
	经济外向度竞争力	9	5	55.6	3	33.3	1	11.1	上升
	小　计	27	11	40.7	11	40.7	5	18.5	上升
产业经济 竞争力	农业竞争力	10	5	50.0	3	30.0	2	20.0	保持
	工业竞争力	10	8	80.0	1	10.0	1	10.0	上升
	服务业竞争力	10	5	50.0	3	30.0	2	20.0	下降
	企业竞争力	10	5	50.0	2	20.0	3	30.0	上升
	小　计	40	23	57.5	9	22.5	8	20.0	上升
可持续发展 竞争力	资源竞争力	9	1	11.1	8	88.9	0	0.0	上升
	环境竞争力	8	1	12.5	3	37.5	4	50.0	下降
	人力资源竞争力	7	2	28.6	1	14.3	4	57.1	上升
	小　计	24	4	16.7	12	50.0	8	33.3	下降
财政金融 竞争力	财政竞争力	12	8	66.7	0	0.0	4	33.3	上升
	金融竞争力	10	1	10.0	2	20.0	7	70.0	上升
	小　计	22	9	40.9	2	9.1	11	50.0	上升
知识经济 竞争力	科技竞争力	9	2	22.2	3	33.3	4	44.4	保持
	教育竞争力	10	1	10.0	3	30.0	6	60.0	保持
	文化竞争力	10	2	20.0	4	40.0	4	40.0	下降
	小　计	29	5	17.2	10	34.5	14	48.3	保持

二级指标	三级指标	四级指标数	上升		保持		下降		变化趋势
			指标数	比重	指标数	比重	指标数	比重	
发展环境竞争力	基础设施竞争力	9	2	22.2	4	44.4	3	33.3	上升
	软环境竞争力	9	3	33.3	3	33.3	3	33.3	下降
	小　计	18	5	27.8	7	38.9	6	33.3	下降
政府作用竞争力	政府发展经济竞争力	5	4	80.0	1	20.0	0	0.0	上升
	政府规调经济竞争力	5	2	40.0	1	20.0	2	40.0	上升
	政府保障经济竞争力	6	4	66.7	1	16.7	1	16.7	上升
	小　计	16	10	62.5	3	18.8	3	18.8	上升
发展水平竞争力	工业化进程竞争力	6	4	66.7	2	33.3	0	0.0	上升
	城市化进程竞争力	6	2	33.3	4	66.7	0	0.0	上升
	市场化进程竞争力	6	4	66.7	1	16.7	1	16.7	上升
	小　计	18	10	55.6	7	38.9	1	5.6	上升
统筹协调竞争力	统筹发展竞争力	8	3	37.5	1	12.5	4	50.0	保持
	协调发展竞争力	8	6	75.0	0	0.0	2	25.0	上升
	小　计	16	9	56.3	1	6.3	6	37.5	上升
合　计		210	86	41.0	62	29.5	62	29.5	上升

从表 27 - 2 可以看出，210 个四级指标中，上升指标有 86 个，占指标总数的 41.0%；下降指标有 62 个，占指标总数的 29.5%；保持不变的指标有 62 个，占指标总数的 29.5%。综合来看，陕西省经济综合竞争力上升的动力大于下降的拉力，因此 2016～2017 年陕西省经济综合竞争力排位上升。

3. 陕西省经济综合竞争力各级指标优劣势结构分析

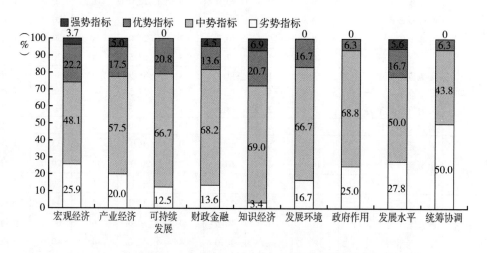

图 27 - 2　2017 年陕西省经济综合竞争力各级指标优劣势比较

表 27 - 3　2017 年陕西省经济综合竞争力各级指标优劣势比较

单位：个，%

二级指标	三级指标	四级指标数	强势指标		优势指标		中势指标		劣势指标		优劣势
			个数	比重	个数	比重	个数	比重	个数	比重	
宏观经济竞争力	经济实力竞争力	12	0	0.0	4	33.3	6	50.0	2	16.7	中势
	经济结构竞争力	6	0	0.0	0	0.0	2	33.3	4	66.7	劣势
	经济外向度竞争力	9	1	11.1	2	22.2	5	55.6	1	11.1	优势
	小　计	27	1	3.7	6	22.2	13	48.1	7	25.9	中势
产业经济竞争力	农业竞争力	10	0	0.0	2	20.0	5	50.0	3	30.0	劣势
	工业竞争力	10	2	20.0	3	30.0	5	50.0	0	0.0	优势
	服务业竞争力	10	0	0.0	0	0.0	7	70.0	3	30.0	劣势
	企业竞争力	10	0	0.0	2	20.0	6	60.0	2	20.0	中势
	小　计	40	2	5.0	7	17.5	23	57.5	8	20.0	中势
可持续发展竞争力	资源竞争力	9	0	0.0	4	44.4	5	55.6	0	0.0	中势
	环境竞争力	8	0	0.0	1	12.5	4	50.0	3	37.5	中势
	人力资源竞争力	7	0	0.0	0	0.0	7	100.0	0	0.0	中势
	小　计	24	0	0.0	5	20.8	16	66.7	3	12.5	中势
财政金融竞争力	财政竞争力	12	1	8.3	2	16.7	6	50.0	3	25.0	优势
	金融竞争力	10	0	0.0	1	10.0	9	90.0	0	0.0	中势
	小　计	22	1	4.5	3	13.6	15	68.2	3	13.6	中势
知识经济竞争力	科技竞争力	9	1	11.1	2	22.2	6	66.7	0	0.0	中势
	教育竞争力	10	1	10.0	3	30.0	6	60.0	0	0.0	优势
	文化竞争力	10	0	0.0	1	10.0	8	80.0	1	10.0	中势
	小　计	29	2	6.9	6	20.7	20	69.0	1	3.4	优势
发展环境竞争力	基础设施竞争力	9	0	0.0	1	11.1	7	77.8	1	11.1	中势
	软环境竞争力	9	0	0.0	2	22.2	5	55.6	2	22.2	中势
	小　计	18	0	0.0	3	16.7	12	66.7	3	16.7	中势
政府作用竞争力	政府发展经济竞争力	5	0	0.0	1	20.0	4	80.0	0	0.0	中势
	政府规调经济竞争力	5	0	0.0	0	0.0	4	80.0	1	20.0	中势
	政府保障经济竞争力	6	0	0.0	0	0.0	3	50.0	3	50.0	劣势
	小　计	16	0	0.0	1	6.3	11	68.8	4	25.0	劣势
发展水平竞争力	工业化进程竞争力	6	1	16.7	2	33.3	3	50.0	0	0.0	优势
	城市化进程竞争力	6	0	0.0	1	16.7	5	83.3	0	0.0	中势
	市场化进程竞争力	6	0	0.0	0	0.0	1	16.7	5	83.3	劣势
	小　计	18	1	5.6	3	16.7	9	50.0	5	27.8	中势
统筹协调竞争力	统筹发展竞争力	8	0	0.0	0	0.0	3	37.5	5	62.5	劣势
	协调发展竞争力	8	0	0.0	1	12.5	4	50.0	3	37.5	劣势
	小　计	16	0	0.0	1	6.3	7	43.8	8	50.0	劣势
合　计		210	7	3.3	35	16.7	126	60.0	42	20.0	中势

基于图 27 - 2 和表 27 - 3，从四级指标看，强势指标 7 个，占指标总数的 3.3%；优势指标 35 个，占指标总数的 16.7%；中势指标 126 个，占指标总数的 60.0%；劣势指标 42 个，占指标总数的 20.0%。从三级指标来看，优势指标 5 个，占三级指标总数的 20%；中势指标 13 个，占三级指标总数的 52%；劣势指标 7 个，占三级指标总数的 28%。反映到二级指标上，优势指标 1 个，占二级指标总数的 11.1%；中势指标有 6 个，占二级指标

总数的 66.7%；劣势指标 2 个，占二级指标总数的 22.2%。综合来看，由于中势指标在指标体系中居于主导地位，2017 年陕西省经济综合竞争力处于中势地位。

4. 陕西省经济综合竞争力四级指标优劣势对比分析

表 27 - 4　2017 年陕西省经济综合竞争力各级指标优劣势比较

二级指标	优劣势	四级指标
宏观经济竞争力（27 个）	强势指标	出口增长率（1 个）
	优势指标	地区生产总值增长率、固定资产投资额增长率、人均固定资产投资额、全社会消费品零售总额增长率、进出口增长率、实际 FDI 增长率（6 个）
	劣势指标	财政总收入、人均财政收入、产业结构优化度、所有制经济结构优化度、城乡经济结构优化度、贸易结构优化度、对外直接投资额（7 个）
产业经济竞争力（40 个）	强势指标	工业成本费用率、工业收入利润率（2 个）
	优势指标	农业增加值增长率、农民人均纯收入增长率、工业增加值增长率、人均工业增加值、工业全员劳动生产率、规模以上企业平均收入、规模以上企业平均利润（7 个）
	劣势指标	农民人均纯收入、农产品出口占农林牧渔总产值比重、人均主要农产品产量、服务业从业人员数、限额以上餐饮企业利税率、电子商务销售额、新产品销售收入占主营业务收入比重、中国驰名商标持有量（8 个）
可持续发展竞争力（24 个）	强势指标	（0 个）
	优势指标	人均牧草地面积、主要能源矿产基础储量、人均主要能源矿产基础储量、人均森林储积量、森林覆盖率（5 个）
	劣势指标	人均工业固体废物排放量、一般工业固体废物综合利用率、自然灾害直接经济损失（3 个）
财政金融竞争力（22 个）	强势指标	税收收入增长率（1 个）
	优势指标	地方财政收入增长率、地方财政支出增长率、中长期贷款占贷款余额比重（3 个）
	劣势指标	地方财政收入占 GDP 比重、税收收入占 GDP 比重、人均地方财政收入（3 个）
知识经济竞争力（29 个）	强势指标	高技术产品出口额占商品出口额比重、万人高等学校在校学生数（2 个）
	优势指标	发明专利授权量、技术市场成交合同金额、公共教育经费占财政支出比重、高等学校数、高校专任教师数、城镇居民人均文化娱乐支出占消费性支出比重（6 个）
	劣势指标	农村居民人均文化娱乐支出（1 个）
发展环境竞争力（18 个）	强势指标	（0 个）
	优势指标	电话普及率、外资企业数增长率、罚没收入占财政收入比重（3 个）
	劣势指标	人均内河航道里程、万人个体私营企业数、社会捐赠款物（3 个）
政府作用竞争力（16 个）	强势指标	（0 个）
	优势指标	财政支出用于基本建设投资比重（1 个）
	劣势指标	调控城乡消费差距、医疗保险覆盖率、养老保险覆盖率、失业保险覆盖率（4 个）
发展水平竞争力（18 个）	强势指标	高技术产品出口额占商品出口额比重（1 个）
	优势指标	工业增加值占 GDP 比重、工业增加值增长率、城市平均建成区面积比重（3 个）
	劣势指标	非公有制经济产值占全社会总产值比重、社会投资占投资总额比重、私有和个体企业从业人员比重、亿元以上商品市场成交额、亿元以上商品市场成交额占全社会消费品零售总额比重（5 个）
统筹协调竞争力（16 个）	强势指标	（0 个）
	优势指标	环境竞争力与工业竞争力比差（1 个）
	劣势指标	能源使用下降率、生产税净额和营业盈余占 GDP 比重、最终消费率、固定资产投资额占 GDP 比重、固定资产交付使用率、人力资源竞争力与宏观经济竞争力比差、城乡居民家庭人均收入比差、城乡居民人均现金消费支出比差（8 个）

27.2 陕西省经济综合竞争力各级指标具体分析

1. 陕西省宏观经济竞争力指标排名变化情况

表 27-5 2016~2017 年陕西省宏观经济竞争力指标组排位及变化趋势

指 标	2016 年	2017 年	排位升降	优劣势
1 宏观经济竞争力	21	17	4	中势
1.1 经济实力竞争力	14	13	1	中势
地区生产总值	15	15	0	中势
地区生产总值增长率	16	9	7	优势
人均地区生产总值	13	12	1	中势
财政总收入	24	24	0	劣势
财政总收入增长率	5	11	-6	中势
人均财政收入	24	24	0	劣势
固定资产投资额	12	12	0	中势
固定资产投资额增长率	11	5	6	优势
人均固定资产投资额	7	5	2	优势
全社会消费品零售总额	16	16	0	中势
全社会消费品零售总额增长率	7	7	0	优势
人均全社会消费品零售总额	16	16	0	中势
1.2 经济结构竞争力	26	27	-1	劣势
产业结构优化度	26	31	-5	劣势
所有制经济结构优化度	24	23	1	劣势
城乡经济结构优化度	26	27	-1	劣势
就业结构优化度	14	14	0	中势
资本形成结构优化度	17	13	4	中势
贸易结构优化度	20	22	-2	劣势
1.3 经济外向度竞争力	29	8	21	优势
进出口总额	18	17	1	中势
进出口增长率	4	4	0	优势
出口总额	17	17	0	中势
出口增长率	29	1	28	强势
实际 FDI	19	18	1	中势
实际 FDI 增长率	20	6	14	优势
外贸依存度	18	16	2	中势
外资企业数	16	18	-2	中势
对外直接投资额	23	23	0	劣势

2. 陕西省产业经济竞争力指标排名变化情况

表 27 – 6　2016～2017 年陕西省产业经济竞争力指标组排位及变化趋势

指　　标	2016 年	2017 年	排位升降	优劣势
2　产业经济竞争力	18	16	2	中势
2.1　农业竞争力	24	24	0	劣势
农业增加值	18	18	0	中势
农业增加值增长率	12	7	5	优势
人均农业增加值	17	13	4	中势
农民人均纯收入	26	27	−1	劣势
农民人均纯收入增长率	19	6	13	优势
农产品出口占农林牧渔总产值比重	25	23	2	劣势
人均主要农产品产量	25	24	1	劣势
农业机械化水平	17	17	0	中势
农村人均用电量	13	13	0	中势
财政支农资金比重	16	18	−2	中势
2.2　工业竞争力	12	5	7	优势
工业增加值	12	12	0	中势
工业增加值增长率	19	7	12	优势
人均工业增加值	12	8	4	优势
工业资产总额	16	15	1	中势
工业资产总额增长率	7	11	−4	中势
规模以上工业主营业务收入	19	16	3	中势
工业成本费用率	5	1	4	强势
规模以上工业利润总额	17	13	4	中势
工业全员劳动生产率	5	4	1	优势
工业收入利润率	6	3	3	强势
2.3　服务业竞争力	23	25	−2	劣势
服务业增加值	18	17	1	中势
服务业增加值增长率	23	19	4	中势
人均服务业增加值	16	16	0	中势
服务业从业人员数	19	21	−2	劣势
限额以上批发零售企业主营业务收入	17	13	4	中势
限额以上批零企业利税率	15	18	−3	中势
限额以上餐饮企业利税率	28	27	1	劣势
旅游外汇收入	11	11	0	中势
商品房销售收入	21	19	2	中势
电子商务销售额	21	21	0	劣势
2.4　企业竞争力	20	17	3	中势
规模以上工业企业数	17	16	1	中势
规模以上企业平均资产	10	12	−2	中势
规模以上企业平均收入	12	10	2	优势
规模以上企业平均利润	6	4	2	优势
规模以上企业劳动效率	17	15	2	中势
城镇就业人员平均工资	20	20	0	中势
新产品销售收入占主营业务收入比重	23	24	−1	劣势
产品质量抽查合格率	29	20	9	中势
工业企业 R&D 经费投入强度	14	15	−1	中势
中国驰名商标持有量	22	22	0	劣势

3. 陕西省可持续发展竞争力指标排名变化情况

表 27 – 7　2016 ~ 2017 年陕西省可持续发展竞争力指标组排位及变化趋势

指　标	2016 年	2017 年	排位升降	优劣势
3　可持续发展竞争力	11	20	– 9	中势
3.1　资源竞争力	16	15	1	中势
人均国土面积	11	11	0	中势
人均可使用海域和滩涂面积	13	13	0	中势
人均年水资源量	22	20	2	中势
耕地面积	19	19	0	中势
人均耕地面积	12	12	0	中势
人均牧草地面积	8	8	0	优势
主要能源矿产基础储量	4	4	0	优势
人均主要能源矿产基础储量	5	5	0	优势
人均森林储积量	10	10	0	优势
3.2　环境竞争力	4	18	– 14	中势
森林覆盖率	10	10	0	优势
人均废水排放量	15	19	– 4	中势
人均工业废气排放量	19	19	0	中势
人均工业固体废物排放量	22	22	0	劣势
人均治理工业污染投资额	15	13	2	中势
一般工业固体废物综合利用率	10	26	– 16	劣势
生活垃圾无害化处理率	14	18	– 4	中势
自然灾害直接经济损失	12	28	– 16	劣势
3.3　人力资源竞争力	17	16	1	中势
常住人口增长率	22	18	4	中势
15 ~ 64 岁人口比例	11	11	0	中势
文盲率	17	19	– 2	中势
大专以上教育程度人口比例	15	11	4	中势
平均受教育程度	13	14	– 1	中势
人口健康素质	13	15	– 2	中势
职业学校毕业生数	16	18	– 2	中势

4. 陕西省财政金融竞争力指标排名变化情况

表 27 – 8　2016 ~ 2017 年陕西省财政金融竞争力指标组排位及变化趋势

指　标	2016 年	2017 年	排位升降	优劣势
4　财政金融竞争力	30	11	19	中势
4.1　财政竞争力	31	9	22	优势
地方财政收入	19	18	1	中势
地方财政支出	18	17	1	中势

指　标	2016 年	2017 年	排位升降	优劣势
地方财政收入占 GDP 比重	22	23	−1	劣势
地方财政支出占 GDP 比重	19	20	−1	中势
税收收入占 GDP 比重	25	21	4	劣势
税收收入占财政总收入比重	25	11	14	中势
人均地方财政收入	16	22	−6	劣势
人均地方财政支出	17	18	−1	中势
人均税收收入	18	14	4	中势
地方财政收入增长率	31	6	25	优势
地方财政支出增长率	30	8	22	优势
税收收入增长率	30	3	27	强势
4.2　金融竞争力	17	15	2	中势
存款余额	15	15	0	中势
人均存款余额	13	12	1	中势
贷款余额	16	17	−1	中势
人均贷款余额	15	16	−1	中势
中长期贷款占贷款余额比重	4	6	−2	优势
保险费净收入	15	16	−1	中势
保险密度	17	17	0	中势
保险深度	14	17	−3	中势
国内上市公司数	16	17	−1	中势
国内上市公司市值	16	18	−2	中势

5. 陕西省知识经济竞争力指标排名变化情况

表 27 - 9　2016~2017 年陕西省知识经济竞争力指标组排位及变化趋势

指　标	2016 年	2017 年	排位升降	优劣势
5　知识经济竞争力	9	9	0	优势
5.1　科技竞争力	13	13	0	中势
R&D 人员	17	18	−1	中势
R&D 经费	17	18	−1	中势
R&D 经费投入强度	17	17	0	中势
发明专利授权量	10	10	0	优势
技术市场成交合同金额	3	4	−1	优势
财政科技支出占地方财政支出比重	14	15	−1	中势
高技术产业主营业务收入	16	16	0	中势
高技术产业收入占工业增加值比重	20	19	1	中势
高技术产品出口额占商品出口额比重	2	1	1	强势
5.2　教育竞争力	6	6	0	优势
教育经费	17	18	−1	中势
教育经费占 GDP 比重	12	17	−5	中势
人均教育经费	14	17	−3	中势
公共教育经费占财政支出比重	7	10	−3	优势

指　标	2016 年	2017 年	排位升降	优劣势
人均文化教育支出	13	18	−5	中势
万人中小学学校数	14	13	1	中势
万人中小学专任教师数	15	16	−1	中势
高等学校数	5	5	0	优势
高校专任教师数	10	10	0	优势
万人高等学校在校学生数	3	3	0	强势
5.3　文化竞争力	13	18	−5	中势
文化制造业营业收入	18	18	0	中势
文化批发零售业营业收入	16	16	0	中势
文化服务业企业营业收入	17	16	1	中势
图书和期刊出版数	18	17	1	中势
报纸出版数	20	20	0	中势
印刷用纸量	17	17	0	中势
城镇居民人均文化娱乐支出	11	14	−3	中势
农村居民人均文化娱乐支出	14	21	−7	劣势
城镇居民人均文化娱乐支出占消费性支出比重	4	5	−1	优势
农村居民人均文化娱乐支出占消费性支出比重	8	13	−5	中势

6. 陕西省发展环境竞争力指标排名变化情况

表 27 – 10　2016～2017 年陕西省发展环境竞争力指标组排位及变化趋势

指　标	2016 年	2017 年	排位升降	优劣势
6　发展环境竞争力	17	19	−2	中势
6.1　基础设施竞争力	18	17	1	中势
铁路网线密度	18	17	1	中势
公路网线密度	18	19	−1	中势
人均内河航道里程	21	21	0	劣势
全社会旅客周转量	13	14	−1	中势
全社会货物周转量	17	17	0	中势
人均邮电业务总量	10	13	−3	中势
电话普及率	9	8	1	优势
网站数	15	15	0	中势
人均耗电量	17	17	0	中势
6.2　软环境竞争力	13	14	−1	中势
外资企业数增长率	4	9	−5	优势
万人外资企业数	15	17	−2	中势
个体私营企业数增长率	22	11	11	中势
万人个体私营企业数	24	23	1	劣势
万人商标注册件数	11	11	0	中势
查处商标侵权假冒案件	15	18	−3	中势
每十万人交通事故发生数	18	18	0	中势
罚没收入占财政收入比重	13	9	4	优势
社会捐赠款物	21	21	0	劣势

7. 陕西省政府作用竞争力指标排名变化情况

表 27 – 11　2016～2017 年陕西省政府作用竞争力指标组排位及变化趋势

指　标	2016 年	2017 年	排位升降	优劣势
7　政府作用竞争力	24	23	1	劣势
7.1　政府发展经济竞争力	18	16	2	中势
财政支出用于基本建设投资比重	7	7	0	优势
财政支出对 GDP 增长的拉动	13	12	1	中势
政府公务员对经济的贡献	22	19	3	中势
政府消费对民间消费的拉动	20	19	1	中势
财政投资对社会投资的拉动	21	15	6	中势
7.2　政府规调经济竞争力	18	16	2	中势
物价调控	3	20	– 17	中势
调控城乡消费差距	22	22	0	劣势
统筹经济社会发展	16	18	– 2	中势
规范税收	22	16	6	中势
固定资产投资价格指数	22	13	9	中势
7.3　政府保障经济竞争力	27	25	2	劣势
城市城镇社区服务设施数	16	16	0	中势
医疗保险覆盖率	28	27	1	劣势
养老保险覆盖率	26	24	2	劣势
失业保险覆盖率	25	26	– 1	劣势
最低工资标准	22	14	8	中势
城镇登记失业率	18	17	1	中势

8. 陕西省发展水平竞争力指标排名变化情况

表 27 – 12　2016～2017 年陕西省发展水平竞争力指标组排位及变化趋势

指　标	2016 年	2017 年	排位升降	优劣势
8　发展水平竞争力	21	16	5	中势
8.1　工业化进程竞争力	17	10	7	优势
工业增加值占 GDP 比重	11	5	6	优势
工业增加值增长率	19	5	14	优势
高技术产业占工业增加值比重	19	18	1	中势
高技术产品出口额占商品出口额比重	11	3	8	强势
信息产业增加值占 GDP 比重	18	18	0	中势
工农业增加值比值	12	12	0	中势
8.2　城市化进程竞争力	13	12	1	中势
城镇化率	18	17	1	中势
城镇居民人均可支配收入	19	18	1	中势
城市平均建成区面积比重	5	5	0	优势
人均拥有道路面积	15	15	0	中势
人均日生活用水量	19	19	0	中势
人均公共绿地面积	17	17	0	中势

续表

指标	2016 年	2017 年	排位升降	优劣势
8.3 市场化进程竞争力	27	26	1	劣势
非公有制经济产值占全社会总产值比重	24	23	1	劣势
社会投资占投资总额比重	25	27	−2	劣势
私有和个体企业从业人员比重	23	23	0	劣势
亿元以上商品市场成交额	23	22	1	劣势
亿元以上商品市场成交额占全社会消费品零售总额比重	27	23	4	劣势
居民消费支出占总消费支出比重	20	19	1	中势

9. 陕西省统筹协调竞争力指标排名变化情况

表 27 – 13 2016～2017 年陕西省统筹协调竞争力指标组排位及变化趋势

指标	2016 年	2017 年	排位升降	优劣势
9 统筹协调竞争力	31	26	5	劣势
9.1 统筹发展竞争力	28	28	0	劣势
社会劳动生产率	12	11	1	中势
能源使用下降率	26	21	5	劣势
万元 GDP 综合能耗下降率	23	17	6	中势
非农用地产出率	12	12	0	中势
生产税净额和营业盈余占 GDP 比重	22	26	−4	劣势
最终消费率	27	29	−2	劣势
固定资产投资额占 GDP 比重	23	24	−1	劣势
固定资产交付使用率	10	26	−16	劣势
9.2 协调发展竞争力	27	23	4	劣势
环境竞争力与宏观经济竞争力比差	28	18	10	中势
资源竞争力与宏观经济竞争力比差	13	12	1	中势
人力资源竞争力与宏观经济竞争力比差	26	22	4	劣势
资源竞争力与工业竞争力比差	16	18	−2	中势
环境竞争力与工业竞争力比差	14	4	10	优势
城乡居民家庭人均收入比差	26	27	−1	劣势
城乡居民人均现金消费支出比差	24	22	2	劣势
全社会消费品零售总额与外贸出口总额比差	17	15	2	中势

B.29

28

甘肃省经济综合竞争力评价分析报告

甘肃省简称甘，地处黄河上游的青藏高原、蒙新高原、黄土高原交汇地带，位于我国地理中心。甘肃省东接陕西省，东北与宁夏回族自治区相邻，南靠四川省，西连青海省、新疆维吾尔自治区，北与内蒙古自治区交界，并与蒙古国接壤，总面积45.4万平方公里，2017年全省常住人口为2626万人，地区生产总值为7460亿元，同比增长3.6%，人均GDP达28497元。本部分通过分析2016～2017年甘肃省经济综合竞争力以及各要素竞争力的排名变化，从中找出甘肃省经济综合竞争力的推动点及影响因素，为进一步提升甘肃省经济综合竞争力提供决策参考。

28.1 甘肃省经济综合竞争力总体分析

1. 甘肃省经济综合竞争力一级指标概要分析

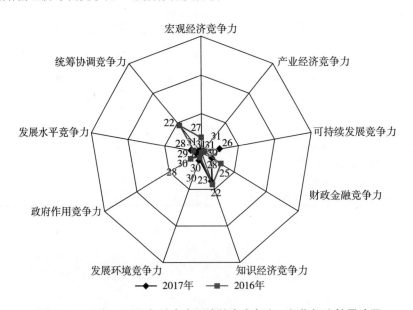

图 28 –1 2016～2017 年甘肃省经济综合竞争力二级指标比较雷达图

（1）从综合排位看，2017年甘肃省经济综合竞争力综合排位在全国居第30位，在全国处于劣势地位；与2016年相比，综合排位保持不变。

（2）从指标所处区位看，9个二级指标均处于下游区。

表 28 - 1 2016~2017 年甘肃省经济综合竞争力二级指标比较

年份\项目	宏观经济竞争力	产业经济竞争力	可持续发展竞争力	财政金融竞争力	知识经济竞争力	发展环境竞争力	政府作用竞争力	发展水平竞争力	统筹协调竞争力	综合排位
2016	27	31	30	25	22	30	28	29	22	30
2017	31	31	26	28	23	30	30	28	31	30
升降	-4	0	4	-3	-1	0	-2	1	-9	0
优劣度	劣势	劣势	劣势	劣势	劣势	劣势	劣势	劣势	劣势	劣势

（3）从指标变化趋势看，9 个二级指标中，有 2 个指标处于上升趋势，分别为可持续发展竞争力和发展水平竞争力，这两个指标是甘肃省经济综合竞争力上升的主要动力；有 2 个指标排位没有发生变化，分别为产业经济竞争力和发展环境竞争力；有 5 个指标处于下降趋势，分别为宏观经济竞争力、财政金融竞争力、知识经济竞争力、政府作用竞争力和统筹协调竞争力，这些是甘肃省经济综合竞争力下降的拉力所在。

2. 甘肃省经济综合竞争力各级指标动态变化分析

表 28 - 2 2016~2017 年甘肃省经济综合竞争力各级指标排位变化态势比较

单位：个，%

二级指标	三级指标	四级指标数	上升		保持		下降		变化趋势
			指标数	比重	指标数	比重	指标数	比重	
宏观经济竞争力	经济实力竞争力	12	0	0.0	3	25.0	9	75.0	下降
	经济结构竞争力	6	3	50.0	2	33.3	1	16.7	下降
	经济外向度竞争力	9	2	22.2	5	55.6	2	22.2	上升
	小　计	27	5	18.5	10	37.0	12	44.4	下降
产业经济竞争力	农业竞争力	10	2	20.0	4	40.0	4	40.0	上升
	工业竞争力	10	2	20.0	6	60.0	2	20.0	保持
	服务业竞争力	10	0	0.0	8	80.0	2	20.0	保持
	企业竞争力	10	3	30.0	5	50.0	2	20.0	下降
	小　计	40	7	17.5	23	57.5	10	25.0	保持
可持续发展竞争力	资源竞争力	9	1	11.1	8	88.9	0	0.0	上升
	环境竞争力	8	2	25.0	2	25.0	4	50.0	上升
	人力资源竞争力	7	4	57.1	1	14.3	2	28.6	上升
	小　计	24	7	29.2	11	45.8	6	25.0	上升
财政金融竞争力	财政竞争力	12	4	33.3	3	25.0	5	41.7	下降
	金融竞争力	10	1	10.0	5	50.0	4	40.0	上升
	小　计	22	5	22.7	8	36.4	9	40.9	下降
知识经济竞争力	科技竞争力	9	0	0.0	6	66.7	3	33.3	下降
	教育竞争力	10	2	20.0	7	70.0	1	10.0	上升
	文化竞争力	10	1	10.0	3	30.0	6	60.0	保持
	小　计	29	3	10.3	16	55.2	10	34.5	下降

续表

二级指标	三级指标	四级指标数	上升		保持		下降		变化趋势
			指标数	比重	指标数	比重	指标数	比重	
发展环境竞争力	基础设施竞争力	9	4	44.4	5	55.6	0	0.0	上升
	软环境竞争力	9	3	33.3	3	33.3	3	33.3	保持
	小　计	18	7	38.9	8	44.4	3	16.7	保持
政府作用竞争力	政府发展经济竞争力	5	1	20.0	2	40.0	2	40.0	下降
	政府规调经济竞争力	5	2	40.0	0	0.0	3	60.0	下降
	政府保障经济竞争力	6	4	66.7	2	33.3	0	0.0	上升
	小　计	16	7	43.8	4	25.0	5	31.3	下降
发展水平竞争力	工业化进程竞争力	6	2	33.3	1	16.7	3	50.0	上升
	城市化进程竞争力	6	3	50.0	2	33.3	1	16.7	上升
	市场化进程竞争力	6	2	33.3	2	33.3	2	33.3	保持
	小　计	18	7	38.9	5	27.8	6	33.3	上升
统筹协调竞争力	统筹发展竞争力	8	1	12.5	2	25.0	5	62.5	下降
	协调发展竞争力	8	1	12.5	1	12.5	6	75.0	下降
	小　计	16	2	12.5	3	18.8	11	68.8	下降
合　计		210	50	23.8	88	41.9	72	34.3	保持

从表 28-2 可以看出，210 个四级指标中，上升指标有 50 个，占指标总数的 23.8%；下降指标有 72 个，占指标总数的 34.3%；保持指标有 88 个，占指标总数的 41.9%。综上所述，甘肃省经济综合竞争力上升的动力小于下降的拉力，但由于保持指标所占比重较大，2016～2017 年甘肃省经济综合竞争力排位保持不变。

3. 甘肃省经济综合竞争力各级指标优劣势结构分析

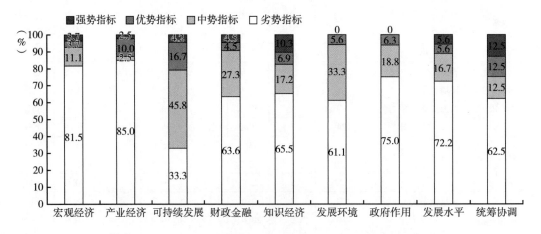

图 28-2　2017 年甘肃省经济综合竞争力各级指标优劣势比较

表 28 – 3　2017 年甘肃省经济综合竞争力各级指标优劣势比较

单位：个，%

二级指标	三级指标	四级指标数	强势指标		优势指标		中势指标		劣势指标		优劣势
			个数	比重	个数	比重	个数	比重	个数	比重	
宏观经济竞争力	经济实力竞争力	12	0	0.0	0	0.0	1	8.3	11	91.7	劣势
	经济结构竞争力	6	0	0.0	1	16.7	1	16.7	4	66.7	劣势
	经济外向度竞争力	9	1	11.1	0	0.0	1	11.1	7	77.8	中势
	小　计	27	1	3.7	1	3.7	3	11.1	22	81.5	劣势
产业经济竞争力	农业竞争力	10	1	10.0	1	10.0	1	10.0	7	70.0	劣势
	工业竞争力	10	0	0.0	0	0.0	0	0.0	10	100.0	劣势
	服务业竞争力	10	0	0.0	0	0.0	0	0.0	10	100.0	劣势
	企业竞争力	10	0	0.0	3	30.0	0	0.0	7	70.0	劣势
	小　计	40	1	2.5	4	10.0	1	2.5	34	85.0	劣势
可持续发展竞争力	资源竞争力	9	0	0.0	4	44.4	4	44.4	1	11.1	中势
	环境竞争力	8	1	12.5	0	0.0	3	37.5	4	50.0	劣势
	人力资源竞争力	7	0	0.0	0	0.0	4	57.1	3	42.9	劣势
	小　计	24	1	4.2	4	16.7	11	45.8	8	33.3	劣势
财政金融竞争力	财政竞争力	12	1	8.3	0	0.0	4	33.3	7	58.3	劣势
	金融竞争力	10	0	0.0	1	10.0	2	20.0	7	70.0	劣势
	小　计	22	1	4.5	1	4.5	6	27.3	14	63.6	劣势
知识经济竞争力	科技竞争力	9	0	0.0	0	0.0	2	22.2	7	77.8	劣势
	教育竞争力	10	3	30.0	1	10.0	2	20.0	4	40.0	中势
	文化竞争力	10	0	0.0	1	10.0	1	10.0	8	80.0	劣势
	小　计	29	3	10.3	2	6.9	5	17.2	19	65.5	劣势
发展环境竞争力	基础设施竞争力	9	0	0.0	0	0.0	5	55.6	4	44.4	劣势
	软环境竞争力	9	0	0.0	1	11.1	1	11.1	7	77.8	劣势
	小　计	18	0	0.0	1	5.6	6	33.3	11	61.1	劣势
政府作用竞争力	政府发展经济竞争力	5	0	0.0	0	0.0	1	20.0	4	80.0	劣势
	政府规调经济竞争力	5	0	0.0	1	20.0	0	0.0	4	80.0	劣势
	政府保障经济竞争力	6	0	0.0	0	0.0	2	33.3	4	66.7	劣势
	小　计	16	0	0.0	1	6.3	3	18.8	12	75.0	劣势
发展水平竞争力	工业化进程竞争力	6	0	0.0	0	0.0	1	16.7	5	83.3	劣势
	城市化进程竞争力	6	1	16.7	1	16.7	1	16.7	3	50.0	劣势
	市场化进程竞争力	6	0	0.0	0	0.0	1	16.7	5	83.3	劣势
	小　计	18	1	5.6	1	5.6	3	16.7	13	72.2	劣势
统筹协调竞争力	统筹发展竞争力	8	1	12.5	1	12.5	2	25.0	4	50.0	劣势
	协调发展竞争力	8	1	12.5	1	12.5	0	0.0	6	75.0	劣势
	小　计	16	2	12.5	2	12.5	2	12.5	10	62.5	劣势
合　计		210	10	4.8	17	8.1	40	19.0	143	68.1	劣势

基于图 28 – 2 和表 28 – 3，从四级指标来看，强势指标 10 个，占指标总数的 4.8%；优势指标 17 个，占指标总数的 8.1%；中势指标 40 个，占指标总数的 19.0%；劣势指标 143 个，占指标总数的 68.1%。从三级指标来看，没有强势指标，也没有优势指标；中势指标 3 个，占三级指标总数的 12%；劣势指标 22 个，占三级指标总数的 88%。反映到二级指标上来，劣势指标有 9 个，占二级指标总数的 100%。综合来看，由于劣势指标在指

标体系中居于主导地位，2017 年甘肃省经济综合竞争力处于劣势地位。

4. 甘肃省经济综合竞争力四级指标优劣势对比分析

表 28 - 4　2017 年甘肃省经济综合竞争力各级指标优劣势比较

二级指标	优劣势	四级指标
宏观经济竞争力（27 个）	强势指标	实际 FDI 增长率（1 个）
	优势指标	产业结构优化度（1 个）
	劣势指标	地区生产总值、地区生产总值增长率、人均地区生产总值、财政总收入、人均财政收入、固定资产投资额、固定资产投资额增长率、人均固定资产投资额、全社会消费品零售总额、全社会消费品零售总额增长率、人均全社会消费品零售额、所有制经济结构优化度、城乡经济结构优化度、就业结构优化度、资本形成结构优化度、进出口总额、出口总额、出口增长率、实际 FDI、外贸依存度、外资企业数、对外直接投资额（22 个）
产业经济竞争力（40 个）	强势指标	农业增加值增长率（1 个）
	优势指标	财政支农资金比重、规模以上企业平均资产、规模以上企业平均收入、规模以上企业劳动效率（4 个）
	劣势指标	农业增加值、人均农业增加值、农民人均纯收入、农民人均纯收入增长率、农产品出口占农林牧渔总产值比重、农业机械化水平、农村人均用电量、工业增加值、工业增加值增长率、人均工业增加值、工业资产总额、工业资产总额增长率、规模以上工业主营业务收入、工业成本费用率、规模以上工业利润总额、工业全员劳动生产率、工业收入利润率、服务业增加值、服务业增加值增长率、人均服务业增加值、服务业从业人数、限额以上批零零售企业主营业务收入、限额以上批零企业利税率、限额以上餐饮企业利税率、旅游外汇收入、商品房销售收入、电子商销售额、规模以上工业企业数、规模以上企业平均利润、城镇就业人员平均工资、新产品销售收入占主营业务收入比重、产品质量抽查合格率、工业企业 R&D 经费投入强度、中国驰名商标持有量（34 个）
可持续发展竞争力（24 个）	强势指标	人均废水排放量（1 个）
	优势指标	人均国土面积、耕地面积、人均耕地面积、人均牧草地面积（4 个）
	劣势指标	人均年水资源量、森林覆盖率、人均工业废气排放量、人均治理工业污染投资额、自然灾害直接经济损失、文盲率、平均受教育程度、职业学校毕业生数（8 个）
财政金融竞争力（22 个）	强势指标	地方财政支出占 GDP 比重（1 个）
	优势指标	保险深度（1 个）
	劣势指标	地方财政收入、地方财政支出、税收收入占财政总收入比重、人均税收收入、地方财政收入增长率、地方财政支出增长率、税收收入增长率、存款余额、人均存款余额、贷款余额、保险费净收入、保险密度、国内上市公司数、国内上市公司市值（14 个）
知识经济竞争力（29 个）	强势指标	教育经费占 GDP 比重、万人中小学学校数、万人中小学专任教师数（3 个）
	优势指标	公共教育经费占财政支出比重、农村居民人均文化娱乐支出占消费性支出比重（2 个）
	劣势指标	R&D 人员、R&D 经费、R&D 经费投入强度、发明专利授权量、财政科技支出占地方财政支出比重、高技术产业主营业务收入、高技术产业收入占工业增加值比重、教育经费、人均文化教育支出、高校专任教师数、万人高等学校在校学生数、文化制造业营业收入、文化批发零售业营业收入、文化服务业企业营业收入、图书和期刊出版数、报纸出版数、印刷用纸量、城镇居民人均文化娱乐支出、农村居民人均文化娱乐支出（19 个）
发展环境竞争力（18 个）	强势指标	（0 个）
	优势指标	每十万人交通事故发生数（1 个）
	劣势指标	铁路网线密度、公路网线密度、人均邮电业务总量、网站数、外资企业数增长率、万人外资企业数、个体私营企业数增长率、万人个体私营企业数、万人商标注册件数、罚没收入占财政收入比重、社会捐赠款物（11 个）

二级指标	优劣势	四级指标
政府作用 竞争力 （16个）	强势指标	（0个）
	优势指标	物价调控（1个）
	劣势指标	财政支出对GDP增长的拉动、政府公务员对经济的贡献、政府消费对民间消费的拉动、财政投资对社会投资的拉动、调控城乡消费差距、统筹经济社会发展、规范税收、固定资产投资价格指数、医疗保险覆盖率、养老保险覆盖率、失业保险覆盖率、城镇登记失业率（12个）
发展水平 竞争力 （18个）	强势指标	城市平均建成区面积比重（1个）
	优势指标	人均公共绿地面积（1个）
	劣势指标	工业增加值占GDP比重、工业增加值增长率、高技术产业占工业增加值比重、信息产业增加值占GDP比重、工农业增加值比值、城镇化率、城镇居民人均可支配收入、人均日生活用水量、非公有制经济产值占全社会总产值比重、社会投资占投资总额比重、亿元以上商品市场成交额、亿元以上商品市场成交额占全社会消费品零售总额比重、居民消费支出占总消费支出比重（13个）
统筹协调 竞争力 （16个）	强势指标	最终消费率、资源竞争力与宏观经济竞争力比差（2个）
	优势指标	生产税净额和营业盈余占GDP比重、资源竞争力与工业竞争力比差（2个）
	劣势指标	社会劳动生产率、万元GDP综合能耗下降率、非农用地产出率、固定资产交付使用率、环境竞争力与宏观经济竞争力比差、人力资源竞争力与宏观经济竞争力比差、环境竞争力与工业竞争力比差、城乡居民家庭人均收入比差、城乡居民人均现金消费支出比差、全社会消费品零售总额与外贸出口总额比差（10个）

28.2 甘肃省经济综合竞争力各级指标具体分析

1. 甘肃省宏观经济竞争力指标排名变化情况

表 28 – 5　2016～2017 年甘肃省宏观经济竞争力指标组排位及变化趋势

指　　标	2016 年	2017 年	排位升降	优劣势
1　宏观经济竞争力	27	31	−4	劣势
1.1　经济实力竞争力	26	31	−5	劣势
地区生产总值	27	27	0	劣势
地区生产总值增长率	16	30	−14	劣势
人均地区生产总值	31	31	0	劣势
财政总收入	29	30	−1	劣势
财政总收入增长率	1	16	−15	中势
人均财政收入	30	31	−1	劣势
固定资产投资额	24	27	−3	劣势
固定资产投资额增长率	15	30	−15	劣势
人均固定资产投资额	24	29	−5	劣势
全社会消费品零售总额	26	26	0	劣势
全社会消费品零售总额增长率	24	25	−1	劣势
人均全社会消费品零售总额	28	29	−1	劣势

指　标	2016 年	2017 年	排位升降	优劣势
1.2　经济结构竞争力	29	31	-2	劣势
产业结构优化度	10	6	4	优势
所有制经济结构优化度	31	31	0	劣势
城乡经济结构优化度	31	31	0	劣势
就业结构优化度	24	23	1	劣势
资本形成结构优化度	1	31	-30	劣势
贸易结构优化度	21	20	1	中势
1.3　经济外向度竞争力	21	17	4	中势
进出口总额	28	28	0	劣势
进出口增长率	2	13	-11	中势
出口总额	29	29	0	劣势
出口增长率	13	29	-16	劣势
实际 FDI	29	28	1	劣势
实际 FDI 增长率	29	3	26	强势
外贸依存度	28	28	0	劣势
外资企业数	26	26	0	劣势
对外直接投资额	21	21	0	劣势

2. 甘肃省产业经济竞争力指标排名变化情况

表 28 - 6　2016~2017 年甘肃省产业经济竞争力指标组排位及变化趋势

指　标	2016 年	2017 年	排位升降	优劣势
2　产业经济竞争力	31	31	0	劣势
2.1　农业竞争力	28	26	2	劣势
农业增加值	23	24	-1	劣势
农业增加值增长率	4	3	1	强势
人均农业增加值	27	27	0	劣势
农民人均纯收入	31	31	0	劣势
农民人均纯收入增长率	26	26	0	劣势
农产品出口占农林牧渔总产值比重	23	24	-1	劣势
人均主要农产品产量	16	17	-1	中势
农业机械化水平	21	21	0	劣势
农村人均用电量	27	29	-2	劣势
财政支农资金比重	5	4	1	优势
2.2　工业竞争力	31	31	0	劣势
工业增加值	27	27	0	劣势
工业增加值增长率	25	31	-6	劣势
人均工业增加值	29	29	0	劣势
工业资产总额	27	27	0	劣势
工业资产总额增长率	26	26	0	劣势
规模以上工业主营业务收入	27	27	0	劣势
工业成本费用率	30	24	6	劣势
规模以上工业利润总额	30	27	3	劣势
工业全员劳动生产率	24	25	-1	劣势
工业收入利润率	31	31	0	劣势

续表

指　标	2016 年	2017 年	排位升降	优劣势
2.3　服务业竞争力	31	31	0	劣势
服务业增加值	27	27	0	劣势
服务业增加值增长率	22	28	-6	劣势
人均服务业增加值	31	31	0	劣势
服务业从业人员数	25	25	0	劣势
限额以上批发零售企业主营业务收入	24	24	0	劣势
限额以上批零企业利税率	25	27	-2	劣势
限额以上餐饮企业利税率	21	21	0	劣势
旅游外汇收入	31	31	0	劣势
商品房销售收入	27	27	0	劣势
电子商务销售额	28	28	0	劣势
2.4　企业竞争力	23	24	-1	劣势
规模以上工业企业数	27	27	0	劣势
规模以上企业平均资产	9	9	0	优势
规模以上企业平均收入	11	6	5	优势
规模以上企业平均利润	31	27	4	劣势
规模以上企业劳动效率	11	6	5	优势
城镇就业人员平均工资	24	24	0	劣势
新产品销售收入占主营业务收入比重	30	30	0	劣势
产品质量抽查合格率	4	25	-21	劣势
工业企业 R&D 经费投入强度	20	25	-5	劣势
中国驰名商标持有量	24	24	0	劣势

3. 甘肃省可持续发展竞争力指标排名变化情况

表 28 - 7　2016 ~ 2017 年甘肃省可持续发展竞争力指标组排位及变化趋势

指　标	2016 年	2017 年	排位升降	优劣势
3　可持续发展竞争力	30	26	4	劣势
3.1　资源竞争力	14	12	2	中势
人均国土面积	5	5	0	优势
人均可使用海域和滩涂面积	13	13	0	中势
人均年水资源量	23	21	2	劣势
耕地面积	10	10	0	优势
人均耕地面积	5	5	0	优势
人均牧草地面积	5	5	0	优势
主要能源矿产基础储量	15	15	0	中势
人均主要能源矿产基础储量	12	12	0	中势
人均森林储积量	14	14	0	中势
3.2　环境竞争力	27	22	5	劣势
森林覆盖率	27	27	0	劣势
人均废水排放量	2	2	0	强势
人均工业废气排放量	21	22	-1	劣势
人均工业固体废物排放量	18	19	-1	中势
人均治理工业污染投资额	19	21	-2	劣势

指　标	2016 年	2017 年	排位升降	优劣势
一般工业固体废物综合利用率	21	20	1	中势
生活垃圾无害化处理率	31	20	11	中势
自然灾害直接经济损失	14	22	−8	劣势
3.3　人力资源竞争力	27	25	2	劣势
常住人口增长率	24	16	8	中势
15~64 岁人口比例	12	15	−3	中势
文盲率	27	28	−1	劣势
大专以上教育程度人口比例	20	16	4	中势
平均受教育程度	26	23	3	劣势
人口健康素质	15	13	2	中势
职业学校毕业生数	21	21	0	劣势

4. 甘肃省财政金融竞争力指标排名变化情况

表 28－8　2016~2017 年甘肃省财政金融竞争力指标组排位及变化趋势

指　标	2016 年	2017 年	排位升降	优劣势
4　财政金融竞争力	25	28	−3	劣势
4.1　财政竞争力	23	26	−3	劣势
地方财政收入	27	27	0	劣势
地方财政支出	27	26	1	劣势
地方财政收入占 GDP 比重	17	15	2	中势
地方财政支出占 GDP 比重	3	3	0	强势
税收收入占 GDP 比重	19	18	1	中势
税收收入占财政总收入比重	21	24	−3	劣势
人均地方财政收入	31	19	12	中势
人均地方财政支出	15	19	−4	中势
人均税收收入	31	31	0	劣势
地方财政收入增长率	10	23	−13	劣势
地方财政支出增长率	17	27	−10	劣势
税收收入增长率	20	24	−4	劣势
4.2　金融竞争力	25	23	2	劣势
存款余额	27	27	0	劣势
人均存款余额	23	27	−4	劣势
贷款余额	25	26	−1	劣势
人均贷款余额	17	18	−1	中势
中长期贷款占贷款余额比重	17	12	5	中势
保险费净收入	26	26	0	劣势
保险密度	26	26	0	劣势
保险深度	8	8	0	优势
国内上市公司数	25	26	−1	劣势
国内上市公司市值	27	27	0	劣势

5. 甘肃省知识经济竞争力指标排名变化情况

表 28-9 2016~2017 年甘肃省知识经济竞争力指标组排位及变化趋势

指　标	2016 年	2017 年	排位升降	优劣势
5　知识经济竞争力	22	23	-1	劣势
5.1　科技竞争力	23	25	-2	劣势
R&D 人员	26	26	0	劣势
R&D 经费	26	26	0	劣势
R&D 经费投入强度	21	22	-1	劣势
发明专利授权量	25	25	0	劣势
技术市场成交合同金额	13	15	-2	中势
财政科技支出占地方财政支出比重	28	28	0	劣势
高技术产业主营业务收入	26	26	0	劣势
高技术产业收入占工业增加值比重	28	28	0	劣势
高技术产品出口额占商品出口额比重	13	15	-2	中势
5.2　教育竞争力	16	12	4	中势
教育经费	25	25	0	劣势
教育经费占 GDP 比重	2	2	0	强势
人均教育经费	15	11	4	中势
公共教育经费占财政支出比重	11	7	4	优势
人均文化教育支出	23	29	-6	劣势
万人中小学学校数	1	1	0	强势
万人中小学专任教师数	3	3	0	强势
高等学校数	18	18	0	中势
高校专任教师数	25	25	0	劣势
万人高等学校在校学生数	25	25	0	劣势
5.3　文化竞争力	26	26	0	劣势
文化制造业营业收入	28	29	-1	劣势
文化批发零售业营业收入	23	23	0	劣势
文化服务业企业营业收入	29	28	1	劣势
图书和期刊出版数	21	21	0	劣势
报纸出版数	22	22	0	劣势
印刷用纸量	25	26	-1	劣势
城镇居民人均文化娱乐支出	19	23	-4	劣势
农村居民人均文化娱乐支出	22	27	-5	劣势
城镇居民人均文化娱乐支出占消费性支出比重	9	20	-11	中势
农村居民人均文化娱乐支出占消费性支出比重	7	9	-2	优势

6. 甘肃省发展环境竞争力指标排名变化情况

表28－10　2016～2017年甘肃省发展环境竞争力指标组排位及变化趋势

指　　标	2016 年	2017 年	排位升降	优劣势
6　发展环境竞争力	30	30	0	劣势
6.1　基础设施竞争力	30	29	1	劣势
铁路网线密度	28	26	2	劣势
公路网线密度	27	27	0	劣势
人均内河航道里程	20	20	0	中势
全社会旅客周转量	16	16	0	中势
全社会货物周转量	21	20	1	中势
人均邮电业务总量	30	21	9	劣势
电话普及率	23	19	4	中势
网站数	27	27	0	劣势
人均耗电量	16	16	0	中势
6.2　软环境竞争力	31	31	0	劣势
外资企业数增长率	29	25	4	劣势
万人外资企业数	31	31	0	劣势
个体私营企业数增长率	23	28	−5	劣势
万人个体私营企业数	28	30	−2	劣势
万人商标注册件数	31	31	0	劣势
查处商标侵权假冒案件	11	13	−2	中势
每十万人交通事故发生数	10	9	1	优势
罚没收入占财政收入比重	30	25	5	劣势
社会捐赠款物	29	29	0	劣势

7. 甘肃省政府作用竞争力指标排名变化情况

表28－11　2016～2017年甘肃省政府作用竞争力指标组排位及变化趋势

指　　标	2016 年	2017 年	排位升降	优劣势
7　政府作用竞争力	28	30	−2	劣势
7.1　政府发展经济竞争力	26	28	−2	劣势
财政支出用于基本建设投资比重	5	14	−9	中势
财政支出对 GDP 增长的拉动	29	29	0	劣势
政府公务员对经济的贡献	30	29	1	劣势
政府消费对民间消费的拉动	21	21	0	劣势
财政投资对社会投资的拉动	27	28	−1	劣势
7.2　政府规调经济竞争力	17	30	−13	劣势
物价调控	4	10	−6	优势
调控城乡消费差距	30	29	1	劣势

指　标	2016 年	2017 年	排位升降	优劣势
统筹经济社会发展	23	27	－ 4	劣势
规范税收	27	24	3	劣势
固定资产投资价格指数	3	21	－ 18	劣势
7.3 政府保障经济竞争力	30	29	1	劣势
城市城镇社区服务设施数	12	12	0	中势
医疗保险覆盖率	29	28	1	劣势
养老保险覆盖率	30	28	2	劣势
失业保险覆盖率	28	28	0	劣势
最低工资标准	26	20	6	中势
城镇登记失业率	31	25	6	劣势

8. 甘肃省发展水平竞争力指标排名变化情况

表 28 － 12　2016～2017 年甘肃省发展水平竞争力指标组排位及变化趋势

指　标	2016 年	2017 年	排位升降	优劣势
8　发展水平竞争力	29	28	1	劣势
8.1 工业化进程竞争力	25	23	2	劣势
工业增加值占 GDP 比重	27	27	0	劣势
工业增加值增长率	25	26	－ 1	劣势
高技术产业占工业增加值比重	28	29	－ 1	劣势
高技术产品出口额占商品出口额比重	23	12	11	中势
信息产业增加值占 GDP 比重	23	25	－ 2	劣势
工农业增加值比值	27	26	1	劣势
8.2 城市化进程竞争力	22	21	1	劣势
城镇化率	29	29	0	劣势
城镇居民人均可支配收入	31	30	1	劣势
城市平均建成区面积比重	3	3	0	强势
人均拥有道路面积	15	14	1	中势
人均日生活用水量	25	27	－ 2	劣势
人均公共绿地面积	12	9	3	优势
8.3 市场化进程竞争力	29	29	0	劣势
非公有制经济产值占全社会总产值比重	31	31	0	劣势
社会投资占投资总额比重	27	25	2	劣势
私有和个体企业从业人员比重	22	20	2	中势
亿元以上商品市场成交额	27	28	－ 1	劣势
亿元以上商品市场成交额占全社会消费品零售总额比重	23	27	－ 4	劣势
居民消费支出占总消费支出比重	21	21	0	劣势

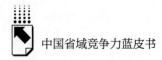

9. 甘肃省统筹协调竞争力指标排名变化情况

表 28 – 13 2016～2017 年甘肃省统筹协调竞争力指标组排位及变化趋势

指　　标	2016 年	2017 年	排位升降	优劣势
9　统筹协调竞争力	22	31	−9	劣势
9.1　统筹发展竞争力	8	24	−16	劣势
社会劳动生产率	31	31	0	劣势
能源使用下降率	2	18	−16	中势
万元 GDP 综合能耗下降率	1	29	−28	劣势
非农用地产出率	28	28	0	劣势
生产税净额和营业盈余占 GDP 比重	7	8	−1	优势
最终消费率	2	3	−1	强势
固定资产投资额占 GDP 比重	29	11	18	中势
固定资产交付使用率	22	25	−3	劣势
9.2　协调发展竞争力	30	31	−1	劣势
环境竞争力与宏观经济竞争力比差	20	31	−11	劣势
资源竞争力与宏观经济竞争力比差	10	3	7	强势
人力资源竞争力与宏观经济竞争力比差	25	31	−6	劣势
资源竞争力与工业竞争力比差	2	9	−7	优势
环境竞争力与工业竞争力比差	30	31	−1	劣势
城乡居民家庭人均收入比差	31	31	0	劣势
城乡居民人均现金消费支出比差	28	29	−1	劣势
全社会消费品零售总额与外贸出口总额比差	27	31	−4	劣势

青海省经济综合竞争力评价分析报告

青海省简称青,位于青藏高原东北部,分别与甘肃省、四川省、西藏自治区、新疆维吾尔自治区相连。境内的青海湖是中国最大的内陆高原咸水湖,也是长江、黄河源头所在。青海省土地面积近70万平方公里,2017年全省常住人口为598万人,地区生产总值为2625亿元,同比增长7.3%,人均GDP达44047元。本部分通过分析2016~2017年青海省经济综合竞争力以及各要素竞争力的排名变化,从中找出青海省经济综合竞争力的推动点及影响因素,为进一步提升青海省经济综合竞争力提供决策参考。

29.1 青海省经济综合竞争力总体分析

1. 青海省经济综合竞争力一级指标概要分析

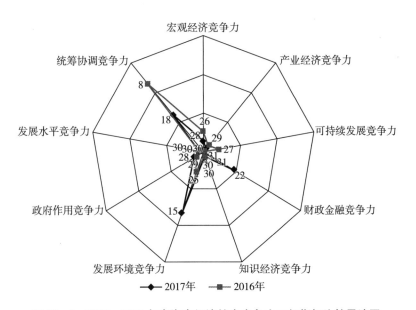

图 29-1 2016~2017 年青海省经济综合竞争力二级指标比较雷达图

(1)从综合排位看,2017年青海省经济综合竞争力综合排位在全国居第29位,这表明其在全国处于劣势地位;与2016年相比,综合排位不变。

(2)从指标所处区位看,2个二级指标处于中游区,分别为统筹协调竞争力和发展环境竞争力;其余指标均处于下游区。

表 29 - 1　2016～2017 年青海省经济综合竞争力二级指标比较

项目 年份	宏观经济 竞争力	产业经济 竞争力	可持续发展 竞争力	财政金融 竞争力	知识经济 竞争力	发展环境 竞争力	政府作用 竞争力	发展水平 竞争力	统筹协调 竞争力	综合 排位
2016	26	29	27	31	30	25	29	30	8	29
2017	28	30	31	22	30	15	28	30	18	29
升降	-2	-1	-4	9	0	10	1	0	-10	0
优劣度	劣势	劣势	劣势	劣势	劣势	中势	劣势	劣势	中势	劣势

（3）从指标变化趋势看，9 个二级指标中，有 3 个指标处于上升趋势，分别为财政金融竞争力、政府作用竞争力和发展环境竞争力，其中财政金融竞争力和发展环境竞争力排位上升幅度较大，这些是青海省经济综合竞争力上升的动力所在；有 2 个指标排位没有发生变化，分别是知识经济竞争力和发展水平竞争力；有 4 个指标处于下降趋势，分别为宏观经济竞争力、产业经济竞争力、可持续发展竞争力和统筹协调竞争力，这些是青海省经济综合竞争力下降的拉力所在。

2. 青海省经济综合竞争力各级指标动态变化分析

表 29 - 2　2016～2017 年青海省经济综合竞争力各级指标排位变化态势比较

单位：个，%

二级指标	三级指标	四级 指标数	上升		保持		下降		变化 趋势
			指标数	比重	指标数	比重	指标数	比重	
宏观经济 竞争力	经济实力竞争力	12	3	25.0	4	33.3	5	41.7	下降
	经济结构竞争力	6	2	33.3	2	33.3	2	33.3	上升
	经济外向度竞争力	9	0	0.0	6	66.7	3	33.3	保持
	小　计	27	5	18.5	12	44.4	10	37.0	下降
产业经济 竞争力	农业竞争力	10	4	40.0	6	60.0	0	0.0	下降
	工业竞争力	10	2	20.0	3	30.0	5	50.0	下降
	服务业竞争力	10	1	10.0	5	50.0	4	40.0	下降
	企业竞争力	10	3	30.0	3	30.0	4	40.0	保持
	小　计	40	10	25.0	17	42.5	13	32.5	下降
可持续发展 竞争力	资源竞争力	9	1	11.1	8	88.9	0	0.0	下降
	环境竞争力	8	1	12.5	3	37.5	4	50.0	下降
	人力资源竞争力	7	3	42.9	1	14.3	3	42.9	保持
	小　计	24	5	20.8	12	50.0	7	29.2	下降
财政金融 竞争力	财政竞争力	12	5	41.7	4	33.3	3	25.0	上升
	金融竞争力	10	2	20.0	3	30.0	5	50.0	下降
	小　计	22	7	31.8	7	31.8	8	36.4	上升

续表

二级指标	三级指标	四级指标数	上升		保持		下降		变化趋势
			指标数	比重	指标数	比重	指标数	比重	
知识经济竞争力	科技竞争力	9	3	33.3	4	44.4	2	22.2	保持
	教育竞争力	10	2	20.0	6	60.0	2	20.0	保持
	文化竞争力	10	4	40.0	3	30.0	3	30.0	保持
	小　计	29	9	31.0	13	44.8	7	24.1	保持
发展环境竞争力	基础设施竞争力	9	3	33.3	6	66.7	0	0.0	上升
	软环境竞争力	9	4	44.4	2	22.2	3	33.3	上升
	小　计	18	7	38.9	8	44.4	3	16.7	上升
政府作用竞争力	政府发展经济竞争力	5	0	0.0	4	80.0	1	20.0	下降
	政府规调经济竞争力	5	3	60.0	0	0.0	2	40.0	保持
	政府保障经济竞争力	6	2	33.3	2	33.3	2	33.3	上升
	小　计	16	5	31.3	6	37.5	5	31.3	上升
发展水平竞争力	工业化进程竞争力	6	3	50.0	0	0.0	3	50.0	下降
	城市化进程竞争力	6	3	50.0	1	16.7	2	33.3	上升
	市场化进程竞争力	6	2	33.3	3	50.0	1	16.7	保持
	小　计	18	8	44.4	4	22.2	6	33.3	保持
统筹协调竞争力	统筹发展竞争力	8	1	12.5	3	37.5	4	50.0	下降
	协调发展竞争力	8	3	37.5	1	12.5	4	50.0	下降
	小　计	16	4	25.0	4	25.0	8	50.0	下降
合　计		210	60	28.6	83	39.5	67	31.9	保持

从表 29 - 2 可以看出，210 个四级指标中，上升指标有 60 个，占指标总数的 28.6%；下降指标有 67 个，占指标总数的 31.9%；保持指标有 83 个，占指标总数的 39.5%。综上所述，青海省经济综合竞争力的上升动力和下降拉力大致相当，且排位保持不变的指标占较大比重，2016～2017 年青海省经济综合竞争力排位保持不变。

3. 青海省经济综合竞争力各级指标优劣势结构分析

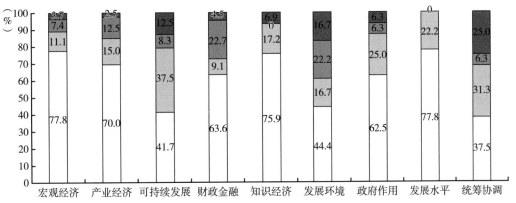

图 29 - 2　2017 年青海省经济综合竞争力各级指标优劣势比较

表 29 – 3　2017 年青海省经济综合竞争力各级指标优劣势比较

单位：个，%

二级指标	三级指标	四级指标数	强势指标		优势指标		中势指标		劣势指标		优劣势
			个数	比重	个数	比重	个数	比重	个数	比重	
宏观经济竞争力	经济实力竞争力	12	0	0.0	2	16.7	2	16.7	8	66.7	劣势
	经济结构竞争力	6	1	16.7	0	0.0	1	16.7	4	66.7	劣势
	经济外向度竞争力	9	0	0.0	0	0.0	0	0.0	9	100.0	劣势
	小　计	27	1	3.7	2	7.4	3	11.1	21	77.8	劣势
产业经济竞争力	农业竞争力	10	0	0.0	3	30.0	0	0.0	7	70.0	劣势
	工业竞争力	10	0	0.0	1	10.0	2	20.0	7	70.0	劣势
	服务业竞争力	10	0	0.0	0	0.0	2	20.0	8	80.0	劣势
	企业竞争力	10	1	10.0	1	10.0	2	20.0	6	60.0	劣势
	小　计	40	1	2.5	5	12.5	6	15.0	28	70.0	劣势
可持续发展竞争力	资源竞争力	9	3	33.3	1	11.1	4	44.4	1	11.1	优势
	环境竞争力	8	0	0.0	1	12.5	2	25.0	5	62.5	劣势
	人力资源竞争力	7	0	0.0	0	0.0	3	42.9	4	57.1	劣势
	小　计	24	3	12.5	2	8.3	9	37.5	10	41.7	劣势
财政金融竞争力	财政竞争力	12	1	8.3	3	25.0	1	8.3	7	58.3	中势
	金融竞争力	10	0	0.0	2	20.0	1	10.0	7	70.0	劣势
	小　计	22	1	4.5	5	22.7	2	9.1	14	63.6	劣势
知识经济竞争力	科技竞争力	9	0	0.0	0	0.0	0	0.0	9	100.0	劣势
	教育竞争力	10	2	20.0	0	0.0	3	30.0	5	50.0	劣势
	文化竞争力	10	0	0.0	0	0.0	2	20.0	8	80.0	劣势
	小　计	29	2	6.9	0	0.0	5	17.2	22	75.9	劣势
发展环境竞争力	基础设施竞争力	9	1	11.1	2	22.2	1	11.1	5	55.6	劣势
	软环境竞争力	9	2	22.2	2	22.2	2	22.2	3	33.3	优势
	小　计	18	3	16.7	4	22.2	3	16.7	8	44.4	中势
政府作用竞争力	政府发展经济竞争力	5	1	20.0	0	0.0	0	0.0	4	80.0	劣势
	政府规调经济竞争力	5	0	0.0	1	20.0	2	40.0	2	40.0	劣势
	政府保障经济竞争力	6	0	0.0	0	0.0	2	33.3	4	66.7	劣势
	小　计	16	1	6.3	1	6.3	4	25.0	10	62.5	劣势
发展水平竞争力	工业化进程竞争力	6	0	0.0	0	0.0	1	16.7	5	83.3	劣势
	城市化进程竞争力	6	0	0.0	0	0.0	3	50.0	3	50.0	劣势
	市场化进程竞争力	6	0	0.0	0	0.0	0	0.0	6	100.0	劣势
	小　计	18	0	0.0	0	0.0	4	22.2	14	77.8	劣势
统筹协调竞争力	统筹发展竞争力	8	2	25.0	1	12.5	3	37.5	2	25.0	中势
	协调发展竞争力	8	2	25.0	0	0.0	2	25.0	4	50.0	劣势
	小　计	16	4	25.0	1	6.3	5	31.3	6	37.5	中势
合　计		210	16	7.6	20	9.5	41	19.5	133	63.3	劣势

基于图 29 - 2 和表 29 - 3，从四级指标来看，强势指标 16 个，占指标总数的 7.6%；优势指标 20 个，占指标总数的 9.5%；中势指标 41 个，占指标总数的 19.5%；劣势指标 133 个，占指标总数的 63.3%。从三级指标来看，没有强势指标；优势指标 2 个，占三级指标总数的 8%；中势指标 2 个，占三级指标总数的 8%；劣势指标 21 个，占三级指标总数的 84%。反映到二级指标上来，没有强势指标和优势指标；中势指标

有 2 个，占二级指标总数的 22.2%；劣势指标有 7 个，占二级指标总数的 77.8%。综合来看，由于劣势指标在指标体系中居于主导地位，2017 年青海省经济综合竞争力处于劣势地位。

4. 青海省经济综合竞争力四级指标优劣势对比分析

表 29-4　2017 年青海省经济综合竞争力各级指标优劣势比较

二级指标	优劣势	四级指标
宏观经济竞争力（27 个）	强势指标	资本形成结构优化度（1 个）
	优势指标	人均财政收入、人均固定资产投资额（2 个）
	劣势指标	地区生产总值、人均地区生产总值、财政总收入、财政总收入增长率、固定资产投资额、全社会消费品零售总额、全社会消费品零售总额增长率、人均全社会消费品零售额、所有制经济结构优化度、城乡经济结构优化度、就业结构优化度、贸易结构优化度、进出口总额、进出口增长率、出口总额、出口增长率、实际 FDI、实际 FDI 增长率、外贸依存度、外资企业数、对外直接投资额（21 个）
产业经济竞争力（40 个）	强势指标	规模以上企业平均资产（1 个）
	优势指标	农业增加值增长率、农民人均纯收入增长率、财政支农资金比重、工业增加值增长率、城镇就业人员平均工资（5 个）
	劣势指标	农业增加值、人均农业增加值、农民人均纯收入、农产品出口占农林牧渔总产值比重、人均主要农产品产量、农业机械化水平、农村人均用电量、工业增加值、人均工业增加值、工业资产总额、规模以上工业主营业务收入、工业成本费用率、规模以上工业利润总额、工业收入利润率、服务业增加值、服务业增加值增长率、人均服务业增加值、服务业从业人员数、限额以上批发零售企业主营业务收入、旅游外汇收入、商品房销售收入、电子商务销售额、规模以上工业企业数、规模以上企业平均利润、规模以上企业劳动效率、新产品销售收入占主营业务收入比重、工业企业 R&D 经费投入强度、中国驰名商标持有量（28 个）
可持续发展竞争力（24 个）	强势指标	人均国土面积、人均年水资源量、人均牧草地面积（3 个）
	优势指标	人均主要能源矿产基础储量、自然灾害直接经济损失（2 个）
	劣势指标	耕地面积、森林覆盖率、人均工业废气排放量、人均工业固体废物排放量、人均治理工业污染投资额、生活垃圾无害化处理率、文盲率、大专以上教育程度人口比例、平均受教育程度、职业学校毕业生数（10 个）
财政金融竞争力（22 个）	强势指标	地方财政支出占 GDP 比重（1 个）
	优势指标	税收收入占财政总收入比重、人均地方财政收入、人均地方财政支出、人均贷款余额、中长期贷款占贷款余额比重（5 个）
	劣势指标	地方财政收入、地方财政支出、地方财政收入占 GDP 比重、人均税收收入、地方财政收入增长率、地方财政支出增长率、税收收入增长率、存款余额、贷款余额、保险费净收入、保险密度、保险深度、国内上市公司数、国内上市公司市值（14 个）
知识经济竞争力（29 个）	强势指标	教育经费占 GDP 比重、人均教育经费（2 个）
	优势指标	（0 个）
	劣势指标	R&D 人员、R&D 经费、R&D 经费投入强度、发明专利授权量、技术市场成交合同金额、财政科技支出占地方财政支出比重、高技术产业主营业务收入、高技术产业收入占工业增加值比重、高技术产品出口额占商品出口额比重、教育经费、公共教育经费占财政支出比重、人均文化教育支出、高校专任教师数、万人高等学校在校学生数、文化制造业营业收入、文化批发零售业营业收入、文化服务业企业营业收入、图书期刊出版数、报纸出版数、印刷用纸量、农村居民人均文化娱乐支出、农村居民人均文化娱乐支出占消费性支出比重（22 个）

续表

二级指标	优劣势	四级指标
发展环境竞争力(18个)	强势指标	人均耗电量、外资企业数增长率、个体私营企业数增长率(3个)
	优势指标	人均内河航道里程、人均邮电业务总量、万人个体私营企业数、查处商标侵权假冒案件(4个)
	劣势指标	铁路网线密度、公路网线密度、全社会旅客周转量、全社会货物周转量、网站数、万人商标注册件数、每十万人交通事故发生数、社会捐赠款物(8个)
政府作用竞争力(16个)	强势指标	财政支出用于基本建设投资比重(1个)
	优势指标	规范税收(1个)
	劣势指标	财政支出对GDP增长的拉动、政府公务员对经济的贡献、政府消费对民间消费的拉动、财政投资对社会投资的拉动、统筹经济社会发展、固定资产投资价格指数、城市城镇社区服务设施数、医疗保险覆盖率、失业保险覆盖率、最低工资标准(10个)
发展水平竞争力(18个)	强势指标	(0个)
	优势指标	(0个)
	劣势指标	工业增加值占GDP比重、工业增加值增长率、高技术产业占工业增加值比重、高技术产品出口额占商品出口额比重、工农业增加值比值、城镇化率、城镇居民人均可支配收入、人均公共绿地面积、非公有制经济产值占全社会总产值比重、社会投资占投资总额比重、私有和个体企业从业人员比重、亿元以上商品市场成交额、亿元以上商品市场成交额占全社会消费品零售总额比重、居民消费支出占总消费支出比重(14个)
统筹协调竞争力(16个)	强势指标	生产税净额和营业盈余占GDP比重、最终消费率、资源竞争力与宏观经济竞争力比差、资源竞争力与工业竞争力比差(4个)
	优势指标	固定资产交付使用率(1个)
	劣势指标	非农用地产出率、固定资产投资额占GDP比重、人力资源竞争力与宏观经济竞争力比差、环境竞争力与工业竞争力比差、城乡居民家庭人均收入比差、全社会消费品零售总额与外贸出口总额比差(6个)

29.2 青海省经济综合竞争力各级指标具体分析

1. 青海省宏观经济竞争力指标排名变化情况

表29-5 2016~2017年青海省宏观经济竞争力指标组排位及变化趋势

指标	2016年	2017年	排位升降	优劣势
1 宏观经济竞争力	26	28	-2	劣势
1.1 经济实力竞争力	23	25	-2	劣势
地区生产总值	30	30	0	劣势
地区生产总值增长率	12	18	-6	中势
人均地区生产总值	18	22	-4	劣势
财政总收入	27	29	-2	劣势
财政总收入增长率	8	25	-17	劣势
人均财政收入	5	5	0	优势
固定资产投资额	30	29	1	劣势
固定资产投资额增长率	18	13	5	中势

指 标	2016 年	2017 年	排位升降	优劣势
人均固定资产投资额	5	4	1	优势
全社会消费品零售总额	30	30	0	劣势
全社会消费品零售总额增长率	14	21	−7	劣势
人均全社会消费品零售总额	26	26	0	劣势
1.2 经济结构竞争力	27	25	2	劣势
产业结构优化度	24	20	4	中势
所有制经济结构优化度	27	30	−3	劣势
城乡经济结构优化度	28	28	0	劣势
就业结构优化度	25	25	0	劣势
资本形成结构优化度	6	3	3	强势
贸易结构优化度	24	26	−2	劣势
1.3 经济外向度竞争力	31	31	0	劣势
进出口总额	31	31	0	劣势
进出口增长率	25	31	−6	劣势
出口总额	31	31	0	劣势
出口增长率	27	31	−4	劣势
实际 FDI	30	30	0	劣势
实际 FDI 增长率	26	30	−4	劣势
外贸依存度	31	31	0	劣势
外资企业数	30	30	0	劣势
对外直接投资额	30	30	0	劣势

2. 青海省产业经济竞争力指标排名变化情况

表 29-6 2016～2017 年青海省产业经济竞争力指标组排位及变化趋势

指 标	2016 年	2017 年	排位升降	优劣势
2 产业经济竞争力	29	30	−1	劣势
2.1 农业竞争力	27	28	−1	劣势
农业增加值	27	27	0	劣势
农业增加值增长率	5	5	0	优势
人均农业增加值	26	25	1	劣势
农民人均纯收入	29	29	0	劣势
农民人均纯收入增长率	8	7	1	优势
农产品出口占农林牧渔总产值比重	31	30	1	劣势
人均主要农产品产量	26	26	0	劣势
农业机械化水平	29	29	0	劣势
农村人均用电量	30	30	0	劣势
财政支农资金比重	8	5	3	优势
2.2 工业竞争力	27	29	−2	劣势
工业增加值	29	29	0	劣势
工业增加值增长率	21	9	12	优势
人均工业增加值	21	24	−3	劣势
工业资产总额	29	29	0	劣势

指　标	2016 年	2017 年	排位升降	优劣势
工业资产总额增长率	17	12	5	中势
规模以上工业主营业务收入	29	29	0	劣势
工业成本费用率	29	30	−1	劣势
规模以上工业利润总额	29	30	−1	劣势
工业全员劳动生产率	3	11	−8	中势
工业收入利润率	26	27	−1	劣势
2.3　服务业竞争力	29	30	−1	劣势
服务业增加值	30	30	0	劣势
服务业增加值增长率	28	23	5	劣势
人均服务业增加值	21	21	0	劣势
服务业从业人员数	30	30	0	劣势
限额以上批发零售企业主营业务收入	29	30	−1	劣势
限额以上批零企业利税率	12	14	−2	中势
限额以上餐饮企业利税率	10	17	−7	中势
旅游外汇收入	29	29	0	劣势
商品房销售收入	30	30	0	劣势
电子商务销售额	26	30	−4	劣势
2.4　企业竞争力	25	25	0	劣势
规模以上工业企业数	29	29	0	劣势
规模以上企业平均资产	2	3	−1	强势
规模以上企业平均收入	10	11	−1	中势
规模以上企业平均利润	22	21	1	劣势
规模以上企业劳动效率	22	25	−3	劣势
城镇就业人员平均工资	8	8	0	优势
新产品销售收入占主营业务收入比重	31	28	3	劣势
产品质量抽查合格率	14	19	−5	中势
工业企业 R&D 经费投入强度	30	28	2	劣势
中国驰名商标持有量	27	27	0	劣势

3. 青海省可持续发展竞争力指标排名变化情况

表 29 - 7　2016～2017 年青海省可持续发展竞争力指标组排位及变化趋势

指　标	2016 年	2017 年	排位升降	优劣势
3　可持续发展竞争力	27	31	−4	劣势
3.1　资源竞争力	4	6	−2	优势
人均国土面积	2	2	0	强势
人均可使用海域和滩涂面积	13	13	0	中势
人均年水资源量	2	2	0	强势
耕地面积	27	27	0	劣势
人均耕地面积	13	13	0	中势
人均牧草地面积	2	2	0	强势
主要能源矿产基础储量	19	18	1	中势
人均主要能源矿产基础储量	7	7	0	优势
人均森林储积量	15	15	0	中势

指 标	2016 年	2017 年	排位升降	优劣势
3.2 环境竞争力	30	31	-1	劣势
森林覆盖率	30	30	0	劣势
人均废水排放量	17	18	-1	中势
人均工业废气排放量	28	28	0	劣势
人均工业固体废物排放量	31	31	0	劣势
人均治理工业污染投资额	3	22	-19	劣势
一般工业固体废物综合利用率	24	18	6	中势
生活垃圾无害化处理率	18	26	-8	劣势
自然灾害直接经济损失	6	8	-2	优势
3.3 人力资源竞争力	29	29	0	劣势
常住人口增长率	12	11	1	中势
15～64 岁人口比例	14	16	-2	中势
文盲率	30	29	1	劣势
大专以上教育程度人口比例	23	22	1	劣势
平均受教育程度	29	30	-1	劣势
人口健康素质	15	18	-3	中势
职业学校毕业生数	30	30	0	劣势

4. 青海省财政金融竞争力指标排名变化情况

表 29－8　2016～2017 年青海省财政金融竞争力指标组排位及变化趋势

指 标	2016 年	2017 年	排位升降	优劣势
4　财政金融竞争力	31	22	9	劣势
4.1 财政竞争力	30	12	18	中势
地方财政收入	30	30	0	劣势
地方财政支出	29	29	0	劣势
地方财政收入占 GDP 比重	23	22	1	劣势
地方财政支出占 GDP 比重	2	2	0	强势
税收收入占 GDP 比重	21	20	1	中势
税收收入占财政总收入比重	8	10	-2	优势
人均地方财政收入	24	4	20	优势
人均地方财政支出	4	4	0	优势
人均税收收入	22	23	-1	劣势
地方财政收入增长率	30	25	5	劣势
地方财政支出增长率	29	30	-1	劣势
税收收入增长率	31	23	8	劣势
4.2 金融竞争力	30	31	-1	劣势
存款余额	29	30	-1	劣势
人均存款余额	12	13	-1	中势
贷款余额	30	30	0	劣势
人均贷款余额	7	9	-2	优势
中长期贷款占贷款余额比重	31	9	22	优势
保险费净收入	30	30	0	劣势
保险密度	27	27	0	劣势
保险深度	28	27	1	劣势
国内上市公司数	29	31	-2	劣势
国内上市公司市值	28	29	-1	劣势

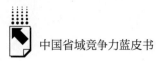

5. 青海省知识经济竞争力指标排名变化情况

表29－9　2016～2017年青海省知识经济竞争力指标组排位及变化趋势

指　标	2016 年	2017 年	排位升降	优劣势
5　知识经济竞争力	30	30	0	劣势
5.1　科技竞争力	29	29	0	劣势
R&D 人员	30	30	0	劣势
R&D 经费	30	29	1	劣势
R&D 经费投入强度	29	29	0	劣势
发明专利授权量	30	30	0	劣势
技术市场成交合同金额	22	24	−2	劣势
财政科技支出占地方财政支出比重	30	29	1	劣势
高技术产业主营业务收入	29	29	0	劣势
高技术产业收入占工业增加值比重	26	23	3	劣势
高技术产品出口额占商品出口额比重	22	31	−9	劣势
5.2　教育竞争力	29	29	0	劣势
教育经费	29	29	0	劣势
教育经费占 GDP 比重	3	3	0	强势
人均教育经费	4	3	1	强势
公共教育经费占财政支出比重	30	28	2	劣势
人均文化教育支出	20	22	−2	劣势
万人中小学学校数	11	11	0	中势
万人中小学专任教师数	9	11	−2	中势
高等学校数	18	18	0	中势
高校专任教师数	30	30	0	劣势
万人高等学校在校学生数	31	31	0	劣势
5.3　文化竞争力	30	30	0	劣势
文化制造业营业收入	24	26	−2	劣势
文化批发零售业营业收入	25	25	0	劣势
文化服务业企业营业收入	28	29	−1	劣势
图书和期刊出版数	31	30	1	劣势
报纸出版数	30	31	−1	劣势
印刷用纸量	30	29	1	劣势
城镇居民人均文化娱乐支出	18	17	1	中势
农村居民人均文化娱乐支出	28	28	0	劣势
城镇居民人均文化娱乐支出占消费性支出比重	18	12	6	中势
农村居民人均文化娱乐支出占消费性支出比重	22	22	0	劣势

6. 青海省发展环境竞争力指标排名变化情况

表 29－10 2016～2017 年青海省发展环境竞争力指标组排位及变化趋势

指　标	2016 年	2017 年	排位升降	优劣势
6 发展环境竞争力	25	15	10	中势
6.1 基础设施竞争力	25	24	1	劣势
铁路网线密度	30	30	0	劣势
公路网线密度	30	29	1	劣势
人均内河航道里程	10	10	0	优势
全社会旅客周转量	28	28	0	劣势
全社会货物周转量	30	30	0	劣势
人均邮电业务总量	13	9	4	优势
电话普及率	16	15	1	中势
网站数	30	30	0	劣势
人均耗电量	2	2	0	强势
6.2 软环境竞争力	20	7	13	优势
外资企业数增长率	18	1	17	强势
万人外资企业数	21	13	8	中势
个体私营企业数增长率	19	1	18	强势
万人个体私营企业数	19	9	10	优势
万人商标注册件数	26	26	0	劣势
查处商标侵权假冒案件	2	5	－3	优势
每十万人交通事故发生数	20	21	－1	劣势
罚没收入占财政收入比重	14	18	－4	中势
社会捐赠款物	23	23	0	劣势

7. 青海省政府作用竞争力指标排名变化情况

表 29－11 2016～2017 年青海省政府作用竞争力指标组排位及变化趋势

指　标	2016 年	2017 年	排位升降	优劣势
7 政府作用竞争力	29	28	1	劣势
7.1 政府发展经济竞争力	28	29	－1	劣势
财政支出用于基本建设投资比重	2	2	0	强势
财政支出对 GDP 增长的拉动	30	30	0	劣势
政府公务员对经济的贡献	26	28	－2	劣势
政府消费对民间消费的拉动	29	29	0	劣势
财政投资对社会投资的拉动	30	30	0	劣势
7.2 政府规调经济竞争力	22	22	0	劣势
物价调控	18	13	5	中势

指　标	2016 年	2017 年	排位升降	优劣势
调控城乡消费差距	23	20	3	中势
统筹经济社会发展	30	29	1	劣势
规范税收	7	8	−1	优势
固定资产投资价格指数	19	22	−3	劣势
7.3　政府保障经济竞争力	25	24	1	劣势
城市城镇社区服务设施数	29	29	0	劣势
医疗保险覆盖率	18	24	−6	劣势
养老保险覆盖率	15	17	−2	中势
失业保险覆盖率	27	27	0	劣势
最低工资标准	31	26	5	劣势
城镇登记失业率	21	20	1	中势

8. 青海省发展水平竞争力指标排名变化情况

表 29 - 12　2016～2017 年青海省发展水平竞争力指标组排位及变化趋势

指　标	2016 年	2017 年	排位升降	优劣势
8　发展水平竞争力	30	30	0	劣势
8.1　工业化进程竞争力	23	27	−4	劣势
工业增加值占 GDP 比重	17	24	−7	劣势
工业增加值增长率	21	29	−8	劣势
高技术产业占工业增加值比重	27	24	3	劣势
高技术产品出口额占商品出口额比重	29	22	7	劣势
信息产业增加值占 GDP 比重	22	19	3	中势
工农业增加值比值	14	21	−7	劣势
8.2　城市化进程竞争力	29	27	2	劣势
城镇化率	23	23	0	劣势
城镇居民人均可支配收入	27	26	1	劣势
城市平均建成区面积比重	17	18	−1	中势
人均拥有道路面积	29	19	10	中势
人均日生活用水量	17	14	3	中势
人均公共绿地面积	26	27	−1	劣势
8.3　市场化进程竞争力	30	30	0	劣势
非公有制经济产值占全社会总产值比重	27	30	−3	劣势
社会投资占投资总额比重	30	28	2	劣势
私有和个体企业从业人员比重	26	22	4	劣势
亿元以上商品市场成交额	29	29	0	劣势
亿元以上商品市场成交额占全社会消费品零售总额比重	28	28	0	劣势
居民消费支出占总消费支出比重	29	29	0	劣势

9. 青海省统筹协调竞争力指标排名变化情况

表 29 – 13 2016～2017 年青海省统筹协调竞争力指标组排位及变化趋势

指　标	2016 年	2017 年	排位升降	优劣势
9　统筹协调竞争力	8	18	–10	中势
9.1　统筹发展竞争力	5	14	–9	中势
社会劳动生产率	16	20	–4	中势
能源使用下降率	4	11	–7	中势
万元 GDP 综合能耗下降率	3	15	–12	中势
非农用地产出率	29	29	0	劣势
生产税净额和营业盈余占 GDP 比重	3	3	0	强势
最终消费率	3	2	1	强势
固定资产投资额占 GDP 比重	30	30	0	劣势
固定资产交付使用率	6	9	–3	优势
9.2　协调发展竞争力	10	24	–14	劣势
环境竞争力与宏观经济竞争力比差	12	13	–1	中势
资源竞争力与宏观经济竞争力比差	1	2	–1	强势
人力资源竞争力与宏观经济竞争力比差	19	24	–5	劣势
资源竞争力与工业竞争力比差	7	3	4	强势
环境竞争力与工业竞争力比差	23	22	1	劣势
城乡居民家庭人均收入比差	28	28	0	劣势
城乡居民人均现金消费支出比差	21	20	1	中势
全社会消费品零售总额与外贸出口总额比差	21	30	–9	劣势

B.31

30

宁夏回族自治区经济综合竞争力评价分析报告

宁夏回族自治区简称宁，是中国五大自治区之一，是中华文明的发祥地之一。位于中国西部的黄河上游地区，东邻陕西省，西部、北部接内蒙古自治区，南部与甘肃省相连。南北相距约 456 公里，东西相距约 250 公里，全区面积 6.6 平方公里。2017 年全区常住人口为 682 万人，地区生产总值为 3444 亿元，同比增长 7.8%，人均 GDP 达 50765 元。本部分通过分析 2016～2017 年宁夏回族自治区经济综合竞争力以及各要素竞争力的排名变化，从中找出宁夏回族自治区经济综合竞争力的推动点及影响因素，为进一步提升宁夏回族自治区经济综合竞争力提供决策参考。

30.1 宁夏回族自治区经济综合竞争力总体分析

1. 宁夏回族自治区经济综合竞争力一级指标概要分析

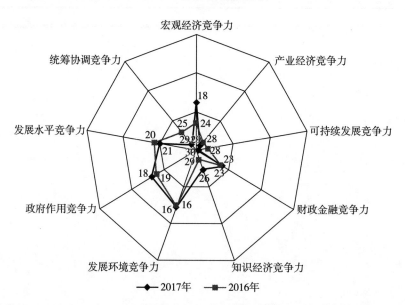

图 30-1 2016～2017 年宁夏回族自治区经济综合竞争力二级指标比较雷达图

（1）从综合排位看，2017 年宁夏回族自治区经济综合竞争力综合排位在全国居第 26 位，这表明其在全国处于劣势地位；与 2016 年相比，综合排位下降了 1 位。

表 30 - 1　2016~2017 年宁夏回族自治区经济综合竞争力二级指标比较

项目 年份	宏观经济 竞争力	产业经济 竞争力	可持续发展 竞争力	财政金融 竞争力	知识经济 竞争力	发展环境 竞争力	政府作用 竞争力	发展水平 竞争力	统筹协调 竞争力	综合 排位
2016	24	28	28	23	29	16	19	20	25	25
2017	18	29	30	23	26	16	18	21	29	26
升降	6	-1	-2	0	3	0	1	-1	-4	-1
优劣度	中势	劣势	劣势	劣势	劣势	中势	中势	劣势	劣势	劣势

（2）从指标所处区位看，9 个指标均处于中下游区，其中，宏观经济竞争力、发展环境竞争力和政府作用竞争力 3 个指标为宁夏回族自治区经济综合竞争力的中势指标。

（3）从指标变化趋势看，9 个二级指标中，有 3 个指标处于上升趋势，分别为宏观经济竞争力、知识经济竞争力和政府作用竞争力，这些是宁夏回族自治区经济综合竞争力上升的动力所在；有 2 个指标排位没有发生变化，分别是财政金融竞争力和发展环境竞争力；有 4 个指标处于下降趋势，分别为产业经济竞争力、可持续发展竞争力、统筹协调竞争力和发展水平竞争力，这些是宁夏回族自治区经济综合竞争力下降的拉力所在。

2. 宁夏回族自治区经济综合竞争力各级指标动态变化分析

表 30 - 2　2016~2017 年宁夏回族自治区经济综合竞争力各级指标排位变化态势比较

单位：个，%

二级指标	三级指标	四级 指标数	上升		保持		下降		变化 趋势
			指标数	比重	指标数	比重	指标数	比重	
宏观经济 竞争力	经济实力竞争力	12	1	8.3	5	41.7	6	50.0	上升
	经济结构竞争力	6	2	33.3	3	50.0	1	16.7	上升
	经济外向度竞争力	9	4	44.4	5	55.6	0	0.0	上升
	小　计	27	7	25.9	13	48.1	7	25.9	上升
产业经济 竞争力	农业竞争力	10	4	40.0	6	60.0	0	0.0	保持
	工业竞争力	10	1	10.0	5	50.0	4	40.0	下降
	服务业竞争力	10	5	50.0	4	40.0	1	10.0	上升
	企业竞争力	10	4	40.0	2	20.0	4	40.0	上升
	小　计	40	14	35.0	17	42.5	9	22.5	下降
可持续发展 竞争力	资源竞争力	9	2	22.2	7	77.8	0	0.0	上升
	环境竞争力	8	1	12.5	4	50.0	3	37.5	下降
	人力资源竞争力	7	1	14.3	2	28.6	4	57.1	下降
	小　计	24	4	16.7	13	54.2	7	29.2	下降
财政金融 竞争力	财政竞争力	12	5	41.7	4	33.3	3	25.0	上升
	金融竞争力	10	1	10.0	2	20.0	7	70.0	下降
	小　计	22	6	27.3	6	27.3	10	45.5	保持

续表

二级指标	三级指标	四级指标数	上升		保持		下降		变化趋势
			指标数	比重	指标数	比重	指标数	比重	
知识经济竞争力	科技竞争力	9	5	55.6	4	44.4	0	0.0	上升
	教育竞争力	10	6	60.0	3	30.0	1	10.0	下降
	文化竞争力	10	6	60.0	2	20.0	2	20.0	保持
	小　计	29	17	58.6	9	31.0	3	10.3	上升
发展环境竞争力	基础设施竞争力	9	1	11.1	7	77.8	1	11.1	保持
	软环境竞争力	9	3	33.3	2	22.2	4	44.4	下降
	小　计	18	4	22.2	9	50.0	5	27.8	保持
政府作用竞争力	政府发展经济竞争力	5	1	20.0	4	80.0	0	0.0	上升
	政府规调经济竞争力	5	3	60.0	0	0.0	2	40.0	下降
	政府保障经济竞争力	6	2	33.3	2	33.3	2	33.3	下降
	小　计	16	6	37.5	6	37.5	4	25.0	上升
发展水平竞争力	工业化进程竞争力	6	3	50.0	0	0.0	3	50.0	下降
	城市化进程竞争力	6	1	16.7	2	33.3	3	50.0	下降
	市场化进程竞争力	6	4	66.7	2	33.3	0	0.0	上升
	小　计	18	8	44.4	4	22.2	6	33.3	下降
统筹协调竞争力	统筹发展竞争力	8	2	25.0	1	12.5	5	62.5	下降
	协调发展竞争力	8	5	62.5	2	25.0	1	12.5	上升
	小　计	16	7	43.8	3	18.8	6	37.5	下降
合　计		210	73	34.8	80	38.1	57	27.1	下降

从表30-2可以看出，210个四级指标中，上升指标有73个，占指标总数的34.8%；下降指标有57个，占指标总数的27.1%；保持不变的指标有80个，占指标总数的38.1%。综上所述，宁夏回族自治区经济综合竞争力上升的动力大于下降的拉力，但受其他外部因素的综合影响，2016~2017年宁夏回族自治区经济综合竞争力排位处于下降趋势。

3. 宁夏回族自治区经济综合竞争力各级指标优劣势结构分析

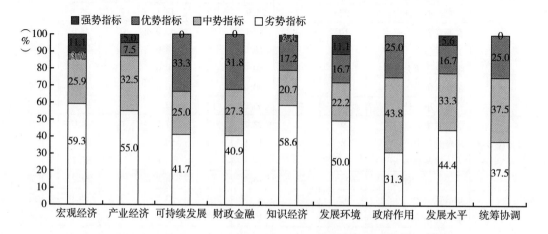

图30-2　2017年宁夏回族自治区经济综合竞争力各级指标优劣势比较

表 30 - 3　2017 年宁夏回族自治区经济综合竞争力各级指标优劣势比较

单位：个，%

二级指标	三级指标	四级指标数	强势指标		优势指标		中势指标		劣势指标		优劣势
			个数	比重	个数	比重	个数	比重	个数	比重	
宏观经济竞争力	经济实力竞争力	12	0	0.0	0	0.0	5	41.7	7	58.3	劣势
	经济结构竞争力	6	1	16.7	0	0.0	2	33.3	3	50.0	中势
	经济外向度竞争力	9	2	22.2	1	11.1	0	0.0	6	66.7	优势
	小　计	27	3	11.1	1	3.7	7	25.9	16	59.3	中势
产业经济竞争力	农业竞争力	10	1	10.0	2	20.0	2	20.0	5	50.0	劣势
	工业竞争力	10	1	10.0	0	0.0	3	30.0	6	60.0	劣势
	服务业竞争力	10	0	0.0	0	0.0	3	30.0	7	70.0	劣势
	企业竞争力	10	0	0.0	1	10.0	5	50.0	4	40.0	劣势
	小　计	40	2	5.0	3	7.5	13	32.5	22	55.0	劣势
可持续发展竞争力	资源竞争力	9	0	0.0	4	44.4	2	22.2	3	33.3	中势
	环境竞争力	8	0	0.0	2	25.0	2	25.0	4	50.0	劣势
	人力资源竞争力	7	0	0.0	2	28.6	2	28.6	3	42.9	劣势
	小　计	24	0	0.0	8	33.3	6	25.0	10	41.7	劣势
财政金融竞争力	财政竞争力	12	0	0.0	5	41.7	4	33.3	3	25.0	中势
	金融竞争力	10	0	0.0	2	20.0	2	20.0	6	60.0	劣势
	小　计	22	0	0.0	7	31.8	6	27.3	9	40.9	劣势
知识经济竞争力	科技竞争力	9	0	0.0	0	0.0	2	22.2	7	77.8	劣势
	教育竞争力	10	1	10.0	3	30.0	2	20.0	4	40.0	劣势
	文化竞争力	10	0	0.0	2	20.0	2	20.0	6	60.0	劣势
	小　计	29	1	3.4	5	17.2	6	20.7	17	58.6	劣势
发展环境竞争力	基础设施竞争力	9	1	11.1	2	22.2	0	0.0	6	66.7	中势
	软环境竞争力	9	1	11.1	1	11.1	4	44.4	3	33.3	中势
	小　计	18	2	11.1	3	16.7	4	22.2	9	50.0	中势
政府作用竞争力	政府发展经济竞争力	5	0	0.0	0	0.0	2	40.0	3	60.0	劣势
	政府规调经济竞争力	5	0	0.0	1	20.0	3	60.0	1	20.0	劣势
	政府保障经济竞争力	6	0	0.0	3	50.0	2	33.3	1	16.7	优势
	小　计	16	0	0.0	4	25.0	7	43.8	5	31.3	中势
发展水平竞争力	工业化进程竞争力	6	0	0.0	0	0.0	3	50.0	3	50.0	劣势
	城市化进程竞争力	6	1	16.7	1	16.7	2	33.3	2	33.3	中势
	市场化进程竞争力	6	0	0.0	2	33.3	1	16.7	3	50.0	中势
	小　计	18	1	5.6	3	16.7	6	33.3	8	44.4	劣势
统筹协调竞争力	统筹发展竞争力	8	0	0.0	2	25.0	2	25.0	4	50.0	劣势
	协调发展竞争力	8	0	0.0	2	25.0	4	50.0	2	25.0	优势
	小　计	16	0	0.0	4	25.0	6	37.5	6	37.5	劣势
合　计		210	9	4.3	38	18.1	61	29.0	102	48.6	劣势

　　基于图 30 - 2 和表 30 - 3，从四级指标来看，强势指标 9 个，占指标总数的 4.3%；优势指标 38 个，占指标总数的 18.1%；中势指标 61 个，占指标总数的 29%；劣势指标 102 个，占指标总数的 48.6%。从三级指标来看，没有强势指标；优势指标 3 个，占三级指标总数的 12%；中势指标 7 个，占三级指标总数的 28%；劣势指标 15 个，占三级指标总数的 60%。反映到二级指标上来，没有强势指标和优势指标。综合来看，

由于劣势指标在指标体系中居于主导地位，2017 年宁夏回族自治区经济综合竞争力处于劣势地位。

4. 宁夏回族自治区经济综合竞争力四级指标优劣势对比分析

表 30 - 4　2013 年宁夏回族自治区经济综合竞争力各级指标优劣势比较

二级指标	优劣势	四级指标
宏观经济竞争力（27 个）	强势指标	资本形成结构优化度、进出口增长率、实际 FDI 增长率（3 个）
	优势指标	出口增长率（1 个）
	劣势指标	地区生产总值、财政总收入、人均财政收入、固定资产投资额、固定资产投资额增长率、全社会消费品零售总额、人均全社会消费品零售总额、城乡经济结构优化度、就业结构优化度、贸易结构优化度、进出口总额、出口总额、实际 FDI、外贸依存度、外资企业数、对外直接投资额（16 个）
产业经济竞争力（40 个）	强势指标	财政支农资金比重、工业资产总额增长率（2 个）
	优势指标	农业增加值增长率、人均主要农产品产量、规模以上企业平均资产（3 个）
	劣势指标	农业增加值、人均农业增加值、农民人均纯收入、农业机械化水平、农村人均用电量、工业增加值、工业资产总额、规模以上工业主营业务收入、工业成本费用率、规模以上工业利润总额、工业收入利润率、服务业增加值、服务业从业人员数、限额以上批发零售企业主营业务收入、限额以上批零企业利税率、旅游外汇收入、商品房销售收入、电子商务销售额、规模以上工业企业数、规模以上企业平均利润、新产品销售收入占主营业务收入比重、中国驰名商标持有量（22 个）
可持续发展竞争力（24 个）	强势指标	（0 个）
	优势指标	人均国土面积、人均耕地面积、人均牧草地面积、人均主要能源矿产基础储量、人均治理工业污染投资额、自然灾害直接经济损失、常住人口增长率、大专以上教育程度人口比例（8 个）
	劣势指标	人均年水资源量、耕地面积、人均森林储积量、森林覆盖率、人均工业废气排放量、人均工业固体废物排放量、一般工业固体废物综合利用率、文盲率、人口健康素质、职业学校毕业生数（10 个）
财政金融竞争力（22 个）	强势指标	（0 个）
	优势指标	地方财政收入占 GDP 比重、地方财政支出占 GDP 比重、人均地方财政收入、人均地方财政支出、税收收入增长率、人均贷款余额、保险深度（7 个）
	劣势指标	地方财政收入、地方财政支出、税收收入占财政总收入比重、存款余额、贷款余额、中长期贷款占贷款余额比重、保险费净收入、国内上市公司数、国内上市公司市值（9 个）
知识经济竞争力（29 个）	强势指标	万人中小学学校数（1 个）
	优势指标	教育经费占 GDP 比重、人均教育经费、万人中小学专任教师数、城镇居民人均文化娱乐支出占消费性支出比重、农村居民人均文化娱乐支出占消费性支出比重（5 个）
	劣势指标	R&D 人员、R&D 经费、发明专利授权量、技术市场成交合同金额、高技术产业主营业务收入、高技术产业收入占工业增加值比重、高技术产品出口额占商品出口额比重、教育经费、公共教育经费占财政支出比重、高校专任教师数、万人高等学校在校学生数、文化制造业营业收入、文化批发零售业营业收入、文化服务业企业营业收入、图书和期刊出版数、报纸出版数、印刷用纸量（17 个）
发展环境竞争力（18 个）	强势指标	人均耗电量、查处商标侵权假冒案件（2 个）
	优势指标	人均邮电业务总量、电话普及率、罚没收入占财政收入比重（3 个）
	劣势指标	铁路网线密度、公路网线密度、人均内河航道里程、全社会旅客周转量、全社会货物周转量、网站数、万人外资企业数、每十万人交通事故发生数、社会捐赠款物（9 个）

二级指标	优劣势	四级指标
政府作用竞争力（16个）	强势指标	（0个）
	优势指标	规范税收、养老保险覆盖率、失业保险覆盖率、城镇登记失业率（4个）
	劣势指标	财政支出对GDP增长的拉动、政府公务员对经济的贡献、政府消费对民间消费的拉动、统筹经济社会发展、城市城镇社区服务设施数（5个）
发展水平竞争力（18个）	强势指标	人均公共绿地面积（1个）
	优势指标	人均拥有道路面积、私有和个体企业从业人员比重、亿元以上商品市场成交额占全社会消费品零售总额比重（3个）
	劣势指标	工业增加值增长率、高技术产业占工业增加值比重、高技术产品出口额占商品出口额比重、城镇居民人均可支配收入、城市平均建成区面积比重、社会投资占投资总额比重、亿元以上商品市场成交额、居民消费支出占总消费支出比重（8个）
统筹协调竞争力（16个）	强势指标	（0个）
	优势指标	生产税净额和营业盈余占GDP比重、最终消费率、环境竞争力与宏观经济竞争力比差、资源竞争力与工业竞争力比差（4个）
	劣势指标	能源使用下降率、万元GDP综合能耗下降率、非农用地产出率、固定资产投资额占GDP比重、环境竞争力与工业竞争力比差、城乡居民家庭人均收入比差（6个）

30.2 宁夏回族自治区经济综合竞争力各级指标具体分析

1. 宁夏回族自治区宏观经济竞争力指标排名变化情况

表30-5 2016～2017年宁夏回族自治区宏观经济竞争力指标组排位及变化趋势

指 标	2016年	2017年	排位升降	优劣势
1 宏观经济竞争力	24	18	6	中势
1.1 经济实力竞争力	28	27	1	劣势
地区生产总值	29	29	0	劣势
地区生产总值增长率	10	11	-1	中势
人均地区生产总值	15	15	0	中势
财政总收入	31	31	0	劣势
财政总收入增长率	10	15	-5	中势
人均财政收入	20	22	-2	劣势
固定资产投资额	29	30	-1	劣势
固定资产投资额增长率	22	26	-4	劣势
人均固定资产投资额	6	12	-6	中势
全社会消费品零售总额	29	29	0	劣势
全社会消费品零售总额增长率	27	20	7	中势
人均全社会消费品零售总额	27	27	0	劣势
1.2 经济结构竞争力	19	17	2	中势
产业结构优化度	18	19	-1	中势
所有制经济结构优化度	20	16	4	中势
城乡经济结构优化度	23	23	0	劣势
就业结构优化度	22	22	0	劣势
资本形成结构优化度	12	2	10	强势
贸易结构优化度	23	23	0	劣势

指　标	2016 年	2017 年	排位升降	优劣势
1.3　经济外向度竞争力	25	6	19	优势
进出口总额	29	29	0	劣势
进出口增长率	19	2	17	强势
出口总额	28	28	0	劣势
出口增长率	10	4	6	优势
实际 FDI	28	27	1	劣势
实际 FDI 增长率	30	1	29	强势
外贸依存度	24	24	0	劣势
外资企业数	29	29	0	劣势
对外直接投资额	28	28	0	劣势

2. 宁夏回族自治区产业经济竞争力指标排名变化情况

表 30 - 6　2016～2017 年宁夏回族自治区产业经济竞争力指标组排位及变化趋势

指　标	2016 年	2017 年	排位升降	优劣势
2　产业经济竞争力	28	29	- 1	劣势
2.1　农业竞争力	25	25	0	劣势
农业增加值	26	26	0	劣势
农业增加值增长率	8	8	0	优势
人均农业增加值	23	22	1	劣势
农民人均纯收入	25	25	0	劣势
农民人均纯收入增长率	21	12	9	中势
农产品出口占农林牧渔总产值比重	19	19	0	中势
人均主要农产品产量	5	5	0	优势
农业机械化水平	26	25	1	劣势
农村人均用电量	21	21	0	劣势
财政支农资金比重	4	3	1	强势
2.2　工业竞争力	25	27	- 2	劣势
工业增加值	28	28	0	劣势
工业增加值增长率	12	12	0	中势
人均工业增加值	19	20	- 1	中势
工业资产总额	28	28	0	劣势
工业资产总额增长率	6	2	4	强势
规模以上工业主营业务收入	28	28	0	劣势
工业成本费用率	25	29	- 4	劣势
规模以上工业利润总额	27	28	- 1	劣势
工业全员劳动生产率	16	16	0	中势
工业收入利润率	25	30	- 5	劣势
2.3　服务业竞争力	30	29	1	劣势
服务业增加值	29	29	0	劣势
服务业增加值增长率	21	16	5	中势
人均服务业增加值	18	17	1	中势
服务业从业人员数	29	29	0	劣势
限额以上批发零售企业主营业务收入	30	29	1	劣势
限额以上批零企业利税率	26	25	1	劣势
限额以上餐饮企业利税率	9	11	- 2	中势
旅游外汇收入	30	30	0	劣势
商品房销售收入	29	29	0	劣势
电子商务销售额	30	29	1	劣势

续表

指　标	2016 年	2017 年	排位升降	优劣势
2.4　企业竞争力	24	22	2	劣势
规模以上工业企业数	28	28	0	劣势
规模以上企业平均资产	6	7	-1	优势
规模以上企业平均收入	18	15	3	中势
规模以上企业平均利润	24	29	-5	劣势
规模以上企业劳动效率	18	14	4	中势
城镇就业人员平均工资	10	11	-1	中势
新产品销售收入占主营业务收入比重	25	21	4	劣势
产品质量抽查合格率	17	15	2	中势
工业企业 R&D 经费投入强度	18	20	-2	中势
中国驰名商标持有量	25	25	0	劣势

3. 宁夏回族自治区可持续发展竞争力指标排名变化情况

表 30-7　2016~2017 年宁夏回族自治区可持续发展竞争力指标组排位及变化趋势

指　标	2016 年	2017 年	排位升降	优劣势
3　可持续发展竞争力	28	30	-2	劣势
3.1　资源竞争力	20	18	2	中势
人均国土面积	8	7	1	优势
人均可使用海域和滩涂面积	13	13	0	中势
人均年水资源量	30	28	2	劣势
耕地面积	25	25	0	劣势
人均耕地面积	6	6	0	优势
人均牧草地面积	6	6	0	优势
主要能源矿产基础储量	14	14	0	中势
人均主要能源矿产基础储量	4	4	0	优势
人均森林储积量	26	26	0	劣势
3.2　环境竞争力	23	28	-5	劣势
森林覆盖率	26	26	0	劣势
人均废水排放量	21	17	4	中势
人均工业废气排放量	31	31	0	劣势
人均工业固体废物排放量	28	28	0	劣势
人均治理工业污染投资额	1	4	-3	优势
一般工业固体废物综合利用率	20	24	-4	劣势
生活垃圾无害化处理率	16	16	0	中势
自然灾害直接经济损失	4	6	-2	优势
3.3　人力资源竞争力	23	27	-4	劣势
常住人口增长率	4	5	-1	优势
15~64 岁人口比例	13	12	1	中势
文盲率	25	26	-1	劣势
大专以上教育程度人口比例	7	10	-3	优势
平均受教育程度	14	18	-4	中势
人口健康素质	29	29	0	劣势
职业学校毕业生数	29	29	0	劣势

4. 宁夏回族自治区财政金融竞争力指标排名变化情况

表 30 - 8　2016 ~ 2017 年宁夏回族自治区财政金融竞争力指标组排位及变化趋势

指　标	2016 年	2017 年	排位升降	优劣势
4　财政金融竞争力	23	23	0	劣势
4.1　财政竞争力	18	13	5	中势
地方财政收入	29	29	0	劣势
地方财政支出	31	31	0	劣势
地方财政收入占 GDP 比重	11	8	3	优势
地方财政支出占 GDP 比重	5	5	0	优势
税收收入占 GDP 比重	15	12	3	中势
税收收入占财政总收入比重	28	29	- 1	劣势
人均地方财政收入	12	9	3	优势
人均地方财政支出	6	9	- 3	优势
人均税收收入	13	13	0	中势
地方财政收入增长率	14	11	3	中势
地方财政支出增长率	8	13	- 5	中势
税收收入增长率	28	6	22	优势
4.2　金融竞争力	26	29	- 3	劣势
存款余额	30	29	1	劣势
人均存款余额	18	20	- 2	中势
贷款余额	29	29	0	劣势
人均贷款余额	10	10	0	优势
中长期贷款占贷款余额比重	10	21	- 11	劣势
保险费净收入	28	29	- 1	劣势
保险密度	10	11	- 1	中势
保险深度	9	10	- 1	优势
国内上市公司数	29	30	- 1	劣势
国内上市公司市值	30	31	- 1	劣势

5. 宁夏回族自治区知识经济竞争力指标排名变化情况

表 30 - 9　2016 ~ 2017 年宁夏回族自治区知识经济竞争力指标组排位及变化趋势

指　标	2016 年	2017 年	排位升降	优劣势
5　知识经济竞争力	29	26	3	劣势
5.1　科技竞争力	26	23	3	劣势
R&D 人员	28	27	1	劣势
R&D 经费	28	28	0	劣势
R&D 经费投入强度	19	18	1	中势
发明专利授权量	28	28	0	劣势
技术市场成交合同金额	29	28	1	劣势
财政科技支出占地方财政支出比重	13	13	0	中势
高技术产业主营业务收入	28	27	1	劣势
高技术产业收入占工业增加值比重	27	24	3	劣势
高技术产品出口额占商品出口额比重	24	24	0	劣势
5.2　教育竞争力	27	28	- 1	劣势
教育经费	30	31	- 1	劣势
教育经费占 GDP 比重	9	8	1	优势

指　标	2016 年	2017 年	排位升降	优劣势
人均教育经费	8	7	1	优势
公共教育经费占财政支出比重	29	29	0	劣势
人均文化教育支出	14	12	2	中势
万人中小学学校数	5	3	2	强势
万人中小学专任教师数	7	6	1	优势
高等学校数	18	18	0	中势
高校专任教师数	29	29	0	劣势
万人高等学校在校学生数	23	22	1	劣势
5.3　文化竞争力	27	27	0	劣势
文化制造业营业收入	29	27	2	劣势
文化批发零售业营业收入	30	30	0	劣势
文化服务业企业营业收入	30	30	0	劣势
图书和期刊出版数	29	27	2	劣势
报纸出版数	29	30	− 1	劣势
印刷用纸量	29	31	− 2	劣势
城镇居民人均文化娱乐支出	14	11	3	中势
农村居民人均文化娱乐支出	15	13	2	中势
城镇居民人均文化娱乐支出占消费性支出比重	10	4	6	优势
农村居民人均文化娱乐支出占消费性支出比重	13	10	3	优势

6. 宁夏回族自治区发展环境竞争力指标排名变化情况

表 30 – 10　2016 ~ 2017 年宁夏回族自治区发展环境竞争力指标组排位及变化趋势

指　标	2016 年	2017 年	排位升降	优劣势
6　发展环境竞争力	16	16	0	中势
6.1　基础设施竞争力	16	16	0	中势
铁路网线密度	22	22	0	劣势
公路网线密度	24	25	− 1	劣势
人均内河航道里程	22	22	0	劣势
全社会旅客周转量	30	30	0	劣势
全社会货物周转量	29	29	0	劣势
人均邮电业务总量	8	7	1	优势
电话普及率	10	10	0	优势
网站数	29	29	0	劣势
人均耗电量	1	1	0	强势
6.2　软环境竞争力	10	15	− 5	中势
外资企业数增长率	2	20	− 18	中势
万人外资企业数	22	22	0	劣势
个体私营企业数增长率	5	15	− 10	中势
万人个体私营企业数	13	17	− 4	中势
万人商标注册件数	20	18	2	中势
查处商标侵权假冒案件	3	1	2	强势
每十万人交通事故发生数	27	29	− 2	劣势
罚没收入占财政收入比重	15	8	7	优势
社会捐赠款物	31	31	0	劣势

7. 宁夏回族自治区政府作用竞争力指标排名变化情况

表 30 - 11　2016～2017 年宁夏回族自治区政府作用竞争力指标组排位及变化趋势

指　标	2016 年	2017 年	排位升降	优劣势
7　政府作用竞争力	19	18	1	中势
7.1　政府发展经济竞争力	29	27	2	劣势
财政支出用于基本建设投资比重	20	20	0	中势
财政支出对 GDP 增长的拉动	27	27	0	劣势
政府公务员对经济的贡献	23	23	0	劣势
政府消费对民间消费的拉动	28	28	0	劣势
财政投资对社会投资的拉动	18	16	2	中势
7.2　政府规调经济竞争力	19	21	-2	劣势
物价调控	8	18	-10	中势
调控城乡消费差距	20	15	5	中势
统筹经济社会发展	29	28	1	劣势
规范税收	13	10	3	优势
固定资产投资价格指数	17	19	-2	中势
7.3　政府保障经济竞争力	6	7	-1	优势
城市城镇社区服务设施数	30	30	0	劣势
医疗保险覆盖率	11	12	-1	中势
养老保险覆盖率	5	4	1	优势
失业保险覆盖率	5	7	-2	优势
最低工资标准	22	18	4	中势
城镇登记失业率	6	6	0	优势

8. 宁夏回族自治区发展水平竞争力指标排名变化情况

表 30 - 12　2016～2017 年宁夏回族自治区发展水平竞争力指标组排位及变化趋势

指　标	2016 年	2017 年	排位升降	优劣势
8　发展水平竞争力	20	21	-1	劣势
8.1　工业化进程竞争力	22	24	-2	劣势
工业增加值占 GDP 比重	20	17	3	中势
工业增加值增长率	12	23	-11	劣势
高技术产业占工业增加值比重	26	23	3	劣势
高技术产品出口额占商品出口额比重	19	26	-7	劣势
信息产业增加值占 GDP 比重	30	20	10	中势
工农业增加值比值	13	15	-2	中势
8.2　城市化进程竞争力	12	15	-3	中势
城镇化率	15	15	0	中势
城镇居民人均可支配收入	26	25	1	劣势
城市平均建成区面积比重	27	28	-1	劣势
人均拥有道路面积	4	5	-1	优势
人均日生活用水量	11	16	-5	中势
人均公共绿地面积	2	2	0	强势

指　标	2016 年	2017 年	排位升降	优劣势
8.3 市场化进程竞争力	22	19	3	中势
非公有制经济产值占全社会总产值比重	20	16	4	中势
社会投资占投资总额比重	23	22	1	劣势
私有和个体企业从业人员比重	9	9	0	优势
亿元以上商品市场成交额	28	27	1	劣势
亿元以上商品市场成交额占全社会消费品零售总额比重	7	6	1	优势
居民消费支出占总消费支出比重	28	28	0	劣势

9. 宁夏回族自治区统筹协调竞争力指标排名变化情况

表 30 – 13　2016 ~ 2017 年宁夏回族自治区统筹协调竞争力指标组排位及变化趋势

指　标	2016 年	2017 年	排位升降	优劣势
9　统筹协调竞争力	25	29	- 4	劣势
9.1 统筹发展竞争力	21	31	- 10	劣势
社会劳动生产率	15	15	0	中势
能源使用下降率	26	31	- 5	劣势
万元 GDP 综合能耗下降率	20	31	- 11	劣势
非农用地产出率	23	24	- 1	劣势
生产税净额和营业盈余占 GDP 比重	5	6	- 1	优势
最终消费率	9	8	1	优势
固定资产投资额占 GDP 比重	28	22	6	劣势
固定资产交付使用率	12	13	- 1	中势
9.2 协调发展竞争力	22	9	13	优势
环境竞争力与宏观经济竞争力比差	23	9	14	优势
资源竞争力与宏观经济竞争力比差	16	14	2	中势
人力资源竞争力与宏观经济竞争力比差	23	14	9	中势
资源竞争力与工业竞争力比差	10	10	0	优势
环境竞争力与工业竞争力比差	26	27	- 1	劣势
城乡居民家庭人均收入比差	23	23	0	劣势
城乡居民人均现金消费支出比差	20	15	5	中势
全社会消费品零售总额与外贸出口总额比差	14	12	2	中势

B.32
31
新疆维吾尔自治区经济综合竞争力评价分析报告

新疆维吾尔自治区简称新，地处中国西北边疆，东部与甘肃、青海相连，南部与西藏相邻，西部和北部分别与巴基斯坦、印度、阿富汗、塔吉克斯坦、吉尔吉斯斯坦、哈萨克斯坦、俄罗斯、蒙古等国接壤，是国境线最长、交界邻国最多的省区。新疆维吾尔自治区总面积为166万多平方公里，是全国土地面积最大的省份。2017年全区常住人口为2445万人，地区生产总值为10882亿元，同比增长7.6%，人均GDP达44941元。本部分通过分析2016～2017年新疆维吾尔自治区经济综合竞争力以及各要素竞争力的排名变化，从中找出新疆维吾尔自治区经济综合竞争力的推动点及影响因素，为进一步提升新疆维吾尔自治区经济综合竞争力提供决策参考。

31.1　新疆维吾尔自治区经济综合竞争力总体分析

1. 新疆维吾尔自治区经济综合竞争力一级指标概要分析

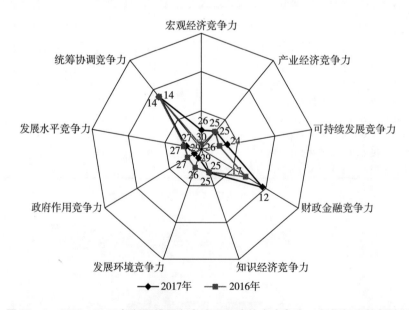

图31-1　2016～2017年新疆维吾尔自治区经济综合竞争力二级指标比较雷达图

（1）从综合排位看，2017年新疆维吾尔自治区经济综合竞争力综合排位在全国处于第27位，表明其在全国处于劣势地位；与2016年相比，综合排位保持不变。

458

表 31 - 1 2016～2017 年新疆维吾尔自治区经济综合竞争力二级指标比较

项目 年份	宏观经济竞争力	产业经济竞争力	可持续发展竞争力	财政金融竞争力	知识经济竞争力	发展环境竞争力	政府作用竞争力	发展水平竞争力	统筹协调竞争力	综合排位
2016	30	25	26	17	25	26	27	27	14	27
2017	26	25	24	12	25	29	29	27	14	27
升降	4	0	2	5	0	-3	-2	0	0	0
优劣度	劣势	劣势	劣势	中势	劣势	劣势	劣势	劣势	中势	劣势

（2）从指标所处区位看，处于中游区的指标有 2 个，分别为财政金融竞争力和统筹协调竞争力；其余 7 个二级指标均处于下游区。

（3）从指标变化趋势看，9 个二级指标中，有 3 个指标处于上升趋势，分别为宏观经济竞争力、可持续发展竞争力和财政金融竞争力，这些是新疆维吾尔自治区经济综合竞争力上升的动力所在；有 4 个指标排位没有发生变化，分别为产业经济竞争力、知识经济竞争力、发展水平竞争力和统筹协调竞争力；有 2 个指标处于下降趋势，分别为发展环境竞争力和政府作用竞争力，这些是新疆维吾尔自治区经济综合竞争力下降的拉力所在。

2. 新疆维吾尔自治区经济综合竞争力各级指标动态变化分析

表 31 - 2 2016～2017 年新疆维吾尔自治区经济综合竞争力各级指标排位变化态势比较

单位：个，%

二级指标	三级指标	四级指标数	上升		保持		下降		变化趋势
			指标数	比重	指标数	比重	指标数	比重	
宏观经济竞争力	经济实力竞争力	12	6	50.0	3	25.0	3	25.0	上升
	经济结构竞争力	6	0	0.0	3	50.0	3	50.0	上升
	经济外向度竞争力	9	4	44.4	3	33.3	2	22.2	上升
	小 计	27	10	37.0	9	33.3	8	29.6	上升
产业经济竞争力	农业竞争力	10	0	0.0	5	50.0	5	50.0	下降
	工业竞争力	10	7	70.0	1	10.0	2	20.0	上升
	服务业竞争力	10	5	50.0	5	50.0	0	0.0	上升
	企业竞争力	10	4	40.0	3	30.0	3	30.0	保持
	小 计	40	16	40.0	14	35.0	10	25.0	保持
可持续发展竞争力	资源竞争力	9	2	22.2	7	77.8	0	0.0	上升
	环境竞争力	8	2	25.0	4	50.0	2	25.0	上升
	人力资源竞争力	7	3	42.9	4	57.1	0	0.0	上升
	小 计	24	7	29.2	15	62.5	2	8.3	上升
财政金融竞争力	财政竞争力	12	7	58.3	2	16.7	3	25.0	上升
	金融竞争力	10	4	40.0	2	20.0	4	40.0	下降
	小 计	22	11	50.0	4	18.2	7	31.8	上升
知识经济竞争力	科技竞争力	9	1	11.1	5	55.6	3	33.3	保持
	教育竞争力	10	4	40.0	5	50.0	1	10.0	上升
	文化竞争力	10	3	30.0	4	40.0	3	30.0	下降
	小 计	29	8	27.6	14	48.3	7	24.1	保持

续表

二级指标	三级指标	四级指标数	上升		保持		下降		变化趋势
			指标数	比重	指标数	比重	指标数	比重	
发展环境竞争力	基础设施竞争力	9	1	11.1	4	44.4	4	44.4	下降
	软环境竞争力	9	1	11.1	2	22.2	6	66.7	下降
	小 计	18	2	11.1	6	33.3	10	55.6	下降
政府作用竞争力	政府发展经济竞争力	5	0	0.0	4	80.0	1	20.0	保持
	政府规调经济竞争力	5	2	40.0	0	0.0	3	60.0	下降
	政府保障经济竞争力	6	0	0.0	1	16.7	5	83.3	保持
	小 计	16	2	12.5	5	31.3	9	56.3	下降
发展水平竞争力	工业化进程竞争力	6	4	66.7	2	33.3	0	0.0	上升
	城市化进程竞争力	6	3	50.0	2	33.3	1	16.7	上升
	市场化进程竞争力	6	2	33.3	2	33.3	2	33.3	下降
	小 计	18	9	50.0	6	33.3	3	16.7	保持
统筹协调竞争力	统筹发展竞争力	8	4	50.0	1	12.5	3	37.5	下降
	协调发展竞争力	8	5	62.5	2	25.0	1	12.5	上升
	小 计	16	9	56.3	3	18.8	4	25.0	保持
合 计		210	74	35.2	76	36.2	60	28.6	保持

从表 31 - 2 可以看出，210 个四级指标中，上升指标有 74 个，占指标总数的 35.2%；下降指标有 60 个，占指标总数的 28.6%；保持不变的指标有 76 个，占指标总数的 36.2%。综上所述，新疆维吾尔自治区经济综合竞争力上升的动力大于下降的拉力，但受其他外部因素的综合影响，2016～2017 年新疆维吾尔自治区经济综合竞争力排位仍保持不变。

3. 新疆维吾尔自治区经济综合竞争力各级指标优劣势结构分析

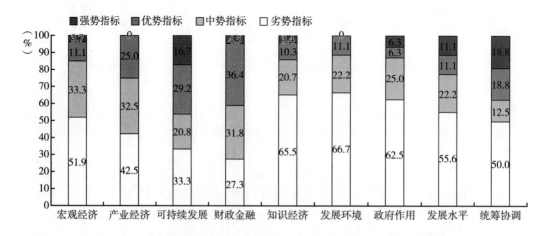

图 31 - 2 2017 年新疆维吾尔自治区经济综合竞争力各级指标优劣势比较

表 31-3 2017 年新疆维吾尔自治区经济综合竞争力各级指标优劣势比较

单位：个，%

二级指标	三级指标	四级指标数	强势指标		优势指标		中势指标		劣势指标		优劣势
			个数	比重	个数	比重	个数	比重	个数	比重	
宏观经济竞争力	经济实力竞争力	12	1	8.3	0	0.0	5	41.7	6	50.0	劣势
	经济结构竞争力	6	0	0.0	0	0.0	1	16.7	5	83.3	劣势
	经济外向度竞争力	9	0	0.0	3	33.3	3	33.3	3	33.3	中势
	小　计	27	1	3.7	3	11.1	9	33.3	14	51.9	劣势
产业经济竞争力	农业竞争力	10	0	0.0	4	40.0	4	40.0	2	20.0	中势
	工业竞争力	10	0	0.0	3	30.0	3	30.0	4	40.0	劣势
	服务业竞争力	10	0	0.0	1	10.0	3	30.0	6	60.0	劣势
	企业竞争力	10	0	0.0	2	20.0	3	30.0	5	50.0	劣势
	小　计	40	0	0.0	10	25.0	13	32.5	17	42.5	劣势
可持续发展竞争力	资源竞争力	9	3	33.3	4	44.4	2	22.2	0	0.0	优势
	环境竞争力	8	0	0.0	1	12.5	2	25.0	5	62.5	劣势
	人力资源竞争力	7	1	14.3	2	28.6	1	14.3	3	42.9	中势
	小　计	24	4	16.7	7	29.2	5	20.8	8	33.3	劣势
财政金融竞争力	财政竞争力	12	1	8.3	7	58.3	2	16.7	2	16.7	优势
	金融竞争力	10	0	0.0	1	10.0	5	50.0	4	40.0	劣势
	小　计	22	1	4.5	8	36.4	7	31.8	6	27.3	中势
知识经济竞争力	科技竞争力	9	0	0.0	0	0.0	0	0.0	9	100.0	劣势
	教育竞争力	10	1	10.0	3	30.0	3	30.0	3	30.0	优势
	文化竞争力	10	0	0.0	0	0.0	3	30.0	7	70.0	劣势
	小　计	29	1	3.4	3	10.3	6	20.7	19	65.5	劣势
发展环境竞争力	基础设施竞争力	9	0	0.0	1	11.1	1	11.1	7	77.8	劣势
	软环境竞争力	9	0	0.0	1	11.1	3	33.3	5	55.6	劣势
	小　计	18	0	0.0	2	11.1	4	22.2	12	66.7	劣势
政府作用竞争力	政府发展经济竞争力	5	0	0.0	1	20.0	0	0.0	4	80.0	劣势
	政府规调经济竞争力	5	1	20.0	0	0.0	1	20.0	3	60.0	劣势
	政府保障经济竞争力	6	0	0.0	0	0.0	3	50.0	3	50.0	中势
	小　计	16	1	6.3	1	6.3	4	25.0	10	62.5	劣势
发展水平竞争力	工业化进程竞争力	6	1	16.7	0	0.0	0	0.0	5	83.3	劣势
	城市化进程竞争力	6	0	0.0	2	33.3	3	50.0	1	16.7	中势
	市场化进程竞争力	6	1	16.7	0	0.0	1	16.7	4	66.7	劣势
	小　计	18	2	11.1	2	11.1	4	22.2	10	55.6	劣势
统筹协调竞争力	统筹发展竞争力	8	1	12.5	1	12.5	1	12.5	5	62.5	劣势
	协调发展竞争力	8	2	25.0	2	25.0	1	12.5	3	37.5	优势
	小　计	16	3	18.8	3	18.8	2	12.5	8	50.0	中势
合　计		210	13	6.2	39	18.6	54	25.7	104	49.5	劣势

基于图 31-2 和表 31-3，从四级指标来看，强势指标 13 个，占指标总数的 6.2%；优势指标 39 个，占指标总数的 18.6%；中势指标 54 个，占指标总数的 25.7%；劣势指标 104 个，占指标总数的 49.5%。从三级指标来看，没有强势指标；优势指标 4 个，占三级指标总数的 16%；中势指标 5 个，占三级指标总数的 20%；劣势指标 16 个，占三级指标总数的 64%。反映到二级指标上来，没有强势指标和优势指

标。综合来看，由于劣势指标在指标体系中居于主导地位，2017 年新疆维吾尔自治区经济综合竞争力处于劣势地位。

4. 新疆维吾尔自治区经济综合竞争力四级指标优劣势对比分析

表 31－4　2017 年新疆维吾尔自治区经济综合竞争力各级指标优劣势比较

二级指标	优劣势	四级指标
宏观经济 竞争力 (27 个)	强势指标	固定资产投资额增长率(1 个)
	优势指标	进出口增长率、出口增长率、实际 FDI 增长率(3 个)
	劣势指标	地区生产总值、财政总收入、财政总收入增长率、全社会消费品零售总额、全社会消费品零售总额增长率、人均全社会消费品零售总额、产业结构优化度、所有制经济结构优化度、城乡经济结构优化度、就业结构优化度、贸易结构优化度、实际 FDI、外资企业数、对外直接投资额(14 个)
产业经济 竞争力 (40 个)	强势指标	(0 个)
	优势指标	农业增加值增长率、人均农业增加值、人均主要农产品产量、财政支农资金比重、工业成本费用率、工业全员劳动生产率、工业收入利润率、限额以上餐饮企业利税率、规模以上企业平均资产、规模以上企业平均利润(10 个)
	劣势指标	农民人均纯收入、农民人均纯收入增长率、工业增加值、人均工业增加值、规模以上工业主营业务收入、规模以上工业利润总额、服务业增加值、人均服务业增加值、服务业从业人员数、限额以上批零企业利税率、商品房销售收入、电子商务销售额、规模以上工业企业数、新产品销售收入占主营业务收入比重、产品质量抽查合格率、工业企业 R&D 经费投入强度、中国驰名商标持有量(17 个)
可持续发展 竞争力 (24 个)	强势指标	人均国土面积、主要能源矿产基础储量、人均主要能源矿产基础储量、常住人口增长率(4 个)
	优势指标	人均年水资源量、人均耕地面积、人均牧草地面积、人均森林储积量、人均治理工业污染投资额、文盲率、大专以上教育程度人口比例(7 个)
	劣势指标	森林覆盖率、人均工业废气排放量、人均工业固体废物排放量、一般工业固体废物综合利用率、生活垃圾无害化处理率、15~64 岁人口比例、人口健康素质、职业学校毕业生数(8 个)
财政金融 竞争力 (22 个)	强势指标	地方财政支出增长率(1 个)
	优势指标	地方财政收入占 GDP 比重、地方财政支出占 GDP 比重、税收收入占 GDP 比重、人均地方财政收入、人均地方财政支出、地方财政收入增长率、税收收入增长率、保险深度(8 个)
	劣势指标	地方财政收入、税收收入占财政总收入比重、存款余额、贷款余额、中长期贷款占贷款余额比重、保险费净收入(6 个)
知识经济 竞争力 (29 个)	强势指标	万人中小学专任教师数(1 个)
	优势指标	教育经费占 GDP 比重、人均教育经费、万人中小学学校数(3 个)
	劣势指标	R&D 人员、R&D 经费、R&D 经费投入强度、发明专利授权量、技术市场成交合同金额、财政科技支出占地方财政支出比重、高技术产业主营业务收入、高技术产业收入占工业增加值比重、高技术产品出口额占商品出口额比重、人均文化教育支出、高校专任教师数、万人高等学校在校学生数、文化制造业营业收入、文化批发零售业营业收入、文化服务业企业营业收入、报纸出版数、印刷用纸量、农村居民人均文化娱乐支出、农村居民人均文化娱乐支出占消费性支出比重(19 个)
发展环境 竞争力 (18 个)	强势指标	(0 个)
	优势指标	人均耗电量、查处商标侵权假冒案件(2 个)
	劣势指标	铁路网线密度、公路网线密度、人均内河航道里程、全社会旅客周转量、全社会货物周转量、人均邮电业务总量、网站数、外资企业数增长率、万人外资企业数、个体私营企业数增长率、万人个体私营企业数、每十万人交通事故发生数(12 个)

二级指标	优劣势	四级指标
政府作用 竞争力 (16个)	强势指标	固定资产投资价格指数(1个)
	优势指标	财政支出用于基本建设投资比重(1个)
	劣势指标	财政支出对GDP增长的拉动、政府公务员对经济的贡献、政府消费对民间消费的拉动、财政投资对社会投资的拉动、物价调控、调控城乡消费差距、统筹经济社会发展、城市城镇社区服务设施数、养老保险覆盖率、城镇登记失业率(10个)
发展水平 竞争力 (18个)	强势指标	工业增加值增长率、亿元以上商品市场成交额占全社会消费品零售总额比重(2个)
	优势指标	城市平均建成区面积比重、人均拥有道路面积(2个)
	劣势指标	工业增加值占GDP比重、高技术产业占工业增加值比重、高技术产品出口额占商品出口额比重、信息产业增加值占GDP比重、工农业增加值比值、城镇化率、非公有制经济产值占全社会总产值比重、社会投资占投资总额比重、私有和个体企业从业人员比重、居民消费支出占总消费支出比重(10个)
统筹协调 竞争力 (16个)	强势指标	生产税净额和营业盈余占GDP比重、资源竞争力与宏观经济竞争力比差、资源竞争力与工业竞争力比差(3个)
	优势指标	最终消费率、环境竞争力与工业竞争力比差、全社会消费品零售总额与外贸出口总额比差(3个)
	劣势指标	能源使用下降率、万元GDP综合能耗下降率、非农用地产出率、固定资产投资额占GDP比重、固定资产交付使用率、人力资源竞争力与宏观经济竞争力比差、城乡居民家庭人均收入比差、城乡居民人均现金消费支出比差(8个)

31.2 新疆维吾尔自治区经济综合竞争力各级指标具体分析

1. 新疆维吾尔自治区宏观经济竞争力指标排名变化情况

表31-5 2016～2017年新疆维吾尔自治区宏观经济竞争力指标组排位及变化趋势

指　标	2016年	2017年	排位升降	优劣势
1　宏观经济竞争力	30	26	4	劣势
1.1　经济实力竞争力	22	21	1	劣势
地区生产总值	26	26	0	劣势
地区生产总值增长率	16	15	1	中势
人均地区生产总值	21	20	1	中势
财政总收入	19	21	−2	劣势
财政总收入增长率	3	23	−20	劣势
人均财政收入	10	11	−1	中势
固定资产投资额	23	20	3	中势
固定资产投资额增长率	30	2	28	强势
人均固定资产投资额	15	13	2	中势
全社会消费品零售总额	27	27	0	劣势
全社会消费品零售总额增长率	25	24	1	劣势
人均全社会消费品零售总额	30	30	0	劣势

指　　标	2016 年	2017 年	排位升降	优劣势
1.2　经济结构竞争力	31	29	2	劣势
产业结构优化度	19	22	−3	劣势
所有制经济结构优化度	26	28	−2	劣势
城乡经济结构优化度	24	24	0	劣势
就业结构优化度	30	30	0	劣势
资本形成结构优化度	4	11	−7	中势
贸易结构优化度	29	29	0	劣势
1.3　经济外向度竞争力	30	16	14	中势
进出口总额	19	19	0	中势
进出口增长率	17	8	9	优势
出口总额	19	19	0	中势
出口增长率	31	7	24	优势
实际 FDI	27	29	−2	劣势
实际 FDI 增长率	11	7	4	优势
外贸依存度	12	13	−1	中势
外资企业数	28	27	1	劣势
对外直接投资额	22	22	0	劣势

2. 新疆维吾尔自治区产业经济竞争力指标排名变化情况

表 31 - 6　2016 ~ 2017 年新疆维吾尔自治区产业经济竞争力指标组排位及变化趋势

指　　标	2016 年	2017 年	排位升降	优劣势
2　产业经济竞争力	25	25	0	劣势
2.1　农业竞争力	11	18	−7	中势
农业增加值	19	20	−1	中势
农业增加值增长率	2	6	−4	优势
人均农业增加值	8	8	0	优势
农民人均纯收入	23	23	0	劣势
农民人均纯收入增长率	20	21	−1	劣势
农产品出口占农林牧渔总产值比重	18	20	−2	中势
人均主要农产品产量	4	4	0	优势
农业机械化水平	14	14	0	中势
农村人均用电量	11	11	0	中势
财政支农资金比重	2	10	−8	优势

续表

指　标	2016 年	2017 年	排位升降	优劣势
2.2　工业竞争力	24	21	3	劣势
工业增加值	26	26	0	劣势
工业增加值增长率	26	19	7	中势
人均工业增加值	25	23	2	劣势
工业资产总额	21	20	1	中势
工业资产总额增长率	11	14	-3	中势
规模以上工业主营业务收入	26	25	1	劣势
工业成本费用率	10	6	4	优势
规模以上工业利润总额	23	25	-2	劣势
工业全员劳动生产率	11	7	4	优势
工业收入利润率	24	7	17	优势
2.3　服务业竞争力	25	21	4	劣势
服务业增加值	26	26	0	劣势
服务业增加值增长率	17	12	5	中势
人均服务业增加值	23	22	1	劣势
服务业从业人员数	26	22	4	劣势
限额以上批发零售企业主营业务收入	20	20	0	中势
限额以上批零企业利税率	28	28	0	劣势
限额以上餐饮企业利税率	4	4	0	优势
旅游外汇收入	23	19	4	中势
商品房销售收入	28	28	0	劣势
电子商务销售额	27	25	2	劣势
2.4　企业竞争力	28	28	0	劣势
规模以上工业企业数	26	25	1	劣势
规模以上企业平均资产	8	8	0	优势
规模以上企业平均收入	22	16	6	中势
规模以上企业平均利润	23	9	14	优势
规模以上企业劳动效率	20	12	8	中势
城镇就业人员平均工资	13	15	-2	中势
新产品销售收入占主营业务收入比重	24	31	-7	劣势
产品质量抽查合格率	26	27	-1	劣势
工业企业 R&D 经费投入强度	27	27	0	劣势
中国驰名商标持有量	25	25	0	劣势

3. 新疆维吾尔自治区可持续发展竞争力指标排名变化情况

表 31 – 7　2016 ～ 2017 年新疆维吾尔自治区可持续发展竞争力指标组排位及变化趋势

指　　标	2016 年	2017 年	排位升降	优劣势
3　可持续发展竞争力	26	24	2	劣势
3.1　资源竞争力	6	5	1	优势
人均国土面积	3	3	0	强势
人均可使用海域和滩涂面积	13	13	0	中势
人均年水资源量	6	5	1	优势
耕地面积	12	11	1	中势
人均耕地面积	4	4	0	优势
人均牧草地面积	4	4	0	优势
主要能源矿产基础储量	3	3	0	强势
人均主要能源矿产基础储量	3	3	0	强势
人均森林储积量	8	8	0	优势
3.2　环境竞争力	31	29	2	劣势
森林覆盖率	31	31	0	劣势
人均废水排放量	10	12	−2	中势
人均工业废气排放量	29	29	0	劣势
人均工业固体废物排放量	25	25	0	劣势
人均治理工业污染投资额	13	9	4	优势
一般工业固体废物综合利用率	25	22	3	劣势
生活垃圾无害化处理率	29	29	0	劣势
自然灾害直接经济损失	19	20	−1	中势
3.3　人力资源竞争力	24	19	5	中势
常住人口增长率	2	1	1	强势
15 ~ 64 岁人口比例	26	23	3	劣势
文盲率	10	10	0	优势
大专以上教育程度人口比例	12	7	5	优势
平均受教育程度	17	17	0	中势
人口健康素质	31	31	0	劣势
职业学校毕业生数	23	23	0	劣势

4. 新疆维吾尔自治区财政金融竞争力指标排名变化情况

表 31 – 8　2016 ～ 2017 年新疆维吾尔自治区财政金融竞争力指标组排位及变化趋势

指　　标	2016 年	2017 年	排位升降	优劣势
4　财政金融竞争力	17	12	5	中势
4.1　财政竞争力	11	8	3	优势
地方财政收入	24	24	0	劣势
地方财政支出	22	20	2	中势
地方财政收入占 GDP 比重	6	5	1	优势

续表

指　标	2016 年	2017 年	排位升降	优劣势
地方财政支出占 GDP 比重	4	4	0	优势
税收入占 GDP 比重	8	10	-2	优势
税收入占财政总收入比重	20	30	-10	劣势
人均地方财政收入	13	7	6	优势
人均地方财政支出	8	7	1	优势
人均税收收入	14	15	-1	中势
地方财政收入增长率	28	4	24	优势
地方财政支出增长率	11	3	8	强势
税收收入增长率	15	10	5	优势
4.2　金融竞争力	19	21	-2	劣势
存款余额	26	26	0	劣势
人均存款余额	20	18	2	中势
贷款余额	26	27	-1	劣势
人均贷款余额	18	17	1	中势
中长期贷款占贷款余额比重	12	23	-11	劣势
保险费净收入	25	25	0	劣势
保险密度	18	20	-2	中势
保险深度	6	9	-3	优势
国内上市公司数	15	14	1	中势
国内上市公司市值	17	16	1	中势

5. 新疆维吾尔自治区知识经济竞争力指标排名变化情况

表 31 - 9　2016～2017 年新疆维吾尔自治区知识经济竞争力指标组排位及变化趋势

指　标	2016 年	2017 年	排位升降	优劣势
5　知识经济竞争力	25	25	0	劣势
5.1　科技竞争力	30	30	0	劣势
R&D 人员	27	28	-1	劣势
R&D 经费	27	27	0	劣势
R&D 经费投入强度	28	28	0	劣势
发明专利授权量	26	26	0	劣势
技术市场成交合同金额	28	29	-1	劣势
财政科技支出占地方财政支出比重	23	26	-3	劣势
高技术产业主营业务收入	30	30	0	劣势
高技术产业收入占工业增加值比重	31	31	0	劣势
高技术产品出口额占商品出口额比重	30	28	2	劣势
5.2　教育竞争力	14	9	5	优势
教育经费	22	20	2	中势
教育经费占 GDP 比重	5	4	1	优势
人均教育经费	7	4	3	优势
公共教育经费占财政支出比重	14	20	-6	中势

指　标	2016 年	2017 年	排位升降	优劣势
人均文化教育支出	24	24	0	劣势
万人中小学学校数	13	9	4	优势
万人中小学专任教师数	1	1	0	强势
高等学校数	15	15	0	中势
高校专任教师数	27	27	0	劣势
万人高等学校在校学生数	29	29	0	劣势
5.3　文化竞争力	28	29	-1	劣势
文化制造业营业收入	30	30	0	劣势
文化批发零售业营业收入	24	24	0	劣势
文化服务业企业营业收入	23	21	2	劣势
图书和期刊出版数	17	18	-1	中势
报纸出版数	21	21	0	劣势
印刷用纸量	24	24	0	劣势
城镇居民人均文化娱乐支出	15	12	3	中势
农村居民人均文化娱乐支出	29	30	-1	劣势
城镇居民人均文化娱乐支出占消费性支出比重	17	15	2	中势
农村居民人均文化娱乐支出占消费性支出比重	24	25	-1	劣势

6. 新疆维吾尔自治区发展环境竞争力指标排名变化情况

表 31 - 10　2016 ~ 2017 年新疆维吾尔自治区发展环境竞争力指标组排位及变化趋势

指　标	2016 年	2017 年	排位升降	优劣势
6　发展环境竞争力	26	29	-3	劣势
6.1　基础设施竞争力	27	30	-3	劣势
铁路网线密度	29	29	0	劣势
公路网线密度	29	30	-1	劣势
人均内河航道里程	28	28	0	劣势
全社会旅客周转量	20	21	-1	劣势
全社会货物周转量	22	21	1	劣势
人均邮电业务总量	16	30	-14	劣势
电话普及率	15	17	-2	中势
网站数	28	28	0	劣势
人均耗电量	4	4	0	优势
6.2　软环境竞争力	17	25	-8	劣势
外资企业数增长率	8	23	-15	劣势
万人外资企业数	24	26	-2	劣势
个体私营企业数增长率	17	22	-5	劣势
万人个体私营企业数	21	24	-3	劣势
万人商标注册件数	14	14	0	中势
查处商标侵权假冒案件	18	6	12	优势
每十万人交通事故发生数	23	24	-1	劣势
罚没收入占财政收入比重	8	16	-8	中势
社会捐赠款物	19	19	0	中势

7. 新疆维吾尔自治区政府作用竞争力指标排名变化情况

表 31－11　2016～2017 年新疆维吾尔自治区政府作用竞争力指标组排位及变化趋势

指　标	2016 年	2017 年	排位升降	优劣势
7　政府作用竞争力	27	29	－2	劣势
7.1　政府发展经济竞争力	30	30	0	劣势
财政支出用于基本建设投资比重	4	4	0	优势
财政支出对 GDP 增长的拉动	28	28	0	劣势
政府公务员对经济的贡献	29	30	－1	劣势
政府消费对民间消费的拉动	30	30	0	劣势
财政投资对社会投资的拉动	29	29	0	劣势
7.2　政府规调经济竞争力	25	28	－3	劣势
物价调控	6	30	－24	劣势
调控城乡消费差距	29	30	－1	劣势
统筹经济社会发展	28	25	3	劣势
规范税收	12	15	－3	中势
固定资产投资价格指数	23	3	20	强势
7.3　政府保障经济竞争力	19	19	0	中势
城市城镇社区服务设施数	26	26	0	劣势
医疗保险覆盖率	14	16	－2	中势
养老保险覆盖率	19	23	－4	劣势
失业保险覆盖率	14	16	－2	中势
最低工资标准	8	17	－9	中势
城镇登记失业率	27	28	－1	劣势

8. 新疆维吾尔自治区发展水平竞争力指标排名变化情况

表 31－12　2016～2017 年新疆维吾尔自治区发展水平竞争力指标组排位及变化趋势

指　标	2016 年	2017 年	排位升降	优劣势
8　发展水平竞争力	27	27	0	劣势
8.1　工业化进程竞争力	29	26	3	劣势
工业增加值占 GDP 比重	24	23	1	劣势
工业增加值增长率	26	2	24	强势
高技术产业占工业增加值比重	31	31	0	劣势
高技术产品出口额占商品出口额比重	30	30	0	劣势
信息产业增加值占 GDP 比重	29	24	5	劣势
工农业增加值比值	28	25	3	劣势
8.2　城市化进程竞争力	21	16	5	中势
城镇化率	26	26	0	劣势
城镇居民人均可支配收入	17	19	－2	中势
城市平均建成区面积比重	7	7	0	优势
人均拥有道路面积	7	6	1	优势
人均日生活用水量	18	13	5	中势
人均公共绿地面积	18	16	2	中势

指 标	2016 年	2017 年	排位升降	优劣势
8.3 市场化进程竞争力	26	27	−1	劣势
非公有制经济产值占全社会总产值比重	26	28	−2	劣势
社会投资占投资总额比重	28	30	−2	劣势
私有和个体企业从业人员比重	21	21	0	劣势
亿元以上商品市场成交额	16	15	1	中势
亿元以上商品市场成交额占全社会消费品零售总额比重	3	2	1	强势
居民消费支出占总消费支出比重	30	30	0	劣势

9. 新疆维吾尔自治区统筹协调竞争力指标排名变化情况

表 31 – 13　2016 ~ 2017 年新疆维吾尔自治区统筹协调竞争力指标组排位及变化趋势

指 标	2016 年	2017 年	排位升降	优劣势
9　统筹协调竞争力	14	14	0	中势
9.1 统筹发展竞争力	22	23	−1	劣势
社会劳动生产率	18	17	1	中势
能源使用下降率	31	30	1	劣势
万元 GDP 综合能耗下降率	29	28	1	劣势
非农用地产出率	30	30	0	劣势
生产税净额和营业盈余占 GDP 比重	1	2	−1	强势
最终消费率	5	4	1	优势
固定资产投资额占 GDP 比重	21	27	−6	劣势
固定资产交付使用率	21	22	−1	劣势
9.2 协调发展竞争力	9	6	3	优势
环境竞争力与宏观经济竞争力比差	17	16	1	中势
资源竞争力与宏观经济竞争力比差	2	1	1	强势
人力资源竞争力与宏观经济竞争力比差	29	29	0	劣势
资源竞争力与工业竞争力比差	3	2	1	强势
环境竞争力与工业竞争力比差	15	7	8	优势
城乡居民家庭人均收入比差	24	24	0	劣势
城乡居民人均现金消费支出比差	29	30	−1	劣势
全社会消费品零售总额与外贸出口总额比差	8	7	1	优势

III 专题分析报告

Special Reports

B.33

专题一

贸易保护主义背景下中国
宏观经济平稳运行问题

近年来，全球经济发展态势向好，但总体需求依然不足，缺少新的经济增长点，不确定因素依然突出，全球经济下行压力仍然较大。再加上当前贸易保护主义、孤立主义、民粹主义等思潮不断抬头，世界经济发展面临的挑战越来越严峻。我国经济尽管整体运行态势良好，但在这种严峻的世界经济形势面前，要实现经济稳定向好发展，就需要深入了解当前我国宏观经济运行的整体状况以及存在的不确定性，通过不断深化改革，坚持开放，借鉴他国经验，完善经济发展思路，继续保持我国经济稳定向好的总势头。

一 当前我国宏观经济运行状况及存在的隐忧

既往经验和经济学模型与博弈理论表明，相较于经济贸易政策的冲突与不合作，各国经济政策的协调更有利于国际经济的快速平稳发展①。然而，自美国总统特朗普上台以来，为追求美国自身利益最大化，致使逆全球化思潮抬头和贸易保护主义盛行。中美贸易摩擦对我国经济发展带来很多不确定性和新的挑战。

（一）宏观经济运行状况

2017年以来，我国经济总体增速有所放缓，消费是拉动经济增长的主要引擎，随

---

① 潘晓明：《中美贸易摩擦下的国际经济治理困境》，《国际经济合作》2018年第8期。

着供给侧结构性改革的实施，工业增长进一步加快，经济结构进一步改善，整体经济运行平稳，增长韧性较强。然而，在贸易保护主义盛行的国际背景下，经济增长难以避免地被波及而有所放缓，总体运行状况可概括为以下五个方面。

1. 国内生产总值温和上涨，经济增速再度回落

2017 年我国国内生产总值（GDP）约 82.71 万亿元，同比增速为 6.9%。2018 年前三季度 GDP 约 65.09 万亿元，前三季度 GDP 同比增速分别为 6.8%、6.8% 和 6.7%。国内生产总值总体上增长稳定，但 GDP 增长速度出现小幅度波动。近三年来 GDP 增速几乎保持在 6.7%~6.9%。2016 年以来，全球经济和贸易发展低迷①，受世界经济增速下滑的影响，我国 GDP 增速也有所下降，但仍以 6.7% 逆转印度排名世界第一。2017 年全年经济增长速度为 6.9%，是自 2010 年以来经济增长速度首次提速，国内生产总值首次突破 80 万亿元。然而 2018 年受国内外复杂形势影响，经济增速再度下滑，显现增长乏力迹象，暴露出贸易摩擦和人民币升值压力等带来的隐忧。

从产业角度看，第一产业和第二产业贡献值相对平稳，第三产业增速明显，在经济增加值中占比持续上升，是经济增长的第一动力。第一产业方面，随着供给侧结构性改革和农业种植结构的调整，2018 年大豆、棉花的种植面积扩大，畜牧业发展较为稳定。近两年工业总体上增长较为平稳，2018 年工业增长速度虽有所回落，但受益于供给侧结构性改革和"去杠杆"效应，企业经济效益有所改善，发展质量有所提高，结构进一步优化。第三产业增长迅速，获得蓬勃发展，是经济发展的主要动力，2017 年服务业生产指数较 2016 年增长 8.2 个百分点。在 GDP 增速中，第三产业贡献率自 2015 年即超过 50%，到 2017 年达 58.8%，拉动 GDP 增长 4%。2018 年第三季度，第三产业增加值同比增长达 7.7%，较第二产业高 2.1 个百分点，较第一产业高 4.3 个百分点。服务业对 GDP 的贡献率进一步提升，经济结构进一步优化，且仍有较大发展空间，前景 GDP 较好（见图 1-1）。

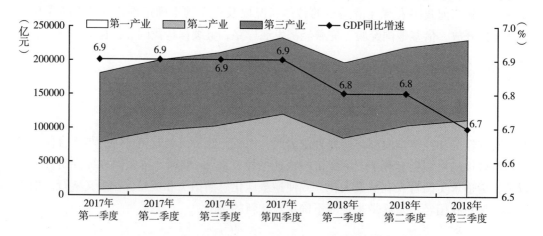

图 1-1 2017~2018 年各季度 GDP 统计值及同比增速

数据来源：国家统计局。

---

① 陈文玲：《2016 年世界经济形势分析及 2017 年预期和建议》，《中国流通经济》2016 年第 12 期。

此外，我国经济结构、质量和效益进一步提高。为调和环境、能源、资源与经济发展间的矛盾，党的十八届五中全会提出"双控"行动，即强调能源消耗总量和强度的双重控制。2018年前三季度，能耗"双控"取得了一定成效，全国能耗总量同比上涨约3.4%，而单位GDP能耗同比减少3.1%。同时，结构性去产能进一步深化，2018年6月，全国工业产能利用率较2017年同期提升0.3个百分点，达76.7%。

2.消费成为经济增长第一动力，但回落趋势隐现

近两年消费增长态势较为平稳，已取代投资从需求侧成为经济增长的第一动力。具体来讲，2017年社会消费品零售总额为36.6万亿元，较2016年增长10.2%，最终消费支出对GDP的贡献率达65.3%，创2001年以来新高。其中，网上零售额约7.2万亿元，较2016年增长32.2%，充分体现了近年来电商行业的迅速发展态势。2018年前11个月社会消费品零售总额累计达34.5万亿元，同比增长9.1%，其中，限额以上单位消费品零售额13.1万亿元，增长6.1%；城镇消费品零售额29.5万亿元，乡村消费品零售额为5万亿元，同比分别增长8.9%和10.2%，近年来乡村消费增速均大于城镇增速，预示着乡村市场规模和消费能力的崛起。2018年1~11月餐饮收入和商品零售额分别为3.8万亿元和30.7万亿元，同比增长9.5个和9.0个百分点；全国网上零售额8.06万亿元，同比增长24.1%，电商行业发展势头依旧很强，足不出户购物的趋势愈加明显。2018年前三季度最终消费支出对GDP贡献率高达78%，拉动经济增长5.2%（见图1-2）。

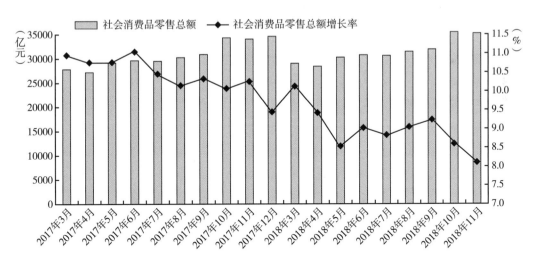

图1-2 2017~2018年社会消费品零售总额及其同比增长率

数据来源：国家统计局。

然而，对比2018年和2017年消费增长情况可以发现，同比增速呈波动下降态势，2017年高点时为11%，而2018年11月，一路下降至8.1%。增速放缓隐约显示消费增长的乏力。从纵向看，2012年全国零售总额增速高达14.3%，此后持续下滑，至2017年回落至10.2%，预计2018年增速将持续下滑。

此外，由于居民消费价格指数（CPI）持续回升，扣除价格因素后，实际的消费总

额增速略有回落。2018 年 11 月，社会消费品零售总额为 3.5 万亿元，同比名义增速为 8.1%，扣除价格因素后，实际增速仅为 5.8%，创历史新低。

3. 固定资产投资增速下降，民间投资和制造业投资回升

2017 年我国固定资产投资额（不含农户）为 63.2 万亿元，较 2016 年增长 7.2%；2018 年 1～11 月固定资产投资额（不含农户）为 60.9 万亿元，较 2017 年同比增长 5.9%。总体上增长较为平稳，相较于 2016 年 8.1% 的增速，近两年固定资产投资完成额增速在持续回落（见图 1－3）。

分产业看，2017 年第一、二、三产业投资额分别约为 2.1 万亿元、23.6 万亿元和 37.5 万亿元，相较于 2016 年同比增速分别为 11.8%、3.2% 和 9.5%。第二产业中，采矿业投资额为 0.9 万亿元，较 2016 年下降 10%，制造业投资额为 19.4 万亿元，较上年同比增长 4.8%，电力、热力、燃气及水生产和供应业投资 3 万亿元，增长 0.8%，表明制造业发展有所回暖。第三产业中，基础设施投资额达 14 万亿元，较 2016 年上涨 19%，基础设施投资成为增长的重要动力。2018 年 1～11 月第一、二、三产业投资额分别约为 2.1 万亿元、22.8 万亿元和 36.0 万亿元，较上年同比增速分别为 12.2%、6.2% 和 5.6%。工业投资同比上升 6.4%，其中采矿业增长 8.6%，制造业增长 9.5%、电力、热力、燃气及水生产和供应业投资下降 8.8%。第三产业中基础设施投资同比上升 3.7%。综合来看，制造业投资出现回升，高于总投资增速，扭转了增速五年来低于总投资的局面。投资结构也不断改善，如互联网、电气机械等新兴产业投资增速远高于纺织、化工等传统制造业增速，尤其是高技术制造业投资增长更为迅速。同时，房地产投资继续保持高位，是总投资保持较高速度的重要原因；且仍继续保持较强活力，全国住房库存持续减少，房屋新开工、施工面积持续回升。此外，2018 年 1～11 月，民间固定资产投资额为 37.8 万亿元，同比提升 8.7%，取代国有企业成为保持投资稳健的首要动力。

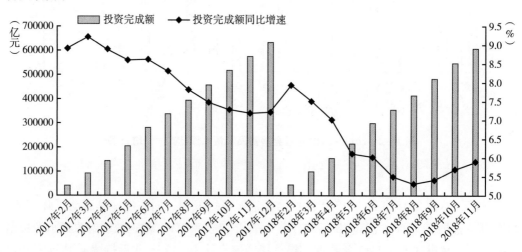

图 1－3　2017～2018 年固定资产投资完成额（月度累计）及同比增速

数据来源：国家统计局。

4. 民生指标显亮点，就业形势平稳

居民收入和消费方面，2017年全国居民人均可支配收入2.6万元，较2016年名义增长9.0%，扣除价格因素后，实际增长7.3%。人均消费支出1.8万元，较2016年名义增长7.1%，实际增长5.4%。城镇居民人均可支配收入3.6万元，相较于2001年的6824元，实现年均实际增长8.5%；人均消费支出为2.4万元，相较于2001年年均增长7.4%。2001~2017年，农村居民可支配收入和消费支出年均增长分别为8.0%和8.6%。2018年前三季度居民人均累计可支配收入为2.1万元，较上年同期名义增长8.8%，实际增长6.6%，增长较为平稳，且略高于GDP增长速度。2018年前三季度人均消费支出1.4万元，较上年同期名义增长率和实际增长率分别为8.5%和6.3%（见图1-4）。收入和支出增长方面，农村居民均快于城镇居民。综合来看，居民生活水平实现较大提升。收入的增加主要来源于城镇新增就业人数提升，农村劳动力外出务工数量和收入都有所上升。消费方面，恩格尔系数持续降低，发展和享受型消费增长速度快于基本生活消费。同时服务性消费支持增长迅速，家政、交通、景点门票、体育健身等社会化服务消费快速上涨。

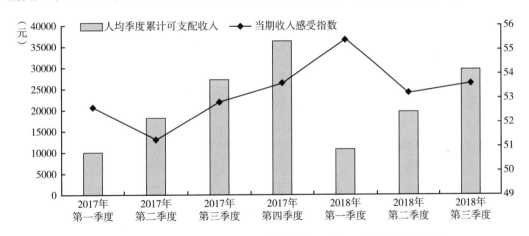

图1-4　2017~2018年城镇居民季度收支情况及居民当期收入感受指数

数据来源：国家统计局。

物价方面，居民消费价格温和上涨，涨幅回落。2018年11月，居民消费价格指数（CPI）较上年同期上涨2.2%，较10月份回落0.3%。消费者信心指数在小幅波动中总体保持平稳（见图1-5）。工业品价格涨势也相对平稳，2018年11月份上涨2.7%，较10月份回落0.6%。工业品价格的回落有利有弊，对企业利润增长和税收会带来一定压力，但也有利于下游行业成本压力的缓解。总体来讲，前11个月我国物价水平上涨幅度接近美欧日等发达经济体，显著低于印度等新兴经济体。

就业形势平稳。2018年10月，全国城镇居民和31个大城市城镇调查失业率分别为4.9%和4.7%。1~10月城镇新增就业人口持续上升，规模也不断扩大，并在前三季度完成了年度目标后仍有增长趋势。该值也低于国际劳工组织对2018年全球失业率的预测值5.5%。

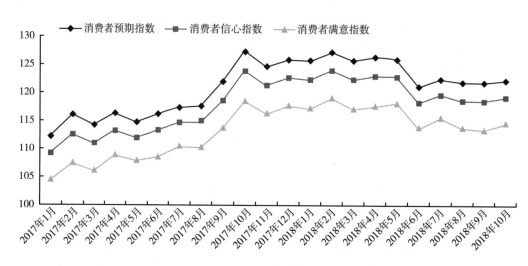

图1-5 2017～2018年月度消费者信心指数

数据来源：国家统计局。

5. 出口增长较快，前景堪忧

2017年我国进出口额累计4.1万亿美元，同比增长11.4%，其中出口总额累计2.3万亿美元，同比增长7.9%，进口总额累计1.8万亿美元，同比增长15.9%，贸易顺差为4225亿美元，较2016年同期顺差缩小874亿美元。2018年10月，进出口额累计3.8万亿美元，同比增长16.1%，其中出口2万亿美元，同比增长12.6%，进口1.8万亿美元，同比增长20.3%，贸易顺差为2542亿美元，较2017年同期的1217亿美元顺差额进一步收窄。总体而言，近两年进出口增长额超出市场预期，尤其是进口增速提升明显，同时出口增速也在回升（见图1-6）。

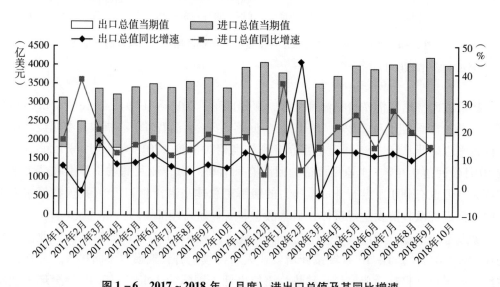

图1-6 2017～2018年（月度）进出口总值及其同比增速

数据来源：国家统计局。

综合来看，一般贸易比重持续增加，贸易多元化持续推进，民营企业进出口增速较快，在进出口总额中占比有所提高。然而，由于世界经济增速和世界贸易增速有所降低，国际形势出现新的变化，2018年11月我国进出口增长速度略有波动。同时，贸易好于预期的原因不排除部分企业抢出口减弱了国际形势的影响效应。受贸易摩擦升级的影响，未来出口将面临较大下行压力，且抢出口的规模越大，对后期出口造成的下行压力也越大，未来进出口形势堪忧。

（二）宏观经济发展存在的隐忧

总结宏观经济运行状况可以发现，2017～2018年我国经济总体运行较为平稳，但GDP、投资、消费等部分指标增速出现回落。在全球经济整体增长动力减弱、国际贸易增长放缓、大宗商品价格回落的背景下，外部形势的不确定性和挑战都在增加。同时，国内宽松的货币政策、改革深化进入攻坚期，也将带来内部的不确定性。具体来看，未来我国宏观经济可能存在如下几方面隐忧。

1. 国际环境形势复杂，外需对经济的拉动作用减弱

当前国际经济形势较为复杂，中美贸易摩擦、全球主要经济体的货币政策和新兴市场经济体的分化，都可能从外需方面对我国经济发展带来一定影响。

一是中美贸易战升级。自美国对中国发起"301"调查拉开中美贸易战序幕以来，双方对进口商品加征关税已展开三轮，目前进入了僵持阶段，甚至可能转为一场持久战。贸易摩擦可能影响全球产业链和资源配置效率，加大经济发展的不确定性。受此影响，我国出口可能在一段时间内面临较大下行压力，外需增长速度可能持续下降，对经济的拉动作用减弱。2018年我国进出口增速虽然保持高位，但可能存在部分企业争取抢在中美双方加征关税政策正式实施前加紧出口贸易，使进出口额呈现较好局面。这种抢出口所占份额越高，对后期出口越可能造成更大的下行压力[1]。加之我国出口的多为初级产品，附加值较低，除美国以外，其他贸易伙伴进口的中国商品占比已经较大，因而将对美出口商品转为出口其他国家的空间较小。为应对美国对我国商品加征关税，我国出口部门的策略也可能发生调整，因此出口增速存在很大的不确定性，未来出口缩减可能对经济增速、产业链和就业产生较大影响。

二是主要发达经济体的货币政策趋于正常化[2]。2008年金融危机后，美联储、欧洲央行和日本央行等发达经济体中央银行都推出非常规货币政策，以打破传统货币政策空间受限问题，主要措施为实行宽松的货币政策和大幅扩张资产负债表。在实体经济逐步复苏、劳动力充分就业后，为控制通胀水平，发达经济体开始实行正常化的货币政策，亦即非常规货币政策的逆过程，主要手段包括利率提升和资产负债表的收缩。自2016年下半年至2018年12月，美联储已加息八次。欧洲央行也开启了缩减资产购买规模、

① 万东华、余芳东、原鹏飞等：《2018、2019年我国宏观经济主要指标分析预测》，《调研世界》2018年第12期。
② 赵岳：《浅析主要发达经济体货币政策正常化的背景、路径及影响》，《金融会计》2017年第12期。

退出 QE（全面量化宽松政策）的计划。在此背景下，全球经济复苏前景尚不明朗，若本轮紧缩周期的加息速度过快，可能会使各央行不得不再次降息；同时全球杠杆率过高，部分国家金融周期接近触顶，使得银行面临的压力非常大，一旦触发金融周期下行，可能面临新一轮经济衰退；此外，通胀与失业率的结构变化和政治不确定性，都可能影响国际贸易和投资的增长，从而延缓甚至阻碍全球经济的复苏进程并导致部分国家尤其是新兴市场经济体的动荡，如土耳其、阿根廷等。因此，全球经济的不景气也将强化外需的不确定性。

三是新兴市场经济体的内部分化，导致各经济体发展速度差距扩大。印度的经济增长速度较快，俄罗斯经济随着石油等大宗商品价格的回升逐渐稳定，巴西的经济增速有变缓趋势，而南非的经济发展整体比较低迷。在贸易保护主义抬头和货币政策正常化背景下，美联储加息和美元升值将对脆弱的新兴市场经济体的金融业造成冲击，可能致使其货币贬值，从而致使部分投资者将资金由新兴市场抽回流向美国。而且很多新兴市场经济体也在采取收紧的货币政策，若收紧速度快于预期，对投资者可能造成更大的影响。作为我国重要贸易伙伴的许多新兴市场的不确定性，可能进一步削弱外需对我国经济增长的拉动作用。

2. 消费走势稳中趋缓，提质升级步伐较慢

2017 年和 2018 年 1～11 月社会消费品零售额增长分别为 10.2% 和 9.1%。据预测，2019 年社会消费品零售额增长速度为 8.8%，增长速度有放缓的趋势。自 2018 年起，由于居民收入增速下降，居民部门杠杆率水平较高，房地产和汽车行业的发展都呈现减缓趋势，社会消费品零售总额的同比增长速度受此影响持续回落。2018 年 11 月，社会消费品零售总额增速较 2017 年同期下降 2.1 个百分点。

近年来，我国消费规模持续扩大、水平持续提高、结构有所改善。面临国际环境的诸多不确定性，进一步促进消费提质升级，有利于发挥消费对整体经济的稳定作用，并促进经济的高质量和可持续发展。然而，由于各种体制机制障碍和民众观念的传统意识影响，消费的提质升级速度仍然较慢。2013 年以来，我国新增就业人口数量持续减少，居民收入同比增速放缓，一、二线城市普涨的房租导致居民其他方面消费在一定程度上被挤压。同时 20 世纪 80 年代生育高峰期出生人口的结婚潮正在消退，随着结婚人数的减少，与之相关的房产、珠宝、服装等高端消费也有所减弱。这些因素均构成了消费提质升级的阻力。

目前，消费已经成为我国经济的主要驱动力。2018 年上半年我国最终消费支出对 GDP 的贡献率达 78.5%，较 2017 年同期增加 14.2 个百分点。在未来，对消费市场进行因势利导，引导消费新模式成长，推进消费水平梯次升级，对保持经济增速十分重要。当前促进消费增长的诸多有利因素也应加以利用并继续保持。一是新兴服务消费力量强大。近年来，服务消费成为居民消费领域增速快、潜力大、热点多的部分，随着人口老龄化和社会保障制度的完善，老年人对生活品质、文教娱乐和健康养老的需求还将进一步提高，而 80 后、90 后作为新兴消费主体，对消费品质有更高的追求，且习惯于提前消费和分期消费，这在一定程度上保障了未来的消费需求增长点。二是诸多政策有

利于消费的增长，包括精准扶贫政策，缩小了收入差距；提高收入所得税起征点和实行收入所得专项扣除等有利于增强居民消费能力；对购买新能源汽车等的优惠购置税政策，可能促进汽车销售的回升。

因此，消费领域虽然面临下行压力，但也存在较大发展潜力，利好的政策和对居民消费的妥善引导对未来经济发展非常关键。

3. 投资态势疲软，工业增速下行压力大

2018 年 1～11 月我国固定资产投资增长 5.9%，投资增长速度较前四个月略微回升，制造业投资、房地产开发投资和民间固定资产投资增速都较上一年有所提高，但基础设施建设投资速度仍在减慢，致使固定资产投资总体增长呈现疲软态势，且短期内尚难彻底扭转①，具体来看包括如下两方面。

一方面，制造业投资增速仍然难以出现大幅度增长。2018 年制造业回暖，增长速度高于总投资增速，扭转了增速五年来低于总投资的状况。但其中传统制造业投资较少，且随着供给侧结构性改革的深化和保护环境、防治污染的投资限制，对传统制造业的投资仍将保持低位甚至继续降低。整体增速中增长较快的为高技术制造业，然而其在行业整体中所占比重还较小，较难在短期内成为扭转整个固定资产投资的力量，从长期来看，其在总体经济中发挥的作用将越来越大。此外，受中美贸易摩擦影响，我国经济增长速度和需求的预期下调，可能对生产资料价格造成一定下行压力，其抑制作用可能于 2019 年开始显露，从而导致投资增速较难显著提高。

另一方面，基础设施建设投资和房地产投资有一定生命力。2018 年 8 月以来，中央提出"加大基础设施领域补短板力度"，相关部门也加大了对地方债券发行的支持力度，从而可能促进基础设施建设投资发展。而房地产在政府严格调控的背景下，2018 年的开发投资增速仍超预期发展。2019 年随着主动补库存需求的回升，以及土地购置面积、新开工面积和开发资金来源等房地产投资先行指标的较高增速预示，未来房地产投资仍将保持一定韧性。

4. 改革进入深水区，经济攻坚战压力大

改革开放 40 年以来，我国经济飞速发展，改革开放的整体格局发生了重大变化。随着改革的深化，改革的共识差异、交织的社会矛盾与冲突，以及国际地位提高带来的与世界大国的经济利益博弈，都使改革过程和经济发展面临诸多挑战。而改革开放所取得的经济成就，很大程度上是依赖高消耗、高污染、高排放的粗放式发展，对能源和资源的消耗以及环境的破坏，都使我国面临经济发展模式改革的需要。加上经济、社会、信任和政治等众多风险，如今发展起来后面临的新问题和新矛盾丝毫未曾减少。改革开放中的矛盾，仍需依靠改革开放来解决，继续全面深化改革，是推动经济发展的必然举措。

深化改革过程中，防范化解重大风险、精准脱贫和污染防治是中央统筹部署的三大

---

① 范思立：《中国经济将面临六大深层次问题和六大风险点》，《中国经济时报》2018 年 11 月 26 日，第 5 版。

攻坚战。防范化解重大风险旨在有效控制宏观杠杆率，增强金融对实体经济的服务能力；精准扶贫则重在激发特殊贫困人口和贫困地区的脱贫动力，提高脱贫质量，解决改革开放以来发展不充分的问题；污染防治则针对生态环境质量的保护和改善。各项改革措施的推进都存在较大难度，既需要结合国际国内形势，又要注意各项改革措施的协调，并在宏观调控中把握好力度，以最终实现稳定市场情绪、稳定金融系统以及稳定经济增长的目标。

总之，我国经济在贸易摩擦和世界经济发展放缓的背景下，近两年经济运行总体平稳，且呈稳中向好态势。受国内外复杂环境的影响，可能在未来面临消费、投资、出口需求增速齐下行的局面，借鉴其他国家稳定经济运行的经验，并提出应对全球贸易保护主义背景下我国经济平稳运行的策略具有重要意义。

二 主要发达国家稳定经济运行的措施及启示

为稳定本国经济发展、提振经济增长士气，各国都制定了相关经济政策，积极出台相关措施。总结梳理这些政策，分析其成功之处与不足之处，对完善我国宏观经济运行政策具有积极意义。

（一）主要发达国家稳定宏观经济运行的措施

1. 美国:基于美国优先的特朗普主义

2008 年金融危机后，全球经济复苏动力不足，全要素生产率下降，特朗普上任前的 2016 年，美国经济面临短期企稳复苏与长期增长停滞并存的局面。短期内企稳复苏，是指美国经济同比增速稳定、通货膨胀率逐渐走高、消费者信心指数持续回升，产出缺口逐渐缩小，短期内美国经济基本面有望呈现回暖走势[1]。长期增长停滞，是指危机后美国 GDP 实际增速仅为 1.5%，远低于 3.5% 的历史水平，美国经济增长陷入复苏动力不足的泥潭，长期增长停滞假说的支持者越来越多[2]。特朗普上任以来，美国经济复苏较为明显。与前任总统奥巴马时期相比，美国经济的增长率加快了 1 个百分点，失业率则下降至近 20 年低点水平，这使得过半美国公众对特朗普处理经济问题的方式表示认同[3]。因此，尽管外界对特朗普保护主义贸易政策争议颇多，但良好的经济数据和不断降低的失业率，反映了特朗普经济政策的有效性，也因此获得了美国民众的认可。

重振美国经济是特朗普上台后的最大目标，因此，其经济政策均围绕这一目标进行，无论是加快基础设施建设、全面减税，还是推进贸易保护主义、重振制造业等，大都奉行了本国经济优先的这一根本宗旨。

---

① 张宇燕、孙杰、姚枝仲:《特朗普政府经济政策：政策梳理与影响评估》，《2018 年世界经济形势分析与预测》，社会科学文献出版社，2018。

② 刘瑶、张明:《特朗普政府经济政策梳理、效果评估与前景展望》，《财经智库》2018 年第 3 期。

③ 《上任以来首次！过半美国人认可特朗普经济学》，《第一财经》2018 年 6 月 26 日，http://www.nbd.com.cn/articles/2018－06－26/1229125.html。

（1）出台减税方案，加大财政刺激，多手段重振经济

特朗普政府试图通过税收激励并降低财政补贴力度的方式来加强对企业经济活动的引导，刺激经济增长并创造就业岗位。

2017 年 4 月 26 日，特朗普政府公布税改方案，准备将企业所得税从目前的 35% 减为 15%，个人所得税最高税率从 39.6% 减为 35%，并将征税级差从 7 档减为 3 档，分别是 35%、25% 和 10%。个税起征点则几乎翻了一番，夫妻合并申报的所得税起征点从 12700 美元升至 24000 美元①。因涉及范围与减税力度较大，该税改方案被称为美国历史上最大规模的减税方案之一②。

这一减税方案使诸多大企业从中受益。自经济复苏以来，美国企业利润保持增长态势，利润占国民收入的比重持续上升。与此同时，企业所得税也存在较大扭曲，美国边际税率比其他多数发达国家都要高，因此企业税率改革是十分必要的。特朗普的减税方案提升了美国企业的乐观情绪，足以引发更强劲的投资和商业扩张③。

个税起征点的提高，意味着可支配收入的增加，在一定程度上刺激了消费。同时，这一税改计划还准备对美国企业的留存海外利润实行一次性征税，希望以此来吸引更多的资本回到美国进行投资和扩大就业④。无论是刺激消费，还是吸引更多产业回归，都在一定程度上刺激了经济增长。

同时，基于"美国优先"原则，特朗普使用多种手段促使资本回流，提振美国制造业，提升就业率。特朗普一方面签署了"购买美国货、雇用美国人"的行政令，在美国本土创造更多就业岗位，降低失业率；另一方面也不忘发扬其"推特治国"的优势，点名重点批评跨国公司在海外设立生产线的行为，使不少企业在重压之下纷纷回国办厂，承诺雇用本国劳动力、使用本国原材料，为本国经济添砖加瓦⑤。

（2）推行贸易保护主义，保障美国利益最大化

特朗普政府的贸易政策，与以往美国贸易政策很大的不同在于放弃多边主义的贸易协定，回归双边主义贸易谈判，重新确立在国际贸易中的责任和义务⑥，以实现美国利益最大化。特朗普崇尚贸易保护主义与民粹主义，抛弃多边主义，不断挑战全球化。为实现美国利益最大化，扭转美国长期存在的贸易赤字，一方面，特朗普不惜以损害美国国际形象为代价，放弃之前的承诺与承担义务，开展贸易谈判，通过谈判重新确立美国应承担的义务和责任，保障美国利益最大化。上任伊始，特朗普就宣布退出 TPP。2017 年 4 月 28 日，美国商务部部长罗斯（Wilbur Ross）在新闻发布会上声称要对 WTO 贸易协议进行整体重新评估；12 月 11 日，在世贸组织部长级会议上，美国贸易代表发表声

---

① 章念生：《美政府公布大规模税改方案》，《人民日报》2017 年 4 月 28 日，第 21 版。

② 章念生：《美政府公布大规模税改方案》，《人民日报》2017 年 4 月 28 日，第 21 版。

③ 马丁·尼尔·贝利：《特朗普推动美国经济增长的方式》，搜狐财经：中国经济报告，2018 年 4 月 10 日，https://www.sohu.com/a/227774555_485176。

④ 刘瑶、张明：《特朗普政府经济政策梳理、效果评估与前景展望》，《财经智库》2018 年第 3 期。

⑤ 刘瑶、张明：《特朗普政府经济政策梳理、效果评估与前景展望》，《财经智库》2018 年第 3 期。

⑥ 刘瑶、张明：《特朗普政府经济政策梳理、效果评估与前景展望》，《财经智库》2018 年第 3 期。

明，称世贸组织面临严重的挑战，不少现行规则只适用于少数国家，不承认某些国家的发展中国家地位①，无视国际贸易规则。敲打贸易伙伴，开展双边谈判，重新开展北美自由贸易协定谈判，重新同欧盟、英国和日本等国开展双边谈判，通过双边谈判确立新的义务和责任，在双边博弈中以较为有利的地位获取自身利益最大化。

另一方面，特朗普政府将国内经济运行问题复杂化、外部化、政治化，试图通过寻找替罪羊（如中国、德国、日本等）来转移国民对本国政府的怨气②。为掩盖美国过度消费导致的贸易赤字，特朗普无视国际贸易规制，出台贸易保护措施，并与中国等多国展开贸易战。签署贸易保护行政令。2017年3月31日，特朗普要求智库提交美国贸易赤字报告，制定一个保障正确收缴反倾销和反补贴税的计划；4月29日，特朗普又签订了两项维护美国对外贸易权益的行政令，对所有与美国有贸易或投资协定的国家和国际组织进行"表现评估"。进一步要求智库提供维护和服务美国工人和国内制造业厂商权益，促进经济增长、减少贸易逆差、增强美国制造业和捍卫产业基础的政策建议。对国外进口产品开展了全方位调查：2017年4月20日，特朗普签署备忘录，要求商务部根据《1962年贸易扩展法》第232条款优先调查钢铁进口是否威胁美国的国家安全；4月26日，特朗普再次签署备忘录，要求商务部调查进口铝产品是否威胁美国国家安全。在7月份汉堡召开的G20峰会上，特朗普再三威胁对钢铁进口征收惩罚性关税③。

2018年3月8日，美国总统特朗普宣布对进口钢铁和铝制品分别加征25%和10%的关税，就此打响中美贸易战第一枪。3月22日，美国贸易代表（USTR）公布《中国贸易实践的301条款调查》，认定中国政府在技术转让、知识产权和创新相关的行动、政策和实践是"不合理或歧视性的"，对美国商务活动不利。4月4日，美国贸易代表基于301报告结论，公布于7月6日对1333种、总值500亿美元的中国商品加征25%的关税。5月29日，美国再次宣布对中国500亿美元的高科技产品加征关税。即便在中美经贸磋商筹备之际，美国特朗普政府也宣布于9月24日起对约2000亿美元的中国产品加征关税，税率为10%，并在2019年1月1日起上升至25%。针对中国的反击措施，特朗普威胁，如果中国要反制，他最终会出台超过5000亿美元的清单④。

总体而言，美国当前比较乐观的经济，与特朗普上台后的经济政策有不可分割的关系。基于"美国优先"的特朗普经济政策，凸显了单边主义倾向。以"美国优先"为理念，实行贸易保护主义，借此手段提升美国企业出口竞争力并缩小贸易逆差，反对全球化，从区域主义转向双边主义，拒绝无偿或低成本提供有效的全球公共产品，这对全球贸易体系和治理体系构成了严重挑战⑤。

---

① 刘瑶、张明：《特朗普政府经济政策梳理、效果评估与前景展望》，《财经智库》2018年第3期。
② 张宇燕、孙杰、姚枝仲：《特朗普政府经济政策：政策梳理与影响评估》，《2018年世界经济形势分析与预测》，社会科学文献出版社，2018。
③ 刘瑶、张明：《特朗普政府经济政策梳理、效果评估与前景展望》，《财经智库》2018年第3期。
④ 易宪容：《中美贸易冲突的理论反思及未来展望》，《人民论坛·学术前沿》2018年第16期。
⑤ 刘瑶、张明：《特朗普政府经济政策梳理、效果评估与前景展望》，《财经智库》2018年第3期。

然而，需要指出的是，美国国内产业的不断向外转移，使美国出现"产业空心化"趋势，是全球化背景下资本追求高利润率的结果。因此，无论是特朗普对全球贸易规则的挑战，还是对华发动贸易战，试图通过减少中国商品输入促进"再工业化"，实际上只会削弱美元的物质支撑基础，破坏美国高科技企业在全球产业链中获取利益的有利格局[①]。特朗普短视的"美国优先"经济政策，恐怕无法实现美国的长久强大，只会为未来的美国经济乃至全球经济带来阴影。

2.日本：安倍经济学影响消退

20世纪90年代，日本股市、楼市泡沫相继破灭，随后日本经济面临崩溃，年均GDP增长率不足1%，被称为"失去的二十年"。为挽救长期低迷的日本经济，安倍在2012年上台后，仿效美国前总统里根的"里根经济学"，提出了安倍经济学。通常人们用"三支箭"来概括安倍内阁的三项主要经济政策。

第一支箭，量化宽松，刺激消费。安倍上台后主攻货币政策，强势要求日本央行配合发钞，增发货币，实行"量化宽松"政策。安倍政府之所以这样做，是因为在量化宽松政策下，银行的存贷款利率会降低，从而刺激居民消费，拉动内需，振兴日本经济。第二支箭，宽松的财政政策，增加政府投资。安倍政府在2013年1月11日通过了1170亿美元（总数2267.6亿美元）的政府投资。第三支箭，结构性改革。结构性改革是安倍经济学"旧三支箭"的重要倚重。安倍政府希望通过结构性改革，逐渐建立以新兴产业为核心的高端制造业发展新模式。其中，以新能源汽车为代表的汽车产业、以机器人技术为核心的高端装备制造业、符合日本老龄化社会基本国情的医疗产业等，成为这一新模式的三大支柱[②]。

这一策略在2013年对经济表现出一定提振作用，但政策效果随后减弱，加上2014年4月日本将消费税提高3个百分点至8%，经济增长逐步陷入停滞乃至萎缩，政府财政赤字庞大、地区经济发展不均衡等问题凸显[③]。

2015年下半年，日本首相安倍晋三再次提出"新三支箭"，所谓"新三支箭"，具体是指：2020年日本国内生产总值（GDP）规模增长至600万亿日元、平均生育率达到1.8、杜绝因家庭护理而放弃工作的现象发生[④]。安倍政府出台新的经济策略，以期解决持续数年的结构性问题，如人口老龄化、劳动力短缺等问题[⑤]。

从目前观测看，安倍经济学"新旧三支箭"出台后，对日本经济确实起到过不错的拉动效果。然而，随着时间的推移，这些刺激政策并未给日本经济带来持续的增长，

---

① 田文林：《前世的"灵丹"当下的"毒药"》，《光明日报》2018年9月28日，第12版。

② 陈友骏：《联合早报：解析安倍经济学的"新旧三支箭"》，中国新闻网，2015年10月29日，http：//www.chinanews.com/hb/2015/10-29/7595973.shtml。

③ 许缘、乐绍延：《安倍鼓吹"安倍经济学"第二阶段"新三支箭"》，新华网，2015年9月25日，http：//news.china.com.cn/world/2015-09/25/content_36676069.htm。

④ 陈友骏：《联合早报：解析安倍经济学的"新旧三支箭"》，中国新闻网，2015年10月29日，http：//www.chinanews.com/hb/2015/10-29/7595973.shtml。

⑤ 阎彦：《安倍经济学"新三支箭"有效吗》，《第一财经日报》2016年2月25日，https：//www.yicai.com/news/4753777.html。

2012 年后日本 GDP 增速仍处于疲软态势，2014 年更是再度出现负增长①。据测算，如果 2020 年 GDP 要实现 600 万亿日元，则要保持年 3% 以上的增长率②。依照目前的经济发展态势，要实现这一目标难度甚大。并且，扩张性的财政政策使安倍经济学遭遇了两难境地，为解决政府财政长年赤字，不得不提高国民税负来降低负债率、避免债务危机，但提高税负，会挤压日本国民的消费力，当消费拉动不起来、进出口长年逆差，日本经济又会充满危机。日本经济真正的危机根源是人口老龄化导致的经济结构问题，日本 65 岁以上人群占到了总人口的四分之一，人口结构不合理。老龄化给日本带来更少的工作时长、更低的消费意愿、更慢的知识更新速度、更弱的创新意识，造成国内需求严重不足，社会竞争力下降，可以说这才是日本经济停滞的根本原因。因此，尽管安倍经济学"新三支箭"在某种程度上直接对准"人口问题"这一当前与未来日本经济的最核心问题，但出台的措施在一定程度上仍无法有效遏制日本人口老龄化的趋势。自 2012 年以来，日本财政预算中的社会保障支出的绝对值，以及占财政主要支出的比例都在不断上升，社会保障支出也正是日本财政支出中单项规模最大的支出项。随着人口老龄化不断攀升的社保支出，对日本财政也是不断膨胀的负担③。

3. 欧盟:内忧外患下的提升

过去一段时间，欧盟先后经历了债务危机和难民危机，以及英国"脱欧"等重大事件。但曾经债务危机最严重的国家目前已不同程度出现恢复增长，难民问题自 2017 年开始也有所缓解，最困难的时期似乎已经过去。然而，随着意大利、西班牙等国政局动荡，法国的黄马甲运动以及美国在贸易方面对欧发难，欧盟目前可谓内忧外患④。因此，尽管 2018 年欧盟经济总体运行态势稳健，但国际领域贸易保护主义加剧、英国脱欧、欧意预算分歧等内外不稳定因素已然对经济加速形成明显掣肘，欧盟经济中长期下行风险开始累积，预计今后欧盟经济有进一步放缓的趋势。

在此情况下，德法有意在欧盟改革方面加强合作，提升欧盟整体经济。在下一个 7 年预算案中，欧盟增加了青年就业、创新发展、边境安全和军事防御等方面的投入，并计划建立"欧洲投资基金"和"正义、权力和价值基金"，以提振欧洲经济、应对政治极端化和分裂主义抬头等问题⑤。与此同时，德国通过支持法国的部分欧元区改革设想，以期弥补与法国的分歧。

对于美欧关系问题，欧盟在尽力捍卫自由贸易、多边主义等价值观和自身利益的同时，也在思考拓展自己的战略空间。欧盟积极探索与俄罗斯修复关系，取消制裁等。同

---

① 阎彦:《安倍经济学"新三支箭"有效吗》,《第一财经日报》2016 年 2 月 25 日, https：//www. yicai. com/news/4753777. html。

② 阎彦:《安倍经济学"新三支箭"有效吗》,《第一财经日报》2016 年 2 月 25 日, https：//www. yicai. com/news/4753777. html。

③ 阎彦:《安倍经济学"新三支箭"有效吗》,《第一财经日报》2016 年 2 月 25 日, https：//www. yicai. com/news/4753777. html。

④ 苑生龙:《欧盟经济 2018 年形势和 2019 年展望》,《国宏高端智库》,搜狐财经, 2018 年 11 月 7 日, http：//www. sohu. com/a/276464022_ 692693。

⑤ 毕振山:《内忧外患 欧盟求变》,《工人日报》2018 年 6 月 7 日, 第 8 版。

时，欧盟积极出台政策，提升欧元地位。针对美国当前推行的贸易保护主义政策，以德国、法国为首的欧盟国家逐渐感到有必要加强欧盟经济主权。为此，在 2018 年欧盟财长会上，欧元区多项财政改革取得相关进展。欧盟委员会将制定计划，加大欧元在能源、大宗商品和飞机制造业等"战略部门"的投入，以挑战美元作为世界储备货币的主导地位①，维护欧盟经济主权。

（二）对我国的启示

各国为提振经济、应对挑战出台的政策举措，对我国推动经济发展、完善经济政策具有积极的启发意义。

首先，在应对经济下行压力时，出台积极的财政政策是有效的应对策略。无论是美国特朗普的减税政策，还是日本宽松的财政政策，都是通过政府主导的方式来增强短期经济运行动力，刺激经济增长。通过对基础设施的大规模投入，投资新兴产业，吸引人才、产业回归，来强化经济基础，保障经济增长。

其次，做强自身，完善经济结构，提升产业竞争力，是实现经济长期发展的根本。扩张的货币、财政政策，难以实现经济的持续增长。无论是安倍经济学遭遇的进退两难困境，还是美国经济隐忧的出现，都反映了短期刺激政策无法实现经济的可持续增长。2018 年第三季度美国企业投资从前两季度的 11.5% 和 8.7% 大幅下降为 2.5%②，充分反映了要真正实现重振经济，只能通过推进经济结构改革，提升产业竞争力。

最后，开放是经济全球化的必然趋势，贸易保护主义无法真正实现本国产业的振兴。经济全球化是生产要素全球高效配置的要求，也是提升要素生产效率的要求。跨越地区和国家实现资源要素合理配置，深度推进生产的国际分工，是经济规律作用的结果，是经济发展不可逆转的趋势。尽管当前贸易保护主义、民粹主义、孤立主义抬头，但随着全球治理体系和国际秩序变革加速推进与磨合，交流与合作仍是国与国关系的主流，这将持续推进经济全球化进程③。可以预见，未来的世界经济发展必然是各国经济相互依存度不断加深，开放是经济发展不可阻挡的趋势。

三　应对全球贸易保护主义、实现我国经济平稳运行的政策建议

面对全球贸易保护主义抬头以及与发达国家间的贸易摩擦，我国近年来已经在外交内政方面作出了调整和应对。简而言之，就是选择了一条"稳中求进"的发展道路④。

---

① 闫磊：《欧盟拟出台政策提升欧元地位》，《经济参考报》2018 年 12 月 6 日，http：//dz. jjckb. cn/www/pages/webpage2009/html/2018 - 12/06/content_ 48996. htm。

② 聂琳：《一年过去了，特朗普减税效果如何?》，界面新闻，2018 年 12 月 28 日，https：//baijiahao. baidu. com/s? id = 1621078029916973734&wfr = spider&for = pc。

③ 杨潇：《创新引领 推动形成全面开放新格局》，《红旗文稿》2018 年第 11 期。

④ 孙伊然：《逆全球化的根源与中国的应对选择》，《浙江学刊》2017 年第 5 期。

这条道路直观表现为"供给侧结构性改革""自由贸易区建设""国企改革""中国制造2025""一带一路"倡议等重大方针政策，其内在逻辑是力图在维护当前多边贸易关系和全球化成果的基础上，通过全面深化改革，固化自身经济基础，进一步扩大对外开放，为提倡和发起新型全球化做好准备。

（一）对内全面深化改革，打牢经济增长基石

应对贸易保护主义对我国经济发展的影响，应立足于夯实自身发展基础，提升增长潜力，避免对外部需求的过度依赖。

1. 加快推进供给侧结构性改革

补足短板，进一步深化供给侧结构性改革。在这一进程中要充分发挥市场在配置资源中的决定性作用，丰富激励手段，完善容错纠错机制，调动微观创新主体的能动性，避免和减少行政干预可能带来的不利影响。

第一，立足补短板，推动经济高质量发展。一是要高度重视科技创新，补足核心技术短板。加强前沿、关键技术领域的重点攻关，奠定产业结构调整、培育发展新动能的基础，形成科技创新、成果转化、结构调整的良性循环。增强劳动密集型产品的国际竞争力，提升高技术产品的自主研发和出口比重，支持在智能制造、新能源、新材料等领域挖掘出口增长点。二是要充分利用财政政策在推动结构调整和扩大内需方面的作用。在尊重市场规律的前提下，通过实施财税信贷优惠、开展定向扶持、积极扩大投资、加快短板建设、鼓励绿色生产与消费等手段，全力支持战略性新兴产业、供给侧短板环节以及能够引领消费升级的领域。三是要通过投资补足服务和民生领域的短板，大力发展数字教育、文化传播、旅游服务、交通运输、医疗养老等大众需求不断增长但供应质量不高的服务业领域，更好地适应大众消费升级和人民对美好生活的向往需要，推动多种服务贸易的业态创新，拓宽出口空间，挖掘服务领域的出口潜力。

第二，进一步去产能、降成本，促进供需动态平衡。瞄准消费品国际标准，加快出台一批强制性国家标准，加强标准的国内外一致性，加快出清不符合新标准的产能和库存。通过市场化、法治化方式处置僵尸企业，加快实现市场出清。推动土地使用、流通和管理制度改革，提升土地和农村资源要素的配置效率。深化"放管服"改革，最大限度地减少政府对市场资源的直接配置和间接干预，降低各类要素资源和政策性交易成本，为市场和企业减负增效。

第三，坚持绿色发展道路，应对全球气候治理责任缺失。美国退出《巴黎协定》给全球气候治理增加了诸多不确定因素，中国不得不面对全球气候治理和减排责任的缺失，除在国际社会继续联合大多数国家唤醒公众生态意识、守卫绿色行动纲领之外，更需要切实推进国内经济体制的绿色转型。一方面，是实施创新驱动战略，利用高新技术淘汰高污染、高能耗的落后技术，降低对资源和能源的依赖。另一方面，打破经济增长为重、环境保护为次的发展理念，追求经济、社会、生态协同发展的目标。把环境保护作为社会发展的主要评价指标之一，在经济发展规划的各个环节考虑生态环境的改善。加大第一产业中农业废料的循环利用和粮食加工业的集约化，降低第二产业中能源型产

业的比重，按市场规律淘汰"僵尸企业"。加大对技术型环保产业的支持力度，推动环保产品的价值实现。在承担全球气候治理责任的同时，推动全球绿色创新技术的交流与借鉴，通过绿色产品交易、绿色技术共享和转让、减排经验交流等方式，加强国际气候治理和减排机制的运作与协调。

2. 继续深化国有企业改革

国有企业改革不仅关系国有资产的保值和激活问题，还关系我国社会主义经济命脉行业的发展和大量企业职工的就业和生存问题，而且，国有资本的管理方式也会影响其他非公有制经济的活力。要通过改革，确保国有、民营和各类外资资本在社会主义市场经济中公平竞争，维护经济持续增长的基本环境。在应对外部贸易保护主义和内部营造公平竞争的双重任务中，国有企业改革应遵循以下几个方面。

第一，进一步规范国有资本的投资与运营机制。国有资本投资与运营公司的建立，实现了资本管理从行政向市场的转移，能够提升国有企业决策的自主性，推动国有企业治理机制改革。但改革的实施过程中还会面临许多困难和阻力。国有资本的授权经营机制还需明确出资人与企业关系，界定所有权与经营权边界，规范授权方式和监督机制，防止国有资产的新形式流失。

第二，提升与优化国有资本布局。明确公益类国企的政策目标，在引导和监管两手抓的前提下，加大政策资本投入，保障国计民生和国家安全。加快商业类国企的重组，通过融资、并购、转让等多种市场手段，与各类所有制资本战略重组，提升商业类国有企业的经营效率。同时，推动国有资本向战略性新兴行业和产业链核心技术环节聚集，紧跟全球科技革命和产业变革。

第三，深化国企制度创新。逐步将国企改革的重心落到管理层面，通过微观制度创新，进一步破解国企发展的瓶颈。例如，将党组织嵌入国有企业治理结构，推进国企治理结构创新，使国企改革既体现党对国有企业的领导，确保国企的公益性质，同时，也要明确董事会的企业战略决策权和执行监督权，避免出现行政对国企管理的干预。创新国企的薪酬激励制度，构建分类分层、多轨的薪酬体系，增强国企对高水平人才的吸引力。加强科技基础研究，增强持续创新能力和应对全球经营风险的能力。发达国家的贸易保护使一些国有企业面临核心技术瓶颈，必须加大对基础技术的投入，逐步形成相关领域的技术积淀，才能在全球市场中与世界一流企业竞争。

第四，实施"引进来"与"走出去"相结合的国际化战略。2000 年以来，部分国有企业已经积极展开国际并购活动，并通过引入境外战略投资者提升国际产业地位和国际经营策略。未来的国企改革和国际化发展应结合"一带一路"倡议的推进，进一步推广和同步施行"引进来"与"走出去"相结合的国际化战略，将经营领域从国内市场拓展到海外相邻市场和全球市场。

3. 防范国内外风险叠加

日本地产泡沫破裂、亚洲金融危机、全球次贷危机，近 30 来的全球主要经济危机，始作俑者都是美国。这次的贸易保护主义和"逆全球化"同样由美国掀起，因此，我国需要对国内外风险的叠加做好应对准备。

第一，完善金融支持体系。根据经济发展情况，把杠杆率控制在合理水平，提供充足的流动性，以确保优质企业尤其是具有国际前沿核心技术企业的资金链完整。激励金融机构将信贷资金投入支持企业的转型升级、技术研发、品牌建设、全球化发展等创新活动，在金融政策上积极支持互利共赢基础上的外资引进和对外并购。加快发展各类风险自担的合法小型金融机构，引导资金向中小型企业、实体企业和创新型企业流动。

第二，控制和削弱风险。随着我国经济开放在广度和深度两方面的扩张，各类企业与金融机构的交易和资金往来会越来越复杂。可通过建立银行存款保险制度，形成企业与金融机构之间的防火墙。通过建立企业杠杆率警诫制度，加强企业总体债务风险监测。通过完善征信体系和出口企业货款保障措施，削弱因国际贸易保护和贸易摩擦导致的风险。

第三，货币政策兼顾稳增长和防风险。发达国家的贸易保护会加大我国所承受的资本流出压力，因此要完善外汇管理体制，加强宏观审视和微观监管的结合。宏观上，应在有序推进人民币国际化的过程中，协调本外币政策，协同利用利率与汇率，抑制境内外利率差产生的跨境套利。在适当的时候，合理干预汇率，避免"黑天鹅"事件冲击引发的短期资本出入波动①。微观上，加强跨境收支的"留痕"与监测，利用大数据管理手段，提升监管的范围和准确性，尤其是加强对外债、现钞、证券、转手贸易和房地产投资等重点领域的监管，严查违规套利行为，维持外汇市场稳定。同时，加强与周边区域国家的货币合作，降低对美元的依存度。通过发行人民币债券、建立境外交易市场、促进人民币境外结算、保持人民币稳定和国际信用等方式，逐步形成人民币在区域货币网络的中心地位。

第四，加快收入分配制度改革。收入分配制度改革不仅涉及稳定经济增长的问题，更关系到社会稳定。因此，收入分配制度改革不仅是加快经济体制改革的需要，更是充分发挥社会主义制度优越性的需要。通过分配制度改革，优化收入分配结构，提高居民收入与消费能力和意愿，从而在短期内转化吸收对外贸易的供给压力，促进经济稳定增长。因此，分配制度改革也是应对贸易保护主义和逆全球化冲击形势下，保持经济和社会稳定的重要措施。一是通过增加低收入群体收入和扩大中等收入群体，缩小不同收入阶层的收入差距。二是合理运用货币和财政手段，调节消费与积累的比例，促进宏观层面收入分配向消费合理倾斜。三是调整国家公共支出结构，增加民生保障、公共设施建设、公共服务均等化等方面的支出。四是完善基本养老保险、失业保险、低收入和医疗保障制度。通过中央调剂、动态调整等手段增强居民生活保障和应对风险能力。

（二）加大对外开放的力度和广度，推动贸易战略转型

从自身角度看，我国是发展中国家，经济的稳定持续发展还需要更多地引进先进的科学技术和国际化人才，还需要借鉴发达国家应对经济发展周期的经验以及参与国际合

---

① 中国宏观经济研究院宏观经济形势课题组：《"稳"字当先　力促经济平稳运行——一季度经济形势分析及政策建议》，《宏观经济管理》2017 年第 5 期。

作的理念，还需要借助全球更为广阔的市场来发展特定的技术和产业。因此，扩大开放的力度和广度，是我国应对贸易保护主义的重要手段。

1. 积极参与多边贸易体制，维护、拓展和改革多边贸易体系

多边贸易体系是全球化的载体，其背后是国际经济运行的规则。战后由美国主导确立的多边贸易体系被实践证明确实推动了经济全球化，保证了各类商品、服务和要素的全球流动。因此，在美国等少数发达国家改变经济全球化立场时，中国有必要更加积极地维护和引领多边贸易体制。但中国不应该也不可能填补美国的霸主地位，因为现行多边体制和运行规则存在的弊端与美国的霸主地位有密切的联系。因此，中国需要引领和倡导的多边贸易体制应该是进一步促进多元、共享、合作、共赢，更能体现新兴经济体以及更多发展中国家的诉求。

从全球范围来看，经济全球化的进程并未停止，世界各国都难以退回到自给自足的状态，合作共赢才是顺应时代的发展趋势。中国需要坚持全球化战略，以积极、开放的心态对待各种形态的全球化发展，支持以多边方式开展谈判。一方面，中国需要努力在亚太地区承担更多责任，发挥国际公共物品供应者的角色，提升区域影响力，更充分地融入区域贸易活动中。另一方面，中国应该坚定显示推进全球化的决心，力争成为新型贸易规则的引导者，更深入地引领全球贸易活动。

当前出现的贸易保护主义和"逆全球化"现象的本质原因是缺乏包容性[①]。在战后建立的多边贸易体制中发展壮大的全球化，是在少数发达国家控制下财富汲取的工具，而且伴随着制度和价值观的输出，导致全球治理秩序出现混乱。全球化涉及不同文化和发展阶段的国家，以及每个国家内部的不同利益群体，因此，需要制定更为合理的机制和治理结构来保障各方的利益。如果仅依靠市场机制来实现资源配置和利益分配，就会导致全球范围的市场失灵，导致许多发展中国家和人民的利益和传统受到忽视，无法很好地实现各国的利益共赢和价值共享。也就因此产生了国际和各国国内的两极对立，"逆全球化"和"贸易保护主义"也由此而来。中国在这种背景下所倡导和引领的应该是具有包容性和多种协调机制、能够兼顾多方利益和传统的新型多边贸易体制。

2. 以"一带一路"倡议为核心，创新对外开放形式

"一带一路"是由中国提出的，以合作共赢、优势互补为宗旨的一种区域经济合作机制，也是中国对外开放的新形式，同时也是具有广泛包容性的合作平台。这一倡议并不是对现有全球贸易机制或区域合作形式的替代，而是有效的补充。它的推进需要更多国家的参与和共同建设，才真正成为一条多边"共赢"的合作发展之路。中国要加强阐释"一带一路"倡议的内涵、合作方式、发展规划和项目成果，突出宣传"一带一路"在互联互通、优势互补、成果共享方面的目标。厘清与"马歇尔计划"的区别，缓解已经参与或正在观望的国家对"一带一路"的猜忌和顾虑。积极联合沿线各国，推进"一带一路"项目规划、协商制度、基础设施建设、资金流动等方面的安排。"一带一路"倡议与传统区域经济合作机制的本质差别在于，它并不是由发起者事先确定

---

① 金碚：《全球化新时代的中国产业转型升级》，《中国工业经济》2017 年第 6 期。

规则和门槛、让加入者遵守相应要求，而是在互联互通基础上，根据沿线不同国家发展的差异性和多样性，开展不同形式的合作，可以是自由贸易区，也可以是经济走廊，还可以小到产业园区等，逐步形成一个以我国为核心的网络型产业链。以差异性的产业布局和分工，进一步将亚太地区打造成为全球生产基地，推进区域经济一体化进程。在和平合作、开放包容、互学互鉴、互利共赢的基础上，维护并推进区域秩序的建设。

五年来，"一带一路"倡议虽然取得了积极显著的成效和全球瞩目的成果，发展潜力仍在不断释放，但同样也出现了分配不均、机制僵化、贯彻不力、热情减退等问题，需要通过创新合作方式，进一步提升合作的效益。应该在多边关税减免、基础设施联通、科技创新和高端人才共享、人才联合培养合作、跨国企业引领等方面出台有效措施，提升沿线国家与地区经济合作的层次和质量。

3. 做好对外开放的制度层面建设

第一，要完善产权保护制度。通过保护产权并建立产权纠纷解决机制，增强国内外企业家创新创业的积极性，吸引国际资本和先进技术加入国内市场的竞争。第二，应逐步降低外资机构的准入门槛，进一步放宽服务业、制造业、采矿业等领域的外资准入限制。不断减少资本管制，支持外商投资企业在国内上市、发行债券，参与基础设施建设和国家科技项目，提高对外开放的程度和水平。第三，扩大服务领域的开放程度。一方面放松对服务业的管制，逐步消除行政垄断，为社会资本进入和繁荣服务业行业释放空间。另一方面，鼓励创新边境服务贸易方式，加大政策支持力度，全力扩大服务贸易的覆盖面。持续改革外商投资管理体制，简化外商投资管理程序，以高水平的开放和公平竞争的环境，为其他国家参与并融入"一带一路"及我国的全球化战略提供范本。进一步加强文字、管理方式和数字标准的全球接轨，这是贯彻契约精神和加强国际合作的软基础。

在开放不断扩大和深化的局面下，市场化社会团体和企业将会承担更多的国际关系治理责任，因此国家主体的权力将会相对下降，国家与各类团体和组织间的合作治理也将产生①。创新的多边合作形式将面临更复杂、更多样的治理问题。实现包容与共赢，不同项目、不同文化、不同利益群体的大量新型治理问题将会出现，将会远超传统贸易体制下单一国家主体的治理范围。我国应积极将各类社会团体、大型企业等组织纳入对外开放的治理框架，通过合作治理来减少政府负担。首先，要通过法律制度创新，保障合作治理能够在法律框架下发挥作用。其次，要获得合作各方的认同和支持，增强合作治理框架的规范化和协同性。再次，通过合作机制创新，使治理方式不断多样化，从而适应多边对外事务需求，并在治理过程中真正实现合作，积极应对各种问题。最后，根据对外合作事务本身的属性选择最合适的治理主体，在出现合作摩擦时，由起主导作用的治理主体以其擅长的治理方式解决问题。

4. 推进对外贸易转型发展战略

继续推进自贸区战略，通过复制和推广自贸区的成功经验，进一步提高我国经济开

---

① 许源源、张潇：《逆全球化趋势下的合作治理：影响、演变与中国应对》，《当代世界与社会主义》2017 年第 6 期。

放水平。自贸区的建设不能仅停留在利益共享阶段，要突破单一的服务功能，将贸易发展的作用置于更宏观的层面来审视，通过加快自贸区建设，倒逼我国产业转型升级。通过信息化平台、自动化报关系统和标准化监管程序体系建设，完善和升级自贸区服务功能。以实质性自贸谈判进展抵消逆全球化的冲击，以重大项目建设带动自贸谈判，在关税减免等传统贸易协商基础上，将产业共建、产能合作、基础设施合作纳入谈判议题，赋予多边合作更多内涵，在新的国际贸易战略中掌握主动权。此外，双边自由贸易协定（FTA）是近年来主要经济体的普遍贸易策略，我国也应顺应这一趋势，创造条件推进与主要经济体的双边 FTA，尤其是与新兴国家和日韩的 FTA 建构，创造贸易发展新格局。美日韩近年来都与主要经济体签订了双边 FTA。我国应调整双边 FTA 的战略布局，通过与主要经济体分阶段逐步建立双边 FTA，最终实现自贸区全覆盖，为我国对外贸易与经济合作创造有利环境。

加快推进《区域全面经济伙伴关系》（RCEP）的协商进程，提升亚太区域经济一体化水平。RCEP 原本是以东盟国家为轴心的协议，日韩等发达国家的加入，使 RCEP 的贸易规则协商难度大幅度增加，这是协商进程缓慢的主要原因。针对短期内无法达成一致的议题，可采取"早期收获"方式①，寻求各成员国进一步加大合作空间，激发成员国对 RCEP 推进的信心与动力。通过分阶段谈判，先针对基础协议谈判，再争取一揽子协议签署，而后推进协议升级，并借此促进东亚国家走向深度一体化。在推进 RCEP 最终签订的过程中，我国还应在谈判内容上追求突破，不能仅限于传统的关税和贸易自由问题，应推动协定与国际规则接轨向规则内容升级转变。一方面，将协定的内容扩展到海关措施、竞争策略、知识产权、原产地规则、争端解决机制等更多方面；另一方面，推动 RCEP 标准升级，即提升协定在上述各方面的自由度和开放度，如实现全面的货物减免税、取消非关税壁垒、采用服务贸易负面清单等。

---

① 于潇、孙悦：《逆全球化对亚太经济一体化的冲击与中国方案》，《南开学报》（哲学社会科学版）2017 年第 6 期。

B.34

专题二

贸易保护主义背景下中国对外开放的困境与出路

开放是国家繁荣发展的必由之路。习近平同志在十九大报告中指出，"中国开放的大门永远不会关上"，要"推动形成全面开放新格局"。但是，正当我国积极主动地扩大对外开放力度、深度融入全球经济、推动全球经济增长时，以美国为首的部分发达国家却反其道而行之，抛弃自身倡导的自由贸易政策，高举贸易保护主义大旗，阻挠我国对外开放之路。对外开放是我国一项长期的基本国策，是我国经济腾飞、全面实现小康社会的根本保障，同时也是我国与世界各国经济交往的重要渠道。然而，贸易保护主义抬头已经对我国对外开放产生了诸多影响，带来了一系列困难和障碍。因此，研究全球贸易保护主义背景下中国对外开放面临的困境，积极探寻中国进一步扩大对外开放的路径，具有重要的现实意义。

一 中国对外开放的历史演进与辉煌成就

（一）我国对外开放的历史演进过程

改革开放以来，中国对外开放水平不断提高，总体上看，我国对外开放经历了以下几个发展阶段。

1. 设立经济特区，以沿海港口城市为重点的初期探索阶段（1978～1991）

1978年12月，党的十一届三中全会召开，明确了党的工作重心，从原来的"以阶级斗争为纲"向社会主义现代化建设转变，确立了以经济建设为中心、实行改革开放的发展路线，并提出"在自力更生的基础上积极发展同世界各国平等互利的经济合作"的方针政策。1979年7月，党中央决定以广东、福建两省为试点，率先实行对外开放，分别选择了广东省的深圳市、珠海市、汕头市，福建省的厦门市为"出口特区"，希望通过特殊的对外经济政策和更多的自主权，借助香港、澳门、台湾三地，打开中国与世界沟通的窗口。1980年5月，为促进我国经济技术发展，大力发展外向型经济，经中共中央和国务院决定，深圳、珠海、汕头和厦门四个出口特区改名为经济特区。党中央希望以减免关税等优惠措施，吸引外商投资，引进先进技术和科学管理方法，通过打造良好的营商投资环境，全面改善我国经济技术落后的状况。经济特区的成立，以及其特殊的经济管理体制和灵活的经济措施，极大地鼓励和促进了我国以出口为导向的外向型经济的发展。1984年5月，上海、广州、天津、青岛、温州等14个沿海大中型港口城市全部开放。1985年2月，党中央、国务院批准建立沿海经济开放区，将长江三角洲、珠江三角洲和闽南三角区划为沿海经济开放区。1988年初，辽东半岛和山东半岛全部对外开放，形成环渤海开放区。到20世纪80年代末期，在沿海地区已经形成了较为完善的对外开放地带——以港澳台为主的大量外资涌入，大量生产技术转入，内地各类人才奔赴特区，劳动密集型出口加工企业数量剧增，蓬勃发展的经济特区，为我国经济增长注入了新活力，也标志着我国对外开放探索的成功。

2. 全方位开放格局初步形成阶段：对外开放步伐加速，从沿海向内地和沿边城市逐步纵深推进（1992~2000）

1992年一首《春天的故事》为我国改革开放带来了新的指导方针和机遇，标志着我国改革开放进入新的阶段，也标志着我国对外开放步伐加速。针对当时人们思想中普遍存在的疑虑，邓小平南方讲话及时深刻地回答了"什么是社会主义，怎样建设社会主义"等重大问题，既坚定了人们的社会主义信念，解放了人们的思想，也极大地推动了我国改革开放进程，成为全面深入推进我国改革开放进入新阶段的强大动力。南方讲话后，1992年6月，长江沿岸的芜湖、九江、岳阳、武汉和重庆等5个城市相继开放。不久后，党中央又批准了以合肥等为代表的共17个省会城市为内陆开放城市。同时，我国还逐步开放内陆边境的黑河、满洲里、瑞丽、河口等沿边城市。沿江及内陆和沿边城市的开放，是我国对外开放迈出的第四步。沿江开放和内陆省会城市的开放，对我国全方位对外开放新格局的形成起了巨大推动作用。经过不断的总结、完善和经验推广，我国的对外开放基本形成了以经济特区为龙头，沿海城市、沿海经济开放区、沿江和内陆城市、沿边城市，由南到北，由东到西，多层次、宽领域相结合的全方位一体化开放新格局，推动了我国对外开放的纵深发展。

3. 开放型经济体系建设阶段：与世界贸易规则接轨，对外开放完全融入世界经济（2001~2012）

2001年12月11日，我国成功加入WTO，成为我国对外开放发展历程中一个新的里程碑。成功加入WTO，标志着我国对外开放由早期以开放市场为主的政策性开放体系，逐渐转变为在国际贸易规则与法律框架下的体制性开放；由早期的双边磋商、低层次、窄领域开放转向分阶段、多层次、宽领域、全方位、双向的多边互相开放。加入WTO后的这一阶段，也成为我国对外贸易发展最快的时期，我国经济发展进入一个黄金增长期。2008年全球性金融危机爆发，虽然我国成功应对了危机，但国际经济发展大环境的剧烈变动，对我国对外开放产生了深刻的影响并提出了新的要求：一方面，过度依赖国际市场的外向型经济开放模式必须及时向开放型经济体系转变；另一方面，中国应积极主动参与全球性经济治理体系和区域经济合作，积极主动参与国际规则的制定。2012年，党的十八大再次强调指出，"必须实行更加积极主动的开放战略，完善互利共赢、多元平衡、安全高效的开放型经济体系，全面提高开放型经济水平"。这表明在经济全球化新形势下，我国对外开放需要更加注重质量、效益、安全和可持续性协调发展。

4. 打造全面的、更高层次的开放新格局：进一步扩大对外开放，全面提高开放型经济水平（2013年至今）

党的十八大召开后，我国对外开放新格局逐渐形成，开放型经济水平不断提升。从2013 年 9 月上海自由贸易试验区成立，到 2015 年 4 月广东、福建、天津自由贸易试验区成立，至 2018 年已经形成了从沿海到内地、从南到北、从东到西的自由贸易试验区新格局。同时，我国也加快了双边自由贸易协定谈判，目前已经签署了涉及 24 个国家和地区的 16 个双边自由贸易协定。2013 年 9 月和 10 月，国家主席习近平分别提出建设"丝绸之路经济带"和"21 世纪海上丝绸之路"的合作倡议，倡导构建开放包容、合作共赢的开放型世界经济体系；2013 年 11 月，党的十八届三中全会明确提出，要"构建开放型经济新体制"；2017 年，十九大明确提出，"推动形成全面开放新格局"；2018 年 11 月，习近平主席在首届中国国际进口博览会上强调，"推动新一轮高水平对外开放"。党中央的一系列明确指示充分反映和体现了新阶段我国对外开放的新要求，也是我国发展更高层次开放型经济、推动开放型世界经济发展的必由之路。至此，我国的对外开放已经不仅仅是我们一个国家的事情，而是与世界各国人民创造更广阔的市场和空间，共享发展机会，共享世界经济增长成果，积极推动经济全球化，构建人类命运共同体的对外开放。

（二）我国对外开放取得的辉煌成就

四十年来，在党和政府的带领下，我国克服国内外重重困难，抓住一切有利时机，奋发进取，发展成为当今世界第二大经济体、第二大对外投资国、第一大货物贸易国、第一大外汇储备国，对世界经济的稳定与增长起到了关键性推动作用，成为世界经济增长的主要稳定器和动力源。

1. 对外贸易总额快速增长，数量和质量稳步提高，贸易结构持续优化

对外开放四十年来，我国坚定不移地实施对外贸易发展战略，通过积极主动参与世界范围内的商品交换，推动了我国及全球经贸的快速增长，创造了世界贸易发展史上的奇迹。我国货物进出口贸易额从改革开放初的 206.4 亿美元持续攀升至 2017 年的 41071.6 亿美元，增长了大约 200 倍，年均增长率高达 14.15%，货物贸易总规模位居全球第一，成为名副其实的经贸大国。同时，我国对外贸易商品结构不断优化，出口商品从早期以初级产品为主，逐渐转变为以机电产品为主的工业制成品以及高新技术产品。2017 年我国机电产品出口额占比 58.38%，高新技术产品出口额占比 29.49%，成为工业制造大国，工业产品国际竞争力大大提升。另外，近年来我国服务贸易也取得长足进步，成为我国经济增长的新引擎。截至 2017 年，我国服务进出口总额上升至 6957 亿美元，相比对外开放初期的 47 亿美元，增长了147 倍，年均增长率高达 15.35%，贸易规模位居全球第二。目前，我国已经成为全球 120 多个国家和地区的最大贸易伙伴国，中国的货物和服务贸易惠及了全世界（见图 2 - 1）。

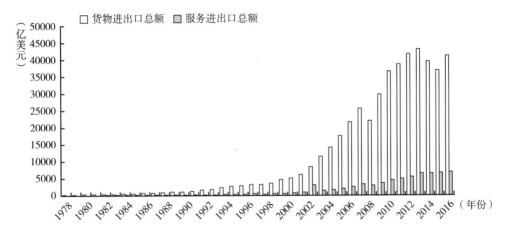

图 2－1　改革开放以来我国货物与服务进出口总额变化趋势

数据来源：《中国统计年鉴 2018》。

2. 投资环境不断改善，引进外资数量与质量稳定增长，成为世界引资大国

对外开放四十年来，为提升对外开放水平、扩大对外开放规模和领域，我国积极主动向国外资本伸出橄榄枝，不断打造良好的投资环境，吸引各类资本进入相关领域，为我国各行业全面对外开放创造了良好的外部机制。2017 年我国利用外资规模高达 1310.35 亿美元，相比 1985 年的 47.60 亿美元增长了 26.53 倍，年均增长率高达 10.91%，境内注册的外商投资企业数约为 53.9 万家，我国已经成为全球利用外资数量最多的国家（见图 2－2）。同时，我国也不断提升外资引进质量和效益。产业方面，逐步放宽外商投资限制，引导外资向高新技术产业、先进制造业、节能环保产业等行业流动，鼓励新兴产业发展，推进中国经济转型升级；区域方面，引导外资向中西部落后地区转移，推动区域协调发展。不断完善的营商环境，坚持不变的对外开放发展战略，增强了投资者的信心，进一步助力我国开放型经济建设。

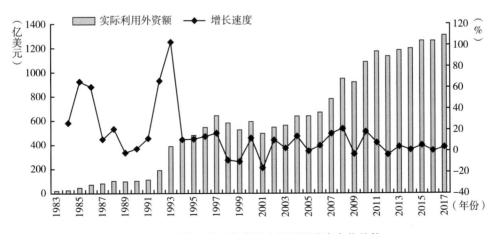

图 2－2　改革开放以来我国实际利用外资变化趋势

数据来源：《中国统计年鉴 2018》。

3. 对外合作类型不断增多，企业"走出去"效果显著，成为世界对外投资大国

对外开放四十年来，我国对外合作方式类型不断增多，从早期的对外援助到对外劳务合作、对外工程承包，再到逐步向海外直接投资转变，实现了我国对外合作多种方式、多种类型协调发展的良好局面，也体现了我国对外开放后企业资本实力增强与发展思路的转变。自 1979 年以来，我国累计签订 17.8 万份对外承包工程合同，合同金额累计高达 20762.7 亿美元。境外派出人数持续增加，从 2004 年到 2017 年底，我国对外劳务合作与对外工程承包累计派出各类劳务人员 606.8 万人次。对外投资方面，虽然我国起步较晚，但投资规模增长较快，自 2003 年发布统计数据以来，截至 2017 年底，中国对外直接投资存量为 1.8 万亿美元，排名升至全球第二位，尽管 2017 年中国对外直接投资首次出现负增长，但仍以 1582.9 亿美元超过同期吸引外资水平，投资流量规模仅次于美国和日本，位居全球第三，较 2016 年下降一位（见图 2－3）。同时，我国对外直接投资涉及行业分布广泛，门类齐全，对外投资区域广泛，涉及全球 50 多个国家和地区，投资方式以投资并购和境外融资并举，投资并购涵盖国民经济的 18 个行业大类。

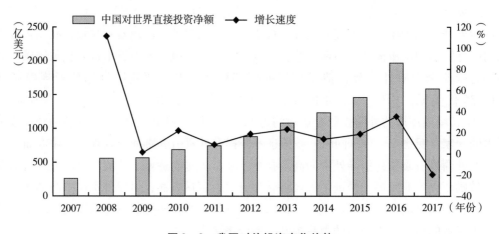

图 2－3　我国对外投资变化趋势

数据来源：《中国统计年鉴 2018》。

4. 开放程度不断提高，开放型经济体制逐步完善，成为开放型经济大国

对外开放四十年来，为实现加入 WTO 的承诺，我国不断提高对外开放程度，不断推动要素、商品与服务等跨国界自由流动，不断推动贸易自由化，不断完善法律法规体系，不断改进国内营商环境，企业不断增强市场化、法制化、国际化意识，这些都持续推动着我国从早期以外向型经济发展方式向开放型经济体制转变，我国已经成为一个开放型的经济大国。对外开放四十年来，东部沿海地区已经成为我国对外开放新高地，多个自由贸易试验区的建设、自由贸易港的探索，构建了比较完善的沿海开放和内陆沿边开放相结合的开放型区域经济体系。内陆沿边地区的国家级开发区、边境经济合作区、跨境经济合作区、自贸实验区等开放平台，已经成为我国开放型经济新的增长极。尽管中西部地区的外贸出口总额、出口总额和实际 FDI 占全国的比重还不高，但相比以往有了很大提升，而且增长幅度更高。2017 年贵州外贸进出口增速高达 56%，四川、陕西

和宁夏等地的进出口总额增速也都超过 30%，远远高于东部，中部地区省份也表现出强劲的增长态势（见表 2−1）。总体而言，对外开放四十年使我国开放型经济新体制不断完善，开放程度不断提高，各地区竞争新优势日趋形成，我国正在向开放型经济强国目标不断迈进。

表 2−1　2017 年全国各省份外贸和吸引外资情况

指标 省份	进出口总额 （亿美元）	进出口增长率 （%）	出口总额 （亿美元）	出口增长率 （%）	实际 FDI （亿美元）
北　京	1216	− 0.6	265	4.1	4864
天　津	1217	13.8	427	2.4	2548
河　北	815	8.6	437	− 0.6	958
山　西	208	10.2	138	10.4	497
内蒙古	159	19.9	58	12.0	460
辽　宁	1122	16.8	494	10.3	3159
吉　林	198	2.9	53	7.8	389
黑龙江	167	19.8	53	7.5	337
上　海	4473	10.5	1742	4.7	7982
江　苏	6368	16.4	3752	13.4	9658
浙　江	3841	11.8	2925	7.0	3734
安　徽	506	23.5	299	15.1	866
福　建	1531	11.9	923	5.8	2607
江　西	369	4.3	248	2.9	808
山　东	3147	15.1	1574	9.0	3042
河　南	814	9.8	501	10.6	1045
湖　北	462	18.4	291	17.3	1151
湖　南	300	29.6	177	23.8	1634
广　东	11128	5.0	6756	3.3	17622
广　西	526	19.8	144	14.4	562
海　南	136	12.1	43	24.0	761
重　庆	566	9.1	378	12.7	946
四　川	666	38.7	352	34.3	1128
贵　州	81	56.0	55	37.8	313
云　南	214	22.9	97	9.2	374
西　藏	6	3.6	4	− 21.0	30
陕　西	404	37.2	238	50.7	800
甘　肃	52	17.4	18	− 5.0	202
青　海	5	− 13.5	3	− 21.2	77
宁　夏	43	39.4	27	30.1	304
新　疆	304	21.8	163	17.4	133

5. 积极参与全球经济治理，并为全球经济治理贡献中国方案，成为有影响力的大国

对外开放四十年来，随着软硬实力的全面提升，我国积极参与全球经济治理体系建设，在推动全球经济增长和构建国际新秩序等方面展现了一个大国的担当。从加入 WTO 到应对国际金融危机，再到金砖国家峰会、二十国集团峰会、提出共建"一带一路"等，我国为应对新一轮全球性挑战作出重大贡献，为全球经济治理贡献了中国智慧。为解决全球部分发展中国家基础设施建设不完善、经济发展不充分的问题，我国适时提出了以"共商共建共享"为特点的"一带一路"倡议；为实现所有国家平等参与国际事务，我国提出了构建"人类命运共同体"理念。这些倡议和理念得到了众多国家和国际组织的积极响应和充分认可，我国正以一个新兴的世界大国、强国的身份影响着当前的国际经济秩序，推动和促进国际经济秩序向公正合理方向发展。

（三）我国对外开放的成功经验总结

对外开放四十年来，我国走出了一条成功的中国特色的对外开放之路。宝贵的历史经验成为奠定中国特色社会主义理论体系的实践基础和科学依据，也为发展中国家经济发展理论提供了指导。

1. 立足国情的解放思想与理论创新是对外开放成功的根本

民意是一切决策与行动的先导。新中国成立后传统的计划经济体制和十年"文化大革命"给国家和人民带来了惨痛的教训，停滞不前的生产力，严重困乏的物资供应，落后的科技教育体系，亟须改变贫穷落后状况。要改变，首先要解放思想，要敢于打破长期以来传统的封闭保守思想，要敢于打开国门积极主动引进国外新事物新科技。只有立足国情基础上的解放思想，才能高瞻远瞩，制定出符合国情的指导方针政策，只有解放思想，才能与时俱进，用实践行动来推动对外开放理论创新建设，构建中国特色社会主义理论基本框架。1978 年关于真理标准的大讨论，1992 年鼓励特区快速发展的邓小平南方讲话，十四大关于把对外开放与建立社会主义市场经济体制有机结合的论述，十八大习近平总书记关于"一带一路"倡议、建设开放型世界经济、共商共建共享的全球治理观和构建人类命运共同体等的论述，对外开放四十年来一次次立足国情的解放思想和理论创新，为我国对外开放提供了科学正确的指导，是我国对外开放取得伟大成功的根基。

2. 由点及面，由沿海向内地循序渐进推广是对外开放成功的主要方法

四十年来，我国采取了由点及面、由沿海向内地，立足实际，局部重点突破，整体稳步推进的渐进式开放式模式。我国幅员辽阔，各地区资源禀赋与区位优势各不相同，实施对外开放必须立足国情、区情、市情，循序渐进，不能"一刀切"。循序渐进式就是根据区位优势，首先选择临近香港、台湾等的沿海地区试点对外开放，积累并总结经验后再向沿海、沿江、沿边、内陆其他城市推广，最终形成由南向北、由东向西全面对外开放的大格局。循序渐进式就是依据比较优势理论，首先选择有劳动力比较优势的劳动密集型轻工业作为试点参与国际分工，随着资本、技术、人才的不断提升，再逐步开

放汽车制造、重工业、旅游、通信、金融等行业,最终形成多行业、多种类全面对外开放大格局。循序渐进式就是立足国内实际情况,时刻观测国际形势变化,灵活调整对外开放的步伐与节奏,采取开放与适当保护相结合,既能保持应有的对外开放,又能避免部分特殊行业遭受外部的过度冲击,给予充分的缓冲时间成长。实践证明,对于我国来说,循序渐进式对外开放是一条正确的路径。循序渐进式对外开放让我们在传统计划经济体制与解放思想中实现了完美的过渡,循序渐进式对外开放也让我们在摸索中认识到了开放与发展、开放与改革的关系。

3. 以对外开放促对内改革,以对内改革促对外开放,二者相辅相成是对外开放成功的重要条件

自1978年12月18日十一届三中全会开始,我国实施的改革开放是以对内改革、对外开放两线并行的改革方式。对内改革是以农村土地承包责任制拉开序幕,逐步向各个行业各类机关部门过渡;对外开放则是直接打开国门,以设立五个经济特区为开端。对内改革问题多,困难大,成果效益不明显,而对外开放则以显著的经济效益展现于世人面前,让人们在短期内快速感受到了对外开放的红利,从而吸引了更多资金、技术、人才的投入,迫使国内传统计划经济体制作出改变,迫使国内传统市场作出调整,迫使国内各个行业与企业快速适应。可以说,四十年来,我国国内改革取得的成就是对外开放倒逼的结果,国内市场营商环境日趋完善也是对外开放倒逼的结果,国内企业高效管理运行模式也是对外开放倒逼的结果。而且,对外开放促进的国内改革又反作用于对外开放,为进一步深化对外开放提供了有力支持和强大动力。实践证明,我国对外开放与国内改革,二者相辅相成。对外开放带来的国际思维与全球视野可以促进国内经济管理运作模式革新,完善的国内经济管理运作模式又为进一步扩大对外开放提供较强的经济体制支撑。总之,我国对外开放顺利推进和取得的成就,离不开国内改革与对外开放的内外联动协调发展。

4. 我国对外开放取得的巨大成就离不开中国共产党的正确领导

作为对外开放的开拓者,中国共产党把改造客观世界与改造主观世界结合起来,立足我国基本国情,解放思想,理论创新,为改革开放和现代化建设提供强有力的政治和组织保证。作为中国特色社会主义道路的领路人,中国共产党以为人民服务为根基,顶层设计,总揽全局,设计了一条以人民利益为核心、以国家繁荣富强为目标的对外开放之路。毛泽东思想指引下的"要正确处理好独立自主与对外开放的关系",邓小平理论指导下的"对外开放的必然客观性、有利性、长期性等",江泽民"三个代表"重要思想指导下的"我国全方位、多层次、宽领域对外开放格局",胡锦涛科学发展观指导下的"全面发展、协调发展、可持续性发展的对外开放思维",习近平新时代中国特色社会主义思想指导下的"构建人类命运共同体"和"推动建设开放型世界经济",党中央关于对外开放的理论创新成果指引着对外开放政策的实施,指挥着我们与国际经贸高标准规则接轨,指挥着我们构建安全高效、稳定透明的开放型经济体制。实践证明,我国对外开放取得的巨大成就,离不开中国共产党的正确领导。

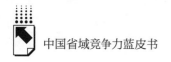

二 全球贸易保护主义对中国对外开放的影响

（一）当前全球贸易保护主义的主要表现与特点

当今世界经济处于后危机时代的转型调整期，全球经济复苏步伐有所加快，但未来一段时间国际经济下行风险正在增加，主要是由于"逆全球化"思潮不断升温加剧，贸易保护主义持续发酵，尤其是美国引起的全球贸易紧张局势将对全球经济造成重大影响，极大地冲击着全球贸易发展，增加了贸易投资壁垒，阻碍了国际经济交流合作。特朗普上台后抛弃了美国长期倡导的贸易自由化政策，加大力度推行贸易保护措施，以实现其所谓的"改变美国贸易赤字"目标。特朗普政府于2017年8月授权美国贸易代表对华发起影响巨大的301调查，触发中美贸易战的风险急剧上升，从而制造全球贸易紧张局势，威胁全球经济稳定增长。根据全球贸易预警数据库统计资料，2009～2017年美国实施的贸易保护主义措施高达1378项，居全球首位，平均每年出台153项贸易保护主义措施；排在第二位的印度为788项；德国为771项，排名第三。2017年，美国也是全球新增贸易保护主义措施最多的国家，新增了143项贸易保护措施。伴随着贸易保护主义风险的上升，全球贸易增长受到严重冲击，全球经济继续保持增长势头的不确定性增加。2018年4月，博鳌亚洲论坛主办方发布的《新兴经济体发展2018年度报告》显示：2017年以E11（包括阿根廷、巴西、中国、印度、印度尼西亚、韩国、墨西哥、俄罗斯、沙特阿拉伯、南非、土耳其11个国家，均为G20成员国）为代表的新兴经济体对外贸易顺差大幅收窄，主要是受贸易保护主义的影响，这些国家的货物贸易顺差进一步下降，同时服务贸易逆差扩大。

当前全球贸易保护主义主要呈现以下几个方面的特点。首先，从贸易保护的实施主体来看，美国、德国、日本等发达国家和印度、俄罗斯、阿根廷等新兴经济体是贸易保护的主要发起国。根据全球贸易预警数据库统计资料，2009～2017年G20国家实施贸易保护主义措施排名前10位的国家依次为美国、印度、德国、俄罗斯、阿根廷、巴西、日本、英国、意大利、印度尼西亚。其次，从贸易保护程度来看，贸易保护措施数量逐渐增加，贸易保护主义不断蔓延，贸易保护程度趋于深化。2016年G20经济体共采用了659种新的贸易限制措施。根据世界贸易组织（WTO）2018年7月4日发布的报告，2017年10月中旬至2018年5月中旬这段时间G20经济体采取的贸易限制新措施数量比2017年5月中旬至10月中旬翻了一番[①]。再次，从贸易保护措施涉及的领域来看，贸易保护从以往的传统商品贸易领域不断扩展至中高端产品领域乃至要素流动，特别是投资领域[②]。根据全球贸易预警报告统计，目前最易受到贸易限制措施影

---

① WTO：《近半年以来G20国家新增贸易限制措施数量翻倍》，《21世纪经济报道》2018年7月5日，https://m.21jingji.com/article/20180705/herald/272b8706e539bc3a59fab5d5a299e955.html。

② 张二震、戴翔：《全球贸易保护主义新趋势》，《人民论坛》2017年第5期。

响的部门包括金属、机械和化工等产业部门。在投资领域，受贸易保护主义影响，2017 年全球外国直接投资（FDI）下降 23%，仅 1.43 万亿美元。最后，从贸易保护措施来看，各国实施贸易保护更加理性，手段也趋于隐蔽与多样化。卫生和植物检疫措施（SPS）、技术性贸易壁垒（TBT）、知识产权保护等成为实施贸易保护的主要手段或理由。

（二）贸易保护主义阴影笼罩对中国对外开放的影响

全球贸易保护主义阴影挥之不去，必将对全球经济一体化和国际贸易发展产生不利影响，也影响着中国对外开放进程。总体来看，贸易保护主义对中国对外开放产生的影响主要表现在以下几个方面。

1. 贸易保护主义加剧贸易摩擦，对中国对外贸易产生不利影响

长期以来，中国一直是全球遭受贸易摩擦最多的国家，当前全球贸易保护主义不断抬头进一步加剧了中国与其他国家的贸易摩擦。1995～2016 年遭受反倾销调查数量前十的国家或地区中，中国作为"重灾区"遭受了 1170 起，远远高于其他国家和地区（见表 2-2）。根据数据统计，仅 2016 年中国就遭遇 117 起贸易摩擦事件，全球超过三分之一的国家针对中国发起反倾销调查。2017 年中国共遭遇 21 个国家（地区）发起贸易救济调查 75 起，涉案金额 110 亿美元，其中反倾销 55 起。可以说，中国是受贸易保护主义影响最严重的国家，已经连续 23 年成为全球遭遇反倾销调查最多的国家，连续12 年成为全球遭遇反补贴调查最多的国家。美国、印度、巴西、越南等是对中国发起反倾销调查的重要国家，其中 2017 年美国对中国反倾销调查立案 22 起、金额 45 亿美元，立案数量最多、涉案金额最高。

表 2-2 1995～2016 年遭受反倾销调查数量前十的国家（地区）

	中国	韩国	中国台北	美国	泰国	印度	日本	印尼	俄罗斯	巴西
数量（起）	1170	384	279	273	208	208	202	196	148	136

在贸易摩擦不断加剧的背景下，中国对外贸易受到不利影响。从近几年的贸易情况来看，2017 年中国货物进出口总额为 41071.6 亿美元，同比增加了 11.4%，但货物贸易顺差由 2016 年的 5097.1 亿美元下降至 2017 年的 4195.8 亿美元，同比下降了17.7%。2015、2016 年货物进出口额均出现了下滑，2015～2017 年货物贸易顺差持续减小，2018 年上半年的货物贸易顺差较 2017 年同期也收窄 26.7 个百分点。贸易摩擦影响了中国的对外贸易，也拉低了出口对经济发展的贡献率，2015 年中国货物和服务净出口对国内生产总值增长的贡献率为 -1.3%，对国内生产总值增长的拉动为 -0.1%，2016 年分别为 -9.6% 和 -0.7%，出口贸易对经济增长产生负面效应。

2. 技术性贸易壁垒等更为隐蔽的贸易保护措施对中国对外贸易持续稳定发展构成较大威胁

全球贸易保护主义愈演愈烈，贸易保护措施越来越多样化、隐蔽化，对中国对外贸

易产生较大影响。其中，技术性贸易壁垒越来越被广泛运用，涵盖科技、环保、卫生、检疫、产品质量和认证等诸多技术性指标，能够被灵活运用于贸易保护。道德壁垒、绿色壁垒等新型技术性贸易壁垒也打着极具隐蔽性的"道德""环保"等旗号，向越来越多的产业蔓延。中国是遭遇技术性贸易壁垒比较严重的国家。一些发达国家为了保护其本国制造业的发展，对中国实施严厉的技术性贸易壁垒。中国的制造业、农产品加工业、水产品加工业等是发达国家在国际市场上强有力的竞争产业，因此也成为发达国家大力限制进口的产业。据国家质检总局统计，2011～2015年，中国年均约40%的出口企业遭受过TBT协定（技术性贸易壁垒协定）的影响，造成我国出口直接损失年均超700亿美元[①]。另有数据统计显示，2016年我国有40%的企业遭遇过技术贸易壁垒，直接损失高达933.8亿美元，新增成本247.5亿美元，"碰壁"损失相加超过千亿美元[②]。由此可见，技术性贸易壁垒等对中国对外贸易的持续稳定发展构成了较大威胁，极大地损害了中国对外开放的利益，影响了中国对外开放竞争力的提升。

3. 全球贸易保护主义带来的不确定性影响了中国企业对外开放的积极性

中国对外开放不断走向深入，既包括中国打开大门吸引外资，也包括中国企业走出国门进行投资。在全球贸易保护主义盛行的背景下，全球投资环境发生较大变化，中国企业对外投资面临的困难与挑战不断增加，极大地制约了中国企业"走出去"的积极性。2016年中国对外直接投资净额1961.5亿美元，2017年下降至1582.9亿美元，同比下降了19.3%。尤其是美国贸易保护主义将弱化中国企业对美国投资的信心，降低中国企业对美国投资的兴趣。美国中国总商会发布的《2018年在美中资企业商业调查报告》显示，60%的受访企业最担心特朗普政府对进口产品征收高关税，14%的受访企业认为特朗普政府增加贸易壁垒可能会导致它们减少在美投资。而联合国贸易和发展会议发布的《世界投资报告2018》显示，受国际贸易环境恶化的影响，2017年全球外国直接投资（FDI）下降23%，其中，发达国家跨国公司对外投资小幅下降了3%，约为1万亿美元，占全球对外投资总额的71%；美国仍是全球最大的对外投资国，对外投资上涨了18%；发展中国家对外投资下降了6%，中国对外投资减少了36%，降至1250亿美元[③]。由此可见，全球贸易保护主义对中国企业对外开放的信心和积极性产生了一定程度的影响。

三 全球贸易保护主义背景下中国对外开放面临的机遇与挑战

（一）贸易保护主义背景下中国对外开放面临的机遇

全球贸易保护主义不断抬头在一定程度上对中国对外开放产生了不利影响，但中

---

① 中国产业经济信息网，http://www.cinic.org.cn/xw/cjyj/420570.html，2018年2月6日。
② 中华网，https://finance.china.com/news/11173316/20170523/30558120.html，2017年5月23日。
③ 中国经济时报百家号，https://baijiahao.baidu.com/s? id = 1610240572569171878&wfr = spider&for = pc，2018年8月31日。

国对外开放的总体态势依然较好，对外开放的政策环境不断优化，对外开放的发展潜力仍然较大，推动形成全面开放新格局面临良好的发展机遇。如果能够抓住这些机遇，对推进中国从贸易大国迈向贸易强国、从经济大国迈向经济强国将产生积极的影响。

1. 中国开放的政策环境不断优化为全面扩大对外开放提供了良好时机

改革开放是坚持和发展中国特色社会主义的必由之路，对外开放是中国的基本国策。党的十八大以来，中国致力于全面提高开放型经济水平，实行更加积极主动的开放战略，取得了显著成效。党的十九大报告指出，要推动形成全面开放新格局，强调"中国开放的大门不会关闭，只会越开越大"。在全球贸易保护主义抬头的背景下，面对复杂的国际形势，中国着力推动二十国集团加强合作、推进"一带一路"建设、筹建亚投行、加快实施自由贸易区战略、加快构建开放型经济新体制等，积极参与全球治理，推动构建公正、合理、透明的国际经贸投资规则体系，对外开放的步伐不断加快，扩大对外开放的政策环境不断改善，为构建全面开放新格局提供了良好的机遇。在中央全面深化改革领导小组第十六次会议上，习近平总书记强调指出，"要从制度和规则层面进行改革，推进包括放宽市场投资准入、加快自由贸易区建设、扩大内陆沿边开放等在内的体制机制改革，完善市场准入和监管、产权保护、信用体系等方面的法律制度，着力营造法治化、国际化的营商环境"。在博鳌亚洲论坛 2018 年年会主旨演讲中，习近平总书记再次提出，要采取"大幅度放宽市场准入""创造更有吸引力的投资环境""加强知识产权保护""主动扩大进口"等重大举措来扩大开放，并强调"尽快使之落地，宜早不宜迟，宜快不宜慢"，进一步彰显了中国主动开放的坚定意志和决心[①]。习近平总书记关于扩大对外开放的一系列重要讲话成为新形势下制定中国对外开放政策的理论指南。2017 年 8 月，国务院发布了《关于促进外资增长若干措施的通知》，进一步营造更高水平的对外开放环境；2018 年 9 月，国务院常务会议确定促进外贸增长和通关便利化的措施，提出推进更高水平的贸易便利化；2018 年 10 月，国务院常务会议又确定完善出口退税政策、加快退税进度的措施，为企业减负，保持外贸稳定增长；等等。这一系列对外开放政策的优化为中国加快对外开放提供的良好的契机。

2. 中国经济高质量发展为提升对外开放水平提供了新机遇

党的十九大作出中国经济已由高速增长阶段转向高质量发展阶段的重大判断，加快转变发展方式、优化经济结构、转换增长动力进入攻关阶段，贯彻新发展理念、建设现代化经济体系面临重大机遇，优化对外开放结构、提升对外开放水平也迎来了新的机遇。长期以来，中国对外开放的行业附加值偏低，劳动密集型制造业是我国率先开放的领域，而知识密集型、技术密集型行业以及服务业的开放程度较低，附加值不高，国际竞争力不强，成为经济发展和结构升级的短板。在全球贸易保护主义抬头的背景下，如何实现中国对外开放的转型升级成为重要而紧迫的议题，而经济高质量发展必然要求加

---

① 陈伟雄：《习近平新时代中国特色社会主义对外开放思想的政治经济学分析》，《经济学家》2018 年第 10 期。

快推进高质量开放型经济发展。因此，当前中国经济进入高质量发展阶段，要求推动形成全面开放新格局，积极寻求对外开放增长新动力，更多强调依靠技术创新、管理创新、制度创新等进一步扩大开放，更好地吸引高端生产要素，对于进一步优化对外贸易商品结构、提高出口商品质量、拓展对外贸易、提升引进外资的质量和效益以及对外投资水平、培育贸易新业态新模式、优化中国贸易战略、提升中国国际贸易地位、推进贸易强国建设等都将是很好的机遇。此外，国家大力推进跨境电商等新业态发展，也给予了传统外贸及制造业转型升级的信心，跨境电商等新业态在全球贸易颓靡形势下实现逆势增长，也将有利于推进对外开放、促进外贸转型升级。

3. 贸易保护主义为优化中国对外开放的地理空间布局提供了新的契机和动力

长期以来，欧盟、美国、东盟、日本等一直是中国的主要贸易伙伴。在全球贸易保护主义兴起的背景下，中国与主要贸易伙伴尤其是美国的贸易受到较大影响。为更好地应对贸易保护主义，中国对外开放的地理空间布局迎来了进一步优化的契机。要减少贸易保护主义对中国对外开放的影响，必须逐步降低对单一国家市场特别是美国市场的依赖程度，寻求更加多元化的市场，逐渐减少美国市场在中国贸易市场中的比重，从而推动中国对外开放的地理空间和市场分布进一步优化。要加快推进"一带一路"建设，进一步加强与"一带一路"沿线国家的经贸合作，不断提高新兴市场和发展中国家在中国外贸格局中的地位，开拓更多元化的国际市场，为应对贸易保护主义拓展更大空间。金砖国家等新兴市场国家、美国以外的其他发达国家、东盟成员国等周边国家、亚非拉等广大发展中国家都是中国扩大对外开放市场的重要选择。首先，拓展与金砖国家的经贸合作是中国扩大对外开放市场的首选，中国作为金砖国家最大的经济体，在金砖国家中扮演着极其重要的角色，加强与金砖国家之间的经济贸易往来具有得天独厚的国际地缘政治条件，在贸易保护主义背景下应更加积极地开拓新兴国家市场特别是金砖国家市场。其次，除美国以外的其他发达国家也受到美国发起的全球贸易战的影响，这些发达国家与美国之间的贸易关系也因此发生微妙的变化，中国应抓住这一契机，继续强化与这些发达国家的经贸关系，着力提升贸易利益，共同应对美国贸易战带来的挑战。再次，中国还可以充分利用贸易战导致的贸易转移效应与贸易创造效应，不断强化与周边国家特别是东盟、上海合作组织成员国之间的贸易联系，推动形成更加紧密的贸易伙伴关系，进一步扩大对外开放水平，优化对外开放布局。最后，中国还应继续增强与亚非拉等广大发展中国家之间的贸易关系，这些发展中国家与中国有着相似的发展经历和贸易地位，加强经贸合作的基础和条件较为成熟，特别是新中国成立后，中国对亚非拉广大发展中国家提供了大量的发展援助，建立起了深厚的友谊，因此，中国与广大发展中国家存在天然的贸易联系，而当前的贸易战则为彼此贸易关系的深化提供了新的契机和动力[1]。由此可见，贸易保护主义为中国优化对外开放地理空间布局提供了难得的机遇。

---

① 保建云：《全面对外开放战略：原因、挑战与机遇》，《国家治理》2018 年第 27 期。

（二）贸易保护主义背景下中国对外开放遭遇的挑战

尽管在全球贸易保护主义升温背景下中国对外开放面临着转型升级和结构优化等良好机遇，但同时中国对外开放遭遇的挑战也不容忽视。

1. 贸易保护主义威胁全球贸易稳定增长，增加了中国扩大对外开放的不确定性和风险

贸易保护主义对全球贸易增长产生了极其不利的影响，随着一些国家贸易保护主义倾向不断上升，世界经济和贸易增长面临的不确定性进一步加大。根据 WTO 预计，受全球贸易摩擦加剧等因素影响，2019 年全球贸易量增速将由 2018 年的 3.9% 下降至 3.7%，连续两年回落。国际货币基金组织也预测指出，2019 年全球货物出口量增速在 2018 年明显下降的基础上将进一步降至 3.76%。世界贸易组织发布的 2018 年三季度世界贸易景气指数仅为 100.3，略高于 100 的基准水平，其中出口订单及汽车生产与销售指数更是低于基准水平。美国是采取贸易保护主义行为最为突出的国家，而且主要针对的是中国。美国政府奉行"美国优先"，片面强调美国利益，忽视国际合作，频频采取单边主义做法，威胁全球贸易复苏，影响经济全球化进程，给全球贸易投资发展带来了重大不确定性。全球贸易预警（Global Trade Alert）统计数据显示，2018 年 1~7 月，美国出台的保护主义措施占全球比重达到 33%。国际货币基金组织研究指出，美国对经贸伙伴发起的贸易战到 2020 年将使世界经济损失 0.5%，相当于 4300 亿美元①。在此背景下，全球贸易稳定增长面临较大挑战，也加剧了中国扩大对外开放的不确定性和风险。中国在国际市场上面对的竞争与摩擦可能进一步增加，国际投资特别是对外投资将面临较大风险，对外投资下滑或滞缓的可能性加大，对外基础设施建设与产业合作、跨国科技合作等也存在较大不确定性，这些都将给中国进一步扩大对外开放蒙上阴影。

2. 世界经济下行风险增大，中国扩大对外开放面临的国际环境可能恶化

过去几年，受益于经济周期性复苏和主要发达经济体的宽松财政货币政策，世界经济实现了较快增长。但从当前的世界经济形势来看，未来经济出现下行的风险增大，主要经济体工业生产、制造业采购经理人指数等重要指标纷纷出现减速趋势。美国特朗普政府减税政策的刺激效应逐渐减退，美欧等发达经济体还在收紧货币政策，全球宏观经济政策支撑经济增长的力度减弱，而抑制作用明显增强。此外，新兴经济体自身经济结构性矛盾突出，也对世界经济稳定增长造成较大威胁。全球科技创新的步伐加快将催生新业态新模式，推动经济结构调整，也将加剧结构性失业等问题，进一步加剧世界经济进入下行轨道的可能性②。国际货币基金组织在最新的《世界经济展望》中将 2019 年全球经济增速预期由 3.9% 下调至 3.7%，可见未来一段时间世界经济形势不容乐观，经济下行压力逐渐增加，全球经济将偏离过去几年的复苏轨道。随着世界经济下行风险的增大，企业和投资者信心出现回落，金融投资和实体经济投资都更趋谨慎，可能加剧

---

① 中华人民共和国商务部：《中国对外贸易形势报告（2018 年秋季）》，http：//file. mofcom. gov. cn/article/gkml/201811/20181102805514. shtml。

② 中华人民共和国商务部：《中国对外贸易形势报告（2018 年秋季）》，http：//file. mofcom. gov. cn/article/gkml/201811/20181102805514. shtml。

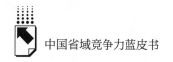

国际金融和商品市场波动。在此背景下，中国进一步扩大对外开放面临的国际环境将会比较恶劣，推动形成全面开放新格局的任务会更加艰巨。

3. 贸易保护主义增加了中国扩大对外开放的成本与阻力

十九大报告指出，要坚持新发展理念，主动参与和推动经济全球化进程，发展更高层次的开放型经济，加快培育国际经济合作和竞争新优势，推进贸易强国建设，推动形成全面开放新格局。这是实现国家高质量开放与高质量发展的必然要求。而全球兴起的贸易保护主义增加了中国对外开放的成本，加大了对外开放的阻力，成为中国进一步扩大对外开放的"绊脚石"。贸易保护主义不仅增加了出口商品的关税与非关税成本，可能导致出口商品市场萎缩，出现贸易替代效应，损害出口行业贸易利益，而且还会增加进口商品的成本，诱发物价上涨乃至通货膨胀，影响国内居民生活水平和消费能力，不利于宏观经济稳定运行。此外，贸易保护主义还会引发国内外市场商品价格扭曲尤其是要素价格的负向扭曲，使要素的真实内在价值无法准确反映出来，从而导致国内外经济资源的错配和经济资源配置效率的降低，阻碍国内产业结构调整和转型升级，增加产业结构优化的成本和风险[①]。这些成本和阻力都将给中国扩大对外开放带来较大挑战。

四 应对全球贸易保护主义、促进新时代中国开放型 经济发展的政策建议

在贸易保护主义背景下，我国应进一步深化开放型经济体制机制改革，优化对外开放区域布局，建立促进"走出去"的新机制，培育和形成国际竞争新优势，提升我国在全球价值链中的地位，进而推动新时代中国开放型经济新发展。

（一）深化开放型经济体制机制改革，为开放型经济新发展提供制度保障

我国应进一步转变政府职能，创新外商投资管理体制，推进贸易便利化机制创新，健全投资贸易摩擦应对机制，积极参与全球投资贸易治理，推进金融领域开放创新，为开放型经济新发展提供制度保障。

持续推进政府职能转变。创新政府管理模式和服务模式，建立权力清单制度。深化商事制度改革，开展"证照分离"改革试点。健全事中事后监管体系，完善国家企业公共信用信息平台、企业年度报告公示和经营异常名录制度。加快行政审批制度改革，促进审批标准化、透明化，实现相同信息"一次采集、一档管理"。建立完善的知识产权管理服务体系，完善知识产权法律制度和知识产权工作社会参与机制。

创新外商投资管理体制。完善外商投资市场准入制度，全面实施准入前国民待遇加负面清单管理模式，减少和取消外商投资准入限制，提高开放透明度。对涉及负面清单之外领域的外商投资项目实行备案制。在风险评估的基础上，先行选择有条件的服务业和先进制造业扩大对外开放，再进一步放开一般制造业的外资准入限制。根据扩大开放

---

① 保建云：《全面对外开放战略：原因、挑战与机遇》，《国家治理》2018 年第 27 期。

与加强监管同步的要求，加强事中事后监管，形成政府各部门协同监管、社会公众参与监督的外商投资全程监管体系。减少项目前置审批，推进"互联网＋"并联审批。

以制度创新促进贸易便利化。借鉴国际先进的"单一窗口"建设经验，实施贸易数据简化、标准化和协同。加快国际贸易"单一窗口"建设，健全大通关协作机制，有效共享和整合各通关环节的监管、执法等信息资源，全面推行口岸管理相关部门"联合查验、一次放行"等通关新模式。加快一体化通关改革，最大限度地实现船舶抵离、货物通关、港口作业等作业环节的全程无纸化。根据管得住、成本和风险可控要求，在海关特殊监管区域探索建立货物实施状态分类监管模式。扩大第三方检验结果采信商品和机构范围，与重要贸易伙伴就认证认可、检验检疫和技术标准等领域开展合作与互认。推进进出口产品质量溯源体系建设，拓展可追溯商品种类。

健全投资贸易摩擦应对机制，积极参与全球投资贸易治理。按照均衡、普惠、共赢原则，反对投资贸易保护主义，维护多边贸易体制在全球投资贸易自由化中的重要地位。支持世贸组织健全完善投资贸易争端解决机制。协助企业运用规则对滥用投资贸易保护措施和歧视性做法进行交涉和制衡，做到有理有节、化解分歧、争取双赢。指导企业做好投资贸易摩擦的对话、磋商、诉讼、咨询、预警等工作。充分发挥联合国、二十国集团、金砖国家等全球投资贸易治理主要平台和合作机制的作用，提升新兴市场和发展中国家在全球投资贸易治理领域的话语权。全面参与全球投资贸易规则的谈判，就全球性议题提出了新理念、新倡议和新的行动方案，增强我国在国际投资贸易规则和标准制定中的影响力[①]。

推进金融领域开放创新。提升金融业对外开放水平，在风险有效管控的基础上有序推进银行业对外开放，有序放宽证券业股比限制。鼓励金融机构审慎开展跨境并购，完善境外分支机构网络，推动金融资本和产业资本联合走出去，便利境内外主体跨境投融资。扩大期货市场对外开放，鼓励境内金融机构参与境外金融衍生品市场，进而逐步开放金融衍生品市场。设立形式多样的境外投资基金，推进金砖国家新开发银行、亚洲基础设施投资银行、丝路基金的有效运作。加强与"一带一路"沿线国家和地区在金融领域的交流合作。扩大人民币跨境使用范围、方式和结算规模，加快实现人民币国际化。推进企业和个人跨境贸易与投资人民币结算业务。有序扩大人民币汇率浮动区间，增强人民币汇率双向浮动弹性。加快人民币跨境支付系统建设，进一步完善人民币全球清算体系。

（二）优化对外开放区域布局，开拓国际经贸合作新空间

我国应加快自贸试验区建设步伐，积极探索自由贸易港建设，立足沿海、沿边、内陆协调统筹，形成全方位的区域开放新格局；加快实施"一带一路"倡议，打造高标准自由贸易区网络，形成全方位多层次融合的全球经贸合作网络。

---

① 《中共中央　国务院关于构建开放型经济新体制的若干意见》，http://politics.people.com.cn/n/2015/0918/c1001-27601372.html。

深化我国自贸试验区改革开放,积极探索自由贸易港建设。从 2013 年上海自贸试验区设立,到 2018 年海南等自贸试验区挂牌运行,我国已设立 12 个自贸试验区,形成了从"一枝独秀"到"1+3+7+1"的开放新"雁阵",构成东中西协调、陆海统筹的发展格局。自贸试验区应及时总结改革试点经验,形成可复制、可推广的改革创新成果,并推动改革创新成果在全国范围内复制推广,形成良好的示范带动效应。自贸试验区建设应继续坚持先行先试,对照国际经贸新规则大胆试、大胆闯、自主改,为全国改革开放破冰探路,并与"一带一路"建设、自贸协定谈判等相互配合,实现更高水平的对外开放。积极探索自由贸易港建设,海南应逐步探索、稳步推进中国特色自由贸易港建设,分步骤、分阶段建立自由贸易港政策和制度体系,推进我国建成全球最高标准的开放模式。

形成沿海、沿边、内陆开放新格局。沿海地区应继续发挥长三角、珠三角、海峡西岸、环渤海等经济区的优势,建设若干个具有国际影响力的大都市和城市群。推动京津冀协同发展在更高站位、更深层次、更大范围不断深化。沿海地区应积极发展现代服务业,通过加强科技研发打造研发、先进制造基地,形成参与和引领国际合作竞争新优势。沿边省份应与毗邻国地方政府加强务实合作,开展面向周边市场的产业合作。将沿边重点开发开放试验区、边境经济合作区打造为我国与周边国家经贸合作的重要平台。深化新疆、陕西、甘肃、宁夏、青海、内蒙古、广西、云南、西藏与周边国家的经贸、人文交流合作,打造服务特定区域的商贸物流枢纽、人文交流基地和对外开放的战略支点和重要窗口,服务于 21 世纪海上丝绸之路与丝绸之路经济带建设①。内陆地区依托长江中游城市群、成渝城市群等城市群,以全球产业重新布局为契机,规划和引导沿海地区相关产业向内陆地区集聚,各地在产业布局上应避免冲突和区域内低水平重复竞争,共同推动区域互动合作和产业集聚发展。

加快实施"一带一路"倡议。以和平合作、开放包容、互学互鉴、互利共赢为核心的丝路精神为引领,积极构建多层次全方位的政府间宏观政策沟通交流机制,不断推进与相关国际组织和沿线国家的战略对接工作,深化利益融合,促进政治互信,持续扩大朋友圈和合作范围。推进陆上交通、港口和航空基础设施合作建设,大幅度提升海陆空通达水平。加强能源基础设施互联互通合作,共同推进跨境光缆等通信干线网络建设。深化与沿线国家经贸合作,拓展相互投资领域,推动新兴产业合作,优化产业链分工布局。积极拓宽利润率高的贸易领域,持续改善和优化双边或多边贸易结构,挖掘和培育外贸新增长点,持续促进区域贸易平衡。鼓励发展面向沿线国家的跨境电商等新兴业态,推进电商的多边合作。深化金融合作,推动中资银行在沿线国家设立一级机构,打通资金脉络,为"一带一路"建设创造良好的融资环境。充分发挥各国基金作用,引导社会资本参与实体经济建设,推动全球经济健康发展。深化教育交流,扩大与沿线国家互派留学规模,开展境外合作办学。加强与沿线国家科技合作,合作开展重大科技

---

① 《推动共建丝绸之路经济带和 21 世纪海上丝绸之路的愿景与行动》,http://ydyl.people.com.cn/n1/2017/0425/c411837-29235511.html。

攻关，共同提升科技创新能力。推进对外文化交流，与沿线国家互办文化年、艺术节、电影节、电视周和图书展等活动。加强与沿线国家旅游投资合作，联合打造具有丝绸之路特色的国际精品旅游线路和旅游产品。积极开展体育交流活动，联合沿线国家申办重大国际体育赛事。

拓展国际经济合作新空间。加快实施自由贸易区战略，逐步构筑起立足周边国家和地区、辐射"一带一路"、面向全球的高标准自由贸易区网络。推进RCEP（《区域全面经济伙伴关系协定》）、中日韩自贸协定等多边谈判，与以色列、斯里兰卡、海合会、挪威、摩尔多瓦的自贸协定双边谈判，与巴基斯坦、新加坡、智利的自贸协定升级谈判。积极参与环境保护、投资保护、政府采购、电子商务等新议题谈判。不断充实中美新型大国关系经贸内涵，多领域深化中欧合作，协同推进中美、中欧投资协定谈判，推动中俄经贸关系跨越式发展。发挥亚太经合组织、亚欧会议、上海合作组织作用，推进图们江、大湄公河、泛北部湾、中亚等次区域合作。深化与新兴国家和发展中国家的经贸合作，强化中拉、中阿、中非合作机制。

（三）建立促进"走出去"的新机制，增强我国企业国际化经营能力

我国应积极推进境外投资便利化，创新企业"走出去"方式，做好企业"走出去"公共服务，提高对外投资质量和效率，增强我国企业国际化经营能力。

推进境外投资便利化。研究制定境外投资法规，推动"境外投资条例"尽快出台。整合国家相关部委独自出台和联合出台有关境外投资的管理措施，形成统一规范的法律条例，建立规范的境外投资管理制度。发布敏感行业目录，对境外企业开展的敏感类项目实行核准管理，对非敏感类境外投资项目一律实行备案制。放宽境外投资限制，将境外投资项目划分为鼓励开展、限制开展和禁止开展三类，利用"鼓励发展＋负面清单"模式引导和规范企业境外投资方向。简化境外投资管理，简化核准、备案申请手续和放宽核准、备案时间底线。完善境外投资的事中事后监管，加强全国境外投资在线管理平台建设，通过抽查核实、约谈函询、在线监测等方式对境外投资进行监督检查。应用项目完成情况报告、重大不利情况报告、重大事项问询和报告加强对境外投资的全程监管。

创新企业"走出去"方式。鼓励企业采取建立境外工业园区等"集群抱团"模式"走出去"，充分发挥企业的互补优势和规模优势，有效降低海外风险，实现海外成功发展。鼓励有实力的企业与金融机构强强联合，采取灵活多样的方式稳步开展境外基础设施投资和能源资源合作，重点开展配合"一带一路"建设的能源资源开发投资和公路、港口码头、铁路、管道等基础设施互联互通投资。有条件的企业应与欧美等发达国家的跨国公司进行合作，学习它们丰富的跨国经营经验。鼓励企业创新对外投资合作方式，组合应用证券投资、绿地投资、并购投资、联合投资等投资方式，带动我国产品、技术和服务出口。为高铁、核电、电信、航空、建材等优势行业走出去创造良好的政策环境。提升网络信息服务等现代服务业国际化水平，推进"中国—东盟信息港"建设等。健全金砖国家、上合组织及两岸电子商务交流合作机制，培育一批服务国际市场的

电商企业"排头兵"。

做好企业"走出去"公共服务。加强全国境外投资在线服务平台建设,大力发展面向企业"走出去"的投资咨询业、国际财务和税收筹划业、投资保险业、投资银行和金融中介业、国际化人力资源咨询和猎头行业、跨境法律服务业等,加强对企业境外投资的指导、规范和服务,敦促境外企业了解东道国(地区)法律法规体系、当地宗教信仰和风俗习惯,承担对员工保障、消费者利益、社会发展和环境保护的责任,加强劳工保护和技能培训,注重企业跨文化建设,妥善处理与东道国(地区)居民及团体的利益关系,积极开展本地化经营,实现与东道国的互利发展。及时更新发布《对外投资国别(地区)产业导向目录》、境外投资国别(地区)风险评估报告、对外投资合作年度发展报告等公共服务产品,为企业提供充分和准确的东道国(地区)投资环境、投资机会、投资障碍、风险预警等信息。保护境外中资企业合法权益,把境外中资企业、机构与人员安全保护工作纳入法制化轨道。继续健全国际人才引进政策,为进一步吸引跨国经营人才创造良好的环境条件。

(四)培育和形成国际竞争新优势,提升我国在全球价值链中的地位

我国应培育以设计、研发、营销、服务为核心的竞争新优势,主动参与国际标准制定和融入全球产业分工,进而提升我国在全球价值链中的地位。

培育以设计、研发、营销、服务为核心的竞争新优势。我国企业应充分利用好全球价值链发展和重构的机遇,适时在全球合适的地区设立研发设计中心、营销服务中心,从中国制造转向中国设计、中国创造、中国营销和中国服务。有条件的企业应积极融入全球创新网络,充分利用全球创新资源,全面提升科技创新的国际合作水平,加快新产品、新技术、新工艺研发应用。在强调设计研发的原始创新的同时,积极与全球价值链中的优势企业合作,通过引进消化吸收再创新,获得设计、研发、营销、服务这些高端的生产要素,培育国际知名品牌,拓展参与全球价值链的广度和深度,从而在全球价值链中高端获得一席之地。鼓励企业加强产学研合作,与跨国企业和国际知名大学和研究机构开展多层次、多领域、多形式的科技合作。

主动参与国际标准制定。标准竞争是继产品、品牌竞争之后一种意义更大、影响更广、层次更高、效果更显著的竞争手段。我国目前参与了50个ISO技术委员会秘书处和626个ISO技术机构的活动,参与的技术机构占所有技术机构的89%。国际标准化活动已取得长足进步,但仍落后于美、德、英、法、日等发达国家[①]。作为ISO六个常任理事国之一,我国制定的标准数量仅占总数的0.7%,提交ISO、IEC并正式发布的国际标准占比仅为1.58%,这与我国作为世界第二大经济体和第一大贸易国的地位不相称[②]。为此,我国应积极贯彻落实《标准联通共建"一带一路"行动计划(2018~

---

① 王辉耀:《推动中国企业"走出去"》,http://www.sohu.com/a/230591603_100144887。
② 董明珠:《关于进一步支持企业参与国际标准制定的建议》,http://www.stdaily.com/zhuanti01/zndw/2018-03/15/content_647730.shtml。

2020 年）》，开展沿线国家和地区的标准比对分析，深化拓展标准互认，促进沿线各国标准体系相互兼容，进而联合研制国际标准。企业作为标准化工作的主体，应积极参加国际标准的技术会议，获取与国际标准制定、发展动向相关的大量信息；及时反映即将制定/修订的以及正在实施的国际标准的意见，提出具体的议案，争取意见被纳入国际标准。自主创新能力强的企业应参与国际标准起草工作，将自主创新成果纳入国际标准，推动创新成果的产业化和国际化，提高企业的竞争新优势。

积极融入全球产业分工。我国可以通过向周边国家或地区转移相关产业，加强产业区域布局和全球布局，形成区域价值链，提升在全球价值链体系中的地位。同时，加强与"一带一路"沿线国家和地区相关产业的深度合作和联动升级，共同提升各自在全球产业体系的地位，最终实现在全球价值链中的跃升。此外，我国高铁、核电、航空、机械、建材等优势行业已经拥有一批世界先进技术，这些优势行业应通过对外投资实现跨境产业布局优化，根据相关国家不同的比较优势和基础条件开展价值链合作，主动构筑和完善以我国为核心的区域价值链或全球价值链。

B.35

专题三

贸易保护主义背景下中国制造业高质量发展

中国作为世界第一制造业大国，拥有最为完备的工业体系和制造业体系，中国制造业的出口规模一直位居世界前列，对促进中国经济快速发展作出了重要贡献，是名副其实的中国国民经济的重要支柱。但是，随着国际政治经济形势的变化，尤其是2008年爆发的国际金融危机对世界各国和各行业的发展产生了深远影响，各国经济迅速衰退，企业大量破产，失业率飙升，世界经济陷入持续低迷，至今仍处于缓慢复苏态势。为应对危机，欧美等发达国家提出制造业回归，积极抢夺世界制造业市场份额，新一轮贸易保护主义顺势抬头，尤其是美国实施"美国优先"政策，采取的一系列贸易措施和出台的贸易条款表现出鲜明的贸易保护主义倾向，在全世界掀起新一轮贸易保护热浪，各国贸易保护壁垒重新筑起，并表现出新的特点，这对中国制造业产品出口和整体发展产生了重要影响。在新贸易保护主义背景下，各类贸易保护措施更具有隐蔽性，对中国制造业产品出口产生了很强的抑制作用，中国的世界中低端价值链分工地位部分正在或即将丧失，这使中国制造业发展面临严峻挑战和困境。同时机遇也前所未有，并表现出特有的发展优势，而且机遇大于挑战，优势多于困境。只要我们审慎应对、前瞻部署，坚定不移地全面深化改革、扩大开放，不断推进结构调整和转型升级，加快构建开放型经济新体制，努力形成新的经济增长点，塑造国际竞争新优势，就一定能够抢占新一轮制造业发展先机，真正实现由制造大国向制造强国转变。

一 全球贸易保护主义对中国制造业高质量发展的影响分析

随着经济全球化的日益深入，世界各国的经济关系日趋密切，作为"世界工厂"的中国2014年工业制成品出口额达到2.2万亿美元（现价），占世界的比重达到17.5%，制造业产品出口是中国制造业发展的一个重要推动力。但一直以来，中国都是受国际贸易保护主义影响最深最广的国家，首当其冲的就是制造业。尤其是2008年金融危机爆发后，美国采取了一系列针对中国制造业发展的贸易保护措施，对中国制造业发展产生了重要影响。需要指出的是，贸易保护主义对中国制造业发展的影响具有两面性，既要看到它的消极影响，也要看到它产生的积极影响，需要进行辩证分析。

（一）不利于制造业出口贸易

中国传统制造业商品出口以劳动密集型产品为主，受科技水平和劳动力素质等多方面因素的影响，产品缺乏自主创新能力和核心技术、品牌，整体的科技含量和技术标准相对较低，产品附加值低，主要优势在于廉价的生产成本，长期处于全球价值链的低端环节。在贸易保护主义背景下，以美国为首的发达国家很容易以高质量标准和高技术性标准等非关税壁垒手段限制中国商品进入，严重削弱中国商品的竞争力，不利于中国商品拓展国际市场，尤其对制造业商品的出口造成了极大障碍，进而影响制造业整体发展。

由表3-1可见，2001年我国加入世界贸易组织（WTO）后，出口商品总额和工业制成品出口额迅速增长，2001年增长率分别只为6.8%和7.2%，到了2002年，增长率暴涨到22.4%和23.9%，一直到2007年均达到26%及以上。但2008年国际金融危机爆发后，发达国家经济衰退，失业率不断攀升，为应对危机纷纷采取各种贸易保护措施，我国遭遇的贸易保护措施日益增多，再加上欧美国家纷纷实施制造业回归战略，对我国出口贸易造成了很大影响，出口贸易规模迅速下降。2008年，出口商品总额和工业制成品出口额增长率迅速下降到17.2%和17.0%，2009年更是负增长，增长率分别为-16.0%和-15.8%；虽然2010年和2011年上升较快，但2012年又迅速下降，在2015年和2016年又变成负增长；2017年增长率也仅为7.91%和7.70%。综合测算，2001～2008年，出口商品总额和工业制成品出口额的年均增长率高达27.16%和28.04%，但2008～2017年的年均增长率仅为5.23%和5.26%，下降非常明显。这一方面受全球经济不景气的影响，另一方面受日益抬头的新贸易保护主义影响也非常明显。

从制造业来看，制造业出口贸易受到的影响更大，2007年制造业销售产值增长率高达59.5%，但2008年则呈负增长，2014～2016年增长率均为个位数；2008年，制造业出口交货值更是比上一年下降了19.3%，2009年比2008年又下降了13.0%，2010年虽然有较快增长，但之后逐年下降，到2015年又出现负增长，2016年的增长率也仅为1.6%。综合测算，2005～2008年，制造业销售产值和制造业出口交货值年均增长率高达24.28%和23.76%，但2008～2017年的年均增长率仅为12.95%和6.33%，下降非常明显。

贸易保护主义对制造业商品出口的影响进一步影响到制造业总体的发展。2008年，制造业利润总额比2007年下降了14.9%，2009年和2010年受中国政府经济刺激政策的影响，中国率先开始复苏，制造业利润总额有了较大幅度的增长。但2010年后欧美经济开始复苏，先后提出制造业回归和工业4.0等战略决策，并进一步强化一系列贸易保护措施，效果逐渐显现，使中国制造业利润增速显著放缓，2015年的增长率仅为1.9%，虽然2016年上升到12.6%，但中国制造业的廉价生产成本优势正在逐渐丧失，面临较大压力和困难。

表 3 – 1　2001 ~ 2017 年中国制造业状况

项目 年份	出口商品总额 （亿美元）		工业制成品出口额 （亿美元）		制造业销售产值 （万亿元）		制造业出口交货值 （万亿元）		制造业利润总额 （万亿元）	
	绝对值	增长率（%）	绝对值	增长率（%）	绝对值	增长率（%）	绝对值	增长率（%）	绝对值	增长率（%）
2001	2661.0	6.8	2397.6	7.2	—	—	—	—	—	—
2002	3256.0	22.4	2970.6	23.9	—	—	—	—	—	—
2003	4382.3	34.6	4034.2	35.8	—	—	—	—	—	—
2004	5933.2	35.4	5527.8	37.0	—	—	—	—	—	—
2005	7619.5	28.4	7129.2	29.0	20.5	—	3.8	—	1.0	—
2006	9689.8	27.2	9160.2	28.5	25.8	25.9	4.9	29.5	1.3	34.0
2007	12204.6	26.0	11562.7	26.2	41.2	59.5	8.9	81.3	2.4	79.9
2008	14306.9	17.2	13527.4	17.0	39.3	-4.4	7.2	-19.3	2.0	-14.9
2009	12016.1	-16.0	11384.8	-15.8	42.6	8.3	6.3	-13.0	2.5	27.1
2010	15777.5	31.3	14960.7	31.4	51.3	20.3	7.7	23.6	3.9	52.8
2011	18983.8	20.3	17978.4	20.2	65.7	28.1	8.8	13.6	4.4	12.1
2012	20487.1	7.9	19481.6	8.4	79.2	20.6	10.6	21.0	4.9	11.5
2013	22090.0	7.8	21017.4	7.9	89.5	13.0	11.2	5.7	5.5	14.1
2014	23422.9	6.0	22296.0	6.1	96.8	8.1	11.8	5.1	5.7	2.7
2015	22734.7	-2.9	21695.4	-2.7	98.9	2.2	11.6	-2.0	5.8	1.9
2016	20976.3	-7.7	19924.4	-8.2	104.2	5.3	11.8	1.6	6.5	12.6
2017	22635.2	7.91	21458.1	7.70						

数据来源：各年度《中国统计年鉴》和《中国工业统计年鉴》。

（二）不利于高端制造业的发展

传统贸易保护主义对中国制造业发展的影响主要体现在玩具、纺织、鞋袜等传统低附加值的劳动密集型行业。随着中国产业结构的不断优化升级，中国制造业在全球价值链的地位不断攀升，高附加值的技术密集型行业迅速发展，体现在出口贸易中，就是电子信息、装备制造、化工等高新技术产业占出口贸易比重不断提升，这无疑触及了欧美等发达国家的利益。尤其是 2008 年国际金融危机后，发达国家提出"再工业化"和"制造业回归"，而中国加快推进产业结构转型升级、全面实施《中国制造 2025》，对高新技术产业的重视无疑会对西方发达国家具有传统优势的高端制造构成威胁。另外，中国与西方发达国家未来都将重点发展战略性新兴产业，竞争会非常激烈，必然会加剧中国与西方发达国家的冲突，尤其是美国特朗普总统已经实施的"美国优先"和全面遏制《中国制造 2025》战略，以及 2018 年激烈的中美贸易摩擦，都很好地说明了这一点，这些都会对中国高端制造业的发展造成负面影响。

由表 3 – 2 可知，国际金融危机爆发之前，中国高新技术产品出口增长较为迅速，2004 ~ 2008 年的年均增长率达到 25.88%；危机爆发后，2009 年出现了负增长，2010 年后增长迅速放缓，增长率不断下降，2015 年和 2016 年连续两年出现了负增长，2008 ~

2016 年的年均增长率仅为 4.77% 。这些都说明国际贸易保护主义已经对中国高新技术产品出口造成了严重影响。由于目前官方渠道尚未公开 2017 年和 2018 年的统计数据，最新的高新技术产品出口受影响情况尚未显现，但从日益严峻的出口形势和 2018 年激烈的中美贸易摩擦来看，形势不容乐观。可以预见，未来高端制造业和战略性新兴产业都将是中国和以美国为首的西方发达国家竞争的焦点，西方发达国家必将采取多种贸易保护主义措施来保护本国的相关产业，抑制或阻碍中国高端制造业的发展。

表 3 - 2　2004～2016 年高新技术产品出口情况

项目 年份	高新技术产品出口金额（亿美元）	高新技术产品出口额增长率（%）
2004	1655.4	—
2005	2182.4	31.8
2006	2814.3	29.0
2007	3478.3	23.6
2008	4156.1	19.5
2009	3769.1	-9.3
2010	4924.1	30.6
2011	5487.9	11.4
2012	6011.6	9.5
2013	6600.8	9.5
2014	6604.9	0.1
2015	6552.1	-0.8
2016	6035.7	-7.9

数据来源：各年度《中国统计年鉴》。

（三）对制造业外商直接投资产生冲击

发达国家对本国制造业的保护除了直接对中国制造业发展造成负面影响外，也在一定程度上阻碍了外国资本对中国制造业的投资。例如：耐克关闭了在华工厂，将生产线和订单迁到了越南；欧美国家对中国光伏产品实施"双反"调查；阿迪达斯关闭在苏州的直营工厂；还有大批美国企业已经或者正在将一些高端产能从中国转回美国；华为、中兴被指"威胁美国安全"，2018 年中兴被美国制裁，华为遭到多个国家抵制。这些事件都足以说明中国制造产品正在遭遇全球围堵，中国制造业吸引外资受到了极大影响。

表 3 - 3 直观地展示了中国制造业利用外商直接投资的情况。可以看到，2008 年之前，实际利用外商直接投资金额增长率普遍较高，只有 2005 年出现了略微下降，2001～2008 年的年均增长率为 10.18%；而 2008 年之后，有 3 年出现负增长，2008～2017 年的年均增长率为 3.96%。从制造业实际利用外商直接投资金额来看，国际金融危机爆发前后的差异更为明显：2008 年之前，制造业实际利用外商直接投资金额只有 2005 年

和 2006 年出现了下降，2001～2008 年的年均增长率为 7.08%；而 2008 年之后，有 7 年出现负增长，从 2012 年至 2017 年连续 6 年负增长，使得 2008～2017 年的年均增长率为 -4.33%。从制造业外商投资企业数看，国际金融危机前后的差异同样明显：2008 年之前，制造业外商投资企业数只有 2001 年出现了略微下降，2001～2008 年的年均增长率为 5.01%；而 2008 年之后，连续 8 年负增长，使得 2008～2016 年的年均增长率为 -3.17%。从制造业外商投资企业外方注册资本看，2008 年之前，制造业外商投资企业外方注册资本的增长率均为 2 位数，2004～2008 年的年均增长率为 13.05%；而 2008 年及之后，增长率均为个位数，2008～2016 年的年均增长率仅为 4.95%。

表 3-3   2001～2017 年利用外资情况

项目 年份	实际利用外商直接投资金额（亿美元）		制造业实际利用外商直接投资金额（亿美元）		外商投资企业数（万户）		制造业外商投资企业数（万户）		外商投资企业外方注册资本（亿美元）		制造业外商投资企业外方注册资本（亿美元）	
	绝对值	增长率（%）	绝对值	增长率（%）	绝对值	增长率（%）	绝对值	增长率（%）	绝对值	增长率（%）	绝对值	增长率（%）
2001	468.8	15.1	309.1	19.6	20.2	-0.4	14.2	-0.8	—	—	—	—
2002	527.4	12.5	368.0	19.1	20.8	2.8	14.7	3.4	—	—	—	—
2003	535.1	1.5	369.4	0.4	22.6	8.8	16.0	9.1	—	—	—	—
2004	606.3	13.3	430.2	16.5	24.2	7.0	17.1	6.8	5580.0	—	3523.0	—
2005	603.3	-0.5	424.5	-1.3	35.3	45.7	18.0	5.4	6319.3	13.2	4031.0	14.4
2006	630.2	4.5	400.8	-5.6	37.7	6.7	18.7	4.2	7406.0	17.2	4681.0	16.1
2007	747.7	18.6	408.6	2.0	40.6	7.9	18.9	0.8	9211.0	24.4	5368.0	14.7
2008	924.0	23.6	498.9	22.1	43.5	7.0	20.0	5.6	10388.5	12.8	5754.8	7.2
2009	900.3	-2.6	467.7	-6.3	43.4	-0.2	19.2	-3.9	11369.0	9.4	6012.7	4.5
2010	1057.3	17.4	495.9	6.0	44.5	2.5	18.8	-2.2	12590.0	10.7	6424.0	6.8
2011	1160.1	9.7	521.0	5.1	44.6	0.3	18.1	-3.5	13810.3	9.7	6895.4	7.3
2012	1117.2	-3.7	488.7	-6.2	44.4	-1.3	17.3	-4.2	14903.5	7.9	7144.0	3.6
2013	1175.9	5.3	455.5	-6.8	44.6	1.2	16.6	-4.2	16077.1	7.9	7401.5	3.6
2014	1195.6	1.7	399.4	-12.3	46.1	3.3	16.1	-3.0	17413.9	8.3	7740.1	4.6
2015	1262.7	5.6	395.4	-1.0	48.1	4.4	15.8	-1.8	20756.7	19.2	8152.7	5.3
2016	1260.0	-0.2	354.9	-10.2	50.5	5.0	15.4	-2.6	23918.5	15.2	8468.1	3.9
2017	1310.4	4.0	335.1	-5.6	—	—	—	—	—	—	—	—

数据来源：各年度《中国统计年鉴》。

（四）倒逼制造业结构加快转型升级

一直以来，劳动力成本优势都是中国最大的比较优势。根据比较优势理论，中国大力发展纺织、服装、鞋袜等劳动密集型产业出口到全世界，但也导致对高科技产业、战略性新兴产业、高附加值产业重视不够，使这些产业发展较为滞后，受到以美国为首的西方发达国家的严重制约，2018 年中兴被美国制裁事件就是最好的明证。中国落入了所谓的"比较优势陷阱"，即根据比较优势理论，出口过于集中于低附加值、低技术含量的产品，使得高附加值、高科技含量产品一直处于比较劣势，缺乏竞争力。随着中国经济进入新常态，以及资源环境约束的不断强化，劳动力等生产要素成本不断上升，传统的主要依靠资源要素投入、规模扩张的粗放型发展模式已经难以为继，投资和出口增速放缓也是现阶段发展的必然。

在全球经济增长缓慢的背景下，劳动密集型产品和高污染、高能耗产品是中国遭受技术壁垒、社会壁垒、环境壁垒情况最严重的产品。虽然发达国家对这些产品实施贸易保护措施，短期内会使中国的出口遭受一定损失，但是从长远来看，有利于倒逼中国出口商品结构的转型升级，进而倒逼中国制造业从低附加值、低技术含量向高附加值、高技术含量转变，推进中国产业结构转型升级的步伐。当然，在发达国家制造业回归背景下，发达国家并不是对传统制造业的简单复苏和回归，而是以数字制造技术和新能源技术等高新技术为依托，重点发展高端技术和高附加值的先进制造业和新兴产业，本质上是一场产业革命，旨在重塑制造业竞争优势，这将加速推进形成新一轮全球贸易投资格局。同时，这不可避免地将与中国展开激烈竞争，必然将对中国高附加值、高技术含量的产品采取多种贸易保护措施，中国需要谨慎应对。

此外，面对诸多以标准和技术规范为特征的贸易保护措施的限制，中国制造业企业必将不断更新产品、改进技术、提高技术含量，不断提高产品更新换代的频率，不断提高产品的市场适应能力，不断向环保健康的可持续发展方向发展，使产品更能适应新科技时代发展的需要，同时也不断提高应对贸易保护措施的能力。从这个角度来说，新贸易保护主义将迫使中国制造业企业不断提高创新能力和应变能力，朝着更加健康、可持续的方向发展。

二　全球贸易保护主义对中国制造业高质量发展的影响途径分析

随着新兴发展中国家产业的兴起与发展，凭借低成本优势，这些国家的产品在国际市场上所占的份额越来越大，对长期以来由欧美等发达国家占据的市场主导地位形成了挑战。为维护国际市场地位，打压新兴发展中国家的产业发展，欧美等发达国家从传统贸易保护主义转向了新贸易保护主义。新贸易保护主义打着维护民族利益、保护资源和环境的旗帜，以更加隐蔽的手段来打压其他国家的产业。一方面，避免全球化进程对贸易保护主义施加的压力，从"直道行走"转向"绕道而行"；另一方面，又披上了冠冕堂皇的外衣达到维护本国产业利益的目的。制造业是实体经济的重要组成部分，也是一个国家和地区经济发展实力的重要表现，历来都是贸易保护主义针对的主要领域，自然也成为新贸易保护主义关注的焦点。

进入 21 世纪以来，中国制造业增速明显，成为制造业全球地位提升最显著的经济体。1980 年，中国制造业增加值占全球比重仅为 1.5%，2017 年这一比重已经上升至 25%。中国制造已连续 9 年保持世界规模第一，形成了全球最完整的制造业体系。中国制造业的崛起在创造"中国奇迹"的同时也对发达国家形成了挑战，欧美日三大经济体制造业占比逐年下滑，面对国际市场份额的缩小，发达国家充满了"不安"。再加上长期的制造业外移造成了本国产业空心化，以及迟迟难以走出金融危机的阴霾，发达国家要在短期内恢复制造业地位，重塑竞争优势很难实现。于是，它们退而求其次，不惜冒着逆全球化的风险，通过设置看似合法的障碍阻止中国等新兴发展中国家制造业发展，为本国制造业向高端制造转型赢得时间，进而占据高端制造业主导地位。新贸易保护主义破坏了市场机制的作用规律，破坏了竞争的公平性，从表面上看是发达国家对国际贸易提出了更高的标准和要求，实质上却反映了发达国家面对新兴发展中国家崛起的恐慌和焦虑，不惜撕下虚伪的面具，其霸权行径昭然若揭。新贸易保护主义对中国制造业的影响途径主要有以下几个方面。

（一）恶意抹黑中国制造，诋毁中国制造的形象

新中国成立以来，特别是改革开放 40 年来，中国制造秉承中国传统的勤劳拼搏精神，在"一穷二白"的基础上开拓创新，从对全球制造业的转移承接到建立起完备的产业体系，从代工贴牌到不断做大品牌，从满足内需到不断走向国际市场，中国制造成为全球制造业体系最完整的国家之一。很多轻工业品占据了较大的世界市场份额，"天舟一号"与"天宫二号"成功实现对接、首艘国产航母顺利下水、首架国产大飞机 C919 完成首飞等一系列大国重器，让中国制造的形象实现了从"软"到"硬"的根本性转变。中国制造的强大打破了长期以来发达国家对制造品市场的垄断，也对其制造业发展形成了挑战，遭到了西方国家的恶意抹黑和诋毁。

2017 年欧洲刑警组织和欧盟知识产权办公室发布了一份长达 70 多页的联合报告，称中国内地和香港是全球假货的核心集散地，2015 年全球 86% 的假货来自这里，2006 ~2010 年，全球范围内查获的假货有 75% 产自中国，一系列没有科学依据的数据诋毁中国制造的产品质量，并且认为中国的假货要为欧洲的失业负责。2018 年 3 月，美国发布的"301 调查"结果声称，中国政府有关技术转让、知识产权和创新的法律、政策和做法为美国经济带来 500 亿美元的损失。这一系列毫无科学依据的言论完全是发达国家的一种"臆想"，是妄图损害中国制造形象的有意为之，通过故意抹黑对中国制造形成舆论压力，进而削弱中国制造在国际市场的影响力。这种无中生有、肆意揣测的行径实质就是一种贸易保护主义，是与发达国家大国形象不匹配的粗俗低劣手段。

（二）非关税壁垒盛行，弱化中国制造的优势

新贸易保护主义的隐蔽性体现在从直接关税壁垒转向非关税壁垒，目前在国际上比较盛行的非关税壁垒主要有绿色贸易壁垒、技术性贸易壁垒、蓝色壁垒等。绿色贸易壁垒方面，许多国家借口生态环境保护制定了严格的法律法规限制对生态环境产生威胁的产品进口，主要措施有绿色关税和市场准入、绿色环境认证标志、绿色包装制

度、绿色卫生检疫制度等。这些绿色标准设置很高，完全不顾发展中国家的实际，如欧洲国家禁止含氟利昂冰箱的进口，英法等国提出对进口高耗能产品征收"碳关税"等，这是当前很多发展中国家的技术水平无法达到的。技术性贸易壁垒方面，发达国家制定了严格的认证制度、技术标准以及检验制度等，如 CE 认证、美国 UL 安全认证、ISO 9000 质量管理认证等名目繁多的认证标准，大大提高了进口商品的技术门槛。蓝色贸易壁垒方面，把贸易限制从进口领域扩展到了社会领域，强调企业不能只追求经济利益，还要承担社会责任和维护工人利益。例如，SA8000 社会责任国际标准就具体规定了企业必须承担保护劳工人权的社会责任，包括保障员工工资福利、健康安全等，以此来提高对发展中国家制造业企业的要求，增加企业成本，降低制造业企业产品的优势。

非关税壁垒完全是发达国家违背发展中国家的发展水平和技术水平实际而制定出来的，并且发达国家还会根据发展中国家制造业发展的实际情况不断提高标准，令发展中国家难以企及。此外，有些非关税壁垒还会针对特定的国家进行设置，中国由于许多制造业产品具有成本优势，就被多个国家设置了针对性的非关税壁垒。2016 年，中国遭受的非关税壁垒数量为 92 项，居全球第一位，而同年居第二位的美国只有 30 项。中国制造遭遇非关税壁垒直接提高了生产成本，在目前的技术条件下，许多达不到标准要求的产品无法出口，弱化了中国制造的优势。要提高中国制造的技术水平和标准在短期内是无法实现的。

（三）提升到国家战略层面，打压中国制造的成长

在很多国家，贸易问题已不仅仅是经济领域的问题，而是与国家安全联系在一起，把贸易上升到国家战略安全的高度，认为国家之间的贸易不仅是产品的买卖，有可能出口国会利用附着于产品的技术对进口国的信息进行窃取，从而危害进口国的利益。此外，很多进口国对科技型产品的进口也有限制，认为过于依赖高科技产品进口也会弱化本国产业发展，特别是会使本国对国外的技术产生依赖，阻碍了创新进程，使本国产业发展变得脆弱，危及本国产业安全。美国特朗普及其团队认为贸易逆差就是美国的损失，然后把矛头指向中国，认为中美之间的贸易逆差已经影响了美国的安全，从特朗普上任第一天宣布退出 TPP 开始，就开始以政治手段来解决经济问题。

2018 年，美国国会美中经济与安全审查委员会发布报告称，中国政府"可能支持某些企业进行商业间谍活动"，以提高企业竞争力并促进政府利益，报告还明确指出中兴、华为、联想是其中的三家企业。报告明确写道，中国不是美国的盟友，也不会在短时间内成为美国盟友。在拿不出确凿证据的前提下，美国进一步无端指责中国政府及与其相关的主体"一再涉及窃取与滥用知识产权，以及国家主导的经济间谍活动"。美国的卑劣行径实质上是借着维护国家安全为其实施贸易保护主义进行辩护，深层次的目的是对中国的高新技术企业进行打压，试图阻断中国技术发展而支撑中国制造业的强大。在具体行动上，美国实施的 232 措施，一方面有针对性地排除一些国家和地区，另一方面又对包括中国在内的部分国家实施了征税，严重违反了国际贸易的平等原则，其

实质就是要对中国制造进行打压，抑制中国产业的转型与发展。2018 年 8 月，澳大利亚以国家安全为由，决定禁止外国供应商参与澳大利亚 5G 移动网络建设，将对象直接指向中国的华为和中兴，认为这些设备和技术供应商的参与是受到本国政府指示。澳大利亚的这种行为也是一种变相的贸易保护主义，实质是美国的附庸，充当美国的"打手"。

（四）扩大贸易保护范围，围剿中国制造的崛起

传统的贸易保护主义主要着眼于保护幼稚产业和培育新兴产业，一般随着产业的发展会逐渐降低保护程度，最后放开竞争，这种贸易保护是合理的，因此，传统贸易保护主义的对象和范围比较小，主要是一些农产品和初级工业品。但是新贸易保护主义涉及的商品范围就广泛得多了，不仅扩大到货物贸易的一切领域，从传统商品贸易领域不断扩大至中高端产品领域乃至要素流动，而且还扩大到投资、技术、知识产权等服务贸易领域。贸易保护主义的性质也随之发生改变，从培育国内产业竞争力逐渐被有些国家用来作为打压其他国家产业发展的工具。例如，美国对中国发起的贸易战中，从一开始的洗衣机、光伏产品、铸铁污水管、钢铁、铝等产品，升级为对中国出口到美国的 1333 项 500 亿美元的商品加征 25% 的关税，此后不断把中国出口到美国的产品加入加征关税清单，到 2018 年 8 月公布的清单已经包括了 279 个关税细目，覆盖了中国制造领域的大部分商品。贸易保护主义涉及的产品范围之广，对中国制造业的发展壮大形成了全面的阻碍。

随着区域化和集团化的发展，贸易保护主义会从国家行为走向集体行为，在激烈的国际竞争背景下，一些国家仅凭自身的力量难以应对，往往会联合其他同类国家形成贸易组织，共同应对某个国家或地区的产品出口，形成贸易保护的合力。这种区域性的贸易壁垒形成了区域性贸易保护主义网络，其保护的力量更强，严重削弱了世界范围内的贸易自由化，当今世界上的欧盟、北美自由贸易区、东盟、安第斯条约组织都是影响较大的区域性贸易保护组织。美国近年来加强同日本、德国等国在新能源、生物医药、智能装备等领域的战略布局，对我国制造业转型升级和培育新动能形成了抑制。此外，美国还倾向于支持印度、越南等东南亚国家的工业化进程，试图培育中国在亚洲的制造业竞争对手，形成对中国制造的赶超和产业替代。可见，新贸易保护主义范围的扩大，形成了对中国制造更多的限制，是对中国从制造大国走向制造强国的围剿。

（五）散布"中国威胁论"，破坏中国制造的国际合作

西方发达国家霸权主义的本质，是害怕中国强大会威胁其利益，它们在国际上广泛散布"中国威胁论"，夸张地描述中国对外贸易和投资是对其他国家的"侵略"和"威胁"，试图破坏中国与其他国家之间的关系，瓦解中国制造的国际合作。2018 年 6 月，美国白宫贸易和制造业政策办公室发布了一份题为《中国经济侵略如何威胁美国及世界的技术和知识产权》的报告，报告指责中国大规模工业现代化和经济增长是通过

"不符合全球经济规范与规则"的行为实现的，这是中国对全球的"经济侵略"，报告还具体列出了中国"经济侵略"的六种行为。美国试图通过公开发布这样的报告来"提醒"其他国家注意中国制造的威胁，试图破坏中国与其他国家的合作关系，美国甚至公然与其他国家签订协议直接把目标指向中国。这种破坏中国与其他国家制造业合作的行为就是一种贸易保护主义。2018年9月30日，美国、墨西哥和加拿大签署了新协议《美国—墨西哥—加拿大协定（USMCA）》，该协定提出，任何一个国家与"非市场国家"达成贸易协议，则另外两个国家可以在六个月内自由退出并达成自己的双边贸易协议，其中的"非市场国家"无疑指的就是中国。美国还将与日本、欧盟、英国分别开启贸易谈判，试图拉拢这些国家形成区域性贸易联盟，不排除分化中国与这些国家和地区合作的可能。

"一带一路"倡议提出以来，国际上各种抹黑论调不绝于耳，如"地缘扩张论"认为中国的"一带一路"是对沿线国家的"掠夺"，对中国与中东欧、南欧国家加强经贸合作提出了责难；"环境破坏论"认为中国将污染高、耗能高的过剩产能转移出去，各种工业项目、水电项目和基础设施项目建设将会使沿线国家丧失可持续发展能力；"经济掠夺论"则是妄加猜测中国使沿线国家债务增加，控制沿线国家的发展。德国外交部部长2018年在慕尼黑安全会议的讲话中把中国"一带一路"项目视为对欧洲的威胁，甚至称中国和俄罗斯正"试探和破坏"西方自由主义的世界秩序。各种有关"中国威胁"的论调通过制造不良舆论破坏中国与全球其他国家制造业合作的基础，引发其他国家抵触中国的行径，从而达到削弱中国制造，保护本国产业的目的，是一种隐蔽的间接的贸易保护主义。

三 全球贸易保护主义背景下中国制造业高质量发展的困境与机遇

（一）新贸易保护主义背景下中国制造业发展面临的困境

国际金融危机加速了世界各国尤其是发达经济体贸易保护主义抬头。而新贸易保护主义的实质，则是围绕制造业的政治诉求和经济诉求。从根本上来看，当前全球贸易摩擦、贸易战的本质是全球制造业之争，"制造业回归""工业4.0"等均是世界各国对全球制造竞争格局的应对。与此同时，在新一轮的国际贸易保护主义背景下，中国制造业受到的危害尤其大，其发展陷入前所未有的瓶颈，在一定程度上也制约了中国制造业的创新发展和转型升级。

1. 制造业收益趋势减弱，整体发展质量不高

改革开放以来，中国制造业曾一度依靠廉价劳动力、引进先进技术和管理经验等生产要素和生产方式参与制造业国际分工，并取得了迅猛发展。当下，中国制造业占据了全球制造业一定的市场份额，且在国际贸易中发挥举足轻重的作用，但其行业增加值和利润率水平仍然较低。一方面，当前中国制造业企业仍以加工制造为主，在新贸易保护

主义背景下，劳动力和市场的比较优势逐渐削弱，使得中国制造业利润空间受到挤压。近年来，随着人口红利的进一步缩减，劳动力供求出现结构性失衡，劳动力成本不断上升，中国制造业利润率增长趋势减弱，部分行业甚至出现负增长态势。另一方面，中国制造业质量虽有明显进步，但总体质量和水平不高，制造业产品质量与发达国家的制造业产品质量、消费者的期望相比仍有较大差距。中国是制造业大国，却是利润弱国，与全球制造业强国相比，中国制造业利润率明显偏低。如表 3 - 4 所示，2017 年，中国制造业企业 500 强实现营业总收入 31.84 万亿元，利润总额达 8176.93 亿元，与 2016 年相比，分别增长 12.71%、降低 15.95%，平均利润率从 2016 年的 3.44% 降至 2017 年的 2.57%，下降了 0.87 个百分点，降幅显著。从图 3 - 1 中 2007 ~ 2017 年中国制造企业 500 强的利润总额及利润率变化可以看出，2010 ~ 2014 年，中国制造企业 500 强营业收入总额的绝对值在增长，但利润下降幅度非常显著，2014 年利润率甚至低至 2.10%，虽然 2015 ~ 2016 年出现了连续两年的回升，但 2017 年又降至 2.57%。此外，从具体的制造业企业类型来看，2017 年对营业收入、利润贡献最大的是黑色冶金和汽车及零配件制造两个行业。其中，31 家汽车及零配件制造企业创造了榜单企业 14.70% 的总利润，而 76 家黑色冶金企业则创造了榜单企业 14.14% 的总利润[①]。总体来看，中国制造业收益趋势减弱，整体发展质量不高。

表 3 - 4 2007 ~ 2017 年中国制造企业 500 强营业收入和利润情况

年份＼项目	平均利润率(%)	营业收入总额(万亿元)	利润总额(亿元)
2007	5.00	10.1	5074.3
2008	3.21	12.93	4147.1
2009	3.97	13.2	5244.5
2010	4.10	17.8	7301.8
2011	2.90	21.7	6304.5
2012	2.23	23.38	5208.9
2013	2.15	26.1	5610.2
2014	2.10	26.9	5737.4
2015	2.18	26.52	5691.3
2016	3.44	28.25	9728.87
2017	2.57	31.84	8176.93

数据来源：历年中国制造业企业 500 强榜单，中国制造企业协会官网，http://www.cmea.com.cn/。

[①] 中商产业研究院：《2018 年中国制造业企业 500 强榜单出炉：500 强企业共实现营收 31.84 万亿元（附榜单）》，中商情报网，http://www.askci.com/news/chanye/20180913/0857151131882.shtml。

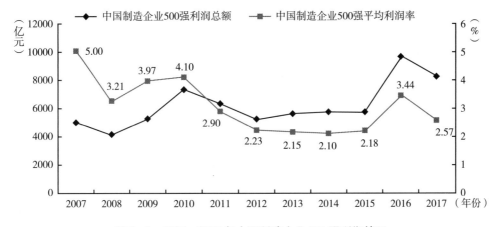

图 3 - 1　2007～2017 年中国制造企业 500 强利润情况

数据来源：历年中国制造业企业 500 强榜单，中国制造企业协会官网，http://www.cmea. com.cn/。

2. 制造业核心技术缺失，自主创新能力不足

中国制造业产品中高附加值、技术含量高的产品比重较低，处于全球制造业价值链的中低端。其中，最主要原因是中国制造业核心技术缺失，尤其是关键核心技术对外依存度较高。同时，制造业企业自主创新能力不足，导致其出口产品技术含量低，且缺乏制造业自主品牌，甚至沦为国外企业的"加工厂"，使得中国制造业产品在国际竞争中处于弱势地位。如图 3 - 2 所示，2016 年中国规模以上工业企业自主研发投入占销售收入的 0.94%，与 2000 年相比，仅增长了 0.36 个百分点，年均增长3.27%，远远低于发达国家制造业企业自主研发投入力度。中国制造企业重视创新的作用，但对自主研发创新的重视和实践尚有不足，导致中国制造业产品同质化现象严重。可见中国制造业企业自主研发投入水平相对较低，制造业核心技术有待进一步挖掘。新贸易保护主义主要针对的是低附加值、低技术含量的中国制造业出口产品，通过施行技术性贸易壁垒，扭曲中国制造业产品的比较优势，进一步降低中国制造业产品在某些国家的市场份额。例如，作为中低端技术制造业产品的典型，机电仪器、纺织服装、鞋、帽制造业等劳动密集型产品受国外技术性贸易壁垒制约较为显著。与此同时，新贸易保护主义背景下部分国家对中国制造业产品采取"特保"政策，抑制对中国制造业产品的进口及其在本国的市场份额，也会进一步损害中国制造业行业发展前景及其就业机会。

3. 制造业产业结构不合理，产能过剩形势严峻

改革开放以来，中国制造业产业结构虽有所改善，但仍存在不合理现象。一是制造业产业结构不合理。中国制造业企业多为价值链中低端的制造企业，在新贸易保护主义背景下，以初级产品、低档产品等劳动密集型产品为主的制造业产品贸易条件不断恶化，其产品出口格局在全球制造竞争格局中长期处于不利地位。二是制造业企业规模的有限性。我国大部分制造业企业的规模较小，中国制造业企业 500 强与世界 500 强企业

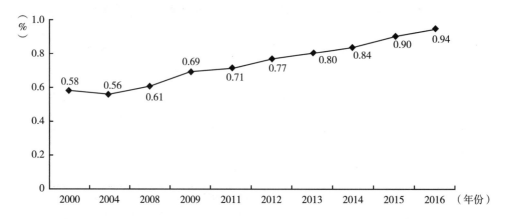

图3-2 2000~2016年中国规模以上工业企业自主研发投入占销售收入比重

注：从2011年起，规模以上工业企业的统计范围从年主营业务收入为500万元及以上的法人工业企业调整为年主营业务收入为2000万元及以上的法人工业企业。

数据来源：《中国科技统计年鉴2017》。

规模相比，差距较大。与此同时，与中国传统制造业企业相比，高新技术制造业企业规模有限，对整个制造业产业结构的引领带动作用未充分发挥。三是制造业产业的产能过剩。中国已经进入工业化后期，制造业企业主要集中在石油化工、汽车行业、有色金属冶炼、钢铁煤炭等行业，而中低端产品的产能利用率严重不足。中国统计局相关数据显示，2017年全国工业产能利用率为77%，与2016年相比，上升了3.7个百分点，但部分政策倾斜和扶持产业的产能利用率偏低，并成为中国制造业转型升级的桎梏。2006~2016年，中国制造业（如煤炭、钢铁等）产品的供给超过了市场需求，导致中国制造业产品出现了显著的产能过剩和行业收缩。

4. 制造业产品能源消耗大，资源环境约束增强

中国制造业企业中，重化工业企业占据较大比重。但制造业企业尤其是重化工业的产品能源消耗较大，造成的资源浪费和环境污染也比较严重。随着国际竞争的加剧，能源资源成本上升趋势明显，制约了制造业发展进程，导致制造业产值增速下降。据中国统计局相关数据统计，中国制造业能耗不断增长，基本与制造业产值增长同步，虽然2015~2016年中国制造业能耗总量绝对值有所下降，但其占能耗生产总量的比重仍处于上升趋势，其能源消耗数量下降与中国制造业转型和能源生产总量下降有关。表3-5的数据显示，2016年，中国制造业能耗242515万吨标准煤，占总能耗的59.86%，占能源生产总量的70.08%；制造业产值214289亿元，占GDP比重为28.82%。与2000年相比，中国制造业能耗增加了162121万吨标准煤，制造业产值增加了182422亿元，占总能耗比重增加了2.84个百分点，制造业能耗占能源生产比重增加了12.06个百分点。其中，2009~2015年，中国制造业能耗占总能耗比重逾60%，2016年中国制造业能耗甚至占能源生产总量逾七成，但制造业产值占GDP比重不到三成。这表明受中国科技水平、经济结构和能源结构等因素影响，中国制造业能源资源消耗产出效率仍然较

低。随着中国能源消耗的不断增加，当下和未来中国制造业生产和供应将面临更大的压力，对中国制造业的可持续发展有较大的制约。

表 3 - 5　2000～2016 年中国制造业产值及能耗情况

年份 项目	制造业能耗 （万吨标准煤）	制造业产值 （亿元）	制造业能耗 占总能耗比重（%）	制造业产值 占GDP比重（%）	制造业能耗 占能源生产比重（%）
2000	80394	31867	57.02	31.78	58.02
2001	82759	34690	55.82	31.29	56.14
2002	87391	37803	53.97	31.06	55.92
2003	101886	44615	53.83	32.47	57.14
2004	120160	51749	54.44	31.98	58.30
2005	158235	60118	63.08	32.09	69.09
2006	148696	71213	54.04	32.45	60.75
2007	162199	87465	54.20	32.37	61.40
2008	169065	102539	55.17	32.09	60.94
2009	206556	110118	64.28	31.55	72.20
2010	217329	130325	63.25	31.55	69.63
2011	229091	150597	61.89	30.78	67.34
2012	234539	161326	61.48	29.85	66.81
2013	239053	181868	60.55	30.55	66.63
2014	245051	195620	61.22	30.38	67.72
2015	244920	202420	60.90	29.38	67.76
2016	242515	214289	59.86	28.82	70.08

（二）新贸易保护主义背景下中国制造业发展的机遇分析

当前，各国回归实体经济，制造业已成为全球经济竞争的制高点，发达国家纷纷提出了制造业振兴计划，中国也出台了《中国制造 2025》，大力推进由制造大国向制造强国转变。然而，中国制造业发展面临部分中低端制造业流向东南亚、南亚等地和部分高端制造业回流发达国家的双重压力，制造业转型升级面临不少挑战，特别是国际贸易保护主义兴起对中国的打压拖累了中国制造的发展进程。当前，中国经济正转向高质量发展阶段，制造业结构调整承载满足人民日益增长的美好生活需要的重任，不仅要生产出更多高质量的产品满足国内消费需要，也要向国际市场提供更多高质量产品。中国制造业正处于重要的历史关口，面临着巨大的挑战，但同时机遇也前所未有。

1. 全球制造业格局重构的历史性机遇

2008 年国际金融危机爆发后，世界经济一直处于缓慢复苏当中。到了 2017 年，世界经济和国际贸易明显回暖，贸易投资恢复活力。虽然贸易保护主义升温、国际金融环境收紧、热点地区局势紧张等风险因素不容忽视，但整体而言，2018 年世界经济增长情况较为乐观，市场需求回暖，供需平衡状况进一步改善。根据国际货币基金组织（IMF）2018 年 4 月和 10 月发布的《世界经济展望》[①] 报告，2017 年全球经济增长率达到 3.8%，预计 2018 年和 2019 年将升至 3.7%。根据世界贸易组织（WTO）统计[②]，2017 年全球货物贸易量增长 4.7%，预计 2018 年和 2019 年将分别增长 3.9% 和 3.7%，远高于国际金融危机后年均 3% 的增长水平。而且当前主要经济体发展的重点在于加强基础设施建设、刺激制造业和消费扩张、促进实体经济发展，这大大促进了全球制成品和中间品贸易的增长，形成了全球生产力增长的新动力，为各国制造业发展提供了重大机遇，而这也必将对全球制造业格局产生重大影响。

当前，制造业在全球范围呈现梯级发展态势，制造业成为技术创新的主战场，成为经济复苏和振兴的主战场，也成为重构国际分工体系的主战场[③]。全球制造业发展趋势正呈现新"四化"特征[④]，即壁垒化、智能化、梯队化、多极化，全球制造业分工竞争的态势正在加剧，全球价值链被发达国家垄断的局面正逐渐被打破，价值链重构步伐不断加快，这些都在逐步重构全球制造业产业格局。虽然欧美发达国家实施"再工业化"战略，它们主要是想通过贸易保护形式和区域化来实现这一战略目标，但这违背全球化趋势，面临巨大的贸易冲突和区域化冲突压力。短期内这可能会使高端制造领域出现向发达国家"逆转移"态势，但从长期来看，虽然发达国家的"再工业化"和"制造业回归"取得了一些成效，但尚不足以改变发达国家"去工业化"的规律和扭转制造业份额长期下降这一大势。

在此背景下，经过多年的发展和现实考虑，中国不会仅仅充当产业转移的一个梯级，中国制造业仍有巨大的发展潜力和承载空间。目前中国制造业企业的外迁规模还比较小，随着某些外商投资制造业项目或者订单的转移，部分民营企业陷入经营困境也是必然的。但中国市场的空间比较大，目前的形势并不能说明中国制造业的优势削弱甚至丧失，中国的竞争优势是长期的，具有庞大且优质的劳动力资源，拥有完整的产业链和雄厚的产业基础，还有巨大的国内市场，这些都是中国参与全球制造业竞争的巨大优势。当前全球制造业格局的重构，恰恰为中国充分利用这些优势、全面深化改革开放、积极发展战略新兴产业、积极参与全球制造业竞争、引领全球经济的新一轮腾飞，提供了重大的历史性机遇。

2. 新一轮科技革命的重大机遇

进入 21 世纪以来，新一轮科技革命和产业变革风起云涌，正在加速重构全球创新

---

① 国际货币基金组织：《世界经济展望》，2018，https：//www.imf.org/zh/Publications/WEO/Issues/2018/03/20/world-economic-outlook-april-2018。

② 《世界贸易组织下调了对 2018 年和 2019 年世界商品贸易的预测》，智华新闻社，2018 年 9 月 28 日，https：//www.fx678.com/C/20180927/201809271959252240.html。

③ 马建堂：《贸易保护主义的实质，是围绕制造业的博弈》，https：//www.sohu.com/a/239664800_313170。

④ 《全球制造业呈现新"四化"特征》，搜狐网，2017 年 3 月 19 日，http：//www.sohu.com/a/129321952_115495。

版图和全球制造业格局、重塑全球经济结构，这恰巧又与中国转变发展方式形成历史性交汇，为中国制造业发展提供了重大机遇，加速推动中国制造业向价值链中高端迈进。科技创新始终是推动人类社会生产生活方式产生深刻变革的重要力量。当前，新一代信息技术加速突破应用，生命科学领域孕育新的变革，空间和海洋技术正在拓展人类生存发展的新疆域，新能源技术正在引发全球能源变革。同时，信息技术、新能源、新材料、生物技术等重要领域和前沿方向的革命性突破和交叉融合，正在引发新一轮产业变革，加速推进制造业向智能化、服务化、绿色化转型。特别是新一代信息技术与制造业的深度融合，将促进制造模式、生产组织方式和产业形态的深刻变革，智能化服务化成为制造业发展新趋势。这些都对全球制造业产生了颠覆性影响，并深刻改变着全球制造业发展格局。

经过几十年的快速发展，中国制造业增加值跃居世界第一位，并且具有最为完备的工业体系和产业配套能力，培养了一大批具有国际竞争力的优势产业和骨干企业，中国制造业已经具备了向高质量发展、向高附加值攀升的基础条件。此外，中国还可以更好地汲取发达国家"去工业化"的历史经验和教训，进一步巩固制造业在国民经济中的支柱性地位。同时，充分利用制造业大国优势和形成的产业基础，更好地发挥工业门类齐全、制造业能力全球第一的宝贵优势，将制造业和新兴技术有机融合，积极推动技术、资金、人才、服务向制造业汇集，重点支持高新技术和战略性产业十大领域的发展，促进中国高端制造业加快发展和整个工业转型升级，加快从制造大国迈向制造强国，更好地保障中国现代化进程中的经济安全。

3. "一带一路"建设加快推进开拓了广阔空间

"一带一路"倡议自提出以来，已经得到了全球140多个国家和国际组织的广泛赞誉和积极响应，政策沟通、设施联通、贸易畅通、资金融通、民心相通深入推进，为中国与相关国家贸易投资合作开拓了广阔空间[1]。据中国商务部信息，2017年中国与"一带一路"沿线国家进出口总额达14403.1亿美元，其中出口额为7742.6亿美元，进口额为6660.5亿美元，中国与"一带一路"沿线国家进出口总额占中国整体进出口贸易额的比重为35.09%，贸易顺差占总体顺差的比重约为25.61%[2]。五年来，中国与"一带一路"沿线国家贸易总额超过5万亿美元，年均增长1.1%，中国已成为25个沿线国家最大的贸易伙伴；此外，中国对沿线国家直接投资超过700亿美元，年均增长7.2%，在沿线国家新签订对外承包工程合同额超过5000亿美元，年均增长19.2%。同时，不断放宽外资准入领域，营造高标准的国际营商环境，吸引沿线国家来华投资，贸易投资合作稳步推进[3]。此外，中国举办的首届中国国际进口博览会，在短短6天内吸引了全球五大洲 172 个国家、地区和国际组织的代表参会，3600 多家企业参展，超过 40 万名境内外采购商云集；按一年计，累计意向成交 578.3 亿美元，5000 余件展品首次进入中国，开放合作迸发出澎湃动力①。

"一带一路"建设的加快推进和愈发宏大的全面开放格局，不断推进贸易投资自由化便利化，推动"丝路电商"快速发展，外贸发展政策环境持续改善，为中国制造业提供了广阔的发展空间。在中国与相关国家加强合作创造的新机遇中，中国将强化贸易和投资合作，努力推动一批基础设施和产能合作重大项目陆续落地，持续打造中国品质、中国品牌，有力推进制造业转型升级，不断推进制造业强国建设。

四　应对全球贸易保护主义、推动中国制造业高质量发展的政策建议

（一）推进两化融合，实现制造业高质量发展

中国制造业应对全球化市场和新贸易保护主义，推进两化融合实现制造业自动化、智能化的高质量发展是根本。新时代云计算、大数据、新能源、新材料等新技术新工艺新材料的不断兴起与应用，要求中国制造业生产方式智能化发展。一是要加快制定智能制造技术标准，全面推进中国制造业企业两化融合和智能制造改造，积极推动制造业转型智能制造；二是要积极推进制造过程智能化，在重点领域试点建设智能工厂或数字化车间，实现制造业精益生产；三是要逐步提高制造业服务水平，提高服务在制造业价值链的比重，促进制造业企业集研发、生产、管理和销售为一体，实现制造业生产链、供应链、销售链的全流程全生命周期服务；四是要不断创新制造模式，深化"互联网＋"驱动制造业生产模式、销售模式、盈利模式和组织模式的创新，实现"互联网＋"技术在制造业领域的全面渗透。总体来看，中国信息化发展已取得明显进展，推进中国制造业两化融合正当时，实现中国制造业工业化和信息化的融合发展将催生制造业新业态新模式，最终会有效带动中国制造业高质量发展。

（二）坚持自主创新，有效防范国际贸易风险

中国制造业规避和防范国际贸易风险，坚持自主创新实现制造业创新化、高效化的方向变革是前提。当前，中国制造业整体自主创新能力较低，制造业高端产品较少，处于全球价值链的中低端，且长期面临低质量、低收益的困境。新一轮"再工业化"浪潮的到来，中国制造业面临国际贸易的严峻形势，要坚持自主创新，强化中国制造业转型升级的支撑动力。一是要推动以技术创新为核心的全面创新，坚持需求导向和产业化方向，坚持企业在创新中的主体地位，以推动新常态下中国制造业实现从要素驱动向创

---

① 《海纳百川 利达天下——首届中国国际进口博览会巡礼》，新华网，2018 年 11 月 10 日，http：//www.xinhuanet.com/world/2018－11/10/c_1123694661.htm。

新驱动的跃升[1]；二是要推动以原始创新和集成创新为一体的自主创新，完善自主创新政策机制和环境，完善市场在制造业企业自主创新中的主导作用，以推动新时代中国制造业实现从政府主导创新向市场主导创新转变；三是要推动以制度创新为前提的国家创新，建立健全国家创新体系，建立健全以企业为主体、以市场为导向、产学研相结合的自主创新体系，推动中国制造业企业由分散式创新向协同式创新演变。新贸易保护主义背景下的中国制造业发展，必须将自主创新作为第一动力，加快构建多维度多层次多领域的协同创新体系，真正实现中国制造业从要素驱动向创新驱动发展的转变，以提升中国制造业整体发展质量和规模效益。

（三）完善激励机制，加快制造业人力资本积累

中国制造业加快人力资本积累和提升人力资本水平，完善激励机制实现制造业资源均等化、国际化的水平提升是保障。中国制造业推进工业化和信息化的深度融合，涉及互联网技术、自动化控制、企业管理等多领域多层次的能力要求，需要创新领军人才、专业技术人才、经营管理人才等人力资本的积累，以满足中国制造业高质量发展的人才需求。当前，中国制造业由于激励机制方式单一且不健全，引致人才结构失衡、人力资本积累不足，严重制约了中国制造业的可持续发展。因此，中国制造业企业要完善激励机制，加快培养和引进高级专业人才和复合型人才，以加快制造业人力资本积累，形成"智力红利"。一要加大对人力资本的资产化激励。中国制造业企业可借鉴日本"员工长期劳动合同"人才激励机制，对专用型、技能型人力资本加以长期投资，增加这部分人才的认同感、归属感和价值感，确保专用型、技能型人力资本投资收益和报酬的合理性，从而为员工自主开展长周期的人力资本投资、实现高技能人才自主创新创造更多的可能和机会。二要强化人力资本激励机制的制度保障。中国制造业企业要重视人力资本激励机制的制度设计，包括对人力资本评价的科学性与合理性，为人力资本积累营造一个健康、稳定和可持续的宏观经济环境，构建人力资本积累的长效机制，从而确保人力资本投资的稳定性。三要遵循市场对人力资本积累规律的引导。中国制造业要积极打造先进制造业人才供需平台，避免造成人力资本投资的浪费和低效率，从而引导中国制造业企业人力资本需求与积累相适应。面对新贸易保护主义，中国制造业要不断完善激励机制，把人口红利转化为人力资本红利，加快制造业企业人力资本积累，为提升中国制造业产品价值链和企业生产效率提供强大支撑。

（四）强化环境规制，促进制造业产业结构调整

面临环境约束和转型升级压力，强化环境规制实现制造业清洁化、绿色化的转型发展是关键。随着国际环境标准的进一步提高，中国制造业能源结构和能源利用效率问题

---

[1]　张志元、李兆友：《创新驱动制造业转型升级对策研究》，《中国特色社会主义研究》2015 年第 4 期，第 41~44 页。

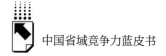
成为中国制造业企业"走出去"的阻力。其中，中国产能过剩问题更是要求加快调整
中国制造业产业结构，实行严格的环境规制，以绿色技术创新推动中国制造业产业结构
转型升级，规避新贸易保护主义绿色壁垒等非关税保护壁垒。一方面，通过建立健全市
场化、跨区域的环境政策和立法体系，完善现行的环境规制体系和市场型环境规制工
具。中国各省份要因地制宜地选择合适的环境规制工具，如东部地区在选择法制性环境
规制工具的基础上，更加注重市场性环境规制的运用，而中西部地区基础比较薄弱，则
可能更适宜法制性规制工具①。另一方面，通过提高政府环保财政投入，加大环境规制
强度。应对新贸易保护主义，中国各省份要确保提升环保支出占财政支出的比重，加大
各级政府财政供给，如采用定向补贴的方式补贴企业环保设施的购置，鼓励企业采用节
能减排的技术工艺和研发创新，积极构建绿色制造体系，强化绿色技术创新在制造业企
业的溢出效应。此外，中国制造业企业可积极参与国际绿色技术合作与标准制定，将国
外先进绿色技术应用到国内产品生产中，在提高产品竞争力的同时缓解国内企业的环境
规制压力②，拓宽企业绿色技术创新的国际资本和贸易渠道。

① 徐常萍：《环境规制与中国制造业的转型升级》，《中国国情国力》2016年第6期，第15～19页。
② 李国祥、张伟：《环境规制条件下绿色技术创新的国际资本和贸易渠道》，《科技管理研究》2016年第24
　期，第15～21页。

B.36

专题四

贸易保护主义背景下中国
金融业健康发展

"金融"是指货币流通和信用活动以及与之相联系的经济活动的总称。一般来说，广义的金融泛指一切与信用货币的发行、保管、兑换、结算、融通等有关的经济活动，甚至包括金银的买卖。狭义的金融则专指信用货币的融通。金融业是指经营金融商品的特定行业，一般包括银行业、保险业、信托业、证券业和租赁业。金融业是社会资金运动的媒介，有利于合理调节经济发展、优化资源配置，是一国社会资金流通系统的基本组成部分，对于国民经济及社会稳定具有举足轻重的地位和作用。

党的十一届三中全会以来，随着改革开放的步伐日益加快，我国成功实现了从计划经济体制向市场经济体制的过渡，经济发展取得了举世瞩目的成就，已经成为全球第二大经济体。与此同时，我国金融业也经历了由"计划金融"到"市场金融"的转型过程，在改革中稳步健康发展，银行、证券、保险等金融体系日益健全，各方面都取得了巨大成就。经过不断从实践中探索和渐进式改革创新，目前，中国金融体系逐步完善，金融监管日益健全。但是，在复杂多变的国际环境下，与西方发达国家相比，中国金融业还存在很多不足之处，亟待完善。

一　近年来中国金融业发展取得显著成就

改革开放40年来，中国金融业快速发展，对经济的贡献率不断跨上新台阶。统计数据显示，1979～2017年，我国金融业国内生产总值从1978年的76.5亿元上升到1992年的1481.5亿元，又飞速扩大到2017年的65748.9亿元。我国金融业增加值年均实际增长12.2%，超过第三产业年均实际增速1.7个百分点，金融业占GDP比重从2.1%（1978年）提高到7.9%（2017年），已经成为我国国民经济的重要组成部分。伴随着金融业的蓬勃发展，金融业对经济增长的贡献也不断增强。1978年金融业对经济增长的贡献率不到1%，2017年为8.2%。中国金融业发展壮大的历史进程，就是从"大一统"单一化的金融体制向多层次、多主体、多元化的金融业转型的历史进程。

（一）金融资产规模不断扩大，总体实力大幅增强

近年来，受2008年美国金融危机的影响，全球金融市场动荡加剧，在充满不确定性的国际金融大环境中，中国金融业成功经受住金融危机的严峻挑战，资产规模快速增

长，整体实力显著提升，已经成长为国际金融体系中不容忽视的重要力量。

银行业存贷款总量显著扩大。十年间，我国金融机构人民币信贷资金运用总额从 2008 年的 53.84 万亿元增长到 2017 年的 193.19 万亿元，金融机构资金运用各项贷款总额从 2008 年的 30.3 万亿元增长到 2017 年的 120.13 万亿元（见图 4-1）。社会融资规模逐年递增，从 2008 年的 7.0 万亿元增长到 2017 年的 19.4 万亿元。

图 4-1　2008～2017 年我国金融机构人民币信贷收支统计

股票投资者数量持续增长，证券期货交易额不断提升。截至 2017 年末，沪市投资者累计开户总数达到 1.95 亿户。其中，自然人投资者开户总数达 1.94 亿户，占比超过 99%。境内上市公司数量（A、B 股）较 2008 年增加一倍，股票市价总值达到 56.7 万亿元，十年间增长了 3.7 倍，股票流通市值从 2008 年的 4.5 万亿元增长到 2017 年的 44.9 万亿元，股票成交金额从 2008 年的 26.7 万亿元增长到 2017 年的 112.5 万亿元。

保险业务加快发展，市场规模持续扩张。截至 2017 年末，全国范围内保费收入 36577.8 亿元，与 2008 年相比（9784 亿元），保险深度（保费/GDP）为 4.42%，比 2008 年提高 1.3 个百分点，保险密度（保费/人口）为 2631 元/人，比 2008 年增加 1894 元/人。

（二）金融机构数量不断增加，金融组织体系日益完善

1949～1978 年，在高度集中的计划经济体制下，我国实行"大一统"金融体制，由中国人民银行同时承担中央银行和商业银行的双重职能。改革开放后，我国逐渐开始重视金融机构在国民经济中的重要作用，逐步恢复并设立了大量其他金融机构。1978 年 1 月起，中国人民银行开始分设，不再与财政部合署办公，逐步恢复银行的相关职能。1983 年，国务院发布文件，明确提出中国人民银行专门行使中央银行的职能。此后，我国逐渐建立了中央银行体系，单一银行体制开始向复合银行体制进行转变。1984

年起，四大银行及其他金融机构逐步恢复、设立及重新组建。针对改革开放逐渐深入过程中存在的银行体系与金融需求不匹配问题，十四届四中全会（1993）决定成立三家专职政策性服务银行机构（国家开发银行、中国进出口银行及中国农业发展银行）。同年 12 月，国务院公布《国务院关于金融体制改革的决定》，中央银行职能发生转变，政策性金融和商业金融职能分离。从此，我国金融组织体系由单一型银行体制转变为复合型银行体制，各大银行不再按照领域划分专门业务，可以进行业务交叉，国有银行开始向商业银行转型。进而，证监会（1993）、四家资产管理公司（1997）、保监会（1998）、银监会（2003）相继成立，中国金融体系日趋完善，形成了以中央银行为核心，国有独资商业银行和股份制商业银行为主体，政策性银行、非银行金融机构和外资金融机构并存的金融组织体系。

（三）金融监管力量发展壮大，金融监管格局逐步成形

伴随着金融组织体系的不断发展，金融监管机制体系也得以渐进式完善。改革开放之初，中国人民银行仍然与财政部合署办公，金融监管主要采用行政方式，缺乏专业化手段。1983 年起，中国工商银行从中国人民银行分离，成为国有商业银行，中国人民银行开始行使中央银行的相应职能，进行专业化金融监管，初步确立了我国现代金融监管模式的雏形。1992 年，对证券市场进行统一管理的国务院证券委员会及其执行机构中国证监会成立，由证监会对证券市场进行监管，此后 1998 年，国务院证券委员会与中国证监会合并成立中国证券监督管理委员会，专司全国证券、期货市场的监管职能。同年，中国保险监督管理委员会成立，统一监督管理全国保险市场。2003 年，中国银行业监督委员会成立，统一监督管理银行、金融资产管理公司、信托投资公司及其他存款类金融机构，中国现行的金融业"分业经营、分业监管"框架最终完成，"一行三会"的金融监管体制由此形成。2008 年金融危机发生后，面对风险加大、自由化加深及创新加速的国内外金融大环境，我国金融监管在变革中稳步前进，不断推进资本监管和风险监管标准的国际化进程，着力保护投资者利益和提高证券市场透明度，在监控金融创新、弥补监管疏漏、消除监管套利空间和防范化解风险等多方面作出了新规范。当前，中国金融发展进入新时期，金融体系日趋多元与复杂，这对现行的金融监管体制带来严峻的挑战。十九大报告明确要求，"健全金融监管体系，守住不发生系统性金融风险的底线"。面对新形势，2017 年 7 月，经党中央、国务院批准，全国金融工作会议明确成立国务院金融稳定发展委员会，作为统筹协调金融稳定和改革发展重大问题的议事协调机构。2018 年 3 月，银监会和保监会合并，形成了"一委一行两会"的金融监管新格局。

（四）中国金融市场日益开放，外资机构广泛参与发展

改革开放以来，中国金融业不断拓展对外开放的深度和广度。1979 年日本输出入银行在北京设立首家代表处开启了中国金融市场对外开放的步伐。2001 年中国加入世界贸易组织（WTO），开始履行金融业对外开放的承诺，显著加快了中国金融

开放的脚步。在市场准入方面，进一步放开外资银行经营人民币业务的地域和客户对象限制，开放人民币零售业务和银行卡业务；引入境外战略投资者参与国有大型商业银行股份制改造。2004年，汇丰银行战略入股交通银行，以此为标志，多家外资银行先后作为战略投资者入股中资银行。2006年12月，中国入世5年保护期结束，开始向外资银行全面开放人民币零售业务，中国银监会正式对外发布《外资银行管理条例实施细则》，有效减少了外资银行在我国的地域及客户限制，金融业全面加速开放。截至2017年底，14个国家的1013家银行在华机构的总资产约为3.24万亿元人民币，较2001年中国加入WTO时增长10倍多。除银行业外，保险业、证券业等非银行金融机构在中国加入WTO之后也加速开放。2003年，我国开始允许外资非寿险公司设立独资子公司，取消外资保险业务的地域限制，至2005年，外资保险公司经营业务已基本享受国民待遇。截至2016年，我国的外资参股保险公司共57家，是中国保险行业的重要组成部分。在金融业对外开放过程中，除了加快外资金融企业"引进来"，中资企业也不断"走出去"。据统计，截至2017年底，共有10家中资银行在26个"一带一路"沿线国家设立了68家一级机构，较上年末增加6家，累计发放贷款超过2000亿美元。在资本项目开放方面，2005年7月，我国对人民币汇率形成机制进行改革，实施QFII和QDII制度，推出沪港通、深港通和债券通，建立境内外资本市场互联互通机制。2009年开始实施跨境贸易人民币结算试点，人民币国际化进程加快。2015年11月，人民币被纳入特别提款权（SDR）货币篮子，占比10.92%，人民币的国际化进程显著加快。2017年以来，中国金融市场对外开放进入了新阶段，诸多开放政策相继推出：进一步取消银行和金融资产管理公司外资持股比例限制，"一带一路"债券试点正式开展，债券通"北向通"上线，A股纳入MSCI新兴市场指数，证券公司、基金管理公司、期货公司外资持股比例上限放宽至51%，放开外资保险经纪公司经营范围等，越来越多的外资金融机构广泛地参与中国金融业的发展。

二 中国金融业发展存在的瓶颈问题

虽然中国金融实现了大跨越，各方面取得了较快发展，然而不容忽视的是，转型期的中国经济和中国金融仍然面临诸多挑战，存在很多不足。

（一）中国金融行业风险逐步上升

长期以来，中国金融市场自由化指数不断升高，高储蓄率支撑国民经济发展，金融业快速扩张，形成了规模庞大、内部交织、关联度较高的金融体系。截至2017年底，我国银行业金融机构本外币资产252万亿元，已达GDP的294%，股票市场规模及债券市场规模居世界前三位。当前，国际金融环境复杂多变，我国金融风险点多面广，潜在风险及脆弱性正在加剧。一方面，宏观层面上我国金融杠杆及流动性风险不容小觑。近年来，我国宏观金融脆弱性上升，主要源于信用过快扩张带来的高杠杆率。宏观杠杆率通常使用宏观经济某部门的总债务与 GDP 之比来表示，是债务存量与收入流量之比，用于衡量债务的可持续性。根据国际清算银行（BIS）的测算，2016 年末，我国宏观杠杆率为 247%，2017 年小幅上涨至 250.3%，与美国（251.2%）、欧元区（258.3%）相当，显著高于巴西（151.7%）、印度（124.3%）及新兴市场经济体（190%），中国宏观杠杆率总水平较高。其中，企业部门杠杆率已经显著高于风险警戒线，引致国有企业债务、"僵尸企业"等一系列风险加剧。此外，从 1993 年到 2016 年，金融部门杠杆率一路上升，从低于 10% 上升到 67.7%，虽然在一系列去杠杆举措的影响下这一指标在 2017 年出现了一定回落（62.9%），但是风险水平仍然较高。另一方面，微观层面上，我国金融机构的信用风险不断累积。后危机时代以来，我国商业银行的资产质量持续恶化，不良贷款率不断攀升，图 4－2 为近十年来前五大经济体银行不良贷款占贷款总额的比例变化情况。从图中可以看出，2014 年以来，中国这一指标呈明显上升趋势，当前已经显著高于其他经济体，不良贷款对银行业资本金和风险抵御能力的侵蚀亟待引起广泛重视。此外，2017 年以来，我国债券市场信用违约事件明显增加。万德（Wind）数据显示，截至 2018 年 12 月 27 日，2018 年全年实质违约债券合计 119 只，违约规模约 1221.6 亿元，违约数量和金额均接近 2017 年的 4 倍。此外，影子银行及非法集资借助互联网金融助长了中国金融过度"自由化"。2018 年随着金融系统流动性收紧，网贷平台风险逐渐暴露，大量 P2P 平台出现"暴雷"，信用风险逐步加大。

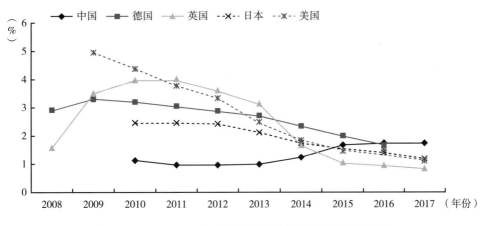

图 4－2　2008～2017 年各国银行不良贷款占贷款总额比例

（二）中国金融运行效率相对不高

现代经济中，金融是推动经济发展的重要因素，是支撑经济增长的重要组成部分。在金融促进经济增长、推动资源优化配置过程中，金融效率尤为关键，对经济发展效率提升产生显著影响。一般来说，经济学中的效率是指投入与产出的关系，据此，金融效率专指金融部门投入与产出的关系。当前，中国正处在经济转型新时期，复杂多变的国内外经济环境要求金融业可以提供更高效率的金融服务和支持，然而从宏观金融效率、金融机构运行效率及金融市场效率三个视角观察可以发现，我国金融业的现状还远远无法满足经济发展的效率要求。

首先，考察金融市场效率可以发现，金融市场效率大多采用利差这一指标来衡量，利差是指银行向主要客户收取的贷款利率减去商业银行或类似银行为活期、定期或储蓄类存款支付的利率之差，存贷款的利率之差越小，银行业从存贷业务中获得的利润越低。图4－3为中国和日本两个国家2008～2016年的利差指标变化情况，可以看出，中国金融市场的利差虽然在持续降低，但与发达经济体相比仍有较大差距。此外，中国金融市场的交易成本也一直居高不下，IPO的上市成本、清算成本等均显著高于发达经济体。

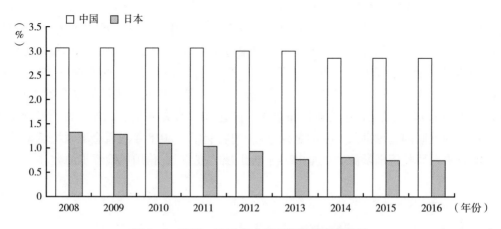

图4－3　2008～2016年中日两国利差变化统计

其次，就金融宏观效率而言，中国金融业储蓄—投资转化率一直偏低。将社会资本转化为有效投资可以通过银行直接投资、政府债券及股票等资本市场运作方式。在我国，银行信贷实现的储蓄—投资转化是实现社会资本有效配置的主要途径，中国金融业长期存在存差扩张现象。央行统计数据显示，截至2017年11月末，人民币存差为45.35万亿元，大量资金沉淀在国有商业银行，并未得到有效利用。与此同时，M2/GDP这一指标却在金融危机后整体呈明显上涨趋势，远远高于西方发达国家，这说明货币的供应量已经超过经济增长的实际需要，信贷推动经济特征明显，说明信贷资产运行效率较低，金融体系的运行效率不高。

此外，我国金融机构的主体——银行机构尤其是商业银行，长期存在缺乏竞争、银行绩效和运行效率明显偏低的现象。2018年《银行家》（The Banker）发布的全球银行1000排行榜显示，中国四大银行资产及资本雄踞榜单前四位，然而绩效指标（包括ROA及ROC）却逊色很多，这说明中国商业银行虽然资本实力雄厚，但其盈利能力则需要提升。

（三）中国金融监管缺乏统筹协调

在分业监管体制下，各个监管部门具有较强的"地盘意识"，奉行"谁家的孩子谁抱走"原则，各管一摊，各自为战，不仅不希望其他监管部门干涉自己的监管对象，也会限制自己的监管对象涉足其他领域。尤其是对于一些金融交叉业务、混业经营等结构复杂、责任重大的新兴经营模式，监管部门的监管意愿并不高，分工配合难度大。这就会阻碍新兴经营模式的发展，扼杀金融创新。而且，金融监管割据导致监管部门之间缺少信息共享，缺乏沟通协调，难以形成监管合力，甚至可能造成部分金融产品或金融业务的监管真空，形成监管交叉盲区。同时，在资产管理业务快速发展和日益融合的背景下，金融监管对象出现重叠。在分业监管体制下，监管部门无法独立解决这种跨行业、跨市场的传染性问题，必须进行通力合作，同时参与监管。比如，当银行部门涉足保险业务时，该部门就需要银监会与保监会的共同监管。监管割据状态下的分头监管容易导致监管对象通过规避监管政策、降低监管成本进行监管套利，进而导致风险隐匿或放大。比如，在特定的监管严格的领域，一些金融机构会在巨大的监管压力下寻求多重渠道将相应业务转移至监管相对宽松的市场。但是，受监管理念和行业发展特征差异的影响，不同的监管部门对金融机构或金融产品在资本约束、信息披露等方面的监管标准并不完全一致。由于协调成本高，监管部门之间又很难将这些监管标准统一起来，在监管过程中，不同的监管部门可能会出现规则打架的现象，难以形成一致意见。总的来说，中国金融业一定程度上存在金融监管割据、协调困难的问题，对金融监管效果产生不良影响。

（四）金融服务实体能力亟待加强

2016～2017年两年间，我国民间投资增速出现明显下滑趋势，M1与M2的剪刀差持续拉大，在贷款增速相对平稳的背景下，固定资产投资增速却日益下滑，这说明信贷资金并没有完全转变为有效的实体经济投资，在宏观经济下行压力较大的环境下，资本市场观望较多，金融业过分重视自身利益，难以抵御高利诱惑，存在"脱实向虚"、对实体经济服务能力不足的趋向。首先，以商业银行为代表的金融机构对实体经济的服务意识不强。各大金融机构在信贷融资领域广泛存在重国企轻民企的现象，金融机构对地区经济发展状况及企业具体需求缺乏了解，造成了实体经济尤其是小微企业的融资难、融资贵难题得不到很好解决。其次，在高利率、高收益的驱动下，金融业资本市场、信贷市场杠杆率日益上升，实体经济资金缺口加剧，产业经济泡沫化严重。再次，以银行业为代表的传统金融服务模式难以满足实体经济的实际运行需求，降低了金融服务实体经济的有效性。例如，商业银行在信贷业务中，大多实行担保抵押制度，很多小微企业和成长性企业缺少有效的抵押物，难以获得银行信贷，造成了银行机构存差扩大而实体经济又缺乏资本支持的两难局面。党的十八大以来，我国经济发展逐渐由高速增长进入高质量增长的新时期，党中央、国务院着力深化金融体制改革，高度重视金融服务于实体经济的作用。2017年，习近平总书记在全国金融工作会议上明确指出，"为实体经济服务是金融的天职，是金融的宗旨""金融要把为实体经济服务作为出发点和落脚点"，这一重要论断为金融业的持续发展提供了明确的路径指引。

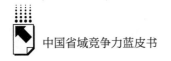

三 全球贸易保护主义对中国金融业发展的冲击与挑战

2008 年金融危机爆发使世界经济陷入停滞，西方主要发达国家为促进经济复苏，趋向于通过保护本国企业和产业的方式重振本国经济，掀起了贸易保护主义浪潮。2016 年伴随着英国脱欧、特朗普当选、美国退出 TTP 等事件的发展，逆全球化成为世界经济的关键词，全球贸易保护主义不断加强，国际经济形势愈加复杂。一方面，在过去的发展中，发达经济体由于成本攀升，将大量制造业转移到中国。在全球经济不景气的情况下，发达经济体蓝领工人失业问题尤为突出，逐渐演变成为社会问题和政治问题。另一方面，对于印度、巴西、阿根廷等很多发展中国家而言，由于工业化水平不高，国际竞争力不强，大量产品仍需从中国进口。因此，无论是发达国家还是发展中国家，都纷纷采取针对中国的贸易限制措施来保护本国产业。中国作为全球第一大贸易国，极易受到贸易保护主义冲击。2018 年 10 月 18 日，国际货币基金组织发布《世界与中国经济展望报告》，该报告预测 2019 年中国经济增速为 6.2%，比上一次预测有所下调。下调的原因是全球贸易保护主义使中国经济面临巨大的下行压力，持续紧张的贸易局势可能进一步损害金融市场，破坏供给链，抑制亚洲地区的投资和贸易。金融是现代经济的核心，改革开放 40 年来，中国金融业由小到大、由弱到强，有力地支撑了中国成为全球第二大经济体。《中国金融稳定报告（2018）》指出，2017 年以来特别是进入 2018 年，世界政治经济格局发生了深度调整变化。外部不确定性增加，中国经济金融体系面临的外部环境日趋复杂。当前和今后一个时期，影响和威胁全球金融稳定的风险因素仍在不断增加，特别是全球贸易保护主义升级，对全球以及中国宏观经济和金融市场都造成了较大的冲击和影响。

（一）全球贸易保护主义加速了中国金融业改革步伐

自 2001 加入 WTO 以后，中国经济与全球经济紧密关联。美国作为世界第一大经济体，其经济政策变化将对全球经济产生重大影响。2016 年 11 月，特朗普当选美国总统，提出加大基础设施建设、减税、加强金融监管等政策来激活美国经济。特朗普的政策具有很强的贸易保护倾向，他认为当下美国社会出现的高失业率与外国出口有很大的关系，特别是中国的出口，贸易自由化打击了美国本土企业。因此，他提出要对中国进口产品进行征税，进而引发了两国贸易摩擦争端。当前，全球贸易保护主义已然由最初的美国针对中国、墨西哥等对美有较大贸易顺差的发展中国家演变为美国同时针对欧元区和日本等发达经济体，贸易保护和贸易摩擦的深度和广度都在逐步拓展。贸易保护主义抬头并不断升级缘起何处？这与 2008 年国际金融危机的爆发息息相关。2008 年国际金融危机让世界各国看到一个关键问题，一国没有足够的实业资本，经济必然是金融化、空心化。面对金融灾难，几乎所有发达国家都认识到，以工业制造为核心的实体经济才是立国之本。继奥巴马提出再工业化后，特朗普更加激进地推动这一进程，甚至违背现有的国际经济秩序和规则。其他发达经济体也纷纷以各种手段争夺全球实业资本。

发达国家回归实体经济后，各国政府既要保护本国市场，又要争夺国际市场，由此造成了贸易保护主义不断升级。

改革开放以来，金融对我国经济发展作出了重大贡献，通过银行贷款间接融资、证券市场直接融资，不仅帮助许多企业迅速壮大，有的还实现了跨越式发展。然而，金融在促进实体经济发展的同时，也容易脱离实体经济。近年来，中国住房市场火爆，房价和土地价格均呈现强劲上涨态势，资金持续涌入。然而实体经济特别是中小微企业的发展却面临融资困难、融资成本高等巨大压力。与此同时，中国经济的货币化比率（M2/GDP）不断上升，货币对经济的推动作用正在逐渐减弱。可见，中国经济发展与金融发展也存在类似的金融危机隐患，金融脱离实体经济运行的迹象较为明显。当前，中国经济正从高速增长阶段向高质量发展阶段转变，面对贸易保护主义抬头、逆全球化等国际形势，中国金融业应紧紧围绕服务实体经济，主动、有序推进改革，促进国民经济整体循环更加通畅。党的十九大报告指出，深化金融体制改革，增强金融服务实体经济能力，提高直接融资比重，促进多层次资本市场健康发展。金融的本质就是为实体经济服务。现阶段中国为促进实体经济的存量调整和增量优化，提出改造提升传统产业、培育推进战略性新兴产业、加快发展生产性服务业，金融业改革应坚持立足于实体经济，金融创新必须围绕实体经济。因此，为应对全球贸易保护主义，应坚定不移继续推动供给侧结构性改革，加快金融业改革步伐，让金融回归本源为实体经济服务。

（二）全球贸易保护主义放大了中国金融市场风险

2018年下半年，受国内外因素影响，中国金融市场进入了阶段性高波动时期。从国际环境看，中美贸易摩擦是中国目前面临的主要挑战。美国先是针对进口钢铁和铝产品加征关税，之后对准中国高端制造业发难，未来两国贸易摩擦还可能会延伸到服务贸易、技术、投资等多个领域。"美国优先"是特朗普在2017年12月《国家安全战略报告》中发布的新战略，美国减税、加息、缩表等一系列政策的施行，将给中国金融市场带来恐慌情绪和悲观预期，中国资产价格泡沫将承受被动萎缩的压力。提高关税等贸易保护政策还会对跨国企业带来诸多负面影响，企业基本面受挫将很快传导到金融市场。在经济全球化背景下，产品价值链遍布全球，一件产品的完成可能涉及多个国家的合作，从中国进口的产品在制造过程中可能涉及多个国家进口的中间品和原材料，一旦关税提高，价值链中的各个关联国家都将受到波及。从国内环境看，当前供给侧改革进入深水区，金融行业强监管和金融去杠杆对部分金融机构的经营和投资者情绪造成了冲击，导致金融市场潜在风险过于快速、过于集中释放。在国内总需求疲软的背景下，金融去杠杆过猛、房地产调控过严、大资管治理过强会导致中小企业和民营企业面临较大的融资压力，引发系统性金融风险。中国金融市场无论从宏观层面还是微观层面看，金融杠杆率都很高，由于金融市场结构不合理，金融市场对新时代经济发展无法提供良好的金融支持，不利于经济结构转型。而全球贸易保护主义对我国金融去杠杆带来更为严峻的考验。股票质押是以上市公司股权作为质押担保进行融资的一种行为，旨在解决中小型、创业型上市公司股东融资难的问题。2012年以前，股票质押融资的业务规模占

A股市场比例较小，质押方主要是银行和信托公司。2013年5月24日发布的《股票质押式回购交易及登记结算业务办法（试行）》意味着证券公司开始进入股权质押市场，此后证券公司股票质押式回购业务取得了蓬勃发展。股票质押业务的交易参考市值不仅受交易规模影响，还会受股价波动影响。2018年3月下旬开始，美国股市波动不断，美国总统特朗普提高进口关税，不仅让长达9年的美股牛市亮起红灯，也对全球股市造成了很大冲击。中国股市也不例外，2018年10月以来，上证综指一度跌至2449点，为2015年年中以来最低值。股市大幅波动，有相当数量的上市公司股价出现大幅下跌，导致部分股票质押业务的履约保障比例下降，甚至被平仓。股权质押融资依赖的是稳定的估值，一旦股市出现剧烈震荡，将导致风险在资本市场、金融机构和实体经济间传导蔓延。

贸易保护主义的盛行，引起市场对未来经济增长的担忧，经济下行预期加大。为规避风险，资金大量涌入债市。2018年3月以来，中国10年期国债收益率持续下跌，中美利差呈现明显缩小趋势（见图4-4）。如果中美利差长期保持在低位或进一步缩小，将给中国带来较大的金融市场资本外流风险。

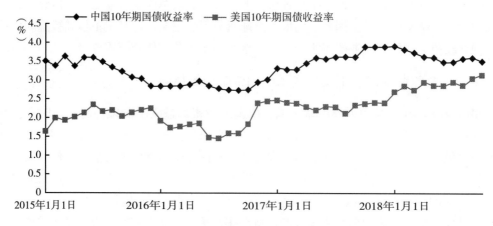

图4-4 中美10年期国债收益率变动情况

（三）全球贸易保护主义加快了中国金融业开放进程

改革开放40年来，中国借助于有利的贸易和投资优势，不断融入世界经济，成为推进全球化进程的主要力量之一。外商直接投资增加，外商直接投资企业大大促进了中国外贸发展，外贸成为拉动中国经济增长的重要引擎。但自2008年以来，中国的FDI流量增速呈现较大幅度下滑，外资在全社会固定资产投资中的比重逐年下滑，2017年该比重仅为0.3%（见图4-5）。《世界投资报告2018》指出，2017年全球FDI同比下降23%。贸易保护主义将增加贸易前景的不确定性，影响投资者的信心。2017年中国对外投资的额度也出现了下降，这是因为中国的一些跨国并购被东道国认为是敏感产业或处于敏感领域而未能得到批准。

2018年4月10日，国家主席习近平在博鳌亚洲论坛开幕式主旨演讲中明确将金融

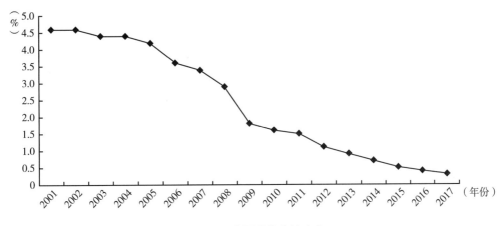

图4-5 中国外资占比变化

业对外开放列在扩大开放的首位,强调服务业特别是金融业的重要作用。2017年底宣布的放宽银行、证券、保险行业外资股比限制的重大措施要确保落地,同时要加大开放力度,加快保险行业开放进程,放宽外资金融机构设立限制,扩大外资金融机构在华业务范围,拓宽中外金融市场合作领域。美国中国总商会发布的《2018年在美中资企业商业调查报告》显示,60%的受访企业最担心特朗普政府对进口产品征收高关税。美国贸易保护主义将降低中国对美投资的兴趣,促使我国企业对外直接投资考虑第三方国家,开拓新兴市场,特别是"一带一路"沿线市场。近年来,中国在"一带一路"倡议下秉持着开放融通、共商共建共享的理念,给全球经济带来很多发展机遇。由金砖国家发起成立的新开发银行,帮助成员国促进可持续发展,来自英国、法国、德国、日本等多个国家和地区的金融机构纷纷表达了在我国新设机构或增持股权的意向。国家发展改革委、商务部发布的《外商投资准入特别管理措施(负面清单)(2018年版)》在22个领域推出了重大开放措施,极大地增强了海外机构的投资热情。美国贸易保护主义无视全球化给世界人民带来的巨大红利,一味挑起贸易摩擦,不仅损害了各国人民的利益,也可能破坏全球贸易活动和经济复苏进程。在全球贸易保护主义升级的紧要关头,中国坚持捍卫全球化,提倡构建人类命运共同体,以更开放的姿态,欢迎各国前来中国投资,共享中国发展红利。

(四)全球贸易保护主义加大了人民币贬值压力

在过去很长时间内,由于国内资本市场相对封闭,人民币汇率的走势主要受到贸易项下外汇收支的供求状况影响。随着中国对外经贸关系的复杂化,影响外汇供求的因素也日益多元化。一国外汇供给来源于出口收入、资本流入、外汇储备,外汇需求来源于进口支付需求、对外投资、央行回收外汇投放基础货币。当一国持续贸易顺差或资本大量流入时,外汇供给超过需求,本币将持续升值。长期以来,货物贸易顺差一直是我国贸易顺差的主要渠道,美国是中国最大的货物贸易顺差来源国,美国贸易保护主义将使得中国相关行业出口减少。一旦贸易顺差缩小,人民币贬值压力自然增加。除了贸易项，贸易保护主义对中国资本项目也产生了重大影响。2016 年以来，发达国家对来自中国的直接投资采取了若干限制措施，中国企业在境外的投资项目受到了更为严格的审核，中资企业对外直接投资开始变得谨慎。尽管受到来自各方面的制约，中国资本输出需求增长的总体趋势不会改变。也就是说，中美贸易摩擦将影响中国对美国出口，中国经常账户可能在未来几年出现逆差状态，如果资本和金融账户也出现逆差，则国际收支出现逆差的概率就非常大。在这种情况下，人民币将面临较大的贬值压力。2018 年人民币汇率走势呈现先稳后贬的特征。特别是 4 月中下旬以来，美国经济数据整体较为乐观、美联储持续推动渐进式加息，欧日等经济体表现相对疲软，种种因素推动美元指数强势反弹，人民币兑美元汇率持续下挫，在较短时间里抹平了 2018 年初以来的全部涨幅。先升后降的走势在中国外汇交易中心（CFETS）人民币汇率指数上表现得更为明显。CFETS 人民币汇率指数从 2017 年 5 月底开始上升，到 2018 年 6 月下旬达到 98.11，之后开始快速回落（见图 4 - 6）。

人民币汇率的剧烈波动和贬值压力将进一步影响人民币国际化进程。中国是贸易大国，是全球最重要的国际贸易主体，国际贸易带来的货币流通增加了人民币的使用频率和规模，人民币国际化步伐比较快。过去，中国主要是通过货物和服务贸易来推进人民币国际化，但是，最近几年全球贸易保护主义抬头，世界贸易扩大的步伐在减缓，贸易保护主义措施带来的贸易成本提高和对市场信心的影响将阻碍世界贸易发展，最终导致人民币国际化步伐放慢。

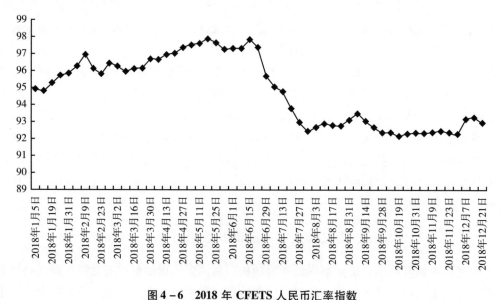

图 4 - 6　2018 年 CFETS 人民币汇率指数

四　推动中国金融业改革与创新，满足经济高质量发展需求

当前，金融行业发展面临复杂的内外部环境。一方面，国内经济迈入高质量发展阶

段，经济增速出现放缓，发展方式逐渐从强调规模和速度的粗放型增长向强调质量和效率的集约式增长转变。这个高质量转型的过程需要金融行业积极助力、主动作为，为包括供给侧结构改革、区域协调发展、"一带一路"、乡村振兴以及中小企业发展等一系列国家战略提供资金融通支持。另一方面，经济发展的外部环境不断恶化。美国总统特朗普上台之后，全球贸易保护主义开始抬头。从 2018 年初开始，特朗普不断提高对华关税，中美贸易摩擦持续升级，12 月底汇丰、渣打和花旗等海外知名金融机构宣布暂停对华为公司的所有金融服务，国际社会对中国的打压从实体经济领域逐渐扩散、蔓延至金融领域。贸易保护主义现象一方面增加了我国实体经济发展的不确定性，提高了我国金融行业发展的外部风险；另一方面，国内企业的海外融资渠道收紧、海外融资难度加大，部分原本可能借由国际金融市场实现的融资需求只有转向国内金融市场，进一步加大了我国金融行业服务实体经济的压力。在国内需求和国际环境的双重施压下，我国金融行业要想长期、稳定、有效地发挥服务实体经济的功能，政府监管部门及各类金融中介机构必须从基础保障、发展理念、产品服务、经营管理等各方面入手，积极推动金融体系的改革与创新，支持金融行业进一步发展。

（一）加强建设金融基础设施，为金融改革和创新夯实硬件支撑

金融基础设施泛指所有为金融活动提供公共服务的设备设施和制度安排，主要包括金融市场后台中的监管机制和服务系统，如金融法律法规系统、支付系统、清算系统、证券结算系统、中央证券存管系统、个人及企业征信系统、交易数据库、风险防控系统等。

在改革开放的推动下，我国金融发展取得了令人瞩目的成就。从计划经济体制时期"大一统"的中央银行体制到现在以商业银行为主、多种类型金融机构并存的多元化体制，从改革开放前基本只有银行储蓄这一"理财"选择到现下债券、股票、基金、保险、衍生产品等工具一应俱全，金融行业在短短 40 年的时间里完成了西方发达国家历时百年甚至更久方才取得的成就。金融基础设施方面，在政府和相关部门的推动下，目前已经形成"一行两会"整体监管框架，以及地区、行业全覆盖的后台服务系统。国际相关组织对我国金融基础设施整体建设评价认为，我国金融基础设施总体稳健，部分领域已经达到国际通行标准，但在法律基础、信息服务平台、风险防控机制建设等方面也仍然存在不足。

金融基础设施是金融活动开展的硬件支撑，推动金融行业的改革和创新，政府及相关监管部门必须进一步完善金融基础设施建设，保持活动通道畅通。首先，加强法律基础建设，包括梳理整合各级政府、各监管机构已经出台的各项法规，加强对金融活动中市场准入、交易结算、风险管理、破产清关等关键环节的立法约束和保护等，防止因为法律法规不完备、不明晰、重复甚至冲突导致金融风险的发生或阻碍金融市场的发展。其次，完善信息共享机制建设，包括推动信息提供主体在统计指标、统计口径、统计标准等方面的统一，推动已有信息共享平台在地方区域、经济主体、信息类别上的全覆盖，推动信息共享平台提高核心数据同步、实时信息共享、个性化定制等服务水平，以

信息建设助力金融改革与创新，提高行业风险识别和防控能力。再次，完善风险防控机制，包括进一步完善业务指引和规范，督促金融机构完善自身风险防控机制建设，加强不同监管部门的沟通与协作，建立健全不同市场、金融机构、金融活动的风险隔离机制，为金融改革和创新拴上保险。最后，完善跨境协同监管机制。金融国际化、金融全球化是发展的大趋势，"沪港通""深港通"和"债券通"这些交易互联互通机制成功推出之后，跨国交易互联互通，如"沪伦通"也开始积极酝酿。投资者和金融产品的跨境流动加大了监管的难度，也对跨境市场的协同监管建设提出了要求。当然，推动国内金融基础设施同国际准则接轨，建立适应国际金融市场的制度规范和业务标准，也是提高金融服务实体经济能力、提高金融国际竞争力的必然要求。

（二）适度放宽金融规制约束，为金融改革和创新提供发展空间

金融是现代信用经济的核心，在帮助储蓄向投资顺利转化、促进实体经济发展的同时，也通过复杂的信用链条为整个经济系统埋下了风险的种子，金融的核心地位和传导、扩散、放大风险可能的特质也使其成为各国政府重点关注和监管的对象。

金融监管是一国政府直接或通过特定机构间接对市场参与主体施加的各种管理和约束，既包括对各参与主体日常活动的监督和检查，也包括对各参与主体业务和交易活动的组织、协调和控制，前者侧重于对各类金融活动开展是否合法、合规的检查和监督，后者则涉及对金融中介机构和市场交易主体的活动范围、活动原则等方面的限制和约束。金融监管为维护金融市场秩序、防控金融风险提供了有力支持，但也在一定程度上限制了金融发展和创新的可能，阻碍金融资金融通功能的发挥。因而，对应以何种形式进行金融监管、应施以何种程度的金融监管等问题的争论一直不绝于耳。

以国际金融市场的历史表现为鉴，对金融市场进行适时、必要的监督、管理甚至干预是必需的，但过分的限制和干预也必然会对金融市场的创新创造能力、资金配置效率造成不良影响。我国目前采取的是"分业经营、分业管理"模式，对于各类型金融中介机构业务范围的管制相对较严。例如：《商业银行法》（2015年修订版）第43条就规定，"商业银行在中华人民共和国境内不得从事信托投资和证券经营业务，不得向非自用不动产投资或者向非银行金融机构和企业投资"；《保险法》（2015年修订版）第101条规定，保险公司的资金运用限于下列形式：①银行存款；②买卖债券、股票、证券投资基金份额等有价证券；③投资不动产；④国务院规定的其他资金运用形式；严格控制期货、期权等金融衍生产品的开发与上市等。当然，分业经营和混业经营并不存在孰优孰劣的问题，放松金融监管也不是强调要消除所有的约束规定。但是，考虑到未来金融行业发展的需要，政府和相关监管部门应该在完善日常监管和风险防控机制的基础上，在允许的范围内尽可能放松对市场主体业务和交易范围的约束，以保证金融创新空间，提高金融市场的最终服务效率。

（三）着力激发金融创新动能，为金融改革和创新完善服务机制

金融服务实体经济的途径可以概括为两类：一是满足企业的融资需要，二是满足企

业的风险管理需要。前者主要依靠金融市场为企业提供直接融资服务（如发行股票或债券进行融资，强调资金提供方和资金需求方直接对接）或间接融资服务（如商业银行信贷，资金提供方和资金需求方通过金融中介实现对接），后者主要依靠金融市场为企业提供所需的风险管理工具或服务。鼓励金融行业通过创新以提高服务实体经济的能力和效率，就是鼓励金融行业通过业务创新和科技创新更好地完成对应的融资服务和风险管理服务工作。

金融业务创新泛指金融机构在业务经营领域的创新，主要包括经营模式的创新和金融工具的创新。出于风险规避、管制规避及提高自身竞争力等方面的需要，金融市场的发展一直伴随着金融业务的创新。例如，利率互换主要基于利率风险管理的需要，大额可转让存单是基于流动性的需要，可转让支付命令账户的出现为美国商业银行实现了扩大存款和吸引客户的双重目的。在当前"内外夹击"的环境下，企业和个人对于投融资和风险管理的需求不断提高，金融行业为经济主体提供融资服务的压力和日常经营管理面临的外部风险也在不断提高。金融行业应该从经济发展需要和自身发展需要出发，一方面，积极推动产品和服务方式创新以降低企业融资成本、多样化投资选择和风险规避工具选择；另一方面，通过金融工具创新和跨市场操作管理，转移自身风险。

金融科技创新强调通过技术进步和应用创新提高金融服务质量和效率。身处经济活动的中心，金融行业需要及时、准确地为全国各地的客户提供对应的服务，沟通连接数以兆亿计的信用链条，科学技术是现代金融市场顺利运转的基本保障，也是现代金融发展和创新的前提和支撑。近几年，在金融科技创新的推动下，电子支付、电子银行、互联网金融等现代服务手段层出不穷，金融开始全面渗透到生产和消费的各个环节。未来，行业应当抓住大数据、云计算、区块链、人工智能等信息技术的突破和进步，积极探索、推广各项技术在自身业务开展中的运用可能，重塑自身业务流程、业务模式甚至组织形态。

（四）持续强化社会责任意识，为改革和创新优化制度供给

金融中介机构的主要职能是为社会提供资金融通服务，但除金融监管机构以及政策性金融机构外，绝大多数金融中介机构经营和发展的最大动力来源是对利润的追逐。在日常经营过程中，除非上层施压，否则在对某一项具体信贷业务或投资业务进行评价或决策时，经济收益和潜在风险构成了其判断标准的全部。以商业银行为例，在对企业信贷进行审核时，企业当前的资产负债表现如何、企业所处行业的发展前景如何、企业在行业中所处的地位如何等关系到企业未来是否有确定、充足的盈利和现金流以保证其履行还款义务等事项，是决定是否对企业放贷的判断标准，而这也是一直以来中小企业融资困难的原因所在。

我国正进入高质量发展新阶段，又碰到全球贸易保护主义卷土重来，在"内外交困"的背景下，既要保证经济向上的发展态势，又要帮助经济实现向清洁、高效、高质量转型，这无疑是个巨大的挑战，完成这个挑战任务关键在于顺利实现供给侧结构性

改革和帮助中小企业顺利渡过难关，这个过程中需要上至政府下至个人的共同努力，也离不开金融中介机构的大力支持。金融中介机构除了需要积极创新、不断提高自身服务质量和效率，还应提高自身对可持续发展的认识和自身的社会责任意识，在保证合理回报和稳健经营的前提下适当降低对利润最大化目标的追求，改革项目评价和决策标准，适当纳入一些与经济和社会发展密切相关但可能经济利益导向不很强的高质量指标。最典型的例子，如这几年普惠金融和绿色金融这两个词频繁出现在人们的生活中：普惠金融是联合国于 2005 年提出的一个金融服务概念，强调为拥有金融服务需求的社会各阶层，特别是农民、城镇中低收入阶层和小微企业等弱势群体提供适当、有效的金融服务；绿色金融则"是指为支持环境改善、应对气候变化和资源节约高效利用的经济活动，即对环保、节能、清洁能源、绿色交通、绿色建筑等领域的项目投融资、项目运营、风险管理等所提供的金融服务"。与传统金融业务相比，普惠金融和绿色金融不论是在经济回报上还是在风险应对上都存在劣势，但二者又是经济顺利渡过转型关口和贸易摩擦的必然要求。对于金融中介机构而言，涉及弱势群体和绿色项目的金融服务，在保证成本可覆盖和风险可控的前提下，应当积极支持、主动降低回报要求，引导、推动弱势群体和绿色项目的进一步发展。

在推动、发展类似普惠金融、绿色金融这些可能会影响金融机构利润最大化目标的金融活动时，单纯依靠金融机构自觉提高自身的社会责任意识和生态环保意识远远不够。政府和相关监管机构除了要为金融中介机构参与这些金融活动提供良好的基础设施支撑，为金融中介机构参与这些金融活动提供相对自由的环境，还必须给金融中介机构提供诸如政策引导、税收减免、政策基金、财政支持等正向政策激励，必要的时候（特别是早期发展阶段）甚至可以实施正式的或非正式的行政干预，保证金融中介机构在相关业务上的动力来源。

此外，还需要强调的是，为应对国内经济发展和国际贸易环境的双重挑战，在业务发展上需要给予金融行业更多的自由发展空间，但并不意味着放弃对金融行业的整体监管。内外施压下，必须依靠金融行业的改革和创新满足经济主体的合理资金需求，但也需要金融行业有管理和隔离经济系统的各项风险，为经济转型和发展提供稳定的内外部环境，因而必须进一步完善、创新对金融主体和金融活动合法性和合规性的监管。概括而言，政府、相关监管部门以及金融中介机构在发展金融市场的过程中要做到"收""放"有度。

五 应对全球贸易保护主义、优化健全中国金融监管体系的政策建议

改革开放以来，我国已经形成了以"一行三会"为主导、中央和地方金融监管为补充的金融监管架构。在这种"一元多头"的监管架构下，分业监管体制的实施对于维护金融业与经济的稳定发展发挥了重要作用。随着我国金融业的不断开放与创新发展，交叉业务、混业经营等新出现的经营模式越来越普遍，互联网金融、影子银行等新

兴的金融业态不断涌现。这都在一定程度上降低了分业监管的有效性，也对我国现阶段的金融监管提出了巨大的挑战和更高的要求。而且，2008 年金融危机的爆发，也为我国的金融监管敲响了警钟。加之近年来，全球贸易保护主义抬头对金融行业与经济的稳定发展带来了很大的不确定性，总的来说，推进金融监管的进一步完善与创新，强化监管，提高防范化解金融风险的能力具有重要的现实意义。

（一）完善金融监管协调机制，提高金融监管的有效性

建立健全金融监管协调机制是适应金融混合经营的快速发展以及金融创新的客观要求，更是实现金融市场稳定发展的前提。对于金融监管协调机制的建立，业界主要有三种声音：第一，在央行之下设立协调机构，将央行升格；第二，在"一行三会"之上新设一个金融监管协调机构，独立于"一行三会"；第三，升级由中国人民银行牵头的金融监管协调部际联席会议制度。当前央行牵头的金融监管协调部际联席会议制度没有明确的决策权限，约束力较弱，会议也只是为信息交流，流于形式，很难实现监管协调的目标。而且，由国务院设立的金融事务局也主要负责协调金融和经济监管机构工作，工作内容主要涉及"一行三会"的行政事务协调，并不涉及具体业务的执行落实。因此，总的来看，三种路径具有一个共同特点，就是将协调结构的级别提高，权力增大，使之成为一个"超级监管者"。只有建立这样一个协调机构，补齐监管的短板，才能真正解决"一行三会"以及其他监管机构的协调问题。而且，通过建立金融监管协调机制，有利于实现由行业监管向功能监管的转变。在金融混业经营日益繁荣的现状下，功能监管应当成为金融监管的主流。为防范金融创新可能引发的风险，金融监管的创新应该与之对接，进而实现有效监控，而功能监管是今后我国金融监管创新的方向。这也有利于解决金融监管创新滞后于金融创新的问题。

（二）加强影子银行风险管控，填补金融监管局部真空

近年来，影子银行的蓬勃发展引发业界的高度关注，而关于影子银行发展的利弊业界也仍然存在一定的争论。然而，国内外研究者均一致认同，影子银行的无序发展必然会增大金融市场的系统性风险，甚至影响全球金融市场的稳定。

从国内外经验来看，影子银行的诞生折射出金融监管的漏洞。因此，加强对影子银行的风险监管，有利于填补监管真空。首先，健全影子银行监管的法律法规。相对于影子银行发展的创新性和多样性，目前涉及影子银行的法律法规仍不完善，不能全面覆盖可能的风险。进一步健全影子银行监管的法律法规，将影子银行的全部业务纳入监管范畴，确保影子银行的健康发展。具体而言，可以先从法律角度对影子银行的边界作出清晰明确的界定，从而准确把握影子银行的脉络。然后，可以根据影子银行的动态，适时出台相关法律法规，引导影子银行规范发展，同时保护金融消费者。其次，完善影子银行的内部风险控制。内部风险控制是金融风险控制的前提和基础。可以通过引进或学习国外先进的风险管理经验和技术，精准评估影子银行不同业务的风险，并据此建立内部风险监测和预警系统。同时，还要加强内部制约机制，强调影子银行内部人员在风险管

理方面的责任，防止他们受利益驱使盲目追求扩张。再次，健全行业自律机制。除了加强对影子银行的外部监管以外，还可以充分发挥行业内部监管的作用。影子银行行业内部具有更高的市场敏感性和灵活性，通过健全自律规范机制、制定内部监管标准和准则、培训风险管理专业人才以及加强与监管部门的沟通和协调等途径，可以对金融监管部门的外部监管形成有效补充。最后，强化公开信息披露。影子银行透明度低，要实现对影子银行的有效监管，需要及时跟踪检测影子银行的规模和动态，摸清影子银行的底数。可以通过建立信息平台，适时发布动态信息。同时，要确保信用评级机构信息披露的公正性和真实性。

（三）完善地方金融监管机制，增强地方金融监管能力

伴随地方金融的快速发展，中央金融监管"力不从心"。然而长期以来，地方政府的金融工作主要是促进金融业发展以推动经济，并不具有金融监管职责。伴随地方政府参与金融监管的不断深入以及监管对象的不断增多，地方金融监管力量薄弱、监管能力不足的问题逐渐凸显出来。

为防范金融风险，维护金融稳定，需要加强地方金融监管。因此，进一步完善地方金融监管体制至关重要。首先，加快地方金融监管立法，确保地方金融监管的法律效力。一方面，通过立法完善地方金融监管的制度框架，对地方金融监管部门赋权，提高其法律地位。另一方面，通过立法剥离地方金融监管部门的金融服务职能，赋予其金融风险处置的首要责任。中央监管部门集中管理金融牌照的发放，防止地方监管部门盲目扶持本地金融业发展。其次，增强地方金融监管部门的监管能力。在人员配置方面，不仅要增加监管专业人员的数量，还要通过培训、挂职交流等方式提高已有工作人员的监管能力。在监管手段和技术方面，学习或引进大数据、云计算等技术对地方金融机构或金融活动实现动态、多方位监管。再次，科学合理划分中央和地方的金融监管权。在完善地方金融监管机制时，必须坚持"中央为金融监管主导，地方监管作为有益补充"的原则。既要充分调动地方金融监管部门的积极性，又要保证地方金融监管权的合理性。按照"属地管理、权责统一"的原则，厘清中央和地方金融监管权的边界，明确现阶段地方金融监管的对象主要是中央监管部门驻地派出机构监管范围之外的新型金融机构和金融业态。也就是说，中央监管部门的监管对象具有全国性、跨区域，地方监管部门侧重的监管对象具有区域性。最后，加强中央和地方金融监管部门的协调，强化地方政府属地风险处置责任。一方面，国务院新近成立的金融稳定发展委员会不仅要行使指导和监督地方金融监管的职能，还要加强央地金融监管合作。比如，相对于地方监管部门，中央监管部门信息收集具有先天劣势。金融稳定发展委员会可以通过成立信息共享部门，推动中央和地方金融监管部门实现信息共享，从而消除中央和地方的信息不对称问题，提高监管效率。另一方面，按照"谁审批、谁监管、谁负责"的原则，规范金融风险处置工作，夯实监管部门的主体责任。监管部门审批金融机构准入的同时，还要对其金融活动履行监管责任，积极参与风险处置，切实承担风险救助成本，不能只管审批而忽略金融风险管控。

参考文献

曾刚、贾晓雯：《地方金融监管存"四大短板" 强化与重构需四方面考量》，人民网，2017 年 9 月 25 日。

宁子昂：《中央与地方双层金融监管体制的形成及完善》，《经济纵横》2018 年第 5 期。

王志成、徐权、赵文发：《对中国金融监管体制改革的几点思考》，《社会科学文摘》2016 年第 7 期。

Ⅳ 附 录

Appendix

B.37

附录一

中国省域经济综合竞争力评价指标体系

二级指标 （9个）	权重	三级指标 （25个）	权重	四级指标 （210个）	权重
B1		C11		（12个）	
				地区生产总值	0.105
				地区生产总值增长率	0.095
				人均地区生产总值	0.098
				财政总收入	0.090
				财政总收入增长率	0.088
		经济实力 竞争力	0.4	人均财政收入	0.088
				固定资产投资额	0.095
				固定资产投资额增长率	0.080
宏观经济 竞争力 27	0.15			人均固定资产投资额	0.077
				全社会消费品零售总额	0.080
				全社会消费品零售总额增长率	0.052
				人均全社会消费品零售总额	0.052
		C12		（6个）	
				产业结构优化度	0.188
				所有制经济结构优化度	0.178
		经济结构 竞争力	0.3	城乡经济结构优化度	0.187
				就业结构优化度	0.158
				资本形成结构优化度	0.131
				贸易结构优化度	0.158
		C13		（9个）	

二级指标 （9个）	权重	三级指标 （25个）	权重	四级指标 （210个）	权重
宏观经济 竞争力 27	0.15	经济外向度 竞争力	0.3	进出口总额	0.150
				进出口增长率	0.100
				出口总额	0.120
				出口增长率	0.100
				实际 FDI	0.120
				实际 FDI 增长率	0.100
				外贸依存度	0.080
				外资企业数	0.080
				对外直接投资额	0.150
B2		C21		（10个）	
产业经济 竞争力 40	0.125	农业竞争力	0.2	农业增加值	0.115
				农业增加值增长率	0.096
				人均农业增加值	0.102
				农民人均纯收入	0.116
				农民人均纯收入增长率	0.095
				农产品出口占农林牧渔总产值比重	0.088
				人均主要农产品产量	0.092
				农业机械化水平	0.092
				农村人均用电量	0.102
				财政支农资金比重	0.102
		C22		（10个）	
		工业竞争力	0.3	工业增加值	0.163
				工业增加值增长率	0.098
				人均工业增加值	0.143
				工业资产总额	0.138
				工业资产总额增长率	0.083
				规模以上工业主营业务收入	0.073
				工业成本费用率	0.076
				规模以上工业利润总额	0.089
				工业全员劳动生产率	0.073
				工业收入利润率	0.064
		C23		（10个）	
		服务业 竞争力	0.25	服务业增加值	0.110
				服务业增加值增长率	0.090
				人均服务业增加值	0.110
				服务业从业人员数	0.090
				限额以上批发零售企业主营业务收入	0.100
				限额以上批零企业利税率	0.100
				限额以上餐饮企业利税率	0.100
				旅游外汇收入	0.100
				商品房销售收入	0.100
				电子商务销售额	0.100

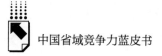

续表

二级指标 （9个）	权重	三级指标 （25个）	权重	四级指标 （210个）	权重
产业经济 竞争力 40	0.125	C24		（10个）	
		企业 竞争力	0.25	规模以上工业企业数	0.135
				规模以上企业平均资产	0.089
				规模以上企业平均收入	0.101
				规模以上企业平均利润	0.085
				规模以上企业劳动效率	0.101
				城镇就业人员平均工资	0.090
				新产品销售收入占主营业务收入比重	0.080
				产品质量抽查合格率	0.098
				工业企业 R&D 经费投入强度	0.119
				中国驰名商标持有量	0.102
B3		C31		（9个）	
可持续发 展竞争力 24	0.1	资源竞争力	0.325	人均国土面积	0.108
				人均可使用海域和滩涂面积	0.100
				人均年水资源量	0.097
				耕地面积	0.110
				人均耕地面积	0.144
				人均牧草地面积	0.099
				主要能源矿产基础储量	0.116
				人均主要能源矿产基础储量	0.117
				人均森林储积量	0.109
		C32		（8个）	
		环境竞争力	0.325	森林覆盖率	0.185
				人均废水排放量	0.110
				人均工业废气排放量	0.110
				人均工业固体废物排放量	0.110
				人均治理工业污染投资额	0.100
				一般工业固体废物综合利用率	0.100
				生活垃圾无害化处理率	0.100
				自然灾害直接经济损失	0.185
		C33		（7个）	
		人力资源 竞争力	0.35	常住人口增长率	0.185
				15~64 岁人口比例	0.145
				文盲率	0.11
				大专以上教育程度人口比例	0.165
				平均受教育程度	0.155
				人口健康素质	0.10
				职业学校毕业生数	0.145

续表

二级指标 (9个)	权重	三级指标 (25个)	权重	四级指标 (210个)	权重
B4		C41		(12个)	
财政金融 竞争力 22	0.1	财政竞争力	0.55	地方财政收入	0.079
				地方财政支出	0.084
				地方财政收入占 GDP 比重	0.079
				地方财政支出占 GDP 比重	0.103
				税收收入占 GDP 比重	0.090
				税收收入占财政总收入比重	0.084
				人均地方财政收入	0.084
				人均地方财政支出	0.084
				人均税收收入	0.079
				地方财政收入增长率	0.080
				地方财政支出增长率	0.080
				税收收入增长率	0.078
		C42		(10个)	
		金融竞争力	0.45	存款余额	0.110
				人均存款余额	0.110
				贷款余额	0.110
				人均贷款余额	0.110
				中长期贷款占贷款余额比重	0.090
				保险费净收入	0.110
				保险密度(人均保险费)	0.080
				保险深度(保险费占 GDP 的比重)	0.080
				国内上市公司数	0.080
				国内上市公司市值	0.120
B5		C51		(9个)	
知识经济 竞争力 29	0.125	科技竞争力	0.425	R&D 人员	0.180
				R&D 经费	0.090
				R&D 经费投入强度	0.090
				发明专利授权量	0.110
				技术市场成交合同金额	0.110
				财政科技支出占地方财政支出比重	0.090
				高技术产业主营业务收入	0.110
				高技术产业收入占工业增加值比重	0.110
				高技术产品出口额占商品出口额比重	0.110
		C52		(10个)	
		教育竞争力	0.425	教育经费	0.160
				教育经费占 GDP 比重	0.090
				人均教育经费	0.160
				公共教育经费占财政支出比重	0.090
				人均文化教育支出	0.060

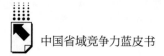

二级指标 （9个）	权重	三级指标 （25个）	权重	四级指标 （210个）	权重
知识经济 竞争力 29	0.125	教育竞争力	0.425	万人中小学学校数	0.050
				万人中小学专任教师数	0.050
				高等学校数	0.080
				高校专任教师数	0.130
				万人高等学校在校学生数	0.130
		C53		（10个）	
		文化竞争力	0.15	文化制造业营业收入	0.08
				文化批发零售业营业收入	0.13
				文化服务业企业营业收入	0.13
				图书和期刊出版数	0.10
				报纸出版数	0.10
				印刷用纸量	0.10
				城镇居民人均文化娱乐支出	0.10
				农村居民人均文化娱乐支出	0.10
				城镇居民人均文化娱乐支出占消费性支出比重	0.08
				农村居民人均文化娱乐支出占消费性支出比重	0.08
B6		C61		（9个）	
发展环境 竞争力 18	0.1	基础设施 竞争力	0.55	铁路网线密度	0.13
				公路网线密度	0.13
				人均内河航道里程	0.09
				全社会旅客周转量	0.12
				全社会货物周转量	0.12
				人均邮电业务总量	0.102
				电话普及率	0.101
				网站数	0.095
				人均耗电量	0.112
		C62		（9个）	
		软环境 竞争力	0.45	外资企业数增长率	0.110
				万人外资企业数	0.130
				个体私营企业数增长率	0.110
				万人个体私营企业数	0.130
				万人商标注册件数	0.110
				查处商标侵权假冒案件	0.080
				每十万人交通事故发生数	0.080
				罚没收入占财政收入比重	0.130
				社会捐赠款物	0.120

续表

二级指标 （9个）	权重	三级指标 （25个）	权重	四级指标 （210个）	权重
B7		C71		（5个）	
		政府发展 经济 竞争力	0.366	财政支出用于基本建设投资比重	0.202
				财政支出对GDP增长的拉动	0.201
				政府公务员对经济的贡献	0.196
				政府消费对民间消费的拉动	0.197
				财政投资对社会投资的拉动	0.204
		C72		（5个）	
政府作用 竞争力 16	0.1	政府规调 经济 竞争力	0.317	物价调控	0.209
				调控城乡消费差距	0.211
				统筹经济社会发展	0.190
				规范税收	0.200
				固定资产投资价格指数	0.190
		C73		（6个）	
		政府保障 经济 竞争力	0.317	城市城镇社区服务设施数	0.132
				医疗保险覆盖率	0.202
				养老保险覆盖率	0.202
				失业保险覆盖率	0.202
				最低工资标准	0.138
				城镇登记失业率	0.124
B8		C81		（6个）	
		工业化 进程 竞争力	0.366	工业增加值占GDP比重	0.125
				工业增加值增长率	0.115
				高技术产业占工业增加值比重	0.215
				高技术产品出口额占商品出口额比重	0.195
				信息产业增加值占GDP比重	0.155
				工农业增加值比值	0.195
		C82		（6个）	
发展水平 竞争力 18	0.1	城市化 进程 竞争力	0.317	城镇化率	0.28
				城镇居民人均可支配收入	0.26
				城市平均建成区面积比重	0.18
				人均拥有道路面积	0.09
				人均日生活用水量	0.09
				人均公共绿地面积	0.10
		C83		（6个）	
		市场化 进程 竞争力	0.317	非公有制经济产值占全社会总产值比重	0.212
				社会投资占投资总额比重	0.191
				私有和个体企业从业人员比重	0.176
				亿元以上商品市场成交额	0.116
				亿元以上商品市场成交额占全社会消费品零售总额比重	0.112
				居民消费支出占总消费支出比重	0.193

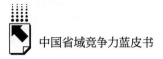
续表

二级指标 （9个）	权重	三级指标 （25个）	权重	四级指标 （210个）	权重
B9		C91		（8个）	
统筹协调 竞争力 16	0.1	统筹发展 竞争力	0.55	社会劳动生产率	0.160
				能源使用下降率	0.120
				万元GDP综合能耗下降率	0.160
				非农用地产出率	0.150
				生产税净额和营业盈余占GDP比重	0.100
				最终消费率	0.110
				固定资产投资额占GDP比重	0.100
				固定资产交付使用率	0.100
		C92		（8个）	
		协调发展 竞争力	0.45	环境竞争力与宏观经济竞争力比差	0.125
				资源竞争力与宏观经济竞争力比差	0.125
				人力资源竞争力与宏观经济竞争力比差	0.125
				资源竞争力与工业竞争力比差	0.125
				环境竞争力与工业竞争力比差	0.125
				城乡居民家庭人均收入比差	0.125
				城乡居民人均现金消费支出比差	0.125
				全社会消费品零售总额与外贸出口总额比差	0.125

附录二
2017年中国省域经济综合竞争力
评价指标得分和排名情况

一　2017年中国省域宏观经济竞争力及
三级指标得分和排名情况

	指标得分				指标排名			
	经济实力竞争力	经济结构竞争力	经济外向度竞争力	宏观经济竞争力	经济实力竞争力	经济结构竞争力	经济外向度竞争力	宏观经济竞争力
北　京	52.3	63.3	22.0	46.5	5	8	9	6
天　津	36.6	68.4	19.4	41.0	18	4	13	10
河　北	39.1	63.4	11.8	38.2	15	7	24	15
山　西	18.2	46.1	10.6	24.3	29	24	27	29
内蒙古	30.8	51.7	11.7	31.4	24	20	25	23
辽　宁	25.4	49.6	20.3	31.1	28	23	11	24
吉　林	31.5	61.2	8.6	33.5	23	11	29	21
黑龙江	34.1	44.6	11.5	30.5	19	26	26	25
上　海	51.3	65.5	45.0	53.7	6	5	2	4
江　苏	73.5	73.9	43.0	64.4	1	1	3	2
浙　江	60.9	72.3	31.2	55.4	4	2	4	3
安　徽	39.2	60.5	15.3	38.4	14	14	15	14
福　建	49.7	60.7	19.0	43.8	7	12	14	7
江　西	38.9	59.8	9.2	36.3	16	15	28	16
山　东	62.4	61.2	27.2	51.5	3	10	5	5
河　南	46.2	54.5	13.9	39.0	8	19	20	12
湖　北	46.0	60.6	14.2	40.8	9	13	19	11
湖　南	45.9	59.6	23.6	43.3	10	16	7	8
广　东	63.4	69.0	79.9	70.0	2	3	1	1
广　西	32.9	51.6	14.4	33.0	20	21	18	22
海　南	29.0	65.2	13.0	35.1	26	6	21	19
重　庆	44.4	56.6	12.9	38.6	11	18	22	13
四　川	42.5	62.3	20.5	41.9	12	9	10	9
贵　州	37.2	42.5	20.2	33.7	17	28	12	20
云　南	31.9	31.8	12.4	26.0	22	30	23	27
西　藏	11.2	51.0	4.0	21.0	30	22	30	30
陕　西	40.1	44.5	22.2	36.1	13	27	8	17
甘　肃	9.7	29.1	14.5	17.0	31	31	17	31
青　海	30.7	44.6	0.2	25.7	25	25	31	28
宁　夏	26.0	56.6	25.9	35.2	27	17	6	18
新　疆	32.4	33.0	14.7	27.3	21	29	16	26

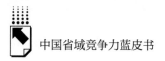
二 2017年中国省域产业经济竞争力及 三级指标得分和排名情况

	指标得分					指标排名				
	农业竞争力	工业竞争力	服务业竞争力	企业竞争力	产业竞争力	农业竞争力	工业竞争力	服务业竞争力	企业竞争力	产业竞争力
北 京	20.7	32.9	53.8	73.2	45.8	30	19	3	1	6
天 津	22.9	34.2	25.6	49.6	33.6	29	17	15	7	13
河 北	38.2	35.2	28.4	32.7	33.5	8	15	11	16	14
山 西	20.1	27.7	17.9	32.2	24.8	31	24	27	19	28
内蒙古	43.2	36.9	16.7	43.2	34.7	4	10	28	8	10
辽 宁	31.2	25.4	18.9	36.7	27.8	22	26	24	11	22
吉 林	33.9	27.3	19.8	30.5	27.6	17	25	22	21	23
黑龙江	50.9	17.5	17.9	22.6	25.5	1	30	26	27	27
上 海	38.9	44.8	54.7	57.9	49.4	6	6	2	2	4
江 苏	42.8	74.5	50.5	52.5	56.7	5	1	4	4	2
浙 江	37.4	50.1	44.6	50.3	46.3	10	4	5	6	5
安 徽	36.1	34.3	27.5	34.8	33.1	13	16	13	15	15
福 建	36.3	41.6	29.4	35.4	36.0	11	8	9	14	9
江 西	31.3	30.4	25.1	25.5	28.0	21	22	16	26	20
山 东	48.9	62.9	42.1	54.3	52.8	2	3	6	3	3
河 南	43.6	44.6	29.0	31.3	37.2	3	7	10	20	7
湖 北	38.7	38.0	31.4	37.7	36.4	7	9	7	9	8
湖 南	36.1	35.4	28.2	37.1	34.2	12	14	12	10	11
广 东	32.7	68.7	76.6	50.7	59.0	19	2	1	5	1
广 西	35.8	28.1	21.6	27.5	27.9	14	23	20	23	21
海 南	35.1	20.8	25.8	35.7	28.6	15	28	14	13	18
重 庆	26.3	31.6	23.8	35.8	29.6	27	20	18	12	17
四 川	38.1	36.5	29.6	32.2	34.0	9	11	8	18	12
贵 州	32.6	35.6	24.1	19.9	28.2	20	13	17	29	19
云 南	34.0	33.7	19.0	19.0	26.4	16	18	23	31	26
西 藏	29.5	36.1	23.5	19.3	27.4	23	12	19	30	24
陕 西	29.2	46.0	18.3	32.4	32.3	24	5	25	17	16
甘 肃	26.7	10.0	10.3	26.4	17.5	26	31	31	24	31
青 海	25.1	19.9	12.4	26.3	20.6	28	29	30	25	30
宁 夏	29.0	21.1	15.4	28.1	23.0	25	27	29	22	29
新 疆	33.9	31.3	20.7	22.4	27.0	18	21	21	28	25

三 2017年中国省域可持续发展竞争力及三级指标得分和排名情况

	指标得分				指标排名			
	资源 竞争力	环境 竞争力	人力资源 竞争力	可持续发 展竞争力	资源 竞争力	环境 竞争力	人力资源 竞争力	可持续发 展竞争力
北　京	0.4	75.6	62.8	46.7	31	4	1	6
天　津	3.3	66.1	50.9	40.4	29	16	8	23
河　北	11.8	65.7	47.6	41.8	17	17	14	19
山　西	30.3	60.5	50.4	47.1	4	24	9	3
内蒙古	50.3	57.1	48.2	51.8	1	27	12	1
辽　宁	17.1	59.6	51.8	43.1	8	25	6	11
吉　林	20.4	48.3	41.7	36.9	7	30	26	29
黑龙江	35.5	63.4	49.4	49.4	3	21	11	2
上　海	0.5	71.4	54.3	42.4	30	7	4	16
江　苏	10.8	66.1	53.7	43.8	19	15	5	10
浙　江	6.6	78.5	55.0	46.9	25	2	3	4
安　徽	9.5	74.3	43.8	42.6	22	6	22	15
福　建	14.0	79.2	47.5	46.9	13	1	15	5
江　西	6.2	71.1	36.7	38.0	26	8	30	28
山　东	15.3	67.4	50.1	44.4	10	13	10	9
河　南	10.2	69.4	45.8	41.9	20	10	20	18
湖　北	7.7	67.6	47.0	40.9	23	12	18	21
湖　南	6.0	59.5	47.8	38.0	27	26	13	27
广　东	6.8	64.6	62.7	45.1	24	19	2	8
广　西	9.9	74.4	42.3	42.2	21	5	24	17
海　南	15.1	78.1	44.2	45.8	11	3	21	7
重　庆	5.6	69.6	47.0	40.7	28	9	17	22
四　川	12.9	63.7	51.6	42.9	14	20	7	12
贵　州	12.0	66.4	39.4	39.2	16	14	28	25
云　南	16.8	68.4	43.5	42.9	9	11	23	13
西　藏	45.9	60.7	22.7	42.6	2	23	31	14
陕　西	12.5	65.1	47.0	41.7	15	18	16	20
甘　肃	14.4	60.8	42.2	39.2	12	22	25	26
青　海	23.8	43.5	37.7	35.1	6	31	29	31
宁　夏	11.2	54.6	41.4	35.9	18	28	27	30
新　疆	25.3	48.9	46.1	40.2	5	29	19	24

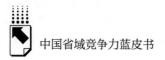

四　2017年中国省域财政金融竞争力及三级指标得分和排名情况

	指标得分			指标排名		
	财政竞争力	金融竞争力	财政金融竞争力	财政竞争力	金融竞争力	财政金融竞争力
北　京	59.1	76.6	67.0	2	1	1
天　津	21.0	22.6	21.7	28	11	20
河　北	25.5	22.8	24.3	18	9	13
山　西	37.0	16.2	27.6	5	19	8
内蒙古	25.4	14.3	20.4	19	24	25
辽　宁	30.2	24.2	27.5	10	8	9
吉　林	16.8	13.7	15.4	31	27	31
黑龙江	24.7	13.3	19.6	22	28	27
上　海	61.3	50.5	56.4	1	3	2
江　苏	35.3	49.1	41.5	7	4	5
浙　江	41.1	42.2	41.6	4	5	4
安　徽	27.6	19.4	23.9	14	17	15
福　建	26.2	21.7	24.2	17	13	14
江　西	24.4	13.9	19.7	23	26	26
山　东	27.0	29.3	28.0	15	7	6
河　南	24.2	21.8	23.1	24	12	18
湖　北	23.6	22.6	23.2	25	10	17
湖　南	21.2	19.6	20.5	27	16	24
广　东	47.0	65.2	55.2	3	2	3
广　西	20.3	14.2	17.6	29	25	29
海　南	36.0	16.8	27.3	6	18	10
重　庆	25.1	20.7	23.1	21	14	19
四　川	25.4	30.4	27.6	20	6	7
贵　州	30.1	15.5	23.5	11	20	16
云　南	26.6	14.8	21.3	16	22	21
西　藏	17.9	12.5	15.5	30	30	30
陕　西	30.4	20.5	25.9	9	15	11
甘　肃	22.2	14.3	18.7	26	23	28
青　海	28.3	12.1	21.0	12	31	22
宁　夏	27.6	12.7	20.9	13	29	23
新　疆	34.2	15.0	25.5	8	21	12

五 2017年中国省域知识经济竞争力及
三级指标得分和排名情况

	指标得分				指标排名			
	科技 竞争力	教育 竞争力	文化 竞争力	知识经济 竞争力	科技 竞争力	教育 竞争力	文化 竞争力	知识经济 竞争力
北 京	55.4	57.4	51.0	55.6	3	1	6	3
天 津	28.8	30.5	28.3	29.5	12	10	17	10
河 北	13.7	27.1	29.6	21.8	21	16	14	19
山 西	14.7	25.0	32.5	21.7	19	25	11	20
内蒙古	6.8	22.8	26.4	16.5	27	27	23	27
辽 宁	15.8	25.1	33.3	22.4	17	23	10	17
吉 林	10.4	25.4	30.9	19.8	22	22	13	22
黑龙江	7.6	19.7	26.2	15.5	26	30	24	28
上 海	46.0	44.5	55.8	46.8	4	3	5	4
江 苏	77.1	47.4	67.4	63.0	2	2	2	2
浙 江	45.8	33.8	56.8	42.4	5	7	4	6
安 徽	30.8	25.0	31.2	28.4	9	24	12	14
福 建	24.1	27.1	26.8	25.8	14	17	20	15
江 西	19.9	28.0	27.3	24.4	16	15	19	16
山 东	43.7	38.1	58.7	43.5	6	5	3	5
河 南	30.3	32.8	36.0	32.2	10	8	8	7
湖 北	31.6	30.5	34.9	31.6	8	11	9	8
湖 南	22.0	28.1	50.8	28.9	15	14	7	12
广 东	84.3	44.3	68.5	64.9	1	4	1	1
广 西	14.1	27.0	29.4	21.9	20	18	15	18
海 南	4.6	24.2	21.3	15.4	28	26	28	29
重 庆	32.0	26.6	26.6	28.9	7	19	21	13
四 川	29.4	29.4	28.5	29.3	11	13	16	11
贵 州	15.0	26.6	26.6	21.7	18	20	22	21
云 南	8.3	26.1	25.8	18.5	24	21	25	24
西 藏	0.8	14.7	0.1	6.6	31	31	31	31
陕 西	27.1	34.4	27.7	30.3	13	6	18	9
甘 肃	8.0	29.9	22.9	19.5	25	12	26	23
青 海	3.5	21.9	16.8	13.3	29	29	30	30
宁 夏	8.7	22.8	22.8	16.8	23	28	27	26
新 疆	3.2	30.6	20.0	17.3	30	9	29	25

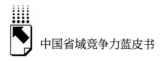
六　2017年中国省域发展环境竞争力及三级指标得分和排名情况

	指标得分			指标排名		
	基础设施竞争力	软环境竞争力	发展环境竞争力	基础设施竞争力	软环境竞争力	发展环境竞争力排名
北　京	50.3	66.6	57.7	5	1	2
天　津	33.5	42.6	37.6	8	5	6
河　北	31.3	29.3	30.4	10	18	11
山　西	20.2	34.8	26.8	22	10	17
内蒙古	22.1	30.6	25.9	20	13	20
辽　宁	30.9	24.9	28.2	11	26	14
吉　林	16.7	23.7	19.8	26	28	28
黑龙江	14.5	29.7	21.3	28	16	27
上　海	62.2	65.9	63.9	2	2	1
江　苏	51.5	59.1	54.9	4	3	3
浙　江	52.3	45.2	49.1	3	4	5
安　徽	29.9	27.5	28.8	13	22	13
福　建	32.1	35.4	33.6	9	9	9
江　西	22.2	26.2	24.0	19	24	22
山　东	37.3	37.2	37.2	6	8	7
河　南	34.5	27.8	31.5	7	21	10
湖　北	30.6	27.9	29.4	12	20	12
湖　南	27.8	24.7	26.4	15	27	18
广　东	64.6	32.8	50.3	1	12	4
广　西	18.5	29.6	23.5	25	17	24
海　南	19.4	29.0	23.7	23	19	23
重　庆	29.9	40.5	34.7	14	6	8
四　川	22.0	27.1	24.3	21	23	21
贵　州	22.7	21.1	22.0	18	30	26
云　南	15.1	33.3	23.3	27	11	25
西　藏	1.3	23.0	11.0	31	29	31
陕　西	23.3	29.8	26.2	17	14	19
甘　肃	13.7	20.8	16.9	29	31	30
青　海	19.2	37.7	27.6	24	7	15
宁　夏	25.1	29.7	27.2	16	15	16
新　疆	12.0	26.1	18.4	30	25	29

七 2017年中国省域政府作用竞争力及
三级指标得分和排名情况

	指标得分				指标排名			
	政府发展经济竞争力	政府规调经济竞争力	政府保障经济竞争力	政府作用竞争力	政府发展经济竞争力	政府规调经济竞争力	政府保障经济竞争力	政府作用竞争力排名
北 京	30.9	70.0	58.5	55.5	24	1	4	9
天 津	59.2	69.2	50.1	62.9	3	4	6	2
河 北	42.7	51.9	44.7	48.8	12	23	10	12
山 西	33.4	58.6	33.1	44.2	21	12	18	20
内蒙古	32.9	57.3	40.6	45.9	22	13	14	17
辽 宁	40.9	66.0	67.2	60.4	15	6	3	4
吉 林	36.1	55.9	40.8	46.6	19	17	13	16
黑龙江	30.3	69.8	42.9	50.2	25	2	11	10
上 海	45.6	54.6	67.3	58.0	9	18	2	5
江 苏	67.2	53.8	40.4	57.1	1	19	15	7
浙 江	53.7	65.7	55.5	61.3	5	7	5	3
安 徽	47.5	59.9	28.6	48.4	6	10	21	14
福 建	58.1	69.3	28.8	55.8	4	3	20	8
江 西	41.4	47.5	20.6	39.1	13	29	26	26
山 东	63.9	56.7	42.2	57.6	2	14	12	6
河 南	43.5	51.6	18.3	40.6	10	24	27	24
湖 北	46.0	51.0	28.4	44.5	8	25	22	19
湖 南	41.1	60.0	38.9	49.3	14	9	16	11
广 东	47.0	66.5	74.8	65.2	7	5	1	1
广 西	40.5	63.5	18.0	43.8	17	8	28	22
海 南	29.3	49.9	46.7	43.8	26	26	8	21
重 庆	43.3	56.5	37.3	48.4	11	15	17	13
四 川	40.4	49.6	46.0	47.5	18	27	9	15
贵 州	35.1	53.7	25.0	40.4	20	20	23	25
云 南	32.3	59.5	14.7	38.2	23	11	30	27
西 藏	20.2	37.9	8.3	23.9	31	31	31	31
陕 西	40.7	55.9	22.4	42.5	16	16	25	23
甘 肃	25.0	42.9	15.8	29.9	28	30	29	30
青 海	24.2	52.4	22.8	35.3	29	22	24	28
宁 夏	25.4	53.2	49.8	44.6	27	21	7	18
新 疆	23.1	47.8	29.1	35.2	30	28	19	29

八　2017年中国省域发展水平竞争力及
三级指标得分和排名情况

	指标得分				指标排名			
	工业化进程竞争力	城市化进程竞争力	市场化进程竞争力	发展水平竞争力	工业化进程竞争力	城市化进程竞争力	市场化进程竞争力	发展水平竞争力
北　京	54.4	73.6	63.1	66.9	5	1	10	4
天　津	52.2	57.1	52.7	56.8	6	3	20	7
河　北	22.7	32.0	63.4	40.1	22	25	9	18
山　西	43.6	31.0	47.5	42.4	8	26	23	15
内蒙古	12.0	43.1	43.2	33.8	29	9	24	25
辽　宁	23.0	35.1	58.5	39.8	21	18	13	19
吉　林	26.0	25.9	51.4	35.3	20	29	22	24
黑龙江	11.4	40.7	42.2	32.5	30	11	25	26
上　海	71.8	60.7	79.7	73.7	1	2	3	1
江　苏	60.8	56.4	89.2	71.2	3	5	1	2
浙　江	30.0	54.6	87.4	58.7	16	6	2	5
安　徽	35.6	38.1	59.3	45.8	12	13	12	12
福　建	34.7	48.0	69.1	52.2	14	7	7	8
江　西	40.1	44.3	63.4	51.0	11	8	8	9
山　东	33.2	41.7	70.7	49.9	15	10	4	10
河　南	48.1	32.4	60.2	48.6	7	23	11	11
湖　北	35.5	35.1	58.3	44.4	13	17	14	14
湖　南	29.2	34.3	57.3	41.4	17	20	15	17
广　东	66.6	56.4	70.1	67.3	2	4	6	3
广　西	27.9	32.8	53.4	39.1	18	22	18	20
海　南	15.3	37.5	53.5	36.2	28	14	17	23
重　庆	59.3	34.7	70.6	56.8	4	19	5	6
四　川	41.7	32.1	55.7	44.6	9	24	16	13
贵　州	27.4	27.4	51.5	36.4	19	28	21	22
云　南	18.7	25.5	34.9	27.3	25	30	28	29
西　藏	9.6	18.5	11.7	14.0	31	31	31	31
陕　西	41.6	39.2	39.7	42.2	10	12	26	16
甘　肃	21.8	33.0	30.5	29.7	23	21	29	28
青　海	17.7	28.6	27.3	25.6	27	27	30	30
宁　夏	20.7	37.5	52.9	38.1	24	15	19	21
新　疆	18.0	35.7	37.5	31.5	26	16	27	27

九　2017年中国省域统筹协调竞争力及
三级指标得分和排名情况

	指标得分			指标排名		
	统筹发展 竞争力	协调发展 竞争力	统筹协调 竞争力	统筹发展 竞争力	协调发展 竞争力	统筹协调 竞争力
北　京	66.4	58.9	63.0	3	26	7
天　津	71.2	71.4	71.3	2	7	1
河　北	46.7	69.4	56.9	19	10	13
山　西	49.4	64.5	56.2	11	20	15
内蒙古	46.8	62.5	53.9	18	25	22
辽　宁	44.4	67.3	54.7	22	17	19
吉　林	48.3	73.2	59.5	15	4	9
黑龙江	52.7	55.8	54.1	8	29	20
上　海	72.1	66.6	69.6	1	18	3
江　苏	64.4	76.2	69.7	4	1	2
浙　江	57.2	75.7	65.5	6	2	4
安　徽	42.5	67.8	53.9	27	15	21
福　建	52.3	73.6	61.8	9	3	8
江　西	40.8	67.6	52.9	29	16	24
山　东	56.0	72.7	63.5	7	5	6
河　南	51.0	68.1	58.7	10	13	10
湖　北	48.2	68.8	57.5	16	11	11
湖　南	48.8	65.2	56.2	12	19	16
广　东	59.7	68.3	63.5	5	12	5
广　西	44.8	63.6	53.3	21	22	23
海　南	40.5	67.9	52.8	30	14	25
重　庆	48.4	63.9	55.4	13	21	17
四　川	46.2	70.3	57.0	20	8	12
贵　州	47.1	56.3	51.2	17	27	27
云　南	42.6	56.1	48.7	26	28	28
西　藏	43.7	45.1	44.3	25	30	30
陕　西	41.8	63.1	51.4	28	23	26
甘　肃	43.8	24.8	35.2	24	31	31
青　海	48.3	63.0	54.9	14	24	18
宁　夏	28.1	69.8	46.9	31	9	29
新　疆	44.0	72.2	56.7	23	6	14

十 2017年中国省域经济综合竞争力及二级指标得分和排名情况

地区	指标得分										指标排名									
	宏观经济竞争力	产业经济竞争力	可持续发展竞争力	财政金融竞争力	知识经济竞争力	发展环境竞争力	政府作用竞争力	发展水平竞争力	统筹协调竞争力	经济综合竞争力	宏观经济竞争力	产业经济竞争力	可持续发展竞争力	财政金融竞争力	知识经济竞争力	发展环境竞争力	政府作用竞争力	发展水平竞争力	统筹协调竞争力	经济综合竞争力
北京	46.5	45.8	46.7	67.0	55.6	57.7	55.5	66.9	63.0	55.3	6	6	6	1	3	2	9	4	7	4
天津	41.0	33.6	40.4	21.7	29.5	37.6	62.9	56.8	71.3	43.1	10	13	23	20	10	6	2	7	1	7
河北	38.2	33.5	41.8	24.3	21.8	30.4	48.8	40.1	56.9	36.9	15	14	19	13	19	11	12	18	13	15
山西	24.3	24.8	47.1	27.6	21.7	26.8	44.2	42.4	56.2	33.9	29	28	3	8	20	17	20	15	15	20
内蒙古	31.4	34.7	51.8	20.4	16.5	25.9	45.9	33.8	53.9	34.3	23	10	1	25	27	20	17	25	22	19
辽宁	31.1	27.8	43.1	27.5	22.4	28.2	60.4	39.8	54.7	36.3	24	22	11	9	17	14	4	19	19	16
吉林	33.5	27.6	36.9	15.4	19.8	19.8	46.6	35.3	59.5	33.3	21	23	29	31	22	28	16	24	9	22
黑龙江	30.5	25.5	49.4	19.6	15.5	21.3	50.2	32.5	54.1	32.4	25	27	2	27	28	27	10	26	20	25
上海	53.7	49.4	42.4	56.4	46.8	63.9	58.0	73.7	69.6	56.5	4	4	16	2	4	1	5	1	3	3
江苏	64.4	56.7	43.8	41.5	63.0	54.9	57.1	71.2	69.7	58.5	2	2	10	5	2	3	7	2	2	2
浙江	55.4	46.3	46.9	41.6	42.4	49.1	61.3	58.7	65.5	51.7	3	5	4	4	6	5	3	5	4	5
安徽	38.4	33.1	42.6	23.9	28.4	28.8	48.4	45.8	53.9	37.8	14	15	15	15	14	13	14	12	21	13
福建	43.8	36.0	46.9	24.2	25.8	33.6	55.8	52.2	61.8	41.7	7	9	5	14	15	9	8	8	8	8
江西	36.3	28.0	38.0	19.7	24.4	24.0	39.1	51.0	52.9	34.5	16	20	28	26	16	22	26	9	24	18
山东	51.5	52.8	44.4	28.0	43.5	37.2	57.6	49.9	63.5	47.8	5	3	9	6	5	7	6	10	6	6

续表

地区	指标得分										指标排名									
	宏观经济竞争力	产业经济竞争力	可持续发展竞争力	财政金融竞争力	知识经济竞争力	发展环境竞争力	政府作用竞争力	发展水平竞争力	统筹协调竞争力	经济综合竞争力	宏观经济竞争力	产业经济竞争力	可持续发展竞争力	财政金融竞争力	知识经济竞争力	发展环境竞争力	政府作用竞争力	发展水平竞争力	统筹协调竞争力	经济综合竞争力
河南	39.0	37.2	41.9	23.1	32.2	31.5	40.6	48.6	58.7	39.0	12	7	18	18	7	10	24	11	10	10
湖北	40.8	36.4	40.9	23.2	31.6	29.4	44.5	44.4	57.5	38.6	11	8	21	17	8	12	19	14	11	11
湖南	43.3	34.2	38.0	20.5	28.9	26.4	49.3	41.4	56.2	37.6	8	11	27	24	12	18	11	17	16	14
广东	70.0	59.0	45.1	55.2	64.9	50.3	65.2	67.3	63.5	60.7	1	1	8	3	1	4	1	3	5	1
广西	33.0	27.9	42.2	17.6	21.9	23.5	43.8	39.1	53.3	33.1	22	21	17	29	18	24	22	20	23	23
海南	35.1	28.6	45.8	27.3	15.4	23.7	43.8	36.2	52.8	33.7	19	18	7	10	29	23	21	23	25	21
重庆	38.6	29.6	40.9	23.1	28.9	34.7	48.4	56.8	55.4	39.0	13	17	22	19	13	8	13	6	17	9
四川	41.9	34.0	42.9	27.6	29.3	24.3	47.5	44.6	57.0	38.6	9	12	12	7	11	21	15	13	12	12
贵州	33.7	28.3	39.2	23.5	21.7	22.0	40.4	36.4	51.2	32.6	20	19	25	16	21	26	25	22	27	24
云南	26.0	26.4	42.9	21.3	18.5	23.3	38.2	27.3	48.7	29.7	27	26	13	21	24	25	27	29	28	28
西藏	21.0	27.4	42.6	15.5	6.6	11.0	23.9	14.0	44.3	22.5	30	24	14	30	31	31	31	31	30	31
陕西	36.1	32.3	41.7	25.9	30.3	26.2	42.5	42.2	51.4	36.2	17	16	20	11	9	19	23	16	26	17
甘肃	17.0	17.5	39.2	18.7	19.5	16.9	29.9	29.7	35.2	24.1	31	31	26	28	23	30	30	28	31	30
青海	25.7	20.6	35.1	21.0	13.3	27.6	35.3	25.6	54.9	28.1	28	30	31	22	30	15	28	30	18	29
宁夏	35.2	23.0	35.9	20.9	16.8	27.2	44.6	38.1	46.9	31.6	18	29	30	23	26	16	18	21	29	26
新疆	27.3	27.0	40.2	25.5	17.3	18.4	35.2	31.5	56.7	30.4	26	25	24	12	25	29	29	27	14	27

B.39
附录三
2017年中国31个省份
主要经济指标数据

统计资料（Ⅰ）

地区	GDP（亿元）	GDP增长率（%）	人均GDP（元）	第一产业增加值（亿元）	第二产业增加值（亿元）	工业增加值（亿元）	第三产业增加值（亿元）
北 京	28015	6.7	128994	120	5327	4274	22568
天 津	18549	3.6	118944	169	7594	6864	10787
河 北	34016	6.6	45387	3130	15846	13758	15040
山 西	15528	7.1	42060	719	6779	5771	8030
内蒙古	16096	4	63764	1650	6400	5109	8047
辽 宁	23409	4.2	53527	1902	9200	7302	12307
吉 林	14945	5.3	54838	1095	6999	6057	6851
黑龙江	15903	6.4	41916	2965	4061	3333	8877
上 海	30633	6.9	126634	111	9331	8393	21192
江 苏	85870	7.2	107150	4045	38655	34014	43170
浙 江	51768	7.8	92057	1934	22232	19474	27602
安 徽	27018	8.5	43401	2582	12838	10916	11597
福 建	32182	8.1	82677	2215	15354	12675	14613
江 西	20006	8.8	43424	1835	9628	7790	8543
山 东	72634	7.4	72807	4833	32943	28706	34859
河 南	44553	7.8	46674	4139	21106	18452	19308
湖 北	35478	7.8	60199	3529	15442	13060	16507
湖 南	33903	8	49558	2998	14145	11880	16759
广 东	89705	7.5	80932	3611	38008	35292	48086
广 西	18523	7.1	38102	2878	7451	5823	8194
海 南	4463	7	48430	963	996	528	2503
重 庆	19425	9.3	63442	1276	8585	6587	9564
四 川	36980	8.1	44651	4262	14328	11576	18390
贵 州	13541	10.2	37956	2032	5428	4260	6080
云 南	16376	9.5	34221	2338	6205	4089	7833
西 藏	1311	10	39267	123	514	102	675
陕 西	21899	8	57266	1741	10883	8692	9274
甘 肃	7460	3.6	28497	860	2562	1763	4038
青 海	2625	7.3	44047	238	1162	778	1224
宁 夏	3444	7.8	50765	251	1581	1096	1612
新 疆	10882	7.6	44941	1552	4331	3254	4999

统计资料（Ⅱ）

地区	地方财政收入（亿元）	固定资产投资（亿元）	全社会消费品零售总额（亿元）	进出口总额（亿美元）	出口总额（亿美元）	实际FDI（亿美元）
北　京	5081	8370	11575	1216.2	264.8	4864
天　津	2724	11289	5730	1216.9	426.4	2548
河　北	2850	33407	15908	815.4	437.3	958
山　西	1557	6041	6918	207.9	138.6	497
内蒙古	2016	14013	7160	158.9	58.1	460
辽　宁	2200	6677	13807	1125.3	494.3	3159
吉　林	1264	13284	7856	197.9	52.6	389
黑龙江	1148	11292	9099	167.1	52.7	337
上　海	6406	7247	11830	4473.5	1741.3	7982
江　苏	8121	53277	31737	6364.9	3749.7	9658
浙　江	5302	31696	24309	3839.7	2924.0	3734
安　徽	2673	29275	11193	509.9	300.1	866
福　建	2655	26416	13013	1530.8	922.4	2607
江　西	2151	22085	7448	369.2	248.1	808
山　东	5860	55203	33649	3162.9	1573.0	3042
河　南	3153	44497	19667	813.7	501.2	1045
湖　北	3102	32282	17394	462.0	290.1	1151
湖　南	2698	31959	14855	300.1	176.7	1634
广　东	10390	37762	38200	11136.6	6763.1	17622
广　西	1556	20499	7813	526.0	144.0	562
海　南	638	4244	1619	136.5	43.0	761
重　庆	2228	17537	8068	565.7	378.3	946
四　川	3389	31902	17481	666.2	351.7	1128
贵　州	1561	15504	4154	81.2	55.0	313
云　南	1812	18936	6423	213.9	96.6	374
西　藏	156	1976	523	6.1	3.7	30
陕　西	1834	23819	8236	405.6	238.1	800
甘　肃	787	5828	3427	50.0	16.9	202
青　海	239	3884	839	4.5	2.8	77
宁　夏	388	3728	930	43.3	26.7	304
新　疆	1299	12089	3045	303.9	162.5	133

统计资料（Ⅲ）

地区	公共教育经费（亿元）	金融机构存款余额（亿元）	旅游外汇收入（百万美元）	铁路营业里程（公里）	公路里程（公里）	耕地面积（千公顷）	森林覆盖率（%）
北　京	1049	144086	5130	1264	22226	214	35.8
天　津	453	30941	3751	1149	16532	437	9.9
河　北	1189	60033	579	7162	191693	6519	23.4
山　西	663	32845	350	5317	142855	4056	18.0
内蒙古	665	22953	1246	12675	199423	9271	21.0
辽　宁	742	54249	1778	5915	122705	4972	38.2
吉　林	540	21697	766	5044	103896	6987	40.4
黑龙江	639	23615	480	6232	165989	15846	43.2
上　海	924	112462	6699	465	13322	192	10.7
江　苏	1923	129943	4195	2816	158475	4573	15.8
浙　江	1424	107321	3586	2624	120101	1977	59.1
安　徽	1030	45609	2881	4275	203285	5867	27.5
福　建	840	44087	7588	3191	108012	1337	66.0
江　西	882	32325	630	4280	162285	3086	60.0
山　东	1875	91019	3174	5726	270590	7590	16.7
河　南	1492	59069	662	5415	267805	8112	21.5
湖　北	1045	52352	2105	4216	269484	5236	38.4
湖　南	1084	46729	1295	4745	239724	4151	47.8
广　东	2488	194536	19960	4201	219580	2600	51.3
广　西	914	27900	2396	5191	123259	4387	56.5
海　南	250	10096	681	1033	30684	722	55.4
重　庆	705	34854	1948	2166	147881	2370	38.4
四　川	1442	71591	1447	4832	329950	6725	35.2
贵　州	891	26089	283	3285	194379	4519	37.1
云　南	1023	29964	3550	3682	242546	6213	50.0
西　藏	183	4953	198	785	89343	444	12.0
陕　西	809	38153	2704	4972	174395	3983	41.4
甘　肃	607	17777	21	4664	142252	5377	11.3
青　海	192	5827	38	2349	80895	590	5.6
宁　夏	180	5867	38	1352	34561	1290	11.9
新　疆	720	21257	811	5947	185338	5240	4.2

统计资料（Ⅳ）

	年末人口 （万人）	常住人口 增长率 （‰）	城镇 化率 （%）	平均受 教育程度 （年）	城镇登记 失业率 （%）	居民消费品 零售价格指数 （%）	城镇居民人均 可支配收入 （元）	农村居民人均 可支配收入 （元）
北　京	2171	3.76	86.5	9.6	1.4	101.9	62406	24240
天　津	1557	2.6	82.9	8.7	3.5	102.1	40278	21754
河　北	7520	6.6	55.0	7.0	3.7	101.7	30548	12881
山　西	3702	5.61	57.3	7.7	3.4	101.1	29132	10788
内蒙古	2529	3.73	62.0	7.5	3.6	101.7	35670	12584
辽　宁	4369	-0.44	67.5	7.9	3.8	101.4	34993	13747
吉　林	2717	0.26	56.7	7.5	3.5	101.6	28319	12950
黑龙江	3789	-0.41	59.4	7.6	4.2	101.3	27446	12665
上　海	2418	2.8	87.7	8.9	3.9	101.7	62596	27825
江　苏	8029	2.68	68.8	7.4	3.0	101.7	43622	19158
浙　江	5657	6.36	68.0	7.2	2.7	102.1	51261	24956
安　徽	6255	8.17	53.5	6.6	2.9	101.2	31640	12758
福　建	3911	8.8	64.8	6.9	3.9	101.2	39001	16335
江　西	4622	7.71	54.6	6.7	3.3	102.0	31198	13242
山　东	10006	10.14	60.6	7.0	3.4	101.5	36789	15118
河　南	9559	5.98	50.2	6.8	2.8	101.4	29558	12719
湖　北	5902	5.59	59.3	7.3	2.6	101.5	31889	13812
湖　南	6860	6.19	54.6	7.2	4.0	101.4	33948	12936
广　东	11169	9.16	69.9	7.4	2.5	101.5	40975	15780
广　西	4885	8.92	49.2	6.6	2.2	101.6	30502	11325
海　南	926	8.72	58.0	7.2	2.3	102.8	30817	12902
重　庆	3075	3.91	64.1	7.1	3.4	101.0	32193	12638
四　川	8302	4.23	50.8	6.7	4.0	101.4	30727	12227
贵　州	3580	7.1	46.0	6.2	3.2	100.9	29080	8869
云　南	4801	6.85	46.7	6.3	3.2	100.9	30996	9862
西　藏	337	11.05	30.9	4.4	2.7	101.6	30671	10330
陕　西	3835	4.87	56.8	7.2	3.3	101.6	30810	10265
甘　肃	2626	6.02	46.4	6.7	2.7	101.4	27763	8076
青　海	598	8.25	53.1	6.1	3.1	101.5	29169	9462
宁　夏	682	8.69	58.0	7.1	3.9	101.6	29472	10738
新　疆	2445	11.4	49.4	7.1	2.6	102.2	30775	11045

B.40
参考文献

Wagner K., Taylor A., Zablit H., et al. "The Most Innovative Companies 2014: Breaking Through is Hard to do", *Boston Consulting Group*, 2014.

World Economic Forum. "The Global Competitiveness Report", 2012 – 2013, 2013 – 2014, 2014 – 2015, 2015 – 2016, 2016 – 2017, 2017 – 2018.

艾瑞研究院：《中国共享经济行业及用户研究报告》，2017。

安虎森、高正伍：《经济活动空间聚集的内生机制与区域协调发展的战略选项》，《南京社会科学》2010 年第 1 期。

安晓明：《中国区域经济转型的历程回顾与"十三五"展望》，《区域经济评论》2015 年第 2 期。

蔡安宁、李婧、鲍捷等：《基于空间视角的陆海统筹战略思考》，《世界地理研究》2012 年第 1 期。

蔡奇：《推动京津冀协同发展》，《人民日报》2017 年 11 月 20 日。

曹忠祥：《陆海统筹优化国土空间开发战略布局》，《中国国土资源经济》2015 年第 1 期。

陈文玲：《在开放中增强我国发展新动能》，《求是》2016 年第 23 期。

陈夕：《大数据驱动全渠道供应链服务模式创新探讨》，《商业经济研究》2017 年第 11 期。

程承坪：《当前国企改革的方向：建立中国特色现代国有企业制度》，《学习与实践》2017 年第 2 期。

迟福林：《以实体经济为重点深化供给侧结构性改革》，《经济日报》2017 年 11 月 17 日。

冯天韬、徐金森：《提升中心城区可持续竞争力研究报告》，经济管理出版社，2016。

高国力、曹忠祥：《陆海统筹发展的现状、问题及战略思路》，《中国科学报》2014 年 7 月 11 日。

高国力：《深入实施区域协调发展战略》，《经济日报》2017 年 11 月 3 日。

高露：《国有企业改革与发展论坛·2016 会议综述》，《山东社会科学》2017 年第 1 期。

高奇琦：《人工智能时代的世界主义与中国》，《国外理论动态》2017 年第 9 期。

国家统计局：《中国统计年鉴 2017》，中国统计出版社，2017。

国家统计局：《中国统计年鉴 2018》，中国统计出版社，2018。

国家统计局：《中国统计年鉴》，中国统计出版社，2012，2013，2014，2015，2016，2017。

韩海雯：《人工智能产业建设与供给侧结构性改革：马克思分工理论视角》，《华南师范大学学报》（社会科学版）2016年第6期。

侯永志：《从区域角度来看经济增长的"新动能"》，《中国经济时报》2017年4月24日。

黄茂兴等：《改革开放40年中国经济热点的回眸与展望》，经济科学出版社，2018。

黄茂兴等：《国家创新竞争力研究——理论、方法与实证》，中国社会科学出版社，2012。

黄茂兴：《中国省域经济热点问题研究》，经济科学出版社，2014。

黄群慧、王佳宁：《国有企业改革新进展与趋势观察》，《改革》2017年第5期。

黄群慧、余菁、王涛：《培育世界一流企业：国际经验与中国情境》，《中国工业经济》2017年第11期。

黄世谨：《汤森路透详解2014年中国并购交易》，http：//www.cnstock.com。

黄志勇、李京文：《实施自由贸易港战略研究》，《宏观经济管理》2012年第5期。

金碚：《中国企业竞争力报告（2013）》，社会科学文献出版社，2013。

李干杰：《十八大以来我国生态环境保护实现五个"前所未有"》，人民网，2017年10月23日。

李宏伟：《以创新引领中国绿色发展》，《河南日报》2015年5月6日。

李洪文：《我国创新驱动发展面临的问题与对策研究》，《科学管理研究》2013年第3期。

李建平等主编《全球环境竞争力发展报告（2013）》，社会科学文献出版社，2014。

李建平等主编《全球环境竞争力发展报告（2015）》，社会科学文献出版社，2015。

李建平等主编《"十二五"中期中国省域环境竞争力发展报告》，社会科学文献出版社，2014。

李建平等主编《"十二五"中期中国省域经济综合竞争力发展报告》，社会科学文献出版社，2014。

李建平等主编《"十一五"时期中国省域经济综合竞争力发展报告》，社会科学文献出版社，2012。

李建平等主编《中国省域环境竞争力发展报告（2005~2009）》，社会科学文献出版社，2010。

李建平等主编《中国省域环境竞争力发展报告（2009~2010）》，社会科学文献出版社，2011。

李建平等主编《中国省域经济综合竞争力发展报告（2005~2006）》，社会科学文献出版社，2007。

李建平等主编《中国省域经济综合竞争力发展报告（2006~2007）》，社会科学文献出版社，2008。

李建平等主编《中国省域经济综合竞争力发展报告（2007～2008）》，社会科学文献出版社，2009。

李建平等主编《中国省域经济综合竞争力发展报告（2008～2009）》，社会科学文献出版社，2010。

李建平等主编《中国省域经济综合竞争力发展报告（2009～2010）》，社会科学文献出版社，2011。

李建平等主编《中国省域经济综合竞争力发展报告（2011～2012）》，社会科学文献出版社，2013。

李建平等主编《中国省域经济综合竞争力发展报告（2013～2014）》，社会科学文献出版社，2015。

李建平等主编《中国省域经济综合竞争力发展报告（2014～2015）》，社会科学文献出版社，2016。

李建平等主编《中国省域经济综合竞争力发展报告（2015～2016）》，社会科学文献出版社，2017。

李建平等主编《中国省域经济综合竞争力发展报告（2016～2017）》，社会科学文献出版社，2018。

李建平、李建建、黄茂兴等：《中国经济60年发展报告（1949～2009）》，经济科学出版社，2009。

李克强：十三届全国人大一次会议政府工作报告，2018年3月5日。

李闽榕、李建平、黄茂兴：《中国省域经济综合竞争力评价与预测研究》，社会科学文献出版社，2007。

李闽榕、李建平、黄茂兴：《中国省域经济综合竞争力预测研究报告（2009～2012）》，社会科学文献出版社，2010。

李闽榕：《中国省域经济综合竞争力研究报告（1998～2004）》，社会科学文献出版社，2006。

李涛、高良谋：《"大数据"时代下开放式创新发展趋势》，《科研管理》2016年第7期。

李先军：《供给侧结构性改革背景下中小企业创业研究：模式选择与路径设计》，《商业研究》2017年第10期。

梁黄光：《中国区域经济发展报告（2016～2017）》，社会科学文献出版社，2017。

林锋：《关于加快推进保税区、保税港区向自由贸易港城区转型升级的设想》，《港口经济》2012年第11期。

刘卫东：《"一带一路"战略的科学内涵与科学问题》，《地理科学进展》2015年第5期。

刘伟：《经济新常态与供给侧结构性改革》，《管理世界》2016年第7期。

刘小鲁：《产业政策视角下的国有企业分类改革与政策调整》，《经济理论与经济管理》2017 年第 7 期。

刘志彪：《建设现代化经济体系的基本框架、路径与方略》，《长江产经智库》2017 年 10 月 21 日。

路阳：《建设海洋强国应陆海统筹》，《光明日报》2015 年 4 月 16 日。

吕本富、刘颖：《飞轮效应：数据驱动的企业》，电子工业出版社，2015。

马骏：《"十三五"时期绿色金融发展十大领域》，《中国银行业》2016 年第 1 期。

麦肯锡：《中国人工智能的未来之路》，中国发展高层论坛，2017。

倪鹏飞：《中国城市竞争力报告 No. 17》，中国社会科学出版社，2017。

宁吉喆：《建设现代化经济体系》，《人民日报》2017 年 12 月 5 日。

申现杰、肖金成：《国际区域经济合作新形势与我国"一带一路"合作战略》，《宏观经济研究》2014 年第 11 期。

时炳艳：《大数据将给电商发展带来哪些改变》，《人民论坛》2016 年第 36 期。

史丹、江飞涛、贺俊：《调整完善产业政策的思路与建议》，《经济日报》2017 年 8 月 9 日。

宋超、刘芳、孟俊岐：《大数据驱动大众生态创新机制及对策》，《科技管理研究》2016 年第 21 期。

孙久文、原倩：《京津冀协同发展战略的比较和演进重点》，《经济社会体制比较》2014 年第 5 期。

孙久文、张可云、安虎森、贺灿飞、潘文卿：《"建立更加有效的区域协调发展新机制"笔谈》，《中国工业经济》2017 年第 11 期。

汪洋：《推动形成全面开放新格局》，《人民日报》2017 年 11 月 10 日。

王长峰：《大数据背景下企业创新模式变革》，《技术经济与管理研究》2016 年第 3 期。

王业强、郭叶波、赵勇等：《科技创新驱动区域协调发展：理论基础与中国实践》，《中国软科学》2017 年第 11 期。

魏后凯、高春亮：《中国区域协调发展态势与政策调整思路》，《河南社会科学》2012 年第 1 期。

魏后凯：《中国城镇化进程中两极化倾向与规模格局重构》，《中国工业经济》2014 年第 3 期。

吴撼地：《打造全面开放新格局》，《人民日报》2015 年 12 月 23 日。

习近平：《决胜全面建成小康社会 夺取新时代中国特色社会主义伟大胜利》，2017 年 10 月 18 日。

习近平：《习近平关于社会主义生态文明建设论述摘编》，人民网，2018 年 2 月。

习近平：《在深入推动长江经济带发展座谈会上的讲话》，2018 年 4 月 26 日。

肖恩·杜布拉瓦茨：《数字命运》，姜昊骞、李德坤译，电子工业出版社，2015。

许娇、陈坤铭、杨书菲等：《"一带一路"交通基础设施建设的国际经贸效应》，《亚太经济》2016 年第 3 期。

杨焕荣：《"一带一路"新格局指引下我国对外贸易转型探讨》，《商业经济研究》2015 年第 31 期。

杨晶：《大力推进生态文明建设努力走向社会主义生态文明新时代》，《行政管理改革》2017 年第 10 期。

于涛：《以人才优先发展引领产业转型升级》，《党建研究》2017 年第 1 期。

张璐晶、徐豪：《中央企业系统代表团：打造一批具有全球竞争力的世界一流企业》，《中国经济周刊》2017 年第 41 期。

张鹏：《我国参与美国基础设施建设的机遇与挑战》，《宏观经济管理》2015 年第 12 期。

张占斌：《新时代中国社会的主要矛盾与深化供给侧结构性改革》，《行政管理改革》2017 年第 11 期。

赵磊：《有关"一带一路"的几个关键性问题》，《理论研究》2015 年第 5 期。

《中共中央关于制定国民经济和社会发展第十三个五年规划的建议》，2015 年 10 月。

中国（海南）改革发展研究院课题组：《以"一带一路"形成区域开放新格局》，《上海证券报》2017 年 5 月 12 日。

中国连锁经营协会：《中国可持续消费研究报告》，中国连锁经营协会，2017。

中国人民银行：《2018 中国区域金融运行报告》，http：//www. pbc. gov. cn。

《中华人民共和国国民经济和社会发展第十三个五年规划纲要》，2016 年 3 月。

中华人民共和国商务部：《中国农产品进出口月度统计报告》。

中华人民共和国新闻出版总署：《2017 年新闻出版产业分析报告》。

B.41
后　记

本书是课题组发布的第十三部"中国省域竞争力蓝皮书"。13 年来，在各方的关怀和支持下，"中国省域竞争力蓝皮书"持续得到了社会各界的关注和认可，产生了积极的社会反响。2013 年 8 月，由中国社会科学院主办的第十四次全国皮书年会公布了首批中国社会科学院以外授权使用"中国社会科学院创新工程学术出版项目"标识的优秀皮书，"中国省域竞争力蓝皮书"光荣入列，这是对这部皮书的重要褒奖。随后这些年来，我们都十分荣幸地看到"中国省域竞争力蓝皮书"一次次入选中国社会科学院创新工程学术出版项目。承蒙社会各界的关心和鼓励，我们必将继续奋力前行。

本书是全国经济综合竞争力研究中心 2018 年重点项目研究成果、教育部科技委战略研究基地（福建师范大学世界创新竞争力研究中心）2018 年重点项目研究成果、中智科学技术评价研究中心 2018 年重点项目研究成果、中央组织部首批青年拔尖人才支持计划（组厅字〔2013〕33 号）和中央组织部第 2 批"万人计划"哲学社会科学领军人才（组厅字〔2016〕37 号）2018 年资助的阶段性研究成果、中宣部 2014 年全国文化名家暨"四个一批"人才工程（中宣办发〔2015〕49 号）2018 年资助的阶段性研究成果、2016 年教育部哲学社会科学研究重大课题（项目编号：16JZD028）和国家社科基金重点项目（项目编号：16AGJ004）资助的阶段性研究成果、福建省首批高校特色新型智库——福建师范大学综合竞争力与国家发展战略研究院 2018 年研究成果、福建省社会科学研究基地——福建师范大学竞争力研究中心 2018 年重大项目研究成果、福建省高校哲学社会科学学科基础理论研究创新团队——福建师范大学竞争力基础理论研究创新团队 2018 年资助的阶段性研究成果、福建师范大学创新团队建设计划（项目编号：IRTW 1202）2018 年资助的阶段性研究成果、福建省"双一流"建设学科——福建师范大学理论经济学学科 2018 年重大项目研究成果。

自 2007 年起，由全国经济综合竞争力研究中心福建师范大学分中心具体承担研究的《中国省域经济综合竞争力发展报告》系列蓝皮书，已由社会科学文献出版社正式出版了 12 部，分别于 2007 年、2008 年、2009 年、2010 年、2011 年、2012 年、2013年、2014 年、2015 年、2016 年、2017 年和 2018 年全国两会期间或前夕在中国社会科学院第一学术报告厅举行新闻发布会，引起了各级政府、学术界和海内外新闻媒体的高度关注，产生了强烈的社会反响。为全面贯彻落实党的十九大以及 2018 年中央经济工作会议精神，结合国内外经济形势对我国各省域经济发展的影响，特别是"十三五"后半段国际经济、国内和区域发展对省域经济综合竞争力的影响，进一步深化对中国省域经济综合竞争力问题的研究。在社会科学文献出版社等单位的大力支持下，全国经济综合竞争力研究中心福建师范大学分中心具体承担了《中国省域经济综合竞争力发展报告（2017～2018）——贸易保护主义背景下中国经济的突围之路》蓝皮书的研究工作，福建师范大学原校长李建平教授亲自担任课题组组长和本书的主编之一，直接指导和参与了本书的研究和审订书稿工作；本书主编之一福建省新闻出版广电局原党组书记、中智科学技术评价研究中心理事长、福建师范大学兼职教授李闽榕博士指导、参与了本书的研究和书稿统改、审订工作；中国农村劳动力资源开发研究会秘书长苏宏文同志为本书的顺利完成积极创造了条件。全国经济综合竞争力研究中心福建师范大学分中心常务副主任、福建师范大学经济学院院长黄茂兴教授为本报告的研究从课题策划到最终完稿做了大量具体工作。

2018年3月以来，课题组着手对省域经济综合竞争力的创新内容、主攻方向、评价方法等问题展开了比较全面和深入的研究，跟踪研究2016～2017年中国各省份经济发展动态和指标数据，研究对象涉及全国31个省份，本书近90万字，数据采集、录入和分析工作庞杂而艰巨，采集、录入基础数据1.2万个，计算、整理和分析数据4多万个，共制作简图100多幅、统计表格500多个，竞争力地图30幅。这是一项复杂艰巨的工程，课题组的各位研究人员为完成这项工程付出了艰辛的劳动，在此谨向全力支持并参与本项目研究的李军军博士（承担本书第二部分第1～6章，共计9.1万字）、林寿富博士（承担本书第二部分第7～10章和第三部分"专题三"部分内容，共计5.8万字）、叶琪博士（承担本书第二部分第11～14章和第三部分"专题三"部分内容，共计5.6万字）、陈洪昭博士（承担本书第二部分第15～18章和第三部分"专题一"部分内容，共计5.1万字）、王珍珍博士（承担本书第二部分第19～20章，共计1.9万字）、陈伟雄博士（承担本书第二部分第21～22章和第三部分"专题二"部分内容，共计1.96万字）、唐杰博士（承担本书第二部分第23章和第三部分"专题一"部分内容，共计1.8万字）、黄新焕博士（承担本书第二部分第24章和第三部分"专题二"部分内容，共计1.72万字）、郑蔚博士（承担本书第二部分第25章，共计1.61万字）、周利梅博士（承担本书第二部分第26章和第三部分"专题二"部分内容，共计1.62万字）、易小丽博士（承担本书第二部分第27章和第三部分"专题四"部分内容，共计1.4万字）、白华博士（承担本书第二部分第28章和第三部分"专题四"部分内容，共计1.51万字）、张宝英博士（承担本书第二部分第29章和第三部分"专题三"部分内容，共计1.8万字）、郑清英博士（承担本书第二部分第30章和第三部分"专题四"部分内容，共计1.36万字）、李成宇博士（承担本书第二部分第31章和第三部分"专题四"部分内容，共计1.2万字）、程俊恒博士（承担本书第三部分"专题一"部分内容，共计0.6万字），以及博（硕）士研究生汪宸、史方圆、陈鹏、柯炳金、冯稳珍、昝琪、唐咏琦、张瀚云、孙学聪、杨吉超、肖蕾等同志表示深深的谢意。也特别感谢福建省经济信息中心陈贤龙帮助制作了总报告中的相关地图。他们放弃节假日休息时间，每天坚持工作十多个小时，为本报告的数据采集、测算等做了许多细致的工作。

该书也是福建师范大学与福建省人民政府发展研究中心共同组织实施的福建省研究生教育创新基地建设项目——福建省政治经济学研究生教育创新基地的阶段性成果，福建师范大学经济学院各年级研究生通过积极参加本项目的研究，增强了科研意识，提高了创新能力，使经济学院研究生培养质量有了很大提高。

本书还直接或间接引用、参考了其他研究者相关研究文献，对这些文献的作者表示诚挚的感谢。

社会科学文献出版社的谢寿光社长，社会政法分社王绯社长以及责任编辑曹长香，为本书的出版，提出了很好的修改意见，付出了辛苦的劳动，在此一并向他们表示由衷的谢意。

由于时间仓促，本书难免存在疏漏和不足，敬请读者批评指正。

作　者

2019 年 1 月

社会科学文献出版社

皮书系列

❖ 皮书起源 ❖

"皮书"起源于十七、十八世纪的英国,主要指官方或社会组织正式发表的重要文件或报告,多以"白皮书"命名。在中国,"皮书"这一概念被社会广泛接受,并被成功运作、发展成为一种全新的出版形态,则源于中国社会科学院社会科学文献出版社。

❖ 皮书定义 ❖

皮书是对中国与世界发展状况和热点问题进行年度监测,以专业的角度、专家的视野和实证研究方法,针对某一领域或区域现状与发展态势展开分析和预测,具备原创性、实证性、专业性、连续性、前沿性、时效性等特点的公开出版物,由一系列权威研究报告组成。

❖ 皮书作者 ❖

皮书系列的作者以中国社会科学院、著名高校、地方社会科学院的研究人员为主,多为国内一流研究机构的权威专家学者,他们的看法和观点代表了学界对中国与世界的现实和未来最高水平的解读与分析。

❖ 皮书荣誉 ❖

皮书系列已成为社会科学文献出版社的著名图书品牌和中国社会科学院的知名学术品牌。2016年,皮书系列正式列入"十三五"国家重点出版规划项目;2013~2019年,重点皮书列入中国社会科学院承担的国家哲学社会科学创新工程项目;2019年,64种院外皮书使用"中国社会科学院创新工程学术出版项目"标识。

中国皮书网

（网址：www.pishu.cn）

发布皮书研创资讯，传播皮书精彩内容
引领皮书出版潮流，打造皮书服务平台

栏目设置

关于皮书：何谓皮书、皮书分类、皮书大事记、皮书荣誉、

　　　　　皮书出版第一人、皮书编辑部

最新资讯：通知公告、新闻动态、媒体聚焦、网站专题、视频直播、下载专区

皮书研创：皮书规范、皮书选题、皮书出版、皮书研究、研创团队

皮书评奖评价：指标体系、皮书评价、皮书评奖

互动专区：皮书说、社科数托邦、皮书微博、留言板

所获荣誉

2008 年、2011 年，中国皮书网均在全国新闻出版业网站荣誉评选中获得"最具商业价值网站"称号；

2012 年，获得"出版业网站百强"称号。

网库合一

2014 年，中国皮书网与皮书数据库端口合一，实现资源共享。

权威报告·一手数据·特色资源

皮书数据库
ANNUAL REPORT(YEARBOOK)
DATABASE

当代中国经济与社会发展高端智库平台

所获荣誉

- 2016年，入选"'十三五'国家重点电子出版物出版规划骨干工程"
- 2015年，荣获"搜索中国正能量 点赞2015""创新中国科技创新奖"
- 2013年，荣获"中国出版政府奖·网络出版物奖"提名奖
- 连续多年荣获中国数字出版博览会"数字出版·优秀品牌"奖

成为会员

通过网址www.pishu.com.cn访问皮书数据库网站或下载皮书数据库APP，进行手机号码验证或邮箱验证即可成为皮书数据库会员。

会员福利

- 已注册用户购书后可免费获赠100元皮书数据库充值卡。刮开充值卡涂层获取充值密码，登录并进入"会员中心"—"在线充值"—"充值卡充值"，充值成功即可购买和查看数据库内容。
- 会员福利最终解释权归社会科学文献出版社所有。

社会科学文献出版社 皮书系列
SOCIAL SCIENCES ACADEMIC PRESS (CHINA)

卡号：558628234448
密码：

数据库服务热线：400-008-6695
数据库服务QQ：2475522410
数据库服务邮箱：database@ssap.cn
图书销售热线：010-59367070/7028
图书服务QQ：1265056568
图书服务邮箱：duzhe@ssap.cn

中国社会发展数据库（下设 12 个子库）

全面整合国内外中国社会发展研究成果，汇聚独家统计数据、深度分析报告，涉及社会、人口、政治、教育、法律等 12 个领域，为了解中国社会发展动态、跟踪社会核心热点、分析社会发展趋势提供一站式资源搜索和数据分析与挖掘服务。

中国经济发展数据库（下设 12 个子库）

基于"皮书系列"中涉及中国经济发展的研究资料构建，内容涵盖宏观经济、农业经济、工业经济、产业经济等 12 个重点经济领域，为实时掌控经济运行态势、把握经济发展规律、洞察经济形势、进行经济决策提供参考和依据。

中国行业发展数据库（下设 17 个子库）

以中国国民经济行业分类为依据，覆盖金融业、旅游、医疗卫生、交通运输、能源矿产等 100 多个行业，跟踪分析国民经济相关行业市场运行状况和政策导向，汇集行业发展前沿资讯，为投资、从业及各种经济决策提供理论基础和实践指导。

中国区域发展数据库（下设 6 个子库）

对中国特定区域内的经济、社会、文化等领域现状与发展情况进行深度分析和预测，研究层级至县及县以下行政区，涉及地区、区域经济体、城市、农村等不同维度。为地方经济社会宏观态势研究、发展经验研究、案例分析提供数据服务。

中国文化传媒数据库（下设 18 个子库）

汇聚文化传媒领域专家观点、热点资讯，梳理国内外中国文化发展相关学术研究成果、一手统计数据，涵盖文化产业、新闻传播、电影娱乐、文学艺术、群众文化等 18 个重点研究领域。为文化传媒研究提供相关数据、研究报告和综合分析服务。

世界经济与国际关系数据库（下设 6 个子库）

立足"皮书系列"世界经济、国际关系相关学术资源，整合世界经济、国际政治、世界文化与科技、全球性问题、国际组织与国际法、区域研究 6 大领域研究成果，为世界经济与国际关系研究提供全方位数据分析，为决策和形势研判提供参考。

法律声明

　　"皮书系列"（含蓝皮书、绿皮书、黄皮书）之品牌由社会科学文献出版社最早使用并持续至今，现已被中国图书市场所熟知。"皮书系列"的相关商标已在中华人民共和国国家工商行政管理总局商标局注册，如LOGO（ ▮ ）、皮书、Pishu、经济蓝皮书、社会蓝皮书等。"皮书系列"图书的注册商标专用权及封面设计、版式设计的著作权均为社会科学文献出版社所有。未经社会科学文献出版社书面授权许可，任何使用与"皮书系列"图书注册商标、封面设计、版式设计相同或者近似的文字、图形或其组合的行为均系侵权行为。

　　经作者授权，本书的专有出版权及信息网络传播权等为社会科学文献出版社享有。未经社会科学文献出版社书面授权许可，任何就本书内容的复制、发行或以数字形式进行网络传播的行为均系侵权行为。

　　社会科学文献出版社将通过法律途径追究上述侵权行为的法律责任，维护自身合法权益。

　　欢迎社会各界人士对侵犯社会科学文献出版社上述权利的侵权行为进行举报。电话：010-59367121，电子邮箱：fawubu@ssap.cn。

社会科学文献出版社